中国智能交通行业发展年鉴

（2020）

中国智能交通协会　编

電子工業出版社
Publishing House of Electronics Industry
北京・BEIJING

内 容 简 介

《中国智能交通行业发展年鉴（2020）》分析了国内外智能交通行业的发展现状，对智能交通各领域的发展从综合发展、政策标准、技术发展、市场应用等不同的侧面进行了总结，对相关学术会议、科技奖励项目、科技成果，以及主要城市和地区的智能交通市场发展等方面的资料进行了收纳和整理，力求全面、系统地展示智能交通行业 2020 年度的总体发展状况，分析预测未来我国智能交通产业发展趋势，总结行业典型案例，增进产业技术交流，并为政府制定相关政策提供参考依据。

图书在版编目（CIP）数据

中国智能交通行业发展年鉴．2020 / 中国智能交通协会编．—北京：电子工业出版社，2021.11

ISBN 978-7-121-42252-2

I. ①中…II. ①中…III. ①公路运输—交通运输管理—智能控制—中国—2020－年鉴
IV. ①U495-54

中国版本图书馆 CIP 数据核字（2021）第 214583 号

责任编辑：刘志红（lzhmails@phei.com.cn）　　特约编辑：张思博
印　　刷：天津画中画印刷有限公司
装　　订：天津画中画印刷有限公司
出版发行：电子工业出版社
　　　　　北京市海淀区万寿路 173 信箱　邮编　100036
开　　本：787×1 092　1/16　印张：38.5　字数：985.6 千字
版　　次：2021 年 11 月第 1 版
印　　次：2021 年 11 月第 1 次印刷
定　　价：898.00 元

凡所购买电子工业出版社图书有缺损问题，请向购买书店调换。若书店售缺，请与本社发行部联系，联系及邮购电话：（010）88254888，88258888。

质量投诉请发邮件至 zlts@phei.com.cn，盗版侵权举报请发邮件至 dbqq@phei.com.cn。

本书咨询联系方式：（010）88254479，lzhmails@phei.com.cn。

《中国智能交通行业发展年鉴（2020）》

编 委 会

序

2021 年是《中国智能交通行业发展年鉴》连续编辑出版的第 11 个年头，其编撰水平不断积累和提高，内容日益完善，在行业内的影响力也不断提升，已经成为反映中国智能交通行业总体发展情况专业、全面和权威的资料。

近年来，在国家“交通强国”、“新基建”、“综合立体交通网”等战略规划的强力推动和产学研用社会各界的共同努力下，新一代信息技术与智能交通深度融合，智能交通系统的发展方向、理念和内涵都在不断变革，我国智能交通的发展和应用取得了令人瞩目的成就，多种智能交通方式建设有序推进。高速公路省界自动计费工作取得成果，我国拥有了世界上规模最大的一体化运营的高速公路网，同时多个省市投入“智慧高速公路”试点建设，推动车路协同在智慧高速公路上的研发和应用。轨道交通的智慧化建设已从探索阶段进入实际开发和应用阶段，互联互通的 CBTC（基于通信的列车控制）系统、列车自主运行系统、EUHT-5G（5G 超高速移动通信技术）通信技术等新兴技术进入试运行阶段。水路交通基础设施建设得到了较快发展，建设了一批“智能船舶试验场”，极大地促进了我国智能船舶技术的发展。民航业的发展形态也正发生改变，民航强国和智慧民航建设方兴未艾，自助服务在机场的覆盖度日益提高，并且愈发高效智能，旅客出行体验得到了全面优化。从国家到企业层面，智能汽车的发展目标更为明确，在新基建的强力推动下，车路协同的发展加速了自动驾驶技术的落地实施。在交通基础设施日益完善的同时，我国交通管理和服务的信息化与智能化水平也不断提高。

智能交通在提升交通效率、保障安全、服务社会公众、促进交通运输系统可持续发展等方面取得了显著成效。随着铁路、公路、水路、民航等交通基础设施的逐步完善，我国交通运输正在进入综合协调、优化发展的新阶段。在这个新的发展阶段，立足国情，运用新的技术手段，构建安全、便捷、高效、绿色、经济的现代化综合交通运输体系，为公众提供更优质的运输服务，将是我国智能交通发展的重点方向。

《中国智能交通行业发展年鉴（2020）》对我国智能交通进行了全面的展示和总结，反映了我国智能交通行业的创新应用发展趋势，是了解和认识智能交通行业发展的重要参考资料。

《中国智能交通行业发展年鉴（2020）》的编撰出版，全体编委、撰稿专家和学者、编辑工作人员付出了辛勤的劳动。在祝贺《中国智能交通行业发展年鉴（2020）》成功出版发行的同时，向参与该书编撰工作的所有人员，以及为该书出版提供支持与帮助的单位和个人表示感谢！

2021 年 9 月

《中国智能交通行业发展年鉴（2020）》编撰说明

《中国智能交通行业发展年鉴》是中国智能交通协会面向我国智能交通行业年度发展的资料性工具书，是总体反映我国智能交通行业领域发展状况的权威性与实用性相结合的综合性资料。

《中国智能交通行业发展年鉴（2020）》分析了国内外智能交通行业的发展现状，对智能交通各领域的发展从综合发展、政策标准、技术发展、市场应用等不同的侧面进行了总结，对相关学术会议、科技奖励项目、科技成果，以及主要城市和地区的智能交通市场发展等方面的资料进行了收纳和整理，力求全面、系统地展示智能交通行业2020年度的总体发展状况，分析预测未来我国智能交通产业发展趋势，总结行业典型案例，增进产业技术交流，并为政府制定相关政策提供参考依据。

《中国智能交通行业发展年鉴（2020）》的出版得到了科学技术部、公安部、交通运输部、住房和城乡建设部、国家铁路局、中国民航局等国家部委有关部门领导的指导和支持，有关行业、城市和地区的交通管理部门、高校和研究单位、企业为年鉴的编辑提供了大力支持，众多专家积极为年鉴撰稿和整理资料，在此一并表示衷心的感谢。

智能交通发展涉及多个行业和领域，年鉴编辑在资料收集、统计等方面还存在很多方面的局限性，汇编整理的资料在系统性、全面性、准确性等方面还有待提高，新技术的应用发展、精确的行业统计资料和产业市场分析等内容也需要在今后的工作中不断加强和完善提高。衷心希望智能交通领域的广大同仁和社会各界对年鉴的编辑出版工作给予更多的关心和支持，对于年鉴内容所存在的不足之处，给予批评指正，使之出版水平逐年提升。

《中国智能交通行业发展年鉴（2020）》编委会

2021年9月

目　录

第一篇　综述篇

第二篇　政策篇

第三篇 行业篇

第四篇　成果篇

第五篇 统计篇

第一篇

综 述 篇

第一章

2020 中国智能交通行业发展综述

一、发展概况

20 多年，中国智能交通历经 4 个发展阶段，当前正处在提升阶段。新一代信息技术推动智能交通系统的发展理念、技术内涵和应用产生变革，伴随着大数据、人工智能和互联网综合交通运输协同服务的应用，车联网、自动驾驶技术高速发展，车路协同技术同步建设，新一代智能交通系统正在逐渐发展。共享经济迅猛发展，以网约车、共享单车、个性定制公交、分时租赁、代驾、代客泊车等为代表的交通服务新业态，以意想不到的速度出现在人们的日常生活中，在对传统交通行业造成冲击、对社会治理带来挑战的同时，也给智能交通的发展注入了新的能量、引进了强劲的推动力。

智能交通多年的发展，已经在保障交通运输安全稳定运行、提升交通运输管理和服务水平、改善人们的出行体验中发挥了至关重要的作用。2020 年年初暴发的新冠肺炎疫情，给交通运输带来巨大的挑战和考验。交通运输既是遏制病毒传播的重要环节，又是服务人民群众出行、维护社会生产生活秩序及保障疫情防控期间医护人员等重点人群出行和防控物资供应的重要支撑。在打通“大动脉”，畅通“微循环”方面，智能交通做出了杰出的贡献。快递配送企业通过人、端（车、船）、物、云，将供给需求用智能化手段连接起来。各种无人化工具，如无人机、无人配送物流车在货运和城市配送中被大量使用，无人化、智能化和协同化在抗疫工作中体现得淋漓尽致。近年出现的网约车、共享单车等共享出行，通过智能调度的手段直接将位移需求和供给结合起来，保障了人民群众日常生活的稳定运行；全国综合运输保障指挥信息系统的“一张网”，有力地保障了运输物流这条“大动脉”。

整体看来，交通行业通过了抗疫工作的“大考”。在面对考验的同时，2020 年中国智能交通行业继续保持良好的发展势头，发展方向更加明确，应用领域持续扩展。

（一）智能汽车创新发展加快推进

2020 年，智能汽车处于高速发展阶段。在政策层面，国家通过发布了《新一代人工智能发展规划》《汽车产业中长期发展规划》等文件在推进标准和法规、突破关键技术等层面做了具体规划。在整体战略层面，国家发展和改革委员会（以下简称“发改委”）、国家互联网信息办公室（以下简称“网信办”）等十一部委于 2020 年 2 月联合发布《智能汽车创新发展战略》，提出了智能汽车下一个五年发展战略，明确我国发展智能汽车的战略愿景和主要任务。到 2025 年，智能汽车的技术创新、产业生态、基础设施、法规标准、产品监管和网络安全体系将基本形成。智能汽车持续发展的驱动力来自政策、经济、社会、技术等多重因素的共同推动，尤其是通信技术和人工智能的发展增加了智能汽车的发展速率。

智能汽车以自动驾驶技术、车联网技术为基础。针对自动驾驶发展应用，交通运输部专门出台了《关于促进道路交通自动驾驶技术发展和应用的指导意见》，政府大力促进智能汽车、网联汽车封闭测试，开放道路测试系统的建设。当前，已有近30个城市开展了相关系统建设，发放测试牌照超过400张，认定了7家自动驾驶封闭场地测试基地。与此同时，自动驾驶市场正在吸引更多优秀企业加入，造车新势力数量持续增加，技术研发热情高涨，自动驾驶感知层的高精度地图、激光雷达、控制层的车载计算芯片等近几年都取得了很大的进展。

（二）新型道路基础设施建设蓬勃发展

自2020年以来，党中央、国务院密集部署新型基础设施建设。《2020年国务院政府工作报告》将"两新一重"作为2020年重点任务。交通运输是新型基础设施与传统基础设施融合发展的重要领域。2020年8月，交通运输部印发的《关于推动交通运输领域新型基础设施建设的指导意见》，提出：一是打造融合高效的智慧交通基础设施，以交通运输行业为主实施。以智慧公路、智能铁路、智慧航道、智慧港口、智慧民航、智慧邮政、智慧枢纽及新材料新能源应用为载体，体现先进信息技术对行业的全方位赋能；二是助力信息基础设施建设，主要是配合相关部门推进先进技术的行业应用，包括5G、北斗卫星导航系统和遥感卫星、网络安全、数据中心、人工智能（如自动驾驶）等；三是完善行业创新基础设施，主要是科技研发支撑能力建设，如实验室、基础设施长期性能监测网等。

具体而言，包括5G、北斗三号、ETC和数据中心在内的各种新型基础设施得到快速发展，5G的推进速度超过计划。据工业和信息化部（以下简称"工信部"）发布的数据，2020年我国大概新增58万个5G基站，共建共享5G基站33万个，年初制定的所有地市都有5G覆盖的目标已经实现。得益于5G技术的连续广域覆盖、热点高覆盖、低功耗连接和低时延高可靠性四大特性，5G在自动驾驶、交通感知网络中的作用越来越重要，且在深圳外环高速、湖南长益复线等部分"智慧高速"项目中已有落地应用。此外，北斗三号全球卫星导航系统于2020年7月31日正式开通，北斗三号终端数量持续增长，逐步应用在自动驾驶、交通管控等方面。全年关于加快推进ETC应用的利好政策频出，ETC和各种新型基础设施的应用快速向智慧交管、智慧公路、智慧停车等市场扩展。

（三）新能源汽车持续推广

2020年，国家出台多项政策鼓励新能源汽车发展，降低了新能源企业的进入门槛，提高了产品要求，完善了强制性标准。2020年10月，国务院常务会议通过了《新能源汽车产业发展规划（2021—2035年）》，为我国未来15年的新能源汽车发展打下了坚实的基础。与此同时，地方政府也纷纷出台政策以鼓励新能源汽车消费，国家与地方的政策体系逐渐成形，给予了新能源汽车行业发展极大的支持。

此外，财政部、工信部等四部委为推动公共交通等领域车辆电动化，包括城市公交、道路客运、出租（含网约车）、环卫、城市物流配送、邮政快递、民航机场及党政机关公务领域符合要求的车辆，于 2020 年 12 月发布《关于进一步完善新能源汽车推广应用财政补贴政策的通知》。

2020 年，我国新能源汽车销量 136.7 万辆，同比增长 13%，其中 BEV（Battery Electric Vehicle，蓄电池电动汽车）、PHEV（Plug-in Hybrid Electric Vehicle，插电式混合动力汽车）的销量分别为 91.04 万辆、20.09 万辆。特斯拉 Model 3、五菱宏光 mini、比亚迪-汉及欧拉黑猫等高端、低端车型均实现了销量高增长。我国新能源汽车产销量连续 6 年位居全球第一，累计推广超过 550 万辆。此外，我国纯电动乘用车技术水平不断提升，尤其是续航能力和电耗水平进步显著。据工信部推荐目录统计，2017 年第 1 批推荐目录中纯电动乘用车型平均续航里程仅 211.6 千米，持续提升到 2020 年第 7 批推荐目录中的 391.4 千米，3 年半时间，续航里程提升 85%，极大地缓解了“里程焦虑”。新能源汽车电动化、智能化技术显著提升，基础材料、基础零件、电机、电控、电池及整车各方面都取得了实质性突破。

（四）智慧公路建设应用积极发展

2020 年，我国智慧公路建设取得阶段性进展。2020 年 8 月 31 日，G5517 长益北线高速正式开通，长沙市建成了我国首条支持车路协同自动驾驶的智慧高速；2020 年底，成都至宜宾高速公路全线建成，项目总投资 246 亿元，全长约 157 千米，采用双向六车道高速公路标准建设，为四川省设计标准较高的高速公路之一。智慧公路正成为公路行业研究和应用的热点领域。交通运输部在 9 省市开展的新一代国家交通控制网和智慧公路试点工程持续推进，推动了公路数字化、网络化、智能化发展。构建交通基础设施网、感知通信控制网和绿色能源网深度融合的智能公路网，越来越成为共识。高速公路智慧云控平台助力高速公路信息系统升级。在以三大机电系统为代表的高速公路信息化建设基础上，与“互联网+”、大数据、云计算、物联网、人工智能、移动互联等新一代信息技术充分融合，实现了高速公路感知监测、运营管理、出行服务的全面提升。

（五）一体化出行服务蓬勃发展

近年来，交通、旅游等各类信息充分开放，一体化出行服务蓬勃发展。政府倡导“出行即服务”（MaaS）理念，以数据衔接出行需求与服务资源，鼓励各类交通运输客票系统充分开放接入，打造数字化出行助手，为旅客提供“门到门”的全程出行定制服务。推动“互联网+”便捷交通发展，鼓励和规范发展定制公交、智能停车、智能公交、汽车维修、网络预约出租车、互联网租赁自行车、小微型客车分时租赁等城市出行服务新业态。

2020 年以来，一体化出行服务平台被各省市政府愈加重视，北京、上海、广州等城市纷纷布局建设各自的出行服务平台。同时，互联网企业在此方面有着天然优势，如高德、腾讯、百度等纷纷加入，通过汇集各种出行方式、提供统一服务入口及与政府合作的方式发布各城市出行服务解决方案。

（六）交通运输治理现代化加快推进

交通运输高质量发展离不开行业治理能力现代化。2020 年，交通运输部对交通运输治理体系和治理能力现代化再次做出战略性规划，明确提出：到 2025 年，交通运输高质量发展的制度体系基本形成，行业现代治理能力和治理效能明显提升，有力支撑交通强国建设，服务现代化经济体系建设和民生改善的作用更加突出。

2020 年 12 月底，国务院办公厅印发《国务院办公厅关于交通运输综合行政执法有关事项的通知》，要求各部门按照公开透明高效原则和履职需要，制定统一的交通运输综合行政执法程序规定，明确执法事项的工作程序、履职要求、办理时限、行为规范等，消除行政执法中的模糊条款，压减自由裁量权，促进同一事项相同情形同标准处罚、无差别执法。

要实现交通运输治理能力现代化，需要政府、市场、社会等多方协作。2020 年，多地开展相关试点工作。3 月起，重庆市利用丰富的交通数据资源，依靠交通仿真决策、人工智能、大数据分析、并行计算等领域的理论知识、关键技术、硬件资源与软件产品，制定了重庆市交通系统虚拟仿真平台升级方案，借助城市虚拟交通仿真技术，实现对重庆市疫情期间交通管理措施的定制化分析与方案优化。上海市也正在全面推进城运系统道路交通管理子系统（IDPS 系统）建设，着力构建“路网可计算、人车可测量”的精细化、智慧化交通管理新模式。该系统建成后不仅能实时掌握路网动态交通流，更好地分配路权、诱导交通，还引入了“虚拟停车场”这一概念，通过智慧停车、共享停车，缓解停车难题。同时，“智慧交通”项目规模扩容、功能升级，“电子警察”执法进一步规范，目前，交通非现场执法占比已达到 45%。

（七）综合交通大数据一体化创新发展

各种运输方式智能化一体化趋势加快。通过将城市空间中地面、地下和高架交通相组合，将道路、铁路、水路、空中交通等交通形式相结合，多城市正在积极打造各自的现代化城市立体交通系统。青岛市通过全自动化码头、智能化高速机场连接高铁通道建设海陆空四维立体交通。其他城市，如扬州市的水路空铁四位一体交通，成都市站城一体化交通，重庆市五线一区公交化列车运营也在建设中。

与此同时，伴随着各种运输方式的智能一体化发展，综合交通大数据需要进一步创新，交通运输部门所采集的交通数据在种类、规模方面，要远胜于交通管理者所获取的信息，在交通数据、交通信息的商业化经营前景方面，也要远高于前者。目前，大数据在综合交通运输各业务领域均有广泛应用，且得到了高度重视。在政策方面，交通运输部印发了《推进综合交通运输大数据发展行动纲要（2020—2025年）》。纲要指出，以数据资源赋能交通发展为切入点，推动大数据与综合交通运输深度融合，有效构建综合交通大数据中心体系。

目前，各省市的综合交通大数据中心一般被包含在交通运行监测调度中心（Transportation Operations Coordination Center，TOCC）中。TOCC 覆盖所有道路、水运、航空、铁路等在内的大交通，数据养分最为充分，信息最为全面。四川省市两级已基本完成 1.0 版本建设，其他省份如河北省、陕西省的 TOCC 建设也尚在推进中。各地 TOCC 的功能定位、呈现形式、实现路径虽不尽相同，但都围绕综合交通运输协同化运行和一体化服务这一本质目标，进行了因地制宜的有益探索。下一步将规范数据标准，加强数据汇聚，挖掘数据能力，使之有效支撑综合交通运输决策管理与服务。

二、发展趋势

基于当前现状，我国智能交通的未来发展趋势将呈现以下五个特点。

（一）加速新技术与交通行业深度融合

智能交通系统是通过将多种先进技术有效集成并运用于整个交通运输管理体系，实现大范围、全方位发挥作用的实时、准确、高效的综合运输和管理系统。智能交通系统的核心在于如何实现多种技术的有效融合。不可否认的是，大数据、互联网、人工智能、区块链、超级计算等新一代信息技术的快速发展，已经为智能交通的技术变革提供了重要的技术支撑。但仍需要指出的是，我国的智能交通尚处在起步阶段，存在新兴技术与交通行业融合不足、不深入的突出问题，这极大地制约了智能交通应用领域的拓展。在推进智能交通持续性高质量发展的大背景下，迫切需要构建一套新兴技术与智能交通深入融合的完整体系，做到全面统筹并发挥各种新技术优势，政企学研协同推进新兴技术为智能交通赋能，重点解决不同技术之间互通不充分、无法有效整合的难点问题。

具体而言，对于智能交通的服务和管理两大基本系统，需要做到：应用大数据、云计算等信息技术建设智慧服务系统；发挥物联网、计算机视觉等技术优势实现智能化服务，实现传统服务功能的自主、健康、数字化转变，同时深度融合车联网、电力网、智慧交通网，提高能源利用和交通运输效率，满足旅客出行、货物运输的动态要求和实时响应；依赖 5G、超级计算、人工智能的协同赋能打造智慧管理系统。联合精细管理主要在于高效集中调度关键资源，通过新兴技术的融合应用，利用“智”力代替人力，极大提升管理水平。

（二）建设综合交通运行精准感知体系

随着智能交通与交通信息化建设的持续推进，以 TOCC 为代表的综合交通运行监测服务的常态应用得到广泛重视，并逐渐发挥实效。但在交通数据和应用整合的不断推进过程中，如何实现交通运行的精准感知是难点和痛点问题。尽管部分城市交通运行动态数据体系已经初步形成，但由于缺乏建立规范统一的智能感知体系，出行服务能力不足、建设服务机制不健全问题依旧突出。在新模式新要求下的运行动态感知能力将严重影响动态监测精细化管理水平，关系到智能交通能否全面高效发挥作用。要建设完善的、可行的综合交通运行精准感知体系，需要做到以下三点：一是统筹资源，建立全社会资源统筹利用的共享互惠机制，进一步完善综合交通运行监测体系，特别是云计算、人工智能、高精度位置服务等新一代信息技术的蓬勃发展及其与交通行业的深度融合，为综合交通运行感知体系的构建和完善提供了更好的技术环境，为此应牢牢把握和充分利用难得的发展机遇；二是精准感知，交通运行动态感知应坚持注重感知质量，始终严格把控感知精度，积极推进实时的、精准的、精细的感知系统建设，持续深入“个人出行链感知技术”的深度发展；三是协调调度，建立并逐步完善协调联动工作机制及其技术支撑体系，加强综合交通运行服务体系顶层战略设计，建立政企联动的出行信息服务模式，形成普遍性、基础性、公益性服务与社会化、个性化、增值化服务良性互动的局面，切实提升协调指挥调度能力。

（三）打造智能化一体化出行体系

智能交通的一个重大任务是，实现从传统的人适应系统的局面到新型的系统适应人的形式的重要转变，要坚持以人为本，系统服务于人的发展理念，需要强化打造智能化一体化的出行体系。打造完整的智能交通出行体系并将智能交通的有益成果惠及于民，需要充分依赖数字化发展的红利，以数据为关键要素和核心资源建立智能化综合分析平台，有效融合多种先进技术，积极推进个人出行推荐一体化服务，利用自动驾驶、智能网联、车辆协同等新兴技术赋能智慧交通技术的发展，提供数字化出行助手，形成低碳化、智能化的出行服务体系新格局。

与此同时，完善的出行体系需要全社会方方面面资源的共同参与，在宏观战略和重要规划的引领和指导下，政企学研应协同推进智能化一体化出行体系的研发和应用，努力提升百姓出行体验。具体而言，政府作为大局的把控者和统筹者，应以创新推动和政策支持为出发点和落脚点，积极引导企业树立完善的智能化一体化出行体系的整体意识，促进各方资源的共建、共享；企业是服务产品的重要开发者，应充分研究百姓出行的实际需求和难点问题，审时度势、有的放矢地积极研发智能化一体化出行服务产品，提供新态势新模式下的全出行链的信息服务，并深入推进有益成果的落地和应用；大学和研究机构是重要的创新发起点，攻克发展智能化一体化出行体系的重要技术问题应是科研创新的重要任务，广泛树立研以致用的科研意识、努力将科研成果转换为实际生产力、全面提升交通出行信息服务系统是学研的长期性目标。

（四）完善安全保障机制快速反应

智能交通发展的最终目标是，实现人和物的安全高效转移，建立健全完善的安全保障机制势在必行。要做到安全保障机制快速反应，为智能交通持续发展提供充分保障需重视以下三个方面的问题：

一是构建和完善安全保障快速反应评估与论证体系。安全风险评估与论证是防范安全问题的重中之重，也是传统交通体系转向智能化的前置性课题，优化潜在问题前瞻性风险评估和论证制度旨在支撑交通安全生态治理，维护和重建安全系统的快速响应能力，使得可能出现的安全风险降至最低点，最大限度地减少事故发生隐患。

二是优化和完善交通安全风险监管与监测体系。线下监管与线上监测是防范安全风险的两大利器，不仅要充分利用大数据、云计算等信息技术对安全问题实时、全方位的监测功能，还应发挥基础设施自检能力及相关部门的实地监察作用。有效的安全监管是提升现有交通安全水平、减少安全风险周期发生率的关键抓手，也是智能交通安全发挥效益的重要枢纽。

三是着力打造安全保障惩戒体系。科学的风险评价体系与公平的追责机制是防范交通风险的防火墙。强化安全失范行为的惩戒机制，要注意区分引起问题的阶段性主体责任，严肃追责造成交通安全损害的部门或个体，实现安全问题追责的公平正义。另外，建立安全保障机制快速反应需要特别注意杜绝以“集体行动逻辑”推卸安全责任的不良做法。为防范终身追责机制的虚设，应完善相应的责任追究制度，真正做到有责可查、责任到位的规范化体系。

（五）构建多式联运现代化综合交通体系

“多式联运”这一概念已被提出多年，《交通强国建设纲要》更是明确提出要“推动铁水、公铁、公水、空陆等联运发展，推动交通发展由各种运输方式相对独立发展向更加注重一体化融合发展转变，构建安全、便捷、高效、绿色、经济的现代化综合交通体系”。但客观地说，从目前的发展来看，多式联运实施效果并不显著，资源浪费和效率不高问题依旧突出。面向新时代智慧交通网络，着力打造互联互通、无缝对接、安全便捷、绿色智能的海陆空铁立体多式联运现代化综合交通体系重点发力方向应包括如下四个方面。

一是健全交通互通枢纽设施体系，统筹规划建设多种运输方式快捷高效换乘和集疏系统，优化综合运输通道布局，全面深化多式联运综合交通体系基础保障，确保发展多式联运模式的基本设施支持到位。

二是建立现代化智能交通信息开放共享机制，铁水、公铁、公水、空陆等部门两两之间的信息应做到及时、精准、互通，多式联运交通综合调控平台实时统筹协调，以管理服务信息化为突破口，促进物流降本增效，加快打造立体联网、内外联通的现代综合新体系，实现旅客、货物的高效服务和运转。

三是构建多式联运转运模式的无缝衔接体系，以运营形式数字化、专业化、智能化为重点，实现多种运输方式全时空全方位高效共同作用，谋定后动、谋定快动，着力推进“1 小时经济圈”快速通勤目标，细化、实化推动多式联运高质量发展的重点体系构建。

四是推进典型试点的代表性示范建设，推动以典型带动全体的发展模式，发挥多式联运现代化综合交通系统在建设现代流通体系、畅通经济循环中的重要纽带作用，努力实现国内大循环和国内国际双循环战略链接。

第二章

国际智能交通发展动态

一、日本智能交通发展动态

（一）国家政府及各部委的 ITS 工作

日本政府与 ITS（新一代交通运输系统）相关的机构有内阁官房、内阁府、警察厅、总务省、经济产业省和国土交通省六部委。针对 ITS 的工作，各部委任务分工明确，协作良好。2018 年，日本政府相关机构针对 ITS 开展了一系列工作，包括内阁官房重点围绕的“日本的 IT 战略与 ITS”，内阁府重点围绕的“科学技术、创新政策中的重点工作与 ITS”，日本警察厅、总务省、经济产业省和国土交通省等相关机构重点围绕的“2018 年重点工作”、“2019 年 ITS 相关预算和主要措施”及“ITS 国际活动”等，具体如下：

1. 内阁官房

2018 年，面向 3 级（L3）以上无人驾驶系统的市场推广和服务所需要的制度建设，内阁官房讨论了在道路交通工作组之下设置“无人驾驶相关制度大纲编制小组”，经过 5 次会议讨论，形成了：①就车辆安全制定了“无人驾驶车辆安全要素导则”；②参照国际条约的最新动态，就快速灵活应对道路交通法规的修订，进行了商讨；③讨论了一旦发生交通事故，可以迅速利用既有的自赔法（《交通事故赔偿法》）进行受害人救济的相关办法。此外，2018 年 4 月制定了《无人驾驶相关制度建设大纲》，商讨了为明确事故责任，义务安装行驶记录仪等办法。2018 年 6 月 15 日，完成了“2018 官民（政企）ITS 构想、实施路线图”并得到了 IT 总部的批准，该路线图针对制度建设大纲的内容、实证实验的目的分类（车辆性能检测、气象条件对车辆性能影响的检测、服务内容的检测、社会认可度的养成等）及与汽车驾驶相关的第三方贷款保管人（Stakeholder）等，总结梳理了面向社会提高认可度的措施。《无人驾驶相关制度建设大纲》制定后，日本相关部门进行了具体的法律制度研讨。在此基础上，2018 年 9 月国土交通省制定了《无人驾驶车辆安全技术指南》，明确了无人驾驶车辆应该满足的安全性要素。

此外，为确保从无人驾驶车辆的设计、制造到使用的全过程的安全性，修改了《道路运输车辆法》和《道路交通法》。《道路运输车辆法》于 2019 年 5 月被修订，指出自动驾驶汽车等的设计、制造过程、使用过程的安全性应整体考虑，确保保安对象的“自动运行装置”被追加的同时，自动运行装置使用的条件也被界定。该自动运行装置相关的标准随着道路运输车辆法的修改于 2020 年 4 月开始实行。与此同时，《道路交通法》于 2019 年 5 月进行了修订，完善了与自动驾驶技术的应用相对应的有关驾驶员等义务的规定，并于 2020 年 4 月开始实施。

2019 年 6 月，由 IT 综合战略本部制定了《官民 ITS 构想发展蓝图 2019》，其中确定了近期“高速公路上的自动驾驶”及“限定地区的无人自动驾驶移动服务”实现目标，并对自动驾驶可持续的商业模式等遗留的问题和推进措施进行了调整。此外，关于近年来开始推进的“MaaS”（Mobility as a Service，移动即服务），从道路交通、无人驾驶时代的 Maas 等方面进行了探讨。

综上所述，日本以 ITS 的高度化发展和无人驾驶的实现为目标，政府和民间合作，加快了技术开发、制度完善和测试试验。在少子、高龄化的趋势不断加深的日本，为了方便老年人出行，减少因高龄驾驶等的驾驶操作失误所造成的交通事故，ITS 的普及和自动驾驶技术弥补了驾驶员不足的难题，减轻了市中心严重的交通堵塞。社会对自动驾驶技术应用的期待非常大。另外，不仅是自动驾驶，利用 AI 技术的 MaaS 和 IoT 的新型服务也在全球范围内扩大，国际竞争已经开始。

因此，对 2030 年智能交通的发展趋势和应用的实现，日本政府和民间均进行了一些研究，同时，除了将从车辆和交通基础设施等获得的庞大数据应用于自动驾驶和 Maas，还将研究其应用于防灾、基础设施维护管理、物流、观光等非移动性领域的方案。

2．内阁府

内阁府基于日本“创新 2025”和“第五个科技基本规划”，提出在世界上率先实现“超智慧社会”（Society 5.0）的计划。该计划希望最大限度地利用 ICT（Information and Communication Technology，信息与通信技术），通过融合虚拟网络空间和现实空间，全面实现能够给人们带来富裕的“超智慧社会”。2018 年，日本根据其“科学技术创新综合战略”，制定了贯穿从基础研究、社会实践到国际推广的“综合创新战略”。利用 SIP（Strategy Innovation Plan，战略创新计划）（I 期）“无人驾驶系统”中地图数据建设体系的构建、大规模实证实验等的成果，希望在 2020 年前实现限定区域的无人驾驶（SAE 4 级水平）出行服务；2025 年前，在高速公路上实现无人驾驶（SAE 4 级水平），推动 SIP（II 期）“无人驾驶系统”（系统和扩展服务）的技术开发和国际标准化工作。

3．警察厅

日本警察厅的 ITS 工作任务是推动智能交通管制和保证出行安全。2018 年，日本警察厅分别从制度层面和技术两方向进行 ITS 的研发工作。

制度层面推动的主要工作有：

1）面向实现无人驾驶的探讨

警察厅从所负责的《道路交通法》方面，与学者一起探讨了无人驾驶的法律制度等课题。2018 年，召开了“侧重技术开发趋势的无人驾驶实现调查研究委员会”，探讨以实现无人驾驶为前提的道路交通法规，并在此基础上修订了日本的《道路交通法》。此外，还研究了实现列队行驶及在限定区域的无人驾驶出行服务等与交通相关的法律课题。

2）**防止对辅助驾驶功能过信和误解的相关工作**

对已经安装了辅助驾驶功能的车辆，因为对速度、车间距等巡航辅助驾驶功能和降低碰撞受害制动性能产生过信、误解等原因亦会导致交通事故。为了防止该类交通事故的发生，日本警察厅与国土交通省合作实施了针对辅助驾驶功能的信息服务和提醒。

技术层面推动的主要工作有：

1）UTMS **的推动工作**

为维护道路交通安全和畅通，日本警察厅推动网络通用交通管理系统（Universal Traffic Management Systems，UTMS）的实施，其主要情况如下：

（1）先进的车辆信息服务系统（Advanced Mobile Information Systems，AMIS）。AMIS 利用可变信息板和交通广播等，通过光信标传感器对车载设备提供交通信息服务，以达到分散交通流和缓解道路交通拥堵的目的。该系统于 2017 年年底已推广应用到全日本的范围。

（2）紧急救援车辆保障系统（Fast Emergency Vehicle Preemption Systems，FAST）。FAST 在紧急救援车辆通行次数比较频繁的区域，通过光信标传感器检测执行任务的紧急救援车辆，对其实施信号优先控制，缩短该车辆到达目的地的时间，同时防止紧急救援车辆因高速行驶而发生交通事故。该系统于 2018 年年底已在日本 16 个都道府县使用。

（3）公共车辆优先系统（Public Transportation Priority Systems，PTPS）。PTPS 对公交车等公共运输车辆实施交通信号优先控制，保证其优先通行，提高运行车辆的准点率和乘客的方便性。该系统于 2018 年年底已在日本 40 个都道府县应用。

（4）基于交通信号信息的驾驶辅助系统（Traffic Signal Performance Systems，TSPS）。TSPS 给驾驶人在抵达信号交叉口之前提供信号灯控制（灯色）信息，使驾驶人的驾驶更加从容，防止紧急停车和突然加速行驶。该系统于 2018 年年底已在日本 42 个都道府县应用。

（5）行人信息通信系统（Pedestrian Information and Communication Systems，PICS）以辅助行人（尤其是老年人和盲人）出行为目的，用声音提供信号灯（灯色）信息，或延长绿灯时间等，防止行人交通事故的发生。该系统于 2018 年年底已在日本 33 个都道府县获得应用。

（6）基于车路协同的驾驶安全支持系统（Driving Safety Support Systems，DSSS）。DSSS 是通过路侧检测器检测危险因素并进行避险信息服务的智能交通子系统。该系统于 2018 年年底已在日本 8 个都道府县获得应用。

2）**SIP 的研究开发**

（1）目的是实现自动驾驶的落地，提升道路侧基础设施。

在 SIP 方面，从 2019 年 10 月开始，在产官学联合下，在东京临海部的公路上，国内外的汽车制造商进行了自动驾驶的测试试验。

（2）利用云等提供信息服务。

根据民间运营商的要求，通过 ITS 无线路侧通信设施提供信息服务的相关研究课题正在推进中。

4. 总务省

日本总务省的 ITS 工作任务是，提供通信频道和电波等相关技术及系统研发支撑，主要包括建设基于 700 MHz 的辅助安全驾驶通信系统、基于电波的自动驾驶系统及实现车联网系统。具体如下：

1）**总务省的作用和重点措施**

日本总务省针对利用电波的系统，考虑电波的利用状况及与其他无线系统之间的干扰等进行新波段的分配和技术标准的制定等工作。为提升 ITS 功能，进行了 VICS（Vehicle Information and Communication Systems）、ETC 2.0 和 ITS 服务点（700 MHz 带宽）等利用频率的分配和技术标准的制定工作，同时推动了上述 ITS 子系统的普及工作。

由 IoT（Internet of Things，物联网）的普及带来的 AI 技术及 5G 通信的推广等，汽车环境发生了重大变化，考虑到不久的将来，所有的汽车都与网络连接，创造新价值和商机的车联网社会的到来，日本总务省从 2016 年 12 月开始组织了“面向车联网社会实现的研究会”，2017 年 8 月总结了“支撑车联网社会的无线通信网的构架”的研究报告，并启动了“支撑车联网的新一代无线通信系统”的研究。该系统参展了 2018 年 9 月在哥本哈根召开的 ITS 世界大会及 2019 年 1 月在横须贺举办的“智慧出行的挑战”、ITU-R 举办的 WRC-19 等国际活动。

另外，2019 年 10 月在新加坡举办的 ITS 世界大会上、2020 年 1 月在横须贺举办的智能驾驶挑战赛中，日本总务省介绍了 ITS 相关的研究成果和应用，推进了新一代 ITS 的普及，提高了社会公众对 ITS 的接受度。此外，在 2019 年国际标准化机构——国际电信联盟举办的 2019 年世界无线通信会议上，各国家和地区协调统一了 ITS 没有被使用的频率问题，从加强日本本国的国际竞争力等角度出发，积极参与国际标准化活动。

2）**700 MHz 先进道路交通系统的普及和性能提升**

通过 700 MHz 带宽进行辅助驾驶通信支持，以减少道路交通事故。从 2018 年开始将系统推向海外，在泰国、菲律宾、印度等国家进行了包括车车通信和车路通信的实证物理验证。

3）总务省战略性创新计划（SIP）的提案

总务省的内阁府综合科学技术革新公议 SIP 第 2 期（2018—2022 年）的自动驾驶项目是与 ITS 相关部门合作的，以期无线通信系统的角度推进研究自动驾驶的落地。具体来说，SIP 第 2 期作为政策项目，可以统一收集实时的交通状况信息，并将其中必要的信息供自动驾驶车辆的技术研究开发。

另外，继 2018 年之后，还开展了关于自动驾驶系统中的新通信技术的调查，以欧州、美国、中国为中心，对国际上正在研究的自动驾驶无线通信方案进行了进一步的调查，详细分析了在自动驾驶中今后有望应用的无线通信系统，并总结了关于这些通信系统的国际研究成果，这些成果也成为 SIP 第 2 期中与自动驾驶相关的通信系统研究的基础资料。

4）为实现车联网而采取的措施

近年来，全面实施 5G 等带来的移动网络的高速化、大容量化和网联化，以及大数据、人工智能技术的发展，导致汽车制造商和通信设备制造企业对车联网的期待高涨。随着车联网的落定，产生的数据量将会增大，为此，与此相适应的新的无线通信系统的研究及应用非常必要。因此，总务省讨论了以下几方面的问题：①5.8 GHz 频带中现有 ITS 用无线通信系统（DSRC）的提升及引入新的 ITS 用无线通信系统的可能性。②700 MHz 高速公路交通系统的高度化及讨论引入毫米波带通信系统的可能性。③各种综合利用 ITS 用无线系统的数据平台及各种 ITS 无线系统使用安全技术相关的研究。特别是针对①，探讨了对现有 ITS 用无线系统（ETC/ETC 2.0）的干扰结果，在 ITS FORUM RC-005 参照方式和 LTE-V2X（PC5）参照方式的情况下，从所需距离的结果得知，很难在 5.8 GHz 频带导入新一代 V2X 通信系统。为此，总务省预定从 2020 年开始研究向 5.9 GHz 频带导入新一代 V2X 通信系统的问题。

5）面向 5G 通信的应用

5G 是目前主流的手机通信技术，与 4G 通信相比，5G 通信不仅具有超高速的特征，还具有多连接、远距离遥控机器人操作和低时延迟等特征。日本总务省为实现 2020 年 5G 通信的全面普及，对 5G 频带的研究开发、综合实证的验证及国家标准化活动等起到了推动作用。2019 年 4 月给手机运营商分配 5G 波段时，约定 2 年内在所有日本都道府县开始服务，5 年内 10 米网格的覆盖率达 50%，逐步在日本全境普及。5G 在自动驾驶技术上的应用也备受期待，日本总务省为了通过 5G 创造新的市场，从 2017 年开始实施了综合的测试试验。2019 年，利用基于 5G 无线传输技术的车辆间通信，在新东名高速公路上进行了卡车队列行驶的实证试验，该卡车队在车距 10 米内进行后续车辆的自动驾驶。

5. 经济产业省

1）“面向实现无人驾驶对策方针 4.0”（2020 年 4 月）

日本自动行驶商务研究委员会联合产学官进行合作，推进自动行驶的商务化。

2015 年 2 月，日本经济产业省和国土交通省召集日本的汽车制造商、供应商联合领域专家，对自动驾驶领域进行了现状分析，制定了相关研究课题。2015 年、2016 年，在此基础上，将其具体化：①车辆自动行驶等级发展趋势明确；②确定合作领域；③结合国际性标准，制定标准战略，以及整顿相应体制；④促进产学联合，并于 2017 年 3 月提出了“自动行驶的深切方针”。

2018 年，研究了日本需要做的工作：①明确社会车辆自动驾驶的框架；②协调领域的界定、深化及扩充；③制定国际标准规范的战略体制建设；④促进产学协同的商议，将其归纳为“面向实现无人驾驶对策方针 2.0”，并于同年 3 月完成了总结报告。

2019 年，将上一年的“面向实现无人驾驶对策方针 2.0”进一步推进，制定了“面向实现无人驾驶对策方针 3.0”，明确将在 2020 年以后，在全国范围内推广无人驾驶服务的具体方案，特别是在 2020—2025 年之间，为了实现和普及无人驾驶服务，对道路交通能力进行了探讨。此外，通过征询无人驾驶系统开发公司的意见，从行驶环境、服务形态等方面，对无人自动驾驶服务的实现时间和技术类型进行了调整。

根据到目前为止的讨论结果，整理并公布了“面向实现无人驾驶对策方针 4.0”。要点：① 2020—2025 年实现和普及无人驾驶服务的发展蓝图。调整无人驾驶服务车运行的行驶环境的基本类型。针对各类型，通过征求自动驾驶系统开发运营商的意见，制定了实现和普及的发展蓝图。② 10 个重要领域的实施方针。为了实现自动驾驶，在获得竞争力的同时，提高必要的技术等。

2）自动驾驶 / 高级驾驶辅助系统国际标准建立和基础建设

在 ISO/TC 204 框架下，日本在 WG3（数据库）和 WG14（车辆行驶控制）方面起到了主导作用。在欧美各国，以早期应用无人驾驶系统等为目的的标准化推动工作逐渐活跃；在亚洲，以中国和韩国为中心的标准化工作也迅速推进。因此，国际标准化主导权竞争将更加激烈。日本希望能使该项目注重与自动驾驶系统和先进的驾驶辅助系统相关的动态地图和车辆控制系统等领域，在欧美等国家的地方标准与联合标准的制订状况等基础上，注意确保区域间互通性。在 ISO/TC204 组织中日本积极协助推进国际标准相关活动，参加海外各国和地区交换意见的国际会议和国际标准原始方案的制订工作。

6. 国土交通省

日本国土交通省的 ITS 工作任务是，进行 ITS 相关的车路基础设施建设。2004 年 8 月，自“将 ITS 推向第二阶段”获立项以来，政产学研协作通过“新车路协同系统的研究开发和实证实验”；2011 年 8 月，以全国高速公路为中心进行了 ITS 服务点建设；2014 年 10 月，将“ITS 服务点服务”改为“ETC 2.0 服务”；2015 年 8 月，正式开始了 ETC 2.0 车载仪的销售，提升了利用行驶路径信息的服务并充实了民间服务内容。

1）ITS 的普及状况

（1）道路交通信息服务的普及与效果。截至 2018 年年底，日本车辆导航仪累计销售突破 8868 余万套，其中进行实时交通信息服务的 VICS 车载导航仪（自 1996 年开始出售）累计出售约 6220 万套。由 VICS 将行程时间、拥堵状况、交通管理信息等道路交通信息通过导航仪实时向驾驶人提供，在为出行提供方便的同时，路径诱导减少了交通拥堵和燃油消耗带来的二氧化碳排放量，仅在 2012 年就减少二氧化碳排放量 320 万吨。

（2）推动 ETC 的普及与效果提升。自 2001 年 3 月开始，日本 ETC 的普及率达到约 90%。ETC 的使用减少了约 30%的高速公路收费站出现拥堵问题，此外，二氧化碳减排效果显著，为减轻环境负荷做出了贡献。

2）ETC2.0 服务的全国推广

（1）启动 ETC2.0 服务。日本国土交通省对城际间道路和城市道路每隔 10 ~ 15 千米和 4 千米分别设置了路侧 ETC 2.0 装置，自 2015 年 8 月开始正式销售 ETC 2.0 车载仪以来，截至 2018 年年底累计销售量达 341 万台套。

（2）推广普及、宣传活动。为让更多的人了解 ETC 2.0 服务，从 2018 年开始，日本在各种专业会议、展览中，在全国的“道路驿站”、高速公路服务区和停车场等场所进行了积极的宣传活动。

（3）在物流领域的工作。2018 年 8 月开始，利用 ETC 2.0 收集的路径和时间等数据，推动卡车的运送线路优化工作。

3）ASV 工程的推动

ASV（Advanced Safety Vehicle）工程是从 1991 年开始的项目。2018 年，依照第 6 期 ASV 工程项目的进度要求，就实施无人驾驶所需要的安全技术，推动了已经使用的 ASV 技术实质性推广战略及驾驶异常应对系统的技术要素等研究。此外，针对外国游客达到 4000 万人次、6000 万人次的现状，为提高旅游地魅力、增加居住及出行便利性，开发了巴士 IC 卡系统、巴士定位系统等。

（二）地方 ITS 的发展

日本的地方交通出行具有时空范围大的特点，因此私家车发挥作用的空间大，导致公交分担率低、巴士的利用率低。另外，巴士驾驶员不足、巴士线路难以维持等问题日益严重。此外，地方人口老龄化、巴士线路经营问题、高龄驾驶人驾驶证更新政策变化等使地方交通出行面临困境。

因此，基于无人驾驶和始于欧洲的 MaaS（Mobility as a Service，出行即服务）系统的应用及巴士路线的 GTFS（General Transit Feed Specification），通过数据开放实现巴士线路的可视化、组合新技术的城镇建设和生活出行的保障，存在着一系列挑战。

2018 年，日本各地从老龄化的视角进行了丰富多彩的 ITS 推广活动。2018 年 7 月确定了“标准巴士信息框架（GTFS-JP）”，并在各地通过公益活动组织了“标准巴士信息宣传队”。截至 2019 年 2 月，全国 90 家巴士企业在 GTFS-JP 公开了数据，组建了“公共交通数据公开协会”。

日本政府于 2018 年 7 月颁布了“第二次自治体战略 2040 构想研究会报告”，面对地方的人口减少、老龄化、驾照延长政策的变化及外国游客在地方的观光出行等课题，推出了推动无人驾驶及公共交通网的构建等一系列工作。

二、ERTICO 智能交通发展现状与趋势研究

（一）发展历程及现状

欧洲智能交通协会（ERTICO）是由 120 家公司和组织组成的公私合作伙伴关系，代表了服务提供商、供应商、交通运输行业、研究机构、公共机构、用户、移动网络运营商、车辆制造商。欧洲智能交通协会（ERTICO）是意见领袖的体现，可促进利益相关者的参与；通过欧洲联合资助项目、创新平台、国际合作、宣传等各种活动创新、推广和部署智能交通系统和服务。ERTICO 还是欧洲智能交通系统的组织者，该协会每年在欧洲不同的城市举行会议，同时也是欧洲智能交通系统世界大会的联合组织者。ERTICO 关注网联和自动驾驶、城市出行、清洁出行及运输和物流。在过去的 20 年中，ERTICO 与欧洲、中国、美国、日本和俄罗斯及世界其他国家与地区的主要参与者建立了长期关系。

欧洲智能交通协会是出行即服务（MaaS）秘书处和欧洲国家智能交通系统协会欧洲网络的主办方。为加强合作，ERTICO 和中国智能交通系统于 2018 年 9 月在世界智能交通系统大会上联合组织了“欧洲—中国智能交通系统”峰会。峰会期间，两个组织签署了谅解备忘录，并成立了新的中欧智能交通系统联合创新中心。该中心的目标包括共享信息技术系统知识、支持交通技术进步的合作行动和项目。

在智能移动解决方案所需的物理和数字基础设施的发展需求方面，ERTICO 拥有领先的洞察力。在欧洲跨多供应商平台实施和运营跨境移动系统和服务，取决于系统、应用和服务级别的互操作性。ERTICO 合作伙伴关系致力于确定目标移动领域和相关横向技术领域的标准化需求。在致力于为道路管理机构和服务提供商建立统一的智能交通系统标准的过程中，ERTICO 与标准化机构密切合作，以确保部署可互操作的智能交通系统。ERTICO 致力于使欧洲的出行变得清洁、互联和一体化。

考虑到互联日益增长的重要性及交换和共享数据的需要，增加了出行利益相关者的参与度，以进行合作并从共同创造（出行利益相关者根据用户表达的需求创建新的服务和商业模式）和合作竞争（出行竞争对手为了互利或共同利益而进行的合

作）中获益。共同创造和合作竞争都有助于日常出行，因为它们改变了公共和私营部门为用户提供出行服务的行为。通过共同创造，出行的所有利益相关者都被邀请在创造政策、服务和产品方面发挥作用，这些政策、服务和产品将满足用户和整个社会在移动性方面的需求，而合作竞争则在私营部门的竞争对手之间建立合作，从而实现共同的社会利益。

合作、连接和自动化不仅是互补的，而且它们相互加强，随着时间的推移将完全融合。车辆、基础设施和其他道路用户之间的通信对于提高未来自动车辆的安全性及其在整个运输系统中的完全集成至关重要，因此移动基础设施不再仅仅是物理的，而是数字的。随着向全自动化移动系统的转变，物理和数字基础设施的二元性是绝对必要的，这可以通过智能交通系统来实现。

物联网正在形成快速增长的数字经济的核心。预计到 2025 年，将有超过 700 亿台设备将通过物联网连接，预计经济影响为 10 万亿欧元。物联网独特的通用系统架构允许管理大数据集，以创建一个数据市场，允许在集成的智能城市环境中部署智能移动服务。通过 CCAM 及其信息技术（如物联网、人工智能、5G）的使用，一个越来越一体化和相互关联的移动系统发展成为现在的移动互联网，需要利益相关方之间有一个理解和一致的坚实基础。移动基础设施的数字化考虑了网络安全，并将物理属性转换为数字传感器和车载接收器，以便传统车辆和自动车辆都能最佳利用基础设施。

与此同时，移动服务现在采用以用户为中心的多模式方法进行设计。这些将在更大程度上与其他部门面向用户的服务相结合。将交通、数字、能源基础设施结合并整合到一个整体方法中，从跨部门的角度“观察”其运营，对于实现安全、效率和可持续性的目标至关重要。

通过智能交通系统将技术整合到欧洲交通系统的日常使用中已经证明了其好处。智能交通系统在交通领域已经取得了一些进展，包括：高级驾驶员辅助系统（ADAS），如紧急制动、车道保持系统和电子稳定控制，每年在欧洲挽救约 4000 人的生命。电子行车记录仪，用于监控专业驾驶员的驾驶和休息时间，以直接支持欧盟立法的执行，并通过识别潜在的过度驾驶时间来促进道路安全，从而减轻欧洲道路上驾驶员的疲劳。使用全球定位系统和伽利略系统等空间卫星技术的导航和位置服务使驾驶更加安全和高效，因为驾驶员和交通管理中心都掌握了交通状况的实时信息和最新地图。这些智能交通系统服务通过减少拥堵为所有用户都节省了金钱和时间。智能交通灯与导航解决方案通信，为用户提供最佳速度建议，以便他们能够赶上“绿灯”。这种系统被证明可以减少污染物和温室气体排放，从而改善空气质量。公共交通汽车站或公共汽车内的实时信息面板通过使旅行更加可预测来提高公共交通系统内的用户满意度。根据公共当局和地图提供商之间商定的标准，在移动和车载设备上提供定期地图更新。为整个欧洲提供实时更新的地图是使道路使用者安全和舒适的关键。更多知情的司机意味着司机、乘客和行人的安全系数得到提高。港口和工厂货物预订时段的实时信息意味着减少由于货车不得不在港口或其他设施的入口处排队而造成的时间“损失”。了解物流部门的预计到达时间（ETA）意味着能够计划路线和休息时间，以便可以实时在港口进行预订。

（二）智能交通发展特点

纵观 ERTICO 的发展历程，综合考虑 ERTICO 的重点发展领域，可以看出目前 ERTICO 的发展特点主要有以下 4 个方面：

1. 大力发展网联与自动驾驶

高度自动化的车辆已经在欧洲的道路上运行，并且发展迅速。每一代新车型的计算能力和传感器数据的数量都会增加一个数量级。许多人正在收集大量的真实生活数据，这些数据可以用来更深入地训练他们的机器学习算法。构建一个能够生成和处理这些数据的基础设施是一个具有挑战性但具有战略意义的步骤。

随着道路基础设施的发展，ERTICO 正在为 C-ITS、移动连接和自动化车辆的融合铺平道路。这一领域的工作着眼于多个 ERTICO 创新平台的活动，即欧洲卡车车队（ETPC）、ADASIS、SENSORIS、TISA、TN-ITS 和 TM2.0，并已纳入欧洲政策活动，如 C-ITS 平台、联网和自动驾驶圆桌会议，STRIA 和相关的欧盟委员会协商研讨会和辩论。

ERTICO 合作伙伴关系是理想的生态系统，可为联网和自动驾驶的研究、开发和部署做出真正的贡献。考虑到只有通过采用涉及所有交通利益相关者部门的多学科方法才能充分发挥效益，这一点尤为重要。这可以通过将车辆、道路管理局、市政当局、电信设施和基础设施行业结合起来，在公共和私营机构的作用和责任之间取得良好的平衡。

2. 大力发展清洁交通

目前，交通运输的碳排放量占全球温室气体排放量的近四分之一，使交通获得可持续发展是各国政府、欧盟和国际组织的重要政策目标。部署智能运输解决方案可以帮助运输用户和提供商作出更明智的决策，从而有助于减少碳足迹和排放。为此，需要通过更大的互操作性和更好的信息来提高系统和服务的效率和吸引力。正是从这个角度出发，ERTICO 开展了清洁交通领域的工作。创新的技术、车联网和自动化功能可以推动交通运输的脱碳，改善清洁技术的使用，以改善空气质量并解决交通拥堵问题。

ERTICO 与合作伙伴合作并提供支持，以开发更环保的服务和产品，评估对环境的影响及与其他利益相关方合作，以促进有效部署这些解决方案。ERTICO 致力于电动汽车及相关服务的开发，例如，可互操作的电动汽车充电。

3. 注重物流运输效率的提高

运输和物流体系面临的另一个挑战是，运输网络和基础设施的数字化进程。如果全面实施，这一过程可以更好地将公路、铁路、航空和水运旅行整合到整个欧洲的无缝物流供应链中。许多物流解决方案都是由单个公司基于其遗留信息系统开发的。目前存在的许多不同的数字平台、应用程序和产品造成了高度的“碎片化”。这是由于用户需求、数据模型、标准、系统规范和业务模型的差异造成的。为了克服物流系统的碎片化和缺乏连通性，ERTICO 正在开发连接具有不同特征、公司内部和跨公司及基于实时信息交换的物流信息系统的解决方案。

货运和物流得益于一个相互连接的世界，并可以借鉴其他运输领域的创新。ERTICO 正在创造技术趋势（即人工智能、大数据、物联网、自动化）与运输和物流智能解决方案之间的协同效应。ERTICO 正在为欧洲技术平台 ALICE 提供投入，尤其是在物流信息系统的工作组。

4. 促进城市交通的有效运行

在城市内和城市郊区，车辆技术、交通和运输系统及互联网应用正在形成一个快速增长的生态系统，为旅行者和交通用户提供新的“联网移动”服务。城市政府寻求能够显著减少交通拥堵的交通解决方案，同时增加集体和低碳交通工具的使用。开发最新的互联网和移动通信技术正在引导创新方式，以便重新思考道路运输服务和提高机动性。

ERTICO 致力于为新一代合作应用程序、数字基础设施和个性化移动服务进行广泛的部署。这将减少交通拥堵，增加低碳和低排放的使用，为所有公民和企业带来高质量的出行。出行即服务（MaaS）的概念创造了使用和支付流动性费用的新方法。它通过定制的解决方案将决策权转移给个人用户。这意味着需要开发新的组织和商业模式，以整合流动模式、提供信息并拥有安全的支付选择。

（三）重点发展领域和未来发展趋势

ERTICO 希望强化其领导力并促进利益相关者的参与；ERTICO 与合作伙伴一起通过各种活动开发，推广和部署智能运输系统和服务（ITS），包括欧洲共同资助的项目，创新平台，国际合作，倡导和活动。ERTICO 是欧洲年度 ITS 地区和全球性大会的组织者。ERTICO 工作重点是网联和自动驾驶，城市交通，清洁交通以及运输和物流。

1. 网联和自动驾驶

无人驾驶汽车的发展有许多好处，旅行者将能够利用他们目前开车的时间做他们想做的任何事情——工作、看电影、阅读、玩游戏或睡觉。虽然这些优势很重要，但无人驾驶技术开始发展的关键原因是 ERTICO 一直在努力实现的 3 个核心运输目标：安全、效率和可持续性。欧盟委员会的研究表明，至少 90%的道路交通事故与某种人为错误有关——人都会犯错，如理解出现偏差、失去注意力、注意力分散，然后事故就发生了。通过让技术减轻人类的部分或全部驾驶压力，预计安全性可以得到提高。当然，为了机器的安全，许多研究人员正在开发和研究传感器、驾驶风格、与其他道路使用者的互动及驾驶的许多其他方面。在未来传统驾驶和自动驾驶车辆混合行驶的世界中，网联和自动驾驶车辆（CAV）将不仅仅像现代汽车一样简单地用红外扫描仪和摄像机扫描环境，还将与环境和传感器及环境中的车辆实时交互，以确保车辆乘员的最大安全水平。ERTICO 正在领导或参与一系列开发无人驾驶汽车的活动，包括使测试和验证的通用方法达成一致。需要理解和优化的不仅仅是车辆本身，还有它们与其他车辆和基础设施的连接方式。目前的研究主要是分析不同网络之间的互操作性，例如，不能让一辆车在穿越边境时突然停下来，然后失去连接。连接基础架构本身要强大，并且基础架构中的连接解决方案必须经过测试和完善。CAV 的好处远不止安全。这些车辆在相互“交谈”时，将为运输网络带来更高的效率。当人类紧急刹车并改变车道时，其他车辆不得不做出反应，这就导致了交通堵塞。

司机喜欢熟悉感，所以他们倾向于走他们知道的路，而不是最有效的路，并在其他路线畅通的情况下陷入拥堵。CAV 将采取最佳路线，以可控、平稳的方式行驶，以减少行驶过程中的拥堵和事故，使整个网络更加高效。驾驶员也将减少对私家车的依赖，CAV 将提供更大程度的便利，让人们使用正确的交通方式进行出行活动。出行即服务的发展使多模式共享旅行对旅行者更具吸引力和成本效益，而空中客车公司通过提供“最后一千米”解决方案，在人们需要的时间和地点将他们连接到公共交通网络，在这方面发挥了至关重要的作用。此外，CAV 增加了社会弱势群体的流动性选择。行动能力受限或残疾人可能不需要停车，具有“风险”的司机保险费过高的问题也会因此而解决。因为无人驾驶汽车预计将降低旅行成本——尤其是在涉及拼车的情况下——这也可能为经济困难的个人提供更具成本效益的交通选择。共享出行和更少的单人私家车出行有可能更加高效。用更少的车辆运送更多的人显然是提高运输效率的一个关键方法——更有效的运输使运输更加可持续。

在新冠疫情防控期间，共享无人驾驶方案还提供了一个极好的出行替代方案，提供了无菌内部、乘客监控和司机不能暴露于污染物的方案。驾驶员不仅仅是给旅行大众带来利益的，货物运输自动化也是 ERTICO 工作的一个重要方面。卡车车列是指几辆车连接在一起，紧跟着车队行驶，有可能提供更大的安全性，为司机提供更好的条件，减少排放。车辆行驶得更近意味着更小的风阻，而连通性允许更平稳的制动和同时加速。研究正在进行，以分析该技术，并再次确保即使在欧盟成员之外的跨境互操作性。类似的试点正在进行，以确保跨境无缝连接。工作正在进行，以了解 CAV 将如何适应现有的运输网络，以及人类驾驶的车辆将如何与他们互动。封闭网络上的自动驾驶汽车，如在机场、商业公园或购物中心，已经变得司空见惯，而完全无人驾驶的车辆正在进行越来越长的测试路线。当你想到网联和自动化车辆、机器人、自动化、下一代人工智能、虚拟和增强现实、云服务、结合 5G 和网络安全的数据分析时，这些不再被视为科幻小说。随着世界的联系变得越来越紧密，自动化和安全至关重要，极其强大的网络安全支持成为强制性的前提。

2. 清洁交通

显而易见，提高平均占用率对于提高交通效率和减少对环境的影响至关重要。出行即服务（MaaS）的发展为旅行者提供了规划和购买多模式旅行的无缝解决方案，减少了对私人汽车的依赖，同时不影响价格或便利性，从而使多模式共享旅行对旅行者更具吸引力和成本效益。将移动数字化，用更少的车辆运送更多的人，显然是提高交通效率和可持续性的关键方法。智能交通系统（ITS）几十年来一直被用来减少拥堵和调节交通流。更好地管理拥堵是为了减少拥堵的规模和频率，减少走走停停的交通。例如，根据交通状况的实时信息改变交通灯的相位，给更繁忙的道路更多的绿灯时间，并显著减少绿灯在没有车辆靠近的道路上显示的时间。然而，道路上越来越多的车辆阻碍了交通管理和发动机效率的提高，这意味着技术变革本身不足以带来需要的环境改善。车队及其如何使用，以及如何使用不同的模式和基础设施，也必须改变。用电动或氢气等其他动力系统替代传统的内燃机汽车是消除汽车二氧化碳排放的一种方法，尽管发电方式也是“脱碳”的一个关键成功因素。然而，鉴于电动汽车仅占欧洲总车队的 1.5%，如果没有大力支持，这些目标将无法实现。政策制定者正在引入一系列解决方案来鼓励采用电动汽车，智能交通系统的专业知识正在帮助实现这一转变。这包括互操作性和标准化方面的工作：如果充电基础设施对于不同的车辆或不同的国家有不同的连接器，它将不起作用。与此同时，交通建模者正与电力公司合作设计和布置充电网络。ERTICO 的合作关系参与创建了一个电动汽车超级网络，以实现开放的充电基础设施。该网络旨在提高整个非洲大陆的服务可用性，包括更好的规划和更安全的电网运行。为了提供有效的充电网络，必须有标准的充电设备，并且充电点必须针对消费者的需求和网络上的电力供应进行优化。ERTICO 参与的活动还有助于理解向电动汽车转移的商业和技术影响，如通信技术接口、标准化软件服务和数据模型，以实现互操作性。电动汽车和智能电网之间的互操作性是运输电气化部署和全面优化的关键问题。确保面向所有消费者的标准化网络对于推动电动汽车的普及和用户友好性至关重要。研究人员还在开发整合可再生能源和存储、部署创新的能源相关服务及实现自动计费和更高效的能源管理等更多功能的最佳方式。研究不会止于欧洲边界。这些试点项目包括与美国、中国和其他国家和地区的开发人员合作，帮助创建全球标准，而不是区域标准。

然而，虽然电动汽车会降低交通网络中的二氧化碳排放量，但车辆仍然会从动力系统、制动器和轮胎中产生颗粒物。因此，ERTICO 还在领导一个试点项目，以增加对这些因素的了解，并创建提高认识活动和辅助应用程序等工具，帮助驾驶员改善行为，支持更平稳的驾驶并减少二氧化碳排放。货运领域的相关研究正在取得切实成果，已经开发了动力系统技术来提高重型车辆的燃油效率，现在正在使用大数据分析、预测算法、嵌入式软件系统及发动机和后处理系统建模来减少它们对环境的影响。例如，使用驾驶员辅助系统根据地图数据和车辆位置预测前方道路，可减少 5%的油耗。通往低碳交通网络的“旅程”是漫长的，然而，技术可以对“旅程”产生重大影响。

3．运输和物流

商店即时库存管理的兴起和网上购物次日甚至当天交货的激增极大地改变了物流行业，需要技术、政策和用户行为的良好结合，以确保其尽可能高效和可持续。目前的情况是，同一家公司的多个订单在同一天到达不同的货车，这是不可持续的。货物运输的每个阶段都需要智能解决方案。物流行业不能用“联合”来形容，不同的软件系统管理供应链的不同方面：港口、货物、海关和公路运输。该行业可以实现进一步分化，全欧洲有超过 50 余万家不同的运输公司，其中 85%的公司拥有不到 5 辆卡车。这些公司有许多非常有效的规划和路由解决方案，但许多运营商不愿意投资于软件，因为当他们担心未来 2～3 个月的盈利能力和现金流时，软件将只可能在 2～3 年内提供显著的投资回报。当公司确实投资这个软件时，它与其他系统的互操作性远非常态。尽管有一些方法可以减少不载货物的卡车旅行，但统计数据显示，至少有 15%的卡车行驶里程是所谓的“空载行驶里程”。降低这一比例并提高物流行业效率的解决方案对于提高可持续性来说至关重要，它们还将为主要由私营部门组成的物流公司带来更大的利润。

为了克服市场分散、基于通信技术的信息系统缺乏协作和互操作性的挑战，ERTICO 实施了一种新的创新的多层平台方法，以提高整个供应链的可见性，并确保进一步的跨境互操作性。该方法涉及架构框架，它要求与大量物流信息系统之间有安全、可靠的连接和接口。它还需要开发一个框架，使物流用户能够轻松地构建和配置自己的用户界面，以作为灵活、可配置的智能信息仪表板。此外，必须有一个工具包，这将是一套可扩展的软件工具，可以管理大量的物流信息流。物流公司规划工具的这些改进将减少延误，从而降低成本，并为托运人和运输运营商提供最佳装载系数。它还将确保符合标准和欧盟政策规则的可扩展性和互操作性，并应导致温室气体减少 30%。重型商用车辆的联网自动驾驶系统具有巨大的潜力，可以给卡车运输行业、车队运营商和整个物流行业带来颠覆性的变化。它们可以提高货物运输的安全性和效率，并使车辆操作更加舒适。燃油效率的提高可以通过自动化的卡车操作来实现，例如排队。各种自动化卡车和卡车队列概念将成为日常生活的一部分。当高度自动化的系统用于从一个枢纽到另一个枢纽的物流运作时，包括混合交通和受限区域的运作，可以从中看到积极的影响。在某市，交付即服务试点正在检查在车辆的特殊隔间中运输货物，司机可以在那里交付货物，或者收件人可以到外面领取包裹。自动送货车的进一步研究和创新正在进行，目的是减少在路上运送货物的需要。这些小型电力舱在从中心枢纽到目的地的人行道上安全行驶。与此同时，运输建模公司正在计算送货柜的最佳位置，顾客可以在方便时将货物存放在送货柜中。ERTICO将多层平台方法扩展到一个全球联合平台网络，该网络还包括欧盟以外的主要利益相关方，实现了从经济、环境和社会角度优化TEN-T走廊所需的信息和服务共享。包括道路运输在内的所有运输方式都需要变得更加高效和清洁。通过投资数据共享和数字文档，在相关方之间共享关于谁计划将货物从一个地方运输到另一个地方的信息，最终将能够匹配所有计划的运输，并确保每辆卡车都是被装满的。这意味着需要更少的卡车来运送同样数量的货物，从而为未来提供一个更加可持续、更加清洁、更加高效的物流网络。

4．城市交通

继续一贯的方式在城市中运送人员和货物是不够的，这只会导致更大的交通堵塞和可怕的空气质量下降，需要一种全新的方法。可持续的流动性必须是未来城市的一个关键组成部分。提高人们步行和骑自行车的安全性和便利性的举措是建设未来宜居城市的关键。经过几十年来对汽车的关注，理解行人的需求和偏好是现在移动性研究的核心，而支持骑自行车正成为一个优先事项。从卡车和路边的自行车传感技术，到十字路口的“优先绿灯”，城市中的骑自行车者得到了支持，以便使其更有信心在旅行时感到安全。随着越来越多的电动滑板车等微型移动解决方案可供人们选择的出现，城市需要管理它们与整个交通网络的有效整合。城市向共享、可持续交通的转变不会在一夜之间实现。然而，通过提供目前正在整个欧洲开发的解决方案——使私家车成为人们不那么占主导地位和方便的选择，交通可以引领创造未来宜居城市的道路，这不仅是可取的，而且是必要的。鼓励和促进人们使用多种交通方式出行是城市管理交通网络的另一个关键解决方案。出行即服务（MaaS）——一种无缝、方便的多模式解决方案，允许人们规划和支付他们的旅程——对于提供高效、方便的旅行和解决共享旅程中不方便的部分至关重要。充分了解人们的端到端旅行将为他们提供分享大部分（如果不是全部）旅行的机会，这意味着路上的车辆更少，旅行者的成本更低。在新冠疫情暴发之后，共享和可持续的交通可以被小心地整合到一系列公共交通解决方案中，以便大量的通勤者和乘客可以以各种交通模式安全地通行，从而形成千年生态系统评估计划。为了通过改善城市空气质量来提高宜居性，车队将转向电动汽车。新举措不仅支持汽车本身的发展，如延长电池寿命以增加续航里程，还必须安装充电网络以支持电动汽车数量的大幅增加。这项研究旨在确保充电器的标准化，如何将它们最有效地放置在电网中，以及充电器可以放置在城市居民区的什么地方（在那里人们通常很少或没有街道外的停车场）。随着这场革命和新的以用户为中心的服务的出现，城市交通管理也正在被重新构想。这包括建立和连接一套通用接口、原则和业务模型，以促进与标准化车辆和交通管理中心之间的信息交换。这意味着交通管理中心完全了解基于人们端到端旅行的网络需求。这将允许一个整体方案来控制交通，同时帮助个人用户做出较明智的旅行计划决策。互联车辆解决方案正在帮助驾驶员减少旅途中的停靠次数。绿灯优化速度咨询系统（Green Light Optimized speecl Advisory，GLOSA）通知驾驶员合适的驾驶速度，以便在交通信号为绿色时能够通过下一个十字路口。这最大限度地减少了二氧化碳排放，优化了交通流量。

正在进行研究、分析连通性、自动化的潜力及如何使有形基础设施数字化。这会最终将交通管理从交通管理中心的人工控制功能转移到基于人工智能的数字化解决方案。在该解决方案中，车辆和基础设施直接相互通信。同样，在优化城市地区急需的货运和“最后一千米”交付的效率，同时减少其负面影响方面，也做了大量工作。这包括使用小型电箱的自动交付，以及模拟交付储物柜的最佳位置。ERTICO及其合作伙伴的工作是支持人们从私人车辆向有效地可持续交通解决方案迁移的更广泛工作的一个组成部分，其利用技术和新的商业模式来确定新的优先事项。现在，当务之急是了解互联、自主、共享和电动车辆为提供满足需求的交通运输带来的机遇。最终目标是改善公民的生活，减少城市中的车辆总千米数，并促进私营和公共部门之间的伙伴关系。

三、丹麦智能交通发展行动计划

（一）总体目标

哥本哈根是丹麦的首都，被誉为“最具现代化的绿色宜人城市”。可持续发展智能交通作为哥本哈根绿色增长和高质量生活愿景的重要组成部分，其目标就是让人们在哥本哈根拥有更便捷、更绿色、更高效的出行体验，并确保绿色交通工具成为每个人出行的首选。

为了达成总体发展目标，可持续发展智能交通基于数字技术，提供了一个全新的控制交通流量的方式。同时，它也是智慧城市概念中的核心元素，它通过将各种来源的数据链接起来并应用于居民出行的新型解决方案和服务。另外，它作为《CPH 2025 气候计划》的一部分，哥本哈根设定的一个远大的目标就是要在 2025 年实现零碳排放，为此推行了一系列可持续发展智能交通行动计划，为气候变化做出相应的贡献。2010 年，哥本哈根交通碳排放量是 38 万吨，预计持续到 2025 年实现每年减少 2.5 万吨二氧化碳排放量。

实施可持续发展智能交通发展规划措施的目的是减少环境污染并提高通行效率，通过对所有交通方式进行更智能、更环保的交通管理，确保道路使用者更轻松地到达目的地。由于利用骑自行车代替私家车是减少二氧化碳排放最直接、最有效的方法之一，所以规划的第一个目标就是提高骑自行车和乘公共交通出行的比例。由于港航业的碳排放量的所占比重仍然较大，规划目标还涉及利用新技术改善港航业高污染排放行业的现状。

除此之外，哥本哈根想要成为一个居住环境优越的城市，高质量生活不仅要有高效的交通条件，还需要有丰富的城市生活。因此，哥本哈根在可持续发展智能交通发展规划的目标中还引入了“城市生活”这一主题，通过各项措施，满足居民户外活动的需求，增加对道路安全性及行人和骑行者舒适度的设计。

哥本哈根可持续发展智能交通发展规划与各项不同的目标相关，同时考虑高效环保的交通解决方案和高质量的现代城市生活，利用智能手段有效地管理城市，帮助哥本哈根成为现代化、可持续发展的国际大都市。因此，哥本哈根可持续发展智能交通发展规划设定了以下战略和目标，见表 1.1。

表 1.1 哥本哈根可持续发展智能交通发展规划设定的战略和目标

战 略	目 标
《CPH2025 气候计划》	①2005—2015 年，交通二氧化碳排放量减少 10%。 ②到 2025 年，哥本哈根实现零碳排放。 ③到 2025 年，哥本哈根 75%的交通出行是通过骑自行车、公共交通或步行完成的
市政规划 2011	①到 2025 年，至少有 2/3 的人出行使用绿色交通工具，如步行、骑自行车和乘坐公共交通工具。 ②长期目标是，城市内所有个人出行中至少有 1/3 骑自行车，至少有 1/3 使用公共交通工具，最多有 1/3 开私家车
《哥本哈根自行车战略 2011—2025》	①2013—2015 年，哥本哈根市所有骑自行车者中，上班和上学的人比例将从 41%上升到 50%。 ②与 2010 年相比，2015 年，骑自行车者的出行时间减少 5%，到 2020 年减少 10%，到 2025 年减少 15%。 ③拥有 3 条车道的自行车道网络（后续简称为 PLUS 网络）的比例在 2015 年达到 40%，到 2020 年达到 60%。 ④在哥本哈根，对自行车道维护状态表示满意的骑自行车者的比例在 2015 年达到 70%，在 2020 年达到 75%。 ⑤自行车文化对城市生活产生积极影响的哥本哈根居民的比例在 2015 年达到 70%，在 2020 年达到 75%

（二）行动计划及措施

为了实现前述总体目标和各项服务目标，本节将进一步介绍哥本哈根可持续发展智能交通发展规划的行动计划和措施，主要包含机动性与绿色交通、交通安全、街道设计、智慧港口、数据和交通管理、信息和服务 6 部分内容，如表 1.2 所示。

表 1.2　可持续发展智能交通发展规划的行动计划和措施

行动计划	措　施
机动性与绿色交通	提高所有道路使用者的机动性； 改善道路交通状态
交通安全	使用 ITS 解决方案来改善交通安全
街道设计	灵活利用街道空间
智慧港口	提高港口生产装卸效率； 促进港口低碳可持续发展
数据和交通管理	收集和处理实时交通数据； 进行战略性的交通管理； 及时有效地反映和管理交通事故
信息和服务	通过适当的渠道准确并实时获取交通信息

在特定解决方案的开发和实施过程中，技术和环境管理局会确保始终专注于为公民、道路使用者和企业创造价值的根本宗旨。因此，在道路使用者和市民参与开发解决方案的同时，需要准备好用户测试，例如以“适应城市使用节奏的街道”为主要内容的解决方案。此外，政府还会继续让利益相关者参与智能交通系统的建设工作。

1．机动性与绿色交通

本行动计划是关于可持续发展智能交通系统如何更好地利用现有基础设施，改善各种交通流量的管理，以及帮助驾驶员通过生态驾驶来实现节能减排的。

1）与《交通管理计划》有关的信号优化

在最需要并且能够最大程度减少二氧化碳排放的路段上进行交通信号优化。同时，在《交通管理计划》中确定了可以减少汽车行驶时间的线路，其中包括线路 Aboulevard-line、线路 Ring 2 和线路 Amager Fælledvej。该行动围绕所有类型的交通展开研究，研究应在车站或行人经常出入的哪些地方来改善行人的出行条件。所以，优化的重点应放在更好地控制交通流量以缩短出行时间上，以及减少停车位来为行人创造更好的出行条件。

交通的优先级基于《交通管理计划》，所采取的措施既可以是调整信号的协调方式的简单解决方案，又可以是使用各种传感器进行交通信号的输入来控制交通的高级解决方案。并且在实际实施之前，将开发仿真模型以测试得到的目标路段为最佳解决方案。

预期结果：根据道路管理局发布的《更好的交通信号》的报告，预计信号优化会带来以下改进：减少空气污染和二氧化碳排放；为道路使用者提供更好的服务；由于交通站点减少，事故随之减少；更大的道路通行量和更少的交通拥堵。此外，在安徒生大道上进行的信号优化仿真研究也呈现了令人满意的结果。

2）智能公交优先

十多年来，哥本哈根一直致力于使公交车更迅速地通过街道，惠及了数百万乘客，每年约有 1.6 亿人搭乘哥本哈根巴士公司 Movia 的公交车。为了确保公交车更轻松地到达目的地，该市已经采取了许多举措，如公交车专用道在其他交通车道之前先亮绿灯。此外，还开发了新的解决方案，以改善将来的公交车流量。另外，哥本哈根市必须面对的挑战之一是，如何确保公交车在规定的时间间隔内到达目的地，尤其是在高频巴士路线上。例如，运行 A 巴士和 S 巴士，有时在高峰时段公交车会聚在一起，这就导致了无法为乘客提供好的出行服务。现今，公交车可以通过全球定位系统（Global Positioning System，GPS）发送通知交通信号，人们根据交通信号就能够知道公交车的位置，进而为公交车提供信号优先服务。但是，目前的交通信号在公交车上没有更多的信息显示，其优先级仍采用“先到者先接受服务”的原则。

Movia 能够为巴士公交提供有关公交线路的相对重要性、乘客人数及公交车是否晚点的信息数据，这些数据可以帮助确定信号的优先级，从而确保公交车更有规律地到达目的地。该计划还旨在通过使交通信号更智能化，通过摄像头向公交车提供当前交通状况的信息，从而改善公交车在交通中的行驶速度。另外，在《交通管理计划》中也可以看到，改善影响公交车行驶速度的所有主干道路必要性。因此，需要建立一个在公交车和交通信号灯之间共享信息的系统，该系统是欧盟项目 Compass4D（旨在展示智能交通系统可以为公民、企业和城市管理带来各种优势）的一部分，能够改善公交车在交通中的通行状况，并在哥本哈根中央车站到奥斯特波特车站的路线上创造更安全的驾驶条件。

在《交通管理计划》中包含更多有关公交车实时状况信息的数据，可以确保无时间表运行的高频公交车不会聚集在一起。

3）智能化自行车系统

哥本哈根为了实现在 2025 年零碳排放的远大目标，大力推广公共交通和自行车交通。然而，如果要进一步增加居民骑自行车出行的比例，自行车必须成为最便捷和最快速的交通工具。为此，哥本哈根借助升级基础设施以维持交通顺畅，以可持续发展智能化交通系统来大幅缩短居民的通勤时间，进一步提高城市自行车交通的通行效率。另外，通过合理的自行车道设计和提供舒适的骑乘体验，让居民更愿意选择自行车作为交通工具，使城市达到节能减排的目标。

建立一个直接、连贯和舒适的自行车道网络，主要包括绿色自行车道、自行车高速公路和自行车专用道。在这个网络中，自行车车道更加宽阔，自行车骑行者可以安全舒适、自由地骑行。

哥本哈根计划投资 6000 万克朗（约合 4584 万元人民币）建造 380 座智慧交通信号灯，用于实时获取路况信息，并据此调整信号灯以提升交通通行效率。这些信号灯通过新增的摄像头、蓝牙传感器等设备，可以监测相应区域范围内道路上的车辆和行人的数量。例如，可以用摄像头监测机动车辆的数量，并定位装有 GPS 的公交车，如果公交车晚点，还能调整相应的绿灯时长。此外，这些智能信号灯还能靠蓝牙探测到行人所使用的智能手机的信号，进而判断行人的数量。

哥本哈根通过实施“绿波计划”大范围展现了无线感测技术如何有效解决城市发展面临的交通拥堵问题。该计划是哥本哈根市政府与麻省理工学院（Massachusetts Institute of Technology，MIT）共同合作开展的，通过路灯上的传感器，实时搜集路况与车流量信息，基于骑自行车者的实际出行时间、停车次数等数据，利用一个交通管理系统来监控和调整绿波，减少骑自行车者经历红灯的次数。

除此之外，哥本哈根市政府会再次与 MIT 合作开发 Copenhagen Wheel 项目，拟将自行车打造成为更接近汽车行车效率的交通工具。该项目的预期结果：首先，拥有 3 条车道的自行车道网络的比例在 2020 年达到 60%。其次，通过智慧交通信号灯的实施，预计公交车的行驶时间减少 5%～20%。最后，减少骑自行车者的出行时间和停车次数，使市民拥有更好的出行体验、更高的通行效率。

Copenhagen Wheel 项目不仅让现有自行车的普通车轮可以改装为备有电池与马达的电动车轮，同时车轮装设有传感器与无线传输功能，能够侦测与记录道路平整状况与车流路况，并回报给相关单位，且速度可达每小时 25 千米并持续行驶 50 千米，适用于远距离或多坡道的路段。

4）低排放区收费政策

交通拥堵和交通造成的环境污染已成为世界各国共同面临的难题，各大城市基本都开展了多轮次的治堵减排行动。但伴随市民对美好生活的诉求与向往，对城市运行效率和服务质量提出了更高的要求，治堵减排进入攻坚期。因此，各大城市都在积极探索更加行之有效的政策手段，而低排放区被证明是一种可有效改善城市环境、缓解交通拥堵的交通需求管理政策。

Neology 与 ITS Teknik 团队成为丹麦智能运输系统解决方案与服务的框架供货商，并且获得丹麦运输与基础设施营运商提供全国性自动车牌识别执行解决方案的合约。其拟采用 Neology 最新固定式摄影机与基于深度学习光学字符识别技术的 Golden Eagle 行动平台，提供弹性的模块化与可选择的解决方案，并借助 ITS Teknik 在丹麦部署全球第一个全国性洁净空气区执行系统，以解决几个丹麦最急迫的交通相关问题。

Neology 的自动车牌识别技术为全球拥堵定价、排放区收费等相关领域提供了解决方案，而 Golden Eagle 移动平台则是基于洁净空气区即服务的解决方案，运用最新人工智能技术全年无休地监测进入低排放区、城市地区及公路与城外干道等车流密度较高道路上的车辆。

ITS Teknik 作为丹麦智能交通解决方案领导厂商，将与 Neology 同时在丹麦的 5 个低排放区的基础上开展建设，安装在车辆上的最新固定式摄影机可在固定位置或行驶中自动识别周边环境和行经车辆的车牌，配置在固定检查点的摄影机则会自动识别来往车辆的车牌并依违规事项开出罚单。另外，还会建设区段测速系统，以识别车辆并记录进出道路区段出入口的时间，再根据路段长度与行车时间换算得到车辆的平均速度。同时，也会运用动态称重系统控制交通负荷，为行驶中的重型货车进行高速称重作业。

该项目的预期结果：低排放区政策对缓解交通拥堵、降低空气污染会产生明显的改善效果。在交通缓堵方面，机动车交通量下降 10%～30%，公共交通分担率提高明显；在污染减排方面，PM（Particulate Matter，颗粒物）污染物、氮氧化物浓度至少降低 10%。

5）生态驾驶

汽车特别是货车的停车和加速，会从排放的废气、噪声、空气污染和燃料消耗等方面对当地环境造成巨大的影响。而通过确保驾车者在绿灯亮起时到达交叉口的方式，可以大大减少汽车交通的负面影响。

生态驾驶领域的行动包括进一步开发和改进沿着 Folehaven 街道测试的系统，该系统在道路上和卡车上都需要安装相应的设备。为了避免在路边安装设备，还测试了另外一种系统，它通过网站共享有关交通信号的信息。以上两种系统已经在两条道路上实施了，后续将与丹麦运输和物流部门合作完成进一步的工作。

另一个方案是在路边设置简易装置，帮助引导交通车流跟随绿灯并避免停车。提出这个方案的主要原因是，并非每个人都会在行驶过程中打开手机或 GPS。荷兰有使用相对简单的动态标志的经验，可以让驾驶员跟随绿波行驶，而此类标志必须获得丹麦公路局和警察的批准才能设立。

该项目的预期结果：生态驾驶可以减少高达 13%的二氧化碳和氢氧化物的排放量。一辆 40 吨的货车每停一站（包括加速）大约需要 0.5 升柴油，在燃料消耗上可以节省相当大的费用。一项在 Folehaven 街道上进行的测试表明，生态驾驶技术的应用能够有效地减少停车次数和节省燃油消耗。

2. 交通安全

哥本哈根所有道路发生的交通事故中有 1/3 发生在晚上。尽管与白天相比，晚上的流量要少得多，但这种情况还是会发生。特别是弱势道路使用者受到的伤害最大，在所有交通死亡或重伤的人当中，有 2/3 是骑自行车者或行人。此外，在交叉路口发生的数起事故，都是因为汽车司机闯红灯引起的，所以需要掌握司机如何在交叉路口闯红灯的数据，并分析这一现象背后的原因。

ITS 可以通过使用智能照明及通过确保交通信号灯和路灯之间的通信来提高对骑自行车者和行人的识别，使用智能路灯的项目正在 5 个交叉路口进行。同时，新的概念也正在开发中，即如何更多地关注那些在信号灯闪烁时穿过人行横道的行人。另外，最新的计划是在 3 个交叉路口实施试点项目，其中传感器可以检测到闯红灯的驾驶员数量，从而实施智能交通系统解决方案，以确保减少因闯红灯而导致的交通事故。

该项目的预期结果：更多地关注骑自行车者和行人，提高安全性并降低发生事故的风险。此外，在实施该项目的那些路口，因红灯行驶而导致的汽车事故数量预计会减少。

3. 街道设计

在这个人口稠密的城市里，许多人在这里生活、工作、走动和消磨时间，街道空间满足了许多在一天中经常变化的需求。而居民数量的增加会增加街道空间的压力，也会增加对街道活力的需求。在哥本哈根的某些地方，白天时停车位仍然是空的，但是城市空间中的该区域并不用于城市生活和消磨时间。而在其他地方，交通状况在一整天中都在急剧变化。例如，腓特烈博尔加在早高峰和下午高峰时段，是城市中骑自行车者最多的街道之一。然而，在交通高峰时间之外，许多行人，尤其是瓦埃勒市场（一个相对较新又受欢迎的室内市场）周围的行人，却少之又少。

这是一个创新项目，在此项目中，技术解决方案必须阐明并确保全天候更灵活地使用街道空间。在住宅区，当不需要停车位时，将更多地研究将空停车位用于其他目的的概念。这些解决方案不会影响现有的停车需求，而且会确保将街道的变化情况清晰地呈现出来。

另外，该项目将展示更灵活使用街道空间的模型，使其更好地满足当前的交通需求。例如，它可以是一个区域的形式，有时可以用作自行车道，有时可以用作人行道。在这个行动计划下找到的解决方案通常会被开发出来，这样就可以很清楚地知道什么时候应用什么规则。由于这种概念在今天并不存在，它们必须得到丹麦公路局和警察的批准才能实施。除此之外，丹麦的停车设施正在经历巨大的发展变化，在拥挤的城市中心，更加紧凑的建设方案是关键，停车系统必须置于一个有限的空间内。因此，停车场也开始陆续地推出自动停车系统来解决停车拥堵、街道空间资源利用率等问题（参见附录中示例 6）。

该项目的预期结果：更有活力地利用街道空间，可以为哥本哈根市民创造价值，智能地利用人口稠密的城市地区的有限空间，并为促进城市生活的活动创造更多空间。此外，让市民参与该地区的规划和使用，这有助于给他们一种对城市空间的归属感。另外，它还有助于确保人们更容易到达目的地，以及保持良好的交通条件。

4. 智慧港口

港航业正面临着高排放、重污染、人工依赖性强、生产装卸效率低的严峻形势，已经跟不上市场环境向高效节能方向发展的变化。作为世界上可持续发展的推崇者和实践者，丹麦依托物联网、云计算等先进技术提出了一系列举措来推进智慧港口的建设，实现码头作业自动化、运营管理智能化、物流服务最优化、创新服务多样化、互联互通广泛化和港口发展可持续化。

丹麦马士基航运企业已将应对二氧化碳对航运的影响作为优先考虑事项，并在船队推行使用目前最环保的集装箱船。同时，哥本哈根马尔默港宣布建设最新一代可持续的自动化集装箱码头的计划，该码头将于2021年年底完工，占地面积达85000平方米，港内水深12.5米。

另外，丹麦与马士基油轮、劳里森散货船、联合轮船、托姆油轮等著名航运企业及一些工业海运供应商建立了合作伙伴关系，联合30个研究技术机构及大学组成海事研究开发创新平台ShippingLab，并且已经获得丹麦创新基金、丹麦海事基金和劳里森商业基金等的支持，采用数字船舶运营和脱碳的工作流技术，目前正在开发丹麦首艘自动化环保船舶。

该项目的预期结果：到2050年，马士基航运企业应对二氧化碳对航运的影响有望在不受到干预的情况下增长到250%。另外，随着新型环保集装箱船舶的投入使用，与亚欧贸易的行业平均水平相比，每移动一个集装箱，二氧化碳排放量将减少35%。而ShippingLab项目的启动将成为丹麦未来智能航运的驱动力，工业界和学术界共同致力于解决新技术如何应用于航运业，探求现代物流解决方案，实现港口更高效、更安全、更环保、更稳定的作业。

5. 数据和流量管理

智能交通系统计划的核心是收集实时交通数据，并根据这些数据建立一个新的交通管理系统，以帮助管理部门优化交通和处理交通状况。

1）建立用于收集交通数据的传感器网络

目前，市政当局只有有限的实时数据，即此时此地的交通数据。由于缺乏关于交通的实时数据，市政当局很难了解和获得整体情况，无法对不可预见的事件做出快速反应。然而，实时数据却可以通过改变信号方案或优先顺序来检测并响应交通问题的早期迹象，并且实时数据也是“原始数据”，许多与机动性、安全和服务相关的项目都将依赖这些数据。

另外，《交通管理计划》中列出的服务目标还需要使用当前数据进行跟踪。城市中已经有许多交通传感器，包括道路上的传统线圈及少量的交通摄像机和来自哥本哈根Movia公交车的GPS。但是，来自传感器的数据仅在交通信号控制设备中使用，并且无法集中访问实时数据。当前，流量计数主要是手动进行的，通常每年仅在选定的位置进行两次。因此，需要一种可以连续收集有关交通量、出行时间、站点数、出行方式等实时数据的系统；需要有关行人、自行车、公共汽车和汽车的数据。

因此，交通传感器网络必须连续收集有关交通的实时数据。该网络是根据《交通管理计划》分阶段构建的：首先确定服务目标的路段；然后指定道路网络中的节点，包括自行车道网络、公交路线和主要道路；最后是其他需要优化交通信号的路段。

蓝牙和Wi-Fi天线、雷达、线圈、照相机、射频识别天线、智能手机应用程序等现代技术可以收集交通数据。每种技术都有自己的优点和缺点，因此需要一种技术组合来获得足够全面的数据基础。例如：

蓝牙和 Wi-Fi 天线：通过一个独特的匿名标识，智能手机和其他设备可以从一个天线跟踪到下一个天线。通过这种方式，可以收集关于交通量、出行时间、整体水平及出行方式的数据。虽然提供了大量数据，但个人注册仅限于几百米范围内。为了区分不同类型的交通，许多天线需要放置在交通形式物理分离的位置。例如，在自行车道上，其与汽车交通分离。

射频识别天线：通过唯一和匿名的身份识别，安装在自行车上的小标签/贴纸可以从一个天线跟踪到另一个天线。每一个注册都被限制在几米之内，这样不同的交通模式就可以被分开了。该程序要求将标签/贴纸分发给足够数量的自行车骑行者，并且要求能够正确安装。

交通传感器：如线圈、雷达和摄像机，在某些点上可提供高度精确的计数，但是单个道路用户通常不能从一个传感器跟踪到另一个传感器，因此没有关于行驶时间和行驶模式的数据。交通传感器通常同时用于本地交通管理方面。

智能手机应用程序：如果用户同意，智能手机应用程序可以通过使用 GPS，收集关于出行模式、停靠次数、排队等非常详细的实时数据。“我在哥本哈根骑行”应用程序上的配套“跟踪”功能已经被设计出来，用户可以跟踪自己的自行车习惯，并与市政府匿名分享数据。另外，需要研究使用这个或其他应用程序收集其他类型流量数据的可能性。

在可能的情况下，现有的交通传感器将被连接到管理的核心系统，因此可以访问来自传感器的数据。

该项目的预期结果：实时数据将确保主管部门掌握最新的交通情况，从而使他们可以在交通问题发生时迅速做出反应，并为驾驶员提供更及时的交通信息。此外，实时数据将确保对服务水平进行适当的跟踪，并为规划优化措施提供更好的基础。

2）用于收集交通实时数据的数据库

实时数据的收集将产生比市政府在现有 GIS 系统等中处理的流量数据大得多的数据，而且市政当局目前拥有处理关于道路网络、建筑物等的地理数据的系统，以及包含道路表面数据等信息的道路管理系统，但是这些系统不是为处理实时数据或“大数据”而构建的。另外，还需要处理新的数据类型，如反映出行时间、停留次数和出行模式的数据。

因此，需要升级现有的 IT 系统，以便它可以处理这种类型的“大数据”，并跨越各种数据类型实时地有效存储、搜索等。这样的数据库将构成交通管理系统和智慧城市计划及新解决方案、服务的基础。

需要构建一个可以处理涵盖流量的“大数据”的 IT 系统。该系统将连接有关交通、道路、事故、事件、出行时间等所有相关数据，以便可以跨当前和历史数据的数据类型进行搜索。它将集成和互连现有数据源和新数据源。因此，该系统必须基于开放标准和协议，以便可以与其他系统和合作伙伴（包括丹麦公路局）共享数据。

“北欧合作”被视为开发创新和可持续解决方案的关键，是改变北欧国家之间人员和货物的交通运输方式的有效途径。Nordic Way 北欧智能交通合作项目（参见附录中示例 7）旨在测试蜂窝 C-ITS 服务在客运和货运中的互通性，并试验在丹麦、芬兰、挪威和瑞典的整个 Nordic Way 网络中提供类似用户体验的连续性服务，让北欧公民从这种创新的移动性和连通性解决方案中受益。

该项目的预期结果：利用这个有效的系统，用于收集、处理和检索交通数据，从而可以有效利用收集到的数据。

6. 信息和服务

1）交通信息

交通信息的作用是，为出行者提供更好的服务，使道路使用者更快、更轻松地穿越城市，并帮助他们做出更环保的交通选择。而且，更新的信息对业务也很重要，如与物流规划相关的信息。2013 年，丹麦公路局完成了一项题为“交通信息的价值”的研究，记录了交通信息对道路使用者的巨大价值。驾驶者尤其希望获得有关延误、危险情况和替代路线的信息，信息更新越快，其价值就越大。

如今，公民和企业都希望所获得的信息是最新的、有用的和私人的，并且通过已经在使用的渠道（包括应用程序，社交媒体，广播等）来传递信息。市政当局拥有许多数据源，例如交通信号，道路工程和除雪作业，如果对这些信息进行有效的处理和传递，会为道路使用者带来极大的价值。因此，有必要使公开的交通信息自动化和数字化。但是，也必须考虑敏感的个人数据，确保数据保持匿名。

基于实时数据，发布有关交通事故、道路工程、突发事件和其他影响交通的最新信息。相关主管部门正在与丹麦公路局合作，为驾驶员准备一个应用程序，该应用程序必须包含有关道路工程、主要道路上的行驶时间及长期停车信息。信息将通过相关渠道提供，包括广播/电视、社交媒体和开放数据平台。信息的传输将尽可能地自动化，在交通管理系统中提取信息，更新现有的“我在哥本哈根骑行”应用程序，使该程序考虑道路工程。

该项目的预期结果：更具针对性的交通信息将为道路使用者提供更好的服务，为他们提供更好的计划行程的机会。它还可以减少交通压力，并提高驾驶员在特定事件上的注意力。

2）开放数据

必须向公众公开数据，以便为公民、消费者和企业提供价值，如此便对数据的结构方式和标准提出了新的、更高的要求。

应尽可能地通过开放的数据门户网站将来自交通管理系统、交通传感器等的数据提供给其他人，以便将其应用于新的应用程序、服务和产品，还应发布有关服务级别的数据。

该项目的预期结果：有关交通的实时数据的发布将使其他人有可能开发新的应用程序或服务，如货物承运人将能够更好地规划运输路径。

3）具有实时交通信息的动态自行车标志

传统上，人们很少为骑自行车者提供有关交通的实时信息，原因之一是，骑自行车者出行非常灵活，如很少有骑自行车者无法绕过的道路。虽然如此，许多骑自行车者还是希望避免修路。因此，动态信息可以通过指导和告知骑自行车者相关信息，从而为他们提供更优质的服务和更舒适的环境。骑自行车者表示很难掌握合适的速度在绿波控制下连续通过道路交叉口。

如今，已有超过 12 000 人下载了哥本哈根的“我在哥本哈根骑行”应用程序，该应用程序可以通过添加新功能（如帮助骑自行车者追随潮流的新功能）进行改进升级。但是，并不是每个人都想在自行车上使用手机支架或耳机，因此需要通过在指定位置使用动态标志为应用程序提供街道空间的信息。

哥本哈根正在设计一种新的动态循环标志，该标志可以提供有关绿波和备选路线的信息，而拥堵程度较小。该标志在拥挤的自行车道上的应用更加人性化，会分别显示出自行车和汽车的出行时间，帮助人们意识到自行车是城市中一种有效的交通工具。这种标志今天不存在，因此必须由丹麦公路局和警察局开发和批准。

该项目的预期结果：使骑自行车者在哥本哈根有更好的骑行体验，期望该解决方案与其他骑行计划一起使在城市停车和使用自行车更具吸引力。

四、德国智能交通发展战略及未来规划

（一）德国智能交通发展重点战略

欧洲智能交通方向从信息化智能化提升到以节能减排、公众服务为导向，坚持以人为本的 MaaS 理念，注重提升欧洲范围内的公众出行体验，制定面向未来交通的理念和规划手册，逐步在各国推广应用 MaaS 服务，全面改善交通服务水平，同时推动车路协同技术的发展，面向未来提出可持续发展的智能交通道路。

2010 年 7 月，德国联邦政府正式通过了《思想 · 创新 · 增长——德国 2020 高技术战略》（以下简称《战略》）。《战略》提出，德国面临着几十年来最严峻的经济与金融政策挑战，解决之道在于依靠研究新技术扩大创新，目标明确地去激发德国在科学和经济上的巨大潜力。

交通是德国《战略》聚焦的五大领域之一，旨在使新型运输方式快速、安全、舒适、高效、低噪声且节约资源。研究和创新重点在于开发新型驱动系统、燃料和存储技术，以及广泛使用欧洲卫星导航系统伽利略。信息、通信和导航系统的发展推进交通基础设施的进一步智能化。智能化物流方案的研究和使用移动电子服务有助于实现运输节能。

交通不再仅仅由汽车行业来塑造，也越来越多地由 IT 行业来塑造。电动汽车已连接到电网，因此，电网与电动汽车的集成将运输业的转型与能源业的重组结合在一起。在网络化、数字化和电气化的交通出行领域中，会平等地考虑出行需求和交通出行、基础设施、就业、区域结构、技术创新（如自动驾驶和网络化驾驶）和新业务模型（例如乘车共享，出行即服务，网络友好型收费等）。

联邦政府通过以下部门间计划和资助计划来支持安全、联网和环保出行领域的技术发展。包括：联邦政府的自动化和网络化驾驶策略，特别是，“自动驾驶研究行动计划——BMBF、BMWi 和 BMVI 的总体研究框架”在创新领域的实施中得到了采用；“2017—2020 年清洁空气立即计划”中的研发项目，重点是“收费基础设施”和“市政交通系统的数字化”；Mobility2Grid 研究园区；研究议程“可持续的城市交通”；国家未来城市平台（NPZ）；技术资助计划“新车辆和系统技术”；进一步发展电动汽车的研发措施；为进一步开发和激活燃料电池技术而进行的研发措施和采购资金（NIPII-氢和燃料电池技术国家创新计划及第七能源研究计划），等等。

此外，还包括专注研发新型驱动方案和汽车方案、向电动车辆过渡的所有要素、机电数据通信和交通导航系统及可代替的、更安全的物流系统；创新型交通工具的技术和研究领域在战略合作伙伴关系和创新联盟中紧密结合；德国拥有为新技术注入最大动力、加快创新型机动车辆市场化、建立国际标准的机遇；除国家氢能和燃料电池技术创新计划（NIP）外，还以国家电动车辆发展计划来促进电池技术和电力驱动技术的发展；引入使用智能化基础设施，如智能电网，开发通信、付费、导航和电池与充电的新型服务。

（二）德国智能交通发展未来规划

1. 德国智能交通发展规划目标

2016 年 8 月，德国联邦政府通过“2030 年联邦交通道路规划”（BVWP，以下简称新规划）。在新规划文件内容中，联邦交通部根据前期交通道路规划的经验，结合德国城市交通发展现状，在制定新规划时，将人口基数降低、交通大规模化、交通网络水平改善、财政资金提升与利用率等作为其关键问题，在新规划文件设置了如表 1.3 所示的总体目标与实施方向。

表 1.3 新规划的总体目标与实施方向

总体目标	实施方向
提高客运流动性	维修、更新、升级基础设施； 提高交通流量 / 消除瓶颈； 改进的可访问性 / 连接能力
确保企业供应，提升竞争力	维修、更新、升级基础设施，降低运输成本，提高交通流量 / 消除瓶颈，提升运输可靠性，增强多式联运枢纽能力
提升交通安全	维修、更新、升级基础设施； 让交通网和道路具有更高的安全性

续表

总体目标	实施方向
减少污染物和温室气体排放量	提高交通流量 / 消除瓶颈； 向低排放运输模式转换； 维修、更新、升级基础设施
对自然和风景进行更严格的保护	限制占用额外的空间； 为动物过境预留空间
改善生活质量及城乡的噪声情况	隔音和消音； 提高地区和个人的发展潜力

2．德国智能交通发展规划方向

1）发展环境友好与可持续交通

在新规划中，德国联邦政府围绕促进可持续交通运输业发展的总体目标，制定了三项宏观发展战略：改进交通工具、提高运输效率、创新运输方式。德国联邦政府通过制定可持续发展战略规划，从而确定了短期和中长期发展方向，以保证行业的健康运转。

改善运输工具。提高传统汽车的动力和能源效率，开发新型绿色环保汽车，更好地满足消费者对“舒适、便捷、环保、安全”的消费需求，是德国可持续交通产业发展战略的基本要求。这一战略层面的发展重点包括：高效发动机、汽车轻量化技术、电动汽车、新型燃料汽车、废气净化技术、交通噪声控制技术等。

提高运输效率。减少运输排放和噪声污染的重要途径之一就是减少运输频率，提高运输效率。这给德国交通可持续发展战略提供了坚实后盾。这一战略层面的发展重点包括：智能交通管理系统、交通信息系统、汽车共享和客运系统等。

创新运输方式。通过各种其他行业先进的技术集成，如材料、电力等，从而达到向绿色可持续交通方式转变的目的。可以将此看作德国可持续运输业发展战略的长期目标。这一战略层面的发展重点包括：便捷的公共交通系统、增加铁路运输等环保交通方式的比重、构建复合物流链体系。

2）加强交通运输系统信息化建设

在新规划文件中，交通部提出除了加强维护已经存在的基础设施，还要利用正在涌现的新技术来改善传统的交通系统。可以考虑的方法是交通智能化，既要提高交通能力，也要创造安全、舒适、高效的交通环境。

第二篇

政 策 篇

☑ 第三章　国家、行业政策
☑ 第四章　重要讲话和报告

第三章

国家、行业政策

交通运输部、国家发展改革委、工业和信息化部、财政部、商务部、海关总署、国家税务总局《关于大力推进海运业高质量发展的指导意见》

各省、自治区、直辖市交通运输、发展改革、工业和信息化、财政、商务厅（局、委），海关总署广东分署、各直属海关，国家税务总局各省、自治区、直辖市和计划单列市税务局，中国远洋海运集团、招商局集团、中国交通建设集团：

为深入贯彻落实习近平总书记关于“经济强国必定是海洋强国、航运强国”“经济要发展，国家要强大，交通特别是海运首先要强起来”的重要指示精神，落实《交通强国建设纲要》，促进海运业高质量发展，现提出以下指导意见。

一、总体要求

以习近平新时代中国特色社会主义思想为指导，深入贯彻党的十九大和十九届二中、三中、四中全会精神，认真践行新发展理念，加快建设交通强国，以供给侧结构性改革为主线，坚持全球视野、服务大局，坚持改革创新、融合发展，坚持政府引导、企业主体，着力补短板、优服务、转动能、强保障，加快形成海运业高质量发展体系，谱写交通强国建设海运篇章，为建设社会主义现代化强国提供坚实支撑。

到 2025 年，基本建成海运业高质量发展体系，服务品质和安全绿色智能发展水平明显提高，综合竞争力、创新能力显著增强，参与国际海运治理能力明显提升。到 2035 年，全面建成海运业高质量发展体系，绿色智能水平和综合竞争力居世界前列，安全发展水平和服务保障能力达到世界先进水平，基本实现海运治理体系和治理能力现代化，在交通强国建设中当好先行。到 2050 年，海运业发展水平位居世界前列，全面实现海运治理体系和治理能力现代化，全面服务社会主义现代化强国建设和人民美好生活需要。

二、主要任务

（一）装备先进适用、运输便捷高效。

1．建设现代化海运船队。进一步优化海运船队规模结构，提升船舶装备技术水平，建设规模适应、结构合理、技术先进、绿色智能的海运船队。积极发展液化天然气船、邮轮船队，进一步提高集装箱、原油、干散货、特种运输船队国际竞争力。突破大型邮轮设计建造技术，全面提升液化天然气船等高技术船舶设计建造国际竞争力，掌握重点配套设备智能化、集成化设计制造核心技术。

2．完善全球海运服务网络。优化煤炭、原油、矿石、集装箱、液化天然气等专业化海运系统。鼓励企业完善全球海运干线网络，拓展以在境外投资的港口为节点的国际航线，推动对北极航道的商业化利用和常态化运行，第三国航线规模进一步提高，海运全球联接度持续领先。利用海运网络优势，为打造“全球 123 快货物流圈”提供运输和中转服务保障。

3．提升客货运服务品质。积极推进客船标准化、品质化、旅游化发展，丰富海上旅游产品，改善陆岛运输条件，加强与其他运输方式的衔接。大力推动邮轮旅游发展，改善口岸服务环境，不断丰富国际航线，有序发展游艇旅游。充分发挥海运在综合交通运输体系中的独特优势，提升综合运输效率。积极推进“一单制”和单证电子化，大力发展铁水联运、江海直达和水水中转运输，积极发展特种货物运输、全程物流、冷链运输。

（二）市场充满活力、服务功能完备。

4．深化海运企业改革。稳妥推进海运企业股权多元化和混合所有制改革，鼓励骨干海运企业做强做优做大，中小海运企业做专做精做特。鼓励海运企业兼并重组，促进规模化、集约化、多元化经营，增强抗风险能力和国际竞争力。形成一批具备较强国际竞争力的骨干海运企业和专、精、特发展的海运企业，形成若干全球综合物流运营商。

5．支持企业协同发展。鼓励海运企业与货主、金融、造船等企业建立紧密合作、风险共担、互利共赢的长期稳定关系，完善运输保障机制。积极争取国际贸易运输权益，进一步提高重点物资承运比例，持续优化海运服务贸易结构。鼓励海运企业开展联盟合作，促进降本增效。

6．加快补齐航运服务业短板。加快推进上海国际航运中心建设，促进大连、天津、厦门等区域国际航运中心发展，完善洋浦现代航运服务功能。推动船舶代理、船舶供应等传统航运服务业转型升级，大力发展航运金融保险、航运经纪、海事仲裁、航运交易、信息咨询等现代航运服务业，鼓励有条件的地方发展航运运价衍生品交易，促进要素集聚和功能完善。航运服务业基本达到国际先进水平，建成世界一流的上海国际航运中心。

（三）绿色低碳发展、智慧创新引领。

7．优化用能结构。建立健全船用低硫燃油、液化天然气供应体系，积极推进新能源、清洁能源动力船舶发展。大力推进船舶靠港使用岸电，鼓励加快港口岸电设施和船舶受电设施建设改造，建立健全岸电使用制度规范，提升岸电设施覆盖率和利用率；充分利用海运双、多边国际合作机制，提高国际海运船舶岸电使用率。

8．加强船舶污染防治。实施船舶大气污染物排放控制区排放控制，大力发展节能环保船舶，推进制度性、技术性减排。加强船舶污染物排放监管，完善船舶压载水管理机制，强化对到港船舶监管力度。建设国家级船舶压载水检测重点实验室，加强船舶灰水、黑碳、温室气体和噪声控制等方面的研究，提升船舶排放控制水平。

9．增强创新驱动能力。构建产学研用协同创新平台，加快北斗终端设备在船舶和应急装备上的应用，大力推广应用移动互联网、人工智能、大数据、区块链等新技术。推进基于区块链的全球航运服务网络平台研究应用。推动清洁能源发动机制造、大深度饱和潜水作业和大吨位沉船整体打捞等技术攻关。大力促进智能航运发展，加快智能船舶自动驾驶和船岸协同技术攻关，推进智能船舶技术试验验证及应用，建立健全智能航运法规标准体系，加快构建智能航运服务和安全监管、航海保障的示范环境，形成智能航运发展的基础环境，突破一批制约智能航运发展的关键技术。

（四）安全保障可靠、应急迅速有效。

10．着力强化船舶安全管理。严把船舶质量和市场准入关口，加强船舶维修保养，建立健全船舶全生命周期安全治理体系。强化船舶检验等机构的技术支持保障，推动企业加大安全生产和科技研发投入，加强岸基安全技术支持，推广船舶远程监控。推进海上导助航设施的数字化、智能化，打造“陆海空天”一体化的海上交通运行监控体系，实施海上交通安全动态感知、智能管控。

11．健全安全生产体系。加强海上交通安全相关法规标准制修订，完善船舶运输安全、防污染管理各项制度。建立健全海运风险分级管控和隐患排查治理双重预防机制，增强海运安全重大风险防控能力。落实部门监管责任，推动重点区域海事监管一体化融合发展；推行全员安全生产责任制，引导企业自建安全管理体系，严格落实企业主体责任。建立海运安全强制保险制度，加强海运安全信用与社会信用体系对接。

12．提升应急处置能力。健全海上应急管理和指挥体系，优化应急处置力量布局，完善海上应急联动机制。重点提升大型客船、邮轮应急救援能力和水上危险化学品、溢油应急处置能力。推动建立船舶应急响应服务体系，提高船舶自救能力。拓展巡航救助一体功能，不断提升深远海巡航救助和打捞能力。完善海上救援基地，实现对责任海区的有效覆盖。

（五）开放创新发展、合作互利共赢。

13．推进“21 世纪海上丝绸之路”建设。发挥海运的主力军作用，加强互联互通。支持我国企业参与沿线港口、物流园区等基础设施投资、建设和运营，积极吸引外商投资我国国际海运业，推进西部陆海新通道、中欧陆海快线等项目建设。推动与沿线国家和地区海运法规、政策、规则、标准的衔接，积极商签新的海运协定，促进海运国际交流合作。形成常态化的国际海运培训交流机制，进一步提升中国航海日论坛、海丝港口国际合作论坛等国际影响力。

14．深化政策和制度创新。推进自由贸易试验区、中国特色自由贸易港建设，优化海运业发展政策制度环境。进一步扩大中资非五星旗船舶沿海捎带政策实施效果，推动优化监管方式。在确保有效监管、风险可控前提下，对境内制造船舶在“中国洋山港”登记从事国际运输的，视同出口，给予出口退税。落实远洋船员个人所得税优惠政策。深化国际贸易“单一窗口”建设，优化进出境船舶与货物监管流程，支持口岸大数据共享平台建设。

15．积极参与国际海运事务。加强与国际海事组织合作，深入参与海事领域全球治理，贡献中国智慧和力量。加强海运安全、绿色、智能等技术研究，增强技术贡献度。积极参与国际救援行动，加强区域与国际海上搜救交流合作；积极参与国际反海盗事务，协同推进重要国际海运通道航行安全保障能力建设。完善国际海运人才选拔、培养机制，积极向相关国际组织和机构输送优秀人才。推动建立合作机制，加强面向发展中国家的海事技术合作。

（六）治理体系更加完善，治理能力显著提升。

16．完善海运业制度体系。精简海运、海事行政审批事项，研究推动信用承诺制，及时推动《中华人民共和国海商法》《中华人民共和国海上交通安全法》等法律法规及配套规章制修订，营造市场化、法治化、国际化营商环境。建立以信用监管为基础的新型监管机制，积极推进“互联网+监管”，发挥好行业协会自律作用。提高国内船舶检验便利化水平，适时推动国内船舶检验制度改革。推进船舶、船员证书电子化，促进水路运输、海事管理、船舶检验等证书信息共享。开展海运业高质量发展战略和政策研究，加强海运信息统计、监测和发布，引导市场有序发展。

17．加强人才队伍建设。加快建设世界一流海事大学、船舶检验机构、科研机构和新型智库。建立健全人才引进、使用政策和激励机制，培养具有国际水平的海运专业技术和管理人才。完善船员教育培训体系、考试制度和职业晋升通道，不断提升船员职业技能和综合素质，加大邮轮高级船员培养力度，强化船员权益保障。落实建设高素质专业化干部队伍要求，加强船检、救捞、行政执法等人才队伍建设。建成数量充足、结构合理、素质优良、满足交通强国建设需要的海运人才队伍。

18．**传承创新中国特色海运文化。**弘扬郑和航海精神和丝路精神，大力宣传海运先进人物、先进事迹。发挥好“中国航海日”“世界海事日”“世界海员日”“世界航标日”等活动作用，提升公众参与度、活动覆盖面和感召力。支持海运文化设施与航海科普基地建设，鼓励创作和传播优秀海运文艺作品，推进航海知识“进学校、进教材、进课堂”，增强全民航海意识、海洋意识和蓝色国土意识。

三、保障措施

（一）**加强党的领导。**充分发挥党总揽全局、协调各方的作用，增强“四个意识”，坚定“四个自信”，做到“两个维护”，把党的领导贯穿海运业发展的各方面各环节全过程，为海运业高质量发展提供坚强的政治保障。

（二）**强化统筹协调。**强化部门协同、上下联动，加强科研院所科技支撑，及时解决海运发展重大问题。完善政府部门、行业协会、海运企业间沟通协调机制，形成推进海运业高质量发展的强大合力。

（三）**加强政策支持。**充分利用中央和地方支持海运发展的有关政策，巩固减税降费政策成效。以高质量发展为导向，建立实施海运业高质量发展评价指标体系。鼓励地方出台支持海运业高质量发展的政策措施。支持有条件的地方和企业参与交通强国建设试点。

交通运输部

发展改革委

工业和信息化部

财政部

商务部

海关总署

税务总局

2020 年 2 月 3 日

关于印发《智能汽车创新发展战略》的通知

各省、自治区、直辖市及计划单列市、新疆生产建设兵团有关部门：

为深入贯彻落实党中央、国务院重要部署，顺应新一轮科技革命和产业变革趋势，抓住产业智能化发展战略机遇，加快推进智能汽车创新发展，我们制定了《智能汽车创新发展战略》。现印发你们，请结合实际制定促进智能汽车创新发展的政策措施，着力推动各项战略任务有效落实。

国家发展改革委
中央网信办
科 技 部
工业和信息化部
公 安 部
财 政 部
自然资源部
住房城乡建设部
交通运输部
商 务 部
市场监管总局
2020 年 2 月 10 日

《关于组织实施2020年新型基础设施建设工程（宽带网络和5G领域）的通知》印发

各省、自治区、直辖市及计划单列市、新疆生产建设兵团发展改革委、通信管理局，有关中央管理企业：

为深入学习贯彻习近平新时代中国特色社会主义思想和党的十九大精神，落实中央经济工作会议部署和“十三五”规划《纲要》要求，加快实施“宽带中国”战略，着力推进新型基础设施建设，国家发展改革委、工业和信息化部联合组织实施2020年新型基础设施建设工程（宽带网络和5G领域）。现将有关事项通知如下。

一、总体原则

突出重点，聚焦信息网络等新型基础设施全局性、基础性、战略性的重大项目，关注重点方向和关键环节；创新方式，充分发挥第三方专业机构作用，确保项目评审公正、规范、科学；强化监管，突出项目主管部门、行业主管部门、第三方专业机构和项目实施单位的责任，加强项目事中事后监管；协同推进，项目主管部门会同行业主管部门加强对项目的检查和指导，协同推进项目顺利实施。

二、支持重点

（一）基础网络完善工程。

面向中西部和东北地区，组织实施基础网络完善工程，以省为单位开展相关区域内县城和乡镇驻地城域传输网、IP城域网节点设备新建和扩容，开展县城至乡镇、地市至县城之间光缆、通信杆路/管道、光传输设备建设和扩容，提升农村地区宽带用户接入速率和普及水平，支撑乡村公共卫生体系完善和教育信息化转型升级，为加快数字乡村建设、打赢脱贫攻坚战提供重要保障。

指标要求：（1）单一省市实施区域不少于15个县（区、市、旗）。（2）工程实施区域内90%以上宽带用户接入能力达到100Mbps，70%以上宽带用户开通100Mbps及以上速率业务。（3）县城具有2个以上业务出口节点，县城至地市具有2个以上光缆路由。（4）县城至地市的上联带宽平均达到50Gbps以上，乡镇至县城的平均上联带宽达到10Gbps以上。（5）为宽带网络覆盖县城、乡镇周边相关农村提供网络接入条件，做好基础设施支撑。（6）新建和扩容设备均应支持IPv6协议，并能按需开通IPv6专线业务。

（二）5G创新应用提升工程。

1．面向重大公共卫生突发事件的5G智慧医疗系统建设。开展基于5G新型网络架构的智慧医疗技术研发，建设5G智慧医疗示范网，构建评测验证环境，推动满足智慧医疗协同需求的网络关键设备和原型系统的产业化，加快5G在疫情预警、院前急救、远程实时会诊、远程手术、无线监护、移动查房等环节的应用推广，有效保障医护人员健康，为应对重大公共卫生突发事件等提供重要支撑。

指标要求：（1）建设包括医院内部网络、远程医疗专网、应急救治网络的5G智慧医疗示范网，5G基站数量不少于30个，远程医疗专网覆盖“省—市—县—乡—村”五级医疗机构不少于20家，医疗急救车信息化改造不少于10辆。（2）建设智慧医疗平台系统，支撑诊断场景及手术类型不少于10种，服务医院和企业用户不少于80家。（3）具备车载移动多方会诊能力，并发会诊量不少于100组，支持智能医学影像辅助诊断功能。（4）开展移动查房、移动护理、多学科协同会诊、远程病理诊断等不少于8项示范应用，开展远程虚拟现实（VR）急救、急救车现场急救、无人机远程急救等不少于3种急救应用。（5）支持相关行业标准的制修订，搭建5G智慧医疗评测验证环境，开展5G智能医疗健康产品与系统的评测验证。（6）满足行业信息共享制度规范要求。

2. 面向“互联网+”协同制造的5G虚拟企业专网建设。建设服务企业或园区的5G网络，搭建基于5G网络的工业协同制造平台，推动5G技术与工业网络、工业软件、控制系统融合，加快工业协同制造平台及解决方案的推广及应用，促进制造业数字化、网络化、智能化转型升级。

指标要求：（1）企业或园区内，部署服务于虚拟企业专网的5G基站不少于10个，边缘计算（MEC）平台不少于2个。（2）在20类工业终端或装备上部署5G终端模组，终端部署规模达到1000台以上。（3）充分利用现有平台资源，或建设协同制造操作系统云平台，与主流工业平台实现互联互通，实现5G网络、终端能力调用及监测，具备百万级以上规模终端的接入管理能力。（4）实现30个以上特定场景的工业应用，支持相关行业标准的制修订。

3. 面向智能电网的5G新技术规模化应用。基于5G新型网络架构及智能电网场景，开展5G端到端网络切片及资源调度系统研发，满足智能电网业务管理区隔离、业务隔离等网络需求。研发网络关键设备和原型系统，提供融合5G技术的智能电网整体解决方案。

指标要求：（1）针对智能电网不同业务网络性能需求，满足业务安全隔离以及关键信息基础设施安全防护要求，5G承载电力业务不少于20个。（2）研发并量产具备标准授时等功能的电力定制化终端不少于200台。（3）搭建5G网络与智能电网业务系统结合的应用平台，部署5G基站数目不少于50个，边缘计算（MEC）平台不少于2个，终端数量达到1000台以上，示范应用场景数目不少于20个。（4）支持5G与智能电网融合相关标准的制修订。

4. 基于5G的车路协同车联网大规模验证与应用。建设C-V2X规模示范网络，验证典型应用场景下的C-V2X车路协同平台功能和交互能力，以及相关C-V2X/5G

模组、设备的功能及性能，并对大规模测试数据进行规范和分析。开展满足 C-V2X 大规模测试结果要求的相关模组、终端产品及平台的产业化研发。

指标要求：（1）完成支持 C-V2X 技术的模组、设备（车载端和路侧端）的产业化研发，实现至少 200 辆车载设备和 200 个路侧设备的安装，实现至少 10 个模组的车载测试验证。（2）在 1 到 2 个地级市开展示范应用，部署 C-V2X 车路系统应用平台，支持百万级设备或千万级消息并发。（3）制定车路协同大规模测试验证数据开放规范，构建测试数据库，制定车路协同 C-V2X 相关标准。

5．5G+智慧教育应用示范。基于 5G、VR/AR、4K/8K 超高清视频等技术，打造百校千课万人优秀案例，探索 5G 在远程教育、智慧课堂/教室、校园安全等场景下应用，重点开展 5G+高清远程互动教学、AR/VR 沉浸式教学、全息课堂、远程督导、高清视频安防监控等业务。

指标要求：（1）部署 5G 基站不少于 100 个，边缘计算（MEC）平台不少于 2 个，支持网络切片功能。（2）实现 5G 高清直播课堂、 5G 高清视频安防监控、5G AR/VR 远程课堂等至少 3 类 5G 智慧教育典型应用示范，部署终端数量不少于 500 个。（3）构建智慧教育 AI 大脑，实现个性化学习推荐、学生体质体能精准画像等功能。（4）支持相关行业标准的制修订。

6．5G 智慧港口应用系统建设。利用 5G 技术对港口信息化系统进行改造，实现对港口的水平运输、垂直运输以及船舶进出港等系统的智慧化转型升级。重点开展现场多路视频的回传及垂直运输港机的远程控制，完成港口自动理货、港口封闭区域内集卡自动驾驶等，提升港口理货的准确率及效率，实现降本增效。

指标要求：（1）至少完成国内 5 个港口 5G 网络部署，部署基站数不少于 30 个，实现港口应用数不少于 3 项。（2）建设基于 5G 的港区智能装卸体系，实现不少于 30 台龙门吊、岸桥的远程控制改造。（3）开展基于 5G+AI 的岸桥智能理货系统研发，岸桥数量不少于 20 台。（4）开展基于 5G 的港口无人运输车系统的研发，实现 5 个港口水平作业区共不少于 15 辆运输车自动路径规划、无人驾驶等。（5）支持相关行业标准的制修订。

7．5G+4K/8K 超高清制播系统基础设施建设。建设 5G+4K/8K 超高清制播系统设施，完善 5G 超高清业务传输网络等基础设施体系，开展便携式 5G+4K/8K 直播编码总体方案设计，促进 5G 超高清设备规模商用。

指标要求：（1）建设 5G+4K/8K 超高清视频制播平台，丰富 4K/8K 超高清视频内容。（2）支持 5G 场景下 4K/8K 超大码流的信源汇聚、信号调度、转码生产、内容播控和播出分发能力。（3）支持 4K/8K 超高清视频 H.265/HEVC、AVS2.0 等编码格式，支持 HDR 主流技术，支持沉浸式音频。（4）实现 4K/8K 视频码流的 5G 网络传输，开展 SRT 等互联网传输协议优化，支持相关行业标准的制修订。（5）形成 5G+4K/8K 超高清视频规模化应用。

三、申报要求

（一）请各项目汇总申报单位根据《中央预算内投资补助和贴息项目管理办法》（国家发展改革委 2016 年 45 号令）、《高技术产业发展项目中央预算内投资（补助）暂行管理办法》（发改高技规〔2016〕2514 号）有关规定及本通知要求，认真做好项目组织工作，指导项目建设单位编写项目资金申请报告、列入投资项目在线审批管理平台，并对报告及相关附件的真实性予以确认。

（二）支持方向请各相关省市发展改革委会同通信管理局或中央管理企业，作为项目汇总申报单位，择优选择具备条件、发展基础好的项目予以申报。项目申报主体应为企业法人。

基础网络完善工程须由具备电信业务经营资质的企业申报，各有关省、自治区、直辖市、新疆生产建设兵团限报 1 个；中国电信集团有限公司、中国联合网络通信集团有限公司作为汇总申报单位申报项目不超过 5 个；中国移动通信集团有限公司地方公司可从相关省市申报，请中国移动通信集团有限公司加强统筹协调，将集团申报项目总数控制在 5 个以内。

5G 创新应用提升工程，各有关省、自治区、直辖市、计划单列市、新疆生产建设兵团限报 2 个，国家数字经济创新发展试验区相关省市限报 3 个；中国电信集团有限公司、中国联合网络通信集团有限公司作为汇总申报单位申报数量不超过 3 个；中国移动通信集团有限公司地方公司可从相关省市申报，请中国移动通信集团有限公司将申报项目总数控制在 3 个以内；其他中央管理企业限报 1 个；项目建设所在地须为我委 2017 年新一代信息基础设施建设工程所支持的 5G 规模组网建设及应用示范地。

（三）单个项目总投资不低于 1 亿元。根据《高技术产业发展项目中央预算内投资（补助）暂行管理办法》，中央预算内补助资金按照分档原则安排。工程按 1.5 亿元、1 亿元、0.5 亿元三档安排补助资金，补助资金占核定后项目总投资的比例原则上不超过 50%。

（四）请项目汇总申报单位做好项目申报工作，对项目严格把关，此前已获得国家财政资金支持的项目，不得重复申报。

（五）项目申报过程中暂不需提交环保、土地、节能、资金筹措等落实证明材料。项目获得批复后，请项目汇总申报单位负责督促项目申报单位落实所有建设条件，并及时向国家发展改革委报送申请下达资金的请示，请示中需明确各项建设条件已经落实，仍存在建设条件未落实的，不予下达资金。

（六）项目建设单位应实事求是制定建设方案，并对资金申请报告主要内容和相关附件真实性予以说明。要严格控制征地、新增建筑面积和投资规模，切实防范地方债务风险。项目资金申请报告的具体编写要求及项目基本情况参见附件。

（七）请各项目汇总申报单位于 2020 年 3 月 18 日前，编写完成项目申报文件以及项目资金申请报告、汇总表文件（见附件 4）等，纸质版和光盘报送国家发展改革委（创新和高技术发展司）和工业和信息化部（信息通信发展司）。

《工业和信息化部关于推动5G加快发展的通知》

各省、自治区、直辖市及计划单列市、新疆生产建设兵团工业和信息化主管部门、无线电管理机构，各省、自治区、直辖市通信管理局，中国电信集团有限公司、中国移动通信集团有限公司、中国联合网络通信集团有限公司、中国铁塔股份有限公司、中国广播电视网络有限公司：

为深入贯彻落实习近平总书记关于推动5G网络加快发展的重要讲话精神，全力推进5G网络建设、应用推广、技术发展和安全保障，充分发挥5G新型基础设施的规模效应和带动作用，支撑经济高质量发展。现就有关事项通知如下：

一、加快5G网络建设部署

（一）加快5G网络建设进度。基础电信企业要进一步优化设备采购、查勘设计、工程建设等工作流程，抢抓工期，最大程度消除新冠肺炎疫情影响。支持基础电信企业以5G独立组网（SA）为目标，控制非独立组网（NSA）建设规模，加快推进主要城市的网络建设，并向有条件的重点县镇逐步延伸覆盖。

（二）加大基站站址资源支持。鼓励地方政府将5G网络建设所需站址等配套设施纳入各级国土空间规划，并在控制性详细规划中严格落实；在新建、改扩建公共交通、公共场所、园区、建筑物等工程时，统筹考虑5G站址部署需求；加快开放共享电力、交通、公安、市政、教育、医疗等公共设施和社会站址资源。对于支持力度大的地区，基础电信企业要加大投资，优先开展5G建设。

（三）加强电力和频率保障。支持基础电信企业加强与电力企业对接，对具备条件的基站和机房等配套设施加快由转供电改直供电；积极开展网络绿色化改造，加快先进节能技术应用推广。调整700MHz频段频率使用规划，加快实施700MHz频段5G频率使用许可；适时发布部分5G毫米波频段频率使用规划，开展5G行业（含工业互联网）专用频率规划研究，适时实施技术试验频率许可。进一步做好中频段5G基站与卫星地球站等其他无线电台（站）的干扰协调工作。

（四）推进网络共享和异网漫游。进一步深化铁塔、室内分布系统、杆路、管道及配套设施共建共享。引导基础电信企业加强协调配合，充分发挥市场机制，整合优势资源，开展5G网络共享和异网漫游，加快形成热点地区多网并存、边远地区一网托底的网络格局，打造资源集约、运行高效的5G网络。

二、丰富5G技术应用场景

（五）培育新型消费模式。鼓励基础电信企业通过套餐升级优惠、信用购机等举措，促进5G终端消费，加快用户向5G迁移。推广5G+VR/AR、赛事直播、游戏娱乐、虚拟购物等应用，促进新型信息消费。鼓励基础电信企业、广电传媒企业和内容提供商等加强协作，丰富教育、传媒、娱乐等领域的4K/8K、VR/AR等新型多媒体内容源。

（六）推动“5G+医疗健康”创新发展。开展5G智慧医疗系统建设，搭建5G智慧医疗示范网和医疗平台，加快5G在疫情预警、院前急救、远程诊疗、智能影像辅助诊断等方面的应用推广。进一步优化和推广5G在抗击新冠肺炎疫情中的优秀应用，推广远程体检、问诊、医疗辅助等服务，促进医疗资源共享。

（七）实施“5G+工业互联网”512工程。打造5个产业公共服务平台，构建创新载体和公共服务能力；加快垂直领域“5G+工业互联网”的先导应用，内网建设改造覆盖10个重点行业；打造一批“5G+工业互联网”内网建设改造标杆网络、样板工程，形成至少20大典型工业应用场景。突破一批面向工业互联网特定需求的5G关键技术，显著提升“5G+工业互联网”产业基础支撑能力，促进“5G+工业互联网”融合创新发展。

（八）促进“5G+车联网”协同发展。推动将车联网纳入国家新型信息基础设施建设工程，促进LTE-V2X规模部署。建设国家级车联网先导区，丰富应用场景，探索完善商业模式。结合5G商用部署，引导重点地区提前规划，加强跨部门协同，推动5G、LTE-V2X纳入智慧城市、智能交通建设的重要通信标准和协议。开展5G-V2X标准研制及研发验证。

（九）构建5G应用生态系统。通过5G应用产业方阵等平台，汇聚应用需求、研发、集成、资本等各方，畅通5G应用推广关键环节。组织第三届“绽放杯”5G应用征集大赛，突出应用落地实施，培育5G应用创新企业。推动5G物联网发展。以创新中心、联合研发基地、孵化平台、示范园区等为载体，推动5G在各行业各领域的融合应用创新。

三、持续加大5G技术研发力度

（十）**加强5G技术和标准研发**。组织开展5G行业虚拟专网研究和试点，打通标准、技术、应用、部署等关键环节。加速5G应用模组研发，支撑工业生产、可穿戴设备等泛终端规模应用。持续支持5G核心芯片、关键元器件、基础软件、仪器仪表等重点领域的研发、工程化攻关及产业化，奠定产业发展基础。

（十一）**组织开展5G测试验证**。基础电信企业进一步优化5GSA设备采购测试流程，根据建设计划明确测试时间表，促进相关设备加快成熟。持续开展5G增强技术研发试验，组织芯片和系统开展更广泛的互操作测试，加速技术和产业成熟。结合国家频率规划进度安排，组织开展毫米波设备和性能测试，为5G毫米波技术商用做好储备。

（十二）**提升5G技术创新支撑能力**。支持领先企业利用5G融合新技术，打造并提供行业云服务、能力开放平台、应用开发环境等共性平台，鼓励建设相关开源社区、开源技术基地，促进开放式应用创新。加快5G检测认证平台建设，面向5G系统、终端、服务、安全等各环节提升测试、检验、认证等服务能力，降低企业研发及应用成本。

四、着力构建5G安全保障体系

（十三）**加强5G网络基础设施安全保障**。加快构建5G关键信息基础设施安全保障体系，加强5G核心系统、网络切片、移动边缘计算平台等新对象的网络安全防护，建立风险动态评估、关键设备检测认证等制度和机制。研究典型应用场景下的安全防护指南和标准。试点开展5G安全监测手段建设，完善网络安全态势感知、威胁治理、事件处置、追踪溯源的安全防护体系。

（十四）**强化5G网络数据安全保护**。围绕5G各类典型技术和车联网、工业互联网等典型应用场景，健全完善数据安全管理制度与标准规范。建立

5G 典型场景数据安全风险动态评估评测机制，强化评估结果运用。合理划分网络运营商、行业服务提供商等各方数据安全和用户个人信息保护责任，明确 5G 环境下数据安全基线要求，加强监督执法。推动数据安全合规性评估认证，构建完善技术保障体系，切实提升 5G 数据安全保护水平。

（十五）培育 5G 网络安全产业生态。加强 5G 网络安全核心技术攻关和成果转化，强化安全服务供给。大力推进国家网络安全产业园区建设和试点示范，加快培育 5G 安全产业链关键环节领军企业，促进产业上下游中小企业发展，形成关键技术、产品和服务的一体化保障能力。积极创新 5G 安全治理模式，推动建设多主体参与、多部门联动、多行业协同的安全治理机制。

五、加强组织实施

（十六）加强组织领导。各单位要建立健全组织领导制度，做好各项要素保障，把加快 5G 发展作为当前一项重点工作来抓。加强与地方住建、交通、电力、医疗、教育等主管部门的协调配合，合力推进 5G 建设发展各项工作。

（十七）加强责任落实。各地工业和信息化主管部门、无线电管理机构、通信管理局要进一步加大工作力度，及时细化各项支持政策和举措，确保各项政策落到实处。各基础电信企业要发挥主体作用，做好 5G 研发、试验、建设、应用、安全等各项工作，全力推进 5G 建设发展。

（十八）加强总结交流。各单位要定期梳理经验做法，及时发现问题不足，不断调整优化工作举措，相关情况及时报送工业和信息化部。工业和信息化部将组织开展各地 5G 建设发展情况评估，适时发布相关推进情况。

工业和信息化部

2020 年 3 月 24 日

中华人民共和国海事局关于发布《船舶技术法规体系框架（2020）》的公告

为贯彻落实《交通强国建设纲要》工作部署，充分发挥船舶技术法规在推进造船业和航运业健康有序发展中的指导、规范、引领和保障作用，针对船舶技术法规跨行业、跨领域、跨专业的特点，以需求为导向、以技术为支撑、以服务为根本，建立适应新时代需要的涵盖船舶、海上设施和船运货物集装箱全生命周期的船舶技术法规体系，制定本体系框架。

船舶技术法规体系是促进我国船舶技术法规科学化、合理化的重要基础，是今后一段时期开展船舶技术法规制定修订工作和编制具体工作计划的基本遵循，是促进我国水上运输及相关行业安全、便捷、高效、绿色、经济发展的重要抓手。

一、法律依据

船舶技术法规是指为保障水上人命财产安全、防止环境污染、保障船员的工作和生活条件以及满足管理基本需要，由中华人民共和国海事局根据有关法律行政法规授权组织制定的关于船舶、海上设施、船运货物集装箱和船用产品等的国家强制性的技术和检验制度性要求。

制定船舶技术法规依据的法律行政法规主要有：

1.《中华人民共和国海上交通安全法》；

2.《中华人民共和国行政许可法》；

3.《中华人民共和国海洋环境保护法》；

4.《中华人民共和国水污染防治法》；

5.《中华人民共和国大气污染防治法》；

6.《中华人民共和国渔业法》；

7.《中华人民共和国特种设备安全法》；

8.《中华人民共和国标准化法》；

9.《中华人民共和国船舶和海上设施检验条例》；

10.《中华人民共和国渔业船舶检验条例》；

11.《中华人民共和国内河交通安全管理条例》；

12.《中华人民共和国船舶登记条例》；

13.《中华人民共和国防治船舶污染海洋环境管理条例》。

二、船舶技术法规体系构成图

船舶技术法规体系构成如图 2.1 所示。

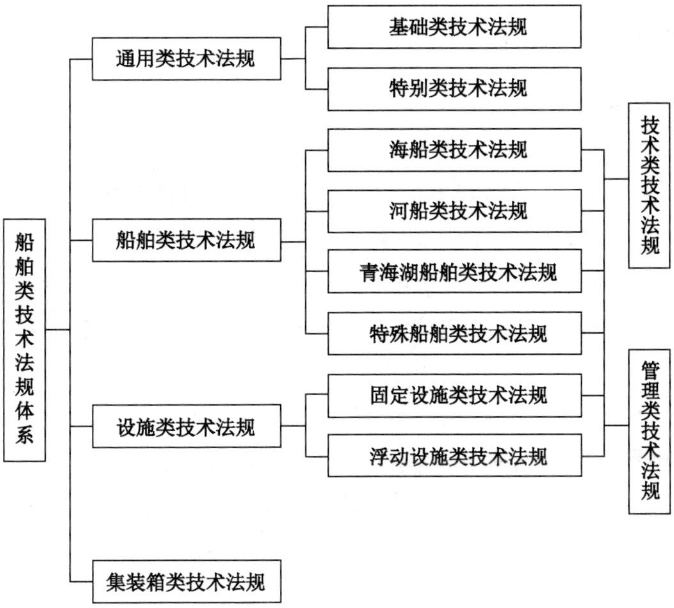

图 2.1 船舶技术法规体系构成

三、船舶技术法规的主要内容

船舶技术法规的内容一般包括技术要求和检验制度性要求。

对已经较为成熟、类别相对固定且可长期施行的技术法规，以规则命名；对随着新技术新业态发展，业界尚无足够经验又急需的，采用科学研究与技术法规起草同时进行的方式制定出的技术法规，以暂行规则命名。

1. 技术要求是船舶、海上设施和船运货物集装箱设计、修造、营运和监管等各方都应遵循的安全和环保技术标准，包含航区、吨位丈量、载重线、结构（材料、焊接、结构试验、结构强度等）分舱与稳性、机电设备、消防（防火、探火与灭火）、救生设备与装置、无线电通信设备、航行设备、信号设备、污染（油类污染、有毒有害物质污染、包装有害物质污染、生活污水污染、垃圾污染、空气污染）结构与设备、舱室设备、与船舶硬件直接相关的管理和操作性要求以及其他技术要求等。

在制定具体技术要求时，可采用其他组织制定的标准，如有关国际标准以及国家标准、船舶和其他相关行业标准等，采用国外组织制定的标准需由海事局按规定程序公布。在结构和机电设备方面，可通过认可船级社规范作为细节补充，以满足设计、建造和维护的具体需要，认可的船级社规范需由海事局按规定程序认可和公布。

2. 检验制度性要求是船舶检验机构开展法定检验以及船舶、海上设施和船运货物集装箱接受法定检验应遵循的制度依据，包含检验类型、检验范围、检验项目、检验方法、证书格式、检验和发证程序以及设计、修造、营运和监管等各方的责任界定等。

四、船舶技术法规体系框架分类

（一）通用类技术法规。

1. 基础类。

（1）《吨位丈量规则》，适用于中国籍船舶和海上设施的吨位丈量。

（2）《航区划分规则》，适用于我国海上和内河水域的航区划分。

（3）《船用产品检验规则》，适用于船舶、海上设施和船运货物集装箱所使用的有关水上交通安全和防止水域环境污染的重要设备、部件和材料等产品。

2. 特别类。

（1）《起重设备技术与检验规则》，适用于中国籍船舶或海上设施上的起重设备。主要内容涵盖起重设备的结构、试验及其他技术要求等。

（2）《拖航检验规则》，适用于中国水域内所有船舶和海上设施的拖航。

（二）船舶类技术法规。

1. 海船类。

（1）技术类。

①《国际航行海船技术规则》，适用于国际海上航行的中国籍船舶。

②《国内航行海船技术规则》，适用于船长 20m 及以上国内海上航行的中国籍船舶。

③《国内航行小型海船技术规则》，适用于船长 20m 以下国内海上航行的中国籍船舶。

④《远洋渔船技术规则》，适用于中国籍远洋渔船。

⑤《国内海洋渔船技术规则》，适用于船长 12m 及以上中国籍国内海洋渔船。

⑥《国内海洋小型渔船技术规则》，适用于船长 12m 以下中国籍国内海洋渔船。

⑦《海上移动平台技术规则》，适用于海上作业的中国籍海上移动平台。

（2）管理类。

①《国际航行海船检验规则》，适用于国际海上航行的中国籍船舶。

②《国内航行海船检验规则》，适用于国内海上航行的中国籍船舶。

③《远洋渔船检验规则》，适用于中国籍远洋渔船。

④《国内海洋渔船检验规则》，适用于中国籍国内海洋渔船。

⑤《海上移动平台检验规则》，适用于海上作业的中国籍海上移动平台。

2. 河船类。

（1）技术类。

①《国际航行河船技术规则》，适用于跨国境河流航行的中国籍船舶。

②《内河船舶技术规则》，适用于船长 20m 及以上我国内河水域（包括江、河、湖泊和水库）以及河海交界区内相当 A 级航区水域航行的中国籍船舶。

③《内河小型船舶技术规则》，适用于船长 20m 以下我国内河水域（包括江、河、

湖泊和水库）以及河海交界区内相当 A 级航区水域航行的中国籍船舶。

④《内河渔船技术规则》，适用于船长 12m 及以上的中国籍内河渔船。

⑤《内河小型渔船技术规则》，适用于船长 12m 以下的中国籍内河渔船。

（2）管理类。

①《国际航行河船检验规则》，适用于跨国境河流航行的中国籍船舶。

②《内河船舶检验规则》，适用于我国内河水域（包括江、河、湖泊和水库）以及河海交界区内相当 A 级航区水域航行的中国籍船舶。

③《内河渔船检验规则》，适用于中国籍内河渔船。

3．青海湖船舶类。

（1）技术类。

《青海湖船舶技术规则》，适用于青海湖航行的船舶。

（2）管理类。

《青海湖船舶检验规则》，适用于青海湖航行的船舶。

4．特殊船舶类。

（1）技术类。

①《特定航线江海直达船舶技术规则》，适用于我国内河水域至沿海特定海区航行的中国籍特定航线江海直达船舶。

②《珠江水域至香港特别行政区高速船技术规则》，适用于珠江水域至香港特别行政区航行的中国籍高速船。

③《公务船技术规则》，适用于中国籍公务船舶。

④《游艇技术规则》，适用于中国籍游艇。

⑤《水上飞机技术规则》，适用于中国籍水上飞机。

⑥《潜水器技术规则》，适用于中国籍潜水器。

（2）管理类。

①《特定航线江海直达船舶检验规则》，适用于内河水域至沿海特定海区航行的中国籍特定航线江海直达船舶。

②《珠江水域至香港特别行政区高速船检验规则》，适用于珠江水域至香港特别行政区航行的中国籍高速船。

③《公务船检验规则》，适用于中国籍公务船舶。

④《游艇检验规则》，适用于中国籍游艇。

⑤《水上飞机检验规则》，适用于中国籍水上飞机。

⑥《潜水器检验规则》，适用于中国籍潜水器。

（三）设施类技术法规。

1．固定设施类。

（1）技术类。

《海上固定设施技术规则》，适用于非海上石油、天然气生产的中国籍海上固定设施。

（2）管理类。

《海上固定设施检验规则》，适用于非海上石油、天然气生产的中国籍海上固定设施。

2．浮动设施类。

（1）技术类。

①《海上浮动设施技术规则》，适用于非海上石油、天然气产生的中国籍海上浮动设施。

②《内河浮动设施技术规则》，适用于中国籍内河浮动设施。

（2）管理类。

①《海上浮动设施检验规则》，适用于非海上石油、天然气生产的中国籍海上浮动设施。

②《内河浮动设施检验规则》，适用于中国籍内河浮动设施。

（四）集装箱类技术法规。

《集装箱技术与检验规则》，适用于在中华人民共和国登记的企业法人所拥有的集装箱。主要内容涵盖集装箱的结构、试验及其他技术要求等。

五、术语与含义

本体系框架中出现的主要术语的含义如下：

1．船舶：各类排水或者非排水船、艇、水上飞机、潜水器和移动式平台以及其他移动式装置。

2．海上设施：水上水下各种固定或者浮动建筑、装置和固定平台。

3．集装箱：一种永久性的并有相应的强度足以反复使用的运输设备，包括近海集装箱、可移动罐柜、多单元气体容器和散装容器等。

4．船用产品：供船舶、海上设施和船运货物集装箱配备或制造及修理用的材料、设备以及这些材料、设备使用、装配或配套的原材料、部件等。

5．起重设备：安装于船上或海上设施上的吊杆装置、吊杆式起重机、起重机、升降机、用以吊运或载运货物、设备、物品及人员等的设备。

6．公务船舶：用于政府行政管理目的的船舶。

7．渔船：用于捕捞鱼类、海豹、海象或其他海洋（水）生物资源的船舶。

8．游艇：仅限于游艇所有人自身用于游览观光、休闲娱乐等活动的具备机械推进动力装置的船舶，包括机械辅助动力的帆艇。

9．水上飞机：可在水上起飞、降落和停泊的航空器。

10．潜水器：各种水下运行器具的统称，包括载人潜水器和无人潜水器。

11．海上移动平台：一种可根据需要，从一个作业地点迁移到另一个作业地点作业的海上建筑物。

12．海上浮动设施：采用缆绳、锚链或者张力筋腱等非刚性固定方式系固并漂浮于海面的建筑、装置。

13．海上固定设施：通过导管架桩基、重力式基础或负压筒基础等底部支撑结构固定于海底，用于特定功能的建筑、装置。

14．内河浮动设施：内河水域中采用缆绳或者锚链等非刚性固定方式系固并漂浮或者潜于水中的建筑、装置。

工业和信息化部、公安部、国家标准化管理委员会关于印发《国家车联网产业标准体系建设指南（车辆智能管理）》的通知

各省、自治区、直辖市及计划单列市工业和信息化主管部门、公安厅（局）、市场监督管理局（厅、委），有关行业协会、标准化技术组织和专业机构：

为发挥标准在车联网产业生态环境构建中的引领和规范作用，加快制造强国、网络强国和交通强国建设步伐，现将《国家车联网产业标准体系建设指南（车辆智能管理）》印发给你们，请与《国家车联网产业标准体系建设指南（智能网联汽车）》（工信部联科〔2017〕332 号）、《〈国家车联网产业标准体系建设指南〉系列文件》（工信部联科〔2018〕109 号）配套使用，认真贯彻执行。

工业和信息化部 公安部 国家标准化管理委员会

2020 年 4 月 15 日

《关于完善新能源汽车推广应用财政补贴政策的通知》

各省、自治区、直辖市、计划单列市财政厅（局）、工业和信息化主管部门、科技厅（局、科委）、发展改革委：

为支持新能源汽车产业高质量发展，做好新能源汽车推广应用工作，促进新能源汽车消费，现将新能源汽车推广应用财政补贴政策有关事项通知如下：

一、延长补贴期限，平缓补贴退坡力度和节奏

综合技术进步、规模效应等因素，将新能源汽车推广应用财政补贴政策实施期限延长至 2022 年年底。平缓补贴退坡力度和节奏，原则上 2020—2022 年补贴标准分别在上一年基础上退坡 10%、20%、30%（2020 年补贴标准见附件）。为加快公共交通等领域汽车电动化，城市公交、道路客运、出租（含网约车）、环卫、城市物流配送、邮政快递、民航机场以及党政机关公务领域符合要求的车辆，2020 年补贴标准不退坡，2021—2022 年补贴标准分别在上一年基础上退坡 10%、20%。原则上每年补贴规模上限约 200 万辆。

二、适当优化技术指标，促进产业做优做强

2020 年，保持动力电池系统能量密度等技术指标不做调整，适度提高新能源汽车整车能耗、纯电动乘用车纯电续驶里程门槛（具体技术要求见附件）。2021—2022 年，原则上保持技术指标总体稳定。支持“车电分离”等新型商业模式发展，鼓励企业进一步提升整车安全性、可靠性，研发生产具有先进底层操作系统、电子电气系统架构和智能化网联化特征的新能源汽车产品。

三、完善资金清算制度，提高补贴精度

从 2020 年起，新能源乘用车、商用车企业单次申报清算车辆数量应分别达到 10 000 辆、1000 辆；补贴政策结束后，对未达到清算车辆数量要

求的企业，将安排最终清算。新能源乘用车补贴前售价须在 30 万元以下（含 30 万元），为鼓励“换电”新型商业模式发展，加快新能源汽车推广，“换电模式”车辆不受此规定。

四、调整补贴方式，开展燃料电池汽车示范应用

将当前对燃料电池汽车的购置补贴，调整为选择有基础、有积极性、有特色的城市或区域，重点围绕关键零部件的技术攻关和产业化应用开展示范，中央财政将采取“以奖代补”方式对示范城市给予奖励（有关通知另行发布）。争取通过 4 年左右时间，建立氢能和燃料电池汽车产业链，关键核心技术取得突破，形成布局合理、协同发展的良好局面。

五、强化资金监管，确保资金安全

地方新能源汽车推广牵头部门应会同其他相关部门强化管理，要把补贴核查结果同步公示，接受社会监督，对未按要求审核公示的上报资料不予受理。切实发挥信息化监管作用，对于数据弄虚作假的，经查实一律取消补贴。对监管不严、造成骗补等问题的地方和企业按规定严肃处理。

六、完善配套政策措施，营造良好发展环境

根据资源优势、产业基础等条件合理制定新能源汽车产业发展规划，强化规划的严肃性，确保规划落实。加大新能源汽车政府采购力度，机要通信等公务用车除特殊地理环境等因素外原则上采购新能源汽车，优先采购提供新能源汽车的租赁服务。推动落实新能源汽车免限购、免限行、路权等支持政策，加大柴油货车治理力度，提高新能源汽车使用优势。

财政部

工业和信息化部 科技部

发展改革委

2020 年 4 月 23 日

关于征求《公路工程适应自动驾驶附属设施总体技术规范（征求意见稿）》意见的函

各省、自治区、直辖市、新疆生产建设兵团交通运输厅（局、委）：

按照部公路工程行业标准制修订计划，由交通运输部公路科学研究院主编的《公路工程适应自动驾驶附属设施总体技术规范》已完成征求意见稿。现发你厅，请组织研究并提出修改建议，于2020年5月22日前回复主编单位。联系人：张卓敏，010-82019574，18513557267；电子邮箱：zzm@itsc.cn；邮寄地址：北京市海淀区西土城路8号，交通运输部公路科学研究院，邮编：100088。

征求意见稿下载地址：交通运输部政府网站—公路局子站—公路技术栏目。

交通运输部公路局

2020年4月24日

交通运输部关于印发《公路工程建设标准管理办法》的通知

各省、自治区、直辖市、新疆生产建设兵团交通运输厅（局、委）：

现将《公路工程建设标准管理办法》印发给你们，请遵照执行。

交通运输部

2020 年 5 月 27 日

交通运输部关于印发《内河航运发展纲要》的通知

各省、自治区、直辖市交通运输厅（局、委），部属各单位，部内各司局：

现将《内河航运发展纲要》印发给你们，请结合工作实际，认真组织实施。

交通运输部

2020 年 5 月 29 日

《关于推进海事服务粤港澳大湾区发展的意见》

为加快落实《粤港澳大湾区发展规划纲要》《交通强国建设纲要》部署要求，促进粤港澳大湾区水上交通安全治理协同发展，更好地服务粤港澳大湾区发展，提出以下意见。

一、总体要求

（一）指导思想。

以习近平新时代中国特色社会主义思想为指导，贯彻落实新发展理念，持续深化粤港澳海事管理机构协同合作，为粤港澳大湾区发展提供卓越的海事服务。

（二）基本原则。

坚持协同发展。全面深化粤港澳海事交流合作，逐步实现资源共享、标准互认、执法互助的合作共赢新格局，有力推动大湾区航运协调发展。

坚持创新发展。将创新作为引领发展的第一动力，先行先试，全面推进理念创新、技术创新、制度创新和管理创新，提升海事监管服务能力。

坚持安全发展。以保障水上交通安全为第一要务，构建系统完备、快速反应的水上交通安全应急保障体系，为大湾区经济高质量发展提供水上交通安全保障。

坚持绿色发展。实施严格的船舶污染防治措施，协同港澳海事管理机构加强船舶污染联防联治，推动大湾区航运绿色可持续发展。

（三）发展目标。

到 2022 年，大湾区水上交通安全保障能力协同发展，船舶污染防治能力明显提高，大湾区水上交通安全多元共治格局基本形成，粤港澳海事管理机构合作机制有序运行，服务大湾区地方经济发展能力显著提升。

到 2035 年，大湾区水上交通安全便捷，航运要素高效流动，粤港澳海事管理机构合作机制高效运行，水上交通安全监管、船舶污染防治能力达到国际一流，全面建成海事服务交通强国建设先行区、海事改革开放创新发展试验区、海事高质量发展示范区。

二、深化粤港澳大湾区海事协同合作机制

（四）建立健全粤港澳海事合作机制。坚持协同发展理念，推动与港澳海事管理机构签订战略合作框架协议。建立健全粤港澳海事协同合作机制，依托粤港澳三地政府高层对话机制，全面协调大湾区海事管理事务。

（五）促进粤港澳大湾区多元文化交流。发挥粤港澳地域相近、文脉相亲的优势，创新人文交流方式，丰富文化交流内容，围绕海洋、航海与海事主题，通过论坛研讨交流等多种形式，促进以中华传统优秀文化为主流的岭南文化、航海文化、海事

文化等多元文化交流融汇，提高大湾区海事的社会关注度与影响力。协同港澳海事管理机构举办大湾区海事节，结合中国航海日、香港海运周、澳门海事及水务局日、广州海事展、深圳游艇展等活动，增强大湾区航运、海事业界与社会互动。支持开展大湾区青少年海事夏令营等活动，加强青少年海洋海事文化交流。

（六）**依法共享粤港澳海事管理信息。**协同港澳海事管理机构建立船舶监管信息通报制度，推动船舶监管数据依法互联互通。推动非公约船舶安全检查等海事管理数据交互共享，逐步提升海事数据服务与融合支撑能力。推进完善实施《珠江口水域 VTS 数据共享合作计划》，实现粤港澳大湾区 VTS 系统合作由单一系统独立运作提升至多个系统共同运作，提升 VTS 交通组织管理和整体服务能力与水平。探索共建统一标准、分布式、多元化的航海保障数据中心。加快船舶证书电子化进程，加快中国籍船员证书电子化进程，提高船舶通行效率。共同推进澳门海域管理综合信息平台建设，服务澳门海洋经济发展。

（七）**推动粤港澳海事管理和技术标准协同互认。**加强粤港澳海事执法交流，加强粤港澳海事管理技术标准协同互认的研究。积极推动大鹏湾水域引航员资质互认和一次引航。加强粤港澳海事管理机构合作交流，对于适用公约船舶，逐步统一执法管理裁量尺度，加强履约合作，提升大湾区海事履约能力。协同港澳建立健全来往港澳航行非公约船舶安全检查合作机制，推动安全检查规则和标准协同一致。

三、加强水上交通安全保障能力建设

（八）**大力推进粤港澳大湾区水上交通安全管理制度衔接。**持续推进粤港澳海事管理制度衔接，积极探索粤港澳联合制定海事管理规则，推动出台大湾区水上交通安全管理制度，完善往来粤港澳游艇安排，为大湾区水上交通安全提供良好的法治环境。

（九）**积极服务粤港澳大湾区船舶高效便捷流动。**优化对大湾区内地航行港澳船舶的安全管理，将在大湾区内进出港并航行于粤港澳之间的三类船舶（港澳籍船舶、内地运输船舶、大湾区船籍港内地非运输船舶），按照各自的水上交通安全管理法规进行管理，进出内地港口时按照国内航线实施水上交通安全管理，全面提升大湾区水上通行效率。水上交通安全管理以外的其他事项，按照现行相关法律法规执行。

加强珠江水域高速客船安全管理，在《国际高速船安全规则》框架下，结合大湾区水域情况，推动粤港澳统一高速客船检验要求。

（十）**推动提升粤港澳大湾区水上公共交通基础设施水平。**建设与大湾区经济社会发展需求相匹配的海巡船艇、无人机、VTS 等监管服务设备设施，显著提高海事执法能力。支持大湾区大型深水港区、深水航道、导助航设施、防抗台风锚地等航运基础设施建设，推动珠江口小船航道建设，实现大小船分道通航。推动大湾区导助航设施的协调布局，强化粤港澳水上导助航设施维护管理合作。

（十一）**提升粤港澳大湾区航海保障科技水平。**深化北斗卫星导航系统应用，鼓励大湾区内航行船舶安装使用北斗终端，推动北斗高精度导航定位服务应用。推动建立志愿船水深监测机制，推进多功能航标建设，加强水文气象信息共享，构建全面覆盖大湾区的通航环境信息综合监测体系。优化遇险紧急与安全通信协调等方面的信息通报、协同联动机制，推动大湾区甚高频数据交换系统（VDES）、高频数字通信、水上无线宽带等水上数字通信网络建设，形成多重覆盖的水上专业数字通信服务。协同制定大湾区 E 航海服务标准，推动智能航道、智能助航等应用，共同推进大湾区 E 航海策略的实施。推进航海保障服务智能航运示范区建设。

（十二）**全面创新粤港澳大湾区中内地海事信用管理机制。**加快内地海事信用体系建设，建立健全信用信息采集、评价、分级、归集与共享机制，实施信用分级分类管理，构建以信用管理为基础的新型海事监管机制。

四、积极促进粤港澳大湾区航运绿色发展

（十三）**全面加强船舶污染治理体系与治理能力建设。**坚持绿色发展理念，制定船舶污染物排放控制协同政策和计划。完善船舶水污染物排放转移处置联合监管制度，协同推进船舶排放控制区实施，开展区域联防联治执法，有效防治船舶污染大湾区水域环境。全面开展船舶大气污染防治工作，推动大湾区统一船舶大气污染控制执法标准。先行先试海运温室气体减排措施，引领大湾区航运绿色发展。推进 LNG 燃料动力、电池动力等船舶应用和船舶靠港使用岸电，拓展电能、氢能等新能源在船舶领域的应用，促进船舶节能减排。研究推动大湾区绿色渡轮技术。

（十四）**有效推进粤港澳大湾区水域综合污染应急能力建设。**以提高大湾区溢油处置能力为目标，推动三地实施《珠江口区域海上船舶污染应急合作安排》。进一步深化船舶污染应急合作，探索建立广东省海上溢油应急处置中心、大湾区船舶污染控制中心，提升大湾区船舶污染应急处置能力，建设蓝色清洁大湾区。

五、持续提升水上应急搜救能力

（十五）**完善粤港澳大湾区水上应急搜救合作机制。**深化完善粤港澳搜救联动合作机制，协同港澳海事管理机构完善大湾区水上交通应急指挥和预案体系，推动签订大湾区海上搜救合作框架协议，持续开展粤港澳水上搜救演习。完善大湾区防抗台风等自然灾害应急联动机制，推动联合制定大湾区防抗台风应急预案，协调台风预警工作，在考虑锚地范围功能及使用限制基础上统筹使用防抗台风锚地等资源，协同开展灾害天气后交通组织、海难救助打捞、海道测量和导助航设施恢复，提升大湾区防抗台风协同能力。

（十六）**提升粤港澳大湾区水上应急搜救能力。**促进大湾区水上应急搜救资源共享，推动粤港澳建设、开放搜救飞机和船舶补给与起降点。推动优化粤港澳三地海上救助移送流程，提高大湾区海上救助移送工作效率，全力保障大湾区水上人命和财产安全。充分发挥行业协会、公益性社会组织和水上搜救志愿者队伍作用，加强

大湾区水上搜救志愿者队伍建设，逐步构建“政府主导、社会参与、协调力量、共建共享”的大湾区水上应急搜救新格局。

六、助力优化粤港澳大湾区航运发展环境

（十七）**全面提升粤港澳大湾区海事服务效能。**研究实施大湾区海运便利化政策，促进大湾区货物便捷流通，支持建设跨境贸易服务平台。强化口岸部门间协调合作，加强海事管理机构和港口管理部门的联动，促进提升通关效率，不断提高社会满意度。促进深圳、东莞等珠江口东岸城市往来澳门的海上客运发展。优化海事行政服务措施，推行大湾区船舶、船员证书文书“多证合一”“一次通办”“一网通办”等便民举措，提升海事行政服务效率。

（十八）**助力粤港澳大湾区航运产业要素聚集。**发挥港澳自由港和国际船舶登记制度特点，支持船舶管理及租赁、船舶融资、海事保险、海事法律及争议解决等高端航运服务业发展，以香港等地作为高端航运服务业发展基地，增强大湾区航运产业要素聚集，提升粤港澳大湾区航运竞争力。以“香港”“中国前海”“广东南沙”“广东横琴”国际登记船籍港为依托，研究探索大湾区国际船舶登记制度，优化船舶登记程序。探索推进自由贸易试验区内国际登记船舶法定检验逐步开放政策。推动互助性保险机构资质能力等信息共享。支持智能船舶、水上飞机等航运科技创新，推动智能航运发展。开通海事政务服务绿色通道，服务大型船舶修造基地稳步发展。

（十九）**推动粤港澳大湾区高素质船员队伍建设。**服务港澳居民在内地便捷申办船员证书。加快建成国家级船员适任评估示范中心，为大湾区船员提供便捷、优质的考试和发证服务。推动国际组织在广州实施海事劳工培训等合作项目，推动高素质船员队伍建设，为大湾区航运业发展提供支持保障。

（二十）**支持粤港澳大湾区海上旅游产业高质量发展。**支持大湾区海岛、滨海旅游产业发展，协同港澳海事管理机构，推动划定游艇自由行休闲活动水域，推动实现大湾区游艇证书和游艇操作人员证书互认，建立高效便捷的游艇自由行管理机制。支持香港、广州、深圳国际邮轮港有序建设，促进区内邮轮港口良性互动及有效协调分工，积极推动邮轮游艇要素集聚，不断提升大湾区人民群众水上出行、旅游的获得感、幸福感、安全感。服务珠海横琴国际休闲旅游岛建设，支持对周边海岛旅游资源的开发利用，支持发展粤澳海岛旅游、公共旅游码头建设，支持水上旅游新业态发展，推动粤港澳游艇自由行和支持澳门世界旅游休闲中心建设。

（二十一）**服务粤港澳大湾区渔业可持续发展。**结合港澳流动渔船营运检验工作，协同港澳海事管理机构为港澳流动渔民提供优质海事服务，促进大湾区渔业可持续发展。

七、坚持辐射带动区域协同发展

（二十二）**支持粤港澳合作发展平台建设。**支持香港巩固提升国际航运中心地位。

支持深圳前海建设国际高端航运服务中心，发展现代航运服务业。支持广州南沙发展航运金融、船舶租赁等特色金融，探索建立国际航运保险等创新型保险要素交易平台。支持江门、中山、东莞、佛山、惠州、汕尾、肇庆等发挥各自优势，协同助推大湾区建设。

（二十三）**推动珠江—西江经济带航运高质量发展。**推动珠江—西江经济带航运高质量发展，深化粤桂海事协同合作，推进“平安西江”建设，服务大湾区发展。支持提升西江出海航道通过能力和通达范围，提高航道等级，构建干支通达顺畅的高等级航道网络，提高西江干线船舶标准化水平。

八、保障措施

（二十四）**加强组织领导。坚持党的全面领导，深入贯彻落实党中央、国务院关于粤港澳大湾区建设的决策部署。**成立海事服务粤港澳大湾区发展领导小组，研究解决深化粤港澳海事管理机构协作、签署粤港澳海事合作框架协议、制定海事服务大湾区发展政策等重大问题，强化海事服务大湾区工作的统筹协调与推进实施。广东海事局负责对接广东省推进粤港澳大湾区建设领导小组办公室，协调相关工作。

（二十五）**做好规划对接。**以对接落实好《粤港澳大湾区发展规划纲要》《交通强国建设纲要》等规划为基础，对重点工程和重大任务，集中力量取得突破，形成带动效应。积极争取规划和资金支持，将重大基础设施项目纳入地方政府规划，优先保障有利于推进大湾区发展的项目。

（二十六）**开展先行先试。**坚持勇于探索、统筹兼顾、以点带面、逐步推进，积极开展大湾区海事合作先行先试，支持在深圳前海、广州南沙、珠海横琴探索开展海事管理与技术创新，为海事服务大湾区建设提供可复制推广经验。在组织实施服务大湾区各项工作中，有关部门要为海事管理机构提供便利条件。

（二十七）**加强实施管理。**充分认识海事服务大湾区发展的重要意义，积极开展海事服务大湾区发展的新闻策划、发布工作，提升海事服务大湾区发展的社会影响力，营造良好舆论氛围。

交通运输部
2020 年 6 月 12 日

交通运输部办公厅、广东省人民政府办公厅、广西壮族自治区人民政府办公厅、贵州省人民政府办公厅、云南省人民政府办公厅《关于珠江水运助力粤港澳大湾区建设的实施意见》

广东、广西、贵州、云南省（自治区）交通运输、发展改革、工业和信息化、财政、自然资源、生态环境、住房城乡建设、水利厅（委），沿江各地（市、州）人民政府，交通运输部珠江航务管理局，广东、广西、深圳海事局：

为贯彻落实《粤港澳大湾区发展规划纲要》，加快珠江水运现代化发展，助力粤港澳大湾区建设，经交通运输部、广东省人民政府、广西壮族自治区人民政府、贵州省人民政府、云南省人民政府同意，现提出以下实施意见。

一、建设互联互通的水运基础设施，促进大湾区基础设施建设

（一）推进航道网络建设。协调推进龙滩水电站和百色水利枢纽 1000 吨级通航设施建设，推动右江、红水河、柳黔江、桂江、左江、绣江等上游航道提等升级（含通航设施新改扩建）；实施西江干线航道扩能工程、珠江三角洲航道网完善工程；加快西江航运干线贵港至梧州航道整治二期工程；研究推进东江航道扩能工程、北江航道扩能升级上延工程前期工作；推动矾石水道和崖门出海航道二期工程建设；研究开辟珠江口小船航路；推进湘桂运河、赣粤运河研究论证，开工建设平陆运河，形成干支衔接、区域成网、江海贯通、连接港澳、沟通水系的高等级航道网络。

（二）推进港口网络建设。巩固提升香港国际航运中心地位，增强广州、深圳国际航运综合服务功能。推进沿海港口专业化码头和深水泊位建设；推进大型石油储备基地、液化天然气接收站、国家煤炭储备基地等能源储运项目配套码头建设；加快实施内河主要港口、区域重要港口建设和升级改造，进一步优化港口资源配置，提升内河港口的支撑能力。形成布局合理、功能完善、集约高效的现代港口体系。

（三）推进多式联运体系建设。优化完善物流枢纽布局与建设，加快推进东莞、深圳集装箱多式联运示范工程建设，推进南宁港、贵港港、柳州港、梧州港、来宾港和富宁港等多式联运工程建设，大力发展集装箱、煤炭等货类江海联运；推进疏港铁路建设，强化重要港区的集疏运体系建设。

（四）加快水运信息化建设。贯彻落实《交通运输部 中央网信办 国家发展改革委 教育部 科技部 工业和信息化部 财政部关于印发〈智能航运发展指导意见〉的

通知》（交海发〔2019〕66 号），推进粤港澳智慧港口、智慧航道、智能船舶和智慧海事建设。加快推进智慧港口工程建设，推进西江干线数字航道建设，推进粤港澳智能航运研发和应用示范，促进北斗导航系统、物联网、云计算、大数据等信息技术在水运领域的集成应用，推进基于区块链的全球航运服务网络平台研究应用。建设完成珠江水运综合信息服务系统拓展工程。

二、提升水运服务品质，促进大湾区运输服务高质量发展

（五）全面提高水运服务能力。推进珠江口港口资源优化整合，与香港形成优势互补、互惠共赢的港口、航运、物流和配套服务体系。支持航运企业做优、做强，创新技术、管理与商业模式，加强港航人才和船员队伍培养。支持企业依法发展珠江水上高速客运、旅游客运、空水联运，开拓水上客运航线，促进企业规模化、集约化、高端化发展。促进发展深圳、东莞等珠江口东岸城市往来澳门的海上客运。

（六）打造现代水运体系。优化运输组织方式，推进干线航道集装箱班轮化运输。优化升级船舶装备，引导船舶大型化、专业化发展。依托大型公共交通枢纽，加快推进以铁公水联运为主导的对外运输物流体系建设，构建干支衔接的水运网络，着力打造以水上快巴为载体的货运和客运快速通道。形成层次分明、功能清晰、有机衔接、协同配套、结构合理的水运体系。

（七）打造现代航运服务业。全面推进传统航运服务业的转型升级，推进“互联网+航运”发展，推动航运服务模式创新。进一步提升航运交易服务能力，支持广州航运交易所服务功能完善和北部湾航运交易所等区域航运交易机构培育。推动粤港澳在航运支付结算、融资、租赁、保险、法律服务等方面实现服务规则对接，提升粤港澳大湾区港口航运服务国际化水平，支持香港发展高端航运服务业。

（八）推动邮轮和游艇产业健康发展。积极发展粤港澳大湾区邮轮产业，有序推动大湾区国际邮轮港协调发展。支持拓展粤港澳大湾区面向国际的邮轮航线，支持航运企业依法拓展东南亚等地区国际邮轮航线、丰富邮轮航线产品。积极推动粤港澳游艇自由行政策实施工作，为游艇自由行提供便利。

三、培育对外开放新优势，促进大湾区扩大开放

（九）优化珠江水运对外开放营商环境。深化“放管服”改革，加快转变政府职能，推进营商环境法治化。以“双随机、一公开”监管为手段，以重点监管为补充，以信用监管为基础，建立新型监管机制，规范监管行为。进一步完善珠江水运对外开放营商环境。

（十）构建珠江水运对外开放新格局。充分发挥港澳在对外开放中的优势和作用。鼓励内地与港澳开展基础设施建设、航运、港口经营、服务等领域的合作，实现内地与港澳水运的优势互补。

四、加快水运技术创新，促进大湾区创新发展

（十一）**优化水运创新环境。**完善珠江水运科技创新制度建设，依托广深港、广珠澳科技创新走廊建设，探索有利于人员、物资、资金、信息、技术等创新要素在珠江水系和粤港澳大湾区便捷高效流通的政策举措，积极推动粤港澳大湾区水运领域重大科研基础设施和大型科研仪器开放共享，依托珠三角科技建设成果转移转化示范区，推动粤港澳大湾区水运科技成果供需对接，促进科技成果转化。

（十二）**提升水运科技创新能力。**支持研发机构、科研院校改善设备条件，扩大研发队伍，积极开展水运科技创新，提升原始创新能力，支持深圳构建以市场为导向的绿色技术创新体系。鼓励内地与港澳在水运科技方面的创新合作，促进产学研深度融合，共同开展绿色水运、智能航运、溢油应急处理等关键技术研究。

五、推进水运生态文明建设，促进大湾区绿色发展

（十三）**推进绿色水运基础设施建设。**加强生态环境保护和防治技术交流，落实生态环境保护的有关要求，加快绿色港口和航道建设。推进珠江水系码头岸电设施、船舶 LNG 加注站、散货堆场防风抑尘设施建设，推动新能源和清洁能源动力船建造以及船舶受电设施改造，着力提高绿色水运基础设施建设水平。

（十四）**加强珠江水运污染防治。**大力推进船舶大气污染物排放控制区实施方案在珠江水系的实施。实施船舶和港口及有关作业活动污染水域环境防治应急能力建设规划，严格执行船舶强制报废制度。加强交通运输（港航、海事）与生态环境、工业和信息化、住房城乡建设等部门间的联动，制定并建立联合监管制度，推动船舶污染物接收设施建设，做好与公共转运处置设施的有效衔接。

六、强化水运质量安全保障，促进大湾区安全发展

（十五）**提升基础设施质量安全保障能力。**推进安全管理体系建设，推进老旧码头、渡口和通航建筑物安全设施的改造，推动锚地、停泊区和水上服务区建设，加快港口和航道安全运行监测与预警系统、必要的桥梁防撞设施建设，有效防范船舶撞桥风险，提高基础设施应急管理水平和应急救助抢险服务能力。推动应急锚地和应急物资储备基地建设，完善监管救助基地站点建设。加快推进水运平安百年品质工程建设研究，全面开展平安工地建设。进一步提升珠江水系水运安全设施保障能力。

（十六）**提高水运装备安全水平。**全面提升过闸船舶标准化率，加快对老旧船舶的更新改造工作。监督指导船舶配备齐全有效的安全防护设备，严格落实船舶检验制度，坚决杜绝检验不合格的船舶营运。加大安全装备资金投入力度，加强安全生产重大关键技术研究和装备研发。进一步提升与珠江水系水运安全管理相适应的船舶装备安全水平。

（十七）**提升行政执法能力水平。**加快推进交通运输综合行政执法改革，进一步

健全监管执法机构，严格执法人员资格管理，建立实施执法人员考试录取、入职培训、持证上岗和定期轮训制度。强化交通运输综合行政执法人员的业务交流，推动建立水上联合巡查制度，切实加强监管。

七、健全和完善水运发展体制机制

（十八）**健全和完善水运发展体制机制。**贯彻落实《国务院办公厅关于印发交通运输领域中央与地方财政事权和支出责任划分改革方案的通知》（国办发〔2019〕33号）精神，加快构建职责清晰、科学规范、运行高效、服务优质的珠江水运管理格局，推进珠江水运治理体系和治理能力的现代化。进一步完善珠江水运发展高层协调机制，共同协商解决珠江水运发展重大问题。

八、保障措施

（十九）**加强组织协调和落实。**加强对珠江水运助力粤港澳大湾区建设工作的组织协调，按职责分工组织推进工作任务的落实。

（二十）**制定政策保障措施。**加大对珠江水运助力粤港澳大湾区建设的政策支持力度，积极争取财政支持，落实经费保障，将专项工作经费纳入各级政府预算，确保顺利实施。

（二十一）**加强宣传引导。**大力宣传珠江水运助力粤港澳大湾区建设取得的成效，开展形式多样的宣传活动，畅通公众意见反馈渠道，营造社会共同参与粤港澳大湾区建设的良好氛围。

交通运输部办公厅
广东省人民政府办公厅
广西壮族自治区人民政府办公厅
贵州省人民政府办公厅
云南省人民政府办公厅
2020 年 6 月 9 日

交通运输部、国家发展改革委关于印发《绿色出行创建行动方案》的通知

各省、自治区、直辖市、新疆生产建设兵团交通运输厅（局、委），发展改革委：

现将《绿色出行创建行动方案》印发给你们，请结合实际认真贯彻落实。

交通运输部

国家发展改革委

2020 年 7 月 23 日

国家标准化管理委员会、中央网信办、国家发展改革委、科技部、工业和信息化部关于印发《国家新一代人工智能标准体系建设指南》的通知

各省、自治区、直辖市及新疆生产建设兵团市场监管局（厅、委）、网信办、发展改革委、科技厅（委、局）、工业和信息化主管部门，有关全国专业标准化技术委员会：

为加强人工智能领域标准化顶层设计，推动人工智能产业技术研发和标准制定，促进产业健康可持续发展，现将《国家新一代人工智能标准体系建设指南》印发给你们，请认真贯彻执行。

国家标准化管理委员会 中央网信办

国家发展改革委 科技部

工业和信息化部

2020年7月27日

交通运输部办公厅关于征求《国家车联网产业标准体系建设指南（智能交通相关）（征求意见稿）》意见的函

各省、自治区、直辖市、新疆生产建设兵团交通运输厅（局、委），工业和信息化部、公安部、市场监管总局办公厅，全国道路运输、智能运输、交通工程（公路）、城市客运标委会，全国汽车标委会客车分委会，信息通导标委会，中国公路学会、中国道路运输协会，部科学研究院、部公路科学研究院、中国交通通信信息中心：

为落实《交通强国建设纲要》，加快自动驾驶和车路协同技术应用，推动国家车联网产业标准体系建设，交通运输部组织编制了《国家车联网产业标准体系建设指南（智能交通相关）（征求意见稿）》（以下简称《指南》），拟联合工业和信息化部、国家标准化管理委员会印发。现将《指南》送你单位，请研提意见并于2020年8月14日前反馈我部。

联系人：科技司 赵晓辉，电话：010-65292199，传真：010-65292100，邮箱：zhaoxh@mot.gov.cn。

交通运输部办公厅

2020年7月29日

交通运输部《关于推动交通运输领域新型基础设施建设的指导意见》

为贯彻落实党中央、国务院决策部署，加快建设交通强国，推动交通运输领域新型基础设施建设，现提出如下意见。

一、总体要求

（一）指导思想

以习近平新时代中国特色社会主义思想为指导，深入贯彻党的十九大和十九届二中、三中、四中全会精神，坚持以新发展理念引领高质量发展，围绕加快建设交通强国总体目标，以技术创新为驱动，以数字化、网络化、智能化为主线，以促进交通运输提效能、扩功能、增动能为导向，推动交通基础设施数字转型、智能升级，建设便捷顺畅、经济高效、绿色集约、智能先进、安全可靠的交通运输领域新型基础设施。

（二）基本原则

——服务人民，提升效能。坚持规划建设与运营服务并重，提升服务品质和整体效能，不断增强人民的获得感、幸福感、安全感。

——统筹并进，集约共享。发挥新型基础设施提质增效作用，巩固传统基础设施强基固本作用，统筹传统与新型、存量与增量、供给与需求，注重集约建设、资源共享，增强发展动能。

——政府引导，市场主导。更好发挥政府统筹协调、支持引导作用，营造良好发展环境。充分发挥企业主体作用，激发市场活力，促进产业链上下游紧密协作，扩展服务功能、提高服务水平。

——跨界融合，协调联动。加强行业协同、部省联动、区域协调，提高系统性、整体性和协同性，形成发展合力，发挥交通基础设施规模优势，助力先进技术装备发展。

——积极稳妥，远近结合。科学定位、稳妥推进，准确把握建设时序和建设重点。注重远近结合，近期加快成熟技术在交通基础设施重点领域的深化应用，远期跟踪新技术发展，适度超前布局。

（三）发展目标

到2035年，交通运输领域新型基础设施建设取得显著成效。先进信息技术深度赋能交通基础设施，精准感知、精确分析、精细管理和精心服务能力全面提升，成为加快建设交通强国的有力支撑。基础设施建设运营能耗水平有效控制。泛在感知设施、先进传输网络、北斗时空信息服务在交通运输行业深度覆盖，行业数据中心和网络安全体系基本建立，智能列车、自动驾驶汽车、智能船舶等逐步应用。科技创新支撑能力显著提升，前瞻性技术应用水平居世界前列。

二、主要任务

（一）打造融合高效的智慧交通基础设施

1. **智慧公路。**推动先进信息技术应用，逐步提升公路基础设施规划、设计、建造、养护、运行管理等全要素、全周期数字化水平。深化高速公路电子不停车收费系统（ETC）门架应用，推进车路协同等设施建设，丰富车路协同应用场景。推动公路感知网络与基础设施同步规划、同步建设，在重点路段实现全天候、多要素的状态感知。应用智能视频分析等技术，建设监测、调度、管控、应急、服务一体的智慧路网云控平台。依托重要运输通道，推进智慧公路示范区建设。鼓励应用公路智能养护设施设备，提升在役交通基础设施检查、检测、监测、评估、风险预警以及养护决策、作业的快速化、自动化、智能化水平，提升重点基础设施自然灾害风险防控能力。建设智慧服务区，促进融智能停车、能源补给、救援维护于一体的现代综合服务设施建设。推动农村公路建设、管理、养护、运行一体的综合性管理服务平台建设。

2. **智能铁路。**运用信息化现代控制技术提升铁路全路网列车调度指挥和运输管理智能化水平。建设铁路智能检测监测设施，实现动车组、机车、车辆等载运装备和轨道、桥隧、大型客运站等关键设施服役状态在线监测、远程诊断和智能维护。建设智能供电设施，实现智能故障诊断、自愈恢复等。发展智能高速动车组，开展时速 600 千米级高速磁悬浮、时速 400 千米级高速轮轨客运列车研制和试验。提升智能建造能力，提高铁路工程建设机械化、信息化、智能化、绿色化水平，开展建筑机器人、装配式建造、智能化建造等研发应用。

3. **智慧航道。**建设航道地理信息测绘和航行水域气象、水文监测等基础设施，完善高等级航道电子航道图，支撑全天候复杂环境下的船舶智能辅助航行。建设高等级航道感知网络，推动通航建筑物数字化监管，实现三级以上重点航段、四级以上航段重点通航建筑物运行状况实时监控。建设适应智能船舶的岸基设施，推进航道、船闸等设施与智能船舶自主航行、靠离码头、自动化装卸的配套衔接。打造“陆海空天”一体化的水上交通安全保障体系。

4. **智慧港口。**引导自动化集装箱码头、堆场库场改造，推动港口建设养护运行全过程、全周期数字化，加快港站智能调度、设备远程操控、智能安防预警和港区自动驾驶等综合应用。鼓励港口建设数字化、模块化发展，实现建造过程智能管控。建设港口智慧物流服务平台，开展智能航运应用。建设船舶能耗与排放智能监测设施。应用区块链技术，推进电子单证、业务在线办理、危险品全链条监管、全程物流可视化等。

5. **智慧民航**。加快机场信息基础设施建设，推进各项设施全面物联，打造数据共享、协同高效、智能运行的智慧机场。鼓励应用智能化作业装备，在智能运行监控、少人机坪、机坪自主驾驶、自助智能服务设备、智能化行李系统、智能仓储、自动化物流、智慧能源管理、智能视频分析等领域取得突破。推进内外联通的机场智能综合交通体系建设。发展新一代空管系统，推进空中交通服务、流量管理和空域管理智慧化。推动机场和航空公司、空管、运行保障及监管等单位间核心数据互联共享，完善对接机制，搭建大数据信息平台，实现航空器全球追踪、大数据流量管理、智能进离港排队、区域管制中心联网等，提升空地一体化协同运行能力。

6. **智慧邮政**。推广邮政快递转运中心自动化分拣设施、机械化装卸设备。鼓励建设智能收投终端和末端服务平台。推动无人仓储建设，打造无人配送快递网络。建设智能冷库、智能运输和快递配送等冷链基础设施。推进库存前置、智能分仓、科学配载、线路优化，实现信息协同化、服务智能化。推广智能安检、智能视频监控和智能语音申诉系统。建设邮政大数据中心。开展新型寄递地址编码试点应用。

7. **智慧枢纽**。推进综合客运枢纽智能化升级，推广应用道路客运电子客票，鼓励发展综合客运一体衔接的全程电子化服务模式，推动售取票、检票、安检、乘降、换乘、停车等客运服务“一码通行”。推动旅客联程运输服务设施建设，鼓励建设智能联程导航、自助行李直挂、票务服务、安检互认、标识引导、换乘通道等服务设施，实现不同运输方式的有效衔接。引导建设绿色智慧货运枢纽（物流园区）多式联运等设施，提供跨方式、跨区域的全程物流信息服务，推进枢纽间资源共享共用。推进货运枢纽（物流园区）智能化升级，鼓励开展仓储库存数字化管理、安全生产智能预警、车辆货物自动匹配、园区装备智能调度等应用。鼓励发展综合性智能物流服务平台，引导农村智慧物流网络建设。

8. **新能源新材料行业应用**。引导在城市群等重点高速公路服务区建设超快充、大功率电动汽车充电设施。鼓励在服务区、边坡等公路沿线合理布局光伏发电设施，与市电等并网供电。鼓励高速公路服务区、港口码头和枢纽场站推进智能照明、供能和节能改造技术应用。推动船舶靠港使用岸电，推进码头岸电设施和船舶受电设施改造，着力提高岸电使用率。鼓励船舶应用液化天然气、电能等清洁能源。推动新能源、新材料在港口和导助航设施等领域应用。推动长寿命、可循环利用材料在基础设施建造、生态修复和运行维护领域应用。

（二）助力信息基础设施建设

9. **第五代移动通信技术（5G）等协同应用**。结合5G商用部署，统筹利用物联网、车联网、光纤网等，推动交通基础设施与公共信息基础设施协调建设。逐步在高速公路和铁路重点路段、重要综合客运枢纽、港口和物流园区等实现固移结合、宽窄结合、公专结合的网络覆盖。协同建设车联网，推动重点地区、重点路段应用车用无线通信技术，支持车路协同、自动驾驶等。在重点桥梁、隧道、枢纽等应用适用可靠、经济耐久的通信技术，支撑设施远程监测、安全预警等应用。积极推动高速铁路 5G 技术应用。面向行业需求，结合国家卫星通信等设施部署情况和要求，研究应用具备全球宽带网络服务能力的卫星通信设施。

10．**北斗系统和遥感卫星行业应用。**提升交通运输行业北斗系统高精度导航与位置服务能力，推动卫星定位增强基准站资源共建共享，提供高精度、高可靠的服务。推动在特长隧道及干线航道的信号盲区布设北斗系统信号增强站，率先在长江航运实现北斗系统信号高质量全覆盖。建设行业北斗系统高精度地理信息地图，整合行业北斗系统时空数据，为综合交通规划、决策、服务等提供基础支撑。推进北斗系统短报文特色功能在船舶监管、应急通信等领域应用。探索推动北斗系统与车路协同、ETC 等技术融合应用，研究北斗自由流收费技术。鼓励在道路运输及运输服务新业态、航运等领域拓展应用。推动北斗系统在航标遥测遥控终端等领域应用。推进铁路行业北斗系统综合应用示范，搭建铁路基础设施全资产、全数据信息化平台，建设铁路北斗系统地基增强网，推动在工程测量、智慧工地等领域应用。推动高分辨率对地观测系统在基础设施建设、运行维护等领域应用。

11．**网络安全保护。**推动部署灵活、功能自适、云网端协同的新型基础设施内生安全体系建设。加快新技术交通运输场景应用的安全设施配置部署，强化统一认证和数据传输保护。加强关键信息基础设施保护。建设集态势感知、风险预警、应急处置和联动指挥为一体的网络安全支撑平台，加强信息共享、协同联动，形成多层级的纵深防御、主动防护、综合防范体系，加强威胁风险预警研判，建立风险评估体系。切实推进商用密码等技术应用，积极推广可信计算，提高系统主动免疫能力。加强数据全生命周期管理和分级分类保护，落实数据容灾备份措施。

12．**数据中心。**完善综合交通运输数据中心，注重分类分层布局，推动跨部门、跨层级综合运输数据资源充分汇聚、有效共享，形成成规模、成体系的行业大数据集。推动综合交通运输公共信息资源开放，综合运用政府、科研机构、企业等数据资源，深化行业大数据创新应用，以数据资源赋能交通运输发展。

13．**人工智能。**持续推动自动驾驶、智能航运、智慧工地等研发应用。建设一批国家级自动驾驶、智能航运测试基地，丰富不同类型和风险等级的测试场景，完善测试评价体系，提升测试验证能力。围绕典型应用场景和运营模式，推动先导应用示范区建设，实施一批先导应用示范项目。

（三）完善行业创新基础设施

14．**科技研发。**加强以国家重点实验室、国家技术创新中心等重要载体为引领的交通运输领域科研基地体系建设，鼓励社会投资科技基础设施，推动一批科研平台纳入国家科技创新基地建设，推进创新资源跨行业共享。鼓励在项目全生命周期协同应用建筑信息模型（BIM）技术，促进产业基础能力提升。推进交通基础设施长期性能观测网建设，试点开展长期性能观测，加强基础设施运行状态监测和运行规律分析，支撑一流设施建设与维护。

三、组织实施

（一）加强组织领导

建立健全推动交通运输领域新型基础设施建设的实施机制。部将加大指导支持力度，协调解决重大问题。省级交通运输主管部门要落实属地责任，加强组织协调和督促指导，明确实施路径、阶段目标，建立协同推进机制和政策体系，充分调动企业和社会积极性，确保顺利实施。

（二）加快示范引领

结合规划编制，统筹布局谋划交通运输领域新型基础设施项目，稳妥有序推进项目落地实施。落实国家重大区域战略，选择特点突出、条件成熟、创新能力强的重点地区，依托重要运输通道、枢纽等开展多层次的交通运输领域新型基础设施试点示范，形成可复制可推广的经验。

（三）完善标准规范

构建适应交通运输领域新型基础设施建设的标准体系，加强重点领域标准供给，分类制定关键性、基础性标准，及时将试点成果转化为标准，指导工程建设。加快完善通信网络、北斗系统、环境感知、交通诱导与管理、BIM、数据融合等标准规范，推进建立适应自动驾驶、自动化码头、无人配送的基础设施规范体系。建立标准国际化、政企共建和动态调整机制。

（四）形成多元化投融资机制

发挥好政府投资的支持引导作用，扩大有效投资。各级交通运输主管部门应积极争取各类政府财政性资金、专项资金等支持交通运输领域新型基础设施建设。充分运用市场机制，多元化拓宽投融资渠道，积极吸引社会资本参与，争取金融保险机构支持，强化风险防控机制建设。探索数据、技术等资源市场化配置机制。

（五）加强协同合作

各级交通运输主管部门要推动建立涵盖政府、企业、行业协会和专业机构的协同机制，强化部门协同、区域协调和跨界合作，共同推进交通运输领域新型基础设施建设。鼓励产业链上下游协同攻关、融通合作，优化生产服务方式、创新建设与运营模式，建立以信用为基础的新型监管机制，营造创新要素集聚、市场主体互利共赢、公平有序发展的产业环境。

交通运输部

2020 年 8 月 3 日

交通运输部《关于推进交通运输治理体系和治理能力现代化若干问题的意见》

为深入贯彻落实党的十九届四中全会决策部署，推进交通运输治理体系和治理能力现代化，服务加快建设交通强国，现提出如下意见。

一、总体要求

坚持以习近平新时代中国特色社会主义思想为指导，全面贯彻党的十九大和十九届二中、三中、四中全会精神，认真落实党中央、国务院决策部署，进一步增强“四个意识”、坚定“四个自信”、做到“两个维护”，坚持稳中求进工作总基调，坚持新发展理念，坚持改革创新，着力固根基、扬优势、补短板、强弱项，构建系统完备、科学规范、运行有效的交通运输制度体系，完善跨领域、网络化、全流程的交通运输现代治理模式，提升系统治理、依法治理、综合治理、源头治理水平，形成全社会共建共治共享的交通运输治理格局，把制度优势更好转化为行业治理效能，为加快建设交通强国、服务构建新发展格局、实现“两个一百年”奋斗目标和中华民族伟大复兴的中国梦提供有力支撑。

推进交通运输治理体系和治理能力现代化的总体目标是，到中国共产党成立一百年时，在交通运输各方面制度更加成熟更加定型上取得明显成效；到 2025 年，交通运输高质量发展的制度体系基本形成，行业现代治理能力和治理效能明显提升，有力支撑交通强国建设，服务现代化经济体系建设和民生改善的作用更加突出；到 2035 年，行业各方面制度更加成熟更加定型，基本实现交通运输治理体系和治理能力现代化，适应基本建成交通强国需要；到新中国成立一百年时，全面实现交通运输治理体系和治理能力现代化，行业制度更加巩固、优越性充分展现，有力支撑全面建成交通强国，适应社会主义现代化强国建设需要。

二、建立健全交通运输法治体系

（一）**健全综合交通法规体系。**坚持法治引领，推动制定《交通运输法》，加快铁路、公路、水路、民航、邮政等领域“龙头法”和相应配套法规制修订。加强不同运输方式、不同层级法规制度立改废释，推动形成系统完备、相互衔接的综合交通法规体系。

（二）**深化交通运输综合行政执法改革。**指导督促各省级交通运输主管部门在地方党委政府领导下，完成综合行政执法改革各项任务。继续推进“四基四化”建设，提升执法队伍素质能力，推进严格规范公正文明执法。

（三）**深化交通运输法治政府部门建设。**坚持宪法法律至上，加强宪法法律及交通运输法律法规的宣传实施。坚持依法行政，完善重大行政决策制度，优化重大行政决策程序，完善决策后评估制度。健全行政权力制约、监督、评价机制，完善接受人大代表质询、政协委员参政议政的机制。加强合法性和公平竞争审核工作。提高运用法治思维和法治方式加强和改进行业治理的能力。

三、完善交通运输行政管理体系

（四）完善综合交通运输管理体制机制。深化铁路、公路、航道等管理体制改革，建立健全适应综合交通一体化发展的体制机制。推进机构、职能、权限、程序、责任法定化，制定落实权责清单，优化工作流程，完善交通运输部门组织机构，健全综合交通运输统筹发展、运行监测、公共服务等职责体系。围绕落实区域协调发展战略及城市群、都市圈发展，完善跨区域综合交通运输协同发展工作机制。健全海事、救捞、长航、珠航等管理体制及其与地方交通运输部门协作机制。深化交通运输事业单位体制改革。鼓励地方加快建立健全综合交通运输管理体制。

（五）健全交通运输发展战略规划体系。完善交通运输发展战略制定实施长效机制，健全重大发展战略与政策协同机制。探索建立交通运输战略规划、发展规划、空间规划紧密衔接的规划体系。完善跨领域、跨区域、跨层级、跨方式的交通运输规划协同机制，推进多规融合。建立健全交通运输规划清单管理、动态更新机制。

（六）完善交通运输发展指标与标准体系。探索建立符合高质量发展要求的交通运输指标体系，设置涵盖交通强国建设质量效益、新发展理念、群众主观感受的主要指标和核心指标，加强指标执行情况考核，建立动态调整机制。完善交通运输统计调查体系，推进常规统计调查和大数据应用相结合，加强对公众出行、交通物流、新业态等动态监测。健全交通运输标准体系，加强重点领域标准有效供给，更好发挥标准化的引领性作用。

（七）深化交通运输“放管服”改革。编制中央层面设定的交通运输行政许可事项清单，深入推进简政放权，进一步取消下放行政许可事项。深化交通运输领域“证照分离”改革，加强和规范“互联网+监管”等事中事后监管，推动交通运输市场监管领域“双随机、一公开”监管全覆盖、常态化、制度化，建立重点领域全主体、全品种、全链条严格监管机制，完善新业态包容审慎监管机制。创新行政管理和服务方式，深入开展“互联网+政务服务”，全面推行“不见面”办事，推动“一网通办”和“跨省通办”，打造市场化、法治化、国际化交通运输营商环境。推进交通运输数字政府部门建设，建立健全运用互联网、大数据、人工智能等进行行政管理的制度规则。

（八）深化交通投融资机制改革。稳定铁路建设基金、车购税、成品油税费改革新增收入、港建费、民航发展基金等交通发展专项资金政策。研究发行国家公路建设长期债券，完善收费公路专项债券政策。研究设立国际物流供应链发展产业基金。推动设立邮政普遍服务基金，完善邮政快递基础设施建设资金保障机制。研究构建新型财税保障体制，开展“里程费”改革试点。鼓励社会资本设立多式联运等产业投资基金。深化交通运输领域中央与地方财政事权和支出责任划分改革。完善交通运输部门预算管理体系，全面实施预算绩效管理。

四、完善交通运输市场治理体系

（九）**激发交通运输市场主体活力。**深化铁路行业改革，加快推进铁路政企分开，促进铁路运输业务市场主体多元化和适度竞争。实现邮政普遍服务业务与竞争性业务分业经营。推动交通运输领域国有企业混合所有制改革，培育更多充满活力的市场主体。健全支持交通运输民营经济、中小企业发展的政策制度，营造各种所有制主体平等使用资源要素、公开公平公正参与竞争的市场环境。建立常态化交通运输政企沟通机制，健全企业诉求收集、处理、反馈制度，加强对行业企业的指导和支持力度。

（十）**完善交通运输市场规则。**完善交通运输建设、养护、运输等市场准入、退出制度，完善负面清单，进一步规范和创新政府和社会资本合作模式，破除制约社会资本参与交通运输市场竞争的各类障碍和隐性壁垒。完善综合交通运输价格形成机制，推动放开铁路等领域竞争性环节价格。进一步规范行业经营服务性收费，促进交通运输中介服务市场规范发展。推进交通运输数据等要素市场化配置，研究制定推动交通运输公共数据开放和数据资源有效流动的政策制度，推进综合交通大数据中心和行业治理基础数据库建设。

（十一）**完善现代化交通运输产业体系。**健全推动交通运输设施建设维护、装备制造、运输服务上下游协同发展的机制，提升全产业链保障能力。完善交通运输与制造、旅游、金融、商贸、物流等领域深度融合发展的联动机制，培育壮大交通运输经济产业集群。建立健全临港、临空、通道、枢纽经济发展机制，促进产城融合发展。

五、完善交通运输社会协同共治体系

（十二）**完善社会参与机制。**建立健全公众参与交通运输治理的制度机制，畅通公众参与渠道，鼓励交通运输行业协会等社会组织积极参与行业治理，健全交通运输志愿者服务体系。拓宽交通运输政务公开领域和范围，推进决策公开、执行公开、管理公开、服务公开、结果公开。

（十三）**构建以信用为基础的新型监管机制。**完善交通运输信用体系建设长效机制，加强信用信息归集、共享和公开。推进交通运输领域信用评价和分级分类监管，建立健全贯穿市场主体全生命周期的新型监管机制。实施“信易+”工程，深入推进“信易行”和“信用交通省”建设。依法依规加强交通运输守信激励和失信惩戒，完善失信主体信用修复机制。加强政务诚信建设，建立政务诚信监测治理体系。

（十四）**健全行业矛盾纠纷预防化解机制。**健全交通运输重大决策社会稳定风险评估机制。畅通和规范行业特殊群体诉求表达、利益协调、权益保障通道，及时化解行业矛盾纠纷。完善行政调解和信访工作机制，提高行政复议公信力和应诉水平。建立健全矛盾风险防控协同机制，防止风险跨地区、跨行业交织叠加。

（十五）**繁荣发展交通运输先进文化体系。**以社会主义核心价值观为引领，弘扬民族精神、时代精神，践行新时代交通精神，增强行业凝聚力、战斗力。完善舆论宣传工作机制，建立以内容建设为根本、先进技术为支撑、创新管理为保障的交通运输全媒体传播体系，讲好交通故事。完善舆论监督制度，健全重大舆情和突发事件舆论引导机制。深入普及安全、绿色、文明出行理念，推动全社会交通文明程度持续提升。

六、建立健全交通基础设施高质量发展政策体系

（十六）**完善综合立体交通网络发展机制。**建立铁路、公路、水路、民航、邮政快递等基础设施统筹规划、协同发展的机制，统筹跨方式、跨区域的重大项目建设，推动现代化高质量综合立体交通网络建设。建立基于第五代移动通信技术（5G）、北斗、物联网等新一代信息技术的交通基础设施网络一体化运营模式，强化与能源网、信息网络等设施互联和数据共享。

（十七）**健全交通基础设施全生命周期管理体系。**建立交通基础设施规划、建设、养护、运营等相衔接的协同发展机制。构建现代化工程建设质量管理体系，推进精品建造和精细管理。建立全过程、全链条的质量安全监管制度，推进“平安百年品质工程”建设。建立交通感知网络与交通基础设施同步规划建设制度，加强交通基础设施长期性能观测网建设，提升精细化管理和人性化服务水平。

（十八）**构建传统和新型交通基础设施融合发展机制。**统筹存量和增量、传统和新型交通基础设施规划建设，引导要素资源向经济社会效益更高的项目倾斜。以新一代信息技术为牵引，建立传统和新型交通基础设施融合发展机制。建立健全新型交通基础设施统筹布局、协同管理、系统应用的制度，建立多部门协同、多主体参与的新型交通基础设施投资、建设、运营机制。

七、完善交通出行保障政策体系

（十九）**完善公众基本出行保障制度。**推动城市公共交通、农村客运、渡运、邮政普遍服务等公共服务落地。完善优先发展城市公共交通的政策和制度体系，完善绿色出行服务体系。推进城市综合交通体系建设，推动建立城市交通拥堵协同治理机制，打造高效通勤交通网络。健全完善“四好农村路”高质量发展体系，完善农村公路养护、农村客运可持续发展长效机制。

（二十）**推进出行服务一体化便捷化。**完善城乡客运一体化发展机制，提升城乡出行服务均等化水平。完善旅客联程运输机制，建立健全跨区域、跨方式客运协同组织和管理机制。建立健全城市群交通运输一体化发展机制，提高城市群、都市圈

交通承载能力，推进出行服务快速化、便捷化、智能化。

（二十一）**完善交通运输新业态发展制度。**依托交通运输新业态协同监管部际联席会议制度，完善鼓励和规范网络预约出租汽车、分时租赁、互联网租赁自行车、道路客运定制服务、智能快件箱寄递服务等交通运输新业态发展的制度机制。建立定制公交等需求响应型出行服务体系。建立健全自动驾驶等新技术应用相关制度。

八、建立健全现代物流供应链体系

（二十二）**加快推进国际物流供应链体系建设。**充分发挥国际物流保障协调机制作用，实现国际物流保通保畅保运。按照“平时服务、急时应急”的原则，加快建设国际物流供应链服务保障系统，提升国际物流供应链信息服务水平。建立国际物流供应链动态感知、安全预警监测体系，增强国际运输战略通道安全保障和应急处置能力。会同有关部门统筹推进现代国际物流供应链体系建设，推动国际物流与产业链供应链协同融合，服务国内国际双循环相互促进。

（二十三）**健全城乡物流高效发展机制。**完善城市绿色货运配送发展机制，鼓励发展统一配送、集中配送、共同配送等模式，畅通配送服务“最后一千米”。完善县乡村农村物流服务体系，建立健全无人机配送等新技术新方式应用推广机制，推动城乡物流协同高效发展，服务畅通国内大循环。

（二十四）**创新运输组织模式。**完善推动多式联运发展的政策机制，深入实施多式联运示范工程，引导企业建立全程“一次委托”、运单“一单到底”、结算“一次收取”的服务方式，建立健全更加先进高效的多式联运车辆装备推广应用机制。推广甩挂运输、江海直达等运输组织模式，探索发展高铁快运等新模式。完善网络货运平台等新业态发展机制，充分发挥平台作用，整合零散物流信息资源。

九、完善交通运输安全与应急管理体系

（二十五）**完善交通运输安全生产体系。**推进各地建立健全行业安全生产责任险制度，督促地方交通运输管理部门建立监管责任清单，推动交通运输企业健全安全生产责任制和安全生产全生命周期管理制度体系。加强安全监管执法，培育安全监管“第三方”机构机制，坚决遏制重特大交通生产安全事故。建立健全交通运输安全监管尽职免责、失职追责工作机制。完善交通运输安全生产形势分析研判和风险预警机制，建立安全生产重特大事故分析机制。建立自然灾害交通防治体系，提高交通防灾抗灾减灾救灾能力。完善行业安全研究、培训教育和社会宣传机制。

（二十六）**完善交通运输应急管理体系。**研究建立综合交通应急管理体制，优化海上搜救、重大海上溢油、突发公共卫生事件等应急处置部际、部省、区域、军地协同联动机制。建立平战结合的交通运输应急应战指挥调度、物资储备和应急力量快速转运体系。完善综合交通应急预案体系，加快应急预案及配套指南、操作手册等制修订。推进现代化专业救捞体系建设，提升应急救援能力，加强应急救助抢险

打捞专业装备、设施、队伍建设，在饱和潜水、大深度沉船打捞等关键核心技术上不断突破。健全社会力量参与交通运输应急处置工作机制，完善应急征用补偿机制。

（二十七）**完善交通运输重大风险防范化解机制。**坚持总体国家安全观，落实“平安中国”建设要求，加快构建双重预防控制机制，加强交通运输重大风险研判、防控协同、防范化解，保障行业安全稳定发展。会同有关部门建立交通重要基础设施、重点部位、重点环节、人员密集场所、危险货物储运场所等重点目标的信息共享机制，建立健全重点目标安保防范、隐患排查和反恐怖防范体系。完善交通运输参与应对恐怖主义、网络安全、重大传染性疾病等重大突发事件协同应对工作机制。

十、完善交通运输科技创新体系

（二十八）**完善交通运输科技研发应用机制。**坚持面向世界科技前沿、面向经济主战场、面向国家重大需求、面向人民生命健康，强化交通运输基础研究及关键核心技术、前沿领域技术研发应用，健全重大科技攻关类项目管理制度。完善行业内外科技创新资源统筹机制。完善交通运输行业重点科技项目清单管理制度，健全行业重大科技工程实施机制。完善交通运输科技成果转化和推广制度。

（二十九）**完善交通运输技术创新体系。**建立以企业为主体、市场为导向、产学研深度融合的交通运输技术创新体系，推动大数据、区块链、超级计算、人工智能等新技术与交通运输行业深度融合，大力推进智慧交通技术创新应用。鼓励交通运输行业各类创新主体组建产业技术创新联盟，开展关键核心技术攻关。完善交通运输科技创新基地、研发平台、数据中心建设运行管理制度和多渠道投入机制。

（三十）**优化交通运输科技创新环境。**完善交通运输科技评价与激励机制。建立健全行业基础性、战略性、前瞻性科技研发资金保障机制。优化经费管理制度，扩大科研经费使用自主权。建立科研诚信承诺、失信行为目录和依法惩戒制度。完善科研基础设施、科学仪器、科学数据等资源配置和开放共享机制。健全交通运输科普资源体系及配套工作机制。大力弘扬科学家精神，加强行业科研诚信监管。

十一、完善交通运输绿色发展体系

（三十一）**全面建立交通运输资源高效利用制度。**健全交通运输绿色发展评估考核体系。建立交通设施通道、线位、岸线等资源节约集约利用制度。建立适应产业结构、能源结构变化的运输结构调整长效机制，打造绿色高效运输系统。完善交通资源循环利用机制，推广施工材料、废旧材料再生和综合利用。完善邮件快件包装绿色化、减量化、可循环管理制度。

（三十二）**健全交通运输节能减排和污染防治制度。**健全交通运输适用装备设施清洁化、低碳化、高效化的应用推广机制，完善道路运输车辆燃料消耗国家标准体系，优化交通能源结构。完善交通运输绿色示范工程实施推广机制。研究建立交通环保设施设备建设运行统筹保障制度，健全实施绿色汽车维修制度。完善交通环境污染防治成效公报制度。

（三十三）**完善交通运输生态环境保护修复机制。**针对重点区域、重点项目，推动建立交通运输、自然资源、生态环境等跨部门协调机制，统筹交通项目建设与生态环境保护。严格实施生态修复、地质环境治理恢复与土地复垦制度。

十二、完善交通运输开放合作体系

（三十四）**支撑服务自贸区自贸港发展。**服务海南自贸港、上海临港新片区和洋山特殊综合保税区等建设，建立更高水平的航运对外开放制度，在沿海捎带、国际船舶登记等方面深化开放和创新，支持有条件的区域率先探索形成新发展格局。创新船舶监管、船舶检验等方式，进一步完善港口管理机制，推进琼州海峡港航一体化，提升运输便利化和服务保障水平。打造国际航运枢纽，拓展航运服务产业链，支持融资、保险、仲裁等航运高端服务业发展。

（三十五）**完善交通运输多双边合作格局。**完善与共建“一带一路”国家的交通互联互通合作机制，加强国境、国界和国际河流交通安全管理与合作。强化多双边交通运输国际合作，进一步发挥中欧班列、国际道路运输等相关合作机制的作用，加快推进国际运输便利化。鼓励交通运输国际产能合作，支持行业企业“走出去”，加快完善境外经营网络。

（三十六）**积极参与交通运输全球治理体系建设。**深度参与交通运输国际规则和标准制定，建立“政产学研用”多方协同参与的国际标准化活动工作机制。完善交通运输国际组织人才培养和输送机制，探索建立驻外交通官制度，吸引国际组织落户中国。完善国际交流合作机制，鼓励交通运输企业、高校、研究机构建立稳定的对外互信合作关系。

十三、完善高素质交通运输人才体系

（三十七）**完善交通运输科技人才培育机制。**依托重大科技项目、重大工程、重大建设项目，完善交通运输战略科技人才、科技领军人才、青年科技人才和高水平创新团队培养机制。建立灵活的高层次人才引进和选拔机制，持续提升交通运输人才队伍素质。推进交通运输新型智库建设。

（三十八）**加强交通运输技能人才队伍建设。**以职业院校为基础、行业企业为主体，健全校企合作、产教融合的现代交通运输职业教育体系。健全技能人才培养、使用、评价、激励制度。完善以赛促学、以赛育人的职业技能竞赛体系，促进技术技能交流。

（三十九）**完善交通运输干部培养选拔机制。**完善教育培训、轮岗、挂职等机制，提高交通运输干部队伍政治素质，增强专业能力和综合本领。健全以德为先、任人唯贤、人事相宜的选拔任用体系。完善严管和厚爱结合的激励机制和容错纠错机制，努力打造一支忠诚干净担当的交通运输干部队伍。

十四、坚持和加强党对交通运输治理现代化的领导

（四十）落实不忘初心、牢记使命的制度。遵守党章，恪守党的性质和宗旨，坚持用习近平新时代中国特色社会主义思想武装头脑、指导实践、推动工作。健全贯彻落实习近平总书记重要指示批示和党中央、国务院重大决策部署的工作机制，严格执行请示报告制度。巩固深化“不忘初心、牢记使命”主题教育成果，完善长效机制，不断锤炼党员、干部的政治品格。全面贯彻党的基本理论、基本路线、基本方略，落实党的全面领导制度，围绕党的理论创新、实践创新、制度创新，把党的领导落实到交通运输治理各方面各环节。

（四十一）落实全面从严治党制度。贯彻新时代党的建设总要求，以党的政治建设为统领，落实深化党的建设制度改革各项任务。坚持新时代党的组织路线，健全党管干部、选贤任能制度。规范党内政治生活，严明政治纪律和政治规矩，发展积极健康的党内政治文化，全面净化党内政治生态。完善和落实全面从严治党责任制度，全面落实意识形态工作责任制。深化政治巡视，强化监督执纪问责，大力纠治形式主义、官僚主义。

（四十二）健全权威高效的制度执行机制。切实强化党委（党组）以及领导干部制度意识，带头维护制度权威，做制度执行的表率。推进交通运输领域全面深化改革，抓紧制定交通运输治理体系和治理能力现代化急需的制度。增强制度执行力，完善担当作为的激励机制，加强对制度执行的监督，确保行业治理的各项目标任务全面落实到位。

交通运输部

2020 年 10 月 17 日

国务院办公厅《关于印发新能源汽车产业发展规划（2021—2035年）的通知》

国办发〔2020〕39号

各省、自治区、直辖市人民政府，国务院各部委、各直属机构：

《新能源汽车产业发展规划（2021—2035年）》已经国务院同意，现印发给你们，请认真贯彻执行。

国务院办公厅

2020年10月20日

交通运输部《关于完善综合交通法规体系的意见》

各省、自治区、直辖市、新疆生产建设兵团交通运输厅（局、委），国家铁路局、中国民用航空局、国家邮政局，部属各单位，部内各司局：

为完善综合交通法规体系，保障和促进加快建设交通强国，提出如下意见。

一、总体要求

（一）指导思想。

以习近平新时代中国特色社会主义思想为指导，全面贯彻党的十九大和十九届二中、三中、四中、五中全会精神，深入学习贯彻习近平法治思想，在法治轨道上推进国家治理体系和治理能力现代化，围绕加快建设交通强国，完善综合交通法规体系，坚持科学立法、民主立法、依法立法，以高质量立法促进交通运输高质量发展，为加快建设交通强国提供法治固根本、稳预期、利长远的重要作用。

（二）主要目标。

到 2035 年，基本形成系统完备、架构科学、布局合理、分工明确、相互衔接的综合交通法规体系。跨运输方式、铁路、公路、水路、民航、邮政等各领域“龙头法”和重点配套行政法规制修订工作基本完成，覆盖交通运输各领域的法规体系主骨架基本建立；不同运输方式的法律制度有效衔接，支撑各种运输方式一体化融合发展，保障现代化综合交通体系建设；交通运输各方面法律制度更加成熟、更加定型，支撑交通运输治理体系和治理能力现代化基本实现。

到本世纪中叶，全面建成与交通强国相适应的综合交通法规体系，交通运输各项法律制度更加巩固、更加完备，制度优势有效转化为治理效能，支撑交通运输治理体系和治理能力现代化全面实现，并达到国际先进水平。

（三）基本原则。

坚持党对立法工作的领导，确保党的路线方针政策和国家重大战略决策部署在立法中切实得到贯彻实施。

坚持立法为民，使每一项立法都符合宪法精神、反映人民意愿、得到人民拥护。

坚持服务和保障加快建设交通强国，紧扣行业改革发展需求，加快建设交通运输法治政府部门，为加快建设交通强国提供长期性的制度保障。

坚持实事求是，稳中求进，统筹有序，区分轻重缓急，突出工作重点，填补空白点、补强薄弱点，增强法律法规的及时性、系统性、针对性、有效性。

二、综合交通法规体系框架结构

根据各法规主要调整领域，综合交通法规体系由跨运输方式法规系统、铁路法规系统、公路法规系统、水路法规系统、民航法规系统和邮政法规系统六个系统构成。

（一）跨运输方式法规系统。

《交通运输法》

——《综合交通运输枢纽条例》

（二）铁路法规系统。

《铁路法》

——《铁路运输条例》

——《铁路安全管理条例》

——《铁路交通事故应急救援和调查处理条例》

（三）公路法规系统。

由公路基础设施法规子系统和道路运输法规子系统构成。

1．公路基础设施法规子系统。

《公路法》

——《收费公路管理条例》

——《公路安全保护条例》

——《农村公路条例》

2．道路运输法规子系统。

《道路运输法》

——《道路运输条例》

——《城市公共交通条例》

（四）水路法规系统。

由水运基础设施法规子系统、水路运输法规子系统、水上交通安全和防污染法规子系统三个子系统构成。

1．水运基础设施法规子系统。

《港口法》

——《港口管理条例》

《航道法》

——《航道管理条例》

——《航标条例》

——《通航建筑物管理条例》

2．水路运输法规子系统。

《海商法》

《航运法》

——《国内水路运输管理条例》

——《国际海运条例》

3．水上交通安全和防污染法规子系统。

《海上交通安全法》

《船员法》

——《内河交通安全管理条例》

——《船舶和海上设施检验条例》

——《船舶登记条例》

——《水上交通事故调查处理条例》

——《沉船打捞清除管理条例》

——《防治船舶污染海洋环境管理条例》

——《防治船舶污染内河环境管理条例》

——《潜水条例》

——《水上人命搜寻救助条例》

（五）民航法规系统。

由航空器、运行审定、机场管理、空中交通管理、运输管理、通用航空、安全保卫、航空安全与事故调查八个子系统构成。

《民用航空法》

1．航空器子系统。

——《民用航空器适航管理条例》

——《民用航空器国籍登记条例》

——《民用航空器权利登记条例》

——《无人驾驶航空器飞行管理条例》

2．运行审定子系统。

——《民用航空飞行标准管理条例》

3．机场管理子系统。

——《民用机场管理条例》

4．空中交通管理子系统。

——《中华人民共和国飞行基本规则》

——《通用航空飞行管制条例》

——《搜寻援救民用航空器条例》

5．运输管理子系统。

——《民用航空器事故家属援助条例》
——《民用航空市场管理条例》
6．通用航空子系统。
——《通用航空管理条例》
7．安全保卫子系统。
——《民用航空安全保卫条例》
8．航空安全与事故调查子系统。
——《民用航空器事故调查条例》

（六）邮政法规系统。

《邮政法》
——《邮政服务条例》
——《快递条例》
——《邮政业安全管理条例》

三、工作安排

（一）“十四五”时期法规项目安排。

推动《公路法（修订）》《海上交通安全法（修订）》《铁路法（修订）》《民用航空法（修订）》《收费公路管理条例（修订）》《农村公路条例》《城市公共交通条例》《道路运输条例（修订）》《铁路交通事故应急救援和调查处理条例（修订）》《无人驾驶航空器飞行管理条例》颁布实施。

（二）2035 年前法规项目安排。

1．推动出台的法规项目安排。

推动《海商法（修订）》《港口法（修订）》《航道管理条例（修订）》《内河交通安全管理条例（修订）》《船舶和海上设施检验条例（修订）》《水上交通事故调查处理条例》《潜水条例》《水上人命搜寻救助条例》《民用航空飞行标准管理条例》《民用航空器事故调查条例》《邮政业安全管理条例》颁布实施。

2．完成起草并报送国务院的法规项目安排。

积极推进《交通运输法》立法进程。完成《船员法》《综合交通运输枢纽条例》《国际海运条例（修订）》《防治船舶污染内河环境管理条例》《船舶登记条例（修订）》《沉船打捞清除管理条例》《铁路运输条例》《搜寻援救民用航空器条例》《民用航空器事故家属援助条例》《通用航空管理条例》《民用航空安全保卫条例（修订）》起草并报送国务院。

（三）本世纪中叶前法规项目安排。

在推动已报送国务院的法规项目颁布实施的基础上，完成《道路运输法》《航运法》《港口管理条例》《通航建筑物管理条例》《民用航空市场管理条例》《邮政服务条例》起草并推动颁布实施。

四、保障措施

（一）加强组织领导。各部门、各单位要充分认识完善综合交通法规体系的重要性，加强领导、明确责任、协调推进。起草部门要落实好起草的主体责任，制定工作方案，明确时间节点，确保起草质量；法制工作部门要发挥好牵头组织、归口管理、审核把关、沟通协调作用，确保法规项目有序推进。

（二）注重统筹衔接。科学编制五年立法规划和年度立法计划，将立法规划逐年分解、落实到年度立法计划。积极协调推动将重点法规项目及时纳入全国人大常委会立法规划、立法计划和国务院立法计划。提高立法与改革衔接的精准度，及时跟进、主动衔接国家重点法律、行政法规制修订工作，切实维护宪法权威和国家法制统一。建立法规体系动态调整机制，根据情势变化及时调整优化，提高科学性和有效性。

（三）健全立法机制。拓宽人民有序参与立法的渠道，充分听取人民群众、企业、行业协会商会、律师协会等方面的意见。加强和改进立法调研，建立基层立法联系点制度。完善立法程序，健全立法起草、论证、协调、审议机制。健全立法动态评估机制，及时修改和废止不适应改革和经济社会发展要求的法律法规。把立法工作与普法有机结合，做好新颁布或新修订法规宣传工作，加大立法解读力度，加强立法舆情回应，凝聚社会共识，促进全民守法。

（四）加强交流合作。加强与地方立法合作，建立行业立法互动交流机制，对于国家层面尚不具备统一立法条件的领域，鼓励地方在立法权限范围内先期开展地方立法。积极参与国际立法交流合作，加强国际法研究和运用，深入研究国际条约在国内的适用问题，做好国际条约与国内法的衔接，以及国际条约重要制度的国内法转化。

（五）强化支撑保障。加强立法工作队伍建设，强化立法人员配备和培养。进一步推进法律顾问、公职律师制度，统筹行业资源、社会资源，与高等院校、科研院所开展合作共建，打造交通运输立法智库，吸收精通法律、熟悉业务的专家型人才协助立法工作。通过部战略规划项目等渠道，加强立法理论研究，立足实践，把握规律，形成高质量的研究成果。加大资金保障力度，将相关工作经费纳入财政预算。

交通运输部

2020 年 11 月 25 日

《中国交通的可持续发展》白皮书

前言

交通运输是国民经济中基础性、先导性、战略性产业和重要的服务性行业，是可持续发展的重要支撑。

新中国成立以来特别是改革开放以来，在中国共产党领导下，中国的交通运输秉持与经济社会协调发展、与自然生态和谐共生的理念，以建设人民满意交通为目标，自立自强，艰苦奋斗，取得了举世瞩目的发展成就，从根本上改变了基础薄弱、整体落后的面貌，为经济社会发展提供了有力保障，走出了一条中国特色交通发展之路。

中共十八大以来，在习近平新时代中国特色社会主义思想指引下，中国交通发展取得历史性成就、发生历史性变革，进入基础设施发展、服务水平提高和转型发展的黄金时期，进入高质量发展的新时代。基础设施网络规模居世界前列，运输服务保障能力不断提升，科技创新能力显著增强，行业治理现代化水平大幅跃升，人民高品质出行需求得到更好满足，中国加快向交通强国迈进。

当今世界正经历百年未有之大变局，各国的前途命运从未像现在这样紧密相连，交通对于加强互联互通、促进民心相通日益重要。作为负责任大国，中国认真落实联合国 2030 年可持续发展议程，积极参与全球交通治理，加强国际交流与合作，为促进全球可持续发展、推动构建人类命运共同体贡献中国智慧、中国力量。

为全面介绍新时代中国交通发展成就，分享中国交通可持续发展的理念和实践，增进国际社会认识和了解，特发布本白皮书。

一、走新时代交通发展之路

中国交通积极适应新的形势要求，坚持对内服务高质量发展、对外服务高水平开放，把握基础设施发展、服务水平提高和转型发展的黄金时期，着力推进综合交通、智慧交通、平安交通、绿色交通建设，走新时代交通发展之路。

（一）以建设人民满意交通为目标

为了人民、依靠人民、服务人民，是中国交通发展的初心和使命。新时代的中国交通，秉持人民至上、以人为本的发展理念，坚持人民共建共治共享，建设人民满意交通。

——人民交通靠人民。坚持人民主体地位，着力解决人民最关心、最直接、最现实的交通发展问题，充分调动人民的积极性主动性创造性，鼓励社会公众参与交通治理，依靠人民办好交通。

——人民交通由人民共享。统筹公平和效率，坚持普惠性、保基本、均等化、可持续方向，大力推进城乡基本公共服务均等化，保障城乡居民行有所乘，让人民共享交通发展成果。

——人民交通让人民满意。以人民满意为根本评判标准，聚焦新时代人民对交通的新期待，深化供给侧结构性改革，推动交通运输高质量发展，不断满足不同群体的交通运输需求，不断提升人民的获得感、幸福感、安全感。

（二）以当好发展“先行官”为定位

经济要发展，国家要强大，交通要先强起来。把交通运输作为经济社会发展的“先行官”，坚持先行引导、适度超前原则，保持一定发展速度，为经济社会发展提供坚实基础和有力保障。

——措施上优先部署。实施京津冀协同发展、长江经济带发展、长三角一体化发展、粤港澳大湾区建设等区域协调发展战略，推进脱贫攻坚、乡村振兴、新型城镇化等重大决策部署，把交通运输作为先行领域重点部署、优先保障。

——能力上适度超前。适应新型工业化、信息化、城镇化和农业现代化发展要求，以加快建设综合立体交通网络为目标，以综合交通运输规划编制为抓手，适度超前布局交通基础设施建设，支撑经济社会发展，为未来发展留足空间。

——作用上先行引领。充分发挥交通运输在国土空间开发、产业梯度转移、城镇布局优化、经济贸易交流中的先导作用，发挥互联网新业态在培育经济发展新动能中的引领作用，促进新经济形态加速崛起。

（三）以新发展理念为引领

贯彻创新、协调、绿色、开放、共享的新发展理念，是新时代中国交通发展的关键。以新发展理念引领交通高质量发展，更新观念，转变方式，破解难题，厚植优势。

——建设安全、便捷、高效、绿色、经济的现代化综合交通运输体系。打造高品质的快速交通网、高效率的普通干线网、广覆盖的基础服务网，加快形成立体互联的综合交通网络化格局和横贯东西、纵贯南北、内畅外通的综合交通主骨架。

——推动交通运输供给侧结构性改革。降低交通运输结构性、制度性、技术性、管理性、服务性成本，促进物流业“降本增效”，更好发挥交通运输在物流业发展中的基础和主体作用。

——优化营商环境。加强法治政府建设，合理划分交通运输领域中央与地方财政事权和支出责任，推进简政放权、加强管理、优化服务，健全完善以信用为基础的新型监管机制，提升营商环境的国际化、法治化、市场化水平。

——增强发展动能。鼓励和规范交通新业态发展，加快推动新旧动能转换，建立多层次、可选择、多元化的运输服务体系，提高交通服务水平。

（四）以改革开放为动力

深化改革、扩大开放是交通运输发展行稳致远的强大动力。坚持社会主义市场经济改革方向，把“有效市场”和“有为政府”更好结合起来，进一步解放和发展交通运输生产力。

——坚持市场化改革。充分发挥市场在资源配置中的决定性作用，更好发挥政府作用，放开交通运输市场，推进质量变革、效率变革、动力变革，着力依靠市场解决发展不充分的问题，更好发挥政府作用解决发展不平衡的问题，不断完善交通运输市场体系，释放交通运输活力。

——坚持高水平开放。打开国门搞建设，积极推进交通运输“走出去”“请进来”，以服务共建“一带一路”为重点，着力推动陆上、海上、天上、网上“四位一体”联通和政策、规则、标准“三位一体”联通，提升与其他国家互联互通水平和国际运输便利化水平。

（五）以创新驱动为支撑

创新是交通运输发展的动力源泉。把创新作为推动发展的第一动力，以科技创新为牵引，大力推进管理创新、制度创新、文化创新，完善创新体系，优化创新环境，强化人才支撑。

——以基础设施建养技术迭代升级增强交通运输系统韧性，增强交通基础设施抵御灾害与预警监测能力，提升高速铁路、高速公路、特大桥隧、深水筑港、大型机场工程等建造技术水平。

——以智慧交通建设推进数字经济、共享型经济产业发展，推动模式、业态、产品、服务等联动创新，提高综合交通运输网络效率，构筑新型交通生态系统。

——以数字化、网络化、智能化、绿色化技术的发展，拓展交通运输高质量发展空间，抓住全球新一轮科技革命和产业变革催生新技术新模式新业态的历史机遇，推动交通运输可持续发展。

二、从交通大国向交通强国迈进

进入新时代，中国交通驶入高质量发展的快车道，基础设施建设日新月异，运输服务能力、品质和效率大幅提升，科技支撑更加有力，人民出行更加便捷，货物运输更加高效，中国正在从交通大国向交通强国迈进。

（一）基础设施从“连线成片”到“基本成网”

牢牢把握交通基础设施优化布局、加速成网的重要机遇期，深入推进交通供给侧结构性改革，一大批综合客运、货运枢纽投入运营，综合交通网络规模和质量实现跃升，覆盖广度和通达深度不断提升。

综合交通基础设施基本实现网络化。截至 2019 年年底，全国铁路营业里程达到

13.9 万千米，其中高速铁路营业里程超过 3.5 万千米；全国公路里程达到 501.3 万千米，其中高速公路里程 15 万千米；拥有生产性码头泊位 2.3 万个，其中万吨级及以上泊位数量 2520 个；内河航道通航里程 12.7 万千米；民用航空颁证运输机场 238 个；全国油气长输管道总里程达到 15.6 万千米，互联互通程度明显加强；邮路和快递服务网络总长度（单程）4085.9 万千米，实现乡乡设所、村村通邮。综合立体交通网络初步形成，有力支撑了经济社会持续快速健康发展。

综合运输大通道基本贯通。着力加强综合运输大通道建设，进一步打通国家运输大动脉，有力保障国土和能源安全，强化区域间政治经济联系。加快建设“十纵十横”综合运输大通道，依托京沪、京广、沿海、沿江等综合运输大通道，长三角、珠三角、环渤海等港口群和长江沿线港口形成的经济带、城市群成为中国经济最具活力、人口最为密集的区域。上海到南京、上海到杭州高速通道沿线集聚了长三角三分之二的城市和约 80%的经济总量。粤港澳大湾区形成了以高速铁路、城际铁路和高等级公路为主体的城际快速交通网络。西气东输、川气东送、海气登陆以及陕京线等天然气干线管输系统不断完善。煤炭物流通道布局更加合理，形成纵贯南北、东西的铁路能源运输大通道；粮食物流骨干通道全部打通，原粮散粮运输、成品粮集装化运输比重大幅提高，粮食物流效率稳步提升。区域间人员交流、物资流通日益便捷，横贯东西、纵贯南北、内畅外通的综合交通主骨架逐步形成。

综合交通枢纽建设步伐加快。深入推进交通、物流、信息与经济社会深度融合，大力发展枢纽经济，积极培育经济发展新动能。结合全国城镇体系布局，打造北京、上海、广州等国际性综合交通枢纽，加快建设全国性、区域性综合交通枢纽。通过规划引领，强化一体化综合客运枢纽站建设，北京大兴、上海虹桥等一批综合交通枢纽建成，实现了高铁、城市客运、轨道交通、民航等交通方式的无缝对接。优化货运枢纽布局，推进多式联运型和干支衔接型货运枢纽（物流园区）建设，上海洋山港、郑州铁路港等一批现代物流枢纽建成，提高了换装水平，加快了多式联运发展，有力推动了综合交通运输体系建设。不同运输方式通过枢纽实现有机衔接，为优化国家经济空间布局和构建现代化经济体系提供了有力支撑。

城市交通基础设施体系化建设稳步推进。截至 2019 年年底，全国城市道路总长度 45.9 万千米，人均道路面积 17.36 平方米，建成区路网密度达到 6.65 千米/平方千米，道路面积率达到 13.19%。强化城市综合交通体系规划引领，加强内部交通与对外交通有效衔接。树立“窄马路、密路网”的城市道路布局理念，建设快速路、主干路和次支路级配合理、适宜绿色出行的城市道路网络。完善道路空间分配，充分保障绿色交通出行需求，规范设置道路交通安全设施和交通管理设施。开展人行道净化专项行动，推动自行车专用道建设，切实改善绿色出行环境。

（二）运输服务从“走得了”到“走得好”

全面提升交通运输服务质量，“互联网+交通”等新模式快速发展，多样化、品质化、均等化水平大幅提升，运输服务实现“人便其行、货畅其流”，通达性和保障性显著增强。交通运输对国家经济社会发展的支撑显著增强，促投资、促消费、稳增长作用明显。

货物运输服务保障能力不断提升。中国是世界上运输最繁忙的国家。面对日益增长的货物运输需求，加快多式联运发展，创新公铁联运、空铁联运、铁水联运、江海联运、水水中转、滚装联运等高效运输组织模式，开展铁路运能提升、水运系统升级、公路货运治理等专项行动，货物运输结构持续优化，综合运输效率不断提高，物流成本逐步降低，交通运输环境污染明显减少，原油、成品油、天然气管道建设不断提速。铁路运量占社会运输总量比例不断提升，“公转铁”行动取得突出成效。港口货物吞吐量和集装箱吞吐量均居世界第一。快递业务量保持强劲增长态势，连续 6 年位居世界第一。运输服务能力大幅提升，推进物流降本增效取得积极成效，促进了物流业转型升级。

公众高品质出行需求逐步满足。旅客运输专业化、个性化服务品质不断提升，人们对“美好出行”的需求得到更好满足，出行体验更加方便、快捷、舒适、温暖。以道路运输为基础，高铁、民航为主要发展方向的出行服务体系更加完善，客运结构持续优化，中长距离客流逐步从公路转向高铁和民航。截至 2019 年年底，动车组列车累计发送旅客 120 亿人次，占铁路旅客发送量的比重由 2007 年的 4.5%增长到 65.4%。春节、国庆等重要节庆日大规模客流的服务保障能力显著提升，人们不仅能够“说走就走”，而且走得“舒适、优雅、惬意”，“人享其行”的期盼逐步成为现实。

城市公共交通持续优先发展。发展公共交通是现代城市发展的方向，是加强城市交通治理、提升城市居民生活品质的有效措施。大力加强城市轨道交通建设，截至 2019 年年底，全国共有 40 个城市开通运营城市轨道交通线路，运营里程达 6172.2 千米，城市轨道交通的骨干作用日益凸显，城市公交出行分担率稳步提高，舒适度不断提升。城市慢行交通系统较快发展，70 余个城市发布共享单车管理实施细则，360 余个城市提供了共享单车服务。城市公共交通的发展为人们出行提供了便利，满足了多样化出行需求。

基本公共服务均等化水平不断提升。努力保障公众公平享有交通服务权利，以交通和谐促进社会和谐。僻远地区开行的公益性“慢火车”，站站停、低票价、公交化，架起了山村与城市的沟通桥梁，成为沿线人民的“公交车”“致富车”。公路客运普及和农村物流发展有力促进了城乡一体化，截至 2019 年年底，已开展 52 个城乡交通运输一体化示范县建设，全国城乡交通运输一体化发展水平达到 AAA 级、AAAA 级以上的区县比例分别超过 95%和 79%。在铁路、公路、水运、民航、邮政等重要枢纽设置无障碍设施，推广无障碍化交通工具，为特殊群体提供了周到的出行服务。不断加大旅客运输及出行服务普惠力度，让人民共享交通发展成果。

交通运输新业态新模式不断涌现。“互联网+”交通运输正在深刻改变着人们的出行方式。截至 2019 年年底，网约车覆盖全国 400 多个城市，平台日均使用量达到

2000 万人次。共享单车有效解决了出行“最后一千米”难题，日均使用量约 4570 万人次。货运物流融入“互联网+”进程加快，推动了货运物流组织方式创新，95 306 铁路货运服务系统全面建成，2019 年铁路网上货运业务办理比例达到 85%，229 家无车承运人试点企业整合货运车辆 211 万辆，车辆利用率提高约 50.0%，较传统货运交易成本降低了 6 至 8 个百分点。“高铁网+互联网”双网融合取得突出成效，2019 年 12306 互联网售票系统售票超过 35.7 亿张；电子客票基本实现全覆盖；高铁站车正逐步实现 WiFi 信号全覆盖，创新推出网上订餐、无线充电、智能交互等服务。截至 2019 年年底，超过 98%的二级以上汽车客运站提供省域联网售票服务。网约车、共享单车、共享汽车等线上线下新消费模式，刷脸进站、“无纸化”登机、无人机投递、无接触配送、智慧停车、道路客运定制服务等新业态，让人们享受到了便利，为经济发展注入了新动能。

支撑区域重大战略实施。服务京津冀协同发展、长江经济带发展、粤港澳大湾区建设等区域协调发展战略，加强交通运输布局，提供基础支撑。加快构建以首都为核心的多节点、网格状世界级城市群交通体系，加快建设雄安新区一流的综合交通运输体系。强化干线铁路、城际铁路、市域（郊）铁路、城市轨道交通的高效衔接，推动“四网融合”，着力打造“轨道上的京津冀”。全面推进干线航道系统化治理，提升长江黄金水道功能，疏解三峡运输“瓶颈”制约，建设长江经济带综合立体交通走廊。畅通大湾区经粤东西北至周边省区的综合运输通道，构建连接泛珠三角区域和东盟国家的陆路国际大通道，推动粤港澳大湾区现代化综合交通运输体系建设。以“海澄文（海口、澄迈、文昌）”一体化经济圈、大三亚旅游经济圈为重点，打造多节点、网格状、全覆盖的铁路、城际轨道和骨架公路网，全面支撑海南自由贸易港建设。以上海、南京、杭州、合肥、苏锡常、宁波等为节点，构建对外高效联通、内部有机衔接的多层次综合交通网络，推进长三角区域交通运输更高质量一体化发展。契合全流域生态保护和国土空间开发，加快形成黄河流域“通道+枢纽+网络”联动发展格局。差异化完善区域各板块交通网络，增强了对区域战略的交通支撑。

（三）交通科技从“跟跑为主”到“跟跑并跑领跑”并行

经过不懈努力，交通运输科技创新能力大幅跃升，核心技术逐步自主可控，基础设施、运输装备取得标志性重大科技创新成果，可持续发展能力显著提升。中国的交通科技从跟跑世界一流水平为主，进入到跟跑、并跑、领跑并行的新阶段。

交通超级工程举世瞩目。高速铁路、高寒铁路、高原铁路、重载铁路技术达到世界领先水平，高原冻土、膨胀土、沙漠等特殊地质公路建设技术攻克世界级难题。离岸深水港建设关键技术、巨型河口航道整治技术、长河段航道系统治理技术以及大型机场工程建设技术世界领先。世界单条运营里程最长的京广高铁全线贯通，一次性建成里程最长的兰新高铁，世界首条高寒地区高铁哈大高铁开通运营，大秦重载铁路年运量世界第一，世界上海拔最高的青海果洛藏族自治州雪山一号隧道通车。川藏铁路雅安至林芝段开工建设。港珠澳大桥、西成高铁秦岭隧道群、洋山港集装箱码头、青岛港全自动化集装箱码头、长江口深水航道治理等系列重大工程举世瞩目。中国在建和在役公路桥梁、隧道总规模世界第一，世界主跨径前十位的斜拉桥、悬索桥、跨海大桥，中国分别有 7 座、6 座、6 座，世界最高的 10 座大桥中有 8 座在中国。

交通装备技术取得重大突破。瞄准世界科技前沿发展“国之重器”，交通运输关键装备技术自主研发水平大幅提升。具有完全自主知识产权的“复兴号”中国标准动车组实现世界上首次时速 420 千米交会和重联运行，在京沪高铁、京津城际铁路、京张高铁实现世界最高时速 350 千米持续商业运营，智能型动车组首次实现时速 350 千米自动驾驶功能；时速 600 千米高速磁浮试验样车、具备跨国互联互通能力的时速 400 千米可变轨距高速动车组下线。盾构机等特种工程机械研发实现巨大突破，最大直径土压平衡盾构机、最大直径硬岩盾构机、最大直径泥水平衡盾构机等相继研制成功。节能与新能源汽车产业蓬勃发展，与国际先进水平基本保持同步。海工机械特种船舶、大型自动化专业化集装箱成套设备制造技术领先世界，300 米饱和潜水取得创新性突破。C919 大型客机成功首飞。支线客机 ARJ21 开始商业运营。快递分拣技术快速发展。远洋船舶、高速动车组、铁路大功率机车、海工机械等领跑全球，大型飞机、新一代智联网汽车等装备技术方兴未艾，成为中国制造业走向世界的“金名片”。

智慧交通发展步伐加快。推进“互联网+”交通发展，推动现代信息技术与交通运输管理和服务全面融合，提升交通运输服务水平。充分运用 5G 通信、大数据、人工智能等新兴技术，交通运输基础设施和装备领域智能化不断取得突破。铁路、公路、水运、民航客运电子客票、联网售票日益普及，运输生产调度指挥信息化水平显著提升，截至 2019 年年底，229 个机场和主要航空公司实现“无纸化”出行。全面取消全国高速公路省界收费站，高速公路电子不停车收费系统（ETC）等新技术应用成效显著，截至 2019 年年底，全国 ETC 客户累计超过 2 亿，全路网、全时段、全天候监测以及信息发布能力不断增强。北斗系统在交通运输全领域广泛应用，全国已有 760 万道路营运车辆、3.33 万邮政快递干线车辆、1369 艘部系统公务船舶、10 863 座水上助导航设施、109 座沿海地基增强站、352 架通用航空器应用北斗系统，并在 3 架运输航空器上应用北斗系统，京张高铁成为世界首条采用北斗卫星导航系统并实现自动驾驶等功能的智能高铁。智慧公路应用逐步深入，智慧港口、智能航运等技术广泛应用。智能投递设施遍布全国主要城市，自动化分拣覆盖主要快递企业骨干分拨中心。出台自动驾驶道路测试管理规范和封闭测试场地建设指南，颁布智能船舶规范，建立无人船海上测试场，推动无人机在快递等领域示范应用。

三、服务决战脱贫攻坚和决胜全面小康

全面奔小康，关键在农村；农村奔小康，交通要先行。中国将交通扶贫作为服务全面建成小康社会、推进农业农村现代化、人民共享改革发展成果的重要支撑，全力消除制约农村发展的交通瓶颈，为广大农民脱贫致富奔小康提供坚实保障。

（一）坚决打赢交通扶贫脱贫攻坚战

把扶贫作为新时代交通运输发展的重要使命，完善扶贫规划政策体系，创新扶贫工作模式，做到“扶贫项目优先安排、扶贫资金优先保障、扶贫工作优先对接、扶贫措施优先落实”，以超常规的举措和力度，助力打赢脱贫攻坚战。

加强交通扶贫规划设计。完善交通扶贫顶层设计和政策体系，制定交通扶贫规划、实施方案、行动计划，实施《集中连片特困地区交通建设扶贫规划纲要（2011—2020）》《“十三五”交通扶贫规划》《关于进一步发挥交通扶贫脱贫攻坚基础支撑作用的实施意见》等规划和政策文件，将革命老区、民族地区、边疆地区、贫困地区 1177 个县（市、区）全部纳入支持范围。以深度贫困地区为重点，加快国家高速公路、普通国省道改造建设，打造“康庄大道路”“幸福小康路”“平安放心路”“特色致富路”，推动交通建设项目尽量向进村入户倾斜。

创新精准交通脱贫模式。加强统筹设计，建立健全五年规划、三年行动计划、年度计划相互衔接的规划计划体系，分省细化年度计划，建立台账，压茬推进。加大“扶志”“扶智”工作力度，做好对贫困地区干部群众的宣传、教育、培训、科技推广，动员鼓励贫困群众参与农村公路建设，吸纳贫困家庭劳动力参与护路等工作。

持续加大交通扶贫资金投入。大幅提高贫困地区交通建设中央投资补助标准，2012 年至 2020 年安排贫困地区公路建设的车购税资金超过 1.46 万亿元，占同期全国公路建设车购税资金的 61.3%，带动全社会投入超过 5.13 万亿元。国家高速公路、普通国道补助标准分别由“十二五”时期平均占项目总投资的 15%、30%，提高到“十三五”时期的 30%、50%左右。乡镇、建制村通硬化路补助标准提高到平均工程造价的 70%以上。通过优化中央预算内投资、车购税等资金支出结构，统筹加大各级各类资金倾斜力度，确保政策落地、资金到位、项目实施。

重点攻克深度贫困堡垒。全面建成小康社会最艰巨最繁重的任务在农村，特别是深度贫困地区。发挥交通在脱贫攻坚中的基础性、先导性作用，为深度贫困地区脱贫摘帽当好先行、做好支撑。加大对深度贫困地区支持力度，新增资金、新增项目、新增举措进一步向“三区三州”等深度贫困地区倾斜。2016 年至 2020 年，安排车购税资金 2746 亿元支持“三区三州”交通项目建设，其中农村公路资金 781 亿元。

（二）“四好农村路”建设推动贫困地区交通高质量发展

道路通，百业兴。以建好、管好、护好、运营好农村公路（简称“四好农村路”）为牵引，积极推进贫困地区建设外通内联、通村畅乡、客车到村、安全便捷的交通

运输网络，大力提升城乡客货运输服务水平，贫困地区交通落后面貌发生根本改变。

贫困地区综合交通网络加快形成。缺少足够的交通基础设施是贫困地区面临的最大挑战之一。2016 年至 2019 年，国家支持贫困地区改造建设了国家高速公路 1.7 万千米、普通国道 5.3 万千米，建成内河航道约 2365 千米。贫困地区县城基本实现了二级及以上公路覆盖，许多贫困县通了高速公路，不少地方还通了铁路、建了机场，干支衔接的高等级内河航道网络不断完善。贫困地区综合交通运输网络加快形成，曾经“山里山外两重天”的局面彻底改变。

“四好农村路”建设成效显著。以 200 个“四好农村路”全国示范县为引领，推动农村公路高质量发展。落实农村公路建设“七公开”制度，强化贫困地区交通建设管理和质量控制，优化农村公路路网结构，大力推进“路长制”，健全“四好农村路”建设长效机制。完善和落实省、市、县、乡镇、村五级责任，清晰界定工作职责，结合事业单位和乡镇机构改革，完善县乡农村公路管理体制。推动农村公路“满意工程”建设，推广建养一体化等建设养护模式。结合美丽乡村建设开展路域环境整治。统筹城乡客运资源，创新农村客运发展模式，整合交通、邮政、供销、电商等资源，推进了贫困地区农村物流发展。“四好农村路”建设取得了实实在在的成效，为农村特别是贫困地区带去了人气、财气。

“出行难”得到有效解决。农村公路建设实现跨越式发展，“晴天一身土，雨天一身泥”成为历史。截至 2019 年年底，全国实现了具备条件的乡镇和建制村 100%通硬化路；截至 2020 年 9 月，实现了具备条件的乡镇和建制村 100%通客车。城乡道路客运一体化发展水平持续提升，以县城为中心、乡镇为节点、建制村为网点的交通网络初步形成，乡村之间、城乡之间连接更加紧密，6 亿农民“出门水泥路，抬脚上客车”的梦想变成了现实。

（三）交通助推广大农民脱贫致富奔小康

交通运输的快速发展，破解了长期以来制约贫困地区经济社会发展的瓶颈，为广大农民脱贫致富奔小康、加快推进农业农村现代化提供了有力支撑，为谱写新时代乡村振兴新篇章奠定了坚实基础。

农村公路助力广大农民奔小康。农村公路发展，重点在“建”，目标在“通”。2012 年至 2019 年，中国新改建农村公路 208.6 万千米（其中贫困地区约 110 万千米），农村公路总里程达到 420.1 万千米，贫困地区新增 5.1 万个建制村通硬化路。2016 年至 2019 年，贫困地区建设约 9.6 万千米通较大人口规模自然村的硬化路，建设 45.8 万千米农村公路安全生命防护工程，农村公路运行安全条件全面改善。出台《农村公路建设管理办法》《农村公路建设质量管理办法》《农村公路养护管理办法》，加快推进相关技术标准和规范制修订工作。出台《关于深化农村公路管理养护体制改革的意见》及相关配套制度，推进农村公路管理养护体制改革，建立健全农村公路管理养护长效机制。2012 年至 2019 年，通行客车的建制村新增 5.4 万个。加快建设县乡村三级农村物流节点体系建设，推进农村物流发展，2019 年农村地区收投快件超 150 亿件，工业品下乡、农产品出村、快递服务入户等运输服务能力不断提升。

铁路扶贫助力全面小康。持续提升贫困地区铁路网覆盖通达水平，加快连接贫困地区铁路规划建设，完善贫困地区铁路网络。截至 2019 年年底，国家向 14 个集中连片特困地区、革命老区、少数民族地区、边疆地区累计投入 3.3 万亿元，占铁路基建总投资的 78%。新投产铁路覆盖了 274 个国家级贫困县，助力融入“高铁经济圈”。运用大数据分析，优化贫困地区旅客列车开行方案，2019 年日均开行途经贫困地区的旅客列车 2328 列，开行旅游扶贫专列 594 列，带动了沿线旅游、商贸、餐饮等产业发展和消费升级。精准开行农产品“点对点”运输专列、集装箱快运班列和高铁快运等，2018 年以来累计运送贫困地区货物 17.1 亿吨。

“交通+”产业发展成效显著。积极推动“交通+‘旅游’‘产业’‘扶贫’”等发展新模式，推动贫困地区交通与产业深度融合。2012 年至 2019 年，贫困地区新改建资源路、旅游路、产业路约 5.9 万千米。大力推进“交通+快递”扶贫工程，整合交通运输、供销、商贸、电商、邮政快递等资源，开展无人机物流配送应用试点，2018 年全国邮政企业累计实现农村电商交易额 1.4 万亿元。“交通+特色农业+电商”“交通+文化+旅游”“交通+就业+公益岗”等扶贫模式不断创新发展。特色产业因路而起、因路而兴，为广大农民打开一扇脱贫致富的大门。

农村交通有力促进美丽乡村建设。将农村公路建设作为社会主义新农村“村容整洁”和“乡风文明”建设的重要切入点，同步开展公路沿线绿化以及沿途村镇的美化建设，将农村公路打造成一道道靓丽的乡村风景线。农村公路的畅达，带动了农村人居环境同步改善和教育、医疗、文化等公共服务水平同步提升，推动了城乡经济一体化加快发展，广大农村因路而富、因路而美。

四、推进交通治理现代化

中国是世界上最大的发展中国家，交通运输体量庞大、情况复杂且处于快速发展当中，交通治理难度大。中国立足本国国情，借鉴国际经验，大力推进交通治理现代化，通过改革创新释放技术和市场活力、提升治理效能，促进了交通高质量发展。

（一）推进交通治理体系改革

立足当前、着眼长远，积极推进综合交通体制机制改革，不断完善法律法规，统一开放、竞争有序的交通运输市场基本形成，适应新时代国家发展的交通运输治理体系逐步健全。

综合交通运输管理体制机制不断完善。以深化供给侧结构性改革为主线，以提升行业治理能力为重点，持续深化交通运输体制机制改革。2013 年形成由交通运输部管理国家铁路局、中国民用航空局、国家邮政局的大部门管理体制架构，交通运输大部门制主体组织架构基本建立。深入推进中国铁路总公司、中国邮政集团公司的公司制改革工作，两家公司分别更名为中国国家铁路集团有限公司、中国邮政集团有限公司，建立健全现代法人治理结构和中国特色现代国有企业制度。省级综合交通运输体制改革加快推进，大部分省份基本建立综合交通运输管理体制或运行协调机制。组建国家铁路局、中国国家铁路集团有限公司，实现铁路政企分开。民航体制机制改革持续深化，机场公安体制、运输价格、民航业投资准入机制、空管系统体制机制等改革有序推进。邮政体制改革有序推进，邮政改革配套措施不断完善。交通运输综合行政执法改革稳步推进，整合执法队伍，理顺职能配置，减少执法层级，权责统一、权威高效、监管有力、服务优质的交通运输综合行政执法体制逐步形成。综合交通运输发展规划协调机制初步建立，铁路、公路、水运、民航、邮政等专项规划之间的衔接平衡不断加强。通过改革，综合交通运输发展的体制机制进一步优化，各种运输方式进一步融合，交通运输发展内生动力进一步增强，行业现代化治理水平进一步提升。

交通运输法治政府部门建设持续深化。贯彻落实习近平法治思想，以“法治政府部门”建设工程为载体，把法治贯穿交通运输规划、建设、运营、管理和安全生产全过程各方面，为加快建设交通强国提供坚实保障。依法行政制度基本确立，行业立法、执法监督、行政复议与应诉、法治宣传教育和普法等工作机制逐步健全。加快推进铁路、公路、水运、民航、邮政等行业立法，综合交通运输法规体系已基本建成。聚焦国家重大战略实施和行业发展改革领域，制定和修订铁路法、公路法、海上交通安全法、港口法、航道法、民用航空法、邮政法等行业龙头法。出台和制修订水上水下活动通航安全管理规定、交通运输标准化管理办法等行业急需的规章，稳步开展规章规范性文件清理。

深化“放管服”改革优化营商环境。坚持问题导向，加快转变政府职能，深化“放管服”改革，持续优化营商环境。逐步放宽市场准入门槛，持续清理交通运输领域各类不合理和非必要罚款及检查，建立涉企收费目录清单制度。深入落实交通运输领域各项减税降费政策，降低物流税费成本。强化事中事后监管，取消中介服务等行政审批事项，推进商事制度改革。推行“双随机、一公开”监管工作，运用大数据、云计算、物联网等信息技术，推动跨省大件运输等并联许可系统全国联网。加快构建以信用为核心的新型市场监管机制。推进新业态协同监管，线上线下一体化监管模式进一步创新，市场环境更加公平有序。优化行政审批服务方式，推广交通运输政务服务“一网通办”，企业群众办事“只进一扇门”“最多跑一次”服务，办事效率显著提升。交通运输“放管服”改革，推动了优化营商环境向纵深发展，激发了交通发展活力，提高了政府服务效能，促进了交通运输行业健康发展。

（二）推进交通运输绿色发展

树立和践行绿水青山就是金山银山的理念，交通运输生态文明制度体系日益完善，节能降碳取得实效，环境友好程度不断增加。

全面推进节能减排和低碳发展。坚定不移推进节能减排，努力建设低碳交通，走出一条能耗排放做“减法”、经济发展做“加法”的新路子。严格实施能源消费总量和强度双控制度，着力提升交通运输综合效能，全国铁路电气化比例达到71.9%，新能源公交车超过40万辆，新能源货车超过43万辆，天然气运营车辆超过18万辆，液化天然气（LNG）动力船舶建成290余艘，机场新能源车辆设备占比约14%，飞机辅助动力装置（APU）替代设施全面使用，邮政快递车辆中新能源和清洁能源车辆的保有量及在重点区域的使用比例稳步提升。全国942处高速公路服务区（停车区）内建成运营充电桩超过7400个，港口岸电设施建成5800多套，覆盖泊位7200余个，沿江沿海主要港口集装箱码头全面完成“油改电”。绿色交通省（城市）、绿色公路、绿色港口等示范工程，年节能量超过63万吨标准煤。通过中央车购税资金，支持建设综合客运枢纽、货运枢纽、疏港铁路，统筹推进公铁联运、海铁联运等多式联运发展，推进运输结构调整。

强化资源集约节约利用。牢固树立为国家长远发展负责、为子孙后代负责的理念，着力推动交通资源利用方式由粗放型向集约型、节约型转变。结合国土空间规划编制和三条控制线划定落实，统筹铁路、公路、水运、民航、邮政等交通运输各领域融合发展，推动铁路、公路、水路、空域等通道资源集约利用，提高线位资源利用效率。因地制宜采用低路基、以桥（隧）代路等，加强公路、铁路沿线土地资源保护和综合利用，减少对周边环境的影响。加强航道建设的生态保护和绿色建养，推进航道疏浚土综合利用，严格港口岸线使用审批管理与监督，提高岸线使用效率，探索建立岸线资源有偿使用制度。推动废旧路面、沥青、废旧轮胎、建筑废料等材料资源化利用。高度重视和推进快递包装的绿色化、减量化、可循环，大力推进可循环中转袋全面替代一次性塑料编织袋，电子面单使用率达98%。

强化大气与水污染防治。坚决打好交通运输领域污染防治攻坚战，用最严格的制度、最严密的法治治理环境污染。在沿海和长江干线等水域设立船舶大气污染物排放控制区，按照国际公约要求对进入中国水域的国际航行船舶实施船用燃油硫含量限制措施，推动船舶使用清洁能源和加装尾气污染治理装备，建立船用低硫燃油供应保障和联合监管机制。执行船舶水污染物排放控制国家强制性标准，推动港口船舶含油污水、化学品洗舱水、生活污水和垃圾等接收处置设施建设，开展港口粉尘污染控制。在全国沿海实施“碧海行动”计划，打捞存在污染环境风险和影响海上交通运输安全的沉船沉物。加快老旧和高能耗、高排放营运车辆、施工机械治理和淘汰更新，推进实施机动车排放检测与强制维护制度（I/M 制度）。中央财政采取“以奖代补”方式支持京津冀及周边地区、汾渭平原淘汰国Ⅲ及以下排放标准营运柴油货车。全面开展运输结构调整三年行动，2012年至2019年全国机动车污染物排放量下降65.2%。

加大生态保护与修复力度。严守生态保护红线，严格落实生态保护和修复制度。交通基础设施建设全面实行“避让—保护—修复”模式，推进生态选线选址，强化生态环保设计，避让耕地、林地、湿地等具有重要生态功能的国土空间。在铁路、公路、航道沿江沿线开展绿化行动，提升生态功能和景观品质。铁路、公路建设工程注重动物通道建设，青藏铁路建设的动物通道有效保障了藏羚羊的顺利迁徙及其他高原动物的自由活动。港口码头建设和航道整治注重减少对水生态和水生生物的影响，建设过鱼通道，促进鱼类洄游。组织实施公路港口生态修复总面积超过 5000 万平方米。推进长江非法码头、非法采砂整治，截至 2019 年年底，完成 1361 座非法码头整改，改善了生态环境条件，更好保障了长江防洪、供水和航运安全。

（三）加强安全防控和应急保障能力建设

坚持人民至上、生命至上，不断提升交通运输业应对突发公共事件的能力，特别是突发重大公共卫生事件的能力，加强安全治理和应急保障能力建设，统筹发展和安全，全力推进建设更高水平平安交通，为经济社会发展和群众出行提供安全运输保障。

交通安全防控能力显著提升。坚持预防为主、综合施策，深化和完善交通运输平安体系，持续完善安全生产风险管控和隐患排查治理双重预防控制机制，下大力气减少重特大交通运输安全事故，牢牢守住交通安全生产底线。2012 年以来，未发生重大铁路交通事故，2019 年铁路运输事故死亡人数和 10 亿吨千米死亡率与 2012 年相比分别下降 46.1%和 53.8%。普通公路较大、重特大道路交通事故起数连续下降，发生较大以上等级事故和死亡人数与 2012 年相比分别下降 55.9%和 60%。2019 年，未发生重大等级水上交通事故，较大等级以上事故和死亡人数与 2012 年相比分别下降 68.5%和 69.4%。民航实现运输航空持续安全飞行 112 个月、8068 万小时的安全新纪录。

交通应急保障能力显著提升。加强交通应急保障能力建设，及时防范化解交通重大安全风险，有效应对处置各类灾害事故。实施高铁安全防护工程，推进人防、物防、技防“三位一体”安全保障体系建设，集中开展高铁沿线环境综合整治，消除高铁沿线环境安全隐患 6.4 万处，深入推进普速铁路安全环境整治。实施乡道及以上公路安全保障工程和安全生命防护工程，累计实施 88.9 万千米，改造危桥 4.7 万座，车辆运输车治理取得决定性成效。加强海上搜救和重大海上溢油应急处置，建立政府领导、统一指挥、属地为主、专群结合、就近就便、快速高效的海上搜救工作格局，配备 70 余艘专业救助船舶、120 多艘打捞船舶、20 余架专业救助航空器，建立 20 余支应急救助队，基本建成以专业救捞力量、军队和国家公务力量、社会力量等为主要力量的海上搜救队伍。2012 年至 2019 年，全国组织协调海上搜救行动 1.6 万次，派出搜救船舶 7.2 万艘次、飞机 2780 架次，成功救助遇险船舶 1.1 万艘、遇险人员 12.2 万人，搜救成功率达 96.2%。

应对突发公共事件处置能力显著提升。科学高效应对各类突发公共事件，健全工作体系，提升应急能力。新冠肺炎疫情发生后，中国果断做出“一断三不断”部署，适时推出铁路“七快速”，公路“三不一优先”，水运“四优先”，民航客运“五个一”、货运“运贸对接”以及邮政“绿色通道”等政策措施，一方面全力阻断病毒通过交通工具传播，另一方面保障全国各地应急物资运输和人民生活需求，为打赢疫情防控人民战争、总体战、阻击战提供了有力支撑。

五、推动构建全球交通命运共同体

中国坚持互利共赢的开放战略，深化与各国在交通领域合作，积极推进全球互联互通，积极参与全球交通治理，认真履行交通发展的国际责任与义务，在更多领域、更高层面上实现合作共赢、共同发展，推动构建全球交通命运共同体，服务构建人类命运共同体。

（一）助力共建“一带一路”

共建“一带一路”承载着人们的美好梦想。中国秉持共商共建共享理念，与有关国家加快推进基础设施互联互通合作，共同打造开放包容、互利共赢的高质量发展之路，共同打造和平之路、合作之路、幸福之路。

推动交通基础设施互联互通。注重发挥交通运输对于推进全球连通、促进共同繁荣的基础性先导性作用，加强与各国在交通互联互通领域互利合作。扎实推进巴基斯坦 1 号铁路干线升级改造项目（ML1）、中尼（泊尔）跨境铁路合作项目以及中老铁路、中泰铁路、雅万高铁建设。中国企业参与建成蒙内铁路、亚吉铁路、巴基斯坦拉哈尔“橙线”轨道交通项目等铁路。中欧班列累计开行突破 3.1 万列、通达 21 个欧洲国家的 92 个城市。合作建成白沙瓦—卡拉奇高速公路（苏库尔—木尔坦）、喀喇昆仑公路二期（赫韦利扬—塔科特）、昆曼公路、中俄黑河公路大桥、同江铁路大桥等公路、桥梁项目。参与希腊比雷埃夫斯港、斯里兰卡科伦坡港、巴基斯坦瓜达尔港等海外港口的建设和运营。在有关国家积极参与和共同努力下，“六廊六路多国多港”的互联互通架构基本形成。以铁路、公路、航运、航空为重点的全方位、多层次基础设施网络正在加快形成，区域间商品交易、流动成本逐渐降低，促进了跨区域资源要素的有序流动和优化配置。

推进国际运输便利化。积极推进政策、规则、标准“三位一体”联通，为互联互通提供机制保障。以共建“一带一路”为合作平台，与 19 个国家签署 22 项国际道路运输便利化协定；分别与比利时、阿联酋、法国签署机动车驾驶证互认换领双边协议；与 66 个国家和地区签署 70 个双边和区域海运协定，海运服务覆盖沿线所有沿海国家；与 26 个国家（地区）签署单边或者双边承认船员证书协议，与新加坡签署电子证书谅解备忘录，便利船舶通关，引领和推进电子证书在全球航运业的应用进程；建立中欧班列国际铁路合作机制，与 22 个国家签署邮政合作文件，实现中欧班列出口运邮常态化运作；与 100 个国家签订双边政府间航空运输协定，截至 2019 年年底，中外航空公司在中国通航 54 个合作国家，每周运行 6846 个往返航班，与东盟、欧盟签订了区域性航空运输协定。建立中日韩俄四国海上搜救合作机制，与印尼国家搜救局签订部门间海上搜救合作备忘录。国际运输便利化推动了中国与沿线国家合作更加紧密、往来更加便利、利益更加融合。

（二）积极推动全球交通治理体系变革

当前，全球交通治理体系面临一系列新课题，迫切需要变革创新，为全球发展提供更好助力和支撑。中国坚定支持多边主义，积极推动全球交通治理体系建设与变革，努力为全球交通治理提供中国智慧、中国方案。

共谋全球交通治理。中国作为负责任大国，认真履行国际责任和义务，加入近120项交通运输领域多边条约，积极参与联合国亚洲及太平洋经济社会委员会、铁路合作组织、国际铁路联盟、世界道路协会、国际运输论坛、国际海事组织、国际民航组织、万国邮政联盟等国际组织事务，多次当选或连任国际海事组织A类理事国、万国邮政联盟相关理事会理事国，积极主办世界交通运输大会等国际会议。推动实现联合国2030年可持续发展议程框架下的交通领域可持续发展目标，携手其他发展中国家推动交通可持续发展全球治理改革，为发展中国家发展营造良好的国际环境。

推动全球气候治理。中国高度重视应对气候变化，积极承担符合自身发展阶段和国情的国际责任，实施积极应对气候变化国家战略。积极引导全球海运温室气体减排战略的制定和实施，在全球航空减排市场机制制定和实施进程中努力维护发展中国家权益，推动和引导建立公平合理、合作共赢的全球气候治理体系，为全球生态文明建设和可持续发展贡献力量。

（三）加强国际交流与合作

中国遵循平等互利、合作共赢的原则，与各国深入开展交通领域交流合作，不断拓展广度深度，推动构建开放型世界经济。

扩大开放合作“朋友圈”。依托中俄总理定期会晤委员会运输合作分委会、中美交通论坛、中国—中东欧国家交通部长会议等平台，深化交通可持续发展合作，为构建新型国际关系发挥积极作用。秉持亲诚惠容周边外交理念，加强与周边国家交通合作，推动建立中日韩运输与物流部长会议、上海合作组织交通部长会议、中国—东盟（10+1）交通部长会议、中老缅泰澜沧江—湄公河商船通航联合协调委员会等合作机制，以及中俄、中朝界河航道航行管理机制。推动建立并参与亚太海事局长会议、中国—东盟海事磋商机制会议等区域合作机制。参与大湄公河次区域（GMS）、中亚区域经济合作（CAREC）等机制下的交通合作，为促进地区经济发展做出积极贡献。秉持正确义利观，积极开展与相关国家的海事能力建设和技术合作项目，向其他发展中国家提供基础设施建设、规划编制、能力建设等方面支持和援助。通过广泛深入的交流合作，推动形成市场合作互利共赢、成果经验互鉴共享的开放新格局。

开展国际抗疫合作。新冠病毒是人类共同的敌人。中国加强与其他国家交通领域抗疫合作，推动构建人类卫生健康共同体。推动国际海事组织向174个成员国、有关国际组织转发《船舶船员新冠肺炎疫情防控操作指南》《港口及其一线人员新冠肺炎疫情防控工作指南》等多份文件。中国民用航空局向40多个重点通航国家民航部门分享《运输航空公司、机场疫情防控技术指南》。国家邮政局通过万国邮政联盟向其192个成员国分享《中国邮政新型冠状病毒防控指导手册》。以视频会议形式举办“中日韩运输与物流部长会议特别会议”“中国—东盟交通部长应对新冠疫情特别会议”“第19次中国—东盟交通部长会议”，发布部长联合声明。建立抗疫援助物资国内绿色运输通道，成立国际物流工作专班，实施包机串飞、商业航班、海陆联运、中欧班列等多式联运方式，全力支持做好抗疫援助物资运输保障工作。截至目前，已向150个国家和7个国际组织提供了294批次抗疫物资援助和支持，向33个国家派出援外医疗专家组35队262人。

六、中国交通的未来展望

中共十九大提出到2035年基本实现社会主义现代化、到本世纪中叶建成社会主义现代化强国的宏伟目标，中共十九届五中全会提出“加快建设交通强国”，中国的交通运输迎来更加宝贵的“黄金时期”。

交通高质量发展更加紧迫。中国决胜全面建成小康社会取得决定性成就。进入新发展阶段，贯彻新发展理念、构建新发展格局对交通发展提出了更高要求，也提供了更大空间。人民对美好生活的向往呈现多样化、多层次、多方面特点，对交通运输服务需求更加旺盛、更加多元。新一轮科技革命和产业变革加速推进，给交通运输带来革命性变化。同时，国际环境日趋复杂，不稳定性不确定性明显增加，新冠肺炎疫情在全球传播推动世界百年未有之大变局加速演进，单边主义、保护主义、霸权主义使国际产业链供应链运转严重受阻，气候变化给生态系统安全及经济社会发展带来现实和潜在威胁。

面对国际国内形势的发展变化，加快构建国家综合立体交通网，建设人民满意、保障有力、世界前列交通强国，既面临机遇，也面临挑战。适应新的生产生活方式变化，建设人民满意交通，全面提升综合交通运输网络效率和服务品质的要求更高；服务国土空间开发保护和城乡区域协调发展，全方位提升交通保障能力，保持交通基础设施适度超前发展、充分发挥交通先行作用的要求更高；服务经济高质量发展，转变交通发展方式，提高安全智慧绿色发展水平，提升安全防控、应急处置和救援保障能力，推进治理现代化的要求更高；支撑全方位对外开放，强化交通基础设施互联互通，完善面向全球的运输服务网络的要求更高。

加快建设交通强国。进入新的发展阶段，中国交通坚持以人民为中心的发展思想，以高质量发展为主题，以供给侧结构性改革为主线，牢牢把握“先行官”定位，适度超前，推动交通发展由追求速度规模向更加注重质量效益转变，由各种交通方式相对独立发展向更加注重一体化融合发展转变，由依靠传统要素驱动向更加注重创新驱动转变，构建安全、便捷、高效、绿色、经济的现代化综合交通体系，打造一流设施、一流技术、一流管理、一流服务，努力建设人民满意、保障有力、世界前列的交通强国。

到 2035 年，基本建成交通强国。现代化综合交通体系基本形成，人民满意度明显提高，支撑国家现代化建设能力显著增强。拥有发达的快速网、完善的干线网、广泛的基础网，城乡区域交通协调发展达到新高度。基本形成都市区 1 小时通勤、城市群 2 小时通达、全国主要城市 3 小时覆盖的“全国 123 出行交通圈”和国内 1 天送达、周边国家 2 天送达、全球主要城市 3 天送达的“全球 123 快货物流圈”，旅客联程运输便捷顺畅，货物多式联运高效经济。智能、平安、绿色、共享交通发展水平明显提高，城市交通拥堵基本缓解，无障碍出行服务体系基本完善。交通科技创新体系基本建成，交通关键装备先进安全，人才队伍精良，市场环境优良。基本实现交通治理现代化。交通国际竞争力和影响力显著提升。交通运输全面适应人民日益增长的美好生活需要，为基本实现社会主义现代化提供有力支撑。

结束语

中国即将开启全面建设社会主义现代化国家的新征程。进入新的发展阶段，中国交通将更好履行经济社会发展“先行官”使命，践行新发展理念，服务新发展格局，让交通更加安全、便捷、高效、绿色、经济，为 2035 年基本实现社会主义现代化、本世纪中叶全面建成社会主义现代化强国提供坚实基础。

当前，新冠肺炎疫情仍在全球蔓延，各国面临疫情冲击和经济衰退双重挑战，交通运输对于全球团结抗疫、推动经济增长十分重要。中国将秉持人类命运共同体理念，落实联合国 2030 年可持续发展议程，加强交通国际交流合作，与世界各国一道，更好推进全球互联互通、民心相通，为建设繁荣美好世界做出更大贡献。

国务院办公厅《关于交通运输综合行政执法有关事项的通知》

各省、自治区、直辖市人民政府，国务院各部委、各直属机构：

《交通运输综合行政执法事项指导目录》（以下简称《指导目录》）是落实统一实行交通运输执法要求、明确交通运输综合行政执法职能的重要文件，2020年版《指导目录》已经国务院原则同意。根据深化党和国家机构改革有关部署，经国务院批准，现就有关事项通知如下：

一、《指导目录》实施要以习近平新时代中国特色社会主义思想为指导，全面贯彻党的十九大和十九届二中、三中、四中、五中全会精神，按照党中央、国务院决策部署，扎实推进交通运输综合行政执法改革，统筹配置行政执法职能和执法资源，切实解决多头多层重复执法问题，严格规范公正文明执法。

二、《指导目录》主要梳理规范交通运输领域依据法律、行政法规设定的行政处罚和行政强制事项，以及部门规章设定的警告、罚款的行政处罚事项，并将按程序进行动态调整。各省、自治区、直辖市可根据法律、行政法规、部门规章立改废释和地方立法等情况，进行补充、细化和完善，建立动态调整和长效管理机制。有关事项和目录按程序审核确认后，要在政府门户网站等载体上以适当方式公开，接受社会监督。

三、切实加强对交通运输领域行政处罚和行政强制事项的源头治理。凡是没有法律法规规章依据的行政执法事项一律取消。需要保留或新增的行政执法事项，要依法逐条逐项进行合法性、合理性和必要性审查。虽有法定依据但长期未发生且无实施必要的、交叉重复的执法事项，要大力清理，及时提出取消或调整的意见建议。需修改法律法规规章的，要按程序先修法再调整《指导目录》，先立后破，有序推进。

四、对列入《指导目录》的行政执法事项，要按照减少执法层级、推动执法力量下沉的要求，区分不同事项和不同管理体制，结合实际明晰第一责任主体，把查处违法行为的责任压实。坚持有权必有责、有责要担当、失责必追究，逐一厘清与行政执法权相对应的责任事项，明确责任主体、问责依据、追责情形和免责事由，健全问责机制。严禁以属地管理为名将执法责任转嫁给基层。对不按要求履职尽责的单位和个人，依纪依法追究责任。

五、按照公开透明高效原则和履职需要，制定统一的交通运输综合行政执法程序规定，明确执法事项的工作程序、履职要求、办理时限、行为规范等，消除行政执法中的模糊条款，压减自由裁量权，促进同一事项相同情形同标准处罚、无差别执法。将交通运输综合行政执法事项纳入地方综合行政执法指挥调度平台统一管理，积极推行"互联网+统一指挥+综合执法"，加强部门联动和协调配合，逐步实现行政执法行为、环节、结果等全过程网上留痕，强化对行政执法权运行的监督。

六、按照突出重点、务求实效原则，聚焦交通运输领域与市场主体、群众关系最密切的行政执法事项，着力解决反映强烈的突出问题，让市场主体、群众切实感受到改革成果。制定简明易懂的行政执法履职要求和相应的问责办法，加强宣传，让市场主体、群众能够看得懂、用得上，方便查询、使用和监督。结合交通运输形势任务和执法特点，探索形成可量化的综合行政执法履职评估办法，作为统筹使用和优化配置编制资源的重要依据。畅通投诉受理、跟踪查询、结果反馈渠道，鼓励支持市场主体、群众和社会组织、新闻媒体对行政执法行为进行监督。

七、各地区、各部门要高度重视深化交通运输综合行政执法改革，全面落实清权、减权、制权、晒权等改革要求，统筹推进机构改革、职能转变和作风建设。要切实加强组织领导，落实工作责任，明确时间节点和要求，做细做实各项工作，确保改革举措落地生效。交通运输部要强化对地方交通运输部门的业务指导，推动完善执法程序、严格执法责任，加强执法监督，不断提高交通运输综合行政执法效能和依法行政水平。请中央编办会同司法部加强统筹协调和指导把关。

《指导目录》由交通运输部根据本通知精神印发。

国务院办公厅

2020 年 12 月 14 日

《关于加快构建全国一体化大数据中心协同创新体系的指导意见》

各省、自治区、直辖市及计划单列市人民政府，新疆生产建设兵团，国务院各部委、各直属机构：

数据是国家基础战略性资源和重要生产要素。加快构建全国一体化大数据中心协同创新体系，是贯彻落实党中央、国务院决策部署的具体举措。以深化数据要素市场化配置改革为核心，优化数据中心建设布局，推动算力、算法、数据、应用资源集约化和服务化创新，对于深化政企协同、行业协同、区域协同，全面支撑各行业数字化升级和产业数字化转型具有重要意义。为进一步促进新型基础设施高质量发展，深化大数据协同创新，经国务院同意，现提出以下意见。

一、总体要求

（一）指导思想。

以习近平新时代中国特色社会主义思想为指导，全面贯彻党的十九大和十九届二中、三中、四中、五中全会精神，全面落实习近平总书记关于建设全国一体化大数据中心的重要讲话精神，按照国务院统一部署，以加快建设数据强国为目标，强化数据中心、数据资源的顶层统筹和要素流通，加快培育新业态新模式，引领我国数字经济高质量发展，助力国家治理体系和治理能力现代化。

（二）基本原则。

统筹规划，协同推进。坚持发展与安全并重。统筹数据中心、云服务、数据流通与治理、数据应用、数据安全等关键环节，协同设计大数据中心体系总体架构和发展路径。

科学求实，因地制宜。充分结合各部门、各行业、各地区实际，根据国际发展趋势，尊重产业和技术发展规律，科学论证，精准施策。

需求牵引，适度超前。以市场实际需求决定数据中心和服务资源供给。着眼引领全球云计算、大数据、人工智能、区块链发展的长远目标，适度超前布局，预留发展空间。

改革创新，完善生态。正确处理政府和市场关系，破除制约大数据中心协同创新体系发展的政策瓶颈，着力营造适应大数据发展的创新生态，发挥企业主体作用，引导市场有序发展。

（三）总体思路。

加强全国一体化大数据中心顶层设计。优化数据中心基础设施建设布局，加快实现数据中心集约化、规模化、绿色化发展，形成“数网”体系；加快建立完善云资源接入和一体化调度机制，降低算力使用成本和门槛，形成“数纽”体系；加强跨部门、跨区域、跨层级的数据流通与治理，打造数字供应链，形成“数链”体系；深化大数据在社会治理与公共服务、金融、能源、交通、商贸、工业制造、教育、医疗、文化旅游、农业、科研、空间、生物等领域协同创新，繁荣各行业数据智能应用，形成“数脑”体系；加快提升大数据安全水平，强化对算力和数据资源的安全防护，形成“数盾”体系。

二、发展目标

到2025年，全国范围内数据中心形成布局合理、绿色集约的基础设施一体化格局。东西部数据中心实现结构性平衡，大型、超大型数据中心运行电能利用效率降到1.3以下。数据中心集约化、规模化、绿色化水平显著提高，使用率明显提升。公共云服务体系初步形成，全社会算力获取成本显著降低。政府部门间、政企间数据壁垒进一步打破，数据资源流通活力明显增强。大数据协同应用效果凸显，全国范围内形成一批行业数据大脑、城市数据大脑，全社会算力资源、数据资源向智力资源高效转化的态势基本形成，数据安全保障能力稳步提升。

三、创新大数据中心体系构建

统筹围绕国家重大区域发展战略，根据能源结构、产业布局、市场发展、气候环境等，在京津冀、长三角、粤港澳大湾区、成渝等重点区域，以及部分能源丰富、气候适宜的地区布局大数据中心国家枢纽节点。节点内部优化网络、能源等配套资源，引导数据中心集群化发展；汇聚联通政府和社会化算力资源，构建一体化算力服务体系；完善数据流通共性支撑平台，优化数据要素流通环境；牵引带动数据加工分析、流通交易、软硬件研发制造等大数据产业生态集聚发展。节点之间建立高速数据传输网络，支持开展全国性算力资源调度，形成全国算力枢纽体系。（发展改革委、工业和信息化部、中央网信办牵头，各地区、各部门负责）

四、优化数据中心布局

（一）**优化数据中心供给结构。**发展区域数据中心集群，加强区域协同联动，优化政策环境，引导区域范围内数据中心集聚，促进规模化、集约化、绿色化发展。引导各省（自治区、直辖市）充分整合利用现有资源，以市场需求为导向，有序发展规模适中、集约绿色的数据中心，服务本地区算力资源需求。对于效益差、能耗高的小散数据中心，要加快改造升级，提升效能。（工业和信息化部、发展改革委牵

头，各地区负责）

（二）**推进网络互联互通。**优化国家互联网骨干直连点布局，推进新型互联网交换中心建设，提升电信运营商和互联网企业互联互通质量，优化数据中心跨网、跨地域数据交互，实现更高质量数据传输服务。积极推动在区域数据中心集群间，以及集群和主要城市间建立数据中心直连网络。加大对数据中心网络质量和保障能力的监测，提高网络通信质量。推动降低国内省际数字专线电路、互联网接入带宽等主要通信成本。（工业和信息化部牵头，各地区负责）

（三）**强化能源配套机制。**探索建立电力网和数据网联动建设、协同运行机制，进一步降低数据中心用电成本。加快制定数据中心能源效率国家标准，推动完善绿色数据中心标准体系。引导清洁能源开发使用，加快推广应用先进节能技术。鼓励数据中心运营方加强内部能耗数据监测和管理，提高能源利用效率。鼓励各地区结合布局导向，探索优化能耗政策，在区域范围内探索跨省能耗和效益分担共享合作。推动绿色数据中心建设，加快数据中心节能和绿色化改造。（工业和信息化部、发展改革委、国家能源局牵头，各地区负责）

（四）**拓展基础设施国际合作。**持续加强数据中心建设与使用的国际交流合作。围绕“一带一路”建设，加快推动数据中心联通共用，提升全球化信息服务能力。加速“一带一路”国际关口局、边境站、跨境陆海缆建设，沿途积极开展国际数据中心建设或合作运营。整合算力和数据资源，加快提升产业链端到端交付能力和运营能力，促进开展高质量国际合作。（中央网信办、工业和信息化部、发展改革委牵头，各地区负责）

五、推动算力资源服务化

（一）**构建一体化算力服务体系。**加快建立完善云资源接入和一体化调度机制，以云服务方式提供算力资源，降低算力使用成本和门槛。支持建设高水平云服务平台，进一步提升资源调度能力。支持政企合作，打造集成基础算力资源和公共数据开发利用环境的公共算力服务，面向政府、企业和公众提供低成本、广覆盖、可靠安全的算力服务。支持企业发挥市场化主体作用，创新技术模式和服务体验，打造集成专业算力资源和行业数据开发利用环境的行业算力服务，支撑行业数字化转型和新业态新模式培育。（发展改革委、工业和信息化部牵头，各地区、各部门按职责分工负责）

（二）**优化算力资源需求结构。**以应用为导向，充分发挥云集约调度优势，引导各行业合理使用算力资源，提升基础设施利用效能。对于需后台加工存储、对网络时延要求不高的业务，支持向能源丰富、气候适宜地区的数据中心集群调度；对于面向高频次业务调用、对网络时延要求极高的业务，支持向城市级高性能、边缘数据中心调度；对于其他算力需求，支持向本区域内数据中心集群调度。（各地区、各

部门按职责分别负责）

六、加速数据流通融合

（一）**健全数据流通体制机制。**加快完善数据资源采集、处理、确权、使用、流通、交易等环节的制度法规和机制化运营流程。建立完善数据资源质量评估与价格形成机制。完善覆盖原始数据、脱敏处理数据、模型化数据和人工智能化数据等不同数据开发层级的新型大数据综合交易机制。探索有利于超大规模数据要素市场形成的财税金融政策体系。开展数据管理能力评估贯标，引导各行业、各领域提升数据管理能力。（发展改革委、中央网信办、工业和信息化部牵头，各有关部门按职责分工负责）

（二）**促进政企数据对接融合。**通过开放数据集、提供数据接口、数据沙箱等多种方式，鼓励开放对于民生服务、社会治理和产业发展具有重要价值的数据。探索形成政企数据融合的标准规范和对接机制，支持政企双方数据联合校验和模型对接，有效满足政府社会治理、公共服务和市场化增值服务需求。（中央网信办、发展改革委牵头，各地区、各部门按职能分工负责）

（三）**深化政务数据共享共用。**充分依托全国一体化政务服务平台，发挥国家数据共享交换平台数据交换通道的支撑作用，建立健全政务数据共享责任清单机制，拓展政务数据共享范围。加快建设完善数据共享标准体系，解决跨部门、跨地区、跨层级数据标准不一、数据理解难、机器可读性差、语义分歧等问题，进一步打破部门数据壁垒。（国务院办公厅、发展改革委牵头，各地区、各部门按职责分工负责）

七、深化大数据应用创新

（一）**提升政务大数据综合治理能力。**围绕国家重大战略布局，推动开展大数据综合应用。依托全国一体化政务服务平台和国家“互联网+监管”系统，深化政务服务和监管大数据分析应用。支持各部门利用行业和监管数据，建设面向公共卫生、自然灾害等重大突发事件处置的“数据靶场”，定期开展“数据演习”，为重大突发事件期间开展决策研判和调度指挥提供数据支撑。（国务院办公厅、发展改革委牵头，各部门、各地区按职能分工负责）

（二）**加强大数据公共服务支撑。**聚焦大数据应用共性需求，鼓励构建集成自然语言处理、视频图像解析、数据可视化、语音智能问答、多语言机器翻译、数据挖掘分析等功能的大数据通用算法模型和控件库，提供规范统一的大数据服务支持。（各地区、各部门负责）

（三）**推动行业数字化转型升级。**支持打造“行业数据大脑”，推动大数据在各行业领域的融合应用。引导支持各行业上云用云，丰富云上应用供给，加快数字化转型步伐。推动以大数据、云服务促进新业态新模式发展，支持企业线上线下业务

融合，培育数据驱动型企业。（各地区、各部门负责）

（四）**推进工业大数据平台建设。**支持工业互联网大数据中心标准建设，加强工业互联网数据汇聚、共享和创新应用，赋能制造业高质量发展。鼓励构建重点产业、重大工程数据库，为工业发展态势监测分析和预警预判提供数据支撑。（工业和信息化部牵头，各地区、各部门按职能分工负责）

（五）**加快城市大数据创新应用。**支持打造“城市数据大脑”，健全政府社会协同共治机制，加快形成统一规范、互联互通、安全可靠的城市数据供应链，面向城市治理、公共服务、产业发展等提供数据支撑。加快构建城市级大数据综合应用平台，打通城市数据感知、分析、决策和执行环节，促进提升城市治理水平和服务能力。（各地区负责）

八、强化大数据安全防护

（一）**推动核心技术突破及应用。**围绕服务器芯片、云操作系统、云数据库、中间件、分布式计算与存储、数据流通模型等环节，加强对关键技术产品的研发支持。鼓励 IT 设备制造商、数据中心和云服务提供商、数字化转型企业等产业力量联合攻关，加快科技创新突破和安全可靠产品应用。（发展改革委、工业和信息化部、中央网信办牵头，各地区负责）

（二）**强化大数据安全保障。**加快构建贯穿基础网络、数据中心、云平台、数据、应用等一体协同安全保障体系，提高大数据安全可靠水平。基础网络、数据中心、云服务平台等严格落实网络安全法律法规和政策标准要求，开展通信网络安全防护工作，同步规划、同步建设和同步运行网络安全设施，提升应对高级威胁攻击能力。加快研究完善海量数据汇聚融合的风险识别与防护技术、数据脱敏技术、数据安全合规性评估认证、数据加密保护机制及相关技术监测手段等。各行业加强上云应用的安全防护，保障业务在线安全运行。（中央网信办、发展改革委、工业和信息化部牵头，各地区、各部门负责）

九、保障措施

（一）**完善工作机制。**各地区、各部门要提高认识，加强跨地区、跨部门、跨层级协同联动。依托促进大数据发展部际联席会议制度，发展改革委、工业和信息化部、中央网信办会同有关部门建立一体化大数据中心协同创新体系工作机制，充分发挥专家决策咨询的作用。各地区要建立工作协调机制，统筹相关力量，积极推动大数据中心体系建设。（各地区、各部门负责）

（二）**抓好任务落实。**各地区、各部门要结合实际，坚持小切口大带动，在大数据机制管理、产业布局、技术创新、安全评估、标准制定、应用协同等方面积极探索，积累和推广先进经验。鼓励各地区创新相关配套政策，制定符合自身特点的一

体化大数据中心建设规划和协同创新实施方案，并加快推进落实。（各地区、各部门负责）

国家发展改革委
中 央 网 信 办
工业和信息化部
国 家 能 源 局
2020 年 12 月 23 日

《交通运输部关于促进道路交通自动驾驶技术发展和应用的指导意见》

为促进道路交通自动驾驶技术发展和应用，推动《智能汽车创新发展战略》深入实施，提出以下意见。

一、总体要求

以习近平新时代中国特色社会主义思想为指导，深入贯彻党的十九大和十九届二中、三中、四中、五中全会精神，坚定不移贯彻新发展理念，充分发挥创新驱动在交通强国建设中的第一动力作用，以关键技术研发为支撑，以典型场景应用示范为先导，以政策和标准为保障，坚持鼓励创新、多元发展、试点先行、确保安全的原则，加快推动自动驾驶技术在我国道路交通运输中发展应用，全面提升交通运输现代化水平，更好满足人民群众多元化、高品质出行需求，为加快建设交通强国提供支撑。

二、发展目标

到2025年，自动驾驶基础理论研究取得积极进展，道路基础设施智能化、车路协同等关键技术及产品研发和测试验证取得重要突破；出台一批自动驾驶方面的基础性、关键性标准；建成一批国家级自动驾驶测试基地和先导应用示范工程，在部分场景实现规模化应用，推动自动驾驶技术产业化落地。

三、主要任务

（一）加强自动驾驶技术研发。

1．加快关键共性技术攻关。围绕融合感知、车路信息交互、高精度时空服务、智能路侧系统、智能计算平台、网络安全等自动驾驶和基础设施智能化关键技术及装备，整合各类创新资源，组织开展科研攻关。

2．完善测试评价方法和测试技术体系。组织开展自动驾驶和车路协同测试理论研究，完善相关测试评价方法和管理制度。鼓励构建自动驾驶测试场景库，研究智能设备测试技术，推动检测设备、数据分析软件、虚拟仿真系统等测试工具链的自主研发与制造，健全包括封闭场地、半开放区域、开放道路等场景的综合测试评价体系。

3．研究混行交通监测和管控方法。鼓励研究自动驾驶与人工驾驶混行情况下的交通特性及影响机理，支撑建立可靠高效的运行监测体系。推动研究混合交通场景下出行需求管理、动态交通控制、事件应急响应和处置等方法，提升交通时空资源利用效率，提高安全应急能力。

4. 持续推进行业科研能力建设。以行业研发中心和重点实验室等为依托，持续推进高水平科研平台建设，夯实创新能力。围绕自动驾驶领域关键核心技术攻关，引导成立由企业牵头、产学研用紧密结合、上中下游有机衔接的行业协同创新联盟。

（二）提升道路基础设施智能化水平。

5. 加强基础设施智能化发展规划研究。积极发挥规划引领作用，推动感知网络、通信系统、云控平台等智能化要素与基础设施同步规划。结合交通强国建设试点工作等，先行先试打造融合高效的智慧交通基础设施，及时总结经验，科学推进基础设施数字转型、智能升级。

6. 有序推进基础设施智能化建设。鼓励结合载运工具应用水平和应用场景实际需求，按照技术可行、经济合理的原则，统筹数字化交通工程设施、路侧感知系统、车用无线通信网络、定位和导航设施、路侧计算设施、交通云控平台等部署建设，推动道路基础设施、载运工具、运输管理和服务、交通管控系统等互联互通。

（三）推动自动驾驶技术试点和示范应用。

7. 支持开展自动驾驶载货运输服务。鼓励在港口、机场、物流场站、交通运输基础设施建设工地等环境相对封闭的区域及邮政快递末端配送等场景，结合生产作业需求，开展自动驾驶载货示范应用，并在做好风险评估和应急预案的前提下，视情推广至公路货运、城市配送等场景，打造安全、高效、智能的物流运输服务。

8. 稳步推动自动驾驶客运出行服务。稳步推进辅助驾驶技术在城市公交、道路客运中的应用。支持在封闭式快速公交系统、产业园区等区域探索开展自动驾驶公交通勤出行示范应用，并根据技术演进情况和示范进展，在做好风险评估和应急预案的前提下，视情推广至其他客运场景。研究制定自动驾驶客运出行发展行动方案，提供安全、便捷、舒适的客运出行服务。

9. 鼓励自动驾驶新业态发展。鼓励有条件的地方开展自动驾驶车辆共享、摆渡接驳、智能泊车等试运行及商业运营服务。支持开展便捷高效、安全有序的自动驾驶出行模式开发与应用，促进“出行即服务”产业综合发展。

（四）健全适应自动驾驶的支撑体系。

10. 强化安全风险防控。对自动驾驶技术应用衍生的运行和管理风险开展预评估研究。组织开展网络安全及数据保护相关法律问题及规范研究。强化自动驾驶车辆网络安全防护，落实网络安全等级保护要求，按规定做好自动驾驶路侧信息网络系统定级备案和测评工作。加强混行交通流下交通云控平台、营运车辆监管系统的安全防护。

11. 加快营造良好政策环境。完善自动驾驶道路测试管理规范，鼓励探索自动驾驶车辆载人载物测试和试点示范。研究基础设施智能化建设支持保障政策。研究自动驾驶车辆营运条件及管理办法，探索建立自动驾驶营运车辆运行安全监管体系。加强部省协同联动，鼓励有条件的区域探索制定自动驾驶新业态管理办法，适时制定相关规章制度。

12．持续推进标准规范体系建设。研究自动驾驶和车路协同标准体系架构，加快制定关键性、基础性标准，支撑产业有序发展。围绕面向自动驾驶的智慧道路及其新型附属设施设计、建设、运行、管理、养护等，开展标准研究制定。鼓励企业、联盟等组织围绕生产制造、测试评价、人机控制转换、车路交互、事件记录、数据共享等制定团体标准，构建多元化标准工作机制。

四、保障措施

（一）加强组织领导。

部将加强统筹协调，持续优化政策和机制。各省级交通运输主管部门要强化组织协调和督促指导，明确本地区促进自动驾驶技术发展和应用的目标及路径，充分调动各类创新主体积极性。

（二）开展试点示范。

部将加大指导和支持力度，结合交通强国建设试点工作，选择条件成熟的区域或典型场景，组织实施自动驾驶先导应用示范工程。各省级交通运输主管部门要积极组织试点示范，探索形成自动驾驶技术行业应用方案。

（三）营造良好氛围。

鼓励产、学、研、用各方加强技术、管理、标准、伦理等方面的交流与国际合作。注重宣传引导，加强自动驾驶科普工作，强化自动驾驶安全文化建设，为自动驾驶科学有序发展营造良性环境。

交通运输部

2020 年 12 月 20 日

交通运输部办公厅《关于开展ETC智慧停车城市建设试点工作的通知》

北京、山西、内蒙古、江苏、浙江、安徽、福建、山东、河南、广东、广西、重庆、四川、贵州、甘肃、宁夏、青海省（自治区、直辖市）交通运输厅（局、委）：

为深入贯彻落实《国务院办公厅关于印发深化收费公路制度改革取消高速公路省界收费站实施方案的通知》（国办发〔2019〕23号），加快拓展ETC服务功能，推动ETC停车场景应用，更好地便利公众出行，经交通运输部同意，选定北京等27个城市作为试点城市、江苏省作为省级示范区，先期开展ETC智慧停车试点工作。现就有关事项通知如下：

一、总体要求

以习近平新时代中国特色社会主义思想为指导，全面贯彻落实党的十九大和十九届二中、三中、四中、五中全会以及中央经济工作会议精神，以满足人民群众高效停车、便捷出行需求为目标，强化“ETC+互联网”产业融合，打造智慧停车发展样板，实现停车无人值守，提高停车位使用效率，优化城市停车供需关系，推动城市动静态交通均衡协调发展，提升城市交通综合服务能力，不断增强人民群众获得感、幸福感、安全感。

二、试点主题

（一）**数字赋能产业融合。**结合“新基建”，通过大数据、人工智能、5G等与ETC技术的融合应用，强化“ETC+互联网”产业融合，打造ETC+物联网感知、ETC+智能网联通讯、ETC+大数据平台、ETC+静态交通管理、ETC+车主服务等ETC+产业链，形成数据驱动的管理服务新模式，实现与本地相关平台互联互通、信息共享，增强协同应用能力，推动城市停车服务提质增效。北京、南京、杭州、深圳、佛山、贵阳、银川重点实施。

（二）**区域示范带动周边。**扩大ETC应用场景，实现ETC停车在机场、火车（高铁）站、客运站等交通枢纽以及大型商场超市、医院、高校、居民小区、路侧等停车场景的覆盖。推动城市动静态交通均衡和协调发展，优化城市停车供需关系，助力城市交通拥堵治理和绿色通行。结合区域协调发展战略，充分发挥中心城市、省会城市的辐射引领作用，带动周边城市协同发展，形成一定的区域效应及产业效应。北京、杭州、合肥、济南、郑州重点实施。

（三）**ETC+车生活服务**。以便利用户为导向，通过线上、线下两种渠道，拓展ETC+智慧停车、ETC+智慧加油、ETC+智慧洗车、ETC+智慧充电、ETC +智慧景区/园区等相结合的ETC多场景服务，助力智慧交通、智慧城市发展。阳泉、合肥、池州、福州、厦门、泉州、济南、青岛、日照、南宁、重庆重点实施。

（四）**交旅融合绿色通行**。进一步增强旅游交通服务供给，加快推进旅游景区ETC停车场的建设及改造，优化旅游景区及周边区域停车资源配置，打造景区停车场ETC绿色通道，推进公路交通与旅游融合发展。威海、郑州、嘉峪关、西宁重点实施。

（五）**静态交通治理**。聚焦城市停车需求，完善ETC停车场及路侧停车配套设施，建设城市级停车管理管控平台，实现停车场无人值守、预约诱导停车以及资源高效周转，全面提高城市停车精细化管理水平，提升城市交通服务品质和环境秩序。阳泉、鄂尔多斯、淮安、韶关、中山、遂宁重点实施。

（六）**省级示范区**。研究制定本省ETC停车相关服务规则和技术要求，建设停车管理综合平台，做好与各地市停车管理平台衔接。聚焦综合交通，积极探索ETC在动静态交通涉车、涉路领域创新应用，充分挖掘交通出行大数据，全面提升ETC服务水平。江苏省重点实施。

各试点单位要结合试点主题及现状，制定试点工作具体实施方案，重点包括工作组织、实施内容、时间安排、预期目标等内容，于2021年1月31日前报部。

三、保障措施

（一）**加强组织领导**。ETC智慧停车试点是深化收费公路制度改革、取消高速公路省界收费站工作的重要内容，也是交通运输更贴近民生实事的重要任务。各省级交通运输主管部门要高度重视，加强与地方政府及相关部门沟通协作，组织有关单位建立健全工作机制，强化组织协调和监督指导，精心组织实施，积极有序推进。

（二）**强化支持保障。**各试点单位要加强向地方人民政府及相关部门汇报，争取政策和资金支持。要加强政企合作，吸纳社会力量积极参与试点，灵活资源配置，推动 ETC 智慧停车健康可持续发展。

（三）**优化提升服务。**保障 ETC 车辆在停车场出入口不停车快速通行，并确保计费准确、发票开具便利、信息推送规范及时。扣费短信和发票要注明停车场消费等专用用途。部将结合试点情况，会同有关部门，规范完善 ETC 拓展应用清分结算服务方案，推动 ETC 多场景便利应用。

（四）**加强宣传引导。**各省级交通运输主管部门要督促指导试点单位，利用各种媒体渠道，广泛开展宣传，让社会公众充分了解 ETC 智慧停车的便利，提高公众认知度、扩大社会影响面，为试点工作顺利推进营造良好舆论氛围。

（五）**加强指导协调。**部将组织技术支持单位，加强全程技术指导，定期组织开展沟通交流，及时了解进展情况，协助解决技术问题。适时开展试点工作总结，推广试点城市先进经验，将相关成果纳入 ETC 智慧停车相关标准规范。

试点过程中遇重要问题，请及时报部。

联系人：部公路局 曹乾、刘淞男，联系电话：010-65292025、65292777，传真：010-65292781，电子邮箱：qxsjz@mot.gov.cn。

交通运输部办公厅
2020 年 12 月 23 日

《关于进一步完善新能源汽车推广应用财政补贴政策的通知》

财建〔2020〕593号

各省、自治区、直辖市、计划单列市财政厅（局）、工业和信息化主管部门、科技厅（局、科委）、发展改革委：

为支持新能源汽车产业高质量发展，做好新能源汽车推广应用工作，现就新能源汽车推广应用财政补贴政策有关事项通知如下：

一、坚持平缓补贴退坡力度，保持技术指标门槛稳定

为创造稳定政策环境，2021年保持现行购置补贴技术指标体系框架及门槛要求不变。根据《财政部 工业和信息化部 科技部 发展改革委关于完善新能源汽车推广应用财政补贴政策的通知》（财建〔2020〕86号）要求，2021年，新能源汽车补贴标准在2020年基础上退坡20%；为推动公共交通等领域车辆电动化，城市公交、道路客运、出租（含网约车）、环卫、城市物流配送、邮政快递、民航机场以及党政机关公务领域符合要求的车辆，补贴标准在2020年基础上退坡10%。为加快推动公共交通行业转型升级，地方可继续对新能源公交车给予购置补贴。

二、做好测试工况切换衔接，实现新老标准平稳过渡

2021年，我国新能源汽车试验方法标准将更新。新标准发布实施前，按照老标准进行检测的产品，只要符合补贴政策技术门槛要求，均可按规定享受补贴。插电式混合动力（含增程式）汽车在新试验方法标准下的补贴技术要求，有条件的等效全电续驶里程应不低于43千米；电量保持模式试验的燃料消耗量（不含电能转化的燃料消耗量）与《乘用车燃料消耗量限值》（GB 19578）中对应车型的燃料消耗量限值相比应小于65%，电量消耗模式试验的电能消耗量应小于同整备质量纯电动乘用车电能消耗量目标值的125%。其他新能源汽车在新试验方法标准下的技术要求，适

用财建〔2020〕86号文件规定。

三、进一步强化监督管理，完善市场化长效机制

落实新能源汽车生产企业产品质量主体责任，鼓励企业积极开展缺陷调查及主动召回。生产企业安全管理体系不到位造成重大事故被主管部门行政处理处罚的，明知产品存在质量问题而不主动召回、造成重大事故的，或者被主管部门责令召回的，视程度予以暂停或取消推荐车型目录、暂缓或取消财政补贴等措施。推动建立跨部门信息共享和监管机制，强化对新能源汽车生产、销售、运营、报废等全流程监管，对于起火、重大安全事故等情况，开展跨部门联合调查。进一步加强购置补贴审核，提高重点关注企业现场审核比例。落实和完善新能源乘用车积分交易政策，加快研究新能源商用车积分交易制度，承接购置补贴有序退出，促进新能源汽车产业市场化发展。

四、切实防止重复建设，推动提高产业集中度

加强汽车投资项目和生产准入管理，严控增量、优化存量，严格执行新建企业和扩大产能项目等规范要求。加大僵尸企业退出力度，鼓励优势企业兼并重组、做大做强，坚决遏制新能源汽车盲目投资、违规建设等乱象，推动产业向产能利用充分、产业基础扎实、配套体系完善、竞争优势明显的地区和企业聚集，不断提高产能利用率和产业集中度。新能源乘用车、商用车企业单次申报购置补贴清算车辆数量应分别达到10000辆、1000辆。

本通知从2021年1月1日起实施。本通知未作规定的事项，继续按照《关于新能源汽车推广应用审批责任有关事项的通知》（财建〔2016〕877号）、《关于调整新能源汽车推广应用财政补贴政策的通知》（财建〔2016〕958号）、《关于调整完善新能源汽车推广应用财政补贴政策的通知》（财建〔2018〕18号）、《关于进一步完善新能源汽车推广应用财政补贴政策的通知》（财建〔2019〕138号）、《关于支持新能源公交车推广应用的通知》（财建〔2019〕213号）、《关于完善新能源汽车推广应用财政补贴政策的通知》

（财建〔2020〕86号）等有关文件执行。

财政部

工业和信息化部

科技部

发展改革委

2020年12月31日

第四章

重要讲话和报告

全国政协副主席、中国科协主席万钢在“第十五届中国智能交通年会”上的致辞

各位来宾、各位朋友，女士们、先生们：

大家上午好！很高兴通过视频连线的形式参加第十五届中国智能交通年会。几天前，党的十九届五中全会在北京胜利闭幕，开启了全面建设社会主义现代化国家新征程。当前，抗击新冠肺炎疫情斗争取得重大战略成果，又适逢深圳经济特区成立四十周年，第十五届中国智能交通年会在深圳隆重召开，充分彰显了智能交通行业战胜困难、开拓创新、不断进取的精神，也体现了我国开放合作、共建共享的美好愿景。在此，我向大会的召开致以衷心的祝贺！向出席会议的国内外专家学者、企业家和远道而来的朋友们表示热烈的欢迎！向全国智能交通战线的全体同仁表达亲切的问候！

随着科技进步，集成了多种新技术应用的智能交通发展，以及交通工具的电动化、智能化、共享化，加速了我国交通运输和城市管理的思想观念、管理机制、运行方式变革，也让人们的出行更加安全、便捷、高效和清洁。国家高度重视智能交通发展，去年发布的《交通强国建设纲要》提出要大力发展智慧交通，构建安全、绿色、便捷、高效、经济的现代化综合交通体系。刚刚闭幕的十九届五中全会又进一步明确，要“统筹推进基础设施建设，加快建设交通强国，推进能源革命，加快数字化发展”。

2020 年是我国“十三五”收官和谋划“十四五”的重要一年，同时我们也面临着“后疫情时代”经济恢复和国际环境变化的双重压力。在新形势新挑战之下，我对智能交通行业发展提出三点期望：

一是坚持创新引领。近年来，在政府积极作为、科技支撑引领、巨大市场规模、全球化深度融合和商业模式创新的共同作用下，电力驱动、智能网联、共享出行等核心技术正在推动我国汽车产业转型升级。不久前发布的新能源汽车产业发展规划和智能汽车创新发展战略规划，进一步明确了我国汽车产业的发展方向，加快了交通领域科技创新步伐。“十四五”期间，我们要继续组织实施好新能源汽车和智能交通相关的国家科技专项，统筹优势科技资源推动智能交通国家级平台建设；要充分发挥智能交通协会的作用，完善产业协同创新机制；要加强智能交通领域创新能力培养，重视创新人才队伍建设；要前瞻布局关键核心技术，加强电力驱动、智能芯片、自动驾驶等关键技术储备，保持技术创新的先进性。

二是注重跨界融合。加快智能汽车、智能交通、智慧能源、智慧城市一体化发展，需要跨界融合。基于 5G-LTE 的 V2X 是实现一体化发展目标的先导工程，交通基础设施智能化是实现车路协同发展的重要环节，也是智能汽车与智能交通融合的

必由之路。构建绿色低碳、智能互联的能源体系是智能汽车与智慧能源融合的重要基础。实现城市出行需求与动态交通响应的实时匹配，是智能汽车与智慧城市融合的具体体现。面向未来，我们要大力开展新基建，加速智能网联技术的应用，从单车智能、联网智能、智慧道路和车-路-网联动，最终实现深度融合的智能交通。

三是加强开放合作。当前，我国正在逐步形成以国内大循环为主体、国内国际双循环相互促进的新发展格局，要有效挖掘内需和外在市场的潜力，充分发挥智能交通在交通强国建设和构建新发展格局中的作用。一方面，要顺应共享经济时代的市场消费新需求，深度培育以网约车和分时租赁为代表的共享出行产业，加强市场推广，鼓励模式创新，引领智能交通行业动力转型、产品升级和价值重构；另一方面，也要积极参与国际分工合作和标准规范制定，持续推动我国智能交通产业融入世界，提高国际话语权、影响力和国际合作的能力与水平，深化供应链的全球布局，提升全球产业链的抗风险能力，培育新形势下我国智能交通行业参与国际合作和竞争的新优势。

来宾们、朋友们，中国智能交通协会自成立以来发挥了很好的平台和纽带作用，为促进我国智能交通发展做了大量工作，受到了行业的欢迎和认可。中国智能交通年会，已经成为智能交通领域的行业盛会，对推动全国智能交通的协同创新、交流融通和健康发展发挥了不可替代的作用。本次年会，我们要积极贯彻新发展理念，落实创新驱动发展战略，以“新基建时期的 ITS 创新融合发展”为主题，坚持创新、加强融合，迎接智能交通行业新发展。

最后，预祝年会取得圆满成功！

谢谢大家！

勇担新时代交通强国铁路先行的历史使命，为决胜全面建成小康社会做出更大贡献——中国国家铁路集团有限公司党组书记陆东福在“2020 年国铁集团工作会议”上的报告（摘要）

一、关于 2019 年铁路工作

在以习近平同志为核心的党中央坚强领导下，国铁集团党组团结带领全路各级组织和广大干部职工，坚持以习近平新时代中国特色社会主义思想为指导，认真学习贯彻党的十九大和十九届二中、三中、四中全会精神，深入落实党中央、国务院决策部署，坚持稳中求进工作总基调，按照高质量发展要求，聚焦交通强国、铁路先行，深化强基达标、提质增效，落实办好股份制改造、规划建设川藏铁路两件大事各项措施，扎实开展“三保三增”攻坚战，圆满完成全年各项目标任务。

铁路安全保持稳定。全年未发生一般 A 类及以上责任行车事故。

《政府工作报告》部署的铁路投资任务全面完成。全国铁路固定资产投资完成 8 029 亿元，其中国家铁路完成 7 511 亿元；投产铁路新线 8 489 千米，其中高铁 5 474 千米。截至 2019 年年底，全国铁路营业里程达到 13.9 万千米以上，其中高铁 3.5 万千米。

铁路客货运量持续增长。国家铁路完成旅客发送量 35.7 亿人，同比增长 7.7%，其中动车组 22.9 亿人，同比增长 14.1%；完成货物发送量 34.4 亿吨，同比增长 7.8%。

企业经营效益进一步提升。国家铁路完成运输总收入 8 180 亿元（落实国家减税降费让利 216 亿元），同比增收 468 亿元，增长 6.1%；完成经营开发收入 3 623 亿元，同比增长 4.2%，综合创效 426 亿元。成本支出、债务规模、资产负债率得到有效控制，实现了各项经营目标。

绿色发展成效明显。单位运输工作量综合能耗 4 吨标准煤/百万换算吨千米，同比下降 1%，化学需氧量排放量控制在 1 861 吨以内。两年来铁路货运增加的运量与公路完成同样货运量相比，节省标准煤 380 万吨，减少二氧化碳排放 934 万吨。

劳动生产率和职工工资收入稳步增长。国家铁路用工总量 207.6 万人，较上年减少 3.7 万人；运输业劳动生产率价值量和工作量达到 47.6 万元/人、241.77 万吨千米/人，同比分别增长 6.5%和 5.0%。职工平均工资连续三年增长 8%以上。

主要抓了以下重点工作：

（一）坚决把“两个维护”的首要政治任务落到实处。

全面落实新时代党的政治建设总体要求。建立学习贯彻习近平总书记重要讲话及对铁路工作重要指示批示精神的工作机制，推动国铁集团机关在始终同以习近平同志为核心的党中央保持高度一致上走在前、做表率。紧密对接国家战略，制定了铁路服务西部大开发和乡村振兴、东北振兴、中部崛起、粤港澳大湾区建设、长三角一体化发展等国家战略的实施意见。

（二）全面提升铁路安全管理水平。

持续深化人防、物防、技防“三位一体”安全保障体系和运输站段标准化规范化建设，健全安全生产标准体系，修订全员安全生产责任制，开展高铁运营专项风险评估，落实安全风险管控和隐患排查治理双重预防机制，深入开展安全突出问题专项攻关，加强 70 周年大庆等关键时期安全检查和治安防控，扎实开展高铁环境集中整治大会战，确保了铁路安全特别是高铁和旅客列车安全万无一失。

（三）科学有序稳步推进铁路建设。

高质量完成川藏铁路深化可研报告，重点工程初步设计取得阶段性成果，开工准备工作不断深化落实。扎实推进铁路工程建设，京张高铁、京雄城际北京大兴机场段等 51 条新线建成投产。强化质量安全红线管理，全方位提升铁路建设管理水平。改革完善铁路建设管理体制机制。积极推进铁路分类分层建设，进一步形成路地、路企合资合作推进铁路建设模式。

（四）持续增加铁路运输有效供给。

深入实施铁路货运增量行动，完善西煤东输、北煤南运体系，积极推动疏港矿石“公转铁”运输，圆满完成专运、军运、特运及重点物资运输任务。进一步取消或降低货运相关收费，2018 年以来累计降低社会物流成本 358 亿元。深入实施客运提质计划和复兴号品牌战略，推行高铁市场化“一日一图”，持续优化高铁客运产品结构，探索建立高铁票价市场化灵活调整机制，深化“厕所革命”和客站畅通工程，推进高铁电子客票、站车智能化服务和铁路与地铁安检互认，开展普速站车达标提质，完善重点群体旅客普惠性服务，不断改善旅客出行体验。复兴号保有量达到 712 组，累计发送旅客 5 亿人，平均客座率 74.4%，较高铁平均客座率高出 0.8 个百分点。

（五）推动国铁企业体制机制改革创新。

完成中国国家铁路集团有限公司改制后机关改革重组。完善党组工作规则和决策“三重一大”事项实施办法，进一步厘清党委会、董事会、经理层决策权责边界，建立以公司章程为核心的管理制度体系。进一步明确国铁集团与铁路局集团公司的职能定位和权责划分。顺利完成铁路公安机关管理体制调整工作。推进铁路行业市场化机制建设，改革完善中国铁路客货运清算办法；设立中国铁路调度指挥中心、机辆部货车事业部、铁道基础设施检测中心，组建中国铁路建设管理有限公司、国铁物资有限公司等，为国铁企业法治化市场化经营创造了有利条件。改革铁路生产组织和劳动组织，试点高铁基础设施段建设，推进机车车辆修程修制改革。完成了黑龙江、云南等 5 省的铁路公司重组，优化了股权结构，增强了公司抗风险能力。修订完善委托运输管理办法，改进领导人员考核评价办法，推进所属企业差异化考核，建立职工工资增长与企业安全和效益挂钩决定机制。

（六）强化企业经营管理工作。

深化铁路全面预算管理，建立货运承运清算评价指标体系，优化客运财务清算项目。完善基本建设、技术改造、大修投资管理办法。实施设备等级管理。多渠道筹集低成本资金。积极争取社保优惠政策。加大资金内部调剂力度。扩大直购电交易。建立物资集中采购平台，加大物资调剂使用力度。加强审计监督，加大应收款项清收力度，加强对经济活动的风险防控，抓好合同审查和依法维权。

（七）加大铁路资产经营开发力度。

推动铁路优质资产股改上市，京沪高铁公司 IPO 通过发审委审核并取得核准发行批复。精简合资公司国铁管理机构，研究制定改善合资公司经营方案。持续深化铁路投融资体制改革。政府购买服务或给予财政补贴逐步形成机制。产业链新业态加快发展，国铁吉讯公司、中铁顺丰国际快运公司等混改企业经营持续向好，动车组 WiFi 已累计覆盖 3 亿人次，“双 11”电商黄金周铁路快运发送货物同比增长 38.6%；互联网订餐同比增长 92%；高铁+共享汽车业务同比增长 8.8%。

（八）全面提升铁路自主创新能力。

诸多建造技术难题取得新进展。川藏铁路科研课题研究形成阶段成果 140 余项。以智能京张、智能京雄等为依托，初步构建了覆盖智能建造、智能装备、智能运营 3 个领域的智能铁路技术体系、数据体系和标准体系。成功研制时速 350 千米京张智能动车组、时速 250 千米复兴号动车组，自主化 C3 列控系统和自动驾驶系统试用考核顺利推进，时速 350 千米复兴号自动驾驶功能进一步优化。在高铁全面推广电子客票，大幅提高旅客检票速度，中国铁路主数据中心全面投入运用，铁网护栏工程扎实推进。铁路技术标准体系不断完善。

（九）加大铁路精准扶贫力度。

14 个集中连片特困地区、革命老区、少数民族地区、边疆地区累计完成铁路基建投资 4 175.8 亿元，占铁路基建投资总额的 75.9%。进一步提升 81 对公益性“慢火车”服务品质，在贫困和不通铁路地区建成 154 个无轨站，开好贫困地区务工人员专列。全力保障贫困地区重点物资供给和农产品外运需求，全年贫困地区铁路发送到达货物同比增长 11.4%，减免费用 17.5 亿元。向中央和省级定点扶贫地区投入资金 1.35 亿元，上线运营 12306、快运商城等电商扶贫平台，国铁集团定点帮扶的栾川县实现脱贫摘帽，陕西勉县、宁夏固原市原州区、新疆和田县达到脱贫标准。

（十）推进铁路对外开放和走出去工作。

签署《中欧班列运输周预报办法》《推进中欧班列高质量发展公约》，完善班列运输组织体系和质量评价体系。全年中欧班列发送72.5万标箱、同比增长34%，综合重箱率达到94%。打造“一带一路”、中老友谊标志性工程和“一带一路”标志性项目取得重要进展，巴基斯坦拉合尔轨道交通橙线项目建成试车，中泰铁路、匈塞铁路等项目有序推进。铁路领域国际双边、多边合作交流深入开展。

（十一）持续改善职工生产生活条件。

全年投入36.2亿元用于生活线、文化线、卫生保健线建设；建成保障性住房1.59万户，完成棚户区改造2 380户；补助职工补充医疗保险35.6亿元；组织职工健康体检133.4万人次、健康休养13.6万人次；投入助困、助学、助医等帮困资金8.4亿元，救助职工和家属44.7万人次。离退休干部职工工作进一步加强。职工权益得到切实保障。

（十二）加强和改进国铁企业党建工作。

实施领导人员习近平新时代中国特色社会主义思想教育培训计划，建立领导人员学习教育长效机制。分两批组织全路93.2万名党员开展“不忘初心、牢记使命”主题教育，集中整改突出问题2.4万余个，开展专项整治2.3万余项，为职工群众办实事好事43.8万余件。全面推进“党建入章”，确立党组织在企业法人治理结构中的法定地位，对加强铁路公司、境外单位党建工作做出制度性安排，健全混合所有制企业党组织，确保党的领导和党建工作全覆盖。深入推进“百千万人才”工程和“铁路工匠”选树活动。制定实施《国铁企业党支部建设工作细则》，组织“三会一课”质量年达标验收，广泛开展“三保三增当先锋”等党内主题实践活动。建立全国铁路行业共青团和青年工作指导委员会，深化青年岗位建功活动。严格落实意识形态工作责任制，组织开展庆祝新中国成立70周年系列活动，深入开展“改革促发展、先行展作为”主题教育。

（十三）持续深化党风廉政建设和反腐败斗争。

落实全面从严治党主体责任，积极支持中央纪委国家监委派驻改革工作，建立新的党风廉政工作部门，推动主体责任和监督责任贯通协同、形成合力。开展政治巡视，坚定不移纠“四风”、树新风，紧盯“关键少数”和重点领域，形成强有力震慑。

2019年铁路工作所有成绩的取得，根本在于以习近平同志为核心的党中央的坚强领导，在于习近平新时代中国特色社会主义思想的科学指引，在于习近平总书记对铁路工作的高度重视和亲切关怀；得益于中央和国家机关有关部委、地方党委政府的大力支持、鼎力相助，也是全路干部职工以高度的主人翁责任感、卓越的劳动创造，用辛勤的汗水和智慧干出来的。

二、2020年铁路工作主要目标和重点任务

2020年是全面建成小康社会和“十三五”规划收官之年，铁路工作面临新的更高要求。

2020年铁路工作总体思路是：坚持以习近平新时代中国特色社会主义思想为指导，认真学习贯彻党的十九大和十九届二中、三中、四中全会精神及中央经济工作会议精神，坚决贯彻习近平总书记对铁路工作的重要指示批示精神，落实党中央、国务院对铁路工作的部署要求，紧扣全面建成小康社会目标任务和“十三五”规划目标，坚持稳中求进工作总基调，坚持新发展理念，坚持以供给侧结构性改革为主线，坚持以改革开放为动力，聚焦交通强国、铁路先行，坚持强基达标、提质增效，着力节支降耗、改革创新，全面加强铁路治理体系和治理能力现代化建设，推动国铁企业法治化市场化经营，确保铁路安全稳定，实现铁路高质量发展，更好地服务国家战略，为经济社会发展多作贡献。

主要工作目标和预期值是：

铁路安全：保持持续稳定。

铁路运输：国家铁路完成旅客发送量38.5亿人，同比增长7.8%；货物发送量36.5亿吨，同比增长6.1%。

铁路投资：确保投产新线4 000千米以上，其中高铁2 000千米。

铁路经营：铁路运输总收入8 680亿元，同比增长6.1%；客运收入4 516亿元，同比增长9.2%；货运收入4 164亿元，同比增长3.0%；非运输业务经营收入3 850亿元，综合创效470亿元。

铁路节能减排：单位运输工作量综合能耗控制在4.47吨标准煤/百万换算吨千米以内，较“十二五”末下降5%；化学需氧量排放量控制在1 960吨以内，二氧化硫排放量控制在8 153吨以内。

铁路劳动生产率：铁路用工总量控制在205.1万人以内，运输业劳动生产率达到50.1万元/人。

铁路职工利益：职工工资收入与安全业绩挂钩，与效益效率同步增长。主要行车工种岗位人员培训25万人次，组织职工健康体检128万人次。困难职工得到帮助扶持。

重点抓好以下工作：

（一）坚持把党的政治建设放在首位，进一步增强“四个意识”、坚定“四个自信”、做到“两个维护”。

坚决贯彻落实习近平总书记对铁路工作的重要指示批示精神和党中央重大决策部署。认真贯彻落实党组制定的《关于加强国铁企业党的政治建设的实施办法》和《中共中央政治局关于加强和维护党中央集中统一领导若干规定》的实施办法，认真学习领会、坚决贯彻落实习近平总书记的重要讲话和对铁路工作的重要指示批示精

神，严格按规定向党中央请示报告各类重大事项。

巩固拓展“不忘初心、牢记使命”主题教育成果。建立不忘初心、牢记使命的制度，巩固主题教育成果，深化习近平新时代中国特色社会主义思想教育培训体系建设。

进一步严明党的政治纪律和政治规矩。严格执行《中国共产党纪律处分条例》，严肃查处“七个有之”问题。系统梳理中央对铁路两轮巡视和党组内部巡视发现问题的整改情况，督促落实巡视整改政治责任。

（二）坚守政治红线和职业底线，确保高铁和旅客列车安全万无一失。

强化高铁和旅客列车安全保障体系。构建科学完善的铁路安全治理体系。深化铁路安全标准化规范化专业化建设。

（三）聚焦铁路基础设施补短板，科学有序推进铁路建设。

推进川藏铁路重大项目建设。认真做好深化可研报批和相关配合工作，优化先期开工段施工组织方案，有序推进初步设计和施工图设计工作，协调有关单位和地方政府加快配套设施建设，全面落实依法开工条件。深入推进《川藏铁路重大科技攻关实施方案》，加强国家川藏铁路技术创新中心建设，编制川藏铁路专项技术标准、管理标准，推动川藏铁路重大科技攻关取得新突破。

优质高效抓好重点项目实施。按照“保开通、保在建、保开工”的顺序，坚持尽力而为、量力而行，确保完成年度投资任务和实物工作量，确保一批重点项目依法合规开通运营。统筹在建和新开工规模及项目安排，重点组织实施服务国家战略的干线项目，以及既有干线通道补强、“公转铁”和运输急需等补短板项目，提升投资效益和路网整体功能。

提升铁路建设标准化规范化水平。总结完善高速铁路建设标准，形成具有世界先进水平的铁路工程建设标准体系。修订建设项目安全风险管理和隧道安全管理办法。扎实推进京雄城际铁路、雄安站等重点工程，打造一批具有国际影响力的铁路精品工程和示范工程。严格规范变更设计，建立竣工决算考核机制。

深化铁路建设领域改革创新。努力扩大铁路建设项目股权投资，有效控制债务风险。推进铁路分类分层建设，加强和规范非控股项目管理、EPC 工程总承包、单价承包等工作。发挥铁路建设管理有限公司专业技术管理优势，积极拓展建设领域市场化经营业务。深化站城融合投融资改革实践，吸引社会资本参与铁路建设。

加强铁路规划设计研究。贯彻落实《交通强国建设纲要》，编制交通强国、铁路先行的行动计划，启动国铁集团“十四五”总体规划和各专项规划编制工作，研究提出新时代铁路高质量发展意见。

（四）深化铁路运输供给侧结构性改革，全面提高服务经济社会发展的效能。

努力完成货运增量行动目标。加大公转铁协调力度，持续增加公转铁运量。充分发挥浩吉铁路等煤运大通道作用，统筹协调西煤东输、北煤南运铁路运输体系建设，提高煤炭运输质量。加快主要港口疏运能力建设，努力实现矿石运量高位增长。大力发展集装箱多式联运、商品汽车和冷链物流等业务，深化铁路货运价格市场化改革，加快 95306 网站改版升级，加强货运票据电子化应用，提高铁路货运市场竞争力。

深入实施客运提质计划和复兴号品牌战略。扩大复兴号的开行范围，不断提高开行质量和服务品质，充分发挥复兴号品牌示范带动作用。建设客运产品研发和营销中心，建立列车开行效益评估和资源配置分析机制。稳妥推进高铁客票价格市场化机制建设，扩大峰谷期客票调整折扣范围和幅度。推进客运信息化智能化服务能力建设，完成高铁电子客票、电子发票推广应用，启动普速铁路电子客票试点工作。建立 12306 网站会员制，创新 12306 建设管理机制，拓展服务功能。推进普速站车达标提质，全面提升铁路客运服务质量。

提高铁路运输保障能力。常态化实现市场化“一季一图”“一日一图”，发挥市场对运力资源配置的决定性作用。充分发挥中国铁路调度指挥中心的平台作用，公平有效配置路网资源，更加协调高效地实施运输集中统一指挥和效益导向机制。合理调整编组站和枢纽客站分工，实施货物列车提速达速工程，实施技术装备市场化配置，加强重点区域卸车组织和空车保障，提升路网整体效能。

（五）坚持以应用需求为牵引，持续深化铁路科技创新。

着力抓好重点领域应用型技术创新。深化勘察设计、施工建造、客站建设等技术创新，提高铁路工程建造水平。深化高铁运维、安全保障、应急救援、运输组织和服务、经营管理、防灾减灾等关键技术研究攻关，不断提高铁路运营管理水平。推进铁路关键技术装备自主研制，加强新一代复兴号高速列车、新型机车车辆、高速列车轻型化技术、新一代列控技术、通信技术、牵引供电技术研发，加大关键核心技术攻关力度，全面增强自主创新能力。结合我国铁路建设运营及创新实践，持续完善铁路技术标准体系。

加强网络安全和信息化建设。完善网络安全管理体制机制，强化风险防控和监督检查，建设全路信息系统运维调度和应急指挥中心、铁路网络安全技术中心和灾备中心，完成铁网护栏工程建设，全面提升铁路网络安全防护能力。推进新一代铁路信息基础设施建设和应用，用好中国铁路主数据中心，整合铁路各领域应用管理信息系统，全面提升信息化运维管理水平。推进铁路业务数据共享，提升数据治理能力和应用水平，发挥大数据技术在提高企业经营管理水平中的作用。

加强基础前瞻理论研究。深化高速轮轨关系、弓网关系、空气动力学、减振降噪、电磁兼容等基础理论研究，开展北斗、区块链、量子通信、5G 等新技术以及新材料、新工艺在铁路领域的应用研究，强化重大综合试验验证。

（六）以节支降耗为着力点，全面提升国铁企业法治化市场化经营水平。

健全全面预算管理体系。落实国铁集团和所属企业两级预算管理权限，强化预算刚性约束、收支弹挂，发挥全面预算管理对资源优化配置的导向作用。建立主要预算指标完成情况定期评价通报制度。构建财务预算定额标准管理体系和三级业财融合管理体系，提高预算管理水平。采用“零基预算”和“滚动预算”相结合的方式编制预算。坚持“成本导向工作量”，进一步完善经营业绩考核体系。

加快构建公平公开的市场化清算体系。全面构建科学完善的铁路行业市场化清算体系，搭建公平公开的市场化经营平台。完善委托运输费用核算体系。分类制定单项市场化服务清算办法。积极研究公益性、经营性运输分类分账核算工作。

全方位加大节支降耗力度。坚定不移推进设备修程修制改革，推进机辆装备造修一体化，节约设备维修和直接费用支出，加强货车运用维修管理。推进通用、零散物资集采分供。规范业务外包管理。加大直购电推进力度。保持用工总量稳中有降。广泛开展节约节支活动，大力压缩成本支出。

全面提升依法治企能力。建立健全内控机制，严格合同签订、履行等关键环节把控。研究制定《国铁集团重大决策法律论证工作指引》。加强对重大案件的分类应对处置，建立铁路法治建设和责任落实督查制度。全面加强内部审计工作。

（七）深化国铁企业公司制改革，推进国铁企业治理体系和治理能力现代化建设。

加快构建具有中国特色的国铁企业治理体系。制定国铁企业三年改革行动方案，明确深化铁路改革的时间表、路线图和重大举措。健全公司法人治理结构，科学界定公司各治理主体权责。推进合资铁路公司重组整合和股权调整，进一步改善合资铁路经营。

优化完善国铁企业运行机制。修订完善企业经营业绩考核办法。加快研究建立国铁集团对铁路局集团公司的管理事项清单。建立形成完善系统科学、有效管用的国铁企业制度体系。

进一步加大三项制度改革力度。实施领导人员任期制，制定国铁企业领导人员任期综合考核评价办法。全面实施技能人才岗位聘任制改革。健全完善铁路运输劳动定额标准，加强劳动用工管理。优化铁路局集团公司工资决定机制，研究制定国铁集团机关绩效挂钩考核办法。

（八）加快推动国铁企业股份制改造，全面提升国铁资本经营质量和效益。

继续推动优质资产股改上市和上市企业再融资。确保京沪高速铁路股份有限公司等企业股改上市工作取得实质性成果。充分利用既有上市公司，推进资产并购重组，盘活存量资产。

稳步推进市场化债转股和混合所有制改革。完善国铁企业优质资产市场化债转股实施方案，平稳有序组织推进实施。依法研究实施风险企业破产重整方案。推动所属企业产业结构调整和布局优化，推进混合所有制改革。

开辟铁路经营开发新的增长点。推动一批土地综合开发项目落地实施。加强铁路优势项目产研合作，深化铁路装备投融资改革，拓展铁路客运服务产业链，拓展地方铁路和非控股合资铁路运维市场。整合铁路全产业链大数据资源，充分挖掘铁路大数据资源的市场价值。

（九）巩固铁路扶贫成果，为实现脱贫攻坚目标多做贡献。

深入实施铁路建设扶贫。突出抓好 14 个集中连片特困地区铁路规划建设和百项交通扶贫骨干通道工程 16 项铁路项目建设，确保一批项目投产运营、所有项目开工建设。全面落实《铁路建设扶贫行动方案（2018—2020 年）》，确保贫困地区铁路建设项目按期投产。

持续加大铁路运输扶贫力度。增开途经贫困地区的旅客列车，持续提升 81 对公益性“慢火车”服务品质，加大旅游扶贫专列组织开行力度，精准落实国家支农惠农政策，为贫困地区提供可靠运力保障。

巩固铁路定点扶贫成果。继续落实对定点扶贫县区的帮扶责任和帮扶政策，帮助定点扶贫地区增强可持续发展能力。

（十）深化铁路对外开放和走出去工作，服务“一带一路”建设。

建好中老铁路标志性工程和雅万高铁标志性项目。加快推进中老铁路线路铺轨和站后工程实施，务实推进雅万高铁重点工程建设，有序推进匈塞铁路、中泰铁路等境外项目建设，做好中尼铁路境内段可行性研究工作。

持续提升中欧班列开行质量。深化中欧班列国际合作机制建设，发挥中欧班列运输协调委员会作用，全面落实国内口岸站“三并二”集并运输，加强国际铁路联运市场营销，健全班列开行质量指标体系，进一步打造中欧班列国际物流品牌。

加强铁路国际交流合作。发挥铁盟亚太区主席国影响，密切与相关国家铁路的双边交流，加强中国铁路标准与铁盟国际标准对接，扩大中国铁路技术标准的影响力。办好第十一届世界高铁大会。

（十一）完善党对国铁企业的领导制度体系，把党的领导落实到企业治理体系各环节。

加强国铁企业党的组织体系建设。持续加强“党建入章”机制建设，确立党组织在国铁企业法人治理结构中的法定地位。在推进企业股改上市、混合所有制改革中统筹推进党组织设置。认真贯彻国有企业基层党组织工作条例，修订国铁企业党委会工作规则。

加强党领导下的现代企业治理机制建设。结合建立外部董事制度，坚持和完善“双向进入、交叉任职”领导体制。严格党委会先行研究讨论经营管理重大事项前置程序，健全落实“三重一大”事项决策制度。提高铁路公司党建工作质量。

提升党组织建设质量。加强站段基层党委建设。健全高铁乘务党支部建设机制。巩固拓展“三会一课”质量年成果，制定党员教育管理工作细则。用好党员创岗建区等载体平台，分领域深化党内主题实践活动。推动机关党的建设高质量发展，开展创建“让党中央放心、让人民群众满意”模范机关活动。

（十二）大力加强领导班子和干部人才队伍建设，为提升国铁企业治理能力提供组织保障。

选优配强领导班子。制定落实中央《2019—2023 年全国党政领导班子建设规划纲要》的具体措施。在全路范围统筹使用领导人员，提升班子整体功能。

做好领导人员选拔任用工作。落实国铁集团《所属企业领导人员管理办法》，严格执行领导人员选拔任用工作规定。启动实施优秀年轻干部跨地区岗位实训计划。制定实施《国铁企业领导人员选拔任用工作监督检查和责任追究办法》，开展选人用人专项检查。

加强干部人才队伍建设。分层分类精准抓好干部培训，深化“百千万人才”工程，规范大学毕业生使用管理。

（十三）全面落实党风廉政建设主体责任，推动全面从严治党向纵深发展。

深化“两个责任”落实。修订《国铁集团党风廉政建设责任制实施办法》，压实主体责任和监督责任。加大党风廉政建设各项制度、规章的落实执行力度，抓好纪检监察组通报问题和监督建议的整改落实。

持续整治“四风”。严格执行国铁集团党组关于贯彻落实中央八项规定实施细则的《实施办法》，加强日常监督检查，防止“四风”问题反弹回潮。

深化内部巡视巡察工作。落实党组巡视工作五年规划，坚持并抓好年内两轮巡视。开展前几轮巡视整改情况“回头看”，压实被巡视单位整改主体责任。

一体推进不敢腐、不能腐、不想腐。坚持重遏制、强高压、长震慑，持续加大腐败案件和违反中央八项规定精神问题查处力度。分系统完善廉政内控制度，提高监督效能。开展廉政专题教育和典型案例警示教育，加强铁路廉政文化建设。

（十四）加强铁路宣传思想文化工作，为实现交通强国、铁路先行提供强大正能量。

打好意识形态工作主动仗。修订《党委意识形态工作责任制实施细则》。健全铁路宣传思想文化工作制度体系。

加强和改进基层思想政治工作。开展“节支降耗做贡献、改革创新立新功”主题宣讲活动。组织开展“最美铁路人”先进事迹巡回报告，做好 2020 年新时代铁路榜样选树宣传工作。深化“互联网+思想政治工作”。

提升国铁企业文化软实力。研究制定《“十四五”铁路企业文化建设发展规划》，开展群众性精神文明创建活动，培育和践行社会主义核心价值观。精心培育高铁文化，深化安全服务经营文化建设。

加强铁路新闻舆论工作。坚持镜头对着职工群众，增强铁路故事传播力和影响力。精心组织网上正面宣传。加强铁路媒体融合制度、平台和人才建设，发挥铁路全媒体平台矩阵作用。

（十五）充分调动全路干部职工的积极性主动性创造性，进一步凝聚推动新时代铁路高质量发展的强大合力。

加强新时代铁路职工队伍建设。开展“当好主人翁、建功新时代”劳动和技能竞赛，深化劳模工匠人才工作室创建，着力建设知识型、技能型、创新型的铁路产业大军。

完善并落实职工民主管理制度。进一步完善以职工代表大会为主要形式的民主管理、民主监督制度，积极解决职工合理诉求，保障职工合法权益，维护和发展和谐劳动关系。

持续改善职工生产生活条件。实施《深入改善职工生产生活条件三年行动计划（2018—2020年）》。落实补充医疗保险、职工定期体检等制度，提高职工身体素质和身心健康水平。精准做好困难职工帮扶救助工作。

全面做好群团和离退休干部工作。加强和规范工会组织建设，激发基层工会组织活力。深入落实全面从严治团要求，深化“青马工程”和“双创立功”竞赛。创新发展铁路离退休工作。

踏上2020年的新征程，让我们更加紧密地团结在以习近平同志为核心的党中央周围，更好地肩负起新时代交通强国铁路先行的历史使命，奋力开创铁路高质量发展新局面，为全面建成小康社会和“十三五”规划圆满收官做出更大贡献。

加快建设交通强国，确保“十四五”开好局，为全面建设社会主义现代化国家当好先行——交通运输部党组书记杨传堂在“2021 年全国交通运输工作会议”上的讲话

一、交通运输在全面建成小康社会决胜阶段取得积极成效

“十三五”时期是全面建成小康社会决胜阶段，我国经济社会发展取得新的历史性成就，经济实力、科技实力、综合国力和人民生活水平又跃上新的大台阶。“十三五”时期也是交通运输基础设施发展、服务水平提高和转型发展的黄金时期，行业上下抓住机遇、持续奋斗、不辱使命，在支撑和服务经济社会发展中实现了新作为。站在“两个一百年”奋斗目标的历史交汇点上，我们深刻地认识到：

我国已成为名副其实的交通大国，有力支撑了国家综合实力大幅跃升。“十三五”时期，高速铁路、城市轨道交通里程翻了一番，高速公路里程、万吨级码头泊位数量等保持世界第一，以北京大兴国际机场为代表的机场群建成投用，快递业务量翻了两番，铁路、公路、水路、民航客货运输量和周转量等跻身世界前列。我们用规模巨大、内畅外联的综合交通运输体系服务支撑世界第二大经济体的运转，正在奋力开启加快建设交通强国的新征程。

交通运输服务保障扎实推进，有力支撑了三大攻坚战决战决胜。我们提前实现“两通”兜底性目标，新改建农村公路超过 140 万千米，新增通客车建制村超过 3.35 万个，兑现了“小康路上决不让任何一个地方因交通而掉队”的庄严承诺。我们如期实现了污染防治攻坚战阶段性目标，运输结构调整、柴油货车污染治理、船舶排放控制区、机场“油改电”、快递绿色包装等工作持续推进，交通运输二氧化碳排放强度下降 7.5%。我们坚决防范化解重大风险，妥善应对中美经贸摩擦影响，坚决遏制重特大事故发生，牢牢守住了不发生系统性风险的底线。

现代综合交通运输体系加快形成，有力支撑了区域发展格局不断优化。横贯东西、纵贯南北的综合运输大通道基本贯通，京津冀暨雄安新区、长江经济带、粤港澳大湾区、长三角、黄河流域、成渝等重点区域交通连片成网，革命老区、民族地区、边疆地区、贫困地区通达深度进一步提高，交通基础设施的立体互联和各种运输方式的融合发展，使区域城乡发展的“骨骼”更强壮、“血脉”更畅通、“根基”更坚实。

交通运输新技术新业态蓬勃发展，有力支撑了发展新动能成长壮大。高铁制造、特大桥隧建造、离岸深水港建设等核心技术实现新突破，网约车、共享单车、无人配送等新业态方兴未艾，港珠澳大桥、上海洋山深水港四期等超级工程建成投用，“复

兴号”、C919大飞机等大国重器投产运营，中国路、中国桥、中国港、中国高铁成为亮丽的“中国名片”，极大振奋了人民的精神。

人民满意交通持续推进，有力支撑了民生保障水平显著提高。高速铁路覆盖近95%的百万以上人口城市，动车组承担铁路客运量达65%。高速公路覆盖近100%的20万以上人口城市。民航机场覆盖92%的地级行政区，航班正常率超过80%，通用航空加快发展。百万以上人口城市公交站点500米覆盖率约100%。“四好农村路”建设深入推进，全国乡镇快递网点覆盖率达98%，100%建制村通邮。多层次出行体系和多节点物流网络逐步形成，“人便其行、货畅其流”基本实现。

交通运输现代化治理能力不断提升，有力支撑了改革开放持续深化。综合交通运输体制机制进一步完善，法治政府部门建设加快推进，供给侧结构性改革不断深化，取消全国487个高速公路省界收费站，累计降低物流成本超过4500亿元；“放管服”改革、综合行政执法改革、财政事权和支出责任划分改革、公路管理体制改革、港口一体化改革、出租汽车改革、铁路和邮政公司制改革等一批重点改革向纵深推进，海事、长航、珠航、救捞、船级社、海事大学、科研院所等改革取得积极进展。“一带一路”交通基础设施加快互联互通，国际运输便利化水平有效提升，自贸区自贸港航运政策创新取得新进展。

更让我们倍增信心的是，在今年以来抗疫斗争伟大实践中，在以习近平同志为核心的党中央坚强领导下，行业上下坚守一线、担当作为，扎实做好疫情防控、持续强化运输保障、迅速实现复工复产、全力保障国际物流供应链畅通，有效服务“六稳”“六保”，同各方面一道交出了一份人民满意、世界瞩目、可以载入史册的答卷，为如期实现全面建成小康社会目标提供了有力支撑。

“十三五”时期，我们在交通运输舞台，向世界展示了中国精神、中国力量、中国担当，也为在新发展阶段加快建设交通强国提供了宝贵经验、理论准备、物质基础。回顾党的十八大以来党和国家事业发展的伟大历程、取得的历史性成就，进一步深化了我们对新时代交通运输改革发展的规律性认识。

——必须坚持党的领导。我们坚持以习近平同志为核心的党中央集中统一领导，迎难而上、奋力前行，如期完成各项任务。实践充分证明，只有紧紧团结在党的周围，增强“四个意识”、坚定“四个自信”、做到“两个维护”，交通运输事业才能够继续乘风破浪、勇往直前。

——必须坚持人民至上。我们坚持人民交通为人民，用心用情用力办好民生实事，增强民生福祉，努力建设人民满意交通。实践充分证明，只有心里始终装着人民，始终把人民利益放在最高位置，才能够做出正确决策，依靠人民战胜一切艰难险阻。

——必须坚持服务大局。我们以习近平总书记关于交通运输的系列重要论述为根本遵循，在支撑服务国家战略实施中加快发展。实践充分证明，只有坚决贯彻落实党中央决策部署，围绕中心、服务大局，交通运输才能真正在经济社会发展中当好先行。

——必须坚持统筹协调。我们强化跨领域、跨区域、全要素、全流程协同联动，推动现代综合交通运输体系加快形成。实践充分证明，只有坚持全国一盘棋，充分调动各方面积极性，发挥好综合交通运输组合优势和各种运输方式比较优势，才能汇聚起推动交通运输事业发展的磅礴力量。

——必须坚持人才优先。我们以人才为第一资源，以充分发挥人的积极性为第一动力，统筹推进创新型人才、高技能人才、高素质干部等各类人才队伍建设，开创了新时代行业发展新局面。实践充分证明，只有坚持德才兼备、选贤任能，聚天下英才而用之，才能为交通运输事业行稳致远提供不竭动力。

——必须坚持底线思维。我们面对复杂严峻的内外部环境，在重大问题上敢于斗争、善于斗争，有效应对各类风险挑战。实践充分证明，只有增强忧患意识，提高斗争本领，坚持科学决策和创造性工作，才能在世界百年未有之大变局中化危为机、赢得主动。

同志们，交通运输“十三五”时期的成绩和进步，是在以习近平同志为核心的党中央领导下，不断夺取新时代伟大斗争新胜利的重要成果，是中国特色社会主义制度显著优势的生动体现，是决胜全面建成小康社会决定性成就的实践范例。但这绝不是终点，而是新奋斗的起点。我们要再总结、再提升、再出发。在这里，我代表交通运输部党组，向全体交通人和关心支持交通运输事业的各有关方面、各位同志，表示衷心的感谢！愿我们能够继续艰苦奋斗、携手共进，谱写新时代交通运输高质量发展的新篇章！

二、在新发展阶段准确把握重要战略机遇期

习近平总书记指出，当前和今后一个时期，我国发展仍然处于重要战略机遇期，但机遇和挑战都有新的发展变化。面对世界之变、时代之变，要正确认识、紧紧抓住、准确把握重要战略机遇期，就必须坚持辩证唯物主义世界观和方法论，认清变和不变、历史和现实、当前和长远的辩证关系，更好认识把握新发展阶段、认真贯彻新发展理念、实践构建新发展格局。

（一）正确认识重要战略机遇期的新内涵。

党的十六大做出我国发展重要战略机遇期的重大判断，自那时以来，世情国情不断发展变化，重要战略机遇期的内涵也相应变化。总的来看，当前机遇更具有战略性、可塑性，挑战更具有复杂性、全局性。必须认清变化表象、把握不变大势，变挑战为机遇。

要保持战略定力，从容识变应变。从国际看，世界百年未有之大变局加速演进，国际力量对比深刻调整，产业链供应链区域化、本地化特征更趋明显，新冠肺炎疫情影响深远，世界经济陷入严重衰退。从国内看，我国经济恢复基础尚不牢固，关键核心技术“卡脖子”问题仍然突出，做好“六稳”“六保”工作、防范化解风险的

任务依然艰巨。必须深刻认识错综复杂的国际环境带来的新矛盾新挑战，深刻认识我国社会主要矛盾发展变化带来的新特征新要求，审时度势、谋定后动，从最坏处着想，向最好处努力，牢牢把握战略主动。

要坚定必胜信念，把握潮流大势。当前，和平与发展仍是时代主题，人类命运共同体理念深入人心，人类健康共同体更显突出，各国加强交流合作的动能依然强劲，经济全球化不可逆转。我国经济稳中向好、长期向好的基本面没有变，我国经济潜力足、韧性大、活力强、回旋空间大、政策工具多的基本特点没有变，我国发展具有的多方面优势和条件没有变，实现中华民族伟大复兴的历史进程不可阻挡。把握历史大势、顺应时代潮流，我们一定会不断发展壮大，不断从胜利走向更大胜利。

（二）准确把握新发展阶段对交通运输的新要求。

“十四五”时期我国将进入新发展阶段，在建设现代化国家进程中具有里程碑意义。我们要从历史和现实的角度加以把握，回答好行业在新发展阶段“坚持和巩固什么、完善和发展什么”的历史课题。

从历史看，交通运输历来是兴国之要、强国之基。在中华民族从站起来、富起来到强起来的伟大实践中，交通运输一直发挥着重要作用。近代以来，从洋务运动谋划实业救国构想，到孙中山先生提出“交通为实业之母”，并在《建国方略》中专章谋划，交通都是救国图存方案的重要篇章。新中国成立后，我们党开宗明义，在全国人大一届一次会议提出发展现代化的交通运输业，川藏青藏公路、成昆铁路、南京长江大桥等重大工程挺起民族脊梁，为我国建立独立完整的国民经济体系奠定了坚实基础。改革开放后，我们党把能源和交通作为国家三大战略重点之一，强调交通、通讯是经济发展的起点。交通运输行业落实“三步走”战略，勇立改革潮头、率先开放搞活，为推动经济社会发展和民生改善提供了坚强保障。党的十八大以来，我们党做出分两个阶段建成社会主义现代化国家的战略部署，提出加快建设交通强国，在现代化建设全局中谋划交通运输发展。回首百年来中华民族从站起来、富起来到强起来的伟大征程，交通运输“自身强、强国家”始终是建设现代化国家、实现中华民族伟大复兴的应有之义。

从现实看，新发展阶段对交通运输提出新要求。站在新的起点上，我国要建设中国式的现代化，交通运输理应更好发挥支撑保障作用。近年来，习近平总书记先后做出“经济要发展，交通要先行”、“加快建设交通强国”等系列重要论述。特别是今年以来，总书记多次做出重要指示批示，强调复工复产交通运输是“先行官”，必须打通“大动脉”畅通“微循环”；要加快国际物流供应链体系建设，保障国际货运畅通；要加快形成内外联通、安全高效的物流网络；要建设现代综合运输体系，统筹研究高铁、普铁、城市轨道交通、航空、水运等运输方式的比例关系；深化交通运输体系改革，形成统一开放的交通运输市场。总书记的重要指示批示，赋予了交通运输新的历史使命。

回望历史、立足当下、展望未来，在新发展阶段，交通运输作为国民经济重要的基础性、先导性、战略性、服务性行业的地位没有变，在经济社会发展中“先行官”的职责和使命没有变，由基本适应向适度超前发展的阶段性特征和要求没有变。在新发展阶段，交通运输还要当好现代产业体系协调发展的坚实支撑，当好内外经济循环相互促进的重要纽带，当好产业链供应链安全稳定的保障基石，当好改善人民生活品质促进共同富裕的开路先锋。我们要找准坐标、明确定位，在现代化建设新实践中展现交通人的实干担当。

（三）以新发展理念为指引实践构建新发展格局。

贯彻新发展理念，必然要求构建新发展格局。构建新发展格局，必须坚定不移贯彻新发展理念。我们要统筹当前和长远，增强贯彻新发展理念和构建新发展格局的自觉性和坚定性。要把新发展理念贯穿发展全过程和各领域。新发展理念是管根本、管全局、管长远的指导理论和实践指南，必须一以贯之。要以新发展理念为指导，科学把握新发展阶段交通运输面临的新形势、新任务、新要求，在重要战略机遇期谋发展、引新路。要以新发展理念为引领，实践构建新发展格局，加快构建安全、便捷、高效、绿色、经济的现代综合交通运输体系。要以新发展理念为根本，加快交通运输高质量发展，落实“三个转变”“四个一流”要求，实现质量、结构、规模、速度、效益和安全相统一。

要把握实践构建新发展格局的重要着力点。构建新发展格局是事关全局的系统性、深层次变革，要想在前、走在前、干在前，既加强战略谋划，又做好“最后一千米”落地工作。要更高水平成网，完善综合交通枢纽、综合运输大通道和物流网络，服务扩大循环总量。要更深层次融合，平衡好各种运输方式，提高运输服务的效率、品质和经济性，建设现代物流体系，服务提高循环效率。要更大力度创新，加快新技术应用，提升交通运输数字化、智能化水平，服务增强循环动能。要更高质量保障，提升通道连通性、稳定性，统筹运力储备，提升应急能力和水平，服务保障循环安全。要更高效能治理，从结构、制度、技术、标准、管理等维度综合施策，服务降低循环成本。

要提高贯彻新发展理念、实践构建新发展格局的能力和水平。推动新发展理念、新发展格局在交通运输行业落地生根，关键在于各级领导干部的认识和行动。要提高政治站位，对“中央在关心什么、强调什么”心中有数，坚定不移把党中央决策部署落实到各项工作中。要加强调查研究，善于解剖麻雀，对“人民群众在期盼什么、向往什么”心中有数，提高以“小切口”解决“大问题”等各项工作的针对性和实操性。要激发基层创造精神，对“基层在关注什么、呼吁什么”心中有数，鼓励各领域、各战线探索创新，推动更多经验做法上升为制度安排。

三、坚持系统观念统筹推进加快建设交通强国

善弈者谋势，善谋者致远。我们必须把坚持系统观念作为重要思想方法和工作方法，锚定二〇三五年远景目标，谋篇布局“十四五”发展，着力抓好明年的工作，既善于“弹钢琴”，又牵住“牛鼻子”，写好加快建设交通强国这篇大文章。

（一）强化对二〇三五年远景目标的前瞻性思考。

到 2035 年基本实现社会主义现代化是党和国家在新时代“两步走”战略安排的关键一步。党的十九届五中全会把 5 年发展目标同 15 年远景目标一同谋划，这也是坚持系统观念的重要体现。必须深刻领会党中央制定二〇三五年远景目标的战略考量，对照 9 个方面的目标任务，对标对表《交通强国建设纲要》，进一步明确实现交通强国远景目标的路径举措。

要紧紧围绕我国经济实力、科技实力、综合国力将大幅跃升的目标要求，基本形成现代化综合交通体系，基本建成交通科技创新体系，显著提升交通国际竞争力和影响力。紧紧围绕建成现代化经济体系的目标要求，基本形成交通运输现代市场体系，大幅提高综合交通运输网络效率和服务品质。紧紧围绕基本实现国家治理体系和治理能力现代化的目标要求，基本形成全社会共建共治共享的交通运输治理格局，大幅提升行业治理效能。紧紧围绕国家文化软实力显著增强的目标要求，明显提高交通文化的感召力和影响力。紧紧围绕广泛形成绿色生产生活方式的目标要求，落实我国 2030 年碳达峰、2060 年碳中和重大决策，形成交通与自然和谐共生的绿色发展模式。紧紧围绕形成对外开放新格局的目标要求，基本形成功能完备、立体互联、陆海空天统筹的国际运输网络，明显提升交通运输开放力度、深度和广度。紧紧围绕实现基本公共服务均等化的目标要求，使城乡区域交通运输协调发展达到新高度。紧紧围绕平安中国建设达到更高水平的目标要求，显著提升交通运输本质安全水平、系统韧性和应对各类重大风险能力。紧紧围绕人民生活更加美好的目标要求，使交通运输适应人民日益增长的美好生活需要，不断增强人民群众的获得感。我们既要登高望远，又要脚踏实地，以远景目标引领“十四五”以至未来 15 年行业发展，走好向第二个百年奋斗目标进军、全面建成交通强国的关键一步。

（二）强化“十四五”规划的全局性谋划、战略性布局。

“十四五”时期是我国开启全面建设社会主义现代化国家新征程的第一个五年，编制好“十四五”规划十分关键。要全面评估“十三五”规划实施情况，系统总结交通运输服务全面建成小康社会成效和经验，查找问题和不足。要强化需求分析，进一步明确发展目标、优化指标体系，强化约束性、增强引领性、提高预见性。要完善规划体系，强化综合交通运输发展规划与国民经济和社会发展规划的衔接平衡，强化与行业规划、专项规划的衔接平衡，指导好各地区规划，实事求是，留有余地，不搞层层加码。要创新规划方法，加强统筹协同，坚持开门问策，充分发挥专家学

者、企业、基层一线的作用，加强重大工程、重大政策、重大改革举措的研究论证，同步谋划规划实施的监测、评估机制，编制出一个经得起历史和实践检验的好规划。

（三）强化交通强国战略规划的整体性推进。

加快建设交通强国是一个复杂的系统工程，必须在统筹兼顾中实现协同发展、提升整体效能。要推动有效市场和有为政府相结合，更加尊重市场经济一般规律，加快完善交通运输市场规则。要推动全局和局部相结合，充分发挥中央和地方两个积极性，增强发展合力。要推动传统和新型要素相结合，提高各类要素配置效率，提升交通运输全要素生产率。要推动深化改革和守正创新相结合，构建适应高质量发展的指标、政策、标准、考核评价等体系，为加快建设交通强国提供制度保障。

四、以抓好重点带动明年全局工作

明年工作的总体要求是：以习近平新时代中国特色社会主义思想为指导，全面贯彻落实党的十九大和十九届二中、三中、四中、五中全会精神以及中央经济工作会议精神，坚持稳中求进工作总基调，按照立足新发展阶段、贯彻新发展理念、构建新发展格局的要求，以推动高质量发展为主题，以深化供给侧结构性改革为主线，以改革创新为根本动力，以满足人民日益增长的美好生活需要为根本目的，坚持系统观念，加快建设交通强国，巩固拓展疫情防控和经济社会发展的交通运输成果，扎实做好“六稳”工作，全面落实“六保”任务，着力优化综合立体交通网络，着力发展现代物流，着力提升服务供给质量，着力构建统一开放的交通运输市场，着力促进高水平对外开放，着力统筹发展和安全，确保“十四五”开好局，为全面建设社会主义现代化国家当好先行，以优异成绩庆祝建党 100 周年。

综合考虑今年发展基础、内外部条件等因素，明年交通固定资产投资仍将保持高位运行，客货运输逐步恢复到正常水平，服务领域服务水平、服务质量必须大幅提升。我们要用好这个宝贵时间窗口，围绕构建新发展格局抓好几个重点方面，力争迈好第一步，见到新气象。

（一）强化创新驱动引领。

把发展基点放在创新上，更多依靠创新培育发展动力、塑造发展优势。要推进以科技创新为核心的全面创新，特别要以重大工程为载体，抓好人才和机制两个关键点，强化技术、装备、组织、管理等创新，协同部署产业链和创新链。要集中力量打好关键核心技术攻坚战，明确中长期交通科技创新方向和重点，率先启动一批重点专项，锻造智慧交通、绿色交通、载运装备、自动驾驶等新型关键技术。要大力发展数字经济，提升交通运输新业态监管能力，加大新型基础设施投资力度，用新技术为传统基础设施赋能，培育形成新的增长点、增长极、增长源。

（二）落实扩大内需战略。

突出供给侧结构性改革主线，更加注重需求侧管理，不断提高供需匹配效率。要在精准有效投资上下更大功夫，以川藏铁路、西部陆海新通道、沿边沿海沿江交通、农村公路“进村入户”等为重点，创新融资渠道、拓展投资空间、激发全社会投资活力。要在促进消费提质扩容上下更大功夫，扩大高品质、多样化的运输服务供给，满足不同收入群体出行需求，更好挖掘城乡居民消费潜力。要在激发市场主体活力上下更大功夫，建立健全常态化政企沟通机制，及时跟踪各类阶段性应急政策调整情况，努力营造普惠市场主体的政策环境。

（三）构建现代物流体系。

聚焦“内提质效、外保安畅”，着力打通“大动脉”，畅通“微循环”。要以国家综合立体交通网主骨架为牵引，持续优化综合运输通道布局，有效支撑现代物流体系建设。要以提质、降本、增效为导向，在调整运输结构、优化组织方式、完善末端设施布局等方面持续发力，畅通农产品进城、工业品下乡双向流通渠道。要以开放共享、覆盖全球、安全可靠、保障有力为目标，统筹好中欧班列、道路货运、海运、航空货运等运力，加快建设国际物流供应链体系，确保我国出口货物出得去、进口货物进得来。

（四）推动区域城乡交通运输协调融合发展。

准确把握不同区域在构建新发展格局中的区位和比较优势，制定更加精准有效的政策措施。要深入实施区域协调发展战略，以四大板块为基础，统筹考虑革命老区、民族地区、边疆地区等发展需求，优化和完善差异化的支持政策。要大力实施区域发展重大战略，以更高标准谋划推动京津冀、粤港澳大湾区、长三角、成渝等重点区域交通运输一体化发展。要全面落实乡村振兴战略，巩固脱贫攻坚成果，加强阶段衔接，留足政策过渡期，提高农村和边境地区交通通达深度，推动“四好农村路”高质量发展。

（五）持续建设人民满意交通。

以解决若干个“最后一千米”为重点，增强紧迫感，动真格，久久为功，让发展更有温度、幸福更有质感。要完善提高基本公共服务均等化水平，分类有序推进通自然村（组）公路建设，深入实施公共交通优先发展战略，推动城乡道路客运一体化。要统筹发展和安全，持之以恒抓好安全生产，深化和完善交通运输安全体系，建设更高水平交通运输领域平安中国。要毫不放松抓好常态化疫情防控，统筹做好“外防输入、内防反弹”，加快建设反应迅速、抗冲击能力强的应急物流体系。

（六）全面深化改革、扩大开放。

坚持以改革促开放、以开放促改革，推动改革和开放相互促进。要深入查找行业在市场准入、经营运行等方面的各类障碍和隐性壁垒，加快形成统一开放的交通运输市场，提升商品和要素流通效率。要深化“放管服”改革、收费公路制度改革、投融资改革等重点领域和关键环节改革，进一步转变政府职能，营造市场化、法治化、国际化营商环境。要支持长三角共建辐射全球的航运枢纽，探索海南自贸区自贸港运输服务政策创新，深入开展抗疫国际合作，办好第二届联合国全球可持续交通大会。要持续强化行业“三基”建设，聚焦补短板、提质量，抓好相关政策、制度、机制等优化完善，推动行业治理现代化取得实效。

五、加强党对交通运输工作的全面领导

立足新发展阶段、贯彻新发展理念、构建新发展格局，必须加强党的全面领导，确保交通运输事业发展始终沿着正确方向前进。

（一）把政治建设摆在首位。

党的政治建设是党的根本性建设，决定党的建设方向和效果。要贯彻党把方向、管大局、保落实的要求，坚持用习近平新时代中国特色社会主义思想武装头脑、指导实践、推动工作，增强“四个意识”、坚定“四个自信”、做到“两个维护”，坚决把党中央各项决策部署抓实抓细抓落地。要提高政治敏锐性和政治鉴别力，善于从政治上判断形势、分析问题，对标对表党的政治路线确定工作思路和政策措施，做到讲政治和抓业务紧密结合、相互促进。

要完善上下贯通、执行有力的组织体系，树立党的一切工作到支部的鲜明导向，持续强化模范机关建设，把党的组织优势巩固好、发挥好。要严明党的政治纪律和政治规矩，开展严肃认真的党内政治生活，发展积极健康的党内政治文化，营造风清气正的良好政治生态。

（二）持之以恒正风肃纪。

作风建设永远在路上。要强化责任担当、敢于动真碰硬，在打硬仗、扛重活、攻难关的过程中增强本领、锤炼作风。要巩固拓展落实中央八项规定精神成果，继续整治“四风”问题，真正过紧日子，持续纠治形式主义、官僚主义，以实干创造实绩。要坚持无禁区、全覆盖、零容忍，保持反腐高压态势，发挥好巡视巡察利剑作用和审计监督作用，一体推进不敢腐、不能腐、不想腐。

（三）在高水平上加强干部人才队伍建设。

对标社会主义现代化国家建设要求，在“人的现代化”上下狠功夫。要增强把握大局大势的能力，运用经济、行政、法治等手段综合施治、靶向施策，提升行业治理的科学性、针对性、实效性。要加强高素质专业化能力建设，密切关注行业前沿知识和科技变化趋势，做到精通政策、熟悉业务、善于开拓，努力成为构建新发展格局的行家里手。要以正确用人导向引领干事创业导向，加强对敢担当、善作为

干部的激励保护，把想干事、能干事、干成事的干部选出来、用起来。

（四）全面提升行业软实力。

行业软实力是交通强国的重要组成部分，也是基础工程。要按照中央统一部署，策划落实好建党 100 周年系列活动，举全行业之力承办好“沿着高速看中国”主题宣传活动。要加强宣传思想工作，促进交通文化繁荣发展，强基固本、守正创新，坚定主心骨、汇聚正能量、振奋精气神。要坚守意识形态阵地，坚持马克思主义指导地位不动摇，自觉践行社会主义核心价值观，崇尚共同理想信念和价值追求。要大力深化群众性精神文明创建，弘扬伟大抗疫精神，不断丰富新时代交通精神谱系，逢山开路、遇水架桥，展现新时代交通人的风采。

最后，我强调一下斗争精神。

加快建设交通强国是一场新长征，必然会经历许多艰难险阻，必须进一步发扬斗争精神、增强斗争本领。要激荡昂扬斗志，坚定信心决心，越是艰险越向前，勇于开顶风船、善于化危为机。要保持战略定力，下好先手棋、打好主动仗，对可能发生的风险挑战，做到心中有数、沉着应对。要把握斗争策略，跟着问题走、奔着问题去，定好盘子、理清路子、开对方子，在把握发展规律的基础上实现变革创新。要保持历史耐心，坚守初心恒心，对照时间表、路线图，咬定青山不放松，锲而不舍抓落实。

同志们，船到中流，奋楫者先。让我们更加紧密地团结在以习近平同志为核心的党中央周围，同心协力、锐意进取，加快建设交通强国，建设人民满意交通，以优异成绩迎接建党 100 周年，为全面建设社会主义现代化国家、实现中华民族伟大复兴的中国梦而不懈奋斗！

推进民航治理体系和治理能力现代化，为新时代民航强国建设提供制度保障——中国民用航空局党组书记冯正霖在“2020年全国民航工作会议”上的报告

一、2019年民航主要工作回顾

2019年是新中国成立70周年，也是新中国民航成立和“两航起义”70周年，民航工作大事多、要事多、亮点多，在中国民航发展史上留下了浓墨重彩的一笔。9月25日，习近平总书记出席北京大兴国际机场投运仪式，宣布机场正式投运并巡览航站楼，接见参加机场建设和运营干部职工代表，充分肯定大兴国际机场的建设成就，并铿锵有力地指出：中国人民一定能！中国一定行！极大振奋了全体民航人的精神。一年来，全行业在党中央、国务院的坚强领导下，以新发展理念为引领，按照“一加快、两实现”的新时代民航强国建设战略进程，全面落实“一二三三四”新时期民航总体工作思路，扎实推动民航高质量发展，民航工作取得了显著成绩

回顾2019年民航工作，主要有以下特点：

（一）坚持政治站位、战略导向与行业安全技术标准高度统一，办好了一系列大事要事。

一年来，我们围绕党和国家工作大局，以“防风险、保安全、迎大庆”为主线，将政治要求融入工作标准，以专业能力落实政治担当，较好地处理了一系列民航领域关乎国家全局的大事要事。从航空安全技术标准出发，坚持安全隐患零容忍，果断停止波音737MAX8机型的商业运行，消除了发生航空安全事故的最大隐患。按照符合国际惯例的航空安全保障要求，及时对香港国泰航空发出重大安全风险警示并采取有力措施，有效防控涉及内地的输入性安全风险，精准敲打港独势力。在国际民航组织第40届大会上，我国以最高票数第六次连任一类理事国，提出了中国民航改进国际标准和全球民航治理的方案。我们以打造国家发展新的动力源为己任，举全行业之力推进北京大兴国际机场建设运营筹备工作，既坚决保证工程进度，紧盯“6.30”竣工、“9.30”前投运两个关键节点，又严格把握建设标准和质量，实现“精品、样板、平安、廉洁”四个工程要求。我们以忠诚担当的政治品格，严谨科学的工作作风，团结协作，不辱使命，零差错、零失误地完成了党和国家领导人一系列专包机工作任务；圆满完成“两会”“一带一路”国际合作高峰论坛、世园会、亚洲文明对话大会、军运会、进博会、澳门回归祖国20周年活动等重大航空运输保障任务；圆满完成国庆70周年阅兵保障等重大任务，有力保障了党和国家工作大局，向

党和人民交上了一份满意的答卷。

（二）坚持将处理好“四个关系”作为行业治理的总开关，推动民航高质量发展稳中有进。

一年来，民航发展内外部环境十分复杂，我们着眼于防范和化解重大风险，沉住气、稳住神，牢牢把握安全与发展、安全与效益、安全与正常、安全与服务的关系，努力促进资源保障能力与运行总量的动态匹配，行业发展的平衡性、协调性有所增强。在安全方面，系统总结“8.24”以来行业安全风险变化的规律，以最强担当压实安全责任、以最高标准防范安全风险、以最严要求实施安全监管、以最实措施确保平稳可控，牢牢守住大庆之年民航安全底线。截至去年底，实现运输航空持续安全飞行 112 个月、8068 万小时的安全新纪录，连续 17 年 7 个月实现空防安全零责任事故。在发展方面，保持“控总量、调结构”的战略定力，确保行业发展稳中有进。调整了武汉、昆明、广州、西安、重庆、成都、浦东等 7 个繁忙机场的容量标准，每周增加航班时刻 5334 个，36 个航班时刻协调机场时刻执行率达 93.5%，同比提升约 2 个百分点。全年完成运输总周转量 1292.7 亿吨千米、旅客运输量 6.6 亿人次、货邮运输量 752.6 万吨，同比分别增长 7.1%、7.9%、1.9%。千万级机场达 39 个，同比增加 2 个。深入推进京津冀、长三角、粤港澳大湾区民航协同发展，编制实施成都、重庆等国际航空枢纽战略规划，民航与综合交通深度融合，民航旅客周转量在综合交通运输体系中的占比达 32.8%，同比提升 1.5 个百分点。在效益方面，落实党中央、国务院战略部署，根据运输航空企业营运内外部环境的变化，打出减半征收航空公司民航发展基金、暂停飞机起降费标准上浮、扩大实施特殊政策支线机型范围等降成本政策组合拳，促进企业提质增效。全年降低企业成本并直接转化成企业经营效益 90 多亿元，落实中小机场、支线航空、通用航空、贷款贴息等各项补贴政策资金 36.6 亿元，增强了民航企业抗风险能力，提振了行业稳增长的信心。全行业营业收入 1.06 万亿元，比上年增长 5.4%。在正常方面，夯实运管委工作机制，37 家千万级机场建成机场协同决策（A-CDM）系统，积极开展航班时刻动态调整，严格落实航班正常考核和调控措施。在航班总量同比增长 5.57%、极端天气增多以及其他用户活动大幅增加的情况下，全国航班正常率达 81.65%，同比提高 1.52 个百分点。在服务方面，深入开展民航服务质量重点攻坚专项行动，年初提出的九项改进服务品质措施得到认真落实，229 个机场和主要航空公司可实现“无纸化”出行；37 家千万级机场国内旅客平均自助值机比例达 71.6%；在 8 家航空公司、29 家机场开展跨航司行李直挂试点；15 家航空公司 410 架飞机为 805 万旅客提供了客舱 WiFi 服务；大力推进全民航行李全流程跟踪系统（RFID）建设；将“同城同质同价”纳入机场服务质量评价指标；推动出台国际“通程航班”普适政策，国际旅客中转更加便捷；在首都机场、大兴机场试点实施海关监管、民航安检合作查验模式，实现旅客“一次过检”、无感通关；航空货运电子运单使用突破 160 万票；12326 民航服务质量监督电话开通，国内航空公司投诉响应率达100%。

（三）坚持用改革的办法破解难题、推动工作，行业发展内生动力显著增强。

一年来，民航局继续将年度重点任务、“两会”代表委员和全国民航工作会议代表的意见建议纳入“1+10+*N*”改革框架中，全年确定606项改革任务，完成率达91.3%。按照党中央要求，积极推动国家空管体制改革工作，完成民航公安管理体制调整改革。机场建设集团重组改革后，设计咨询等优势业务进一步巩固增强，短板业务得到补充提升，海外业务进一步拓展。着力推进民航基础设施补短板，全年完成固定资产投资950亿元，新增跑道10条、航站楼面积174.9万平方米、油库容积32万立方米。加强规范标准引领，大力推进“四型机场”建设，完成《四型机场建设行动纲要》编制，23个示范项目带动作用明显。注重安全效率兼顾，着力加强“四强空管”建设，完成中国民航历史上范围最广、影响最大的一次班机航线调整，新增航路航线里程9275千米。全国千万级以上机场基本完成机坪管制移交。民航飞行计划数据融合平台投入试运行，实现航权、时刻和预先飞行计划数据融合。全面推进实施广播式自动相关监视（ADS-B）运行。按照“统、融、新、深”工作要求，大力推动军民航融合发展，空域精细化管理和低空空域综合管理改革试点成效明显，机场军民航融合覆盖陆海空三军，西藏“3+2”机场项目顺利推进，北京终端区“一址两场、天合地分”运行模式开创军民航深度融合先河。“蓝天保卫战”成效明显，全行业吨千米油耗较基线下降约16%，机场每客能耗较基线下降约12%。加快推动通航法规体系重构，正式发布全国目视飞行航图，通航飞行达112.5万小时，同比增长13.8%；颁证通用机场数量达246座，首次超过运输机场。创新无人机发展政策，开展无人机物流配送试点，注册无人机超过39.2万架，无人机商业飞行125万小时。集聚首批19家科教单位优势资源，组建民航科教创新攻关联盟，开展面向2035民航中长期科技规划战略研究。成功举办中国民航发展论坛，以“智慧民航”为主题，与科技对话、同世界交流，全面加深对智慧民航的理解。成立中国民航高质量发展研究中心，启动75个课题研究和试点项目。进一步加大民航应用基础研究支持力度，与国家自然科学基金委共同设立第五期民航联合研究基金。自主知识产权的国产校验设备获得2019年国家技术发明一等奖。发布《中国民航北斗卫星导航应用实施路线图》，指导行业推广应用北斗系统。完成国产GBAS设备审定验证工作，颁发中国民航首张GBAS设备使用许可证。首次在大兴机场使用高级场面活动引导控制4级系统。落实“加压、减负、撑腰、充电”要求，组建民航监察员培训学院，加强监察员队伍建设，提升民航安全监管能力和水平。整合共享政务系统，实现民航局机关、各地区管理局及各监管局相关人员跨系统数据访问查询。努力扩充航权资源，大幅增加进入日本东京等主流市场的运力额度，扩大与韩国、芬兰等国航空运输市场准入，实现国际航权资源配置“一次提交、一网通办”，新辟国际地区航线549条。中欧首次在民航领域签署相关协定，进一步丰富了中欧全面战略伙伴关系内涵，展现了我国合作、开放、包容、守信的形象。

（四）坚持用理想凝聚人、纪律约束人、文化鼓舞人，行业政治生态更加清朗。

按照中央统一部署，紧紧围绕深入学习贯彻习近平新时代中国特色社会主义思想这个根本任务，牢牢把握“守初心、担使命，找差距、抓落实”的总要求和“五句话”的目标任务，严格落实“学习教育、调查研究、检视问题、整改落实”四项重点措施，周密安排、精心组织、扎实推进，主题教育取得明显成效，民航系统党员干部普遍经历了一次深刻的马克思主义中国化最新成果教育，进一步坚定了理想信念，锤炼了政治品格，激发了干事创业、担当作为的精气神。认真组织开展习近平总书记重要批示指示精神贯彻落实情况“回头看”，深入查摆问题不足，持续抓好贯彻落实。稳步实施民航公务员职务与职级并行制度，进一步拓展民航公务员职业发展空间。持续加强局属单位领导班子和干部队伍建设，完善干部选任程序，全年调配局党组管理的干部 311 名。驰而不息反“四风”、转作风，严肃查处违反中央八项规定精神问题，深入开展形式主义、官僚主义突出问题等六个专项整治和违规决策投资担保等五个专项治理，扎实推动审计署预算执行审计和机场建设专项审计问题整改。对 6 家局属单位开展巡视，对 10 家单位开展党政主要领导经济责任审计。深化运用监督执纪“四种形态”，给予 102 名党员干部党纪政纪处分，在全系统通报 27 起典型案例，实现警示教育常态化。协助拍摄电影《中国机长》，“敬畏生命、敬畏规章、敬畏职责”深入人心，全方位展示了当代民航精神，得到了全社会的普遍赞誉，进一步凝聚和鼓舞了民航人的职业自豪感和精气神。举行业之力，直接投入和帮助引进扶贫资金 6200 余万元，购买和帮助销售扶贫产品 660 余万元，助力新疆于田、策勒两县脱贫攻坚，超额完成了两县全年的脱贫脱困工作任务。开展庆祝新中国成立 70 周年系列活动，在人民大会堂隆重召开纪念“两航”起义 70 周年座谈会；会同中央广播电视总台“心连心”艺术团到北京大兴国际机场开展慰问演出；深化开展“当好主人翁、建功新时代”等主题劳动和技能竞赛，开展“青春英雄谱”宣讲示范活动，召开“新老空姐话服务”、全国民航劳模先进座谈会；扎实做好老干部工作，发挥老干部的优势作用，珍惜光荣历史、永葆政治本色，进一步凝聚起推动新时代民航强国建设的磅礴力量。

成绩令人振奋，但我们也要清醒地看到：行业发展需求与资源保障能力不足的矛盾依然突出，行业防范和化解重大安全风险的挑战依然严峻，“三基”建设任重道远；行业应对新一轮技术革命和产业变革的主动性不足、系统性不够；行业发展不平衡不充分问题仍然比较突出，全面服务国家战略还存在明显短板；面对经济下行压力，民航企业抗风险能力相对较弱；全面从严治党还需持续深化，基层压力传导、教育管理还不到位，违反中央八项规定精神的现象仍不同程度存在。产生这些问题的原因，有的是思想认识不到位，有的是作风能力不过硬，有的是制度机制不健全。有的问题属于阶段性问题，在特定条件下矛盾更加凸显；有的问题属于长期性问题，将伴随民航强国建设全过程。我们必须坚持高度的政治自觉，认真学习贯彻习近平总书记对民航工作的系列批示指示精神，以加强党的政治建设、牢固树立发展为了人民的理念为统领，全面深化改革，在推进民航治理体系和治理能力现代化的过程中，逐一加以解决。

二、推进民航治理体系和治理能力现代化的目标和要求

党的十九届四中全会深刻阐明了坚持和完善中国特色社会主义制度、推进国家治理体系和治理能力现代化的重大意义、总体要求、总体目标、重点任务和根本保证。民航治理体系和治理能力是国家治理体系和治理能力的重要组成部分。习近平总书记指出，民航业是重要的战略产业，要始终坚持安全第一，严格行业管理，强化科技支撑，着力提升运输质量和国际竞争力，更好服务国家发展战略，更好满足广大人民群众需求。这是推进民航治理体系和治理能力现代化的根本遵循。我们要深刻认识到实现民航治理体系和治理能力现代化，既是我国民航发展到新阶段的必然要求，也是新时代民航强国建设的重大任务，要在总结历史经验中看到我国民航的制度优势，在分析发展趋势中明确我国民航制度的建设方向，在对标民航强国战略目标中谋划民航治理体系和治理能力建设的重点任务，把党的十九届四中全会精神转化为民航领域的生动实践。

（一）与时俱进的民航治理体系和治理能力极大地解放和发展了民航生产力

我国民航始终高度重视治理体系和治理能力建设。新中国民航成立后，民航管理体制几经变迁。特别是改革开放以来，历经“军转民和企业化”、“政企分开、机场与航空公司分设”、“政资分开、联合重组、机场属地化”为主要内容的三轮改革，我国民航逐步建立了“政企分开、政资分离”的航空运输企业管理体制、属地管理为主的机场管理体制、“两级政府、三级管理”的行政管理体制、“政事分开、运行一体化”的空管管理体制、“双重领导，以公安部为主”的行业公安管理体制、“脱钩分离、依法自治”的行业协会体制，确立了具有中国特色的、适应社会主义市场经济的、符合行业发展规律并与国际接轨的新型民航治理体系。

随着行业治理体系的完善和治理能力的提升，民航生产力得到极大解放和发展。原政企不分、用行政和军事办法实行高度集中统一管理的单一部门体制被打破，形成了企业自主经营、政府依法监管的行业新格局。原来的国有独资民航企业逐步走向产权多元化，治理结构不断完善，现代企业制度基本形成，经营管理水平明显提高；民营资本、外资进入民航领域，激发了民航市场活力。目前全行业共有运输企业 62 家，形成了由三大国有控股航空集团、众多地方性航空公司、中外合资航空公司、民营航空公司等多元化市场主体共同参与的竞争格局。行业行政部门从微观企业经营管理事务中退出，运输生产的人、财、物由统购、统分、调拨逐步过渡到主要通过市场配置，民航生产效率大幅提升，国内、国际航线从改革开放初的 162 条增长到 5155 条。拓宽投融资渠道，调动了地方和社会兴办民航企业和建设机场的积

极性，民航基础设施和设备获得极大改善，中国民航拥有了世界上各型先进的运输飞机，机队规模达3818架；机场规模和设施现代化程度大幅提升，全国运输机场数量由1978年的78个增加到目前的238个，全国机场吞吐量由1978年232万人次升至目前的13.5亿人次；空管实现了全国一体化管理和运行，设施设备现代化水平不断提高，逐步以雷达管制替代了传统的程序管制，运行效率大幅提高。飞行、机务、空管、乘务、安检等各类专业人员的培养渠道不断拓宽、规模不断扩大，年培养能力由1978年的500余人增至目前的10万多人，民航从业人员业务能力素质不断提升。行业治理结构不断优化，5家全国性民航行业协会、3家民航基金会应运而生，成为民航治理体系中不可或缺的重要组成部分。

实践表明，我国民航治理体系坚持以党的科学理论为指导，深深植根于中国民航发展实际，充分借鉴国际民航有益经验，有利于提升安全保障能力、巩固民航发展安全基础，有利于激发市场活力、规范市场行为，有利于促进行业调整结构、提质增效、转型升级，有利于提高政府行政效率、增强行业监管能力，具有显著的制度优势。我们要增强制度自信，在新时代民航强国建设进程中继续坚持和巩固、持续发展和完善。

（二）推进民航治理体系和治理能力现代化重在适应新时代民航强国建设战略需要

随着民航强国建设战略进程不断推进，我国民航各个方面将发生深刻变化，新的利益格局、新的生产要素、新的运行模式将重塑行业形态，民航治理体系和治理能力必须与之适应，构建适应性更强、前瞻性更强、引领性更强的制度体系，才能成为推动行业发展而不是制约行业发展的力量。

——更加适应行业发展规模增大、运行范围扩大、业务种类增多的新特点。据预测，未来5到10年我国民航运输规模将超过美国，成为世界民航第一大国。运输规模的不断增大，意味着要素投入规模越来越大。同时，我国民航运行范围不断向中西部偏远地区和世界各地延伸，新的运行方式不断产生、专业分工不断细化、业务种类不断增多，运行复杂性大为增加，安全管控难度持续增大。适应这些新特点，必须进一步完善“源头防控、综合治理”的安全管理长效机制；必须进一步构建完善覆盖运行全要素、全流程的运行管理体系；必须进一步健全民航宏观调控制度体系和发展规划体系；必须进一步丰富要素资源配置手段、提升配置效率；必须进一步优化行政机构设置、监管人员配备和改进监管方式。

——更加适应行业结构、旅客需求、航空市场竞争格局变化带来的新挑战。当前，我国民航行业结构深刻变化，除传统的航空公司、机场、空管、保障企业等主体外，OTA、航空器制造商、航空租赁等企业也越来越成为行业发展的生力军，不同主体的利益诉求越来越分化。个性化、差异化成为航空消费主流，人民群众对民航服务种类、服务范围、服务能力和服务水平的要求越来越高。国内外航空市场竞争日趋激烈，不断开通加密的高铁线路和一些民航航线形成交织。面对这些挑战，必须积极构建多元共治的治理主体结构，形成民航行政机关依法履职，企业、行业协会、公众等共同参与的治理格局；必须进一步完善统一开放、竞争有序的民航市场体系，充分发挥市场在资源配置中的决定性作用，更好地发挥政府作用；必须进一步完善以真情服务为核心的民航服务质量体系，提升全流程服务质量管控能力，使人民群众对民航发展有更多的获得感和幸福感。

——更加适应新一轮科技革命和产业变革正在全方位重塑民航业形态、模式的新趋势。新一轮科技革命和产业变革正在打破民航组织运行的一些固有形态，行业工作关系、组织关系、利益关系都在发生深刻调整。顺应这一趋势，必须不断打破固有的思维定式，探索更加有效的治理模式；必须与时俱进地完善民航法规标准体系，为充分发挥航空技术装备性能提供空间，为新产业、新业态、新产品培育成长提供土壤；必须加快智慧民航建设，构建推动我国智慧民航建设的产业生态；必须以能源资源节约利用为核心，构建多元参与、系统完整、权责清晰的绿色发展制度体系；必须加大行业内外科教资源整合力度，完善创新要素，再造民航创新体系，为科技攻关、新技术运用、新的运行模式和商业模式产生创造良好的制度环境。

——更加适应深度参与国际合作和竞争、行业国际化程度不断提高的新需求。国际性是民航业的重要特征，当今民航竞争更是全球化竞争。目前我国民航国际业务量已经占到总业务量的35.8%，未来占比还将继续扩大。当前及今后一个时期，在我国构建新一轮全方位对外开放格局的大背景下，围绕服务国家战略需求，民航必须加快构建与国家全球政治、经济战略布局保持同步、甚至适度超前的对外开放体系，实施更大力度、更宽领域、更深层次的航权开放和市场准入，特别是要紧紧围绕“一带一路”合作倡议进行布局，更加积极主动地参与国际航空运输竞争；必须进一步开阔国际视野，注重国际化人才培养，更深程度地参与国际民航治理，在世界民航舞台上发出中国声音，提供中国方案。

——更加适应航空业全产业链发展、全面发挥服务国家战略作用的新要求。随着我国综合国力的不断强盛，国产飞机、国产卫星定位系统和国产服务保障设施设备将广泛应用，我国航空产业链将日益完整，产业辐射带动作用更加突出，要求我们必须大力完善监管与服务并重的适航审定体系，提升中国民航适航审定能力，为我国航空制造业快出产品、出好产品提供支撑。随着我国经济日益融入全球产业分工体系，对打造覆盖全球的供应链要求越来越高，航空运输在综合交通运输体系中的比较优势更加凸显，要求我们必须更好地服务国家战略，着力打造航空货运枢纽，支持航空物流企业在海外设点布网，努力构建自主可控的国际航空物流体系。

（三）推进民航治理体系和治理能力现代化的总体目标和基本要求

按照新时代民航强国建设战略进程，推进民航治理体系和治理能力现代化的总体目标是：到实现单一航空运输强国时，民航治理体系和治理能力更加适应高质量发展要求；到实现多领域民航强国时，民航治理体系和治理能力更加适应国家经济社会发展现代化要求；到实现全方位民航强国时，民航治理体系和治理能力更加适应实现中华民族伟大复兴宏伟目标的战略要求。

推进民航治理体系和治理能力现代化的基本要求是：

1．坚持党对民航工作的领导，是推进民航治理体系和治理能力现代化的根本原则。民航行业具有鲜明的政治属性。民航领域治理必须旗帜鲜明讲政治，要以习近平新时代中国特色社会主义思想为指导，牢固树立“四个意识”、坚定“四个自信”、坚决做到“两个维护”，深入贯彻落实习近平总书记对民航工作系列重要批示指示精神，始终在思想上政治上行动上与以习近平同志为核心的党中央保持高度一致。坚持党对民航工作的全面领导，始终从政治高度谋划工作，把忠诚担当的政治品格贯穿到行业治理各个方面，将其作为行业发展决策的依据，作为实施行业管理的准则，作为制定各项制度最重要、最基本的要求。

2．坚持牢牢守住民航安全底线，是推进民航治理体系和治理能力现代化的基础所在。习近平总书记指出，安全是民航业的生命线，任何时候、任何情况都不能麻痹大意。推进民航治理体系和治理能力现代化，必须按照习近平总书记“首先要坚持民航安全底线，对安全隐患零容忍”的重要批示要求，围绕处理好安全与发展、效益、正常、服务四个关系，建立安全管理长效机制，将安全管理体系覆盖到航空公司、机场、空管等所有运行单位；深入到人员、飞机、设施设备、环境等所有生产要素；落实到发展决策、管理机制、规章制度、人员资质等所有管控环节；融入思想认识、责任意识、职业道德、工作作风等所有价值观念层面。

3．坚持正确处理政府和市场的关系，是推进民航治理体系和治理能力现代化的核心内容。充分发挥市场在资源配置中的决定性作用，大力破除制约民航要素资源配置水平的体制机制障碍，持续激发市场主体活力，形成一套基于市场的、高效的资源配置方式。更好发挥政府作用，着眼于维护社会公共安全，强化安全管理体系；着眼于保障公平竞争、维护市场秩序，改进市场监管体系；着眼于优化行业结构，改善宏观调控体系；着眼于优化国有资本布局，健全国有资产监督体系；着眼于旅客、货主合法权益保护，完善服务质量体系。

4．坚持全面依法行政，是推进民航治理体系和治理能力现代化的重要支撑。把民航法治工作摆到更重要的位置，强化立法规划的引领作用，增强民航法规体系的完整性、系统性。坚持与时俱进，完善立改废释并举的行业立法机制。严格规范公正执法，强化对执法工作的监督制约，做到更加规范、更加精准、更具效能。加强监察员法律素养与能力建设，提高监察员岗位胜任能力。健全权力运行决策机制，保证重大决策和行政执法依法合规。以公开为常态、不公开为例外，全面推进政务公开。

5．坚持多元共治、充分调动各方积极性，是推进民航治理体系和治理能力现代化的有效途径。按照现代公共治理要求，推动形成分工合理、责任明确、运转协调、相互支撑的多主体行业治理格局。民航行政机关要依法履职尽责，建立完善与中央相关部门稳定的、常态化的沟通协调机制，加强与地方政府协同。加强对社会组织的行业指导与政策扶持，建立健全社会组织参与行业治理的有效机制。引导民航企事业单位提高自律能力，完善各类运行主体之间的服务保障协议，使服务保障协议成为维护民航行业系统性的强力纽带。

6. 坚持创新发展，广泛运用互联网、大数据、人工智能、区块链等新技术，是提升治理能力的必要手段。更新对行业治理的观念认知，增强运用新技术、新思维推进行业治理体系和治理能力现代化的意识和本领。构建完善运用新技术提升安全水平、改善服务品质、破解发展难题、拓展市场空间、提升竞争优势的制度规则，推动行业发展转型升级。当前，尤其要加快构建民航数据整合共享机制，实现民航治理领域大数据资源的全面汇聚、共享和应用；构建全行业网络安全综合防御体系，加强民航关键信息基础设施保护，提升民航网络安全治理能力和水平。

7. 坚持构建以当代民航精神为核心的中国民航文化价值体系，是推进民航治理体系和治理能力现代化的强大动力。以社会主义核心价值观为引领，以弘扬和践行当代民航精神为核心，完善行业精神文明建设体系，让当代民航精神成为全体民航人共同的价值追求和行为准则。把文化建设与队伍建设紧密结合，推进当代民航精神进课堂、进教材、进头脑，融入民航员工教育全过程，带出过硬队伍。弘扬“两航起义”爱国主义精神，激励民航人奋力建设民航强国。弘扬中国民航英雄机组精神，把“敬畏生命、敬畏规章、敬畏职责”落实到岗位工作，在平凡岗位上创造不平凡的业绩。大力弘扬手册文化，养成“遵守手册为荣，违反手册为耻”的职业操守，使手册文化内化于心、外化于行。深度挖掘和广泛宣传民航先进人物、先进事迹，讲好民航故事，传播正能量，为民航发展营造良好舆论环境。

推进民航治理体系和治理能力现代化是项长期的系统工程。当前既要保持行业治理体系的稳定性和延续性，又要抓紧制定行业治理体系和治理能力现代化急需的制度、满足人民对美好航空出行新期待必备的制度。只要准确把握推进民航治理体系和治理能力现代化的基本要求，在工作实践中不断深化落实并严格遵守和执行，民航强国建设就一定会在正确的航路上行稳致远。

三、2020 年民航工作总体要求和主要任务

2020 年是全面建成小康社会决胜之年，是加快从航空运输大国向航空运输强国跨越的冲刺之年。做好 2020 年民航工作，关乎“十三五”规划收官，关乎“十四五”规划谋篇布局，关乎民航强国建设战略全局，意义重大。

当前宏观经济下行压力加大，行业增长速度有所放缓，我们遇到的困难和挑战也会增多。但我国民航发展稳中向好、持续向好的总趋势没有变，预计增速将持续保持在 7.5%左右。由于我国民航的基数较大，这个增速意味着我国民航旅客运输量每年将新增 5000 万人次以上，对全球航空运输增长的贡献率达 30%，说明我国航空

运输需求仍然旺盛，我国民航作为世界民航业引擎的作用更加强劲。这个增速还意味着我国从航空运输大国向航空运输强国跨越的步伐更加稳健。我国民航规模大，航空客货运输规模稳居世界第二，总周转量占到世界民航 13%，航空人口数量已经超过 3 亿，距离世界第一越来越近。实力强，机队规模、年旅客运输量等全球前十的航空公司中，我国占据三席；旅客吞吐量全球前 10 家机场中，我国占据两席，北京、上海等国际枢纽名列世界前茅；现代化的空管系统年保障航班起降达 1080 万架次，全年航班正常率稳定保持在 80%左右，业务处理能力位居世界第二。品质优，航空安全水平全球领先，百万架次重大事故率是全球平均水平的十分之一，是全球最安全的航空运输系统；现代信息技术广泛应用于销售、值机、行李等航空服务领域，以机场为核心的综合交通枢纽大量涌现，全国与两种以上公共交通方式相衔接的机场达 28 个，北京大兴国际机场多种交通方式无缝衔接、立体换乘，是全球集成度最高的大型综合交通枢纽，出行便捷程度居世界前列。当然，在跻身航空运输强国的过程中，我国民航还有短板和弱项，特别是航空物流业还不能完全满足建立全球供应链的需求。在“十三五”规划的收官之年，我们要发力冲刺、共克时艰，固根基、扬优势、补短板、强弱项，努力推动从航空运输大国向航空运输强国跨越的进程。

2020 年民航工作的总体要求是：以习近平新时代中国特色社会主义思想为指导，深入贯彻党的十九大和十九届二中、三中、四中全会精神以及中央经济工作会议精神，坚持新发展理念，坚持稳中求进工作总基调，坚持以供给侧结构性改革为主线，以推进民航治理体系和治理能力现代化为主轴，全面落实“一二三三四”民航总体工作思路，牢牢把握“四个关系”总开关，着力确保航空安全，着力提升服务品质，着力加大投资力度，着力推动改革创新，着力全面从严治党，圆满完成民航“十三五”规划各项任务，为民航“十四五”发展奠定坚实基础。

2020 年民航工作的主要任务是：

（一）注重标本兼治，全力防控安全风险

2020 年，民航安全工作主要目标是：杜绝重特大运输航空责任事故，杜绝劫机、炸机等机上恐怖事件，防止空防安全严重责任事故，防止重大航空地面事故和特大航空维修事故。实现这一目标，必须筑牢安全底线，深入贯彻落实习近平总书记对民航安全工作系列重要批示指示精神，认真贯彻落实确保民航安全运行平稳可控 9 个方面 26 条措施，立足现实、重拳治标，着眼长远、潜心治本。

重拳治标贵在防控。古人讲，天下难事必作于易，天下大事必作于细。对航空安全工作，我们就是要从严格排查隐患做起，保持安全隐患零容忍高压态势，对影响民航安全运行的苗头性问题要露头就打，坚决遏制小问题演变成大风险；严格管理队伍，对触碰规章底线、违反作风纪律的行为要冒泡就灭，毫不留情处理，坚决杜绝“宽、松、软”；严格安全监管，“宁当恶人，不当罪人”，敢于下狠手、用猛药，

对违规的责任单位和责任人要失责就追，以铁的决心、铁的标准、铁的手腕依法严肃惩治，确保各项安全规章制度落到实处。

潜心治本贵在做实。从体制机制、系统建设、科技手段等方面着手，真正把安全基础打牢夯实。充分发挥安全管理体系（SMS）效能，建立健全信息管理、隐患排查、风险管控、治理措施评估及跟踪验证机制，真正将风险防控融入日常管理、日常运行。建立完善“三基”建设长效机制，真正把安全从业人员作风建设落实到平时养成上。把好初始适航审定关，做好持续适航监管，坚决拒绝存在设计制造隐患的航空器进入中国运行。把好运输航空公司设立关、运力引进关、人员疲劳关、容量评估关，真正做到风险防控关口前移。深化监管模式改革，实施精准监管，真正提升安全监管效能。深入推进企业法定自查，提升企业自律水平，切实增强企业履行安全主体责任的能力，落实各级值班领导持证上岗要求。推进新技术与民航安全治理深度融合，加强安全数据信息的开发利用，真正向科技要安全。培育良好的安全文化，真正把对生命、规章、职责的敬畏融入制度、化为责任、落到日常。

治标和治本是统一的。重拳治标，可以为潜心治本创造良好的安全条件；潜心治本，可以为重拳治标培育深厚的基础环境。只有坚持标本兼治、重在治本，才能确保实现民航安全态势平稳可控。

（二）注重精准施策，全力满足发展需求

2020 年行业发展主要预期指标是：运输总周转量 1390 亿吨千米、旅客运输量 7.1 亿人次、货邮运输量 763 万吨，同比分别增长 7.5%、7.6%和 1.3%，起降架次增长控制在 6%左右。这一指标是根据“十三五”规划发展目标，结合行业发展需求和保障能力确定的。完成这一指标，必须坚持稳中求进总基调，通过“控总量、调结构”扎牢“稳”的根基，通过加大基础设施建设力度拓展“进”的空间，通过时刻资源精准调控提升“进”的质量。

增强资源保障能力。抓紧推进“十三五”机场建设规划落实，确保青岛胶东、武隆、安康、芜宣、玉林、荆州等机场建成投运，加快成都天府、呼和浩特、杭州、乌鲁木齐、贵阳等机场项目建设进度。制定 2020 年基础设施补短板工作方案，加大民航发展基金投入力度，争取国家专项债券用于民航机场项目建设，固定资产投资力争突破 1000 亿。以《四型机场建设行动纲要》为牵引，以“四型机场”示范项目创建为抓手，积极推动以建设、运营、安全、服务、治理和网络布局“六个体系”为主要内容的现代化机场体系建设。围绕建设北京“一市两场双枢纽”，着力打造北京大兴国际机场“新国门”，树立“四型机场”标杆；推动北京首都国际机场提质增效、“再造国门”。推进“四强空管”建设，完善民航管制中心布局，推进重点地区空域优化，打通东部海上航线，推进京广大通道全线贯通。进一步缩小管制运行间隔，加速空中交通流量。坚持以地面融合促空中融合，探索北京终端区军民航联合运行可推广、可复制经验，与军方共同推动闲置军用机场向民用或军民合用转化。

提升资源配置效率。科学把控运行总量，区别对待高密度机场与中小机场、骨干航路与小流量航线、繁忙时段与非繁忙时段，结合各地区实际运行品质表现和保障资源能力，实施差异化航班时刻供给与配置措施，做到“运行总量精准控、航班时刻精细调”，不搞“一刀切”。研究建立国家空域系统容量与流量量化评估模型，为机场、空域规划与机队、航线网络规划充分衔接提供支撑。优化航空公司分公司设立条件。推进航权、时刻、预先飞行计划“数据融合、一网通办”，加快建设全国航班时刻管理平台。按照政府主导、多方参与、服务公司的原则，制定完善各航班时刻协调机场时刻分配细则。用好增量、盘活存量，完善航班时刻二级市场交换、转让和共同经营机制，在不突破时刻总量的同时更好地满足市场需求，让每一个稀缺的时刻都尽可能得到最大化利用。

补齐航空物流短板。认真落实《关于促进航空物流业发展的指导意见》，深入研究航空货运发展的规律，探索实施客货分类管理，简化国内货运航权审批，实施航班备案制；放宽国际货运航权管理，扩大一类国际货运航线颁发国家经营许可范围，增强企业“出海”经营活力；研究晚间部分时段货运时刻不计入控总量范围、支持货运航班使用部分机场白天时刻的政策措施；优化货运高峰期临时加班审批政策；加快推进鄂州货运枢纽建设；全面实施郑州机场航空电子货运试点，加快推进航空电子货运业务标准和数据标准建设，实现海关监管与民航各环节之间标准融合、信息互通，推进航空物流无纸化流转。

支持国产民机发展。加快建成适航审定运行管理系统，提高审定效率，为国产民机提供高质量审定服务。推进 C919、AG600、新舟 700、Z15、CJ-1000A 发动机等审定项目，做好 C919 飞机和 AC352 直升机型号评审工作。继续支持 ARJ21-700、新舟系列飞机等国产航空产品取得国外认可。研究制定 ARJ21 飞机运营保障相关政策。鼓励国内机场在廊桥选装和购买客梯车时充分考虑国产民机保障需求。

（三）注重巩固深化，全力优化服务品质

深入践行真情服务理念，进一步规范旅客服务管理，巩固、提升以航班正常性为牵引指标的民航服务质量。

优化航班正常工作机制。巩固机场运管委建设成效，落实“领导到场、当面会商、协同决策、联动落实”的闭环运行模式，推动运管委在航班运行保障中发挥更大作用。进一步完善机场协同决策（A-CDM）系统，运行数据共享覆盖所有千万级以上机场和全部国内运输公司，不断提高航班运行协同水平和运行效率。优化航班正常考核机制，使考核指标、调控措施更加科学、更有针对性。2020 年，国内客运航空公司航班正常率稳定在 80%以上，全国千万级以上机场平均放行正常率和始发航班正常率力争达到 85%。

巩固前期服务举措成效。一是推广 RFID 行李跟踪系统广泛使用、连线成网，逐步建成覆盖全国的民航行李跟踪系统；二是推广“中转通”等服务信息产品，丰富线上线下中转服务功能，优化国际通程航班业务模式，深入推进国际旅客中转行李直挂服务，使中转更顺畅、更便捷、更有保障；三是进一步提升机上餐食服务水平，分时段、分航程细化优化标准，定期开展并发布航空公司服务质量评价，将机上餐食服务作为一项重要内容；四是优化 12326 咨询投诉平台功能，开发手机 App，优化投诉管理程序，提升投诉管理水平；五是继续探索开展基本航空服务试点，推动基本航空课题研究成果政策转化，让更多边远地区群众能够乘坐飞机出行。

推出提升旅客体验新举措。从服务大流程着眼，从服务小细节入手，努力打通服务链条断点，改善旅客航空出行体验。一是推动全国机场旅客共用服务平台建设，推动智慧机场向系统性、整体性发展，实现“一个 App 走遍全国机场”。二是建立民航旅客遗失物品全国统一查询平台，实现航空公司、机场遗失物品信息共享互通，为旅客提供“一站式”失物招领信息服务。三是推进民航与高铁、城轨、地铁、公路等多种交通方式的联运业务，扩大“一站式”购票范围，推动安检流程优化，提升旅客综合交通换乘体验。四是在有条件的国际机场推广出境旅客海关查验、民航安检“一机双屏”、“一次过检”模式，实现“无感通关”；五是加强特殊旅客关爱，推进行动不便旅客出行服务立法工作，进一步优化无障碍环境，完善特殊旅客服务设施设备，努力让残疾人、老年人、孕妇等旅客都能享受便捷的民航服务。

（四）注重统筹推进，全力深化民航改革

越是接近新时代民航强国战略进程“转段进阶”的节点，各项工作任务的紧迫性就越强，推动工作的系统性、整体性、协同性要求就越高，必须充分发挥改革的动力作用，着力在民航发展的重点领域、关键环节取得突破。

发挥改革的协同整合作用，推进各项政策举措有机衔接。坚持“1+10+*N*”改革工作总体框架，将年度重点工作任务、行业内外重点意见建议整体纳入改革方案。坚持针对重点改革任务设立专项工作小组的工作模式，确保推进改革协同高效。注重各项改革措施有机衔接、相互支撑，形成目标一致、行动同向、效果共振的工作格局。注重运用改革成果完善制度体系，通过建章立制巩固改革成效，把深化民航改革的目标聚焦到推进民航治理体系和治理能力现代化上来。

发挥改革的攻坚克难作用，推动一批重点任务取得突破。一是科学编制“十四五”规划。在全力完成“十三五”目标任务的基础上，聚焦民航强国建设“转段进阶”新目标，准确把握“十四五”期间民航发展所处历史方位，以高质量发展为牵引，统筹兼顾、系统谋划，高水平编制好“十四五”规划。整合行业规划资源，做强行业规划机构，全面提升行业规划水平。二是加大通用航空“放管服”改革力度。加快推进通航法规体系重构，做实“分类管理”，进一步降低通航企业运营的制度性成本。取消“非经营性通用航空活动登记核准”行政许可，实施备案管理。在国家、军队、地方中发挥桥梁作用，协同推动低空空域管理改革，构建新型空域管理模式。支持大型城市“1+*N*”通用机场建设模式，支持地方政府在粤港澳大湾区建设具备常设口岸功能的通用机场。鼓励支线机场增强对通航业务服务功能，加快完善低空飞行服务保障体系，保障通用航空飞得起来、飞得顺畅。坚持审慎包容监管，扶持无人机新业态在通用航空领域的应用。三是全面落实“加压、减负、撑腰、充电”要求。把基层监管机构和能力建设作为完善民航治理体系、提升民航治理能力的重要抓手，针对各监管局反映的 129 个需求，制定切实可行、有效管用的措施，切实加强监察员资质能力建设，改善监管一线履职尽责的条件和环境。四是全面实施预算绩效管理，加强绩效评价和绩效运行监控结果的应用，着力发挥预算绩效导向作用。将“过紧日子”的要求贯穿落实到民航管理的全过程，坚持勤俭办事业，把钱花在刀刃上。五是优化市场环境，继续深化价格改革，完善价格调控机制；研究出台机场特许经营权管理政策。六是稳步推进局属国有企业改革，按照政企分开、事企分开要求，理顺民航各级行政机关和事业单位与所办企业关系，探索公益类企业更好履行公共服务职能的改革路径，加快推进民航高校国企改革，积极稳妥推进“僵尸企业”处置。七是推进完成中国航协、机场协会与民航局脱钩工作，促进各协会治理规范、行为自律，加强行业指导与监管，研究出台扶持政策，促进社会组织在行业治理体系中发挥更大作用。

发挥改革的督促落实作用，形成真抓实干的浓厚氛围。对表《关于进一步深化民航改革工作的意见》，系统梳理新时期民航改革任务完成情况，检视问题，查找差距，切实改进。坚持和改进深化改革第三方评估机制，密切跟踪各项改革推进情况，确保改革目标明、措施实、效果好。加强舆论引导，及时解读民航局关于改革的政策措施，主动解疑释惑，回应社会关切，营造进一步深化民航改革的良好舆论环境。

（五）注重创新引领，全力重构民航创新生态体系

面向支撑民航强国建设、服务国家战略实施、助力国际民航竞争，前瞻谋划民航科技创新工作。

加强科技创新战略规划引领。抓好民航中长期科技发展规划编制，争取在国家科技计划体系中设立民航重点专项。加快布局建设重大科研基础设施，推进民航科技创新示范区一期工程，布局建设民航科教产业园区，加强民航重点实验室和工程技术中心能力建设，系统规划建设民航领域国家科技创新基地。加大民航院校建设支持力度，开工建设民航大学新校区、飞行学院天府校区，启动上海职院浦东校区修缮等项目。加强智慧民航研究，加快新技术推广应用，加快北斗卫星导航系统在民航应用，逐步推进无人驾驶航空融入国家空域系统。

加大高层次创新人才队伍培养力度。完善民航发展基金教育培养专项资金政策。统筹完善各类创新人才发展和人才激励制度，在承担科研任务、提供保障条件、加大激励力度等方面对高水平科技人才和团队给予重点支持，加快培养和打造国家层面的科技创新人才队伍。弘扬新时代科学家精神，加强作风和学风建设，尊重人才，尊重创新，加快提升民航科教单位内生动力。

扩大民航科教创新体系开放程度。坚持开放包容原则，进一步发挥民航科教创新攻关联盟作用，吸纳更多科技创新战略力量。加强民航联合研究基金重点项目支持力度，拓展中科院服务网络计划民航领域项目规模和深度。积极拓展国家重点研发计划项目渠道，鼓励和引导探索性研究和前沿技术开发。积极推进关键装备国产化，促进民航首台（套）重大技术装备示范应用。

（六）注重扩大开放，全力拓展国际航空发展空间

主动服务国家对外开放战略，高水平推动“引进来”和“走出去”，进一步扩大民航国际化市场空间，着力构建国际合作竞争新优势。

更加主动开拓国际市场。利用北京大兴国际机场投运带来时刻增量的有利时机，推动与航权相对短缺国家的双边会谈。以“一带一路”合作国家和具有较大增长潜力的新兴市场为重点，做好航权储备。鼓励航空公司通过航空联盟、代码共享等商务合作方式拓展航线网络，通过投资的方式克服航权障碍进入国际航空运输市场。鼓励航空物流企业完善境外网络，积极融入全球供应链、产业链、价值链。

更高水平服务对外开放。配合全方位外交布局，发挥民航对外交往作用，助力建设合作共赢的新型国际关系。全面清理与《外商投资法》不符的政策措施，促进内外资企业公平竞争。探索民航重点领域外资安全审查实施制度。积极参与中美经贸磋商、中欧投资协定、自贸协定谈判。加大对自由贸易试验区、自由贸易港建设的支持，研究在海南自贸区开放第七航权。以提高国际中转率为抓手，着力完善北京、上海、广州等机场的国际枢纽功能。

更加积极参与国际民航治理。充分发挥民航安全技术国际化战略领导小组作用，分重点、有步骤推进国内成熟、先进标准国际化。推进 2010 年《北京公约》和《北京议定书》审议批准。建设“一带一路”民航国际合作平台，转型升级中美、中欧民航合作平台。深化适航国际合作，加紧推进中欧适航《技术实施程序》磋商，组织召开第三届中欧航空安全年会。加强国际化人才培养，积极发挥民航国际化人才储备库作用，建立人员信息系统和在库人员持续培养培训机制。积极关注 ICAO 关键岗位空缺情况，做好国际职员推送。建立国际热点问题研究跟踪反馈机制。支持有关企事业单位在 IATA、ACI、CANSO 等国际组织中发挥更大作用。推动与立场相近国家建立绿色民航建设战略对话机制。

（七）注重聚焦难点，全力打赢三大攻坚战

打赢打好“三大攻坚战”是全面建成小康社会必须跨越的重大关口，必须聚焦难点、合力攻坚。

把防控风险放在更加突出位置。全面落实防范化解民航行业重大风险 10 个方面 38 条措施，盯紧民航领域在政治、意识形态、航空安全、服务质量、经济、资源保障、科技、社会、外部环境、党的建设等方面的重点风险隐患，做好风险防范预案，细化防范化解措施，提高防范化解能力。既要积极消除、管控民航自身运行中各种

存量风险，又要有效预防化解国际贸易争端升级等可能造成的各种增量或输入式风险，确保民航科学发展、安全发展。

集中力量打好脱贫攻坚战。抓紧落实定点扶贫工作，积极统筹行业资源，筹集2000 万元精准帮扶贫困村、贫困户增强造血功能，助力于田、策勒两县如期脱贫。发动行业力量，支持南康无人机产业发展，积极采买和帮助销售贫困地区优势产品，推动扶贫产品进机场、上飞机，鼓励机关事业单位预留份额采购贫困地区农副产品，探索建立稳定脱贫、防止返贫的长效机制。优先支持深度贫困地区增开航线航班，完成新建于田机场等项目，充分发挥民航对经济社会发展的推动作用。

确保打赢蓝天保卫战。贯彻落实《关于深入推进民航绿色发展的实施意见》，以航空器节能减碳为核心、以提高空管效率为抓手、以绿色机场建设为保障，推动构建民航绿色发展新模式。全面落实《打赢蓝天保卫战三年行动计划》，以北京两场为重中之重，持续推动机场运行“电动化”“清洁化”水平提升。启动机场能效“领跑者”机制建设。加快航空飞行活动碳排放监测、报告和核查机制落地实施。推进以煤制航煤为代表的新型航油审定。

（八）注重常抓不懈，全力推动从严治党向纵深发展

推动从严治党向纵深发展，全面提升民航系统党建工作质量，为实现民航强国战略目标提供坚强政治保证。

突出抓好政治建设。聚焦落实党对民航工作的全面领导，健全各级党委（党组）工作制度，把党的领导贯穿到民航工作各领域各方面各环节。深入抓好习近平总书记对民航工作系列重要批示指示精神的贯彻落实，健全跟踪督查机制，定期开展“回头看”，树牢“四个意识”、坚定“四个自信”、坚决做到“两个维护”。抓好“不忘初心、牢记使命”主题教育发现问题的深化整改，巩固扩大成果。大力推进党支部工作标准化、规范化建设，推动基层党组织建设全面过硬。

持续深化理论武装。坚持和完善党委（党组）理论学习中心组等各层级学习制度，以“关键少数”带动绝大多数，推动学习贯彻习近平新时代中国特色社会主义思想不断往深里走、往实里走、往心里走。抓好党的十九届四中全会精神教育培训，分类分级分批组织集中轮训，教育广大党员干部充分认识中国特色社会主义制度的本质特征和优越性，坚定制度自信。落实《中国共产党党校（行政学院）工作条例》要求，加强民航局党校建设，充分发挥“三阵地一熔炉”作用。

加强干部队伍建设。严格落实换届选举制度，健全直属单位党委会、纪委会。完善民航局机关公务员、直属单位领导班子和领导干部考核办法，实施好公务员职务与职级并行制度，充分发挥考核的监督激励作用和职级晋升的正向激励作用。根据今后 5 至 10 年领导班子建设需要，着力加强优秀年轻干部选育管用。办好监察员培训学院，提升监察员岗位履职能力。发挥审计监督职能，促进领导干部重大经济决策规范科学。加强选人用人监督和干部日常监督，对个人事项瞒报漏报等行为严

肃处理。

深入推进党风廉政建设和反腐败斗争。深入落实《关于深化中央纪委国家监委派驻机构改革的意见》及局党组实施意见，坚定支持驻部纪检监察组开展工作。坚守政治巡视定位，组织开展局党组第三轮巡视，做好巡视整改“后半篇”文章。深化突出问题专项治理，持续反“四风”、转作风。严肃查处各类案件，有力削减存量，有效遏制增量，强化“不敢腐”的震慑；加强日常监督，完善制度机制，扎牢“不能腐”的笼子；增强党性修养，严明公私界限，增强“不想腐”的自觉。

着力抓好宣传文化工作。大力弘扬践行当代民航精神，弘扬中国民航英雄机组精神，深化“最美民航人”宣传展示。弘扬工匠精神，广泛开展各种形式的劳动竞赛、技能比武。尊老爱老、用心用情服务好老同志。强化思想政治引领，深化“青春”主题系列、“青”字号等品牌创建、岗位体验式交流、志愿服务等活动，改善民航青联工作，团结带领青年岗位建功。发挥宣教中心作用，调动社会力量，支持筹拍“两航起义”等民航题材影视作品。严格落实意识形态工作责任制，加强民航报刊管理，加强院校思想政治工作。做好舆情应对工作，为民航发展营造良好的舆论环境。

再过 4 天，2020 春运就要开始了。作为交通运输行业每年开门要办的第一件大事，各单位各部门要高度重视，认真贯彻落实全国春运电视电话会议精神，加强统筹部署，确保旅客安全、顺畅出行，提升服务质量，实现 2020 年民航工作开门红。

岁末年关，大家既要把好航空安全关口，也要敲响“廉洁”警钟，严格落实党风廉政有关规定，汲取相关教训，管住手、管住腿、管住嘴，严防“四风”问题反弹回潮，确保文明节俭、廉洁祥和过节。各级领导干部要关爱困难职工，解决基层一线问题，努力为职工群众创造良好工作生活环境。

同志们，2019 年民航业发展取得了非凡的成绩，但已经成为过去的一页。2020 年，我们要紧密团结在以习近平同志为核心的党中央周围，以成绩归零的心态，站在不负韶华的新起点上，继续撸起袖子加油干，改革创新，锐意进取，不断取得新业绩，为推进新时代民航强国建设进程努力奋斗！

坚持走中国特色邮政业发展道路，推进邮政业治理体系和治理能力现代化——国家邮政局党组书记、局长马军胜在“2020年全国邮政管理工作会议”上的讲话

一、2019年工作及邮政法修订施行10年来总体回顾

2019年是新中国成立70周年。70年来，特别是党的十八大以来，在党中央、国务院的坚强领导下，我国邮政业规模迅速扩大，基础设施日益完善，发展质效持续提升，服务能力显著增强，国际合作不断深化，在推动流通方式转型、促进消费升级、助力生产发展中发挥着越来越重要的作用，正由邮政大国向邮政强国昂首迈进。

2019年以来，全行业在以习近平同志为核心的党中央坚强领导下，全面贯彻落实中央决策部署，坚持稳中求进工作总基调，坚持以供给侧结构性改革为主线，坚持新发展理念和以人民为中心的发展思想，推动邮政业高质量发展，砥砺拼搏，务实奋进，邮政业改革发展取得了新成效。预计全年邮政业业务总量和业务收入分别完成1.6万亿元和9600亿元，同比分别增长30%和21%，业务收入占GDP比重接近1%；快递业务量和业务收入分别完成630亿件和7450亿元，同比分别增长24%和23%。新增社会就业20万人以上，支撑网上零售额超过8万亿元。邮政普遍服务和快递服务满意度稳中有升，消费者申诉处理满意率达到98.5%。邮政业在经济社会发展中的作用不断增强，为“六稳”做出了积极贡献。

（一）扎实开展“不忘初心、牢记使命”主题教育，全力做好新中国成立70周年庆祝活动服务保障。

一是“不忘初心、牢记使命”主题教育有效开展。全系统按照“守初心、担使命、找差距、抓落实”总要求，聚焦学习贯彻习近平新时代中国特色社会主义思想，紧跟习近平总书记最新重要讲话和党的十九届四中全会精神，落实习近平总书记关于邮政业重要指示精神和中央决策部署。联合17个部门印发《关于认真贯彻落实习近平总书记重要指示推动邮政业高质量发展的实施意见》，制定国家局党组贯彻落实习近平总书记重要指示办法，确保习近平总书记关于邮政业的重要指示得到全面落实。坚持把“学习教育、调查研究、检视问题、整改落实”贯穿始终，强化主题教育与中心工作融合，各级领导干部带头串讲规定书目、讲授专题党课，带头奔赴艰苦边远地区和困难矛盾集中地区督导调研、寻计问策，带头对照党章党规找差距、针对查摆问题抓整改，重点抓好“8+1+3”专项整治和17个问题解决，一批群众最

急最忧最盼的问题得到有效整改落实，系统提出“两进一出”工程。坚持两批主题教育压茬推进，派出6个巡回指导组，各省、区、市局派出95个指导组全过程全覆盖督促指导，组织开展第一批主题教育“回头看”，以系统联动、协调推动、良性互动确保主题教育取得明显成效。

二是新中国成立70周年庆祝活动邮政业安全服务保障工作圆满完成。围绕“防风险、保安全、迎大庆”任务，全行业以最高标准、最严要求、最佳状态严防严控严查严纠，北京局立足主战场把好主阵地，天津、河北、山西、内蒙古等地发挥“环京护城河”作用，各地严格把好安全关，对7109万件进京邮件、快件实施二次安检，查堵禁寄物品300余件，顺利实现“四个严防、三个确保”工作目标。发行新中国成立70周年主题纪念邮票，开展了一系列丰富多彩的集邮文化活动，做好阅兵村临时邮局服务保障，组织千余名快递小哥亮相国庆“美好生活”游行方阵，展现了邮政业服务人民美好生活的良好精神风貌。

（二）着力加强制度供给，政策环境进一步优化。

一是中央决策部署得到有效落实。参与编制交通强国建设纲要，明确邮政业6方面12条重点任务，出台贯彻落实意见，制定邮政强国建设行动纲要。全面启动邮政业发展“十四五”规划编制。雄安新区邮政业发展规划编制基本完成，京津冀邮政业协同发展重点任务有序推进。认真做好邮政业服务长江经济带、粤港澳大湾区发展有关工作，行业重点任务纳入国家长三角一体化规划纲要。落实乡村振兴战略成果丰硕，中央部署的55.6万个建制村直接通邮任务提前一年完成，西藏、新疆、青海、四川、内蒙古、重庆、云南、甘肃等地攻坚克难，为目标实现做出积极贡献。农村地区快递网点超过3万个、公共取送点达6.3万个，乡镇快递网点覆盖率达到96.6%。

二是邮政业改革加快推进。邮政集团的公司制改革顺利完成。持续深化“放管服”改革。取消快递业务场地使用证明等3项证明事项，全面实现许可审批一网通办。制定快递分支机构编码规则，精简备案手续，末端网点备案实现常态化。新业态准入迈出实质性步伐，山东、河南等7个省份为快递服务站开办企业和智能快件箱运营企业发放许可。提高面向企业的服务水平，协调落实新一轮减税降费政策，为企业减免税费15亿元以上，在党报党刊发行、主题邮局设置等方面积极争取政策。推进一体化政务服务平台建设，持续加强政府信息公开。

三是法规政策体系不断健全。完成邮政法修订施行10周年总结评估，配合修正《快递暂行条例》。修订出台邮政业寄递安全监督管理办法，修正快递业务经营许可管理办法，制定智能快件箱寄递服务管理办法。服务乡村振兴、支持民营快递企业发展、支持海南邮政业深化改革开放、深化交通运输与邮政快递融合推进农村物流高质量发展、促进跨境电子商务寄递服务高质量发展、促进快递与电子商务数据互联共享等一批政策文件相继出台，参与促进服务业高质量发展等国家产业政策制定。

与河北、江苏省签订战略合作协议，江西等地出台支持邮政业高质量发展文件。

（三）深入推进供给侧结构性改革，行业高质量发展迈上新台阶。

一是基础能力建设得到加强。继续实施西部和农村地区邮政基础设施建设项目，推动改造网点和县局房 382 处。全国已建成快递物流园区 402 个。主要城市智能快件箱已达 40.6 万组，城市快递末端公共服务站达到 8.2 万个。273 个城市出台了规范快递车辆通行政策，辽宁等 12 个省份实现全覆盖。国内快递专用货机达 126 架，高铁快递开通线路达 451 条。

二是产业融合深入推进。深化交快、邮快合作，制定邮政快递合作下乡进村框架协议，在 5 省、区开展合作试点。深化警邮、税邮、政邮合作，8000 多个网点开办交管业务，近 1.7 万个网点开办代缴税款业务，对接 27 个省级政务平台和 2815 个市县级政务大厅，安徽、浙江、吉林、贵州、上海等地邮政综合服务平台建设成效明显。全国打造快递服务现代农业“一地一品”年业务量超百万件项目 163 个，新增昆明鲜花、烟台苹果、南宁沃柑、成都柑桔和五常大米等 20 个年业务量超千万件“快递+”金牌项目，农村地区年收投快件超过 150 亿件，支撑工业品下乡和农产品进城超过 8700 亿元。新增快递服务先进制造业项目 675 个，年支撑制造业产值超 1 万亿元。深入推进快递与电商协同发展，与商务部共同举办“双品网购节”，促进品牌消费和品质消费。全年支撑网上零售额占社会消费品零售总额比重超五分之一。

三是科技创新水平明显提升。制订完成快件航空运输信息交换规范等 2 项国家标准、快件处理场所基础数据元等 4 项行业标准。首批认定 18 家行业技术研发中心。全行业不断加大科研投入力度，智能客服、智能仓、北斗导航等迅速普及，无人机、人工智能、大数据和区块链等加快应用。智能安检系统样机已进入试产阶段。电子运单等 39 个项目获首届邮政行业科学技术奖。

四是人才队伍建设不断加快。经中央批准，会同人社部门开展首次全国邮政行业评选表彰活动。84 人入选首批全国邮政行业科技英才和技术能手推进计划，1.4 万余人取得快递工程技术人员职称资格，4 所现代邮政学院在校生已达 2261 人。成功举办全国邮政行业职业技能竞赛、“互联网+”快递大学生双创大赛、邮政职业教育快递技能大赛和强邮论坛。联合人社部颁布快递员和快件处理员国家职业技能标准，推动各地将快递从业人员职业技能培训纳入政府补贴目录。

五是从业员工权益保障有效加强。贯彻落实习近平总书记新年致辞和春节期间看望快递小哥时的重要指示要求，联合团中央开展“快递从业青年服务月”活动，为快递小哥提供法律和心理咨询服务 2.2 万人次，组织关爱慰问活动 3255 场次、覆盖快递从业青年 27 万余人，170 名优秀快递员赴井冈山接受革命传统教育。重庆、福建等地设立近万个快递爱心驿站，北京、广东等地为 4450 名快递员提供免费体检，把总书记对基层劳动者的关心关怀落到实处。

（四）聚焦靶心精准发力，三大攻坚战取得积极进展。

一是防范化解重大风险能力明显增强。积极应对中美经贸摩擦以来出现的新情况。不断完善风险防控机制，修订应急预案，健全安全生产分析通报制度，出台企业安全主体责任落实规范。严抓“三项制度”落实，开展实名收寄专项整治，新增安检机2000余台。深入开展寄递渠道涉枪涉爆专项治理，查堵枪爆物品1.2万余件。有序推进“绿盾”工程，建成合肥灾备中心、国家局监控中心和90多个省市级监控中心，部分重要信息系统上线运行。做好行业“扫黄打非”、反恐、禁毒、芬太尼类物质管控、非洲猪瘟疫情防控、打击侵权假冒、网络安全和信息安全等工作。圆满完成军运会、进博会、世园会等重大活动寄递安保任务，高质量完成“双11”旺季服务保障，有效应对自然灾害和各类突发事件。

二是服务精准脱贫攻坚战成效显著。安排发行《精准扶贫》专题邮票，宣传国家扶贫成就。邮政企业建立线上扶贫地方馆729个，实现国家级贫困县全覆盖；大力培育“一市一品”项目，覆盖462个国家级贫困县7.2万户贫困人口，平均为每户增收3260元。主要快递企业将社会公益与精准扶贫有效结合，投入资金物资共计5.18亿元，直接购买贫困地区农产品1.17亿元，帮助销售农产品3.67亿元，受益贫困人口近20万人。认真抓好定点扶贫工作，全系统选派扶贫干部142人，投入和引进各类资金近亿元，实施帮扶项目437个，帮助建档立卡贫困户就业2804人、脱贫1.7万人，国家局为定点帮扶的平泉市引进农村公路建设资金1900万元，各省（区、市）局定点帮扶贫困村三分之二已脱贫摘帽。

三是污染防治攻坚战持续发力。建立行业生态环保工作部门，制定包装基本要求等标准，加强标准宣贯。建立行业生态环保信用约束机制，开展社会监督、定期通报和跨区域督导检查，推动企业落实主体责任。实施“9571”工程，全国电子运单使用率达98%，电商快件不再二次包装率达52%，循环中转袋使用率达75%，3万个网点设置了标准的包装废弃物回收装置，“瘦身胶带”封装比例达75%，新增3.1万台新能源和清洁能源车辆。开展绿色采购、绿色城市综合试点等试点示范，加快推进海南省快递绿色包装应用。与相关部门共同推进快递电商包装治理、快递包装绿色产品认证工作。开展“邮来已久、绿动未来”主题宣传，加快形成产业上下游、社会各方面联动的良好局面。

（五）坚持监管服务并重，依法治邮成效明显。

一是邮政普遍服务监督进一步加强。编制普遍服务、邮票发行监督检查手册，规范执法工作。强化邮政服务质量监督检查，实施邮政普遍服务营业场所分级监管。严肃处理巡视邮箱信件积压等案件，出台邮政专用信箱管理规定。全年查处违法违规案件148起。加强仿印邮票图案审批管理。认真做好社会监督工作。开发建制村直接通邮App，基本实现对农村投递服务网上实时监管。邮件寄递时限水平大幅提升，84%的县级城市实现《人民日报》当日见报，基本解决平信丢损问题。

二是邮政市场监管不断强化。继续实施“双随机、一公开”监管，修订随机抽查实施细则，强化结果公示运用。组织跨区域随机督导互查，全年执法 16.1 万人次，查处违法违规案件 7000 余起。深入开展快递末端服务违规收费专项治理，立案查处 249 起，实施行政处罚 212 起，切实保护群众合法权益。扎实推进违规许可专项治理。加快建设快递业信用体系，出台评定方案，会同 9 部门推动开展联合惩戒。加快推进申诉改革并在 6 省试点，全行业为消费者挽回经济损失 7000 多万元。做好邮政用品用具生产监制和质量监督抽检，加强快递码号资源统一管理。强化集邮市场监管。

三是执法综合管理水平持续提升。全面推行行政执法公示、执法全过程记录和重大执法决定法制审核制度。国家局全年共办理行政复议 58 起、行政应诉 23 起，依法监督执法行为。协同有关部门加强对滥诉缠诉行为治理。建立全系统法律职业人才库，51 人获公职律师证书。

四是机构能力建设大力推进。印发推进邮政业安全监管体系建设指导意见，新增北京、山西、内蒙古、吉林、福建、湖南、陕西、甘肃、宁夏 9 个省级和 40 个市级邮政业安全中心，江苏、安徽、湖南和山东实现市级安全中心全覆盖，新增县级邮政管理机构 34 个。修订行业统计调查制度，开展“三新”单位核实认定，配合国家统计督察，提升行业经济运行分析水平。推动落实中央与地方财政事权和支出责任划分改革，出台邮政领域指导意见，配套编制项目明细清单。加强预算执行，强化项目绩效管理，提高内部审计监督质效。中国快递协会和海峡两岸邮政交流协会完成换届，行业协会改革稳步推进。扎实做好两会建议提案办理、养老保险转移清算和工会、青年、妇女、老干部等工作。

（六）加快更高水平对外开放，国际和港澳台交流合作开创新局面。

一是邮政业更高水平对外开放措施加快推出。开展跨境电子商务寄递服务高质量发展专项行动，促进跨境寄递服务平稳发展。批复设立南昌、无锡和贵阳国际邮件互换局，协同海关总署推动国际邮件互换局信息化、自动化升级改造，提升通关效率。将国际快递业务许可审批权委托下放至海南自贸试验区，天津、广东为 21 家企业颁发国际许可。全年完成跨境寄递业务量 21.2 亿件，支撑跨境网购零售额 4400 亿元。邮政、快递企业在综合物流、海外仓建设等方面加强国际合作，大力开拓全球货运、快递及物流市场。新增 23 条国际货运航线，国际快递网络和海外仓服务分别覆盖全球 60 多个和 50 多个国家及地区。

二是参与全球邮政治理作用发挥更加凸显。科学有效应对美国“退群”极限施压和万国邮联终端费谈判，推动终端费改革融合 V 方案获得通过，成功维护多边体制和我国权益。推动设立万国邮联铁路联络委员会，持续推进中欧班列运邮常态化，开展入欧新通道运邮测试和快件运输试点。积极参与万国邮联会费改革。成功举办中国 2019 世界邮展和万国邮联电子商务时代跨境合作全球大会，向全世界宣传中国集邮文化和邮政业改革开放成就经验。加强与泛非邮联、法国、印度等在邮政领域合作，举办中欧邮政监管论坛和中日邮政政策对话。配合开展中美经贸磋商，参与中韩、中新等自贸协定谈判，积极配合中欧投资协定、世贸组织电子商务、区域全面经济伙伴关系（RCEP）谈判，邮政领域国际合作进一步拓展。

三是港澳台合作交流日益深化。进一步促进两岸邮政合作发展，优化业务合作流程，组织技术交流，落实两岸邮政青年互访机制。加强内地与港澳邮政交流，落实澳门回归祖国20周年有关活动安排，组织粤港澳大湾区邮政发展交流研究。发行《澳门回归二十周年》《粤港澳大湾区》纪特邮票。

（七）坚持以政治建设为统领，全面从严治党向纵深推进。

一是全系统党的建设更加有力。深入贯彻落实习近平总书记关于推进中央和国家机关党的政治建设重要指示精神，制定加强党的政治建设实施意见、加强和改进局机关党的建设实施意见，认真开展习近平总书记重要指示贯彻落实情况“回头看”，严格落实重大事项请示报告制度。修订党组工作规则，制定党组讨论和决定的重大问题清单，各级党组工作的制度化科学化规范化水平不断提高。牢固树立狠抓基层的鲜明导向，认真落实支部工作条例。积极推动非公快递企业党的建设“两个覆盖”。持之以恒正风肃纪，紧盯重要节点进行廉政教育，严防“四风”反弹，召开全系统警示教育电视电话会议通报32起违规违纪违法案例，强化巡视监督，完成8个直属单位政治巡视，实现对系统内巡视全覆盖。

二是干部队伍建设得到加强。贯彻新修订的干部选拔任用条例，印发加强领导班子和领导干部综合分析研判、加强领导干部政治素质考察等意见，制定领导班子和领导干部考核实施办法。坚持事业为上选用干部，积极稳妥推进干部交流，组织开展援藏援疆援青工作。加强扶贫挂职干部服务管理。编制全系统干部教育培训规划，全面推开在线学习，开展系统年轻干部理想信念教育和能力提升培训。公务员职务与职级并行有序推进。对8个集体和34名个人给予及时奖励，强化正向激励、关心关爱。湖北恩施局荣获全国“人民满意的公务员集体”称号，新疆和田局、西藏昌都局刘仕超同志分别荣获全国民族团结进步模范集体和模范个人称号。制定国家局党组管理干部社会团体兼职管理暂行办法，从严从实抓好干部管理监督。坚持“三个区分开来”，建立容错纠错机制，促进干部担当作为。

三是行业软实力持续提升。深入推进行业精神文明建设，31个集体获得“全国青年文明号”称号，120个集体和个人获省部级以上荣誉，其美多吉被评为时代楷模、获得全国五一劳动奖章、被评为全国民族团结进步模范个人，习近平总书记亲自颁奖。把握正确舆论导向，抓好先进典型宣传，全力做好邮政业庆祝新中国成立70周年系列宣传工作，为邮政强国建设营造良好氛围。

同志们，2019年是修订后的《中华人民共和国邮政法》施行10周年。邮政法的修订施行，是党的领导下中国特色社会主义法治体系建设的重要一环，也是我国邮政业改革发展的重要里程碑。修订后的邮政法以法律形式确认了邮政体制改革成果，确立了保障邮政普遍服务、促进快递业发展、加强政府监督管理的一系列重要制度和基本政策，是我国邮政业治理体系和治理能力走向现代化的关键起点。10 年来，我们建成了惠及 14 亿人口、全球最大的邮政普遍服务体系，基本实现了邮政普遍服务均等化和可及化。10 年来，我们基本建成了连接城乡、覆盖全国、通达世界的快递服务网络，快递业务量连续 6 年稳居世界第一，涌现出一批颇具实力、充满活力的市场主体。10 年来，邮政业业务收入和业务总量分别增长了 7.8 倍和 14.1 倍，快递业务收入和业务量的年均增长率分别达到 31.6%和 42.2%，在国民经济中的基础性支撑性作用不断强化。10 年的实践表明，邮政法确立的中国特色邮政业治理体系符合国情业情，引领邮政业成长为推动流通方式转型、促进消费升级、助力生产发展的现代化先导性产业，适应了经济社会发展和人民日益增长的用邮需求。10 年的实践启示我们，必须坚持在党的领导下完善中国特色邮政业治理体系，持之以恒提高邮政业治理能力和发展水平，为邮政强国建设提供有力保障；必须坚持以人民为中心的发展思想，始终牢记“人民邮政为人民”的初心使命，不断增强人民群众用邮的获得感、幸福感和安全感；必须坚持发展为第一要务，深化改革开放，发展壮大邮政事业和邮政产业双轮驱动格局，加快质量、效率和动力变革，不断增强供给适应性和有效性；必须坚持充分发挥市场在资源配置中的决定性作用和更好发挥政府作用，毫不动摇巩固和发展公有制经济，毫不动摇鼓励支持引导民营经济发展，大力培育市场体系，健全完善邮政管理体制，推动行业治理体系和治理能力现代化。

同志们，邮政法修订施行 10 年来行业取得的改革发展成就，是党中央、国务院坚强领导和亲切关怀的结果，是交通运输部正确领导、全行业坚决贯彻落实习近平总书记对邮政业重要指示精神的结果。成绩的取得，离不开中央各部门、地方各级党委政府的大力支持和社会各界的理解帮助，离不开全行业全系统广大干部员工的砥砺奋进、担当作为。在此，我谨代表国家邮政局，向关心支持邮政业改革发展的各位领导和同志，向全体干部员工和离退休老同志致以崇高的敬意和衷心的感谢！

二、坚持走中国特色邮政业发展道路，推进邮政业治理体系和治理能力现代化

党的十九届四中全会对坚持和完善中国特色社会主义制度、推进国家治理体系和治理能力现代化做出了重大决定。中国特色社会主义制度是党和人民在长期实践探索中形成的科学制度体系，我国国家治理一切工作和活动都依照中国特色社会主义制度展开。中国邮政业发展道路是中国特色社会主义制度在邮政业的生动实践，邮政业治理体系是国家治理体系在邮政业的有效展开。

改革开放以来，我们历经邮电分营、政企分开、邮政业务和邮政储蓄改革、深化行政体制改革、邮政管理体制完善等，走出了一条具有中国特色的邮政业发展道路。尤其是党的十八大以来，形成和完善了确保普遍服务、促进公平竞争、推动行业发展、维护市场秩序、推进绿色安全等一系列制度，行业治理体系和治理能力现

代化水平不断提升，推动中国邮政业在短时间内实现了由小到大的历史性跨越。中国邮政业发展道路和行业治理体系充分解放和发展了生产力，充分调动和集聚了不同所有制市场主体的积极性以及各方面要素资源，服务和保障了全体公民的通信权益，适应和满足了人民群众的用邮需求，融入和促进了国家经济社会发展。实践证明，中央关于邮政体制改革的重大决策是完全正确的，必将持续推动我国邮政业高质量发展，实现邮政业从大到强的飞跃。

当前，我国邮政业规模全球领先，要素市场活跃，功能不断增强，成为国家重要的战略性基础设施和社会组织系统之一，仍处在大有可为的战略机遇期，但也面临着新形势新情况新挑战。一是全球政治经济形势和国际邮政治理的变化带来新挑战。“一带一路”建设和高质量发展、全球贸易方式转型、中美经贸斗争、万国邮联结构改革和终端费调整等一系列变化，亟须邮政业加快“走出去”，提供有力战略支撑，必须直面严峻复杂形势，发扬斗争精神，增强斗争本领，构建新型国际网络，参与国际邮政治理。二是经济高质量发展对邮政业提出了新要求。当前，我国正处在转变发展方式、优化经济结构、转换增长动力的攻关期，邮政业作为现代化经济体系的基础底板、新动能的代表，必须贯彻“巩固、增强、提升、畅通”方针，发挥优势弥补短板，畅通供需物流渠道，降低社会交易成本，助力建设国内经济循环体系。三是邮政业进入由大到强的新阶段必须坚定不移贯彻新发展理念。全面建成与小康社会相适应的现代邮政业即将实现，邮政强国建设新征程已经开启。越向前，风险挑战越多。践行“人民邮政为人民”的初心使命，必须改变单纯以件量论英雄的传统理念，树立全面、整体的观念，聚焦服务与质量、效率与效益，在更加创新、更加协调、更加绿色、更加开放和更加共享上下功夫，从指标体系、工作举措、行业监管等方面共同发力，大力加强基层、基础、基本功“三基”建设，集中精力解决邮政业不平衡不充分问题。

习近平总书记亲切关心指导、多次对邮政业做出重要指示，为行业高质量发展指明了前进方向，提供了根本遵循，提出了更高要求。全系统全行业要以习近平新时代中国特色社会主义思想为指导，全面贯彻党的十九大和十九届二中、三中、四中全会精神，深入领会习近平总书记对邮政业重要指示精神，增强“四个意识”，坚定“四个自信”，做到“两个维护”，以“两进一出”工程为抓手，坚持完善邮政业高质量的民生服务体系、高标准的现代市场体系、高效能的国际寄递体系、高精准的风险防控体系和高水平的绿色发展体系，以制度创新推动治理效能提升，为全面建成人民满意、保障有力、世界前列的邮政强国，实现邮政业的中国梦提供有力保证。

（一）坚持完善高质量的邮政业民生服务体系。

邮政业是保障和实现美好生活的重要途径，保障服务民生是“人民邮政为人民”的题中之义，是推进邮政业治理体系和治理能力现代化的必然要求。要创新邮政公共服务内涵。准确把握邮政业公益性、基础性、商业性的多重属性，强化邮政快递网络基础设施的布局统筹。推动以区域和功能为依据界定邮政业公共服务，将代理政务、农村快递服务、末端服务等纳入公共服务范畴，向高品质和多样化升级。要改革邮政公共服务机制。推动健全邮政普遍服务补偿机制，形成支持农村和边远地区发展的长效机制。完善普遍服务财政补贴绩效评价制度，将质量与补贴进行挂钩。创新邮政公共服务提供方式，以特定区域和特定项目为试点，支持社会力量增加公共服务供给。要健全快递进村制度安排。落实中央与地方财政事权和支出责任划分改革，明确地方政府对农村快递和城乡末端设施的财政事权和支出责任。着力建网络、提水平、强功能、融产业，推广邮快合作、快快合作、快交合作、快商合作等模式，推进试点，因地制宜加快推进“快递进村”。要完善行业创业就业政策。支持围绕“互联网+服务业+寄递”创新创业，更深更广便利群众生活。要发挥行业就业脱贫优势，把稳就业摆在突出位置。鼓励围绕邮政快递返乡创业就业，推广“寄递+农村电商+农特产品+农户”产业扶贫模式，更好服务乡村振兴战略。改善快递小哥工作环境，提升权益保障和职业发展保障水平。

（二）坚持完善高标准的邮政业现代市场体系。

实现市场准入畅通、市场开放有序、市场秩序规范，加快形成企业自主经营公平竞争、消费者自由选择自主消费、商品和要素有序流动平等交换的邮政业现代市场体系。要强化公平竞争机制。营造各种所有制主体依法平等使用资源要素、公开公平公正参与竞争、同等接受法律保护的市场环境。加强与相关部门联动，健全行业反垄断、反不正当竞争的政策和制度储备。坚持依法治邮，保障市场的开放和统一，防止区域保护和市场分割。强化消费者权益保护，加大对关系群众切身利益的重点领域的监管力度。要加强要素市场建设。健全劳动、资本、土地、知识、技术、管理、数据等生产要素由市场评价贡献、按贡献决定报酬的机制。完善数据流动机制，引导有序竞争，促进规范发展。引导一次分配比例适当向基层、向一线员工倾斜。推动建设邮政业科技应用推广公共平台，形成邮政业科技和标准闭环管理制度。健全邮政业各类人才的培养、评价、使用制度。鼓励引导各类资本支持邮政业发展，支持探索融资租赁、经营性租赁、供应链金融等模式，发展“快递物流+金融”业务。要向专业化和价值链高端延伸。将“快递进厂”作为邮政业更高水平产业协同的突破口，引导快递企业通过收购、控股、交叉持股等方式快速提升供应链能力，嵌入工业互联网。推动与相关部门联合深化“快递进厂”、服务中国制造的政策机制，创新融合发展新模式，探索重点行业融合发展新路径，细分市场出台项目指引。充分调动地方积极性，开展“快递进厂”典型项目建设和重点区域试点，推进产业融合和产城融合。要完善包容创新机制。持续深化“放管服”改革，按照包容审慎原则放宽市场准入，加强对新业态新模式政策和技术储备，联合多方共治。鼓励各类寄递服务的新技术新业态新模式发展，促进市场自我调整。

（三）坚持完善高效能的邮政业国际寄递体系。

当今世界形势深刻变革、国际竞争日趋激烈，迫切要求我们适应经济全球化的动力系统转换、规则体系重构和治理体系变革，聚焦国际物流寄递关键环节不可控等“卡脖子”问题，建立面向全球的寄递物流服务体系，助力提升国家整体竞争力。要健全“出海”制度设计。协调海关、商务等部门共同制定邮政快递两大通道“出海”保障措施，推进试点落地。编制邮件和快件进出境设施规划，优化国际邮件互换局布局，加快国际快件监管中心建设。加强国际快递航空网络能力建设，增进与重点国家和区域的政策沟通、设施联通，打破“出海”政策壁垒。要分步完善境外网络。强化资源整合，培育具有全球竞争力的寄递企业。尽快构建服务高技术产业的应急保障网络，抓住开放程度更高、政策力度更大的 RCEP 等机遇，加快建设区域网络，重点拓展东南亚等周边国家网络，逐步延伸至更多“一带一路”国家。要实行更高水平开放。依照全面开放国内快递包裹市场制度，支持外资企业在华投资。探索在粤港澳大湾区框架下三地邮政快递运行管理模式。打造更多的跨境寄递通道平台。全面融入自由贸易试验区、跨境电商综合试验区、综合保税区等开放前沿实践。要主动参与全球邮政治理变革。积极维护万国邮联多边机制，跟踪、评估、应对万国邮联终端费改革影响，深化与海关、铁路、公路、民航等国际组织的交流合作，开展双多边邮政和快递合作，推动建立应对邮政快递领域国际摩擦机制。

（四）坚持完善高精准的邮政业风险防控体系。

当前传统安全和非传统安全风险叠加，重大安保任务日益增多。要守住安全底线，实现精准识别、有效防范是扭转安全态势、变被动为主动的关键举措。要升级寄递安全能力。综合应用 5G、人工智能、区块链、云计算、大数据、物联网等新一代信息技术，提升安全监管智能化水平，督促企业加大技术和人员投入，全面落实寄递安全监管“三项制度”，打造安全防控“升级版”。持续强化重要时点、重要地区、重要路由安全保障，坚决防范重特大安全事故。要构建数据安全制度。搭建数据公共服务平台，推动部门、行业和企业间的数据共享。完善行业治理基础数据库，建立邮政业码号资源管理与应用平台。增强邮政业数据安全和个人信息安全保护能力，确保万物互联下的信息和数据安全。要储备产业安全政策。建立邮政快递产业安全的风险研判、防范化解、调查监管机制，强化监管力量，完善监管工具。加强与驻外机构联络，引导企业规避“出海”的政策法规风险，提高合规经营能力，不断提升快递物流产业全球竞争力和国家供应链安全保障能力。要加强衍生风险防控。强化行业应急管理能力体系建设，加强舆情监测管理，有效防范和应对因市场主体退出、上下游摩擦及各种违规问题引发的群体事件、社会舆情等衍生风险，确保行业运行稳定。

（五）坚持完善高水平的邮政业绿色发展体系。

党中央、国务院高度重视邮政业生态环保工作，社会各界也广泛关注，全系统全行业必须提高政治站位，牢记总书记嘱托，在“注意、杜绝、避免”上下功夫，健全邮政业绿色发展体系。要完善法规体系。推动在固废法、快递暂行条例等法律法规修订中，明确各市场主体对快递绿色包装的法律责任，强化约束性规定。推动制定快递包装管理办法，健全完善社会各个方面齐抓共治、积极参与的行动机制。要完善标准体系。设立快递绿色包装标准化联合工作组，发布快递包装绿色产品清单目录，出台快递绿色包装相关国家标准，统一指导快递包装标准制定。推动出台地方标准和团体标准，深入开展标准宣贯工作。要完善政策体系。争取中央资金支持开展快递可循环包装试点示范以及统计监测分析体系、执法和监管能力建设。推动各地加大对绿色快递包装研发生产、绿色物流和配送体系建设等重点项目支持力度。要完善监管体系。建立快递包装产品绿色认证工作体系，推动绿色包装技术研究应用。健全绿色邮政评价指标体系和监测评估制度，强化信息披露和结果应用，引导和督促企业落实主体责任。推动落实属地责任，完善部门协作配合机制，逐步形成部门互动、区域联动、上下齐动的良好工作格局。加强宣传教育，倡导绿色消费，营造“绿色邮政、人人有为”的良好社会氛围。

坚持走中国特色邮政业发展道路，推进行业治理体系和治理能力现代化，必须坚持和完善党对邮政业集中统一领导。坚持把政治建设摆在首位，学懂弄通做实习近平新时代中国特色社会主义思想。坚决贯彻落实党中央决策部署，特别是习近平总书记关于邮政业重要指示精神落实，确保党中央决策部署在邮政管理系统不折不扣落地见效。巩固和拓展“不忘初心、牢记使命”主题教育成果，落实各项制度，形成长效机制，锤炼邮政管理系统党员干部忠诚干净担当的政治品格。突出抓好模范机关建设，建强党的组织体系，发挥党组把方向、管大局、保落实作用，增强各级党组织政治功能和组织力，确保党的领导贯穿邮政业各领域各方面各环节。

三、2020年工作安排

2020年是全面建成小康社会和“十三五”规划收官之年，要实现第一个百年奋斗目标，为“十四五”发展和实现第二个百年奋斗目标打好基础，做好邮政业改革发展各项工作意义重大。今年工作的总体要求是：以习近平新时代中国特色社会主义思想为指导，全面贯彻党的十九大和十九届二中、三中、四中全会以及中央经济工作会议精神，坚决贯彻党的基本理论、基本路线、基本方略，增强“四个意识”、坚定“四个自信”、做到“两个维护”，坚持稳中求进工作总基调，坚持新发展理念，坚持以供给侧结构性改革为主线，坚持以改革开放为动力，推动高质量发展，坚决打赢三大攻坚战，加快推进“两进一出”工程，着力稳态势、提质效、优服务、惠民生、保安全，不断提升行业治理体系和治理能力现代化水平，全面建成与小康社会相适应的现代邮政业，开启邮政强国建设新征程。

预计全年邮政业业务总量完成 1.9 万亿元，同比增长 20%左右;业务收入完成 1.1 万亿元，同比增长 15%左右。其中，快递业务量完成 740 亿件，同比增长 18%左右;业务收入完成 8660 亿元，同比增长 16%左右。邮政、快递服务满意度持续提高，快递包装治理取得积极成效，为国家稳就业做出积极贡献。要重点抓好以下六个方面工作。

（一）落实新发展理念，巩固行业稳中有进发展态势。

一是编制战略规划。贯彻落实《交通强国建设纲要》，印发实施《邮政强国建设行动纲要》。编制邮政业发展“十四五”规划和专项规划，做好与国民经济和社会发展规划纲要、综合交通运输规划等重点规划的衔接。开展“十三五”规划总结评估。出台促进粤港澳大湾区邮政业发展的实施意见。落实京津冀、长江经济带、长三角、黄河流域生态保护和高质量发展等重大战略任务。

二是优化行业营商环境。制定贯彻落实国务院关于加强和规范事中事后监管指导意见的配套措施。深化“放管服”改革。推进邮政行政审批制度和“证照分离”改革。加强许可规范化标准化建设，全面实施电子证照。优化快递业务经营许可审批流程，开展全国许可证集中到期换领工作。全面推动仓递一体化许可，探索即时递送服务准入。巩固违规许可专项治理成效。推进仿印邮票图案及其制品审批改革。全面建成邮政业政务服务“好差评”制度体系，组织开展行业政务服务和公共服务评价。

三是完善标准统计体系。完善邮政业标准体系架构。加快快递绿色包装标准建设，组织制订《绿色产品评价 快递封装用品》国家标准和《冷链快递保温箱技术要求》行业标准。修订《住宅信报箱》国家标准，制定智能安检、无人机等新技术新装备行业标准，开展寄递地址编码试点。建立邮政业高质量发展统计指标体系，推进行业新业态统计。

（二）进一步推动邮政业高质量发展。

一是深化邮政服务改革创新。支持邮政企业继续拓展警邮、税邮、政邮等合作，力争开办政务便民服务的邮政网点达 2 万个以上，全国对接政务服务大厅覆盖率稳步提升。推动将智能投递设施建设纳入城镇老旧小区改造。鼓励邮政企业建设“邮乐购”农村电商服务生态圈，推广“村邮站+快递超市+电商服务+便民服务”模式，加快与农村电商协同发展。推动邮政企业创新邮票销售体制，更好满足集邮爱好者需求。

二是推动快递服务扩容转型。推进“快递下乡”换挡升级，基本实现“乡乡有网点”。启动“快递进村”工程，制定三年行动方案，深化邮快、快快、快交、快商合作，分阶段分区域明确进村目标途径。开展快递服务现代农业金银牌项目评定，助力乡村振兴战略。加快“快递进厂”工程，出台快递服务制造业指导意见，打造一批入厂物流、仓配一体化、订单末端配送、区域性供应链服务、嵌入式电子商务等代表项目。鼓励快递企业在快运、医药配送、冷链物流等领域扩大市场份额。补齐快递与电商数据交换短板，促进快递与电商高效协同。加强快递末端能力建设，提高末端服务公共化、平台化、集约化水平。进一步规范快递末端车辆管理。开展好中国快递示范城市创建工作。

三是加强科技创新与应用。聚焦“智能+”客户服务、基础设施、关联领域、生产组织、节能环保等关键领域和人工智能、5G通信、物联网、区块链等新兴技术，制定邮政业应用技术研发指南，引导全行业有针对性开展科技研发。组织研发智能视频监控系统，推广应用北斗卫星导航系统。开展年度行业技术研发中心认定、科技奖励评选工作。支持企业申报国家重点实验室和工程研究中心。

四是强化行业人才支撑保障。表彰全国邮政行业先进集体、劳动模范和先进工作者。实施快递从业人员职业技能培训“246”工程，力争两年培训 40 万人次。深入推进快递工程技术人员职称评审，推动中、高级快递工程师人数稳步上升。开展邮（快）件安检员新工种研究，推进落实职业技能等级制度。组织第三批全国邮政行业人才培养基地遴选。加快国际化人才培养，广泛参与国际交流合作。办好第五届全国“互联网+”快递大学生双创大赛。扎实推进快递小哥权益保障和关心关爱工作，指导加强行业工会机制建设，切实保障快递从业人员合法权益。开展快递从业青年服务月活动，建设运行好各类爱心服务阵地，推动更多地方政府在住房、医疗、子女教育等方面为快递员提供保障，进一步加强全社会对快递员关心关爱。

（三）坚决打好三大攻坚战。

一是坚决防范化解重大风险。宣传贯彻邮政业寄递安全监督管理办法。推动落实中央和地方安全监管共同事权。深入开展安全生产集中整治行动，夯实企业主体责任和总部全网统一管理责任，提升安全生产标准化水平。狠抓“三项制度”落实，加强寄递协议服务规范管理，开展数据资源共建共享，加强活体动物等特殊物品和危险化学品寄递管理，加快推进智能安检系统应用。深化寄递安全综合治理，完善与公安、海关等部门联合监管机制。做好邮政业反恐、禁毒、打击侵权假冒、野生动植物保护、“扫黄打非”等工作，强化芬太尼类物质寄递管控。加强行业应急管理体系建设，推动融入地方应急管理体系，提升行业风险防范和应急处置能力。完成“绿盾”工程建设，运用信息化手段进一步加强行业运行监测预警。做好重大活动期间和生产旺季寄递渠道安全服务保障工作。全力做好行业网络安全和信息安全工作，加强信访工作，强化舆情引导，防范化解各类风险。

二是坚决打赢脱贫攻坚战。大力开展产业扶贫，在国家级贫困县打造更多的服务现代农业特色项目。积极实施就业扶贫，鼓励企业加大从贫困地区招收员工力度。切实扛起定点扶贫政治责任，借助“四好农村路”集中力量抓好邮政、快递等基础设施建设，推进电子商务线上线下融合发展，助力农特产品走向全国。

三是加快快递包装综合治理。推动完善行业绿色发展政策体系，开展快递包装绿色产品认证。建设行业生态环保监控平台，完善信息收集、评价、报告和通报工作体系。强化源头治理，开展黑色包装袋等特定物质超标包装专项整治，推动可循环快递包装产品研发应用，推广应用免胶带纸箱和绿色环保包装袋。修订快递包装绿色操作指南，严格落实规范化标准化封装操作要求。完善邮政用品用具监管制度。推动落实生产者延伸责任制度。开展绿色网点、绿色分拨中心创建，加大新能源和清洁能源车辆推广应用。2020 年，力争实现“瘦身胶带”封装比例达 90%，电商快件不再二次包装率达 70%，循环中转袋使用率达 90%，新增 2 万个设置标准包装废弃物回收装置的邮政快递网点。

（四）进一步深化国际和港澳台交流合作。

一是加快国际寄递物流服务发展。积极支持自由贸易试验区建设，推动完善国际邮件互换局布局与信息化、自动化升级改造，不断提高跨境寄递服务能力。实施“快递出海”工程，推动制定促进国际寄递物流发展相关政策文件，鼓励企业整合资源，在通道网络、货物组织、航空运力等方面共建共享，多方式拓展国际服务网络，提升国际运营能力和竞争力。加快跨境快件进出境基础设施建设，推动优化通关便利化环境。

二是推进邮政国际交流。加强与“一带一路”沿线国家和 RCEP 国家邮政领域交流合作。加快中欧班列运输邮（快）件工作，大力推动邮件入欧新通道建设，推广班列快件运输经验，搭建沿线国家快件运输政策和法律风险信息服务平台。深度参与万国邮联会费改革，做好第 27 届万国邮联大会参会和“三项竞选”工作。开展中日、中韩、中泰等邮政双边交流和高级别对话。参与中欧投资协定、中韩自贸协定、世贸组织电子商务议题等双多边谈判，为企业“走出去”提供法律政策咨询。配合做好中美经贸磋商有关工作。

三是强化港澳台合作。组织两岸邮政发展研讨会，举办海峡两岸珍邮特展，办好邮政青年交流互访活动，服务两岸经济社会融合发展。组织召开内地与港澳邮政峰会，推动粤港澳大湾区邮政业交流合作项目实施。

（五）进一步提升治理体系和治理能力现代化水平。

一是强化行业法治建设。推动出台邮件快件包装管理办法，适时修订仿印邮票图案管理办法，配合修订固体废物污染环境防治法。依法办理行政复议和行政应诉案件。对重大执法决定实施法制审查。充分发挥法律顾问和公职律师在复议诉讼案件办理等方面的作用。总结“七五”普法工作经验。

二是加强邮政普遍服务监督。继续组织邮政服务质量检查，开展乡镇局所专项整治行动，规范提升乡镇邮政服务水平。巩固建制村直接通邮成果，着重提升边远边境地区建制村投递服务的稳定性、可持续性，打造高质量的进村服务。完成邮政普遍服务监督管理信息系统升级改造，用好建制村直接通邮 App 和社会监督员 App，加快营业场所视频接入，全面提升监督管理信息化水平。做好社会监督员意见建议采纳与反馈处理，进一步提升社会监督成效。服务保障好北京 2022 年冬奥会筹备，安排发行冬奥会吉祥物、冰上运动纪念邮票。做好纪特邮票发行和专项监督检查工作。

三是强化邮政市场监管。继续落实“双随机、一公开”要求，分批制定随机抽查工作指引。加强案卷评议指导和案件案号管理，建立行政执法绩效评估机制。加大移动执法装备配备，保障执法过程记录和执法结果公开。深化新业态监管，实现快递服务站、智能快件箱监管工作常态化。组织开展快递业信用评定，实行严重失信行为“黑名单”管理。继续做好申诉改革试点工作。加强快递码号资源统一管理。强化集邮市场监管。

四是推进服务型政府建设。推动落实中央与地方财政事权和支出责任划分改革，力争在共同事权与地方事权的资金保障政策方面取得更大进展。全面实施预算绩效管理，要坚持勤俭节约，坚决压缩一般性支出，加大审计监督力度。统筹推进一体化在线政务服务平台、“互联网+监管”建设，加大政府信息公开力度，扎实做好信息发布和政策解读。加快推进安全中心建设，力争实现省级全覆盖、市级有更大进展。加大县级管理机构建设力度。做好中国快递协会脱钩改革工作，进一步发挥社会组织在政府和企业间的桥梁纽带作用，促进行业自律和市场稳定发展。贯彻落实国家出台的地区附加津贴、加班费等制度，将干部待遇政策落实到位。

（六）坚持党的全面集中统一领导。

一是强化思想政治引领。牢记首先是政治机关的定位，增强“四个意识”、坚定“四个自信”、做到“两个维护”，坚决贯彻落实好习近平总书记关于邮政业重要指示和中央决策部署。始终将深入学习贯彻习近平新时代中国特色社会主义思想作为首要政治任务，作为指导工作的强大思想武器和行动指南，学思用贯通、知信行统一。深入学习贯彻中央和国家机关党的建设工作会议精神，抓好习近平总书记《论坚持党对一切工作的领导》的学习贯彻，努力建设让党中央放心、让人民群众满意的模范机关。巩固拓展主题教育成果，健全查改问题和推动落实的制度，确保党员干部永葆初心、勇担使命。

二是打造高素质干部队伍。把提高治理能力作为新时代干部队伍建设的重大任务，通过加强思想淬炼、政治历练、实践锻炼、专业训练，推动广大干部严格按照制度履行职责、行使权力、开展工作。加强对领导干部政治素质考察，大力选拔敢于负责、勇于担当、善于作为、实绩突出的干部，选优配强领导班子。开展干部队伍现状调研，加强培养选拔优秀年轻干部，畅通扩大全系统干部交流渠道。强化干部教育培训，提升干部履职能力。认真贯彻执行公务员法及职务与职级并行等配套法规，开展干部人事档案工作条例落实情况督促检查。组织“干事创业好班子”“担当作为好干部”遴选，继续做好年度考核评优、及时奖励等工作。出台做好关心关爱干部工作意见。从严监督管理干部，加强对领导干部的提醒、函询和诫勉。做好工会、青年、妇女和离退休干部工作。

三是扎实推进从严管党治党。认真落实支部工作条例，加强党支部规范化标准化建设，强化党员教育管理，推进非公快递企业“两个覆盖”。持之以恒正风肃纪，贯彻落实中央八项规定及其实施细则精神，下大力气整治“四风”特别是形式主义官僚主义问题，强化日常监督执纪，加大典型案例通报警示力度，持续纯正政治生态。积极配合垂直管理单位纪检监察体制改革，健全内设纪检机构监督执纪机制。对 12 个省、区、市局开展新一轮巡视。

四是加强行业精神文明建设。研究新时代邮政文化建设新内涵新特点，大力弘扬“小蜜蜂”精神，广泛选树先进典型，认真开展第四届“寻找最美快递员”活动。落实意识形态工作责任制，加强新闻宣传和阵地建设管理和舆情监测引导，讲好邮政业故事，汇聚起推动行业改革发展的强大正能量。

同志们，今年邮政业改革发展工作要求高、难度大、任务重，需要我们付出更多艰辛、更大努力。让我们更加紧密地团结在以习近平同志为核心的党中央周围，坚决贯彻党中央、国务院决策部署，发扬“忠、专、实”的作风与担当精神，勠力同心、锐意进取，为决胜全面建成与小康社会相适应的现代邮政业、全面建设现代化邮政强国而努力奋斗！

第三篇

行 业 篇

第五章

公　　路

一、基本情况

（一）公路发展综述

2020 年是交通运输行业极不平凡的一年。全行业全面贯彻党的十九大和十九届二中、三中、四中、五中全会精神，众志成城、艰苦奋斗，在危机中育新机、于变局中开新局，统筹推进疫情防控和经济社会发展交通运输各项工作，加快建设交通强国，全年交通运输主要指标稳定恢复，基础设施网络加快完善，运输装备不断升级，运输结构持续优化，基本完成交通运输脱贫攻坚和“十三五”规划目标任务，取消高速公路省界收费站并实现平稳运行，开工建设川藏铁路等重大标志性工程，为扎实做好“六稳”工作、全面落实“六保”任务提供了坚强的交通运输保障。

1．公路基础设施

截至 2020 年末，全国公路总里程 519.81 万千米，比 2019 年年末增加 18.56 万千米；公路密度 54.15 千米/百平方千米，比 2019 年年末增加 1.94 千米/百平方千米；公路养护里程 514.40 万千米，占公路总里程的 99.0%，如图 4.1 所示。

图 5.1　2016—2020 年各年公路总里程及公路密度

截至 2020 年末，全国四级及以上等级公路里程 494.45 万千米，比 2019 年年末增加 24.58 万千米，占公路总里程比重为 95.1%，提高 1.4 个百分点；二级及以上等级公路里程 70.24 万千米，比 2019 年年末增加 3.04 万千米，占公路总里程比重为 13.5%，提高 0.1 个百分点；高速公路里程 16.10 万千米，比 2019 年年末增加 1.14 万千米；高速公路车道里程 72.31 万千米，比 2019 年年末增加 5.36 万千米；国家高速公路里程 11.30 万千米，比 2019 年年末增加 0.44 万千米。2020 年全国公路里程分技术等级构成如图 5.2 所示。

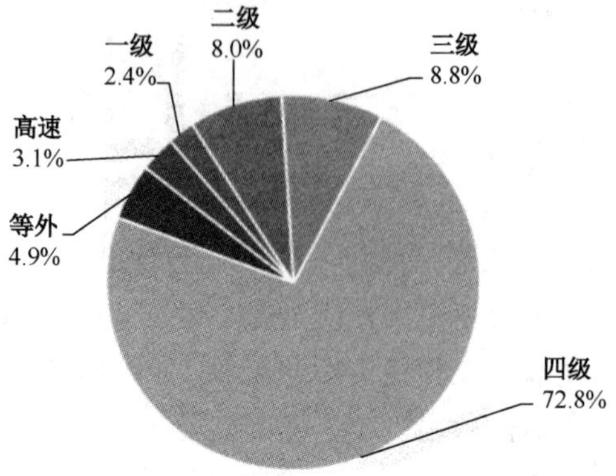

图 5.2　2020 年全年公路里程分技术等级构成

截至 2020 年末，国道里程 37.07 万千米，省道里程 38.27 万千米；农村公路里程 438.23 万千米，其中县道里程 66.14 万千米、乡道里程 123.85 万千米、村道里程 248.24 万千米。

截至 2020 年末，全国公路桥梁 91.28 万座、6628.55 万延米，比 2019 年年末分别增加 3.45 万座、565.10 万延米，其中特大桥梁 6444 座、1162.97 万延米，大桥 119935 座、3277.77 万延米；全国公路隧道 21 316 处、2199.93 万延米，比 2019 年年末分别增加 2249 处、303.27 万延米，其中特长隧道 1394 处、623.55 万延米，长隧道 5541 处、963.32 万延米。

2．公路运输装备

截至 2020 年末，全国拥有公路营运汽车 1171.54 万辆。拥有载客汽车 61.26 万辆、1840.89 万客位；拥有载货汽车 1110.28 万辆、15 784.17 万吨位，其中普通货车 414.14 万辆、4660.76 万吨位，专用货车 50.67 万辆、596.60 万吨位，牵引车 310.84 万辆，挂车 334.63 万辆，如图 5.3 所示。

3．公路运输服务

2020 年全年完成营业性客运量 68.94 亿人，比 2019 年下降 47.0%；完成旅客周转量 4641.01 亿人千米，比 2019 年下降 47.6%。

2020 年全年完成营业性货运量 342.64 亿吨，比 2019 年下降 0.3%；完成货物周转量 60 171.85 亿吨千米，比 2019 年增长 0.9%。

2020 年全年机动车年平均交通量为 14395 辆/日，比 2019 年下降 1.8%；年平均行驶量为 318 301 万车千米/日，比 2019 年下降 4.6%。

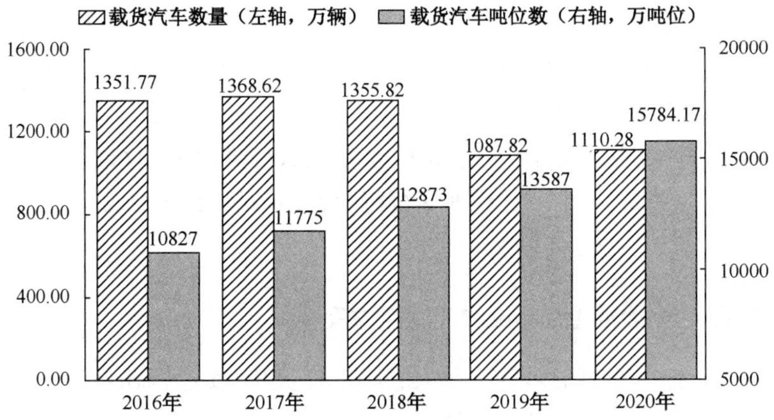

图 5.3 2016—2020 年 全年载货汽车拥有量

4．交通固定资产投资

2020 年全年完成公路固定资产投资 24 312 亿元，比 2019 年增长 11.0%。其中，高速公路完成 13 479 亿元，比 2019 年增长 17.2%；普通国省道完成 5298 亿元，比 2019 年增长 7.6%；农村公路完成 4703 亿元，比 2019 年增长 0.8%，如图 5.4 所示。

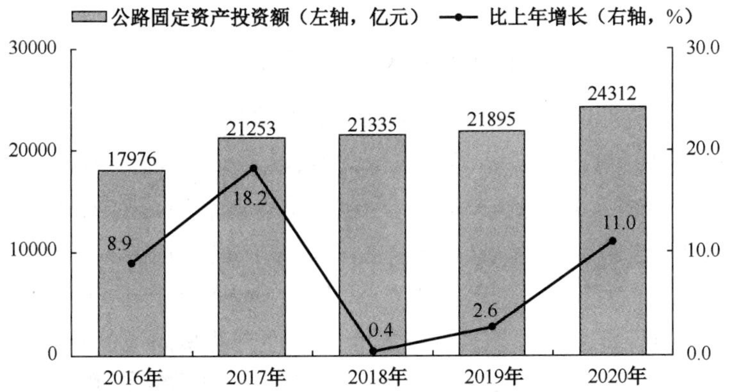

图 5.4 2016—2020 年公路固定资产投资额及增长速度

（二）智慧高速公路建设

1．取消高速公路省界收费站工作推动智慧高速公路建设

近年来，我国高速公路信息化水平呈现提速态势，为智慧高速公路建设打下了一个良好的基础，2019 年开展取消高速公路省界收费站工作，建设了 2.5 万套 ETC 门架系统。2020 年前半年，受到新冠肺炎疫情影响，为支持全国抗击疫情，全国收费公路免收车辆通行费。疫情期间，正逢撤站工程“费显点亮”阶段，交通运输部组织进行 ETC 费显和清分结算系统优化工程，2020 年 5 月 6 日，费显升级开通，系统开通后实现出口一次性扣费服务业务。自 2020 年 1 月 1 日零时起，全国 29 个联

网省份的 487 个高速省界收费站全部取消，标志着我国拥有了世界上规模最大的一体化运营的高速公路网。487 个高速省界收费站取消的背后是 24 588 套 ETC 门架系统建设完成，改造完成 48 211 条 ETC 车道、11 401 套高速公路不停车称重检测系统、推广发行 ETC1.23 亿户。高速公路联网收费系统运行稳定，ETC 使用率超过 67%，车辆平均通行速度提高 16%，日均拥堵缓行收费站数量减少 65%，省界收费站拥堵成为历史。

2. 第二批交通强国试点单位的“试点方案”

2020 年全国交通运输工作会议在 12 月 27 日召开，交通运输部为第二批共 21 家“交通强国建设试点单位”授牌。会议要求，交通强国建设试点单位，要力争用 1～2 年时间取得试点任务的阶段性成果；用 3～5 年时间取得相对完善的系统性成果，打造一批先行先试、典型样板，并在全国范围内有序推广。试点单位要按照试点工作要求，聚焦落实交通强国建设纲要重点任务，围绕重点领域、优势领域、急需领域或关键环节，大胆创新，积极探索，抓紧完善试点实施方案和任务申报。预期成果要具备一定的行业领先地位和特色，确保预期成果可量化、可考核，形成良好的示范效应。在试点方案中，智慧高速公路建设均是重要的建设内容。

3. 地方交通运输厅发布智慧高速建设的指导性文件

2020 年 3 月，浙江省交通运输厅发布《智慧高速公路建设指南（暂行）》，对目前建设智慧高速缺乏规范性、指导性技术文件，结合以往实践试点项目的经验和既有研究成果，给出相应的指南。其中，还包括重点试点项目沪杭甬高速公路智慧化改造建设、杭州绕城西复线智慧公路建设、杭绍甬智慧高速公路建设、智慧高速公路测试场建设方案、营运/改（扩）建智慧高速建设调研工作要求 5 项资料性附录。

2020 年 11 月，江苏省交通运输厅发布《江苏省智慧高速公路建设技术指南》，为深入指导建设智慧高速公路，推进高速公路基础设施数字转型、智能升级，进一步提升高速公路普通能力和服务水平，特制定该技术指南。

二、政策、标准化

（一）国家政策

2020 年 3 月 4 日，中共中央政治局常委会召开，会议指出要加快 5G 网络、数据中心等新型基础设施建设进度，以作为对冲疫情影响、促进经济稳增长的重要手段。“新基建”可以对高速公路等传统基础设施进行数字化改造升级，实现基础设施规划、设计、建造、养护、运行等全要素、全周期数字化管理，全方位感知，提升智能联网、精准管控、协同服务能力，是实施交通强国战略的重要手段。

2020 年 4 月 20 日，国家发改委首次明确新型基础设施的范围。国家发改委相关负责人表示，初步研究认为，新型基础设施是以新发展理念为引领，以技术创新为驱动，以信息网络为基础，面向高质量发展需要，提供数字转型、智能升级、融合创新等服务的基础设施体系。国家发改委表示，新型基础设施主要包括 3 个方面内容：一是信息基础设施，主要是指基于新一代信息技术演化生成的基础设施。例如，以 5G、物联网、工业互联网、卫星互联网为代表的通信网络基础设施；以人工智能、云计算、区块链等为代表的新技术基础设施；以数据中心、智能计算中心为代表的算力基础设施，等等。二是融合基础设施，主要是指深度应用互联网、大数据、人工智能等技术，支撑传统基础设施转型升级，进而形成的融合基础设施。例如，智能交通基础设施、智慧能源基础设施等。三是创新基础设施，主要是指支撑科学研究、技术开发、产品研制的具有公益属性的基础设施。例如，重大科技基础设施、科教基础设施、产业技术创新基础设施等。

2020 年 5 月 22 日，第十三届全国人民代表大会第三次会议在北京人民大会堂开幕。国务院总理李克强作政府工作报告，回顾 2019 年和 2020 年以来工作，提出 2020 年发展主要目标和下一阶段工作总体部署，要求努力把疫情造成的损失降到最低，努力完成 2020 年经济社会发展目标任务。2020 年，“新基建”正式写入政府工作报告。政府工作报告提到，重点支持既促消费惠民生又调结构增后劲的“两新一重”建设，主要是：“加强新型基础设施建设，发展新一代信息网络，拓展 5G 应用，建设充电桩，推广新能源汽车，激发新消费需求、助力产业升级。”面对疫情全球大流行、经济深度衰退、中美贸易摩擦、新旧动能转换等重大挑战，中国选择了“新基建”领衔的扩大消费投资内需的一揽子宏观对冲政策。

（二）行业政策

2020 年 2 月 24 日，国家发改委、网信办等 11 部委联合印发《智能汽车创新发展战略》，指出发展智能汽车不仅有利于加速汽车产业转型升级，更有利于加快建设制造强国、科技强国、智慧社会，增强国家综合实力。中国在汽车产业体系逐渐成熟完善的基础上，在信息通信领域实力雄厚，网络规模、5G 通信、基础设施各领域皆有全面保障。战略愿景里提出，展望 2035 到 2050 年，中国标准智能汽车体系全面建成、更加完善。安全、高效、绿色、文明的智能汽车强国愿景逐步实现，智能汽车充分满足人民日益增长的美好生活需要。具体战略愿景包括：到 2025 年，中国标准智能汽车的技术创新、产业生态、基础设施、法规标准、产品监管和网络安全体系基本形成；实现有条件自动驾驶的智能汽车达到规模化生产，实现高度自动驾驶的智能汽车在特定环境下市场化应用；智能交通系统和智慧城市相关设施建设取得积极进展，车用无线通信网络（LTE-V2X 等）实现区域覆盖，新一代车用无线通信网络（5G-V2X）在部分城市、高速公路逐步开展应用，高精度时空基准服务网络实现全覆盖。并提出了发展智能汽车的六大具体任务。

2020 年 3 月 6 日，交通运输部发布《交通运输部关于统筹推进疫情防控和经济社会发展交通运输工作的实施意见》，旨在深入贯彻习近平总书记重要讲话精神，全面落实党中央、国务院各项决策部署，统筹推进疫情防控和经济社会发展交通运输各项工作，切实当好“先行官”，更好支撑经济平稳运行。提出全面落实《交通强国建设纲要》，扎实做好试点示范，加快编制国家综合立体交通网规划纲要（2021—2050 年），统筹研究重大工程、重大改革、重大政策，并做好与“十四五”规划的有效衔接。抓紧推进川藏铁路等重大项目规划建设。做好粤港澳、长三角、黄河流域等地区综合立体交通网规划编制工作。

2020 年 8 月 6 日，交通运输部发布《关于推动交通运输领域新型基础设施建设的指导意见》，提出围绕加快建设交通强国总体目标，以技术创新为驱动，以数字化、网络化、智能化为主线，以促进交通运输提效能、扩功能、增动能为导向，推动交通基础设施数字转型、智能升级，建设便捷顺畅、经济高效、绿色集约、智能先进、安全可靠的交通运输领域新型基础设施。规划到 2035 年，交通运输领域新型基础设施建设取得显著成效；先进信息技术深度赋能交通基础设施，精准感知、精确分析、精细管理和精心服务能力全面提升，成为加快建设交通强国的有力支撑；基础设施建设运营能耗水平有效控制；泛在感知设施、先进传输网络、北斗时空信息服务在交通运输行业深度覆盖，行业数据中心和网络安全体系基本建立，智能列车、自动驾驶汽车、智能船舶等逐步应用；科技创新支撑能力显著提升，前瞻性技术应用水平居世界前列。

2020 年 12 月 20 日，交通运输部为促进道路交通自动驾驶技术发展和应用，推动《智能汽车创新发展战略》深入实施，发布《交通运输部关于促进道路交通自动驾驶技术发展和应用的指导意见》。文件部署了要加强自动化驾驶技术研发、提升道路基础设施智能化水平、推动自动驾驶技术试点和示范应用、健全适应自动驾驶的支撑系统 4 个方面主要任务，并提出了自动驾驶未来 5 年的发展目标，到 2025 年，自动驾驶基础理论研究取得积极进展，道路智能化、车路协同等技术及产品研发和测试验证取得重要突破；出台一批自动驾驶方面的基础性、关键性标准；建成一批国家级自动驾驶测试基地和先导应用示范工程，在部分场景实现规模化应用，推动自动驾驶技术产业化落地的发展目标。

（三）行业标准

2020 年 4 月 16 日，公安部交通管理科学研究所就公共安全行业标准《道路交通车路协同信息服务通用技术要求》进行公开征求意见。标准规定了公安交通管理场内中心系统和场外路侧设备，基于车联网/车路协同技术与外部系统或终端设备进行信息交互使用的总体架构、功能、交互对象与数据要求。

2020 年 4 月 26 日，交通运输部公路局发出关于征求《公路工程适应自动驾驶附属设施总体技术规范（征求意见稿）》，进行公开征求意见。“征求意见稿”由交通运输部公路科学研究院主编，主要是对指导适应自动驾驶的公路工程建设，明确了标志标线、控制与诱导设施、感知设施等路侧端各个细分领域的总体技术规范。

三、重大项目

（一）成宜智慧高速公路

1. 概况

项目总投资 246 亿元，全长约 157 千米，采用双向六车道高速公路标准建设，为四川省设计标准最高的高速公路之一。成宜智慧高速公路是交通运输部（第二批）交通强国建设试点工程、车路协同自动驾驶先导示范工程，是四川省数字新基建示范工程、科技厅重点研发项目，是四川铁投集团首批“数字铁投”科研攻关项目。项目建成通车后，从成都天府国际机场高速公路南线出发约 90 分钟即可到达宜宾，成为成都平原经济区与川南经济区最便捷的联系通道。

2. 建设情况

借鉴国内外先进的交通信息化、智能化建设经验，结合本项目特点，充分利用云计算、大数据、人工智能、数据中心等信息技术发展成果，在高速公路“管理运营养护服务”全方位提升信息化、智慧化水平，从传统“可测、可视、可控、可服务”的信息化高速发展到“实时监测预警、业务协同共享、精准化决策支撑、精细化服务管理”的智慧高速。该项目已于 2020 年 12 月 31 日建成通车。

（二）蓉城二绕（S4202）智慧高速公路

1. 概况

蓉城二绕（S4202）智慧高速公路车路协同试点建设选取蓉城二绕成雅互通和花源收费站之间全长 8 千米作为交通强国第二批试点路段。蓉城二绕智慧高速公路是四川省运营高速公路智慧化升级改造示范工程，是智慧高速公路车路协同试点工程，为四川省运营高速公路智慧化升级改造打造一套可复制、可应用的方案，示范引领高速公路发展转型升级。该路段包括高速公路与高速公路立体交叉、入口、出口、长桥梁等构造物，包括上坡、弯道、恶劣气象等高速公路场景。

2．建设情况

支持自动驾驶货车编队：支持协同式货车编队行驶，实现货车与路网高度协同下基于北斗高精定位的全天候通行。

打造运营管理服务中心：建成 10 千米适应自动驾驶的标准样板开放道路，打造对自动驾驶车辆通行常态化运营管理体系，后续可升级为全省车路协同运营管理服务中心。

实现全量感知生态模式：建成全要素、全天候、全覆盖的智慧高速融合感知监测体系，路段全天候感知覆盖率达到 90%，为产业生态提供实时高精定位、动态地图、动态业务数据服务，打造数据生态服务标准业务模式。

支持安全风险监测预警：对边坡与桥梁的多模态感知与智能决策进行探索研究。

实现车道导航精准触达：完成基于北斗高精定位与动态高精地图的车道级服务应用，实现与互联网导航功能的深度服务触达。

实现运维保障评价体系：建成全生命周期智慧养护监测与评价体系，实现设备实施数字化资产与运维一体化管理。

打造安全联动服务中心：基于全要素基础设施数字化与智能化实现智慧高速桥隧安全的联勤联动一体化安全应急处置体系，后续可升级为全省车联网的安全联动服务中心。

（三）G15（嘉浏段）智慧高速公路

1．概况

G15（嘉浏段）智慧高速公路（双向四车道）建成于 2001 年，设计速度 100 千米/小时。全线于 2004 年完成四拓六改建。改扩建具体范围为：嘉浏高速主线 K1253+131～K1265+700，全长 12 569 米；嘉盛互通匝道的维修及局部改造；嘉浏互通匝道拓宽改造。G15（嘉浏段）智慧高速公路建设密切结合 G15 沈海高速（嘉浏段）六拓八改扩建工程的实施，充分利用现有信息化基础条件，开展上海首条智慧高速示范工程的建设工作。

2．建设情况

G15（嘉浏段）智慧高速公路建设总体框架分为 3 个部分，包括高速公路网、传感网和通信网“三网合一”的智慧基础设施建设、路段云控平台及基于其上的与业务相关的专项建设。其中高速公路网是传感网和通信网的基础，高速公路网通过基础设施土建预留和数字化，为传感网和通信网的建设提供条件。预留的点位可以和传感网和通信网设施设备的布设点位实现共用共享，避免重复建设。

在“三网合一”的智慧基础设施建设、路段云控平台建设的基础上，针对业务应用进行专项建设。G15 沈海高速（嘉浏段）智慧高速以“车道级交通流精准控制”及“新基建智慧高速全生命周期运营管理”为主要专项建设内容，开展一系列专项建设工作。

1）车道级交通流精准控制

主要包括交通流监测及车道智能管控技术、事件识别技术及快速应急保障、伴随式信息发布机制研究。通过全息感知技术，得到车道级实时交通流量、突发交通事件，结合养护作业等数据，通过大数据、人工智能等技术进行分析研判，以车道级智能管控方式，确保高速公路总体通行效率处于较稳定的水平。同时，结合嘉浏高速运营 20 年来的交通事故特征及处置过程数据，一方面在事故多发地带增加事件自动识别感知设备，从而提升事故发现能力；另一方面，剖析影响事故处置时间的核心要素，结合城市运营集团高速公路运营经验，形成基于高效经济为前提的“快速应急保障机制”，以最大限度地降低高速公路事故对交通流量及通行效率的影响。

2）新基建智慧高速全生命周期运营管理

主要包括改扩建工程施工质量数据研究、设施设备智能感知监测技术研究、设施风险管理与预警研究、全生命评价与辅助决策研究、智慧高速数字孪生底座技术研究、智慧高速全要素全周期管理平台。通过充分发挥“运营前置”作用，梳理 G15（嘉浏段）运营 20 年来的病害返修数据，剖析道路病害成因，结合改扩建工程施工，从设计标准和施工工艺上优化方案，提升关键部分的施工质量，从根源上消除重复维修病害。在后期运营期内，通过设施、设备监测智能感知监测技术，对设施进行风险管理与预警。结合交通信息状况、全生命评价及辅助决策提供一系列智慧养护策略。通过全生命周期运营管理确保道路设施性能长期处于较高水平，最大限度地降低改扩建后运营期内占路维修作业对交通流量及效率的影响。

（四）G50 智慧高速公路

1. 概况

G50 沪渝高速公路拓宽改建工程的实施范围为 G50 沪渝高速公路上海市境内段，西起上海市界，东至 S20 外环高速，途经青浦区和闵行区，总长 48.2 千米。依托拓宽改建工程同步实施 G50 沪渝高速公路智慧化提升改造方案。

2. 建设情况

综合考虑 G50 沪渝高速的交通运行特征、交通预测结果、机电设施现状及一路各方对智慧高速的运营管理需求及建设期望，G50 智慧高速专题以“平台软件扩容衔接、外场设施增设提质、服务数据共享互通”为设计思路，提出“3 系 5 维 7 应用”

总体框架，围绕“安全保障、数据赋能、智慧决策”3个体系，从“感知、运营、养护、控制和服务”5个维度，将新技术与实际业务深度融合，建设生态绿廊HOV动态车道控制系统、上下匝道及衔接交叉口动态调节系统等7个应用，打造“国际先进、国内领先”的智慧高速。

“3系”指“安全保障体系、数据赋能体系、智慧决策体系”，强调构建一路各方共享数据、用数据为业务赋能的体系，将交通运行状态监测、基础设施性能状态监测、全过程实际业务流程等全要素实现数字化，以数据优化改善日常管理中的各类决策，并重视技术层面及政策、法规、制度层面对新技术应用的保障，进一步提升G50交通出行安全和信息安全水平。

“5维”分为“感知、运营、养护、控制、服务”，涵盖高速公路外场感知、运营养护、行业监督、公众服务等多个维度，意为紧扣一路各方运营管理、行业管理及交通出行的多维度需求，从外场智能化设备设施升级改造、围绕运营养护业务流程升级开发软件平台，到理解本工程功能定位及交通特征后提出的智慧高速特色服务，全方位提升G50的综合管理及服务水平。

“7项典型应用”，包括生态绿廊HOV动态车道控制系统、上下匝道及衔接交叉口动态调节系统、基于5G的通勤巴士车路协同示范应用、全生命周期设施动静态数字化资源底座建设、桥梁及路面健康监测及智慧养护系统、事件自动检测及快速预警响应系统，以及交通流感知、态势评估及服务系统。

（五）杭绍台高速绍兴段智慧高速公路

1. 概况

杭绍台高速绍兴段全长67千米，起于鉴湖枢纽，经过甘霖枢纽与甬金高速公路互通，止于镜岭互通，串联起绍兴市越城区、柯桥区、嵊州市、新昌县的8个镇（街）。在绍兴南部山区架起了一条智慧便捷的大通道，该项目也是浙江省近20年来建成通车的首个智慧高速公路项目。

2. 建设情况

整条高速以“1+*N*”的建设模式，打造“准全天候通行”“智慧隧道”“智慧服务区”“车路协同”为核心的四大特色场景。

准全天候通行：杭绍台高速绍兴段打造了全息感知的智慧高速云控平台，实现底层数据感知层、支撑及决策层、协同业务层及数据的交互共享，在国内首次实现了高速公路主动交通管控和服务，支持准全天候通行。

智慧隧道：杭绍台高速绍兴段基于智慧隧道管控平台，为隧道提供全面的感知、可靠的物联、高效的协同、智慧的应急，保障杭绍台隧道安全运行。

智慧服务区：杭绍台高速绍兴段充分利用服务区、隧道口等现有场地，建设光伏发电系统，构建绿化能源供应体系。

车路协同：智能路侧融合感知多源数据与云控平台的融合，为无人驾驶车辆做好了技术层面的预留和铺垫，让高速公路在技术层面上达到具备“无人驾驶”的条件。

四、重大会议

（一）第十五届中国智能交通年会“智慧公路”建设与发展论坛

第十五届中国智能交通年会“智慧公路”建设与发展论坛于 2020 年 11 月 6 日在深圳举办。本次论坛以“智慧路网管控”为主题，由中国智能交通协会智慧公路专业工作委员会和交通运输部公路科学研究院共同承办。

本次论坛分为上下两个半场，上午的论坛由河北省交通运输厅副厅长王谷主持，浙江省交通运输厅任忠副厅长、四川省铁路产业投资集团有限责任公司唐勇董事长、河北省交通运输厅副厅长王谷、交通运输部公路科学研究院智能交通研究中心宋向辉副主任、武汉理工大学吴超仲副校长、清华大学张毅教授、广东利通科技投资有限公司戴连贵副董事长、北京千方科技股份有限公司总工程师付长青、北京和利时系统工程有限公司总裁助理刘宇环分别做了报告。上午的论坛重点围绕新基建背景下的智慧高速公路规划与建设、智慧高速数字转型、智慧公路技术体系构建及应用发展态势、车路协同技术应用等议题进行了广泛而深入的探讨和交流。

下午的论坛由北京中交国通智能交通系统技术有限公司总经理孟春雷主持。公安部交通管理科学研究所俞春俊副所长、北京中交国通智能交通系统技术有限公司总经理孟春雷、深圳市镭神智能系统有限公司创始人兼 CEO 胡小波、交通运输部路网应急与处置中心陈智宏处长、青岛海信网络科技股份有限公司刘振顶、山东高速信息工程有限公司副总经理张伟、中通服创发科技有限公司孙晓亮高工、大唐高鸿毕海洲、北京交通大学宋国华教授、招商华软信息有限公司创新研究院院长罗庆异、江西省高速公路联网管理中心主任雷茂锦、浙江高速信息工程技术有限公司郑剑锋副总经理分别围绕自动驾驶生态构建与迭代、智慧公路建设、车路协同技术及应用等话题进行了分享与交流。

（二）第三届浙江国际智慧交通产业博览会新基建和智慧高速论坛

第三届浙江国际智慧交通产业博览会新基建和智慧高速论坛于 2020 年 12 月 4

日在杭州国际博览中心举办。

新基建和智慧高速论坛主题为“智慧高速助力新基建发展”，主办单位为交通运输部公路科学研究院、新奇点智能科技集团有限公司。

浙江省交通厅党组副书记、副厅长任忠出席并发表主旨演讲。论坛还邀请了交通运输部公路科学研究院副院长岑晏青、华为有限公司商用车解决方案部长吕晓峰、新奇点智能科技集团董事长张辉、上汽集团商用车技术中心副总监毛向阳等多位行业专家。受邀嘉宾探讨在新基建条件下，如何推进智慧高速公路建设，加快产业落地，实现交通出行安全、高效、便捷、绿色、经济的愿景。建设智慧高速公路，开展基于5G的车联网示范，不仅能够有效提升“人、车、路、云”的融合协同能力，还能推动自动驾驶的应用。建成智慧高速，能够有效提高管理水平和运行效率，提升公众出行体验，是高速公路行业高质量发展的必由之路。

第六章

轨　道

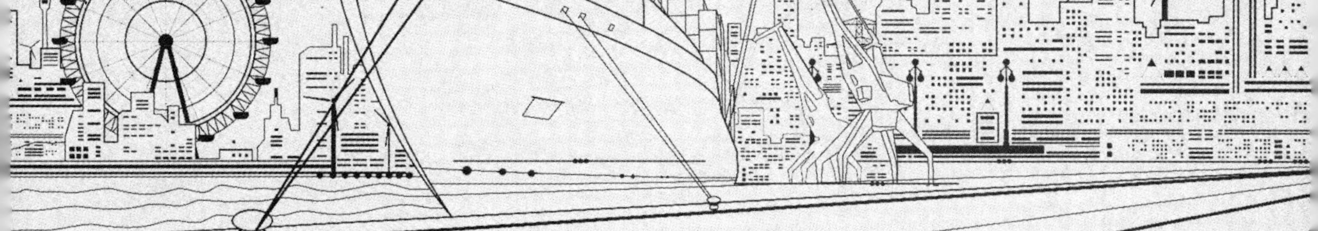

一、城市轨道

（一）基本情况

1. 规划建设情况

1）建设规模

截至2020年12月31日，全国（不含港澳台地区）共有44个城市开通运营城市轨道交通线路233条，运营里程7545.5千米，车站4660座；全年开行列车2528万列次，完成客运量175.9亿人次，进站量109.1亿人次，全年未发生一般及以上运营安全责任事故。

2020年全年新增城市轨道交通线路39条，新增运营里程1240.3千米，较2019年增长20.1%；新增天水、三亚、太原3个首次开通运营城市轨道交通的城市。从业人员方面，全国共有城市轨道交通运营员工364 833人，比2019年新增35 466人，同比增长10.8%。城市轨道交通在建线路规模前10城市统计如表6.1所示。

表6.1 城市轨道交通在建线路规模前10城市统计

号	城市	线路长度（千米）	各系统制式线路长度（千米）			各敷设方式线路长度（千米）			车站（座）	
			地铁	市城快轨	有轨电车	地下线	地面线	高架线	车站	其中：换乘站
1	成都	459.1	391.4	38.7	29	372.3	33.4	53.4	279	96
2	北京	397.8	365.7	—	33.1	322.8	41	35	237	102
3	青岛	339.1	150.4	189	—	234.3	2.7	102.1	174	57
4	天津	321.7	322.7	—	—	285	4.3	32.4	238	93
5	深圳.	316.2	316.2	—	—	286.7	2.1	28.4	196	89
6	杭州	312.3	289.8	23.5	—	300.2	—	12.1	197	66
7	广州	306.1	292.7	—	14.4	292.7	13	1.4	166	5
8	郑州	296.9	266.6	31.3	—	289.9	0.4	7.6	199	90
9	西安	264.2	264.2	—	—	224.8	1.2	39.2	178	59
10	合肥	224.4	224.4	—	—	213.8	0.3	11.3	170	53

2）制式结构

截至2020年年末，城市轨道交通运营线路中共有8种制式同时在运营。其中，地铁6280.8千米，占比78.81%；轻轨217.6千米，占比2.73%；跨座式单轨98.5千米，占比1.24%；市域快轨819.6千米，占比10.28%；有轨电车464.6千米，占比5.83%；磁浮交通57.7千米，占比0.72%；自导向轨道系统10.2千米，占比0.13%，电子导向胶轮系统20.7千米，占比0.26%。2020年各城市轨道交通运营线路制式结构如图 6.1 所示。

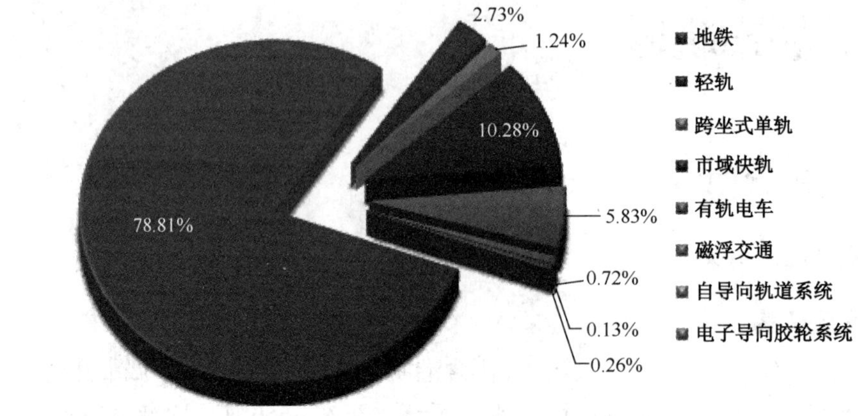

图 6.1　2020 年城轨交通运营线路制式结构

资料来源：中国城市轨道交通协会官网。

3）**投资情况**

2020 年全年共完成建设投资 6286 亿元，同比增长 5.5%，在建项目的可研批复投资累计 45 289.3 亿元，在建线路总长 6797.5 千米，在建线路规模与 2019 年接近，年度完成建设投资创历史新高。

2020 年共有 8 个城市新一轮城轨交通建设规划或规划调整获国家发改委批复并公布，获批项目中涉及新增线路长度 587.95 千米，新增计划投资 4709.86 亿元。截至 2020 年年末，国家发改委批复的 44 个城市建设规划在实施的城市轨道项目可研批复总投资达 41614.5 亿元。

2. 运营情况

1）**线网规模**

从运营线网规模来看，共计 22 个城市的线网规模达到 100 千米以上，其中，上海、北京、广州、成都、深圳、武汉、南京、重庆、杭州 9 个城市的线网规模达到 300 千米以上，上海、北京两市运营规模在全国遥遥领先，已形成超大线网规模。图 6.2 为 2020 年城市轨道交通运营里程统计。

2）**客流规模**

2020 年，由于疫情影响，我国轨道交通客流规模略有下降，共完成客运量 175.9 亿人次，客运量比 2019 年下降约 62.9 亿人次，下降 26.4%；完成客运进站量 109.5 亿人次，比 2019 年减少 40 亿人次，下降 26.8%；平均客运强度为 0.45 万人次/千米日，客运强度同比下降 0.27 万人次/千米日，降幅 36.9%。图 6.3 为 2020 年、2019 年中心城市城轨交通月度客运量统计。

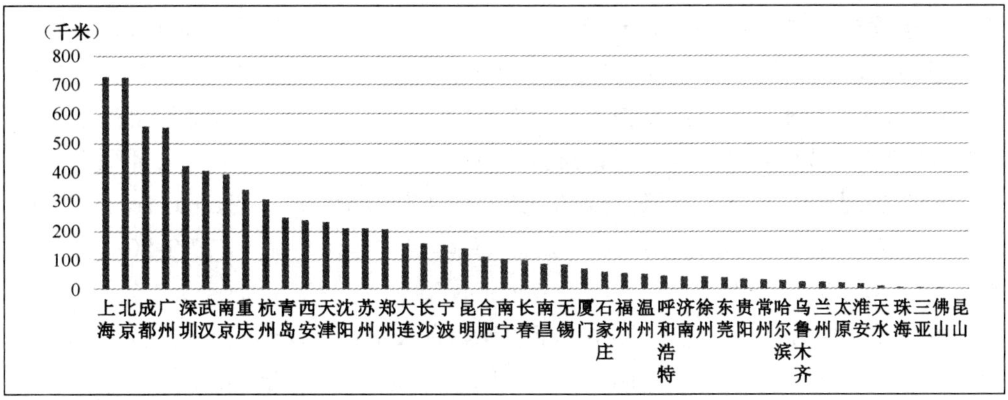

图 6.2　2020 年城市轨道交通运营里程

数据来源：交通运输部 2020 年城市轨道交通运营数据速报

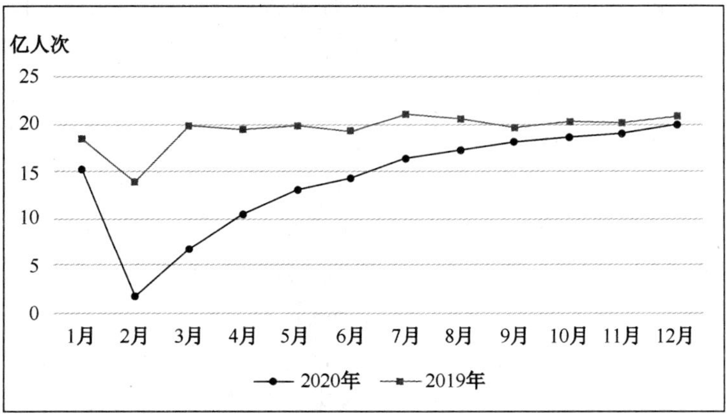

图 6.3　2020 年、2019 年中心城市城轨交通月度客运量统计

数据来源：交通运输部公布中心城市月度客运量统计

3. 信息化与智能化发展情况

2020 年，人工智能、云计算、5G 等关键技术进入飞速发展时期，业界也迈入了智能化发展的新阶段，政策、标准化、重点热门技术等在轨道交通领域均取得了明显的进展。

政策方面，国务院办公厅转发国家发展改革委等单位印发的《关于推动都市圈市域（郊）铁路加快发展意见的通知》、国家发改委交通运输部印发《长江三角洲地区交通运输更高质量一体化发展规划》、国家发改委印发《关于促进枢纽机场联通轨道交通的意见》、交通运输部印发《关于推动交通运输领域新型基础设施建设的指导意见》、交通运输部发布多个城市“四网融合”交通建设强国试点工作意见及多地“智慧地铁”建设指导意见、中国城市轨道交通协会印发《中国城市轨道交通智慧城轨发展纲要》。

标准化方面，交通运输部发布国家标准《城市轨道交通运营指标体系》《城市轨道交通运营技术规范》《城市轨道交通设施运营监测技术规范》，中国轨道交通协会牵头编制《城市轨道交通云平台构建技术规范》《城市轨道交通大数据平台技术规范》《城市轨道交通云平台网络架构技术规范》《城市轨道交通云平台网络安全技术规范》《城市轨道交通线网运营指挥中心系统技术规范》5 项团体标准向社会公开征求意见。

重点热门技术方面，互联互通的 CBTC（Communication Based Train Control System，基本通信的列车控制系统）系统、列车自主运行系统、EUHT-5G 通信技术等新兴技术也进入试运行阶段。

智慧化建设方面，北京、上海、深圳等拥有大型轨道交通线网的重点城市正掀起围绕“智慧化”展开的建设浪潮，智慧车站、云平台、智能运维等项目正在持续推进中。

2020 年收获了“十三五”以来的丰硕成果，顺利开启了“十四五”新篇章，城市轨道交通信息化、智能化进入全面建设的新征程。“十四五”是我国城轨交通在新的更高起点上加快推进创新驱动、转型发展，提升运营服务品质的重要时期，也是加快推进城轨交通产业变革、科技创新、全面建设智慧城轨的重要时期。为规范化轨道交通智慧化发展，中国城市轨道交通协会印发了《中国城市轨道交通智慧城轨发展纲要》，对智慧城轨建设的发展目标、建设目标、重点任务等进行了统筹规划，成为引领我国城轨行业智慧化建设的指导性文件。北京市地铁运营有限公司发布了《首都智慧地铁发展白皮书（2020 版）》，明确了首都智慧地铁的建设思路与目标，构建了以智慧客服、智慧运行、智慧维护和智慧管理为核心业务的顶层设计与功能规划。上海申通地铁集团、广州地铁集团等也相继发布了智慧地铁行动策划，为各城市探索轨道交通智慧化进程提供了范本。未来，智慧化建设将成为引领新时代轨道交通深层次变革的源动力。

（二）政策、标准化

1. 相关政策及解读

1）国务院办公厅转发《关于推动都市圈市域（郊）铁路加快发展意见的通知》

2020 年 12 月 7 日，国务院办公厅转发国家发展改革委等单位印发的《关于推动都市圈市域（郊）铁路加快发展意见的通知》。文件指出，为发挥中心城市辐射带动作用、扩大公共交通服务供给、有效缓解城市交通拥堵和推进新型城镇化发展，需大力推动都市圈市域（郊）铁路的发展。市域（郊）铁路应布局在经济发达、人口聚集的都市圈内的中心城市、联通城区与郊区及周边城镇组团，采取灵活编组、高密度、公交化的运输组织方式，重点满足“1 小时通勤圈”快速通达出行需求，与干线铁路、城际铁路、城市轨道交通形成网络层次清晰、功能定位合理、衔接一体高效的交通体系。此外，都市圈市域（郊）铁路建设规划的报批和审核，需比照城市轨道交通建设规划管理的相关规定执行，并做好与国土空间规划等的衔接。要加强市域（郊）铁路与干线铁路、城际铁路、城市轨道交通的一体化衔接，鼓励多线多点换乘，统筹协调系统制式，推动具备条件的跨线直通运行，充分发挥轨道交通网络整体效益。

《意见》提出，在运营管理方面，加强客运组织优化，采取灵活运输模式，推进多元化、公交化运输组织；依托现代信息技术，优化全过程运输组织模式，推进市域（郊）铁路与其他交通方式软件融合、衔接配套，切实提升运营服务水平。

2）国家发改委交通运输部印发《长江三角洲地区交通运输更高质量一体化发展规划》

2020 年 4 月 2 日，国家发改委交通运输部印发《长江三角洲地区交通运输更高质量一体化发展规划》，文件提出要以轨道交通为骨干，公路网络为基础，水运、民航为支撑，以上海、南京、杭州、合肥、苏锡常、宁波等为主要节点，构建对外高效联通、内部有机衔接的多层次综合交通网络。第一层，打造多向立体、内联外通的大能力快速运输通道，统筹优化干线铁路、高速公路、长江黄金水道等内河航道、港口、机场布局，实现与国际、国内其他经济板块高效联通。第二层，构建快捷高效的城际交通网，依托快速运输通道，以城际铁路、高速公路、普通国省道等为重点，实现区域内部城际快速直连。第三层，建设一体衔接的都市圈通勤交通网，围绕上海大都市圈和南京、杭州、合肥、苏锡常、宁波都市圈，以城际铁路、市域（郊）铁路、城市轨道交通、城市快速路等为骨干，打造都市圈“1 小时通勤圈”。

《规划》提出，到 2025 年，以一体化发展为重点，在精准补齐发展短板基础上，加快构建长三角地区现代化综合交通运输体系，要实现一体化交通基础设施网络总体形成、一体化运输服务能力大幅提升、一体化发展机制更加完善、智能绿色安全发展水平大幅提高的基本目标。到 2035 年，长三角地区现代化综合交通运输体系要以智能绿色为导向的交通科技创新水平领先世界，运输规则、标准规范、一体化机制引领国际。

3）国家发改委印发《关于促进枢纽机场联通轨道交通的意见》

2020 年 4 月 10 日，为深入贯彻落实习近平总书记在出席北京大兴国际机场投运仪式时的重要指示精神，国家发改委发布关于促进枢纽机场联通轨道交通的意见，文件指出部分枢纽机场仍存在与轨道交通规划衔接不畅、建设统筹不足、衔接布局不合理、运营管理分割等诸多问题。为科学指导枢纽机场联通轨道交通，确保枢纽机场轨道交通发展与实际需求相匹配，在规划层面上要做到国家铁路网、城际铁路网、市域（郊）铁路、城市轨道交通规划与机场布局规划之间加强衔接，促进各种交通规划融合推进。轨道交通规划、机场总体规划与城市总体规划要加强衔接，城市规划应考虑综合交通运输体系的建设，优先将机场轨道交通集疏运系统纳入规划。在提升运营水平方面，机场轨道交通运营单位与机场及基地航空公司之间应加强战略合作，共同打造优质的空铁联程联运服务。根据航空客流变化情况，轨道交通运营单位合理安排运力，科学编排车次，适时开行快、慢车，满足不同旅客出行需要。

《意见》要求，围绕航空枢纽高时效、集疏运、广覆盖的特点，紧密结合当地机场和轨道交通规划建设情况，做好机场与干线铁路、城际铁路、市域（郊）铁路、城市轨道交通等有效衔接，充分挖掘机场在综合交通运输体系中的潜力。做到机场与轨道交通硬件、软件设施的全方位联通，提高机场轨道交通系统运行效率和服务水平。深入推进轨道交通信息化、智能化发展，构建智慧运行与智慧服务体系。

4）交通运输部印发《关于推动交通运输领域新型基础设施建设的指导意见》

2020 年 8 月，交通运输部印发《关于推动交通运输领域新型基础设施建设的指导意见》，提出贯彻落实党中央、国务院决策部署，围绕加快建设交通强国总体目标，以技术创新为驱动，以数字化、网络化、智能化为主线，以促进交通运输提效能、扩功能、增动能为导向，推动交通基础设施数字转型、智能升级，建设便捷顺畅、经济高效、绿色集约、智能先进、安全可靠的交通运输领域新型基础设施。

《指导意见》明确：到 2035 年，交通运输领域新型基础设施建设取得显著成效。《指导意见》提出一系列主要任务：一是打造融合高效的智慧交通基础设施，以交通运输行业为主实施；以智慧公路、智能铁路、智慧航道、智慧港口、智慧民航、智慧邮政、智慧枢纽及新材料新能源应用为载体，体现先进信息技术对行业的全方位赋能；二是助力信息基础设施建设，主要是配合相关部门推进先进技术的行业应用，包括 5G、北斗系统和遥感卫星、网络安全、数据中心、人工智能（如自动驾驶等）等。三是完善行业创新基础设施，主要是科技研发支撑能力建设，如实验室、基础设施长期性能监测网等。《指导意见》为轨道交通领域新型基础设施建设，以及轨道交通加快融入综合交通运输体系指明了方向。

5）交通运输部发布多个城市“四网融合”交通建设强国试点工作意见

随着我国一些超大城市、特大城市城镇化进程加速推进，城市毗邻地区成为增长热点，城市发展的行政边界越来越淡化，都市圈、城市群成为我国新型城镇化主体形态，城市群、都市圈的大尺度、多中心空间布局需要与多层次、一体化的交通系统相适应。

为落实《交通强国建设纲要》中相关领域的目标任务，2020 年 9 月，交通运输部发布《交通运输部关于重庆市开展内陆国际物流枢纽高质量发展等交通强国建设试点工作的意见》，意见指出，需完善重庆东站干线铁路、城际铁路、市域铁路、城市轨道间设施衔接，推动“四网融合”、无缝换乘、安检互认。《交通运输部关于江苏省开展品质工程建设等交通强国建设试点工作的意见》中指出，推进“四网融合”要以运输需求为导向，打造多层次铁路网，推动资源共享共用，强化枢纽无缝换乘。加强枢纽站点与城市衔接，推动站城融合发展。《交通运输部关于浙江省开展构筑现代综合立体交通网络等交通强国建设试点工作的意见》中指出，需要加快推动杭州都市区干线铁路、城际铁路、市域（郊）铁路、城市轨道交通“四网融合”；探索推动杭州中心城区轨道交通向周边城市（镇）延伸；统筹布局杭州都市区城际铁路线路和站点，有序推进城际铁路建设。2020 年 11 月，交通运输部发布《交通运输部关于广东省开展交通基础设施高质量发展等交通强国建设试点工作的意见》，意见指出，要大力推进轨道交通“四网融合”；科学布局轨道交通枢纽，强化综合交通枢纽规划建设，提高联程联运水平和效率；推进轨道交通运输管理模式协同，推动运输组织、安全应急、设备设施维护协调统一管理；强化制度创新、服务创新，推动建立大湾区轨道协调机制，统筹服务标准、管理流程，推动安检互信，提升“四网融合”服务质量。2020 年 12 月，《交通运输部关于四川省开展成渝地区双城经济圈交通一体化发展等交通强国建设试点工作的意见》指出，要致力于打造发达的快速网，推进成渝中线高速铁路建设，推动干线铁路、城际铁路、市域（郊）铁路、城市轨道“四网融合”，建设内江至大足高速公路，推动成渝、遂渝等高速公路扩能改造。

6）交通运输部发布多地“智慧地铁”建设指导意见

轨道交通的智慧化，是促进轨道交通与城市发展有机结合的有力抓手，为促进“智慧地铁”的建设，交通运输部发布多地“智慧地铁”建设指导意见。2020 年 7 月，交通运输部发布《交通运输部关于湖北省开展现代内河航运建设等交通强国建设试点工作的意见》。意见指出，要大力推进建设智慧地铁体系，搭建地铁智慧大脑，建设武汉轨道交通云平台，实现客流数据、设施设备运行数据、安全预警数据等全网监测，实现精准运能投放、精准调度指挥、精准应急处置，确保安全运行。构建地铁乘车数据平台，融合多种支付方式及先进信息技术，实现快速安检、便捷乘车。试点推进全运营时段无人自动运行等场景应用，配套先进运营组织管理，实现智能运营。2020 年 9 月，交通运输部发布《关于深圳市开展高品质创新型国际航空枢纽建设等交通强国建设试点工作的意见》指出，要加强交通信息基础设施推广应用，推进基于 5G、物联网等技术的智慧交通新型基础设施示范建设。通过 1 ~ 2 年时间，要实现以前海枢纽、深圳机场、妈湾港区、蛇口邮轮码头、深圳地铁等为代表的一批城市新型智慧交通基础设施建设大幅推进，交通基础设施智慧化运营水平明显提升。

7）北京市发布《北京市加快新型基础设施建设行动方案（2020—2022 年）》

2020 年 3 月 4 日，中共中央政治局常务委员会召开会议，提出加快 5G 网络、数据中心等新型基础设施建设（以下简称“新基建”）进度，习近平总书记对“新基建”做出了明确的指示和要求。新型基础设施是以创新发展理念为引领，以技术创新为驱动，以信息网络为基础，面向高质量发展需要，提供数字转型、智能升级、融合创新等服务的基础设施体系，包括信息基础设施、融合基础设施和创新基础设施。其中，融合基础设施主要是指深度应用互联网、大数据、人工智能等技术，支撑传统基础设施转型升级。轨道交通是传统的基础设施领域，但在规划设计、施工建造、车辆、供电、信号、通信等多个专业领域，可搭载人工智能、大数据、云计算、智能感知、5G 通信等技术，建设新一代“中国式”智慧型、高质量城市轨道交通。因此，在新基建的背景下，我国的轨道交通事业将迎来新的发展机遇。

2020年6月，北京市发布《北京市加快新型基础设施建设行动方案（2020—2022年）》，明确了北京建设新基建的基本目标、原则、基本任务及保障措施，实施期为3年。方案聚焦“新型网络基础设施、数据智能基础设施、生态系统基础设施、科创平台基础设施、智慧应用基础设施、可信安全基础设施”六大方向，实施30个重点任务。到2022年，北京市基本建成网络基础稳固、数据智能融合、产业生态完善、平台创新活跃、应用智慧丰富、安全可信可控的具有国际领先水平的新型基础设施。在传统基础设施赋能方面，要求加快公路、铁路、轨道交通、航空、电网、水务等传统基建数字化改造和智慧化升级，助推京津冀基础设施互联互通。

8）北京市经济和信息化局印发《北京市关于促进北斗技术创新和产业发展的实施方案（2020年—2022年）》

2020年2月19日，为加强全国科技创新中心建设，促进北京市北斗技术创新和应用推广，进一步推动北京市北斗产业发展，北京市经济和信息化局印发《北京市关于促进北斗技术创新和产业发展的实施方案（2020年—2022年）》。

实施方案提出，北京市需要充分发挥资源优势，通过推动关键技术攻关、引导资源集聚、培育优势企业、搭建应用场景、建设基础设施等，构建良好的北斗产业发展生态，为加快构建高精尖经济结构提供有力支撑。规划到2022年，北京市北斗导航与位置服务产业总体产值超过1000亿元，建设1个具有全球影响力的北斗产业创新中心，形成1套北斗产业融合应用的标准体系，建成时空信息服务覆盖超亿级的城市应用节点，实施100个左右精品应用解决方案和具有国际显示度及影响力的北斗应用服务样板，打造1个国际领先的新一代时空信息技术应用示范区，实现北斗系统在关系国家安全与国计民生的关键行业领域全面应用。

9）中国城市轨道交通协会印发《中国城市轨道交通智慧城轨发展纲要》

2020年3月12日，中国城市轨道交通协会印发《中国城市轨道交通智慧城轨发展纲要》，从行业层面对智慧城轨建设的发展战略、建设目标、重点任务、实施路径、体制机制和保障措施等进行了统筹规划、顶层设计。纲要由7章正文和2个附件组成，提出了智慧城轨建设的指导思想，阐述了智慧城轨的标志和内涵，描绘了智慧城轨建设的蓝图，明确了“两步走”总体目标和十大具体目标，构建了智慧城轨的八大重点体系，制定了“两手抓”实施策略、4条工作路径和7个保障措施，细化了29项主要评价指标和21项示范工程。旨在以此作为今后一个时期（2020—2035年）引领我国智慧城轨建设，助推交通强国建设的指导性文件。

纲要提出力争通过“两步走”实现智慧城轨建设的战略目标。第一步：2025年，“中国式”智慧城轨特色基本形成，跻身世界先进智慧城轨国家行列。第二步：2035年，进入世界先进智慧城轨国家前列，“中国式”智慧城轨乘势领跑发展潮流。纲要的发布，给未来城轨交通强国的“施工”以更加明确的目标和方向，将以新兴信息技术与城轨交通深度融合为主线，推进城轨信息化，发展智能系统，建设智慧城轨，实现城轨交通由高速度发展向高质量发展的跨越，助推交通强国的崛起。2020 年 10 月 13 日，在中国城轨交通业主领导人峰会 2020 重庆年会上，中国城市轨道交通协会创始会长包叙定发表视频讲话，他强调行业正在快速迈入智能化时代，智能智慧城轨必然是重要议题，从行业、政府主管部门等层面展开，分享了《中国城市轨道交通智慧城轨发展纲要》发布以来的各种反响，指出建设智慧城轨，已在城轨交通行业扬帆起航正东风。

2．信息化方面的标准及简介

1）国家标准《城市轨道交通运营指标体系》

2019 年 12 月 31 日，国家标准《城市轨道交通运营指标体系》发布，并于 2020 年 7 月 1 日开始实施。该标准规定了城市轨道交通运营指标体系的构成、内容、指标定义及计算方法，适用于城市轨道交通运营统计分析和对标管理。

该标准有利于为行业交通运输主管部门和运营单位在运营绩效考核、数据统计分析、运行状态报送等方面提供基础和技术支持。同时，在全中国范围内实现对全套运营指标定义及计算方法的统一，能够为行业主管部门进行有效管理和相关政策制定提供支撑，从根源上解决现阶段行业主管部门与运营单位之间的信息不对称问题，对促进中国城市轨道交通发展具有重要意义。为政府监管提供信息来源，为运营企业之间对标分析提供技术保障，为规范行业提供客观的依据保障。

2）国家标准《城市轨道交通运营技术规范》

2020 年 3 月 31 日，国家标准《城市轨道交通运营技术规范》发布，并于 2020 年 10 月 1 日开始实施。该标准共分总则，线路、路基与轨道，建筑，结构，供电系统，通信系统，信号系统，综合监控系统，车站机电设备，车辆及车辆基地，运营管理要求 11 个部分，适用于地铁、轻轨规划建设阶段的需求管理和运营技术管理；主要起到三方面作用：①规范有关技术要求，②引导行业发展方向，③衔接运营需求与建设规划。

该标准规范了中国城市轨道交通在技术装备、行车、客运和安全应急管理等方面的技术条款，为城市轨道交通主管部门实施有效监管提供重要的技术依据，为运营单位开展运营服务提供科学的理论指导，进一步推动城市轨道交通行业的规范化发展，促进行业的整体进步。

3）国家标准《城市轨道交通设施运营监测技术规范》

2020 年 12 月 14 日，国家标准《城市轨道交通设施运营监测技术规范》发布，并于 2021 年 7 月 1 日开始实施。该标准共包含 4 个部分，第一部分为总则，第二部分为桥梁，第三部分为隧道，第四部分为轨道和路基。第二、三、四部分规定了城市轨道交通桥梁设施、隧道设施、轨道和路基运营监测技术的基本要求、检查、监测和状态评价的要求和方法。

该标准规定“轨道日常检查宜采用人工与信息化、智能化手段相结合的方式，并配备必要的检查工具”，“轨道定期检查应采用设备检测、目测观察，以及信息化、智能化的手段相结合的方式进行”。

4）上海市地方标准《城市轨道交通智慧车站技术规范》

2020 年 10 月 9 日，上海市住房和城乡建设管理委员会就上海市地方标准《城市轨道交通智慧车站技术规范》向社会公开征求意见。该规范旨在更好地指导城市轨道交通智慧车站的设计与系统集成，做到技术可靠、安全适用、保障质量、经济合理、节能环保，适用于城市轨道交通新线路建设或既有线路改造中智慧车站的设计与系统集成。

5）河南省地方标准《城市轨道交通信号智能化维护系统技术规范》

2020 年 12 月 30 日，河南省交通运输厅就河南省地方标准《城市轨道交通信号智能化维护系统技术规范》向社会公开征求意见。该标准规定了城市轨道交通信号智能化维护系统的系统基本要求、功能要求及智能化维护要求等，适用于城市轨道交通信号智能化维护系统的设计、开发、施工及验收。既有线路维护监测系统的升级改造也可参照该标准执行。

6）《城市轨道交通云平台构建技术规范》等五项团体标准

2020 年 6 月 15 日，中国城市轨道交通协会《城市轨道交通云平台构建技术规范》等 5 项团体标准向社会公开征求意见。为充分吸收、借鉴国内外信息技术，进一步规范城市轨道交通信息系统建设，完善信息化体系，强化信息系统安全，遵循《中国城市轨道交通智慧城轨发展纲要》，依托《智慧城市轨道交通信息技术架构及网络安全规范》，由中国城市轨道交通协会牵头编制了《城市轨道交通云平台构建技术规范》《城市轨道交通大数据平台技术规范》《城市轨道交通云平台网络架构技术规范》《城市轨道交通云平台网络安全技术规范》《城市轨道交通线网运营指挥中心系统技术规范》5 项技术规范。

（1）《城市轨道交通云平台构建技术规范》的制定，旨在统一城市轨道交通云平台的技术标准，为建设技术领先、开放兼容、经济适用、安全可靠的城轨云平台建设提供技术依据，对推进城市轨道交通信息系统的发展创新、提升应用支撑能力奠定基础。

（2）《城市轨道交通大数据平台技术规范》包括城市轨道交通大数据平台的一般规定、总体架构、数据平台技术要求、数据管理技术要求、数据安全技术要求、平台部署及性能要求等内容。该规范适用于城市轨道交通体系下的地铁、市域快轨、轻轨、单轨、磁悬浮、自动导向轨等多种运输制式的大数据平台的规划设计、建设和运营管理。

（3）《城市轨道交通云平台网络架构技术规范》的制定，旨在统一城市轨道交通云平台的技术标准，为建设技术领先、开放兼容、经济适用、安全可靠的城轨云平台网络提供依据，为推进城市轨道交通信息系统的发展创新、提升应用支撑能力奠定基础。

（4）《城市轨道交通云平台网络安全技术规范》提出基于城市轨道交通云平台网络安全的总体架构、安全防护纵深体系、各个环节的安全技术要求、云上应用系统的安全机制及安全管理要求等，按照安全生产网、内部管理网、外部服务网的整体架构，统筹部署网络安全措施，明确云平台建设的安全职责划分，充分借鉴国内外信息技术的成功经验，为城市轨道交通云平台网络安全建设提供依据，确保城市轨道云平台的网络安全。

（5）《城市轨道交通线网运营指挥中心系统技术规范》借鉴了部分城市建设线网运营指挥中心的经验，梳理出城市线网运营指挥中心建设需求，结合城市轨道交通行业特点和信息技术发展趋势，以城市轨道交通的车辆、客流、设备等为监控目标，实现线网的运营指挥、应急处置、乘客服务及相关辅助决策分析等功能，为全行业线网运营指挥中心系统统筹规划奠定技术基础，为全面实现智慧城市轨道交通提供重要技术支撑。

（三）技术发展

1. 列车运行技术

1）互联互通的 CBTC 系统

为更好地实现列车和地面的信息互联互通，提升列车的运行效率，完成城市轨道交通的自动控制，通信技术和信号控制技术的融会贯通使得基于通信的列车自动控制（Communication Based Train Control，CBTC）系统演变成当下主流的列车控制形式。CBTC 系统整体结构如图 6.4 所示。

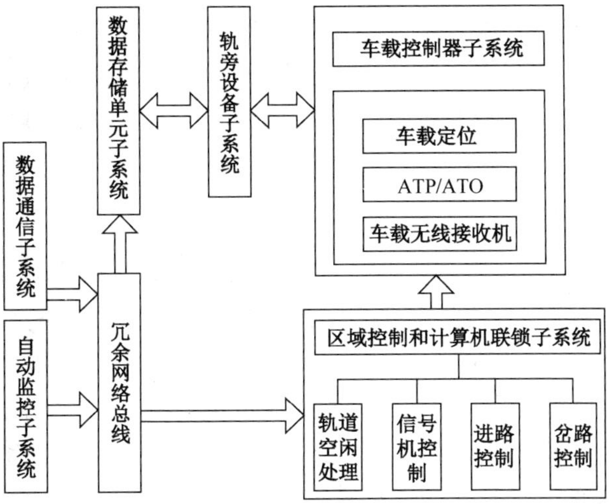

图 6.4　CBTC 系统整体结构

资料来源：城市轨道交通 CBTC 系统研究。

①自动监控子系统：该子系统根据控制中心列车运行状态信息、设备状态信息及运行时刻表完成列车自动排列进路，并修正停站时间及站间运行时间达到自动调整列车运行目的。

②区域控制器和计算机连锁子系统：该子系统可以处理轨道空闲和进路问题，并且管控岔口及信号。整条进路的排序、封闭、保持、开放和岔口的开放、转换、封闭、监管分别由进路控制功能和岔口控制功能来完成，以此回应自动监控子系统的指令。何时停车的显示设置由区域控制器和计算机连锁子系统依据自动监控子系统设定的指令完成。

③车载控制器子系统：在该子系统中，保障列车运行安全的主要核心是列车的位置及运行方向，将测速传感器及地面应答器相结合，实现列车定位。

④数据存储单元子系统：列车定位是通过安装在车轮上的测速器来完成的，因此列车和地面要共同使用一个数据库才能实现系统统一调度和协调控制。该数据库中包括列车和地面相关的各种静态数据及动态数据。数据通信子系统保护数据采用冗余方式，确保数据库的安全性。

⑤轨旁设备子系统：该子系统有区域控制器、对象控制器的功能，主要是为了确定在其范围内所有列车的移动授权。

⑥数据通信子系统：该子系统为保证列车和地面之间数据通信的持续性，利用无线局域网 WLAN 技术沿线建立无线接入点（AccessPoint，AP）完成通信连接，一个 AP 点能够完成几十千米的信号传送。

2）**列车自主运行系统**（TACS）

目前，国内外城市轨道交通线路普遍使用 CBTC 系统，TACS 系统是以“车-车”通信为基础，将传统的车地两层分布式列车控制系统与车载网络、牵引、制动系统深度融合，以车载控制平台为核心，由车载子系统、对象控制器、自动列车监控子系统、列车管理设备、通信子系统及轨旁设备等组成，与传统系统相比，减少了车站/轨旁的占用检测设备、信号表示设备、联锁集中控制设备、地面 ATP 设备、点式通信设备等，实现列车自主进路、自主防护、自主调整，从而实现列车自主运行。

3）EUHT-5G **技术**

目前，我国城市轨道交通行业中，“车-地”通信方式普遍采用开放式的基于 IEEE802.11 的 WLAN 作为通信制式。由于地铁线路周围电磁环境越来越复杂，采用 2.4GHz 频率的 WLAN 系统受外界民用无线设备干扰严重，导致 PIS 系统“车-地”无线通信质量严重下降，车载 CCTV 视频不能实现实时回传，不能满足网络化运营安全要求。同时，在高密度、大客流运营情况下，车载视频监控信息上传到地面控制中心的需求越来越强烈。尤其发生紧急情况时，地面指挥人员需要及时掌握车内和车头车尾的现场情况，指挥应急措施，应对车内突发紧急情况，现有的“车-地”

通信技术不能提供足够的技术支撑。

EUHT-5G 智慧地铁方案是轨道交通复杂运营环境下，全球首个支持高清 CCTV 实时传输（30 路以上）、CBTC、PIDS、乘客上网和数字集群等业务同时实现的高可靠、低时延、低成本“车-地”无线通信系统，由中心、车站、区间和车载网络 4 部分组成。该系统通过 1.8GHz+5.8GHz 双频网络实现基于通信的列车自动控制系统、车载视频监控系统、乘客信息系统、列车中心广播和乘客紧急对讲业务的综合承载，是结合高可靠性、高移动性、低延时等需求设计的超高速无线通信系统。图 6.5 是 EUHT 智慧地铁方案设计图。

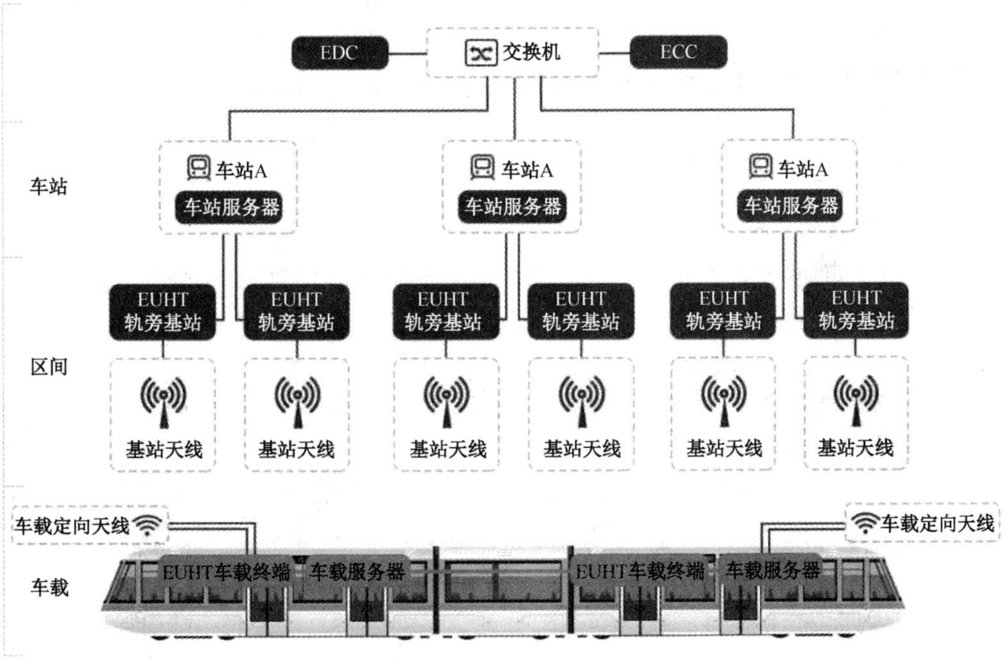

图 6.5　EUHT 智慧地铁方案设计图

资料来源：新岸线 EUHT 智慧地铁方案。

EUHT 具有高可靠、低时延、大容量及高速移动适应性的技术优势，EUHT 智慧地铁方案能完美满足我国城市轨道交通行业的车地通信要求。EUHT 系统在地铁列车 120 千米时速下，单车可同时承载 30 路（6 路 × 3Mbps+24 路 × 1.5Mbps）CCTV 业务和 1 路（8Mbps）PIS 业务。EUHT 技术能达到的技术指标，全面高于目前城市轨道交通已发布规范中对无线通信技术移动速度、平均吞吐率、边缘吞吐率、切换成功率、数据丢包率和数据传输时延的指标要求。

2. 运营管控技术

1）智慧车站管控平台

车站是地铁运营管理体系中的最基本单元，是地铁服务于城市发展和市民的直接窗口，也是地铁建设及运营管理水平高低的主要体现。智慧车站管控平台是对既有业务整合创新的新型地铁系统，在其发展过程中持续改变的是技术应用及由此带来的业务实现方式，保持不变的是地铁系统从规划、设计、建设到运营的全寿命周期业务内容，前期的规划、设计和建设也都是为后期运营阶段出行服务的、运行管控和设备维保等业务服务的。智慧车站综合管控平台，拉通现有的生产网（综合监控等自动化系统）和管理网（OA、运管、资产等信息化系统）的数据和信息，紧密结合车站级各运营班组的工作流程和实际需求，通过数据支撑与技术支撑，相对传统技术，适当增设现场级和后台计算等各类软硬件设备，对各类数据进行梳理和综合再利用，建立起具备场景化、智能化、人性化的智慧车站综合运管平台，负责车站运营业务的具体实施和管理工作，在实时接收现场数据的同时，对车站的业务进行状态研判、分析决策、指令下达管控等，包括客流与安检监控、设备运行监控、乘客交互服务、行车监控等业务，提供更加全面、智能的“管家式”一体化应用功能，提高车站运营、客服和设备维保的效率，从而提升线路的安全性和高效性。

2）智能客服设备

由于目前互联网票务大量使用，使得传统客服设备（售票亭、乘客服务中心）工作量降低。随着科学技术的进步，乘客对客服设备服务水平也提出了更高的要求，智能客服设备采用以智能设备为载体的自助服务系统（整合传统售票亭、乘客服务中心设备及功能），取代以往的人工服务模式，以提高乘客自助出行效率，有效提高地铁服务水平，实现地铁减员增效。智能客服设备可取代原有车站的售票亭、乘客客服中心，由乘客自助操作。乘客可通过智能客服设备自助操作实现现金及非现金票务、咨询、导航、投诉、查询等服务和其他增值服务。智能客服设备还能为乘客提供自助操作或应用智能语音服务，实现票卡及其他信息查询操作，包括票卡金额、余额、有效期、交易记录，及线网地图、列车运营时间、票价表、站内导航、换乘查询、地铁商业、地铁周边地理信息查询等。智能客服设备还可与线网乘客服务平台实现音视频交互，乘客可通过客服代表的指导进行设备自助操作，或向客服代表实现问询、投诉等服务。

3. 运营维护技术

1）智能运维系统

随着城轨列车全自动运行技术的大力推广，实时掌握车辆的运行品质及有针对性地高效维护车辆系统设备，成为当前亟待解决的关键问题，车辆智能运维系统应运而生。车辆智能运维系统主要是围绕车辆的各个使用场景来采集相应的状态数据，比如车辆在运行过程、车辆在进段场的状态检测、车辆在段场的维护、维修过程数据等，综合应用物联网技术、大数据、云计算等先进技术。

在云平台系统架构下，需实行安全生产网、内部管理网、外部服务网的“三网”隔离建设，同步在车辆段、车站、控制中心进行部署。车辆综合检测系统、轨旁检测系统数据通过安全生产网进入运维平台，检修管理系统数据通过内部管理网进入运维平台，最终实现数据的汇流。智能运维平台分层体系结构建设，主要有基础设施层、中台层、应用层，包括以下方面：基础架构层采用大数据中心的建设模式，采用统一标准进行数据集中和管理，接口标准化，打破信息孤岛，为数据记录实现大数据分析提供有力支撑。中台层分为数据、技术、业务层，实现对数据的清洗、分析、微服务和数据可视化等功能。平台层可以提供通用开发、建模工具，主要为运维平台应用开发提供支撑，如开发列车运营能耗管理、轮对镟修经济型分析、故障预测及健康寿命评估等功能。智能运维平台主要实现车辆状态的监控，包括线路级和列车级的、故障的报警、应急的处置、故障的诊断、故障的预警、故障的预测等功能。

2）在线监测技术

随着城市轨道交通规模的扩大，地铁运维与管理的压力同步增长，迫切需要通过技术手段来改进运维管理方式。在线监测系统能够监测各专业设备状态、发现各专业设备隐患、分析设备故障原理、辅助故障处理、指导现场维修、反映设备运用质量，以及提高各专业维护水平和维护效率，具有实时监测、预警分析、故障诊断、故障预测及健康管理等功能。目前，地铁在线监测系统主要包括信号、通信、车辆、供电和机电等专业。

地铁在线监测系统由三层结构组成，包括数据采集层、线路应用层和线网应用层。数据采集层包含各专业在车站、场段、变电所、车辆等场所或设备设置的采集系统，负责采集各专业在线监测的基础数据；线路应用层负责汇聚、处理、存储数据采集层上传的数据，并进行线路级别数据分析与应用；线网应用层进行线网级数据的分析和应用。现有的各专业在线监测数据种类繁多，网络通信方式也不尽相同，包括专业自建网络、专用网络、民用移动网络等多种方式。地铁在线监测系统组网应遵循统一规划、统一标准、合理布局的原则，应采用 TCP/IP 协议并符合开放式网络体系结构，确保满足可靠性、安全性和实时性要求，同时应充分考虑网域隔离和信息安全问题。

3）无人化巡检

目前，国内地铁集团对地铁安全保护区的防护及安全监测措施都是依靠人力定时巡视检查，巡查范围受地形地貌、封闭住宅小区、管制区域、人员责任心、天气环境、时间等因素的影响较大，缺乏相关自动化监测手段辅助，无法时刻掌握安保区域最新情况。

无人化巡检技术以高清摄像头为前端、以图像算法为核心建立起自动化监测系统。图像采集来源主要包括无人机、车载摄像头、定点摄像头等。除图像采集外，还需结合人工智能图像识别技术。图像识别技术主要包括两种，一种是通过神经网络来进行图像识别的技术，另一种则是通过非线性降维方法来进行图像识别的技术。①神经网络技术。神经网络作为人工智能中的一种重要技术，是以现代神经生物学作为基础而研究出来的，神经网络能够对生物过程进行模拟，以此对人脑在计算过程中所具有的某种特性结构进行反映。事实上，神经网络并不是完全依据人脑神经结构来进行模仿的，只不过是以抽象化方法来对人脑的神经系统进行描述的，以便于提高计算结构的效率。②非线性降维技术。人们在利用计算机来进行图像识别时，其自身便相当于进行高维识别。由于高维特性的影响，致使计算机在进行图像识别时往往需要承受很大负担，进而影响图像的识别效果和速度，而通过非线性降维方法，则可有效提高图像识别速度和识别质量。所谓非线性降维，是在不对图像结构进行破坏的基础上，通过对自身维度进行降低，以此提高图像识别精度和速度。

4. 信息化技术

1）乘车二维码跨区域互联互通

在票务标准制定上，各地轨道交通均制定适用于本地特点的《城市轨道交通自动售检票系统技术标准》，其线路建设时均按照统一技术标准来推进实现本地票务的互联互通。但是由于技术问题、各地轨道交通投资建设与运营管理等情况，无法做到在城市之间轨道交通的互联互通，因此需要逐步建立区域城轨二维码“互联互通”服务，2020年实现了较大突破。城市轨道交通互联网票务跨区域互联互通，是符合国家政策导向、发展区域联动的重要举措，是城轨企业服务社会、为乘客提供便利的积极举措，对区域交通出行和互联互通有重要意义。城市轨道交通之间的互联互通已经成为一个趋势，高频、快捷、智能的出行体验正在拉近城市与城市之间的距离。

2）基于北斗技术体系的地铁地下定位系统

地铁作为非暴露空间的典型场景，是智慧城市建设中最核心的公共区域，聚集了各类人员，拥有较大的影响面。但卫星导航系统的导航信号却不能覆盖室内和地下空间，无法提供导航定位等服务。

基于北斗技术体系，北京地铁与全图通位置网络有限公司合作，综合应用“北斗授时+空间数字化+超宽带+5G”等技术，建设北京地铁城市轨道交通定位系统，为北京地铁提供高精度定位、导航和授时服务，实现“北斗天上好用、地下用好、地铁先行”的目标。地铁正在迈向智能化时代，时间和空间信息是建设智慧地铁的基础。地铁的智能运行、智能管理、智能维护、智能服务，需要城市轨道交通定位系统提供高精度定位、导航和授时服务，为开展行车调度、维修安检、资产管理、应急指挥等工作提供基础性保障。城市轨道交通定位系统作为北斗卫星导航系统的补充与增强，可以有效连通地铁空间与室外空间，提供一体化的时空信息服务，为国家综合PNT体系建设提供有效助力。

（四）重大项目

1.《超大城市轨道交通系统高效运输与安全服务关键技术》立项

2020 年 9 月，《超大城市轨道交通系统高效运输与安全服务关键技术》获科技部国家重大科研项目立项。项目总经费 3 亿元（国拨专项资金约 1 亿元），研发周期 3 年，针对超大城市轨道交通行业存在的“安全管控闭环难、系统运行协调难、乘客出行体验差及运维模式突破难”等共性问题，通过科学问题和关键技术攻关，建立“主动安全防控、高效韧性运行、全时程服务、网络集约维护”4 个超大城市轨道交通运营新模式。

该项目主要研究超大城市轨道交通安全高效运行与服务新型架构及标准体系；研究城市轨道交通网络高效韧性运行与维护技术，研发客流-车流耦合的路网级协同调度系统；研究乘客个性化服务新模式与无人化实现技术，研究基于北斗技术的室内定位通信一体化信息技术，研发乘客全时全程出行交互服务系统与设备；研究城市轨道交通路网大规模客流风险主动防控与疏导技术、满足地铁大客流场景的乘客身份精准辨识与验证技术、基于乘客信用体系的快速通行和无感检测技术，研发风险源精准辨识一体化装备与系统；开发轨道交通关键装备运维增强技术与平台，城市轨道交通高效运输与服务集成平台。

2.《北京城市轨道交通燕房线全自动运行示范工程》顺利结题

城市轨道交通全自动运行系统（Fully Automatic Operation，FAO）是基于现代计算机、通信、控制、系统集成等先进技术，将信号、车辆、综合监控、通信、站台门等系统进行高度集成或深度互联，实现列车正常、故障、应急等全过程自动化运行的新一代列车运行综合控制系统。

为促进我国轨道交通自动化运行进程，作为国家自主创新示范工程，北京轨道交通燕房线是国内首条采用完全自主化的全自动运行系统的线路，按照自动化运行等级最高级别 GoA4 建设。截至 2020 年 8 月，该项目已顺利结题。

北京轨道交通燕房线自主化全自动运行系统示范工程的实施，形成了中国版 FAO 技术体系，涵盖各种工况的 FAO 系统运营场景、运营规则、危险源档案、应急处置及集成体系。场景是 FAO 技术体系的核心，以此为基础形成的场景文件是项目研发及工程实施的纲领，是全自动运行系统的顶层需求书。

3.《上海轨道交通车辆智能运维系统示范工程项目》有序开展

上海地铁由于其超常规模和体量，同时建设时序长（新线不断开通，老线已进入大量更新、改造）及长期的高负荷运行，因此车辆运维压力剧增，《上海轨道交通车辆智能运维系统示范工程项目》旨在通过建设先进的上海地铁车辆智能运维平台（Rolling-stock Intelligent Support Engineering，RISE），并辅以运维管理手段的创新，初步实现城市轨道交通车辆运维由传统的计划修、故障修向状态修的转变。

4.《重庆轨道交通互联互通的 CBTC 示范项目》通过结题验收

2020 年 6 月 24 日，重庆市发展和改革委员会组织来自北京、深圳、武汉、南京、长沙、青岛、重庆等地的专家组成专家组，在重庆顺利召开《重庆轨道交通互联互通的 CBTC 系统示范应用项目》结题验收会。

《重庆轨道交通互联互通的 CBTC 系统示范应用项目》完成了城市轨道交通互联互通 CBTC 系统的需求、接口、测试、工程等 17 个技术规范编制，形成了互联互通 CBTC 系统的行业标准体系；攻克了 CBTC 互联互通的世界性难题，研制出了满足互联互通标准接口的列车控制系统设备，实现了装载不同厂家车载设备的列车在不同线路的共线和跨线运行；搭建了国内首个互联互通 CBTC 系统测试验证平台，实现了不同厂商间互联互通接口、功能、数据的测试验证；制定了一套安全认证规则，解决了互联互通安全评估工作存在的交叉和盲区问题，完善了互联互通全生命周期的 RAMS 要求；项目示范应用取得了显著的经济效益与社会效益，有力推动了具有我国自主知识产权的互联互通信号系统的工程化、产业化发展，有利于提升我国在城市轨道交通领域的国际地位。

5. 城市轨道交通数字化建设与测评技术国家工程实验室通过验收

受国家发改委委托，天津市发改委组织来自中国城市轨道交通学会、中南大学、清华大学等行业的知名专家组成的验收专家组，对中国铁路设计集团有限公司（以下简称“中国铁设”）牵头建设的城市轨道交通数字化建设与测评技术国家工程实验室进行了验收。

与会专家认真听取了实验室建设情况汇报，实地察看了国家工程实验室的主要设施、设备及部分研发成果，并就项目中涉及的有关内容进行了充分讨论。

验收专家组一致认为国家工程实验室定位准确、特色突出、管理规范、成效显著，实现了平台的建设，完成了国家发改委批复所明确的建设任务和建设目标，对提升我国城市轨道交通数字化建设与测评技术创新能力将发挥重要作用，一致同意通过验收。

（五）市场应用

1. 列车运行技术

1）互联互通 CBTC 系统的示范应用

重庆交通开投集团在国家发改委、中国城市轨道交通协会和重庆市发改委等上级单位的指导下，组织业内实力厂商依托重庆互联互通国家示范工程，经过数年的艰苦攻关与筹备酝酿，制定了互联互通 CBTC 系统各环节、各层面的标准规范，率先攻克了轨道交通互联互通 CBTC 系统技术难关。互联互通下 CBTC 系统物理接口和功能接口示意图如图 6.6 所示。

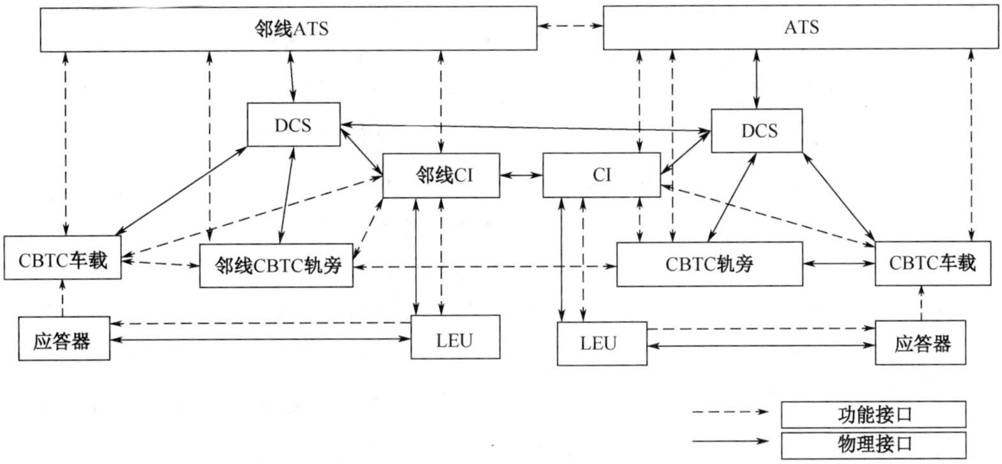

图 6.6 互联互通下 CBTC 系统物理接口和功能接口示意图

资料来源：中国城市轨道交通协会团体标准 城市轨道交通 基于通信的列车运行控制系统（CBTC）互联互通系统规范。

重庆轨道交通互联互通 CBTC 系统研发及产业化项目，是建立在重庆轨道交通第二轮建设 4 号线、5 号线、10 号线和环线的单线信号系统基础上的，为实现网络化的互联互通，通过对全网车辆制式、信号等基础条件的统一，规划并实施可实现列车跨线运行和越线运行的车站及线路，同时配以全局调度的运营管理方式，构建网络化运营的基本网络，并最终在重庆整个轨道交通线网中得以延伸，实现规划线网的网络化运营。该项目于 2015 年 4 月向国家发改委申报，并在当年 6 月获得国家发改委批复（发改产业〔2015〕1210 号）《关于下达产业转型升级项目（增强制造业核心竞争力）2015 年中央预算内投资计划的通知》下达的项目投资计划 42 114 万元，其中，中央预算内投资 12 268 万元，企业自筹 29 846 万元。2020 年 9 月 18 日，重庆地铁环线、4 号线直快列车上线载客试运营，在全国率先实现“互联互通”。重庆轨道交通互联互通 CBTC 系统研发及产业化项目，经技术攻关和工程建设，已实现重大突破，成功攻克技术难关，研制出了满足互联互通标准接口的列车控制系统设备，实现了装载不同厂家车载设备的列车在不同线路的共线和跨线运行。重庆 CBTC 互联互通工程的宝贵实践经验，体现出中国城市轨道交通行业具备了原创性解决世界性难题的强大研发实力，建立了中国标准的 CBTC 互联互通产业链，有利于实现中国城市轨道交通网络化运营和资源共享，为新基建、交通强国战略等提供强有力支撑，在全国范围起到了良好的示范作用。

另外，北京地铁已经实现 1 号线、八通线 CBTC 系统互联互通。

2）**地铁列车自主运行系统**（TACS）

青岛地铁 TACS 示范工程全自主研发，系统拥有结构简洁、运行智能、系统性能优、运营灵活、节能环保的特点，并能缩短线路建设时的系统调试时间，降低运营维护工作量。TACS 系统充分体现了“安全可靠、智能高效、降本节能、深度融合”的设计理念，特别适合需要快速设计、快速建设、快速延伸的项目，高性能、高效率运行及旧线改造项目，体现了未来智慧城轨的建设发展趋势。目前，青岛地铁 TACS 项目试验线系统测试已全部完成。试验线全长 4.8 千米，设置物理站台 1 座、虚拟站台 2 座，模拟真实线路、真实列车、6 号线典型站场，覆盖 TACS 系统运行中涉及的正常、降级和应急故障场景的测试验证。项目共进行单车功能测试、多车追踪、场段正线等共计 218 项全系统测试，并且 100%测试通过。

2020 年 9 月 12 日召开了青岛地铁列车自主运行系统（TACS）示范工程项目工程应用前的专家评审会，来自北京、上海、深圳、武汉等地的专家一致认为项目组圆满完成了列车自主运行系统示范工程试验线测试目标，测试结果符合设计要求，初步达到示范工程申报目标，基本具备工程应用条件，并建议项目组加快推进示范工程建设。这意味着青岛地铁拿到了该项目工程应用的“通行证”。

北京地铁确定在首都机场线、11 号线西段工程示范 TACS 技术，目前正在方案深化阶段。TACS 系统是从列车自动运行向列车自主运行的技术跨越，它的成功应用将推动和引领轨道交通产业技术的发展，提升城市轨道交通系统自动化、智能化和便捷化水平，填补国内轨道交通技术空白，为轨道交通网络化运营奠定了良好的基础。

3）EUHT-5G **技术在首都机场线成功应用**

为贯彻落实习近平总书记关于建设交通强国的决策部署，充分发挥交通先行官作用，在市委、市政府的指导下，北京地铁紧追“智慧地铁”发展趋势，决定在首都机场线进行 EUHT（Enhanced Ultra High Throughputs，超高速无线局域网）技术现场研发试验。2020 年 1 月，“北京地铁首都机场线 EUHT 综合承载研发试验线项目”正式开工建设。此次北京地铁首都机场线采用 1785-1795MHz 地铁专用授权频段频率组建 A 网（红网），工作频宽 10MHz，主要承载列控 CBTC 等安全相关高可靠业务；采用 5725-5850MHz 开放频段组建 B 网（蓝网），工作频宽 80MHz，承载 VMS 车厢视频监控、PIS 旅客信息服务等非安全相关大带宽业务，同时备份承载列控 CBTC 业务。截至 2020 年 4 月 30 日，完成正线 28 千米和停车场地面网络建设改造，以及两列运营车辆综合改造，顺利完成多种业务综合承载联调联试，成功实现地铁车-地无线通信 1.8GHz+5.8GHz 双频组网。2020 年 5 月 12 日，项目开展阶段验收，验收组专家一致认为“首都机场线 EUHT 研发试验工程实现了 CBTC、PIS、VMS、PA 及乘客紧急对讲、航班信息实时显示等业务的综合承载，达到了本工程阶段建设目标”。2020 年 6 月，北京首都机场线 EUHT-5G 综合承载研发试验线投入运行，实现列车运行控制（CBTC）系统等高可靠、高安全综合业务承载，突破地铁无线通信频率资源不足这一瓶颈，为新一轮智慧地铁建设开启全新通道。首都机场线 EUHT 研发试验工程项目，是一项拥有完全自主知识产权的无线高速通信技术项目。该项目基于 5G 通信技术，理论上，最高带宽可达 200Mbps，具有高吞吐、低延时的技术优势，是当前先进的前沿通信技术。该项目设计上的最大特点就是一网双频，即系统同时具备 1.8GHz+5.8GHz 双频工作频率，在现有通信技术领域是独一无二的。

2. 运营管控技术

1）西安、深圳、成都等城市智慧车站陆续建设完成

为全面提高轨道交通服务水平，全国各地争相建设“智慧车站”。2020 年 12 月，西安地铁 6 号线一期开通试运营。6 号线一期首次在郭杜西站采用智慧车站，通过客运组织、设备运营、乘客服务、人员管理 4 个业务板块全面提升营运自动化与智能化。2020 年 12 月，为进一步提升地铁设备功能和服务水平，深圳地铁在 7 号线深云站、11 号线机场站正式试点智慧车站，推出智能客服中心、自助语音识别售票和虚拟客服等一系列“地铁黑科技”，为市民乘客开启智慧出行的新体验。2020 年 9 月，成都地铁开展“一键开关站”试点应用。为推进“智慧车站”建设，建立高水平智慧运维体系，探索车站设备智慧管理新高地，提升车站设备运维管理能力，成都地铁完成“一键开关站”功能测试，并在九道堰、九兴大道、泉水路、骑龙等站试点应用。“一键开关站”突破了传统人工开关站模式，充分利用综合监控系统平台实时显示车站设备状态，通过 CCTV 系统远程确认电扶梯、出入口等区域状态，操作人员可“一键”操作，实现站内照明、通风空调、AFC、CCTV、PIS、PA 等系统的联动控制，由“人工实地操作模式”转变为“一键开关站模式”，在确保开关站安全性的同时提升车站设备管理的时效性。下一步，成都地铁将结合试点效果，不断总结优化“一键开关站”功能，为打造线网“智慧车站”提供宝贵经验。

2）智能客服设备在全国多个城市试点运行

2020 年 6 月 29 日，智能客服中心在青岛地铁 2 号线辽阳东路站试点运行，成为山东省首个智能客服中心。乘客可自助处理在地铁出行中遇到的余额不足、无法进站等各类票卡问题，可语音交互自助查询首末班车时间、站内设施等内容。智能客服中心由“人工服务”向“自助服务”转变，实现车站服务的自助化、智能化、人性化。2020 年 8 月 25 日，深圳地铁 6 号线、10 号线和 11 号线全线应用智慧客服系统。2020 年 12 月，西安地铁 5 号线、6 号线推出了全新的“智能客服中心”，采用了以“智能设备”为载体的自助服务系统，取代了以往的“人工服务”模式。智能客服中心将二维码模块、置卡区、打印机口与屏幕完美融合，主体设备包含人工操作台、信息显示屏、乘客自助操作屏、票箱模块等，智能客服中心整体结构形成 360°的开放柜台，结合乘客日常出行需求，涵盖自助票务处理、信息查询、站内导航、语音提示及召援 4 项核心功能，解决乘客出行途中的大部分使用需求。智能客服中心上线使用后，以往需要人工处理的业务，其中 90%都将能通过智能客服中心解决，服务响应时间可在原有基础上缩短 50%，真正实现了“智能在线、服务无限”的场景。

3. 运营维护技术

1）国家示范工程项目《上海轨道交通车辆智能运维系统》顺利启动

依托国家示范工程项目《上海轨道交通车辆智能运维系统》，上海地铁通过建设车辆智能运维系统 RISE，并辅以运维管理手段的创新，初步实现城市轨道交通车辆运维由传统的计划修、故障修向状态修的转变。该项目的建设目标是着力打造的车辆智能运维系统 RISE，由车联网系统（IOR）、轨旁综合检测系统（SMIT）、维护管理系统、车辆维护专家系统组成，可完成从车辆运行到车辆检测维护全过程的数据采集工作，并实现对上海地铁全路网车辆的状态实时监测、异常情况预警、计划自动生成、维修维护指导等功能。

北京地铁公司完成了北京地铁车辆设备设施智能运维平台用户需求书的编制工作，本平台建设立足集团需求，能够更准确地掌握运营关键设备的信息，建立清晰准确的运营相关的关键设备、设施及资产台账，有效管理关键设备、设施和资产的维护、维修和运行，结合设备运行水平对设备数据的采集和分析预警，以规范、可控的流程进行台账、采购、库存、维修及设备状态的管理，为地铁公司建立现代先进的智能运维管理平台和工具，为北京地铁集团化管理提供数据依据，为地铁设备维修体系优化提供决策支持，提升对与运营相关的关键设备、设施、资产的管理水平，建设以资产管理清晰化、维护维修体系化、物资管理节约化、设备状态采集与分析智能化 4 个管理维度，以设备运行水平综合分析与展示为体现的“六维一体”的智能运维管理系统。

2）《北京地铁设备设施智能运维平台》完成需求论证

北京地铁公司完成《北京地铁设备设施智能运维平台》用户需求书编制工作，本平台建设立足集团需求，能够更准确掌握运营关键设备的信息，建立清晰准确的运营相关的关键设备、设施及资产台帐，有效管理关键设备、设施和资产的维护、维修和运行，结合设备运行水平数据采集对设备数据的采集和分析预警，以规范、可控的流程进行台账、采购、库存、维修以及设备状态的管理，为地铁公司建立现代先进的智能运维管理平台和工具，为北京地铁集团化管理提供数据依据，为地铁设备维修体系优化提供决策支持，提升运营相关的关键设备、设施、资产进行管理水平，建设以资产管理清晰化、维护维修体系化、物资管理节约化、设备状态采集与分析智能化四个管理维度，以设备运行水平综合分析与展示为体现的“六维一体”的智能运维管理系统。

3）多地地铁开展在线监测系统试点和升级改造

基于在线监测系统的技术架构，成都地铁搭建了多专业在线监测系统试点平台，目前已接入信号专业、车辆专业和机电专业数据，实现信号、车辆及机电在线监测系统的典型应用，以及设备健康管理功能，并预留其他专业接口。通过集成多专业在线监测数据，完成系统功能和接口调试，开发信号、车辆及机电专业设备的统一设备状态视图。通过大数据分析技术，实现多专业实时预警和故障智能分析，进而实现跨专业结合部隐患发现、故障定位及综合分析等功能。信号、车辆和机电专业在线监测系统的试点应用可验证多专业数据监测、数据共享的可行性，为设备结合部的故障诊断及设备健康管理提供依据。

此外，深圳地铁开展列车在线监测系统升级改造工程，杭州地铁开展通风空调在线状态监测系统试点改造等。

4）深圳地铁 11 号线应用安保区施工智能识别预警系统

深圳地铁 11 号线应用安保区施工智能识别预警系统，通过无人机、车载摄像头、定点云台监控搭载 AI 视觉算法，能够自动识别出视频图像中是否存在不当施工行为及是否出现钻探机、打桩机等对地铁运营线路产生威胁的大型施工器械，一旦检测到安保区存在人员施工或大型施工器械，系统就会自动推送报警信息给相关工作人员，提示其及时处理。系统应用极大地提高了地铁集团对地铁安全保护区防护及安全巡检的效率，降低了人力成本。

4. 信息化技术

1）京沪、成渝等市实现乘车二维码的互联互通

2020 年年末，上海与北京地铁乘车二维码实现互联互通，范围包括北京、上海城市轨道交通所有运营线路及车站。上海市民使用 METRO 大都会 App 不仅可以乘坐上海轨道交通，也可以刷码乘坐北京地铁；而北京市民也可以使用亿通行 App，刷码乘坐上海城市轨道交通。自 2018 年 12 月 1 日乘车二维码互联互通项目启动以来，上海地铁二维码已实现与长三角所有城轨及青岛、兰州等 13 个省市互通，总里程达 1646 千米，占全国所有地铁城市的 30%，累计服务约 610 万人次。图 6.7 为上海市轨道交通跨域乘车二维码互联互通城市图。

2020 年 8 月，长春实现与无锡、苏州、福州、南昌乘车二维码的互联互通。长春市轨道交通集团推出的“长春 E 出行”App 不仅可以实现手机扫码乘车，还可获取诸多乘车信息和乘车体验，让乘客乘坐轨道交通更便捷、更高效。

2020 年 7 月，成都、重庆实现二维码互通互乘，成渝两地的乘客可使用当地地铁 App 乘坐对方城市市内轨道交通，既可通过“成都地铁”App 乘坐重庆地铁、单轨，也可通过“渝畅行”App 乘坐成都地铁、有轨电车，这标志着成都和重庆两地城市轨道交通互联互通的时代正式来临，为推进成渝地区统筹发展，促进产业、人口及各类生产要素合理流动和高效集聚奠定了区域交通基础。

2）北京地铁 1 号线完成地铁地下定位系统“一站一区间”的应用示范

目前，基于北斗技术体系的地铁地下定位系统已在北京地铁 1 号线完成了“一站一区间”的应用示范。未来，计划在首都机场线全线应用示范。

5. 热门技术应用展望

通过信息技术进行轨道交通各专业子系统数据的采集、存储、分析、交互、共享、管理和应用，并形成辅助行业建设、运营、管理、安全和服务的智能化工具。它已成为推动行业创新发展和提升企业竞争力的关键。

互联互通的 CBTC 系统、列车自主运行系统、智慧化是 2020 年度城市轨道交通发展的技术热点。目前，我国轨道交通的智慧化建设已从探索阶段进入实际开发和应用阶段，特别是人工智能、大数据、云计算、无线通信等新兴技术的发展，为城市轨道交通不断走向智慧化提供了技术支撑。纵观 2020 年城市轨道交通信息化、智能化发展成果，以上新兴技术对实现数字化、智慧化轨道交通发挥了巨大的作用。

这种轨道交通信息化、智能化领域，与国外同行业企业相比，国内企业更加熟悉和了解我国轨道交通发展的模式及技术特点，技术和产品的适应性更强，售后服务更加及时有效，因此本领域的竞争主要是国内企业之间的竞争。由于行业壁垒较高，拥有雄厚研发实力、先进技术、可靠产品和丰富经验的企业才能符合客户的招标要求。虽然近年来随着行业市场规模的不断扩大，本领域内企业的数量不断增加，但总体数量较少。从当前的市场竞争情况来看，竞争格局较为稳定。

（六）创新研究平台相继成立

为提高轨道交通行业创新发展水平，促进创新科技成果转化，各轨道交通相关企事业单位争相成立轨道交通类创新研究院。2020 年 4 月 22 日，呼和浩特地铁科技发展有限公司正式揭牌成立；2020 年 6 月 22 日，南京地铁运营车辆制动运维研发中心正式揭牌成立；2020 年 7 月 16 日，大连地铁科技有限公司正式揭牌成立；2020 年 11 月 12 日，北京地铁技术创新研究院正式揭牌成立；2020 年 11 月 14 日，湖南首家国家级制造业创新中心——国家先进轨道交通装备创新中心，在株洲正式揭牌成立；2020 年 12 月 18 日，北京协同创新轨道交通研究院有限公司正式揭牌成立。随着各项资源和人才的不断涌入，轨道交通创新水平将不断提高，进一步促进科技成果转化、产业转型，各类创新研究平台的成立，将成为建设科技创新型轨道交通的新引擎。

为增强轨道交通前沿技术的国际交流与合作，2020 年 10 月，北京国际城市轨道交通人才高峰论坛——人才与城轨交通高质量发展分论坛，在中国国际展览中心举行。以论坛为契机，进一步增强了行业之间的沟通交流，协会、企业、学校之间能有更多更有效的互动互利，形成合力，国际间也展开了更为广泛的合作交流。2020 年 11 月，第三届中国国际城轨交通发展趋势论坛在上海成功举办。此次论坛以“智慧城轨，高质量发展引擎”为主题，围绕中国城轨发展实际和国际合作案例，深度聚焦城轨交通行业热点，积极响应国内国际发展需求。

二、铁路

（一）基本情况

2020 年，新一轮科技革命和智能技术快速发展，全球铁路快速步入数字化、智能化发展新阶段。交通强国、新基建等国家战略和典型行业智能化加快布局，铁路智能化创新探索积极推进，取得显著成果。在智能高铁顶层设计方面，中国国家铁路集团有限公司（以下简称“国铁集团”）印发《智能高速铁路体系架构 1.0》，为新建智能高速铁路和既有高速铁路智能化升级提供顶层指导。在关键技术攻关方面，推进基于 BIM 的全生命周期的智能建造技术应用向纵深发展，深化高速铁路自动驾驶技术体系、列车运行控制自主化技术、综合检测智能分析技术等智能装备关键技术，将新技术、新方法、新手段与铁路业务进一步深度融合，在购票、候车、调度、运维等方面优化升级智能运营管理与服务水平。在智能高铁创新实践方面，开展及总结了京张高铁、京雄城际等的智能化创新实践，智能高铁系统性研究成果得以验证、应用、推广，为既有线路升级改造和新线路建设提供了重要依据和行动指南，同时为世界铁路发展贡献中国智能高铁方案。

截至 2020 年年末，全国铁路营业里程 14.6 万千米以上，其中高铁 3.8 万千米。复线里程 8.7 万千米，复线率 59.5%；电气化里程 10.6 万千米以上，电化率 72.8%。西部地区铁路营业里程 5.9 万千米。具体情况如图 6.7 所示。

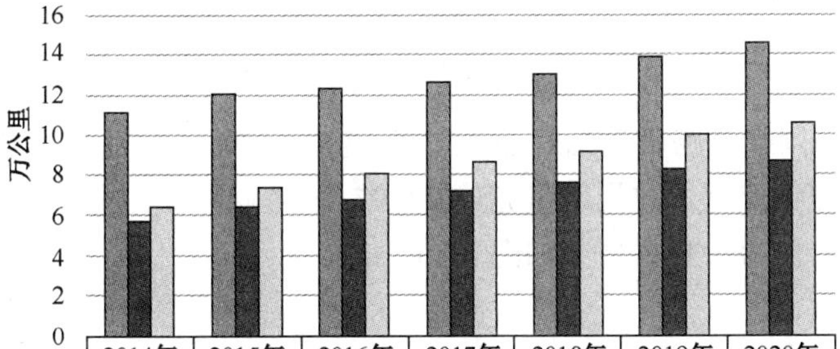

	2014年	2015年	2016年	2017年	2018年	2019年	2020年
营业里程	11.2	12.1	12.4	12.7	13.1	13.9	14.6
复线里程	5.7	6.4	6.8	7.2	7.6	8.3	8.7
电气化里程	6.5	7.4	8	8.7	9.2	10	10.6

图 6.7　近年来全国铁路营业里程、复线里程、电气化里程

全国铁路机车拥有量为 2.2 万台。其中，内燃机车 0.8 万台，占 36.9%；电力机车 1.38 万台，占 63.0%。全国铁路客车拥有量为 7.6 万辆。其中，动车组 3918 标准组、31340 辆。全国铁路货车拥有量为 91.2 万辆。

2020 年，国家铁路旅客发送量完成 21.67 亿人，比 2019 年减少 14.09 亿人，下降 39.4%。国家铁路旅客周转量完成 8258.1 亿人千米，比 2019 年减少 6280.8 亿人千米，下降 43.2%。具体情况如图 6.8、6.9 所示。

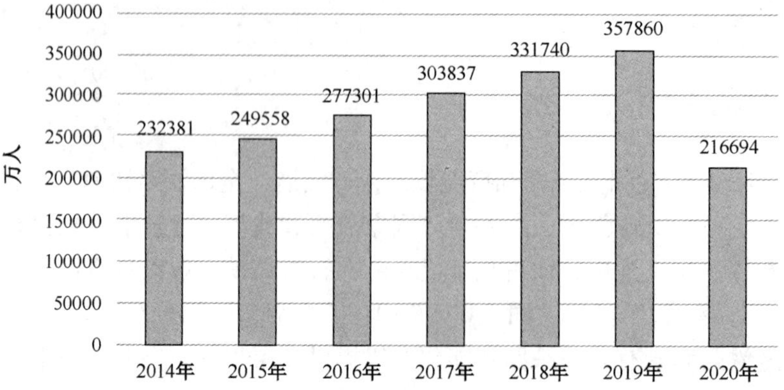

图 6.8　近年来国家铁路旅客发送量

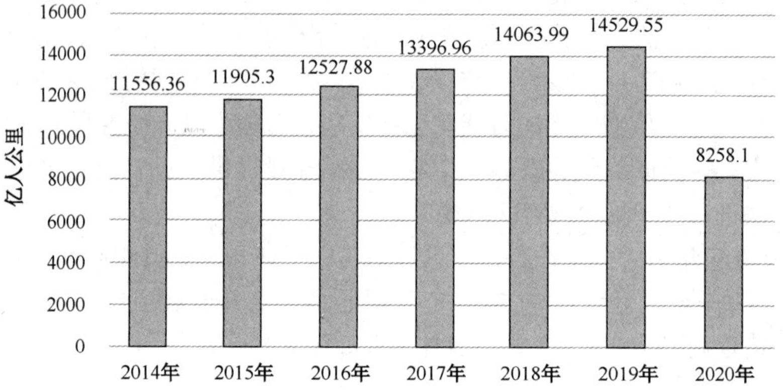

图 6.9　近年来国家铁路旅客周转量

2020 年，国家铁路货运总发送量完成 35.81 亿吨，比 2019 年增加 1.41 亿吨，增长 4.1%。国家铁路货运总周转量完成 27397.83 亿吨千米，比 2019 年增加 388.28 亿吨千米，增长 1.4%。具体情况如图 6.10、6.11 所示。

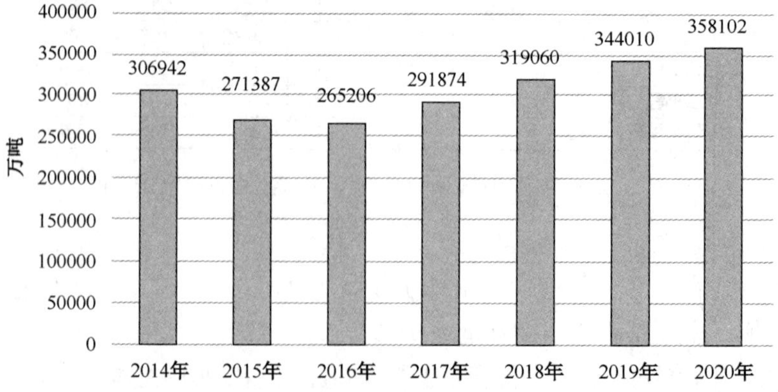

图 6.10　近年来国家铁路货运总量

图 6.11　近年来国家铁路货运总周转量

2020 年全年全国铁路未发生铁路交通特别重大事故、重大事故；发生较大事故 13 件，同比增加 9 件。铁路交通事故死亡人数比 2019 年下降 14.47%。

2020 年，国家铁路能源消耗折算标准煤 1548.83 万吨，比 2019 年减少 87.27 万吨，下降 5.3%。旅客发送量受疫情影响大幅下降，客车上座率低，造成单位运输工作量综合能耗 4.39 吨标准煤/百万换算吨千米，比 2019 年增加 0.45 吨标准煤/百万换算吨千米，增长 11.3%。单位运输工作量主营综合能耗 4.32 吨标准煤/百万换算吨千米，比 2019 年增加 0.48 吨标准煤/百万换算吨千米，增长 12.6%。

2020 年，国家铁路化学需氧量排放量 1634 吨，比 2019 年减排 98 吨，降低 5.6%，二氧化硫排放量 3271 吨，比 2019 年减排 2014 吨，降低 38.1%。

（二）技术发展

1.《智能高速铁路体系架构 1.0》标准

国铁集团印发《智能高速铁路体系架构 1.0》（铁科信〔2020〕159 号），首次提出了智能高铁技术体系、数据体系、标准体系三位一体的体系架构，为国铁集团高速铁路智能化建设和运营提供了重要指导。

智能高铁技术体系框架是从技术层面对智能建造、智能装备、智能运营、支撑平台的核心要素、关联关系等进行的整体性顶层设计。设计采用分类分层设计原则，自顶而下划分为板块、领域、方向、创新、支持平台 5 个层面，可概括为 3 个板块、10 个领域、18 个方向、*N* 项创新、1 个平台。其中，3 个板块指智能建造、智能装备、智能运营；10 个领域指在 3 个板块框架下的勘察设计领域、工程施工领域、建设管理领域、移动装备领域、通信信号领域、牵引供电领域、检测监测领域、客运服务领域、运输组织领域、养护维修领域；18 个方向指 10 个领域框架分解后形成的空天地一体化工程勘察、基于 BIM 工程设计、桥隧路轨工程智能化施工、客运站工程智能化施工、四电工程智能化施工、基于 BIM+GIS 工程建设管理、智能动车组、智能综合检测车、信号、通信、智能牵引供电、智能检测监测、智能客运、智能票务、智能综合调度、智能行车调度、工电供一体化运维、动车组智能运维；*N* 项创新指在 18 个方向框架下进一步细分形成的基于 GIS 的智能勘探、BIM 建模、智能梁场、客站智能施工、电气化工程智能施工、基于 BIM 虚拟建造、动车组智能监控、智能检测数据分析、智能牵引变电所、基础设施智能检测监测、站车智能服务、客票电子化、列车运行计划自动调整、运维智能决策等智能化创新；1 个平台指为智能高铁技术创新提供支撑和服务的智能高铁 AI 平台。

智能高铁数据体系框架针对技术体系框架中定义的智能建造、智能装备、智能运营 3 个板块创新应用产生的数据及其他相关的内外部数据，以数据全生命周期管理为主线，定义了数据汇集、存储分析和应用展示等服务，为技术体系框架提供数据驱动，为标准体系框架提供反馈。

智能高铁标准体系框架为技术体系框架和数据体系框架的落地应用提供数据、技术、管理等方面的标准支撑，主要由通用基础与管理标准、智能高铁技术标准、平台及支撑技术标准 3 个一级类目、9 个二级类目、26 个三级类目和若干可扩展类目组成。

2．铁路智能勘察设计技术

智能化勘察设计手段将提升铁路勘察设计效率和精度，减轻设计人员工作量，并完好地存储设计数据，从而为项目施工、后评价等阶段提供完备的数据基础。近年来，智能化勘察设计技术广泛应用于铁路建设中，其中数字孪生技术、合成孔径雷达干涉测量技术（InSAR）及低空遥感航测技术等新型的勘探、设计技术具有代表性。

基于 BIM 技术构建数字孪生铁路，可供参建各方较好地进行信息化检索、可视化交流、数字化分析、场景化体验、精细化管理，整体提升建设管理信息化水平。在京哈高铁改扩建设计阶段，通过搭建 BIM 协同设计平台，形成协同设计工作模式，以提高沟通效率；协调项目中各个专业人员、不同部门的人员，通过创建 BIM 设计模型，并与设计交互工作，进行设计阶段 BIM 应用，提前发现潜在设计缺陷，克服传统设计沟通不及时、不通畅带来的弊端。

合成孔径雷达干涉测量技术（InSAR）可以大范围监测地表形变，对高速铁路沿线地面沉降具有较好的监测能力。京津城际铁路采用 PS-InSAR 技术监测北京段沿线地面沉降，获取北京段沿线地面沉降的分布信息，从动静载荷视角结合北京地区地下水、断裂带、地质条件和含水层系统介质等数据，综合分析高铁沿线不均匀地面沉降的原因，为京津城际铁路的安全运营提供技术支撑。

除此之外，低空遥感航测技术、POS 辅助数码航空摄影测量技术、三维虚拟踏勘技术、机载激光雷达测量技术等新型测试技术也在铁路领域进行试验应用，能够快速获得高精度的地形地貌信息，合理规避环水保、城市规划、征地拆迁、既有设施保护等重点区域及重要设施，极大地降低了铁路建设初期的决策风险，大大地减少了外业踏勘工作量。

3．铁路智能施工建造技术

铁路智能施工主要包含建造过程的智能化监控和建造决策的智能化实践，最终目的是逐步实现少人化、无人化施工。近年来，铁路建设部门在铁路智能化施工建造方面开展了大量尝试。

在智能化监控方面，BIM 技术被广泛应用于铁路智能化施工过程管理中，通过与物联网、云存储等技术结合，实现对施工过程的状态的实时智能感知。基于 BIM 的三维可视化交底与模拟仿真功能，在建设实施前采用动态三维模式进行技术交底，使作业人员了解施工作业要点，优化施工工序，预防安全风险。例如，在京雄城际铁路施工阶段中，建立了 BIM+GIS 电子沙盘，生成带有地形显示、设计模型、周边环境、大临设施、征地拆迁、三电迁改等详细信息的电子沙盘，模型关联施工进度、检验批、工程影像、桩基检测等信息。利用 BIM 模型，施工人员可实时掌握现场施工动态，并进行可视化交底与虚拟仿真，让作业者在施工前即可形象地了解施工过程和关键工序注意事项，在施工后及时掌握施工效果。

此外，在铁路智能化建造实施方面，围绕线路、桥梁、隧道等关键结构，形成了一系列智能施工的新设备及新技术。在铁路隧道智能建造方面，拉林铁路、郑万铁路等线路及正在施工的川藏铁路雅安—林芝段的隧道建设都面临多类型严峻的不良地质考验，综合采用 POS（Position and Orientation System）数码航空影像、高分辨率卫星影像、雷达影像、机载 LIDAR（激光雷达）、无人机摄影及倾斜摄影、三维激光扫描及超前千米级水平钻机等综合测量技术，形成空天地一体化的测绘多技术融合勘测方案，有利于及时提供施工各阶段数字化地质资料，在质量、工期和安全保证等方面为隧道建造提供了有力的基础数据保障。在铁路桥梁智能施工方面，京雄城际铁路建立转体桥梁的 BIM 三维可视化模型，将现场监测的风速、应力、应变、转速、环境温度等参数输入模型，对桥梁施工进行监测与预警，模拟展示转体过程，为现场施工提供参考。该系统在跨廊涿高速特大桥 272（72+128+72）米连续梁施工中应用，该工点采用支架现浇+转体施工工艺。在无砟轨道智能铺轨方面，2021 年 5 月，在湖南张家界张吉怀铁路施工中，由中铁四局主持研发的 WPZ-500 型无砟轨道智能铺轨机组顺利将一对 500 米长的钢轨铺设到位，实现了该机组的首次公开作业，标志着国内首套无砟轨道智能铺轨机组成功落地。在智能焊轨设备方面，2021 年 5 月，由中车戚墅堰所和中铁十一局集团共同研发的新能源储能式钢轨闪光焊机组成功运用于时速 160 千米的广州地铁 18 号线新线建设，设备运用远程云平台监控技术，实现了国内首次新能源储能式钢轨闪光焊机组 BMS 数据、设备状态监控数据、焊接数据的云管理及设备故障诊断，施工过程更加智能化。

4．铁路智能运营维护技术

铁路智能运营维护技术主要包括智能感知装备和健康监测技术两方面，以期搭建线路工程运维技术体系，实现线路工程的“状态修”，降低高铁运营成本，提高工程可靠性。近年来，铁路部门在铁路智能运维技术方面开展了大量尝试，取得的典型创新成果如下。

2020 年，京沪高铁自主开发了基于北斗+5G 的铁路全自动无人机智能巡检专用系统，实现了相关技术在国内外的首次应用。该系统主要由移动升降平台、无人机、配套检测的各种元器件和智能后台系统组成。无人机拍摄的照片、视频和其他检测数据利用 5G 网络自动传回控制中心后，由后台软件进行自动分析。该技术可以实现空中多角度巡检，在保证安全飞行的前提下，实现对白天列车运行期间和夜间天窗对线路、桥梁、边坡、接触网等设备和大范围环境隐患的全天候巡检，大幅提高了巡检效率，同时也摆脱了对 GPS 定位的依赖，强化了高铁安全保障手段。

2020 年全线开通运营的京雄城际铁路，是我国第一条全过程、全专业运用 BIM 技术设计的智能高铁，并在运维过程中采用大量智能化手段。在京雄城际铁路固安特大桥上，智能监测技术得到了集成应用。采用温度传感器并配套无线数据传输发射设备，运用自动化监测手段对温度变化进行实时监测。无线数据传输模块是由无线数据传输终端和无线数据传输主机组成的，依靠成熟的通用分组无线服务/全球移动通信系统网络，在网络覆盖区域内可以快速组建数据通信，实现实时远程数据传输。智能温度监测系统可分析蒸汽养护的 5 个阶段，可绘制出环境温度及养护温度变化时程曲线，实现关键监测部位实时不间断监测。

2020 年 6 月 21 日，国家能源集团铁路装备神维分公司利用封锁天窗时间，在朔黄铁路原平分公司神池南站Ⅱ场，首次使用“无人机”完成对该站场西岔区既有设施、设备的全面航测。航测的顺利完成为全面提高神池南站Ⅱ场轨道基础质量，解决因线路下沉导致的轨道复合不平顺、股道线路和道岔相对位置出现偏差等问题整治提供了科学依据。

5．车辆健康管理智能化

车辆健康管理智能化技术对动车组、客车及货车数据库信息进行了综合分析，总结了车辆及关键零部件性能变化、故障规律，科学确定使用寿命、检修周期，以及各级修程的检修内容和标准，确保了车辆运行安全，提高了车辆使用效率和全寿命成本管理水平。通过大数据分析、故障累计、自学习等人工智能技术改进算法，实现列车故障动态图像检测系统（TEDS、TFDS、THDS）的故障识别由人工识别向智能化自动识别转变。CRH55093 车 2 位转向架 1 位侧图像（通过速度 220km/H）如图 6.12 所示。

图 6.12　CRH55093 车 2 位转向架 1 位侧图像（通过速度 220km/H）

图 6.13 为利用 5G 通信建立的车辆运行状态数字孪生模型。利用 5G 通信的低时

延、大容量特征，实现车-地即时通信，实时传输监测数据，建立关键设备和部件的数字模型，构建动车组数字孪生平台，通过自学习，开发智慧运维应用，提高动车组安全保障能力和研发设计水平。

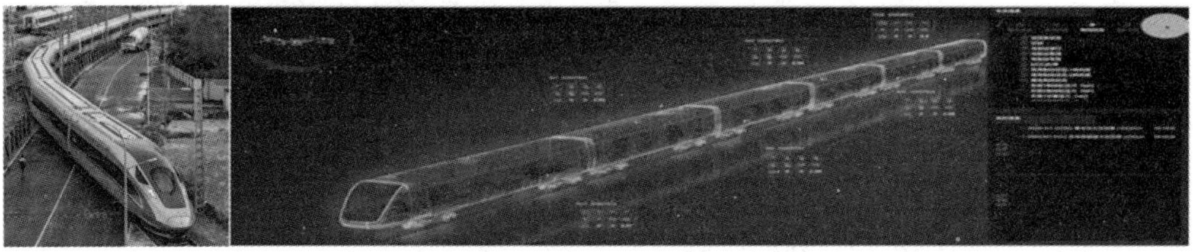

图 6.13　车辆运行状态数字孪生模型

6. 列车运行控制智能化

1）智能化列车网络控制系统

为解决列车通信数据量剧增引起的原有 MVB 网络带宽不足的问题，在“复兴号”动车组上采用了高带宽特性的以太网进行车载设备联网运行设计，替代 WTB 列车总线和 MVB 车辆总线（见图 6.14），实现全方位信息采集、智能化运行。

2）智能高铁自动驾驶（ATO）

智能高铁自动驾驶（ATO）包括有司机监控自动驾驶（STO）、无司机有人监视自动驾驶（DTO）及完全无人自动驾驶（UTO），实现列车运行控制智能化，在运行效率、运行安全、节能环保等方面比人工驾驶更加优化。智能化列车网络控制系统如图 6.14 所示。

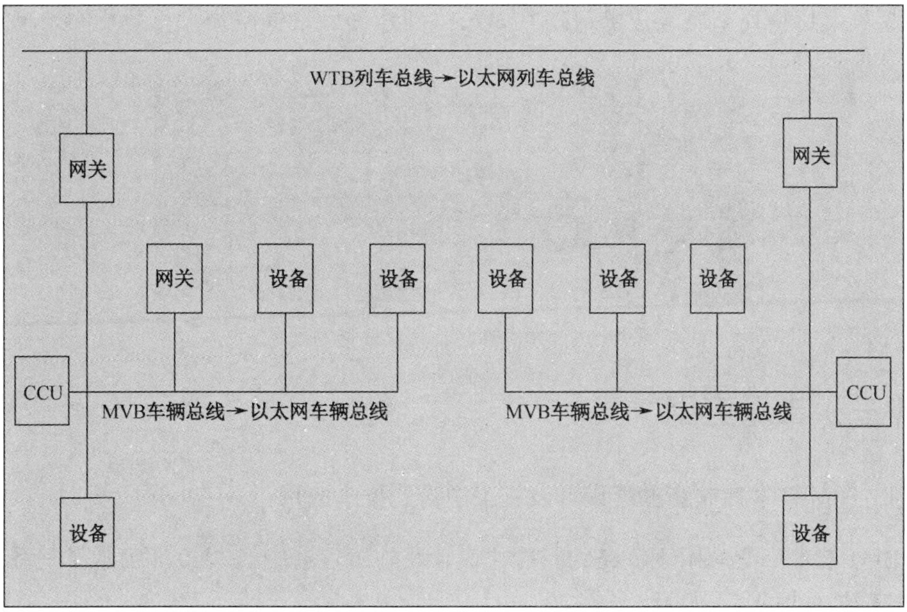

图 6.14　智能化列车网络控制系统

3）建设空天地一体化列控系统

采用北斗卫星定位替代传统轨道电路，利用 5G-R 技术，实现列车与列车之间的直接通信，保障列车运行安全。列车追踪间隔由目前的最短 3 分钟缩短到 2 分钟左右，可提高线路运输能力 30%以上。神华铁路按照国家轨道交通重点研发计划，正在建设货车空天地一体化列控系统。为预防卫星及无线电通信被干扰，发挥轨道移动装备优势，利用轨道电路替代卫星和无线通信，实现高速动车组自定位，自动追踪，密集运行。图 6.15 所示为密集的动车组列车。

图 6.15　密集的动车组列车

根据国铁集团发布的《新时代交通强图铁路先行规划纲要》，将开行 3 万吨级重载列车。3 万吨及以上长大货物列车总长近 4 千米，多台机车分布在列车中。在坡道、曲线等复杂线路上运行时，列车控制由目前的列车同步操纵+GSM-R 升级为智能化列车同步操纵+5G-R，实现列车牵引功率和制动力的合理分配，并为开行 3 万吨级以上超长大货物列车奠定技术基础。图 6.16 所示为大秦铁路长大重载货物列车。

图 6.16　大秦铁路长大重载货物列车

（三）市场应用

1. BIM 技术在铁路勘察设计及施工中得到推广应用

BIM 技术广泛应用于铁路的智能化设计及施工建造中，2020 年完成了一系列基于 BIM 技术等的工程实例。

1）**南阳东站机电工程施工过程管理**

2020 年，南阳东站工程项目运用 BIM 技术，仅机电工程一项发现各类大小碰撞 2 471 处，从而优化了现场施工，提高了施工效率，保证了施工质量，减少了返工时间（可统计时间超过 43 天）。利用 BIM 技术控制现场施工用材，显著降低物料消耗量，节约成本 1200 余万元。

2）**雄安站钢结构智能化建造**

2020 年 4 月 30 日，雄安站主体结构封顶。通过采用 BIM 技术、工厂化及数字化技术，进行钢结构三维深化设计，并将 BIM 模型数据与数控机床直接对接，减少了人工二次转换的工作量，并提高了制造准确性；通过激光跟踪测量，实时掌握杆件加工精度，减小制造误差，保证钢结构加工质量。

基于 BIM 技术同步开展工艺工法模拟、现场虚拟预拼装、整体自动提升和焊接质量检查等，提高钢结构安装精度、施工质量；采用智能放样机器人，通过 BIM 模型中设置现场控制点坐标和建筑物结构点坐标分别作为 BIM 模型复合对比依据，创建放样控制点，导入智能放样机器人进行现场智能定位放样，实现放样施工自动化、精细化。

3）**中国铁路济南局集团营业线施工安全培训实景化平台**

2020 年，中国铁路济南局集团建立的国内第一个用于营业线施工安全培训的实景化平台进入优化运用阶段。该平台基于虚拟现实（VR）技术人机交互手段，结合 BIM+GIS 技术，建立包含三站两区间的铁路三维模型，并通过系统集成技术，实现铁路营业线施工虚拟实景化教学培训效果。经培训实践检验，切实提高了营业线施工安全培训质量，为保障营业线施工安全发挥了更好的作用。

4）**五峰山长江大桥 BIM 技术应用**

连镇铁路五峰山长江大桥在项目建设过程中采用 BIM 技术对项目进行全过程管控，建立了全桥高精度 BIM 模型，将精细化 BIM 模型与互联网和物联网技术相融合，搭建客户端、PC 端和移动端 BIM 协同管理云平台，为工程顺利进行提供了有力保障。

2．智轨列车技术在更多城市投入规划及建设

（1）哈尔滨新区智能轨道快运系统 1 号线，已于 2020 年 12 月 1 日开工，计划于 2021 年 7 月 1 日开通试运行，线路全长约 19.2km，设站 13 座，预计年运输乘客 400 万人次。

（2）德州计划建设德州智轨系统示范线，计划于 2021 年 6 月底开工建设，预计 2021 年年末开通运营，项目全长约 17.3 千米，设站 17 座。

（3）沈（阳）抚（顺）示范区“十四五”交通建设项目规划，计划建设 T2、T4 智轨线路，同时延长 T1 有轨电车为智轨线路，预计所有项目将在“十四五”期间全部建成。

（4）西安将建设泾河新城智轨专线，全长共计 30 千米，设站 17 座，另建接驳线 10.6 千米，设站 9 座。

（5）韶关将根据《韶关市智能轨道交通总体规划方案》建设智轨线路 9 条，总里程约 176.2 千米。

3．线路状态智能感知技术得到工程化集成应用

智能运营里程碑其中之一是到 2020 年年末，实现全面电子客票，构建智能客站，研发智能调度集中（Centralized Traffic Control，CTC）系统，实现工电供一体化智能运维。

1）2020 年，五峰山长江大桥全线智能检测系统投入使用

2020 年 12 月 11 日，连云港至镇江高速铁路全线通车，世界首座高速铁路悬索桥五峰山长江大桥同时投入使用，是中国率先设置全线智能监测系统和 5G 基站的千米级悬索大桥。针对五峰山长江大桥结构构造复杂、养护维修难度大等特点，在建设初期就提前应用了千米级公路铁路双层悬索桥的健康监测系统、智能检修设备和智能人工巡检系统、建养一体化海量数据的智能融合技术等桥梁运营养护技术。五峰山长江大桥南北两个输电铁塔上装置了 6 套 5G 通信射频无线装置，这是我国首次在跨江铁塔上部署 5G 共享基站。为高精度智能巡检桥梁、在桥上实现无人驾驶汽车上路、交通状况车路协同提醒、桥梁段雨雪天气下自动加热除冰等交通新技术提供了可能性。

2）重载铁路货车智能运维“状态修”广泛推广

2020 年 10 月 28 日，国家能源集团研发的 54 辆 C80 型车正式投入运营，促进了我国重载铁路从“计划修”向“状态修”的转变。投产的智能运维 Z1 修整备线是国内铁路行业第一条智能运维整备线，实现了货车故障精准定位、快速维修和零部件批量更换，故障处置更为彻底，具有高度的智能化和自动化水平，极大地提高了铁路货车的检修效率与精准度。对比原有的“计划修”模式，智能运维“状态修”Z1 修整备线投产后，日均整备数量为 4 列，列均整备时间控制在 4 小时以内，铁路货车单车全生命周期检修成本至少降低 20%以上，带来了列检作业方式及布局的较大变革。

（四）重大项目——京雄城际铁路开通运营

2017 年 10 月 18 日，习近平总书记在党的十九大报告中指出“以疏解北京非首都功能为‘牛鼻子’推动京津冀协同发展，高起点规划、高标准建设雄安新区”，明确了雄安新区建设要坚持“世界眼光、国际标准、中国特色、高点定位”理念。2020 年 12 月 27 日，京雄城际铁路全线建成通车，连接北京和雄安的首条高铁投入使用。京雄城际自北京西站引出，经过既有京九线至李营站进入新建线路，向南经北京大兴区，河北省廊坊市固安县、永清县和霸州市，终到雄安新区东侧设雄安站，正线线路全长 92.79 千米，新建车站 5 座，分别是北京大兴站、大兴机场站、固安东站、

霸州北站、雄安新区站。北京西站至雄安新区站之间最快旅行时间 50 分钟，大兴机场站至雄安新区站之间最快 19 分钟可达。雄安新区及周边地区铁路布局规划示意图如图 6.17 所示。

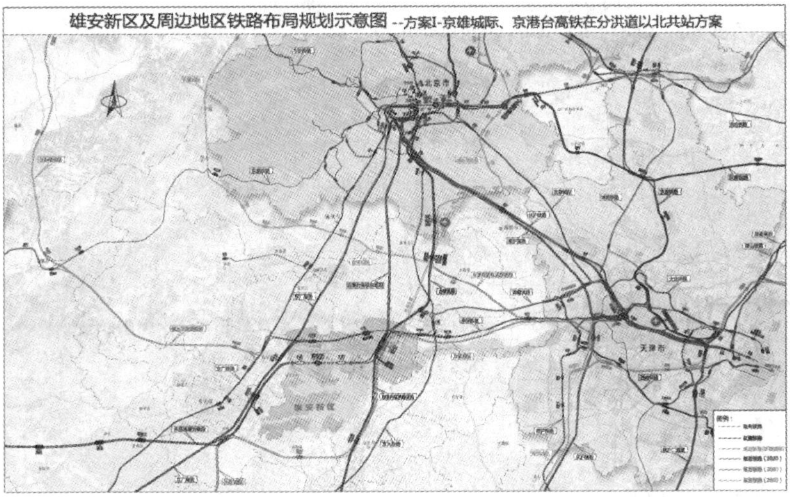

图 6.17　雄安新区及周边地区铁路布局规划示意图

作为新时代智能高铁的代表，京雄城际铁路按照国铁集团打造“精品工程、智能京雄”目标，积极践行“精品、智能、绿色和人文”等工程建设理念，在智能京张成功经验的基础上继续大胆创新实践。项目以科研创新为支撑，积极推动标准体系建设，在智能建造、智能装备、智能运营等方面大量应用智能创新技术，全线实现的智能化创新成果达 70 多项，创下多个“首次”，全面打造“中国智能高铁 1.0”。

在智能建造领域，首次在全路实现了全专业、多领域、成体系的智能建造技术应用；在勘察阶段创新使用了遥感技术辅助选线、POS 辅助数码航空摄影测量、三维虚拟踏勘、机载激光雷达技术、InSAR 区域沉降监测等空天地一体化先进手段进行线路勘察工作；在设计前期搭建 BIM 框架体系，开展了多专业协同设计，实现向铁路工程管理平台及雄安数字城市系统（CIM）交付使用；采用了智能压实新技术建造路基，实现填料含水率检测、摊铺精平、无人碾压、自动连续检测、边坡修整全流程智能化施工；在沿线设置了一批智能梁厂、智能板厂，创新性地采用了钢筋自动加工设备、焊接机器人等机械化、智能化设备，安装预埋套筒、自动张拉、放张设备等关键工序采用机器人智能作业，推进智能精调铺板、北斗定位铺轨、接触网预配等智能化实践，实现全专业工程智能化施工探索应用；开展了桥梁装配式一体化试点探索应用，取得了良好的示范效果；大力推进 BIM 技术应用，首次实现设计、施工到运营三维数字化智能管理，开创性地应用了建设管理“一张图”、施工管理两级 BIM 平台、BIM+GIS 电子沙盘等，全路首批启用了铁路工程管理平台 V1.0。图 6.18 为智能建造技术创新应用示例。

智能梁场

智能板厂套筒自动安装

路基智能压实

智能铺板

图 6.18　智能建造技术创新应用示例

在智能装备领域，深化动车组智能监控、智能诊断、智能服务、智能运维关键技术研究，研制京雄城际智能动车组；持续推进复兴号动车组 CTCS3+ATO 列控系统试验验证，深入研究面向智能高铁大业务量的高速率、高可靠、低时延移动通信关键技术；采用区间轨道电路室外监测与诊断、电务现场作业管理、GSM-R 网络数据监测及综合分析、高铁灾害监测及地震预警系统，应用全息感知、重构自愈、智慧运维的智能牵引供电系统，资源按需调整的综合视频一体化等系统，为设备运行提供准确、可靠的监测信息，确保高铁运行安全可靠。图 6.19 为智能装备技术创新应用示例。

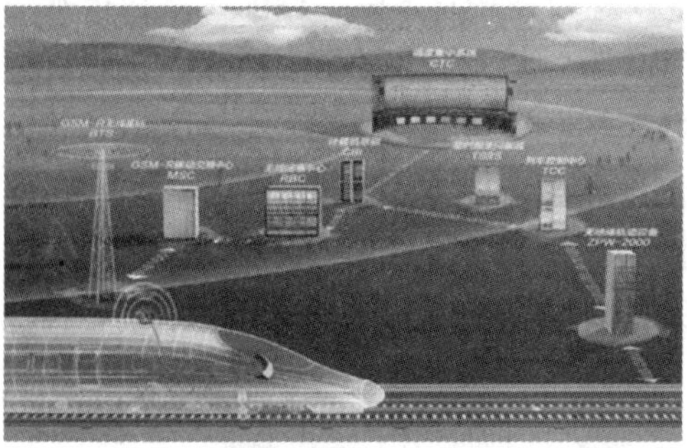

智能列车运行控制系统

自动诊断回复的智能供电系统

图 6.19　智能装备技术创新应用示例

在智能运营领域，在旅客服务集成管理平台的基础上，雄安新区站“智能客站大脑”将结构健康监测、建筑设备监控、能源管理、综合视频监控数据进行整合，实现“客运服务管理、设备管理、应急指挥”的实时在线运维；推进基于全生命周期的基础设施智能运维关键技术研究，应用了工电一体化基础设施智能运维监测平台，打造了基于物联网的智能运维检测系统，进一步建立健全了工电专业的数据监测分析，构建了人防、物防、技防“三位一体”的安全保障体系。图 6.20 为智能运营技术创新应用示例。

智能客站大脑

图 6.20　智能运营技术创新应用示例

第七章

水　路

一、基本情况

（一）行业总体发展论述

1．基础设施建设

1）内河航道

截至 2020 年末，全国内河航道通航里程 12.77 万千米，比 2019 年年底增加 387 千米。等级航道里程 6.73 万千米，占总里程比重为 52.7%，提高 0.2 个百分点。三级及以上航道里程 1.44 万千米，占总里程比重为 11.3%，提高 0.4 个百分点。

各等级内河航道通航里程分别为：一级航道 1 840 千米，二级航道 4 030 千米，三级航道 8 514 千米，四级航道 11 195 千米，五级航道 7 622 千米，六级航道 17 168 千米，七级航道 16 901 千米。等外航道里程 6.04 万千米。

各水系内河航道通航里程分别为：长江水系 64 736 千米，珠江水系 16 775 千米，黄河水系 3 533 千米，黑龙江水系 8 211 千米，京杭运河 1 438 千米，闽江水系 1 973 千米，淮河水系 17 472 千米。2016—2020 年全国内河航道通航里程如图 7.1 所示

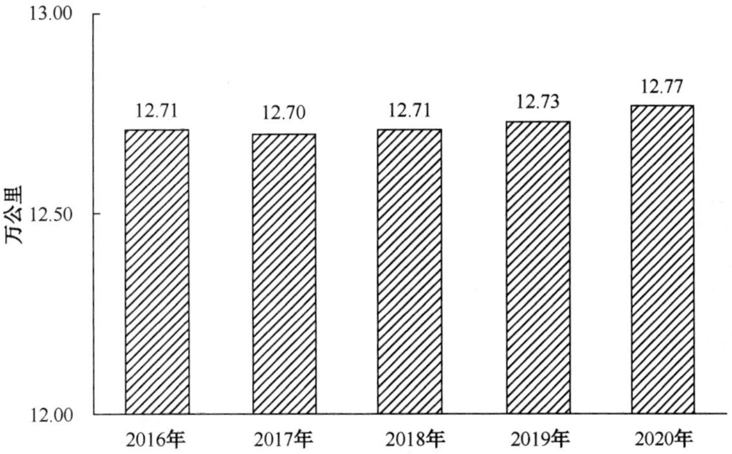

图 7.1　2016—2020 年全国内河航道通航里程

2）港口

截至 2020 年末，全国港口生产用码头泊位 22 142 个，比 2019 年年底减少 751 个。其中，沿海港口生产用码头泊位 5 461 个，减少 101 个；内河港口生产用码头泊位 16 681 个，减少 650 个。

截至 2020 年末，全国港口万吨级及以上泊位 2 592 个，比 2019 年年底增加 72

个。其中，沿海港口万吨级及以上泊位 2 138 个，增加 62 个；内河港口万吨级及以上泊位 454 个，增加 10 个，如表 7.1 所示。

截至 2020 年末，全国万吨级及以上泊位中，专业化泊位 1 371 个，比 2019 年年底增加 39 个；通用散货泊位 592 个，增加 33 个；通用件杂货泊位 415 个，增加 12 个，如表 7.2 所示。

表 7.1　全国港口万吨级及以上泊位

单位：个

泊位吨级	全国港口	比 2019 年增加	沿海港口	比 2019 年增加	内河港口	比 2019 年增加
1～3 万吨级（不含 3 万吨级）	865	6	672	2	193	4
3～5 万吨级（不含 5 万吨级）	437	16	313	16	124	0
5～10 万吨级（不含 10 万吨级）	850	28	725	22	125	6
10 万吨以上级	440	22	428	22	12	0
合计	2 592	72	2 138	62	454	10

表 7.2　全国万吨级及以上泊位构成（按主要用途分）

单位：个

泊位用途	2020 年	2019 年	比 2019 年增加
专业化泊位合计	1 371	1 332	39
集装箱泊位	354	352	2
煤炭泊位	265	256	9
金属矿石泊位	85	84	1
原油泊位	87	85	2
成品油泊位	147	143	4
液体化工泊位	239	226	13
散装粮食泊位	39	39	0
通用散货泊位	592	559	33
通用杂件货泊位	415	403	12

2. 运输设备

截至 2020 年末，全国拥有水上运输船舶 12.68 万艘，比 2019 年年底下降 3.6%；净载重量 27 060.16 万吨，增长 5.4%；载客量 85.99 万客位，下降 2.9%；集装箱箱位 293.03 万标准箱，增长 30.9%，如图 7.2 所示。

3. 运输服务

2020 年全年，完成营业性客运量 96.65 亿人，比 2019 年下降 45.1%，完成旅客周转量 19251.43 亿人千米，下降 45.5%；完成营业性货运量 464.40 亿吨，下降 0.5%，完成货物周转量 196760.92 亿吨千米，下降 1.0%。

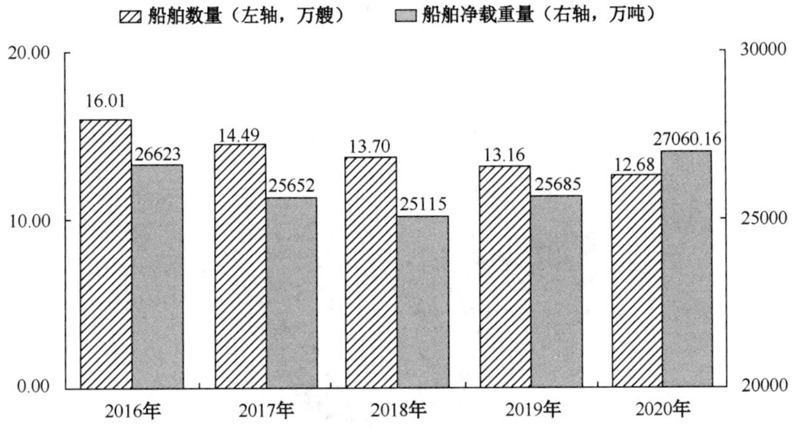

图 7.2 2016—2020 年全国水上运输船舶拥有量

表 7.3 全国水上运输船舶构成（按航行区域分）

指标	计量单位	实绩	比上年增长（%）
内河船舶			
运输船舶数量	万艘	11.50	-3.8
净载重量	万吨	13 673.02	4.5
载客量	万客位	60.07	-4.2
集装箱箱位	万 TEU	51.31	31.0
沿海运输船舶			
运输船舶数量	艘	10 352	-0.1
净载重量	万吨	7 929.83	12.0
载客量	万客位	23.63	0.6
集装箱箱位	万 TEU	60.91	-3.7
远洋运输船舶			
运输船舶数量	艘	1 499	-9.9
净载重量	万吨	5 457.30	-1.2
载客量	万客位	2.29	-3.3
集装箱箱位	万 TEU	180.80	48.9

其中，水路全年完成客运量 1.50 亿人，比 2019 年下降 45.2%，完成旅客周转量 32.99 亿人千米，下降 58.0%；完成货运量 76.16 亿吨，比 2019 年下降 3.3%，完成货物周转量 105834.44 亿吨千米，下降 2.5%。其中，内河货运量 38.15 亿吨、货物周转量 15937.54 亿吨千米；海洋货运量 38.01 亿吨、货物周转量 89896.90 亿吨千米。

全国港口完成旅客吞吐量 4 418.8 万人，比 2019 年下降 49.3%。其中，内河港口完成 74.6 万人，下降 85.3%；沿海港口完成 4 344.2 万人，下降 47.1%。

全国港口完成货物吞吐量 145.50 亿吨，比 2019 年增长 4.3%。其中，内河港口完成 50.70 亿吨，增长 6.4%；沿海港口完成 94.80 亿吨，增长 3.2%。完成集装箱铁水联运量 687 万 TEU（Twenty-feet Equivalent Unit，传输扩展单元），增长 29.6%。

全社会营业性客运量分运输方式构成如图 7.3 所示；2020 年全社会营业性货运

量分运输方式构成如图 7.4 所示

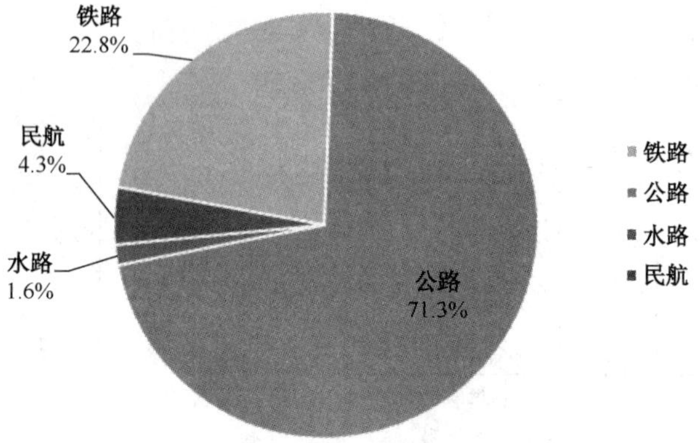

图 7.3　全社会营业性客运量分运输方式构成

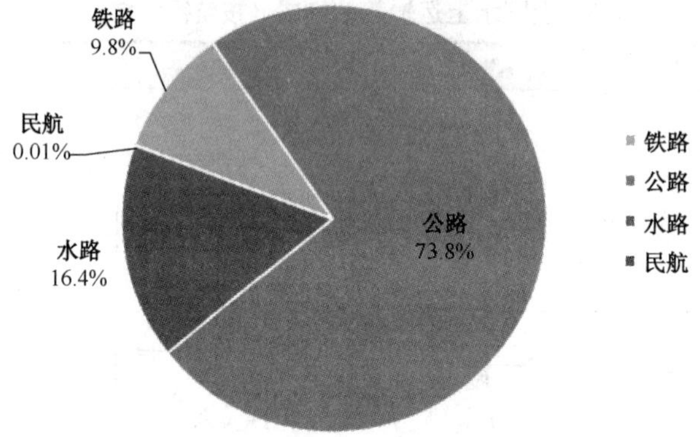

图 7.4　2020 年全社会营业性货运量分运输方式构成

4．固定资产投资

2020 年全年，完成水路固定资产投资 1 330 亿元，比 2019 年增长 17.0%。其中，内河完成 704 亿元，增长 14.8%；沿海完成 626 亿元，增长 19.5%，如图 7.5 所示。

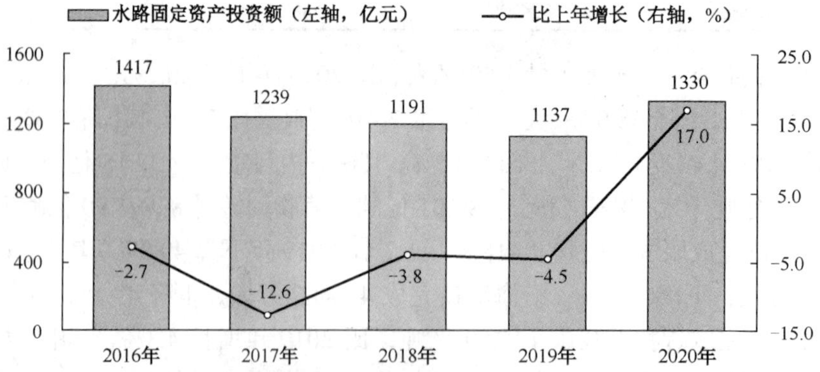

图 7.5　2016—2020 年水路固定资产投资额及增长速度

全年完成公路水路支持系统及其他建设投资 241 亿元。

5. 安全生产

2020 年全年，共发生运输船舶水上交通事故（等级事故）138 件，比 2019 年增长 0.7%，死亡失踪 196 人，增长 26.5%，沉船 76 艘，增长 65.2%。全国各级海上搜救中心共组织、协调搜救行动 1793 次，在我国搜救责任区内成功搜救 66 艘中外遇险船舶、1515 名中外遇险人员。

（二）展望

1. 新型水路交通基础设施建设

2020 年，我国水路交通基础设施建设得到了较快发展，但与其他交通方式存在较大差距，对于船舶智能航行、新一代航运系统构建等水路交通发展的支撑力度不够，需要从传统的水运基础设施转型；面向智能航运，实现水路交通新型基础设施的升级改造。

2. 网络安全

随着水运信息化和智能化的发展，网络安全的防护对象和防护场景发生了诸多变化。船舶智能航行、码头自动驾驶等场景的网络安全防控技术和系统发展需求迫切，一旦发生网络安全事故，其后果不堪设想。随着云计算、人工智能等先进技术的发展，网络安全的重要性需要得到更深刻的认识；与之相匹配的网络安全保障系统与技术，也应得到重点关注。

3. 绿色航运

航运业发展面临碳排放预测、减碳排放技术与政策等难题，水路交通运输发展亟须解决绿色能源、生态环保等多学科交叉融合。以“风、光、储、氢”等清洁能源为代表，为绿色航运系统发展提供了多能源融合网络架构。未来，还需深入研究多能源融合系统相适应的能量管理系统、负荷优化配置技术和效益评估方法，为绿色航运发展奠定技术支撑。

二、政策、标准化

（一）政策

《内河航运发展纲要》

内河航运是综合运输体系和水资源综合利用的重要组成部分，在促进流域经济发展、优化产业布局、服务对外开放等方面发挥了重要作用。为贯彻落实交通强国建设战略部署，推动内河航运高质量发展，服务国家战略实施，助力中国特色社会主义现代化强国建设，2020年5月，交通运输部制定并印发了《内河航运发展纲要》（交规划发〔2020〕54号）。

《内河航运发展纲要》提出了8个主要任务，包括：建设干支衔接江海联通的内河航道体系、打造集约高效功能协同的现代化港口、构建经济高效衔接融合的航运服务体系、践行资源节约环境友好的绿色发展方式、构筑功能完善能力充分的航运安全体系、强化创新引领技术先进的航运科技保障、传承弘扬历史悠久内涵丰富的航运文化、构建多方共建共治共享的现代行业治理体系。

（二）标准化

1.《船舶大气污染物排放嗅探遥测技术标准研究》

为加快船舶尾气遥测技术标准制定，推动技术研究成果产业化，支撑船舶大气污染物排放控制区内的船舶尾气遥测站点建设，交通运输部科技司于2020年通过了交通运输部天津水运工程科学研究院的《船舶大气污染物排放嗅探遥测技术标准研究》项目申请，将于2021—2022年间开展标准研究与制定工作。

2.《排污许可证申请与核发技术规范 码头》

2020年2月28日，生态环境部发布并实施的《排污许可证申请与核发技术规范 码头》（HJ 1107—2020），明确了干散货码头排污许可管理要求，给出了颗粒物无组织年排放量与实际排放量核算的参考方法。通过完善散货港口环境智能监测控制体系，可有效支撑排污许可的证后监管。

3.《港口环境在线监测系统设计指南》

《港口环境在线监测系统设计指南》的制定工作，由交通运输部天津水运工程科学研究所承担，计划于2021年12月完成报批稿。

三、技术发展

（一）船舶尾气遥测技术

2020年是船舶燃油硫含量管控的关键一年，不仅是全球限硫令正式生效之年（硫含量限值从3.5%m/m下降至0.5%m/m），也是我国船舶大气污染物排放控制区内河部分管控要求提升之年（硫含量限值从 0.5%m/m 下降至 0.1%m/m），在我国近 5 年的船舶尾气遥测技术研究积累与试点成功的基础上，海事主管部门加大船舶尾气遥测站点建设，推广应用高效、精准的监管新模式。船舶尾气遥测技术原理示意图如图 7.6 所示。

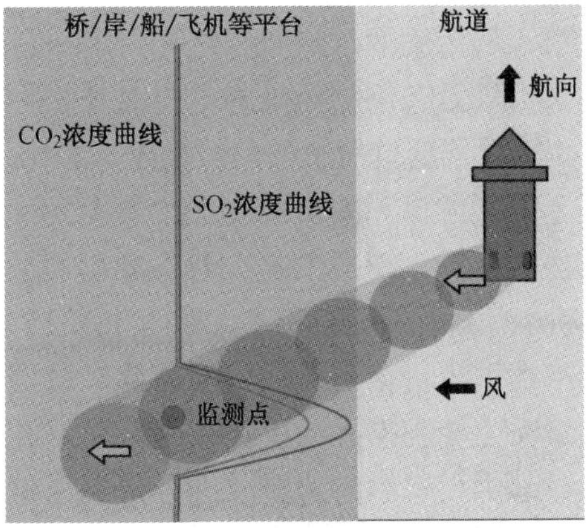

图 7.6　船舶尾气遥测技术原理示意图

自 2015 年 12 月珠三角、长三角、环渤海（京津冀）水域船舶排放控制区设立后，海事主管部门在履行监管职责中很快就发现了登船抽检燃油成本高、效率低、无法针对在航船舶的难题，国内水运行业相关科研机构迅速着手开展船舶尾气遥测技术研究。2018—2019 年间，交通运输部天津水运工程科学研究院分别在江苏苏通大桥、海巡艇、广东坭洲航标等地开展了试点，成功查获了多起在航船舶违规使用高硫油案件，证明了技术的可行性及多种平台（桥、岸、艇）建站的可行性。海事局联合地方先后成立了上海自贸区（外高桥）船舶大气污染物排放控制监测监管试验区、大鹏湾船舶大气污染物排放控制监测监管试验区等平台，支持船舶尾气遥测技术在排放控制区监管中的应用研究。2020 年，我国先后攻克了装备小型化和数据处理自动化（船舶尾气信号识别、硫含量自动测算、嫌疑船自动锁定等）等关键技术，实现了船舶尾气遥测仪装备的制造和量产能力，开发了船舶尾气遥测大数据分析管理平台等信息化系统，陆续在江苏、上海、广东、天津等地建成多个固定式船舶尾气遥测站点、海巡艇移动式船舶尾气遥测站点、无人机移动式船舶尾气遥测站点。

2020 年是船舶尾气遥测技术推广应用的元年。江苏海事局下辖 10 个分支局采购了船舶尾气遥测仪，建成了覆盖长江江苏段的海巡艇移动式船舶尾气遥测站点。上海海事局和深圳海事局分别在部拨专项经费的支持下购买了船舶尾气遥测技术服务，在长江口和大鹏湾实施高效、精准的监管。东莞海事局在东莞市大气污染防治经费的支持下，购买了为期 2 年的船舶尾气遥测技术服务。天津海事局联合天津市生态环境厅申请的 2020 年第三批中央大气污染防治专项资金项目获得批复，计划于 2021 年建成覆盖天津港一港八区的船舶尾气立体（岸、艇、无人机）遥测网。江苏省生态环境监测监控系统三年建设规划（2018—2020 年）中的“江苏海事局船舶尾气排放遥感监测系统建设项目”进入设计阶段，计划于 2021 年在 6 座跨江大桥上建成固定式船舶尾气遥测站点。

（二）港口粉尘智能监测控制技术

粉尘污染是我国城市大气污染的重点问题之一，港口粉尘在大气环境中的迁移扩散构成了我国沿海城市大气总悬浮物污染的主要成分之一，而煤炭、矿石装卸储存过程中的尘源扩散往往构成了港口粉尘污染的主体。2018 年《中华人民共和国环境保护税法》正式实施，散货港口和港口按规定按其大气污染物（散货粉尘）排放量进行交税，随着该税法的推行，在国内散货港口掀起了新一轮的粉尘治理技改高潮，港口运营方更关注粉尘污染治理的实效，如粉尘污染监测浓度的下降。

由交通运输部天津水运工程科学研究院研发的港口粉尘多维度云监测与智能洒水联动控制系统，将港口粉尘控制提升到了智能化水平。通过多维度云监测智能反演精准找到起尘料堆，对起尘贡献率高的料堆进行精准定向抑尘，同时，多级自动喷雾抑尘系统可实现与门机系统、转运系统联动控制，来料自动喷雾，抑制作业扬尘。该系统为解决港口粉尘污染、发展智慧绿色港口提供了技术支撑。港口粉尘多维度云监测与智能洒水联动控制系统平台如图 7.7 所示。

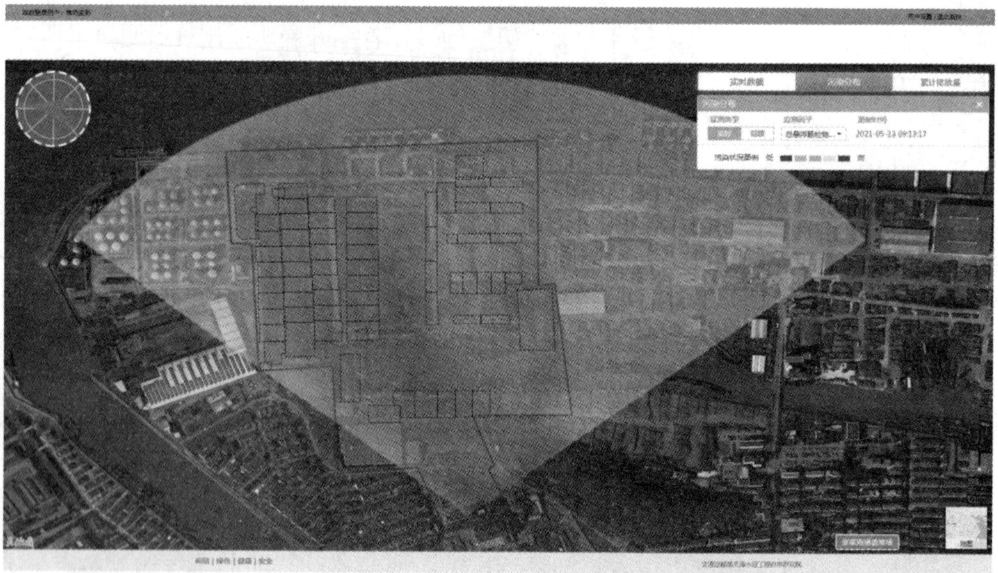

图 7.7　港口粉尘多维度云监测与智能洒水联动控制系统平台

散货港口环境“智能治理”，其本质是运用现代感知、通信、网络信息、大数据和人工智能等技术，实现散货港口环境治理的无人化。散货港口环境“智能治理”作为智慧港口、绿色港口技术体系的重要组成部分，是散货港口效率更高、环境更清洁的必然要求，是散货港口实现无人化的必然趋势。

港口粉尘多维度云监测与智能洒水联动控制系统，为散货港口企业用户提供了粉尘污染在线监测、粉尘污染预警预报、粉尘排放量统计、堆场洒水智能联动控制等定制化、实时化服务，目前已在张家港港务集团有限公司、国能（天津）港务有限责任公司等成功应用，计划于2021年在我国沿海、内河散货港口进行推广。

以张家港港务集团有限公司为例，系统不仅可以有效地提高抑尘效率，还可有效地减少喷洒水量，保证货物含水率增加比例降低，减少对货运质量的影响；日均水消耗量和人力成本支出可相应降低，环保设备消耗费用可相应减少。每年节约抑尘用水约15000吨，节约综合环保成本超100万元。同时，系统大大地提升了喷淋系统的使用效率，减少了人工管理的时间成本，实现了散货港口粉尘监测和控制的智能化管理。

（三）船舶智能化技术

1. 概述

船舶智能化是未来发展的重要方向之一。我国智能船舶历经多年的发展，取得了丰硕的成果。在智能船舶的发展过程中，通过技术突破、示范应用、工程化实施等手段，智能船舶发展的思路逐渐清晰。目前，国内外相关企业都在大力发展船舶智能化。船舶智能化从功能模块上主要包含智能航行、智能机舱、智能船体、智能能效管理、智能货物管理等，其涉及的技术主要有5G、大数据、云计算、人工智能等。

在技术探索阶段的基础上，行业把智能船舶技术与船型、场景相结合，发展方向更加偏重于应用与实践，智能船舶技术的研究方向由理论研究、单一功能研制向基于工程实践的研究转变，由技术引领应用向应用作为主导转变。这一思路的转变，催生了一批以应用为核心、以技术为实现手段的智能船舶项目，如内河智能船、岛间运输智能船、固定航线智能船等。在国际组织方面，各国通过智能船舶的工程实践，在国际海事组织提出相关公约法规的制修订提案。实船试验的需求也带动了相关产业的发展，我国相继建立了一批智能船舶试验场，为智能船舶提供实船试验服务，并通过实际运营船舶改造或新建专用智能技术试验船作为船舶智能技术试验的载体，为我国智能船舶的发展提供了良好的研发和测试环境，极大地促进了我国智能船舶技术的发展。

2. 关键技术与进展

1）船舶无人驾驶技术

随着新一代人工智能技术和无人驾驶技术在航海领域的兴起，海上运输正朝着智能化方向快速发展。无人驾驶船舶作为海上智能交通的载体，已成为国内外航运界关注的焦点。无人驾驶船舶可以执行抵近侦察、扫雷、布雷、深水救捞、铺设海底电缆、营救失事潜艇人员等。美国、俄罗斯、中国、英国、以色列、意大利、日本、法国等国在无人驾驶船舶研制方面不仅走在世界前列，而且取得了不俗的成绩。以色列已成功研制无人驾驶侦察船，以情报收集、海况监视为主，突击为辅。美国曾经出动无人驾驶潜艇协助搜寻美海军失事的“天蝎”号核潜艇残骸，参与打捞坠入海底的航天器，使用无人驾驶潜艇打捞起沉入海底的氢弹，避免了重大灾难事故的发生。随着微电子、高速数字计算机、人工智能、微型导航、自动控制等技术的进步，无人自主式潜水器得到快速发展。

例如，自动驾驶船舶“五月花”号在2020年横跨大西洋，如图7.8所示，其配备太阳能电池板，柴油和风力涡轮机为其提供动力，从英格兰的普利茅斯出发航行到美国马萨诸塞州的普利茅斯。“五月花”号是首批自主在大西洋航行的全尺寸船舶之一。“五月花”号运用人工智能、云计算和边缘计算技术来导航以避免航行事故。它的目标是在海上网络安全、海洋哺乳动物监测及应对海洋微塑料污染等领域进行实验。应用Power Systems服务器支持的PowerAI视觉、激光雷达和光学相机技术，以帮助躲避障碍和航行危险。当检测到这些危险时，该船舶所通过软件来决定是改变航向还是加快航速。同时，该船舶还搭载3个研究舱，其中包含一系列传感器和科学仪器。

图7.8　自动驾驶船舶“五月花”号横跨大西洋

云洲发布启动500吨级无人货船研制和在珠海建设全球最大的无人船海上测试场的消息后，就引起包括美国、英国、日本、韩国在内的17个国家100多家媒体的报道。这意味着云洲自主掌握的无人船艇技术在广泛应用于环境测量、海洋调查，逐步深入安防和军用领域之后，又开启了全球最热门的无人航运之门。

2020年5月15日，我国首艘自主航行的300TEU集装箱商船“智飞”号在位于青岛市即墨区田横岛省级旅游度假区的青岛造船厂有限公司正式开工建造。据介绍，300TEU集装箱商船“智飞”号是我国首艘具有智能航行能力、面向商业运营的运输货船，也是目前在建的全球吨位最大的智能航行船舶，该船舶计划于2021年下半年进行测试运营。“智飞”号由上海佳豪船舶设计院设计，智慧航海（青岛）科技有限公司监造，青岛造船厂有限公司承建，总长约 110 米，型宽约 15 米，型深 10 米，设计航速 12 节，其效果图如图 7.9 所示。

图 7.9 “智飞”号效果图

无人驾驶极大地简化了船舶系统，由于船上没有配备船员，所以就不再需要驾驶台和庞大的上层建筑，不用大量的船员舱、休息区、食品仓库和服务设施。这样，腾出了大量空间，既可增加载货量和载油量，又可简化与人员相关的船舶系统，可直接降低船舶的建造费用，同时降低使用维护成本。从技术上讲，一些发达造船国家已经初步具备了研制无人驾驶渡船、货船、油船、集装箱船的能力，其中有些国家还具备了研制诸如无人驾驶液化气船等高端船舶的能力。英国、美国、韩国等国家现已开始研制大中型无人驾驶货船。

随着技术的不断进步，无人驾驶船舶不仅建造数量在增加，而且使用单位也在增加；不仅有小型无人驾驶船舶，而且有中、大型无人驾驶船舶；不仅有军用型无人驾驶船舶，而且还有大量的民用型无人驾驶船舶。无人驾驶船舶不仅能满足国内需要，而且还能满足国际贸易需要；不仅有大量的下游企业，而且还有众多的上游企业。无人驾驶船舶纵横多个配套领域和行业，形成相当可观的产业群体，有望为航运事业发展做出更大的贡献。

2）船岸协同管控技术

近年来智能航运发展迅速，发展船舶智能航行“船岸协同”势在必行。船舶智能航行“船岸协同”由岸端与船端系统构成，由岸端为船端提供需要的信息与手段。两个系统进行无缝耦合协同实现优化船岸资源配置，增强船舶智能航行技术可靠性，提升船舶交通安全和效率。

上海鹰觉科技有限公司（以下简称“鹰觉科技”）致力于信息感知领域的技术研发与应用。拥有感知领域核心算法、低慢小目标检测跟踪算法、系列核心软件、全固态雷达、信号处理、光电、通信、图像识别等核心技术；拥有各种气象条件下真实场景环境的海量试验数据；拥有先进的具有复杂环境下目标检测能力的仿真技术和经过大量试验数据验证的相应仿真软件，擅长数据挖掘、总体设计和系统集成。

设备如图 7.10 所示。多地实施了基于船岸协同的风险防控平台项目，安装了船岸协同的内河巡查与综合执法的装置及系统，可有效打击走私、违法捕捞等恶性事件。

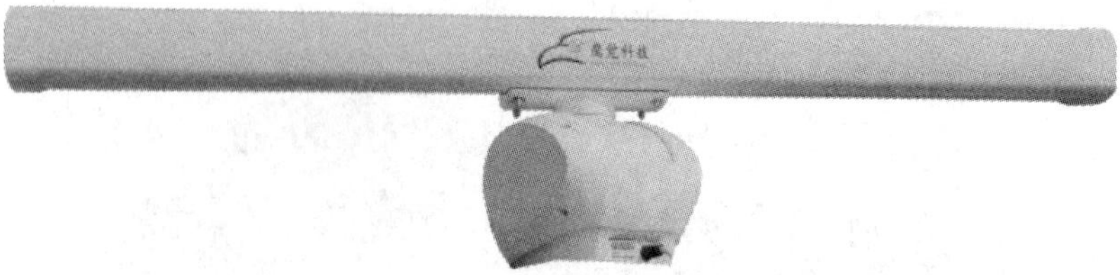

图 7.10　鹰觉科技设备图

"船岸协同"技术的发展趋势主要有以下三方面：

一是岸端为船端提供船舶智能航行的水文、气象、地形、交通条件等基础信息，即通过船舶智能航行岸端基础信息支持系统构成要素与船端环境态势感知系统要素协同对船舶航行环境态势进行感知。船岸通信系统要素与船岸数据组织传输策略系统要素构建起船岸沟通的桥梁与沟通方式。这些信息由船端认知、行为决策、控制决策与执行系统进行分析、决策和执行。

二是岸端为船端提供如障碍物、速度控制决策和转向时间与幅度信息等，即提供船舶智能航行认知、行为决策和控制决策信息。这些信息由船端认知、行为决策、控制决策和执行系统进行分析、决策和执行。但认知、行为决策和控制决策与第一种模式不同。

三是在智能船舶途经复杂危险航段，或遇极端天气，或船舶发出危险、救援预警等，岸基采取远程遥控、驾驶和干预等对船舶进行控制。远程遥控、驾驶和干预系统与船端系统互相独立，以岸端远程遥控、驾驶和干预系统要素行为或指令为先。

船舶智能航行"船岸协同"的船端与岸端系统的功能，首先是岸端为船端提供船舶智能航行必需的信息；其次是岸端为船端提供的信息相互协同；此外，船舶智能航行各项技术通过岸端辅助补充实现增强与可靠；最后是岸端可为船端提供有关水文、气象、交通环境等信息，确定航速、局部航线等，实现船舶与航线的协同，提供全航线船舶交通密度、速度时空分布、协同调度等信息，提升交通的安全和效率。

3）船舶辅机的智能管控技术

智能管控是指在无人干预的情况下自主地驱动智能机器实现控制目标的自动控制技术。辅机智能管控技术则是通过智能管控技术对船舶辅机进行自动控制，通过建立合理的数学模型，通过定量与定性分析相结合的方式进行控制。通过辅机智能管控系统替代或者辅助船员进行船舶辅机的操作，能够有效地降低船舶辅机事故的发生率。辅机智能管控系统可以在某些操作上完全替代船员操作，避免了因人员失误引起事故的发生。同时，当人工进行操作时，智能管控系统会自动监测有无发生危险的可能，并根据情况进行危险报警。同时，在如密闭舱室，高空作业等危险区域可以利用远程操控技术来保证人员安全。

现有，关于船舶节能的措施主要集中于主动力推进装置，但船舶辅机更多，节能措施手段却较少，通过智能管控系统可以有效地提高船舶辅机的使用效率，降低船舶能耗。船舶辅机主要为船舶各系统提供水、风及燃油、滑油等。辅机所消耗的能量和介质的特性与工作要求有很大的关系。现有辅机的设计是根据其功率满足系统最大工况要求的原则进行的，而其控制方式仅仅只有简单的启动与停止两种方式。设备在运转时其功率输出经常远大于实际工况的需求，致使很大一部分能量被浪费了。通过智能管控系统，可以根据辅机设备的实际工况进行实时调节输出功率的大小，避免不必要的功率损耗。

武汉船用机械有限责任公司牵头开展了船用配套设备智能集成与远程运维关键技术研究项目。该项目研究旨在通过辅机智能管控系统的应用，有效提高船舶设备操作的安全性，保护船舶和人员的安全，提高辅机设备的管控效率。该项目在智能船舶“一个平台+*N*个智能应用”研究成果的基础上，开展船用配套设备智能化集成设计、船岸远程运维系统开发、岸基远程分析与管控系统集成、数据轻量化安全传输、商用密码应用、设备运维数据标准与管理等关键技术研究，开发船用配套设备智能集成与远程运维平台，并将实现示范应用。

随着人工智能和信息科学及自动控制等技术的发展，使得智能管控技术更加适合船舶辅机的实际工况，安全性与效率得到更好的提高。

辅机智能管控需要大量数据作为支撑，辅机设备的感知技术是智能管控的基础。无人船舶是未来智能化船舶的发展方向，船舶辅机的智能管控技术将是决定无人化程度的重要指标。因此，船舶辅机智能管控未来发展的方向将是能够适应无人船需求的。

（四）内河航道综合信息智能服务技术

1．概述

内河航道综合信息智能服务技术针对内河航道典型设施智能化监测预警信息资源的整合共享与开发利用，面向内河航道综合信息技术在航运企业、社会公众、港航管理单位等多元用户多方面的需求，采用云计算、大数据、人工智能等新兴技术手段建立和研发内河航道信息服务需求辨识模型、数据资源目录、数据分析挖掘模型与算法及智能化服务系统，形成以多种信息发布方式为基础的多维可视化航道信息综合服务体系，按需及时为用户提供航道动态信息和专题数据服务。

2．关键技术研究进展

1）内河航道综合信息智能服务需求辨识技术

面向船民/船长/船员、船公司、内河航道管理人员/科研单位、港口码头企业 4

类用户，从航道信息、航标信息、水位信息、船舶信息、整治建筑物信息、通航环境信息等共计 13 个大类、80 个信息服务项中构建内河航道信息服务集与服务需求辨识模型。以港口码头用户为例，其信息服务需求矩阵如表 7.4 所示。

2）云环境下内河航道信息服务大数据的构建技术

分析内河航道信息的需求和业务目标，按照内河航道信息服务各项业务的逻辑关系，确定内河航道信息服务的业务框架模型（职能域—业务过程—业务活动）如表 7.5 所示。进一步分析数据来源、特点和业务需求，提出内河航道大数据应用体系架构，如图 7.11 所示。

表 7.4　面向港口码头企业的信息服务需求矩阵

序号	信息服务项	需求度	序号	信息服务项	需求度
1	计划进港船舶船位及航行状态	1.00	19	船公司基本信息查询	0.94
2	临近船舶的预计到达时间	1.00	20	应急救援队伍位置及联系方式	0.94
3	计划进港船舶唯一识别号	1.00	21	应急救援指令信息	0.94
4	船舶类型、尺寸信息	1.00	22	拖轮租赁信息	0.89
5	计划进港船舶吃水信息	1.00	23	燃料补给船、废油回收船、船舶设备公司信息	0.89
6	船闸调度计划信息	1.00	24	整治建筑物位置、高度	0.89
7	船舶目的地信息	1.00	25	浅险碍航河段实际水深	0.89
8	大尺度航道图下的船位显示	1.00	26	浅险碍航河段信息	0.89
9	船舶等待、装载/卸载状态	1.00	27	计划进港船舶登记信息	0.89
10	码头实际作业情况	1.00	28	过船建筑物信息	0.83
11	政策法规信息	1.00	29	航道水深信息	0.83
12	违章及行政处罚信息	1.00	30	碍航物基本信息	0.83
13	水位站基础信息	0.94	31	航道维护尺度信息	0.83
14	计划进港船舶检验信息	0.94	32	引航服务信息	0.83
15	计划进港船舶营运证信息	0.94	33	船舶预抵港、离港报送信息	0.83
16	计划进港船载货物属性信息	0.94	34	船舶靠离泊计划报送信息	0.83
17	计划抵/离港船舶航次计划信息	0.94	35	浅险碍航河段实际水深	0.83
18	船员基本信息查询	0.94			

表 7.5　内河航道信息服务的业务框架模型

职能域		概述	业务过程（项）	业务活动（项）
代码	名称			
F01	航道综合信息服务	负责提供内河航道通告、航道年度运行报告、月度航道公共服务信息简报、航道服务信息快报、航道服务工作简讯等综合服务信息服务	3	16
F02	水情信息服务	负责监测内河航道水位站点水位信息、潮位（高潮、低潮）信息、流量信息，对监测信息进行分析预警和发布	3	18
F03	航标信息服务	负责监测内河航道航标状况、对航标失常与器材损失进行分析、发布航标异常预警信息	3	16

续表

职能域		概述	业务过程（项）	业务活动（项）
代码	名称			
F04	航道维护尺度服务	负责对航道维护尺度进行监测，制计、发布航道维护尺度计划	2	13
F05	控制河段信息服务	负责控制河段通行信号管理和信息服务	1	9
F06	航道养护服务	负责航道疏浚等养护管理和信息服务	1	5
F07	航道整治建筑物服务	负责对航道整治建筑物进行维护测绘、技术状况日常检查、技术状况分析等	5	22
F08	工作船舶运行监测	负责对工作船舶进行运行监测	1	8
F09	航道测绘信息管理	负责航道测绘基础信息管理、电子航道图制作、航行参考图制作	3	21
合计			22	128

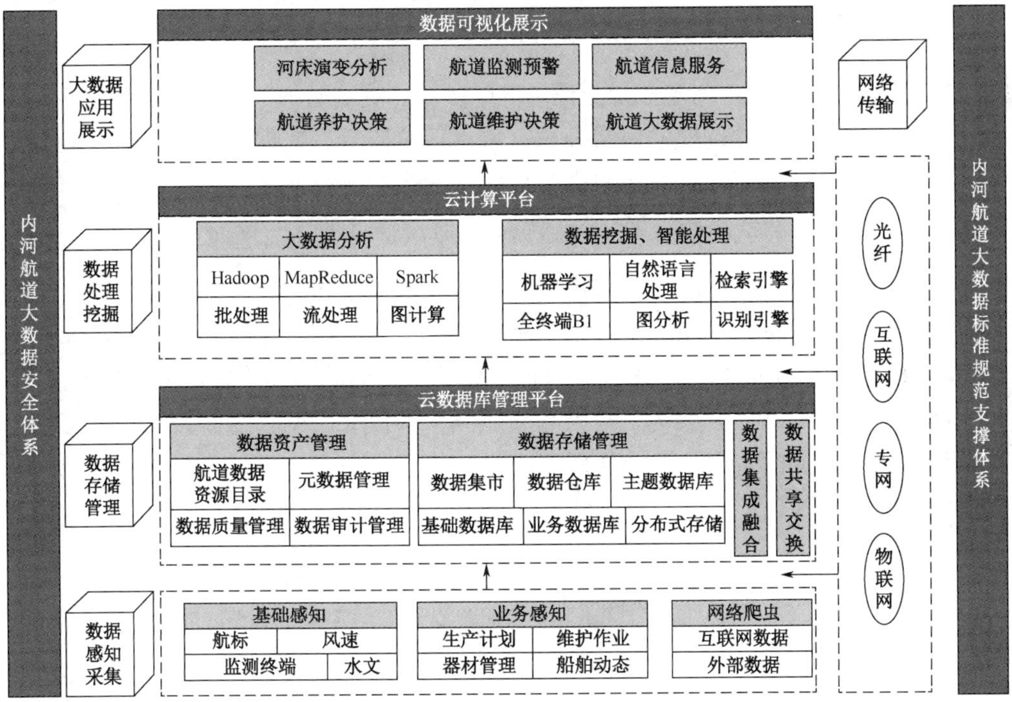

图 7.11　基于云网交互的内河航道大数据应用体系架构

3）内河航道大数据分析与挖掘技术

对于多源异构静态数据，采用基于垂直切分数据库分区数据表的数据存储架构，建立航道系统中心数据仓库，实现船舶、航道航标、电子航道图、内河航道设施等系统数据库的融合，满足数据类型复杂、数据量大、检索效率高的应用需求；对于船舶轨迹等密集且需要高效查询的流数据，采用基于表格存储和内存数据库的混合存储架构，开发数据处理和管理系统与航道多源数据分布式数据整合平台和数据可视化平台。航道大数据可视化平台如图 7.12 所示。

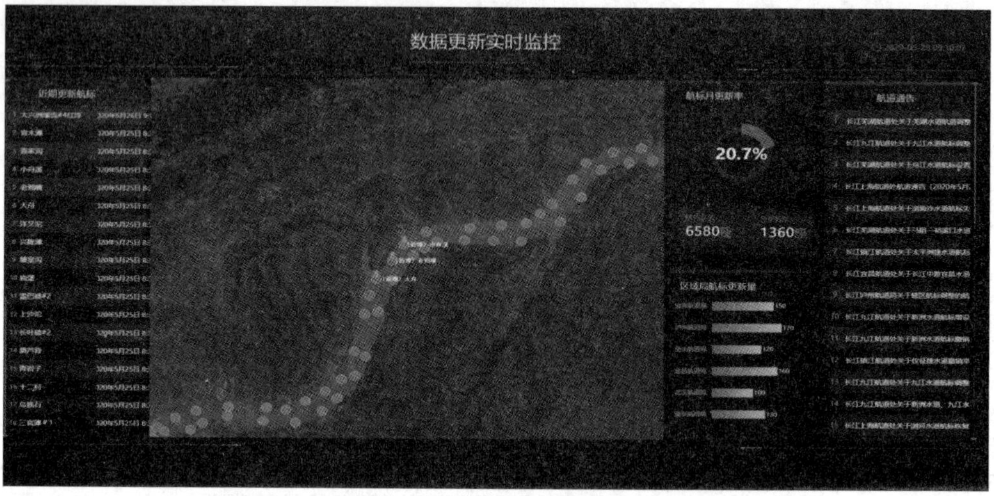

图 7.12　航道大数据可视化平台

在此基础上，对 AIS、电子航道图、电子围栏、航道通告等多源异构数据等进行分析挖掘，提出内河航道船舶流量分析、重点区域监管、锚地横驶区识别、航行时间计算、航道通告智能识别及用户行为分析等大数据分析挖掘算法，定制不同用户在不同应用条件下的信息推送策略，从而实现航道信息推送的精细化、智能化。

4）**内河航道综合信息智能服务系统**

构建内河航道综合信息服务系统与示范应用所需主机资源、存储资源及计算资源的虚拟化环境，分析航标、水位、航道尺度、工作船舶、整治建筑物等数据特点，采用前后端分离的微服务架构，提供基于航标、水位、尺度、工作船舶等航道运行要素相关指标数据的监测与智能化预警功能，并通过 App、微信小程序、在线网站等多种方式对外服务。航标动态监测及智能化预警如图 7.13 所示。

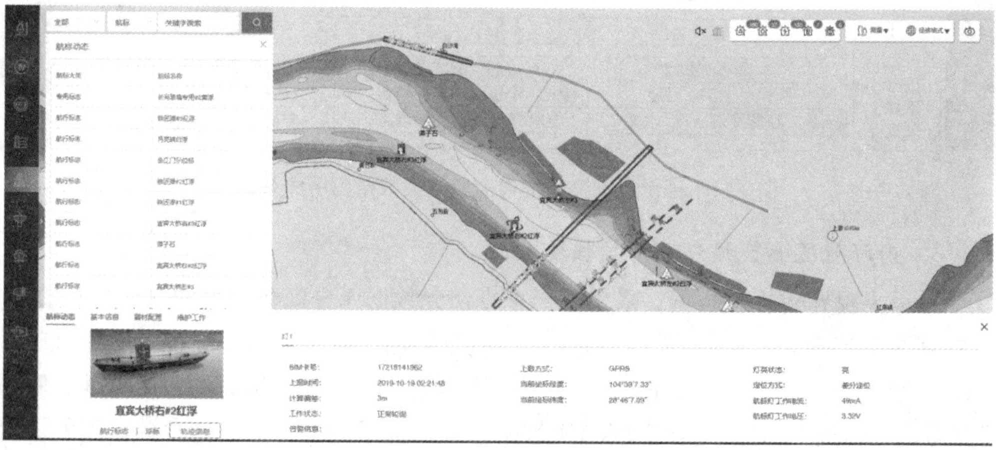

图 7.13　航标动态监测及智能化预警

3. 展望

下一步，将从服务时机、服务频率、服务范围、服务等级等方面提出内河航道信息服务策略，研究数据使用场景和数据共享关系，进一步深化重点河段航道演变分析和业务关联分析，持续更新内河航道综合信息智能服务系统相关数据与功能，总结完善相关标准规范，形成可持续、可固化、可复制的内河航道综合信息智能服务成套技术、运行、管理方案并加以推广，促进内河航道综合信息智能服务系统共建与数据共治共享，逐步形成信息协同服务的新模式、新机制。

四、重大项目

（一）交通运输行业重点科技项目

2020 年，交通运输部科技司组织了交通运输行业重点科技项目清单征集与遴选，形成了 2020 年度交通运输行业重点科技项目清单。其中，与水路交通智能化、信息化相关的项目梳理总结如表 7.6 所示。

表 7.6　水路交通智能化、信息化相关的项目梳理总结

项目编号	项目名称	主要完成单位
2020-ZD1-002	基于 5G 的智能航运船岸协同辅助靠离泊系统研发与应用	中移（上海）信息通信科技有限公司等
2020-ZD4-031	智能船虚拟测试验证系统关键技术研究	大连海事大学
2020-ZD4-036	智能航运综合实验技术方法与体系构建研究	交通运输部水运科学研究所
2020-ZD4-037	智能航运网络与信息安全研究	交通运输部水运科学研究所
2020-ZD4-038	智能航海保障发展研究	交通运输部水运科学研究所、交通运输部南海航海保障中心
2020-ZD4-042	船舶智能运营平台联合研发	招商局邮轮制造有限公司等
2020-ZD6-049	长江航道大数据应用示范开发	长江航道测量中心、交通运输部科学研究院
2020CX001	三峡-葛洲坝梯级通航运行关键技术与应用	长江三峡通航管理局、长江勘测规划设计研究有限责任公司、武汉理工大学等
2020CX003	洋山四期自动化集装箱码头智能系统和智能装备关键技术及应用	上海国际港务（集团）股份有限公司、上海海勃物流软件有限公司、上海振华重工（集团）股份有限公司
2020CX058	船舶监控与水上交通应急指挥系统关键技术	大连海事大学
2020TG021	智能化水上应急处置机器人平台	博雅工道（北京）机器人科技有限公司
2020ZL036	一种船舶智能过闸辅助航行系统	中国交通通信信息中心、北京国交信通科技发展有限公司

（二）交通运输重大科技创新成果

2020 年，交通运输部科技司组织了交通运输重大科技创新成果库征集与遴选，形成了 2020 年度交通运输重大科技创新成果库入库成果。其中，与水路交通智能化、信息化相关的成果梳理总结如表 7.7 所示。

表 7.7　与水路交通智能化、信息化相关的成果梳理总结

项目编号	成果名称	主要完成单位
2020CX001	三峡–葛洲坝梯级通航运行关键技术与应用	长江三峡通航管理局、长江勘测规划设计研究有限责任公司、武汉理工大学等
2020CX003	洋山四期自动化集装箱码头智能系统和智能装备关键技术及应用	上海国际港务（集团）股份有限公司、上海海勃物流软件有限公司、上海振华重工（集团）股份有限公司
2020CX058	船舶监控与水上交通应急指挥系统关键技术	大连海事大学
2020TG021	智能化水上应急处置机器人平台	博雅工道（北京）机器人科技有限公司
2020ZL036	一种船舶智能过闸辅助航行系统	中国交通通信信息中心、北京国交信通科技发展有限公司

（三）长江水上交通监测与应急处置中心

1．港航基础设施生态化建设

1）航道生态化建设

航道整治生态工程建设。持续推进生态工程建设，在武汉至安庆段 6 米水深航道整治、新洲至九江河段航道整治二期、芜裕河段航道整治、江心洲至乌江河段航道整治二期等工程建设中，严格落实水运工程环境保护“三同时”制度，应用生态结构、环保材料，在生态研究、生态补偿、生态监测和珍稀水生动物保护等方面采取举措，以有效降低施工对水生态环境的影响。长江航道局印发《环境保护工作规定（试行）》，内容涵盖规划、建设、养护、运行、保护、管理等各项航道活动和水、土壤、大气、噪声、固废物、放射源等各项环保要素。长江航道管理部门引入“环保管家”模式，建立以建设单位总管、环保管家主管、监理单位监督，以及环评、环保验收、生态环境监测、施工等单位配合，地方环保、海事、渔政部门监督的环保管理组织框架，对工程环保进行全面管理。例如，江苏省建成一批绿色生态航段，京杭运河湖西航道、施桥船闸等被评为“最美运河地标”；云南省澜沧江 244 界碑至临沧港四级航道建设工程“品质工程”“绿色航道”攻关行动方案实施。

生态修复与补偿。长江生态环境修复全面转向治本新阶段，生态护岸（滩）和生态湿地全面推广，生态结构、生态固滩、生态涵养区建设广泛实施。长江航道通过抛投生态透水框架、鱼巢砖（排）等营造生态涵养区，增殖放流鱼类约 1 千余万

尾、底栖动物 50 余吨。长江口南槽航道治理一期工程生态修复（增殖放流）项目在长江口放流中华鲟 30 万尾、胭脂鱼 5.2 万尾。川渝就长江流域横向生态保护补偿事宜达成共识。

疏浚土综合利用。航道疏浚砂综合利用在长江沿线逐步推广，对疏浚砂利用实行全过程监管，确保疏浚砂高效、安全、规范、有序利用。交通运输部、水利部联合印发《加强长江干流河道疏浚砂综合利用管理工作的指导意见》，明确了疏浚砂综合利用的工作原则。长江口区域完成新的抛泥区选划，开展疏浚装驳典型施工，保证了航道维护疏浚长距离抛泥需要。长江镇江段航道疏浚土综合利用（试点）全年完成疏浚土综合利用量 105 立方米。长江嘉鱼主航道疏浚项目完成疏浚量约 50 万立方米。

2）港口生态化建设

绿色港口创建。各省市以绿色港口创建为契机，结合交通运输部绿色港口建设指标，积极推进绿色港口创建工作。江苏省印发绿色港口评价指标体系，评选出 28 家“江苏省绿色港口”，南京港龙潭集装箱有限公司、张家港港务集团有限公司、江阴港港口集团有限公司、连云港新苏港码头有限公司等获评“五星级绿色港口”。青岛港董家口矿石码头有限公司、张家港港务集团港盛散货码头获“亚太绿色港口”称号。

岸线资源集约利用。各地严格河湖水域岸线分区管理和用途管制，严格执行长江岸线“控总量、调存量、优增量、提效率”的利用原则，加强岸线资源节约集约利用，持续开展非法码头治理，严厉打击“未批先建”“违规违建”等违法行为。上海市 107 个中央环保重点督察码头整改率达 100%。江苏省在全省内河倡导建设深挖式港池，节约集约利用岸线资源；部署全域内河非法码头专项整治行动，依法依规取缔内河非法码头，对满足产业发展和污染防控、供水、防洪、航运安全的港口岸线规划之外的码头，在新一轮内河港口总体规划修编时将其纳入港口规划范围。湖北省加强岸线清理整顿，完成 8 个码头的港口岸线手续补办申报；对再清查再整治中发现的 22 个码头全部拆除完毕。湖南省基本完成长江湖南段港口岸线整治工作，推进湘江非法码头渡口专项整治，完成清理取缔类码头渡口的关停、拆除、复绿和保留类码头渡口的规范提升工作；完成 391 处码头关停、250 处渡口撤并任务，湘江港口码头规范提升完成率达到 60%以上。重庆市完成 458 个长江干流岸线利用项目清理整治，规范整改占用岸线长度 34.5 千米，拆除建筑物面积 11.1 万平方米，河道管理范围内复绿 19.5 万平方米。四川省 368 座非法码头按要求有序拆除或规范提升。

2．船舶节能环保

运输船舶标准化。《内河过闸运输船舶标准船型主尺度系列》有序组织推广，持续淘汰使用年限到期船舶，引导淘汰环保性能差的船舶，提升内河船舶标准化清洁化水平。三峡船闸过闸船舶标准化率达 90%。长航局与中国船级社签订《共同推进长江水运绿色生态发展合作协议》，定期通报工作进展。河南省全年新增标准化船舶运力 89 艘，2018—2020 年累计新增 247 艘。

节能环保技术推广应用。落实绿色低碳转型要求，健全节能清洁能源技术应用长效机制，大力推广 LNG 节能环保船舶，探索发展纯电力、燃料电池等动力船舶。长江上首艘通过 CCS 系统认证的 18 米级纯电动推进航道维护快艇“长江航道电 001”船经过调试、试航后于 2020 年 1 月入列长江航道维护装备。京杭运河首艘千吨级纯电动货船“中天电运 001”在常州试航。全国内河公务船领域首艘纯 LNG 燃料动力船舶——山东济宁港口救援、指挥工作艇开工建设。湖北省推进“气化长江”①工程规划，推动船舶“油改气”。2020 年 6 月，国内首艘“油气电”混合动力内河船舶“新长江 26007”轮和“港盛 1005”轮（双燃料动力）同时下行通过三峡南线船闸，LNG 动力船舶通过三峡船闸实现零的突破。湖北省新建海川 2 号、3 号等 LNG 动力船，经营阳逻至宜昌集装箱运输航线。新能源纯电动游轮“长江三峡”游轮开工建造。国内首艘大型新能源全电动商旅游船“君旅号”游船在武汉投入使用。内河首艘采用全船直流组网型电力推进系统的“美维凯悦”号游轮在重庆至宜昌的长江三峡航线投入使用。四川省印发实施新能源船舶试点实施方案，在广元、乐山、眉山等地开展新能源客船试点，完成了 20、30 客位新能源船舶设计，设计了 16 米级新能源海巡艇。

3. 绿色基础设施建设与运营

推进岸电发展。持续提升集装箱、滚装、客运和干散货专业化泊位岸电覆盖率，推动新建码头同步规划建设岸电设施。交通运输部水运局于 2020 年 4 月发布的港口岸电布局方案建设任务完成情况显示，长江经济带累计建成 4700 个岸电泊位，沿江主要港口码头普遍安装了岸电设施，岸电使用率显著提升。长三角区域三省一市按照《港口岸电布局方案》要求的码头岸电设施改造任务全部完成，上海市内河港区和京杭运河浙江段水上服务区、待闸锚地建立了“岸电使用成本分摊机制”，实现岸电全覆盖。长江三峡坝区岸电实验区秭归港岸电项目及长江三峡通航服务区岸电项目运营情况良好，纳入长江经济带绿色发展专项资金补贴政策的现有 54 艘长江三峡旅游客船岸电系统受电设施改造、8 座客运码头岸电设施建设全部完成，三峡库区旅游客船码头岸电基本实现全覆盖。长航局启动了长江干线集装箱和汽车滚装船靠港使用岸电试点工作。各地岸电设施建设任务完成情况如表 7.8 所示。

---

①气化长江是指通过技术改造升级，将以柴油、重油为燃料的长江内河船舶，改造为以 LNG 和柴油双燃料，并逐步替代为纯 LNG 动力燃料的“油改气”工程。

表 7.8 各地岸电设施建设任务完成情况

地区	岸电设施建设与应用情况
上海市	全年完成 22 套岸电设施、38 个岸电泊位建设，累计完成 65 套岸电设施，68 个岸电泊位改造建设，岸电覆盖率达到 79%。其中有集装箱泊位 31 个，覆盖率为 74%；客货滚装泊位 20 个，覆盖率为 87%；邮轮泊位 3 个，覆盖率为 60%；3 千吨级以上客运泊位 3 个，覆盖率为 100%；5 万吨级以上干散货泊位 11 个，覆盖率为 85%。全年各类泊位使用岸电 1168 次、1545 万度
江苏省	新建或改造岸电覆盖泊位数 825 个，累计建成港口岸电设施 2177 套，覆盖 2624 个泊位。扬州、苏州沿江码头和宿迁、常州内河泊位岸电基本实现全覆盖。长江江苏段首次实现 6KV 高压岸电连船送电。全年共接电 9.5 万艘次，用电 1735 万度
浙江省	在全国率先出台全省域靠港船舶使用岸电一揽子支持政策，全年新建港口岸电 157 套，累计建成 1101 套。全年使用岸电 573 万度，增长 100%。累计完成 63 个沿海五类泊位岸电，覆盖率超 70%
安徽省	改造、建设岸电设施 541 套，覆盖 537 个泊位，泊位岸电设施覆盖率达 80%
江西省	九江港、南昌港 118 个泊位建成岸电设施 124 套，10 个集装箱泊位实现岸电全覆盖
河南省	周口港 12 个泊位港口岸电设施已建成使用
湖北省	19 个岸电建设任务全部完成，岸电设施覆盖 216 个泊位。宜昌市实现经营性港口岸电基本全覆盖；黄石市长江岸电项目完工，黄石长江沿岸重点码头实现岸电全覆盖
湖南省	建成重点港区港口岸电设施 35 套，岳阳市锚地岸电建设项目开工
重庆市	具备岸电供应能力泊位 194 个，符合现行标准受电设施的船舶 64 艘
四川省	泸州港、宜宾港、广安港等建成 48 套岸电设施并投入使用，宜宾港、泸州港等长江干线港口岸电配备率 100%，全省公务船舶靠港岸电使用率超过 90%
贵州省	乌江渡库区永安、洱海码头和索风营库区小兴浪码头等岸电设施建成

LNG 加注站。根据《长江干线京杭运河西江航运干线天然气加注站码头布局方案（2017—2025 年）》，长江干线布局 45 处 LNG 加注码头，京杭运河布局 19 处 LNG 加注码头，列入计划的长江干线 7 座 LNG 加注站均已开工。上海市上港能源老港 LNG 加注站建成并投入使用，崇明区公共码头 LNG 加注建设项目开工。江苏省镇江港高桥港区 LNG 加注站和接收站配套码头工程开工。安徽省铜陵长江 LNG 码头项目启动。江西省九江港湖口港区船舶 LNG 加注工程开工。湖北省加快建设黄冈港张家湾港区船用清洁能源码头、武汉港林四房港区湖北国储能源液化天然气加注站及成品油装卸码头、武汉港白浒山民生石油 LNG 装卸及加注码头等项目。湖南省推进长沙金钩寺 LNG、郴州东江长盈头 LNG 加注站建设。

水上洗舱站。按照交通运输部《长江干线水上洗舱站布局方案》，长江沿线首批布局建设的洗舱站取得阶段性成效，10 座新建、2 座改扩建的长江干线水上危化品洗舱站基本建成并投入试运行。江苏省完成南京大厂、龙潭港区，无锡（江阴）石利港区，南通港如皋、江海港区 5 座洗舱站建设任务，洗舱能力均为 600 艘次/年。安庆、武汉青山、宜昌枝江、九江、岳阳等洗舱站基本建成。南京油运、扬子石化、丽天石化、中化南通、阳鸿石化 5 家企业签订了《共保一江清水“互助绿色发展”江苏洗舱联盟共同行动倡议书》。

水上综合服务区。水上综合服务区为待闸、待港船舶提供临时停靠、岸电补充、污染物接收等服务。长江干线基本建成 8 处水上绿色综合服务区，其中 4 处已具备服务条件。上海市内河航运综合性水上服务区——上海宣桥水上服务区投入运营，在传统油品供应基础上，结合集岸电、光伏、储能和充电桩于一体的“源—网—荷—储”协同互动系统，提供绿色清洁电能，实现了停靠船舶电能替代。江苏省连申线如皋水上服务区等内河三级以上干线航道沿线 20 个水上服务区完成船舶污染物接收设施建设和安装调试工作，启动实施锡澄运河水上服务区锚地疏浚工程。浙江省 35 个水上服务区围绕船户基本生产生活需求建设普通服务区，加快解决船户用水用电、垃圾上岸等基本生活问题，完善加油、船舶维修等生产配套供给，设置船员驿站，为船户提供上岸休闲活动场所，拓展政务窗口、便民超市、快递寄送、保险交易等综合服务功能。

京杭运河绿色现代航运示范区。推进京杭运河苏州、扬州、淮安 3 个先导段建设，拆除两岸杂乱设施，关停散乱码头，完成 32 千米航道沿线环境综合整治；建设了生态长廊、景观长廊和“会呼吸的护岸”；在苏北运河淮安黄码大桥下游新建 1.5 千米锚地，配备自助岸电系统、智能供水桩、船舶污染物接收设施等。淮安市京杭运河绿色现代航运示范区建设完成年度目标，京杭运河宿迁段绿色现代航运示范区先导段工程、苏北运河绿色航运示范区建设项目（淮安船闸—九龙湖公园段、邵伯船闸—古运河口段）、苏南运河绿色现代航运示范区建设（白洋湾作业区—石湖景区段航道综合整治）老护岸加固工程项目竣工验收。

4．船舶和港口污染防治

1）船舶和港口污染突出问题整治

船舶和港口污染突出问题整治。全面落实《长江经济带船舶和港口污染突出问题整治方案》，重点解决船舶污水收集处置装置配备不到位和不正常运行、垃圾污水等偷排偷倒入江、港口接收设施能力不足和与转运处置设施衔接不畅、港口自身环保设施不完善、岸电利用率不高、LNG 加注站审批难建设难运营难等突出问题。各地相继印发了实施方案，压实地方政府责任、部门监管责任和企业主体责任，健全工作机制，严格落实督导问责机制，开展船舶港口污染突出问题治理，加快污染防治设施建设使用，强化污染防治监督管理，提升信息化监管水平，全面推动各项整治任务落实。针对新华社动态清样曝光的“长江船舶生活污水处理装置不安装或安装后不使用”“长江船舶污染物未达标排放和偷排漏排”等问题，开展内河船舶生活污水、生活垃圾污染专项整治“百日行动”，集中力量检查内河船舶垃圾、污水收集、送交以及岸上接收和转运处置情况，严厉打击各类不按规定收集、处置污染物及违规排放等行为；针对国家和省明查暗访后交办、媒体曝光等各类船舶和港口污染问题，各地区对涉及的问题进行梳理核实，建立整改台账，抓好整改落实。到 2020 年年底，长江经济带船舶和内河港口污染防治取得明显成效。

2）**污染防治设施建设使用**

船舶防污设施配备和使用。加快推进船舶防污设施的配备和使用，截至2020年年底，长江经济带完成了船舶生活污水收集或处理装置改造任务，全面完成了100总吨以上船舶改造任务，累计改造船舶31323艘。长三角区域全部完成400总吨以下内河运输船舶加装生活污水存储设施工作。京杭运河常州段水上服务区智能化船舶污染物回收装置运行，无锡内河三级以上干线航道沿线智能化船舶污染物接收设施建设项目通过验收。各地船舶防污设施的配备和使用情况如表7.9所示。

表7.9 各地船舶防污设施的配备和使用情况

地区	船舶防污设施的配备和使用情况
上海市	完成400总吨以下内河船舶生活污水改造任务，其中市级推进改造船舶262艘、区级183艘
江苏省	小吨位船舶生活污水防污设施改造完成，累计为17 376艘本省籍400总吨以下船舶免费安装生活污水储存柜，占全国小吨位船舶生活污水防污设施改造总数近60%，改造总数全国第一
浙江省	内河400总吨以上船舶生活污水设施全部达标，5 980艘100～400总吨货船改造
安徽省	完成6 383艘100～400总吨运输船舶生活污水防污改造，实现全覆盖
河南省	1 302艘船舶完成生活污水防污染改造任务
江西省	1 785艘100总吨以上船舶全部完成生活污水防污染改造
湖北省	新建接收船103艘
重庆市	400总吨及以上不具备生活污水收集处理装置的268艘船舶全部完成改造，100～400总吨船舶638艘全部完成改造任务，共完成3 165艘100总吨以上船舶防污染改造
四川省	400总吨及以上船舶共697艘，均已具备生活污水收集或处理装置且能正常使用；100～400总吨船舶共1 899艘，已完成生活污水收集或处理装置改造1 519艘，占需整改船舶的92%；全省3 162艘主机功率22千瓦以上船舶油水分离器配备率100%
云南省	淘汰18艘柴油机船舶。完成139艘400总吨及以上船舶和479艘设卫生间的船舶生活污水收集或处理装置建设改造，推进1 169艘400总吨以下船舶污染物收集或处理装置建设改造

港口船舶污染物接收转运处置设施建设。各地全面评估本地区港口船舶污染物接收转运处置设施建设情况，修订完善港口与船舶污染物接收、转运及处置设施建设方案，督促辖区港口经营企业加快船舶污染物接收设施的建设、改造和运行维护。截至2020年年底，长江经济带11省市累计建设港口船舶污染物接收设施33 872个，实现船舶污染物港口接收设施或船舶移动接收全覆盖。长江海事辖区港口船舶垃圾、生活污水、含油污水接收设施覆盖率分别达100%、100%、95.5%。港口船舶污染接收转运处置设施的建设和运行情况见表7.10。

表7.10 港口船舶污染接收转运处置设施的建设和运行情况

地区	建设方案任务完成情况
江苏省	内河三级以上干线航道沿线20个水上服务区船舶污染物接收设施建设和安装调试工作完成，18个设施投入运行，实现靠泊船舶和待闸船舶污染物零排放、全接收与生活垃圾、生活污水接收全免费

续表

地区	建设方案任务完成情况
浙江省	港口船舶污染物接收设施实现全覆盖。全省建成含油污水储存池 1 039 个、收集站（垃圾桶）4 113 个、生活污水储存池 825 个，并配备 146 艘接收船对船舶污染物实行流动接收。港口企业均落实转运处置措施，基本实现应上尽上、应收尽收，应转尽转。全省内河港口累计接收船舶水污染物 5 万多吨，其中生活污水 4.4 万吨、油污水 5 千吨，分别增长 64%、24%
山东省	全省内河港口、沿海港口接收设施覆盖率达 100%。内河船舶污染物接收转运处置量达 70.7 吨，沿海船舶污染物接收转运处置量达 2.3 万吨
江西省	21 个船舶污染物接收站已建设完成并投入运行
河南省	周口港、信阳港已全部按要求配备了船舶生活污水、船舶垃圾、船舶含油污水接收设施，船舶污染物接收设施港口覆盖率达到 100%
湖北省	全省港口共设置船舶垃圾接收固定设施 3 724 个。宜昌船舶污染物接收转运秭归服务区建设基本完成，宜昌已建成 5 个船舶污染物接收转运处置专用码头；天门港汉江岳口港区、麻洋港区 2 个污染物接收转运站投入运营；黄石、黄冈等地船舶污染物接收转运处置专用码头基本实现接收转运处置功能
湖南省	衡阳 2 个、怀化 1 个、郴州 3 个、永州 1 个、张家界 1 个、湘西 1 个共计 9 个船舶污染物收集点建设任务基本完成
重庆市	建成船舶污染物固定或移动接收设施 1 624 个，垃圾接收设施与转运设施有效衔接的码头覆盖率达 100%；船舶生活污水、含油污水接收设施全覆盖。长江干线重庆段累计接收各类船舶水污染物 4 万余吨
四川省	32 个经营性港口实现船舶垃圾、生活污水和含油污水接收设施 100%覆盖，19 个港口累计接收船舶垃圾 709.4 吨、生活污水 4 692.4 吨、含油污水 44.5 吨
云南省	5 个重点港口接收设施建成并与后方公共转运处置设施衔接，小码头因地制宜完善接收处置设施

港口码头自身环保设施建设运行。新建港口码头严格按照规范要求配置污染防治设施。港口企业加快推进港口码头水污染防治设施建设、改造和维护，对从事煤炭、矿石等易起尘货种作业的码头作业区、堆场建设防风抑尘设施或实现封闭储存，同时建设粉尘在线监测系统。对长江经济带 11 省市 5 106 个内河码头开展排查工作，改造提升码头自身环保设施，完善码头环保手续，依法取缔或关停环保不达标码头。上海市内河 267 个码头作业点，已通过环保验收 258 个，未通过的 9 个全部淘汰关停，完成环保备案 53 个。江苏省沿江港口粉尘在线监测系统全部建成，基于激光雷达的粉尘多维度云监测与智能洒水联动控制系统在苏州投入试运行，全面完成 57 个泊位油气回收设施建设任务，推动南京、苏州等地港作机械淘汰“国二”以下柴油动力机械。浙江省港口码头环保手续整改全面完成，内河 482 家未取得环保手续企业提前半年完成整改，沿海 279 家码头环保手续问题整改工作基本完成。安徽省经排查需要改造完善的 18 座码头全部完成自身环保设施改造任务。江西省 132 座港口完成自身环保设施改造。湖南省完成 44 座港口自身环保设施整改，长江流域首个巨型“胶囊”形散货仓库城陵矶港环保提质改造项目主体工程——全封闭散货大棚投产。重庆市完成 111 座老码头综合评估。云南省推进金沙江 8 座手续不齐全码头的手续完善。

公务船环保达标改造。加强海巡船、运政艇、航道艇和趸船等公务船防污染管理，推进公务船环保达标改造，配备防污染设施设备。

5. 污染防治监督管理

1）污染防治制度建设

污染防治源头管理。贯彻实施交通运输部《400总吨以下内河船舶水污染防治管理办法》，规范400总吨以下内河船舶水污染物船上储存、处理、排放和送交接收设施的行为。船检机构依法开展船舶检验，发现不符合检验法规要求的船舶，依法收回船检证书，并通报船籍港海事管理机构和交通运输（港口）管理部门；海事管理机构加强船舶防污染设施设备配备、使用情况的监督检查，发现防污染设施设备未配备或未保持正常使用的船舶，通报发证船检机构和海事管理机构，责令改正，并依法严肃处罚；交通运输（港口、海事）管理部门督促港航企业加快设施建设改造，对超过强制报废年限或未持有有效检验证书的船舶，不核发船舶营运证书或通过年度审核。

长效监管机制。完善污染防治制度，在完成整改工作的同时建立健全长效监管机制。长三角区域首个联合审查、统一发布的区域性标准——船舶水污染物内河接收设施配置规范通过审查。浙江省修订了《浙江省水污染防治条例》《浙江省大气污染防治条例》，增加了对随意排放船舶生活污水、船舶在港靠泊期间未按规定使用岸电、港口经营人未按规定配备足够的船舶污染物接收设施等违法违规行为的罚则，明确了港口船舶污染的处罚依据。

推行“一零两全四免费”①治理模式。“一零两全四免费”在长江江苏段率先启动，并在长江全线推广，是推动船舶污染物接收收费方式改革的成功实践之一。长江干线江苏段已全面实现船舶垃圾、生活污水“一零两全四免费”，四川至安徽段已实现大部分码头免费接收船舶生活垃圾。长江海事辖区港口船舶垃圾、生活污水、含油污水设施免费接收率达100%、70.3%、34.9%。湖南省组建船舶污染物接收企业30家，其中长沙、株洲、郴州、益阳、常德、怀化、湘潭、衡阳等地22家已采取政府购买服务方式实行免费接收。重庆市印发引导航运企业实施船舶水污染物零排放模式指导意见，193家航运企业所属1 783艘船舶主动申报实施水污染物“零排放”。

2）监管执法和信息联通

监管执法。海事管理机构加强船舶污染物偷排超排、垃圾随意丢弃、船舶非法洗舱等违法行为监管，提升现场监管频次，加大违法行为查处力度，对不符合排放标准要求的船舶依法采取限航、禁航等措施。长江海事系统部署开展捍卫美丽长江“一零五全三提升”攻坚行动，加大巡查力度，开展船舶防污染及安全监管各项活动，全年查处长江经济带问题船舶3 697艘次；开展防污检查15万艘次，查处涉污违法行为6 516件，查处7起举报的偷排违法行为，对749艘次船舶采取滞留或限制靠泊

---

①“一零两全四免费”，即靠港和锚泊船舶污染物零排放、全接收，在航船舶污染物排放全达标；内河船舶免费生活垃圾接收、免费生活污水接收、免费水上交通、免费锚泊。

措施，对 45 艘次环保不达标船舶采取禁止过闸措施。

船舶排放控制区管控。各交通港航管理部门和海事管理机构共同推进长三角区域和长江干线船舶大气排放控制工作。加强燃油质量执法，强化船用燃油质量联合监管工作机制建设，监督船舶加注符合标准的燃油。加强船舶尾气实时监测，江苏海事局创新构建桥基、海巡艇、无人机“三位一体”的船舶尾气遥感检测网络。

联合监管和信息联通。各级管理部门落实船舶水污染物转移处置联合监管制度，加强污染防治联合监管制度机制建设，推进船舶水污染物接收转运处置全过程联单管理电子化，开展联合监管行动，形成了全行业共同参与的船舶污染防治共同体。推广应用长江干线船舶水污染物联合监管与服务信息系统，该系统于 5 月 15 日在长江江苏段、中上游 20 个港口开展测试运行，6 月 25 日起在长江干线港口全面测试运行，7 月 1 日正式上线试运行，12 月底基本覆盖长江经济带所有港口和 60%以上的船舶，初步实现船舶污染物来源可溯、去向可寻，构建了部门联合监管和互联网监管的新格局；长江干线 1 241 座经营性码头、461 座公务码头、243 家污染物接收单位实现 100%注册，通过系统完成船舶污染物接收 87 万余艘次，接收船舶垃圾 5 346 吨、污水 36 万立方米。

（3）协同长江流域重点水域禁捕执法

长江“十年禁渔”。长江流域重点水域禁捕是贯彻落实习近平总书记关于“共抓大保护、不搞大开发”的重要指示精神，保护长江母亲河和加强生态文明建设的重要举措。农村农业部发布关于长江流域重点水域禁捕范围和时间的通告，从 2020 年 1 月 1 日零时起开始实施“长江十年禁渔”计划。长江干流和重要支流除水生生物自然保护区和水产种质资源保护区以外的天然水域，最迟自 2021 年 1 月 1 日零时起实行暂定为期 10 年的常年禁捕，期间禁止天然渔业资源的生产性捕捞。长江禁捕退捕涉及“一江两湖七河”227 个重点县，需退捕渔船 10 多万艘。沿江省市召开长江流域重点水域禁捕工作推进会，细化政策措施，加大力度推进各项工作，确保完成长江流域禁捕工作任务。

协同开展禁捕执法。长航局和各地交通运输部门积极融入地方联合治理机制，参加水上联合执法，加强巡航巡查，健全联合执法和信息通报工作机制，开展涉渔“三无”船舶治理工作，长江江苏段、四川段实现涉渔“三无”船舶清零；积极配合农业农村部、公安部、市场监管总局等部门开展为期一年的打击长江流域非法捕捞专项整治行动和打击市场销售非法捕捞渔获物专项行动，依法严厉打击整治非法捕捞等各类危害水生生物资源行为。严格依法开展渔船检验工作，根据渔政部门提供的退捕封存渔船清单信息，及时清理相应的渔船检验证书。将长江禁捕退捕工作作为船舶逃避监管专项督查的一项重要内容，开展督导检查，进一步压实工作责任。

五、市场应用

（一）国产智慧船舶交通管理系统

船舶交通管理系统（Vessel Traffic Services，VTS）是一种典型的综合电子信息系统，它主要由雷达、船舶自动识别系统和闭路电视等各类传感器、VTS 中心信息系统及通信系统 3 个部分组成。VTS 在中国的应用已经非常广泛，在沿海和内河均已经建成了多套 VTS。截至 2020 年年底，全国共有沿海 VTS 中心 71 个，沿海雷达站 240 多个。虽然 VTS 在中国的起步较晚，但随着快速发展，中国 VTS 规模已成为世界最大，技术水平也已处在领先地位。当然仍有大部分 VTS 的系统集成是由德国 ATLAS、法国 SOFRELOG（现 SOFRELOG 与 ATLAS 合并成为 SIGNALIS）、挪威 Norcontrol IT 和荷兰 HITT 等几家国外公司来完成，国内个别科研院所和企事业单位仅在一定程度上开展过 VTS 的部分国产化研究工作。

随着国内航运业的发展，在 2010 年前建设的 20 套沿海 VTS 进行了更新换代，近几年 VTS 新建和改造更新项目进入爆发增长阶段。预计“十四五”期间还将新建、改扩建辽宁、天津、河北、山东、江苏连云港、浙江、福建、广东（沿海、内河）、广西、海南、深圳、黑龙江和澜沧江等海事局 VTS。根据交通运输部统计：预计“十四五”期间需累计新建 21 个沿海 VTS 中心，并改造 14 个沿海 VTS 中心，需要新建改造的沿海雷达站近百个。累计有 10 亿元产值，年均 2 个亿的市场效益。而国产产品替代国外垄断产品势在必行，借助国产智慧船舶交通管理系统，势必全面占领我国 VTS 市场。

此外，对 VTS 的运行维护倾向于直接购买国内外包服务（外厂无法做到实时维护），维护需求和费用随着 VTS 规模扩大而有所增长，且资金来源较为稳定，可以作为推广国产 VTS 项目的增值服务产品。

VTS 作为我国水上交通领域的关键信息基础设施，其大量涉水数据涉及国家安全，影响国家信息安全。目前国外产品普遍无法满足我国海事用户定制化需求和使用习惯，难以与现有海事业务系统有效集成，且价格较高、售后服务不及时等，成为制约我国航运事业发展的因素之一。基于“智慧海事”的设计理念，经过不懈努力和技术攻关，目前建设的 VTS 系统均使用具有完全自主知识产权和 32 项授权或受理专利的国产智慧船舶交通管理系统。

根据《交通强国建设纲要》的指导和引领作用，结合国家在大数据方面的应用方向，整合现有的水上交通管控系统，包括监管指挥、航行信息、船舶自动识别、船岸通信、导助航等，形成有机的一体通讯联动与数据采集、信息共享的通讯信息管理系统，并为国家水上交通管理决策上提供分析决策数据将成为未来的发展方向。

一方面，在国家推动交通运输行业数据的开放共享和安全应用的基础上，充分利用社会力量和市场机制推进智慧交通建设，推进新一代互联网、物联网、大数据、“北斗”卫星导航等技术装备在交通运输领域的应用，推进陆上和海上战略通道建设，水运信息化体系联动也将成为未来发展的一大亮点，另一方面贯彻落实国家战略，推进区域交通互联互通和国际运输便利化。采用三维立体技术对各种复杂水域情况的预判提供服务保障，在陆海空天一体化交通服务上提供技术支持。

产品融合“智慧交通”“智慧海事”“大交管”理念和要求，产品在水上交通领域，在海事、港口、渔政、边防等各个领域必然有较大的发展。

1．国产化 VTS 的技术突破

国产化 VTS 首次实现了北斗导航系统在海事领域的深层次集成应用；首创基于分形理论的自适应杂波识别技术，有效解决了复杂海况下各类目标的检测和稳定跟踪；首次建立了基于交通流量的任务区域自适应分解模型和多进程并行处理架构，有效适应了大容量、高密度水上船舶的处理需求；首次提出了二维、三维一体化交通态势显示、基于流程的应急事件处置和多元信息记录与同步组合重放等技术，填补多项国内外空白，拥有授权专利 10 项，受理专利 22 项，具有整套 VTS 完全自主知识产权，与长期垄断我国 VTS 市场的进口产品相比，系统各项实测性能指标全面优于进口系统，而且具有以下技术优势：

（1）综合集成能力强。系统采用 SOA（Service-Oriented Architecture，面向服务的结构）技术体制、C/S+B/S 混合架构和中间件等技术，具有多种接口适配能力，支持与 VTS 各型传感器、海事云数据中心、航航等系统集成，支持 VTS 区域联网。

（2）首次实现二维、三维一体化和 WEB（World Wide Web，全球广域网）方式的水上交通态势显示能力。

（3）具有水上交通态势安全风险智能评估与多样化告警能力。

（4）首次实现水上交通态势监视与交通组织管理一体化融合设计。

（5）提供电子化值班与交班支持，支持无纸化办公。

（6）首次实现基于北斗导航系统/AIS 的智能交通安全信息服务。

（7）首次提供针对水上交通突发事件的流程化应急处置支持能力等。

2．国产化 VTS 布局推进情况

目前，VTS 基本覆盖了我国重点港口及其沿海水域，海事业务管理系统、搜救辅助决策系统、指挥系统等也基本建设完毕。但各系统相对独立，信息化整合度不高，整体的数据库共享程度较低，制约了海事信息化的发展。

现在各区域 VTS 中心的数据并没有相连，一个个区段如同一个个“信息孤岛”，导致出现许多监管空白点，给船舶安全管理造成了被动。国产 VTS 系统是一个集交通信息中心、指挥中心于一体的智能化 VTS 系统，有效整合了 VTS、AIS、LRIT、

CCTV 等监控系统，提供船舶动态区域监管和信息服务，支持区域巡航监管和应急救助，未来可打通“孤岛”，以实现互联共享。

国产 VTS 系统的推广，将促进长江口、珠江口及渤海湾等重点关联水域 VTS 系统的区域联网，实现跨区域船舶连续跟踪，实现沿海、内河干线进出港航道和重点水道的有效覆盖与信息共享。通过国产化 VTS 系统成果推广，有助于整合系统内外各种监管资源，提高 VTS、CSS（海岸警戒系统）、海关缉私系统和海洋渔业监管系统的监管能力，实现数据的互通互享，也为我国水域一体化管理奠定坚实的基础。

信息安全已经上升为世界性问题，作为交通战备设施的 VTS 系统设备，建立自主、安全、可控的 VTS 系统对于国家信息安全具有现实重大意义。不仅如此，在现有成果的基础上，滚动研究船载、机载、车载和卫星移动传感器站、指挥中心实现快速响应、盲点补盲，实现“陆海空天”一体化监管，能有效应对突发情况，提高水上重大活动和海洋维权、执法保障能力。

3. 国产化促进水上安全提质增效

国产化后，国产 VTS 着重体现“智慧”内涵，以最大限度地减轻值班员的负担为目标。经过多年的不懈努力，国产 VTS 在水上交通态势智能评估、告警信息多样化展现、告警信息智能发布等方面先后取得多项关键技术突破，拥有一种基于 S-57 海图的船舶助航设施数据自动提取方法、基于 AIS 信息的多目标防撞预警方法、一种基于索引矩阵的目标快速告警判断方法 3 项发明专利，实现了对水上交通的智能化动态监管。实现实时评估识别水上交通安全风险，及时告警提醒并辅助值班人员采取处置措施，最大限度地防止和减少水上交通事故的发生。

（二）内河通航系统风险预警与管控系统

船舶航行风险的实时定量评价与预警是内河海事监管系统的核心功能之一，对降低事故率、提高航行安全性发挥着不可替代的作用。为提高船舶航行风险预警的精度，同时降低误警率，国内外在碰撞、搁浅等典型事故风险智能预警方面开展了大量研究。我国国家水运安全工程技术研究中心基于船舶交通轨迹数据挖掘技术、船舶会遇态势提取与分析技术等，建立了典型事故风险定量评价方法（见图 7.14），实现实时定量评价，基于提出的模型，研发了内河水运安全主动管控系统（见图 7.15），同时支撑了长江水上交通综合监管系统（见图 7.16）碰撞风险预警功能模块的扩展，自 2019 年在长江三峡水域开展应用，实现了单船风险、局部水域和全局水域的分层预警；研发的长江干线水上交通安全预警服务系统（见图 7.17）自 2017 年 6 月在长江海事局信息中心进行示范应用，提升了长江航运系统风险管控的处理和服务水平。

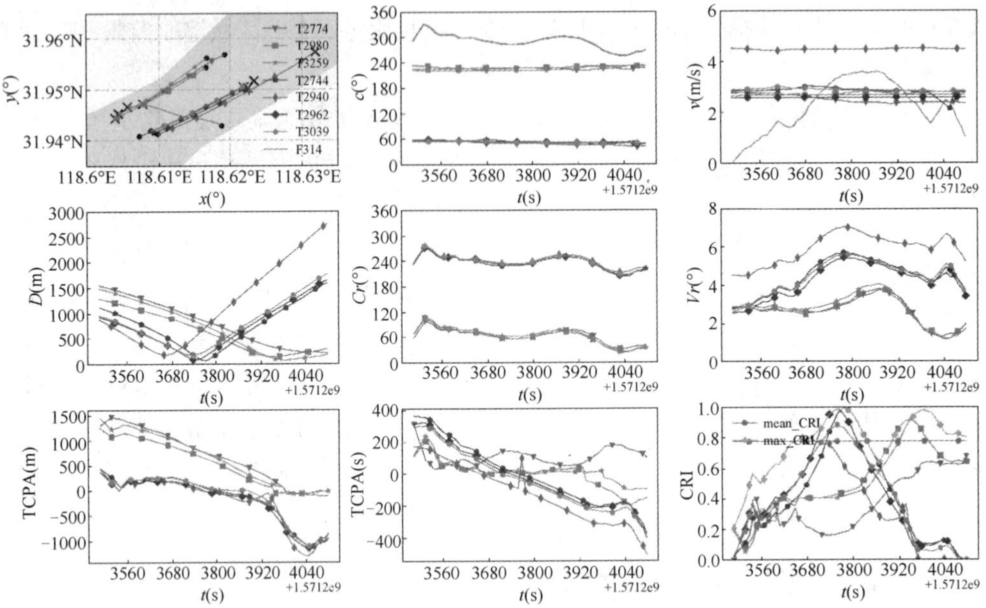

图 7.14　船舶碰撞风险实时定量分析

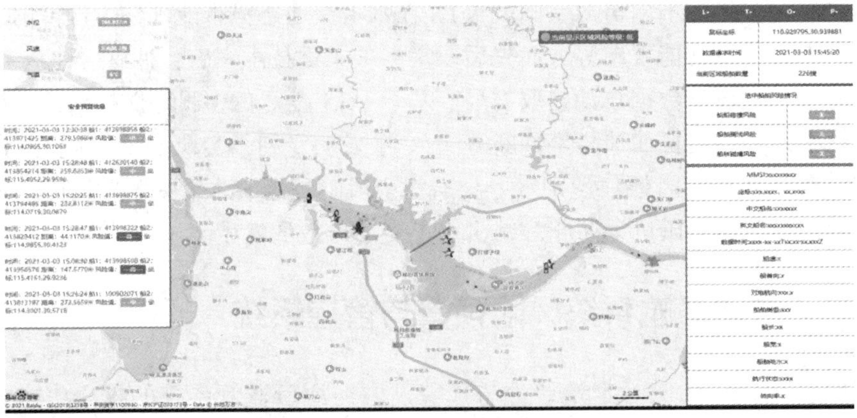

图 7.15　内河水运安全主动管控系统

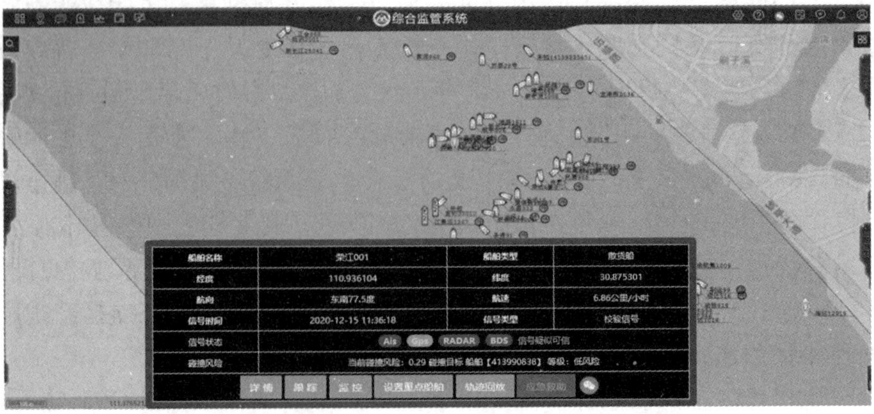

图 7.16　长江水上交通综合监管系统

图 7.17　长江干线水上交通安全预警服务系统

（三）高分遥感技术在港航海事管理的应用

水上交通在我国交通运输历史长河中一直占据着重要的位置，全面掌握港航资源底数，及时监测水域通航要素变化，对于加强通航资源保护和管理具有重要意义。传统实地调查等手段已经无法满足现代化管理模式的需求，遥感作为一种新型对地观测技术，具有覆盖面大、分辨率高、客观性强、周期性短等特点，在通航资源调查、应急救援领域具有独特优势。加快港航海事管理与新技术应用融合，以现代信息技术赋能水运行业监管具有巨大的应用前景。

为加快推进全国通航环境管理系统建设，建立全面、准确、权威的全国通航环境资源要素库，夯实通航管理基础，提升通航管理水平，浙江、湖南等地陆续组织技术团队攻关，利用多分辨率遥感数据，结合地理信息技术等信息化手段，开展针对性调查监测与核查，解决港航资源底数不清、现状不明的问题，掌握准确、客观的通航环境数据，为水上交通资源管理、规划、保护等工作提供依据，有助于优化岸线管理方式，提高通航综合管理水平。

1. 高分辨率遥感助力通航资源快速监测

温州市利用高分辨率卫星遥感技术结合现场作业等手段，对温州市规划岸线内的跨河桥梁、码头、堆场、船厂、航道等港航资源进行遥感采集，对历史数据库进行更新检测，共核查航道 220 条，补充 17 条外海航道，核查跨河桥梁 2 387 座，补充 395 座桥梁，对 511 个码头、150 个堆场、25 个船厂进行了属性信息快速校验和更新，全面梳理了港口、岸线、通航资源开发利用情况，全面核查温州市港口岸线水域相关交通基础设施资源现状及分布情况，形成了实时可靠的港航资源数据库，建立了温州港航遥感监测系统，为优化通航管理、开展违规监测、提高水上交通安全、加速推进“互联网+水运”模式成型奠定技术及数据基础。

2. 自然灾害综合风险水路承灾体普查

根据国务院全国自然灾害综合风险普查工作要求，2020 年 10 月，交通运输部印发了《自然灾害综合风险公路水路承灾体普查工作实施方案》，为确保高标准推进普查工作，高质量完成普查任务，中国交通通信息中心研究利用遥感技术开展港口、码头、航道风险数据核查，形成了基于遥感的自然灾害综合风险水路承灾体普查技术路线和方法流程，实现了对各地上报的承灾体信息与高精度遥感影像匹配识别，对地理位置、空间属性等开展遥感核查和专题产品生产，并在天津、山东、江苏等多地进行试点推进，取得了良好成效，为全面加强综合治理和水上交通安全风险防控提供了技术保障。

温州港口码头遥感普查如图 7.18 所示；广西通航环境遥感普查如图 7.19 所示；湖南益阳市水上过驳区遥感影像如图 7.20 所示；温州港航遥感监测系统如图 7.21 所示；高分遥感水路承灾体核查如图 7.22 所示。

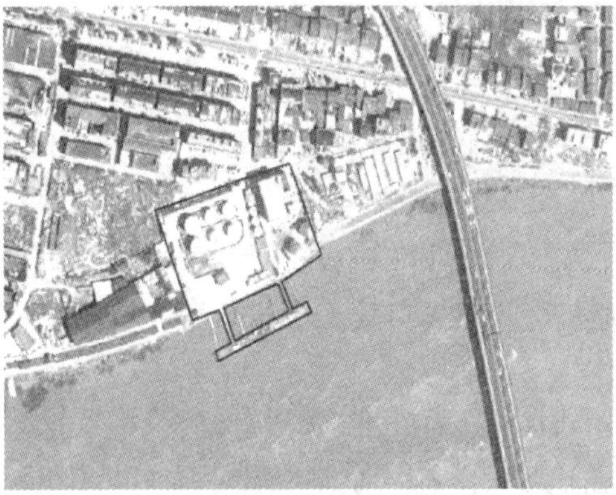

图 7.18　温州港口码头遥感普查

图 7.19　广西通航环境遥感普查

图 7.20　湖南益阳市水上过驳区遥感影像

图 7.21　温州港航遥感监测系统

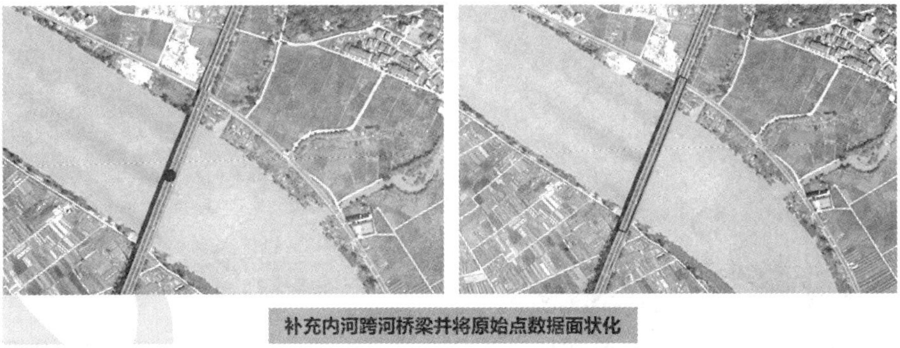

图 7.22　高分遥感水路承灾体核查

（四）国家水上交通信息服务平台正式上线

2020 年，“宝船网”正式更名为“国家水上交通信息服务平台”（myships.com）（见图 7.23），并主办“智慧航运”数据创新应用大赛，旨在成为航运大数据服务产业的链接者，与合作伙伴共建航运数据新生态、赋能智慧航运新时代。

1. 平台功能与服务内容

国家水上交通信息服务平台构建了以地理信息系统（GIS）、流计算技术、大数据技术为基础的支撑平台，融合了全球电子海图、全球船舶 AIS 数据、全球船舶档案数据、全球港口档案数据和全球专业气象数据，具备航运大数据实时处理能力。该平台采用微服务架构，能够适应产品敏捷开发与快速迭代的需求。平台除了通过 PC 端、移动端提供信息服务，还支持 API 接口调用、TCP 批量推送及 SDK 本地部署 3 种方式提供数据服务，并提供可嵌入产品和工具包，实现功能组件在用户业务系统的快速集成。平台服务可根据用户需求灵活配置，提供接口定制、功能定制、数据定制、报告定制等多样化定制服务，具体服务如下。

图 7.23　国家水上交通信息服务平台首页

1）**丰富的船舶动静态信息服务**

平台接入多路卫星 AIS 数据和岸基 AIS 数据，并进行数据融合、清洗与多粒度抽稀，满足不同场景的应用需求，既可以快速响应长时间跨度的轨迹查询展示，也可以满足短时间内的船舶行为分析。同时，提供全球船舶档案数据，并与船舶 AIS 数据进行关联匹配，为用户提供船舶经营情况、船体构造、船舶设备、载货能力等信息。船舶动态信息服务如图 7.24 所示；船舶档案信息服务如图 7.25 所示。

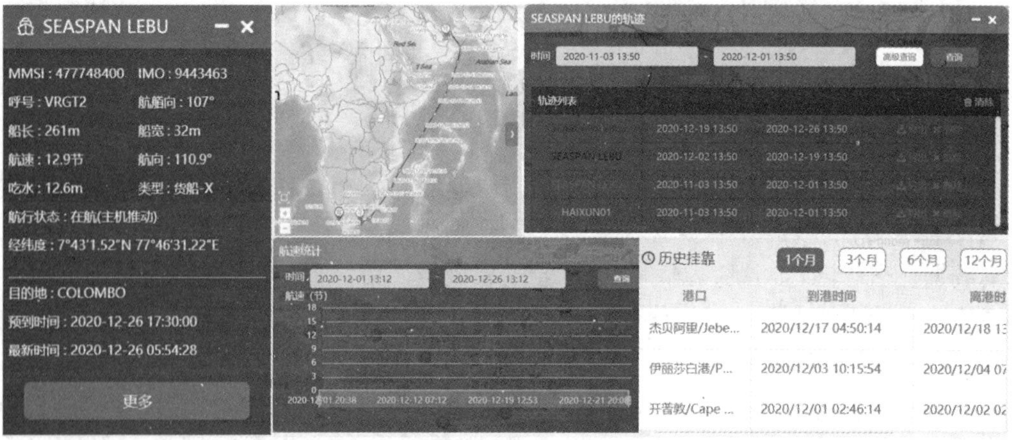

图 7.24　船舶动态信息服务

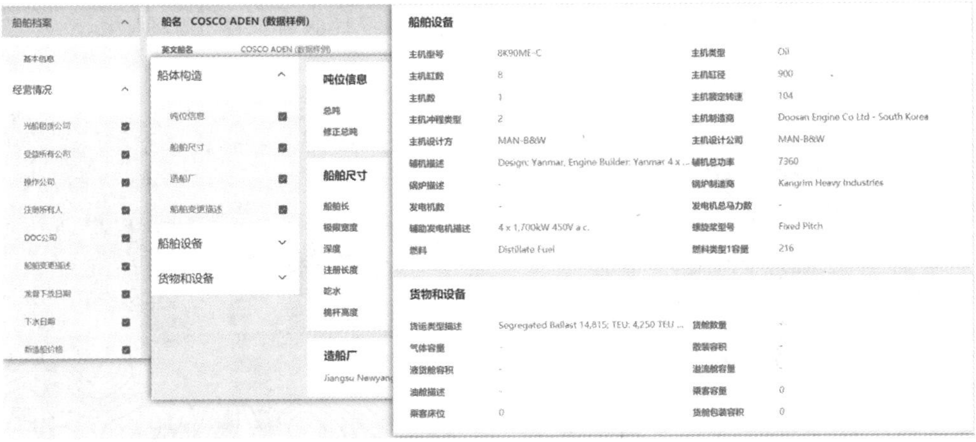

图 7.25　船舶档案信息服务

2）***准确的船舶动态提醒服务***

平台提供基于地理信息的船舶动态提醒与预警服务，包括船舶到离港提醒、船舶进入关注区（海盗、冰区、自定义）提醒、船舶进入台风影响区域预警等。平台拥有全球港口数据（9 000 个）、泊位数据（2.2 万个），自主完成 4000 多个港口区域电子围栏标绘工作，为保障提醒服务的准确性。此外，平台还提供港口作业限制、港口设备信息、港口操作机构信息、码头仓储信息、泊位作业限制、装卸设备限制等服务，如图 7.26 所示。

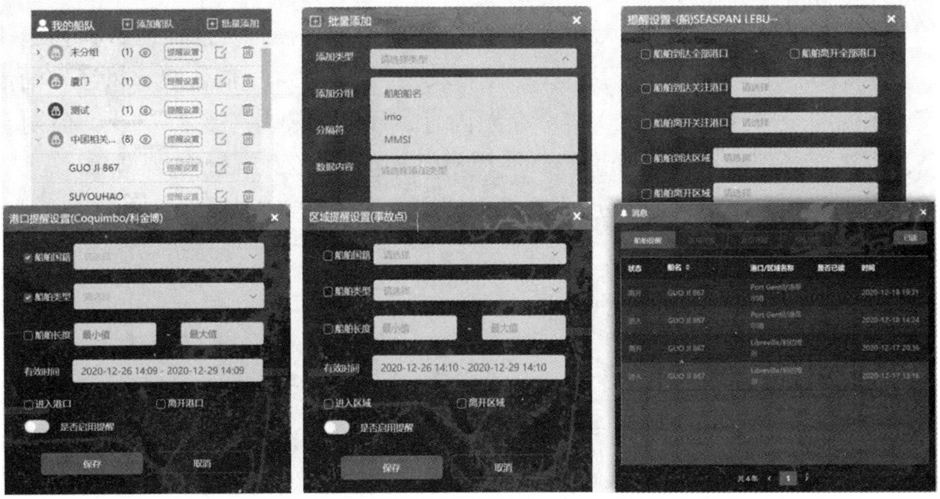

图 7.26　船舶动态提醒服务

3）***区域水上交通分析***

平台提供多维度的水上交通统计分析服务，包括全球总船舶数据及各海区、港口船舶活跃数量统计，可以从船舶类型、尺度、国籍等多维度统计分析，便于实时了解全球航运动态。针对港区船舶，提供船舶在港时间统计，为了解港口实时交通动态、评估港口作业效率提供数据支持。区域交通统计服务如图 7.27 所示。

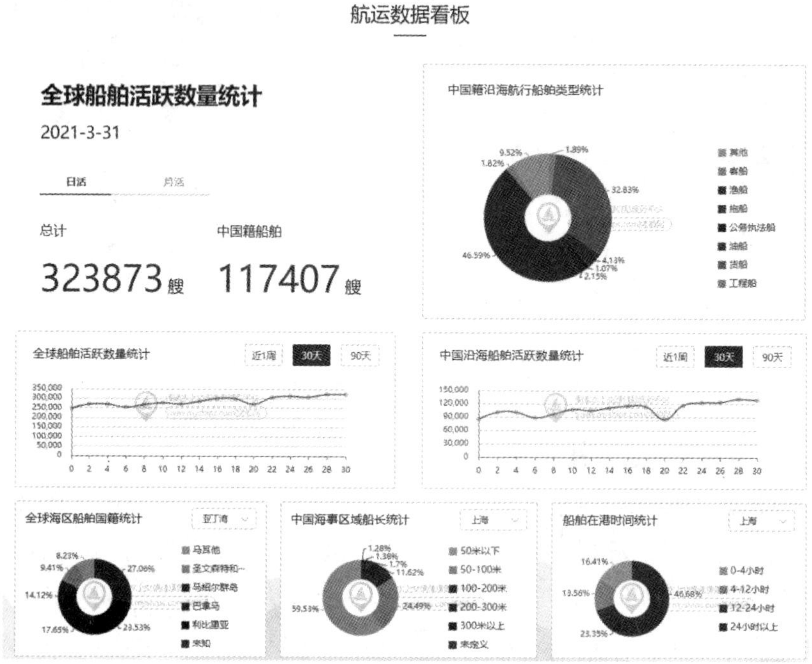

图 7.27　区域交通统计服务

4）**航运气象信息服务**

平台提供全球海洋气象、台风、潮汐、常规天气等预报信息服务，具体包括：风、气压、阵风、气温、能见度、相对湿度、云盖、降水、耦合浪、风浪、涌浪、海流、水温、全球台风（飓风）等十余项内容，预报时效为未来 3～5 天。针对台风信息，可展示预报路径与实际路径，并提供受当前台风影响的船舶、港口信息。潮汐与常规天气服务如图 7.28 所示；流场、波高等海洋信息服务如图 7.29 所示；2020 年台风路径如图 7.30 所示。

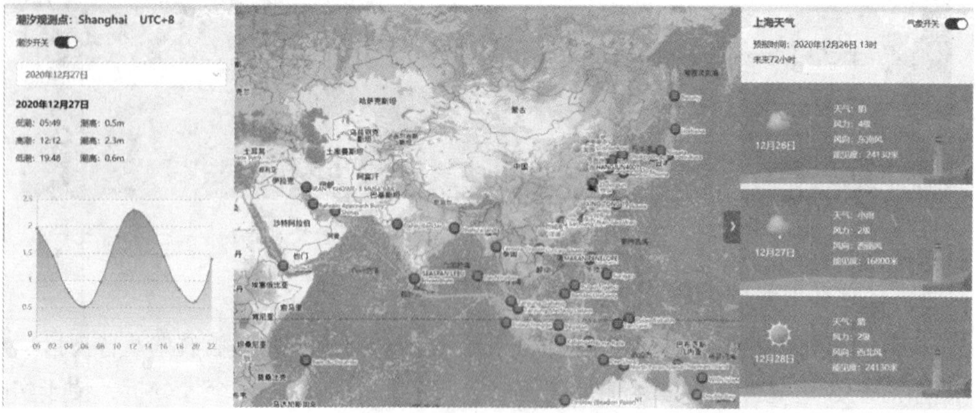

图 7.28　潮汐与常规天气服务

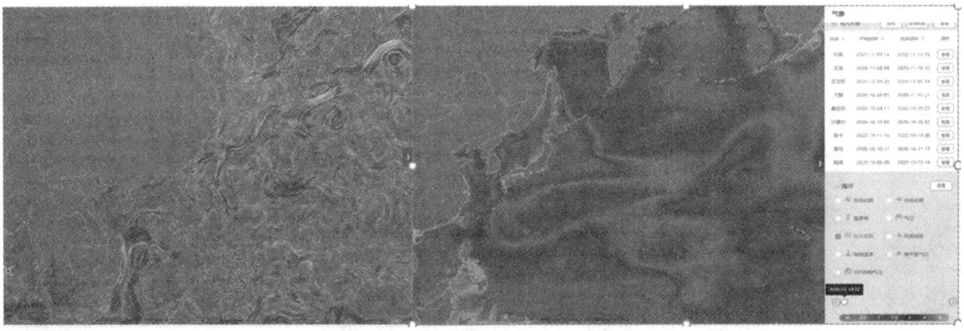

图 7.29　流场、波高等海洋信息服务

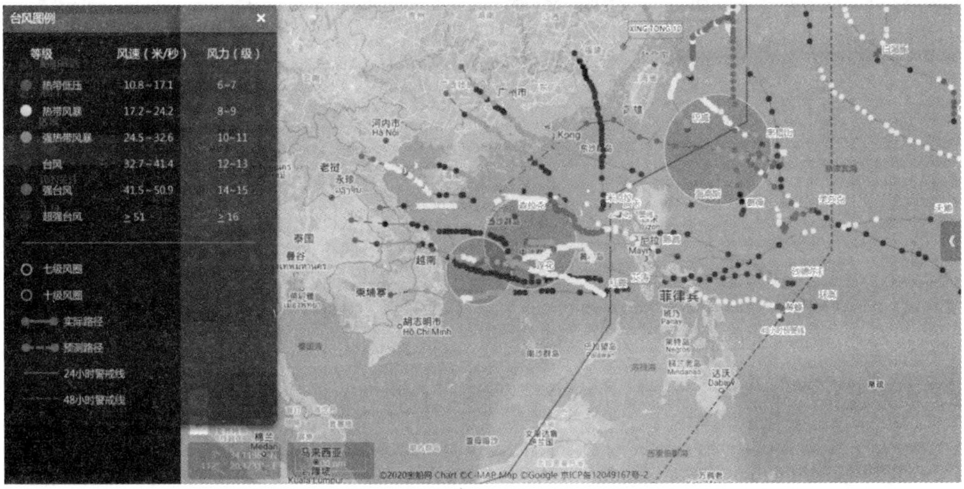

图 7.30　2020 年台风路径

2．市场推广与应用情况

国家水上交通信息服务平台立足水上交通运输应急保障工作，面向航运市场提供数字化服务，以培育数据服务生态为己任，促进水上交通运输安全发展与数字化转型。

在应急保障方面，为水上交通应急事件提供数据分析是国家水上交通信息服务平台的基本职责。2020 年新冠肺炎疫情在武汉暴发，迅速扩散至全国其他地区，给水上交通运输造成较大冲击。国家水上交通信息服务平台针对重点水域开展水上交通状况实时监控工作，为评估疫情期间水路运输保障情况、水路运输行业复工复产情况提供了有力的数据支撑。疫情期间，累计提供数据报告 395 次，追踪船舶 17 万余艘，分析船舶航行轨迹近万条，统计分析处理数据共计约 270 万条，形成相关统计分析报告 6 份。

在市场应用方面，国家水上交通信息服务平台用户覆盖海运物流、船舶管理、金融保险、港口经营、远洋渔业、搜救指挥等多个领域（见图 7.31），2020 年全年累计提供数据 4.6 亿次，日均提供数据 250 万次。为物流行业提供物流动态全程跟踪、船舶到离港实时提醒等服务，实现了海运物流全程把控与业务流转的无缝对接；为船舶管理与金融保险用户提供船舶动态实时监控、船舶航行历史风险分析服务，有效加强了船舶航行安全管理，为船舶风险评定提供了数据支持；为港口经营单位提供了港内船舶动态、在港船舶统计服务，提高了港口生产调度效率，提升了港口的竞争力。

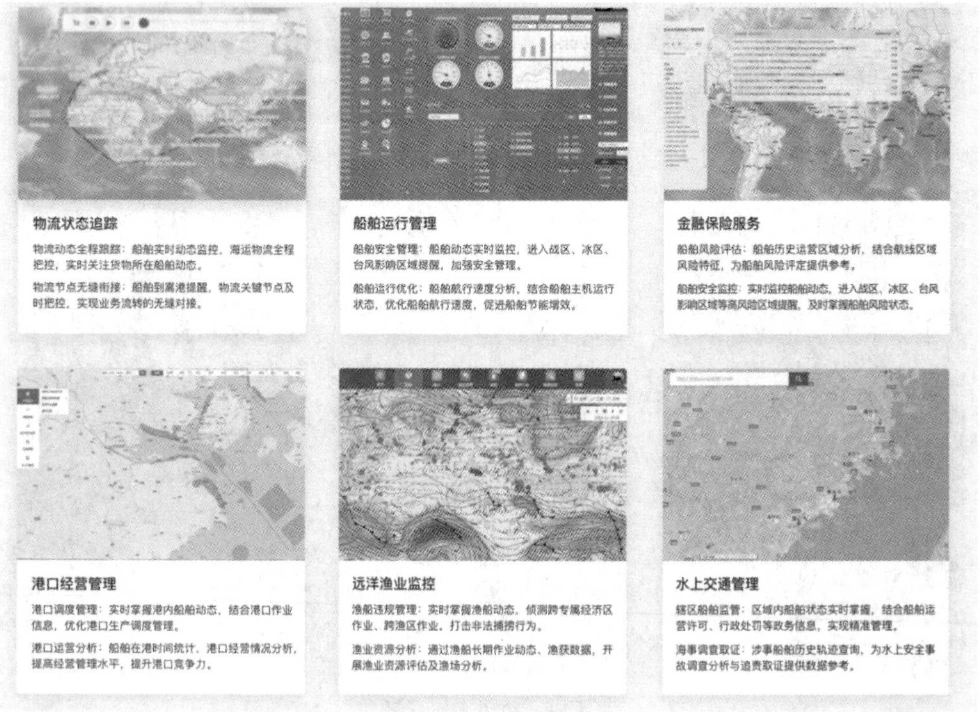

图 7.31　市场应用领域

在生态培育方面，作为行业大数据服务产业的链接者，国家水上交通信息服务平台以培育多方合作共赢的综合水上交通运输数据服务生态为己任。2020 年，平台联合中国航海学会主办了“智慧航运”数据创新应用大赛（见图 7.32），聚集了业界创新创业资源，参赛队伍来自航运领头企业的创新工作组、服务航运数字化转型的科技创业公司、海事监管与保障单位的创新工作室、高校创新团队等多个领域。大赛创造了一个航运数据创新交流的平台，大赛参与方以此为契机建立了合作关系，并在数据推广应用、区块链技术应用、产品研发等方面达成了合作意向，有力推动了航运大数据产、学、研深度融合，促进了航运大数据生态发展。

3．效益分析

国家水上交通信息服务平台自上线运行以来，为政府、企业提供及时有效的水上交通数据服务，产生了良好的社会效益与经济效益。在社会效益方面，国家水上交通信息服务平台持续为水上交通重大安全事件应急处置与事故调查提供信息服务保障，有效保障水上交通安全。为国家重要经济通道运行状况监测分析提供数据与技术支持，保障国家水上运输的稳定与有序。在经济效益方面，国家水上交通信息服务平台开创了国内船舶 AIS 数据服务先河，带动了航运数字经济的发展。随着航运数字化转型发展的进程，该平台具有广阔的市场前景，将产生巨大的经济价值。

图 7.32 "智慧航运"数据创新应用大赛

4. 当前形势与未来展望

2021 年政府工作报告明确提出，加快数字化发展，打造数字经济新优势，协同推进数字产业化和产业数字化转型，营造良好数字生态。"数字化转型"就是运用"数字化"思想实现创新突破或动能转换的过程。航运作为联通全球经济的重要基础性服务，在疫情的正面冲击下发展的不确定性进一步增强。在后疫情时代，航运数字化会加倍提速，成为整个"十四五"期间航运业的核心工作之一。国家水上交通信息服务平台将持续以航运数据与物流、金融、气象等行业数据融合应用为主线，利用云计算、大数据、人工智能、区块链等技术开展数据融合创新应用的研究与探索，促进航运与贸易、物流、金融、口岸之间数字协同，助力航运数字化转型。

六、学术活动

2020 年 10 月 5—6 日，由武汉理工大学、国家水运安全工程技术研究中心、智能航运与海事安全国际科技合作基地共同主办的"第四届海事安全与智能航运国际会议"（The 4th International Conference on Maritime Safety and Smart Shipping，MSSS 2020）在武汉理工大学余家头校区隆重召开。中国工程院院士、武汉理工大学严新平教授担任本届大会主席。

大会邀请了葡萄牙工程院院士、里斯本大学 Carlos Guedes Soares 教授，代尔夫特理工大学 Rudy Negenborn 教授，格丁尼亚海事大学 Jakub Montewka 教授，芬兰阿尔托大学 Spyros Hirdaris 副教授，上海海事大学陈继红教授，武汉理工大学吴兵副研究员等 16 位专家做专题报告。会议采用线下、线上同步直播相结合的方式举行，来自国内外的专家学者及各方代表 1200 余人通过线上和线下结合的方式参加了会议。

本次会议深入探讨了后疫情时代智能航运与海事安全的有关问题，为促进智能航运与海事安全的未来发展发挥了积极效应。

第八章

民　　航

一、基本情况

（一）运输航空

1. 运输周转量

2020 年，全行业完成运输总周转量 798.5 亿吨千米，比 2019 年下降 38.3%。国内航线完成运输总周转量 587.67 亿吨千米，比 2019 年下降 29.2%，其中，港澳台航线完成 3.19 亿吨千米，比 2019 年下降 81.1%；国际航线完成运输总周转量 210.83 亿吨千米，比 2019 年下降 54.5%，如图 8.1 所示。

2020 年，全行业完成旅客周转量 6 311.3 亿人千米，比 2019 年下降 46.1%。国内航线完成旅客周转量 5 868.87 亿人千米，比 2019 年下降 31.1%，其中，港澳台航线完成 12.83 亿人千米，比 2019 年下降 92.0%；国际航线完成旅客周转量 442.41 亿人千米，比 2019 年下降 86.1%，如图 8.2 所示。

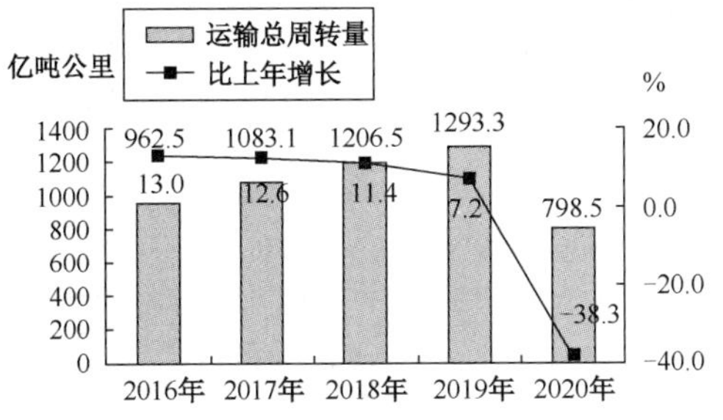

图 8.1　2016—2020 年民航运输总周转量

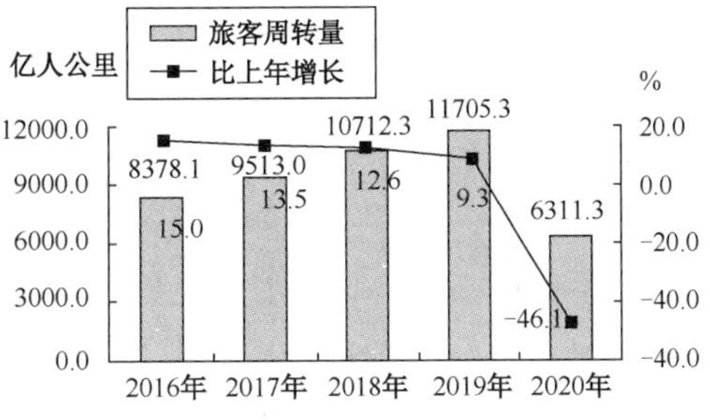

图 8.2　2016—2020 年民航旅客周转量

全行业完成货邮周转量 240.2 亿吨千米，比 2019 年下降 8.7%。国内航线完成货邮周转量 67.87 亿吨千米，比 2019 年下降 13.6%，其中，港澳台航线完成 2.07 亿吨千米，比 2019 年下降 26.4%；国际航线完成货邮周转量 172.33 亿吨千米，比 2019 年下降 6.7%，如图 8.3 所示。

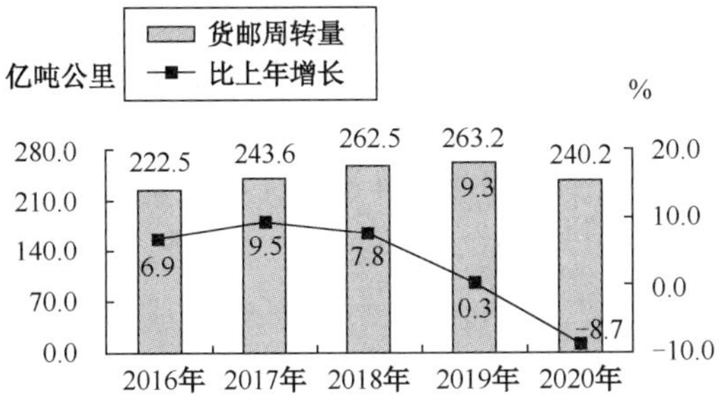

图 8.3　2016—2020 年民航货邮周转量

2．旅客运输量

2020 年，全行业完成旅客运输量 41 800 万人次，比 2019 年下降 36.7%。国内航线完成旅客运输量 40821.30 万人次，比 2019 年下降 30.3%，其中，港澳台航线完成 96.13 万人次，比 2019 年下降 91.3%；国际航线完成旅客运输量 956.51 万人次，比 2019 年下降 87.1%，如图 8.4 所示。

3．货邮运输量

2020 年，全行业完成货邮运输量 676.6 万吨，比 2019 年下降 10.2%。国内航线完成货邮运输量 453.53 万吨，比 2019 年下降 11.3%，其中，港澳台航线完成 17.58 万吨，比 2019 年下降 20.9%；国际航线完成货邮运输量 223.07 万吨，比 2019 年下降 7.8%，如图 8.5 所示。

4．运输机场

截至 2020 年年底，我国境内运输机场（不含香港、澳门和台湾地区）241 个，比 2019 年底净增 3 个。2020 年，新增机场有玉林福绵机场、于田万方机场、重庆仙女山机场。2020 年，安康五里铺机场迁至安康富强机场。

2020 年，全行业全年新开工、续建机场项目 114 个，新增跑道 4 条，停机位 377 个，航站楼面积 170.8 万平米。截至 2020 年年底，全行业运输机场共有跑道 265 条，停机位 6 621 个，航站楼面积 1 799.8 万平米。

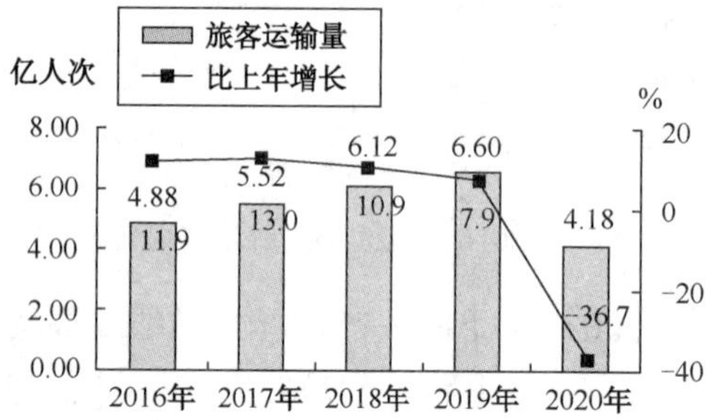

图 8.4　2016—2020 年民航旅客运输量

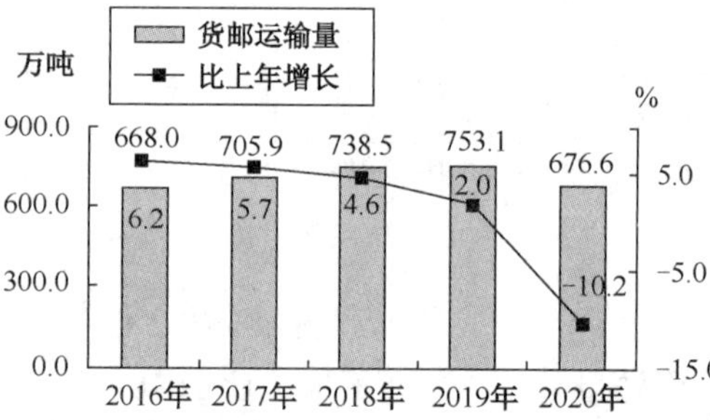

图 8.5　2016—2020 年民航货邮运输量

5．机场旅客吞吐量

2020 年，全国民航运输机场完成旅客吞吐量 8.57 亿人次，比 2019 年下降 36.6%，如图 8.6 所示。

其中：2020 年东部地区完成旅客吞吐量 4.27 亿人次，比 2019 年下降 39.8%；中部地区完成旅客吞吐量 1.01 亿人次，比 2019 年下降 34.8%；西部地区完成旅客吞吐量 2.79 亿人次，比 2019 年下降 30.8%；东北地区完成旅客吞吐量 0.49 亿人次，比 2019 年下降 41.0%。2020 年民航运输机场旅客吞吐量按地区分布如图 8.7 所示。

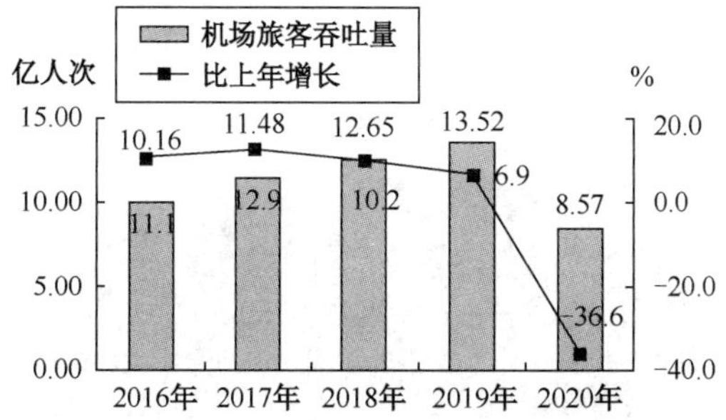

图 8.6 2016—2020 年民航运输机场旅客吞吐量

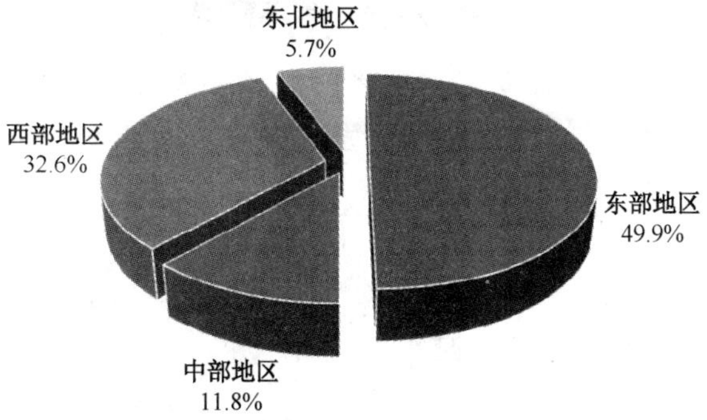

图 8.7 2020 年民航运输机场旅客吞吐量按地区分布

2020 年，全国民航运输机场完成货邮吞吐量 1607.5 万吨，比 2019 年下降 6.0%，如图 8.8 所示。

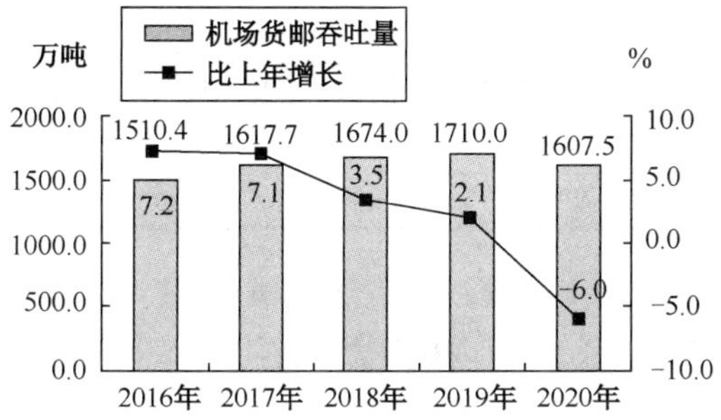

图 8.8 2016—2020 年民航运输机场货邮吞吐量

其中：2020 年东部地区完成货邮吞吐量 1 168.41 万吨，比 2019 年下降 6.2%；中部地区完成货邮吞吐量 137.18 万吨，比 2019 年增长 10.0%；西部地区完成货邮吞吐量 251.96 万吨，比 2019 年下降 9.7%；东北地区完成货邮吞吐量 49.94 万吨，比 2019 年下降 17.3%。2020 年民航运输机场货邮吞吐量按地区分布如图 8.9 所示。

2020 年，全国民航运输机场完成起降架次 904.9 万架次，比 2019 年下降 22.4%。其中，运输架次 745.79 万架次，比 2019 年下降 24.4%，如图 8.10 所示。

2020 年，年旅客吞吐量 100 万人次以上的运输机场 85 个。其中，北京、上海和广州三大城市机场旅客吞吐量占全部境内机场旅客吞吐量的 18.2%，比 2019 年降低

4.2 个百分点，如表 8.1 所示。

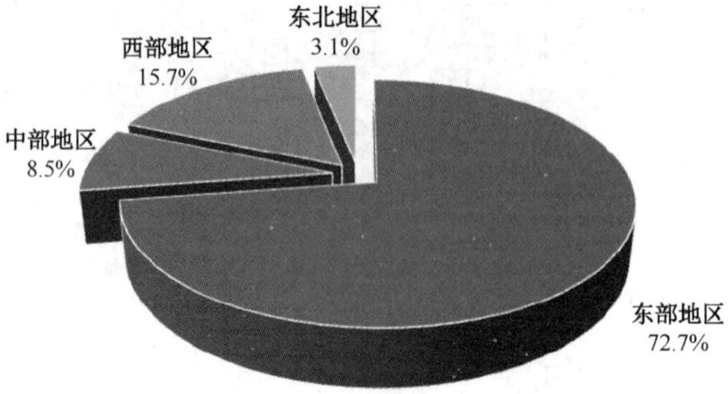

图 8.9　2020 年民航运输机场货邮吞吐量按地区分布

图 8.10　2016—2020 年民航运输机场起降架次

表 8.1　2020 年年旅客吞吐量 100 万人次以上的机场数量

单位：个

年旅客吞吐量	机场数量	比上年增加	吞吐量占全国比例
100 万～1000 万人次	27	-12	70.0%
1000 万人次以上	58	-9	24.1%

2020 年，年货邮吞吐量 1 万吨以上的运输机场 59 个。其中，北京、上海和广州三大城市机场货邮吞吐量占全部境内机场货邮吞吐量的 44.0%，比 2019 年降低 2.5 个百分点，如表 8.2 所示。

表 8.2　2020 年年货邮吞吐量万吨以上的机场数量

单位：个

年货邮吞吐量		机场数量	比上年增加	吞吐量占全国比例
10000 吨以上		59	0	98.6%

（二）通用航空

1．通用航空企业数量

截至 2020 年年底，获得通用航空经营许可证的通用航空企业 523 家。其中，华北地区 111 家，东北地区 45 家，华东地区 131 家，中南地区 120 家，西南地区 64 家，西北地区 33 家，新疆地区 19 家。

2. 通航机场

2020 年，新增通用机场 93 个，全国在册管理的通用机场数量达到 339 个。

3. 飞行小时

2020 年，全行业完成通用航空生产飞行 98.40 万小时，比 2019 年下降 7.6%。其中，载客类作业完成 8.96 万小时，比 2019 年下降 10.0%；作业类作业完成 15.06 万小时，比 2019 年下降 6.2%；培训类作业完成 36.94 万小时，比 2019 年下降 4.4%；其他类作业完成 4.22 万小时，比 2019 年下降 20.7%；非经营性完成 33.21 万小时，比 2019 年下降 9.0%。

4. 无人机情况

截至 2020 年年底，全行业无人机拥有者注册用户约 55.8 万个，其中，个人用户约 49.8 万个，企业、事业、机关法人单位用户约 6 万个。全行业注册无人机共 51.7 万架。

截至 2020 年年底，全行业无人机有效驾驶员执照达到 88994 本。

2020 年，参与民航局无人机云交换系统的无人机飞行小时共有 183 万小时。

二、技术发展

（一）总体情况

国家重点研发计划“综合交通运输与智能交通”专项“超大型空港综合交通高效运行与智能服务关键技术及示范应用”项目于 2019 年 3 月获得国家科技部立项批复，正式启动项目研究，如图 8.11 所示。项目由首都机场集团公司、中国民用航空总局第二研究所、北京航空航天大学、北京首都国际机场股份有限公司等 17 家单位共同承担，旨在解决我国超大型空港综合交通枢纽存在的运行监管能力弱、协同运行效率低、安全防控能力差、智能服务不足等突出问题。

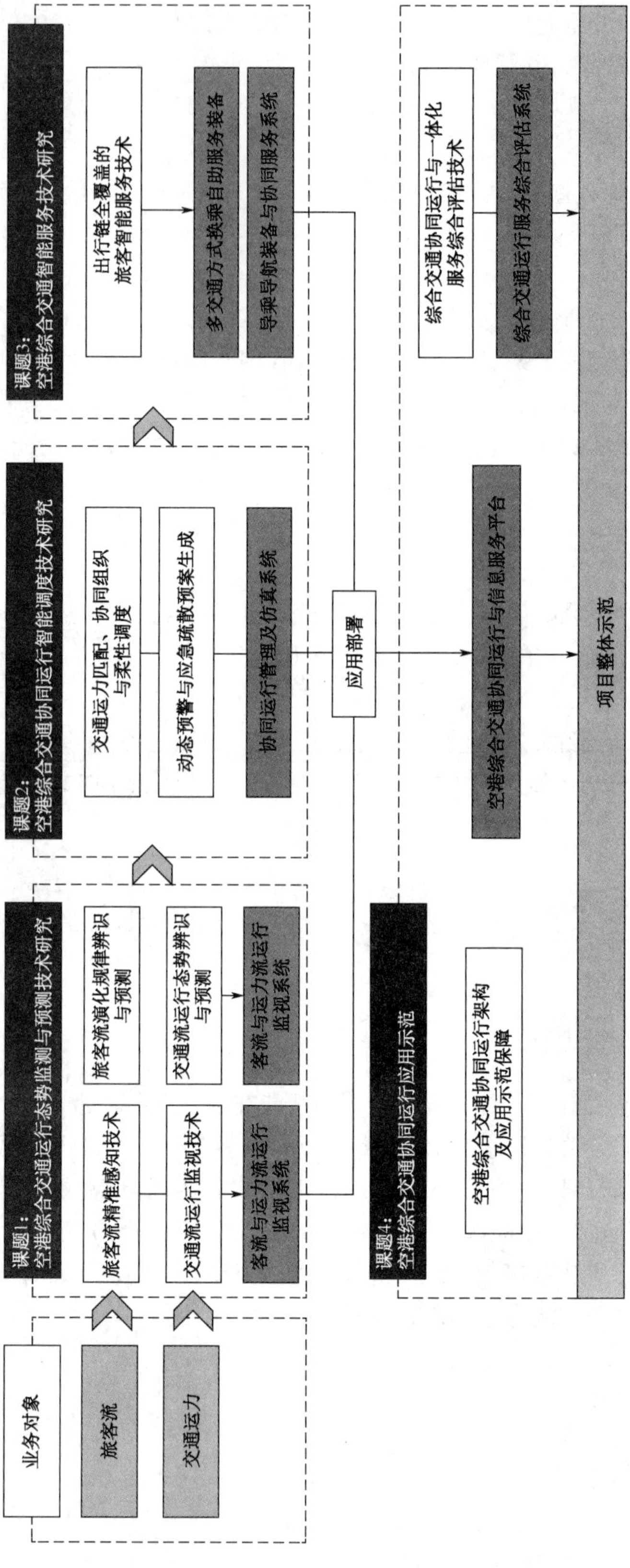
业务对象
旅客流
交通运力
课题1：空港综合交通运行态势监测与预测技术研究
旅客流精准感知技术
旅客流演化规律辨识与预测
交通流运行监视技术
交通流运行态势辨识与预测
客流与运力流运行监视系统
客流与运力流运行监视系统
课题2：空港综合交通协同运行智能调度技术研究
交通运力匹配、协同组织与柔性调度
动态预警与应急疏散预案生成
协同运行管理及仿真系统
课题3：空港综合交通智能服务技术研究
出行链全覆盖的旅客智能服务技术
多交通方式换乘自助服务装备
导乘导航装备与协同服务系统
应用部署
课题4：空港综合交通协同运行应用示范
空港综合交通协同运行架构及应用示范保障
空港综合交通协同运行与信息服务平台
综合交通协同运行与一体化服务综合评估技术
综合交通运行服务综合评估系统
项目整体示范

图 8.11　项目课题设置

本项目针对空港综合交通旅客和运力流两大核心业务对象的“态势监测预测”“高效协同运行”和“旅客智能服务”3 个方面入手，拟解决航班动态牵引多源旅客流聚散及运力流演化规律、旅客流与多模式交通运力动态耦合机理、基于旅客精确画像的出行链时空分布 3 个关键科学问题；突破面向旅客流精准感知的视频分析与多源信息融合技术、旅客流和多模式交通运力流的运行态势辨识与预测技术、多交通方式运输主体间的高效协同与柔性调度技术、重大事件预警及应急疏散方案动态生成技术、面向旅客画像与出行链特征的智能导航导乘与自助服务技术、大型空港协同运行与一体化服务的综合评估技术 6 项关键技术；形成可示范应用的装备和系统，依托首都国际机场和大兴国际机场的综合交通基础设施开展示范应用，以提升我国超大型空港综合交通多主体协同运行效率及旅客智能服务水平。项目技术路线如图 8.12 所示

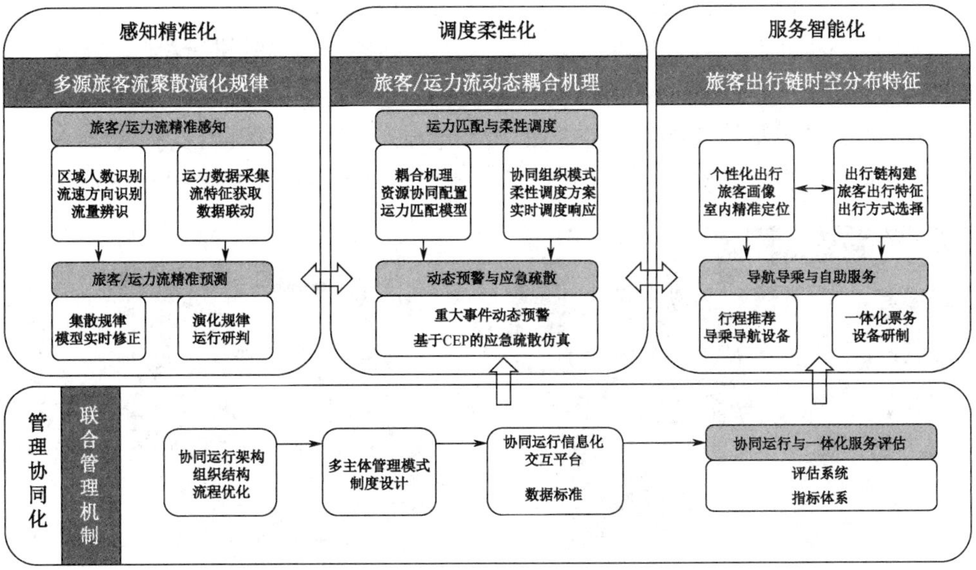

图 8.12　项目技术路线

（二）主要成果和技术创新

1. 主要成果

自 2019 年起，围绕项目实施目标，全面开展关键技术研究、技术攻关、装备研制、示范工程建设，截至项目中期 2020 年年底，完成全部关键技术研究和示范系统的原型研发。

（1）自项目实施以来，项目组织了调研团队开展了北京首都国际机场、北京大兴国际机场、首都机场集团公司业务技术考察和调研，并且撰写完成了项目专门的调研报告和技术考察报告，为项目和课题的技术研究及技术实现提供了基础。各课题按照项目实施计划及研究路线分别完成了空港多源旅客流聚散演化规律、旅客流

与多模式交通运力的动态耦合机理、基于旅客精确画像的出行链时空分布等关键科学问题的探索和研究，形成了一系列理论成果，累积发表高水平学术论文 37 篇。在此基础上分别突破了面向旅客流/运力流精准感知的视频分析与多源信息融合技术、旅客流和多模式交通运力流的运行态势辨识与预测技术、多交通方式运输主体之间的高效协同与柔性调度技术、空港重大事件预警及应急疏散方案动态生成技术、面向旅客画像与出行链特征的智能导航导乘与自助服务技术、空港协同运行与一体化服务的综合评估等一系列关键技术，形成了共计 9 项专利成果的申报。

（2）通过基础理论的研究和关键技术的突破，结合实际应用示范的需求，项目组还研发了综合客运枢纽旅客流与运力流监视及仿真原型系统、协同运行管理及仿真原型系统、重大事件预警及客流疏散原型系统、旅客导航导乘原型系统、协同运行与一体化服务评估原型系统、旅客多交通方式换乘自助服务装备原型系统及综合客运枢纽协同运行与信息服务平台原型系统，共计完成了 6 个系统、1 个装备、1 个平台的原型系统研制。与此同时，各课题还组织对各原型系统进行第三方测试，测试原型系统的指标达到既定要求的同时还满足系统应用示范的需求。按照项目应用示范的要求，项目最终需要在北京首都国际机场、北京大兴国际机场、首都机场集团公司完成上述成果系统的应用示范部署。现阶段项目主要成果如图 8.13 所示。

（a）监视系统原系统　　（b）仿真系统原系统

（c）自助服务设备原型　　（d）信息服务平台原型

图 8.13　现阶段项目主要成果

（3）按照项目实施要求，在项目技术理论研究和原型系统研发过程中，项目组编制了调研报告、技术考察报告、系统设计报告等22项科技报告，完成了专家评审、三方机构测试等13个三方报告。项目累积发表了高水平学术论文37篇，论著1本，申请发明专利9项，完成软件著作权2项，撰写了标准草案一份，培养硕士研究生9人。

2. 技术创新

（1）创新性地实现了基于深度三维卷积网络的旅客流时空特征中的旅客集散行为时空特征与随机特征提取方法；提出基于不同时空特征下旅客流动多分辨率的深度卷积时空残差网络，揭示基于卷积深度时空残差网络的旅客流集散时空分布规律，实现复杂外部影响因素下的复杂旅客流分布准确预测。

（2）创新性地研究了大型空港综合交通枢纽内旅客流与交通运力耦合动力学特征，揭示了旅客需求、组织模式与多模式交通运力三者间的派生和源发关系与动力学演化规律，提出了多维度、多粒度交通服务模式动态耦合特征与空港协同运行组织效率的作用反馈机理；剖析了超大型空港客流集散需求演变规律和方式选择行为，构建了综合考虑旅客需求、资源约束、多维度交通服务的运力与需求动态耦合模型，实现了客流集散动态需求与多模式交通服务的定量、精准适配。

（3）创新性地开发了多点互动式旅客画像采集处理系统，标签化识别个体特征与行为特征，构建旅客画像特征数据库；量化旅客搭乘意图与交通方式选择的映射参数，以安全、经济、舒适为总体目标，优化构建基于重构旅客特征数据的出行方式选择模型，结合运动学旅客仿真数据、历史经验客流数据、实时旅客热力集群数据等，对旅客出行方式选择模型参数进行标定；通过匹配旅客画像与走行轨迹，融合马尔可夫决策过程和离散计量方法建立以数据为驱动的个体旅客走行轨迹动态预测模型，揭示基于旅客精确画像的出行链时空分布规律，实现了对群体旅客在不同出行方式环境下移动规律的挖掘和移动趋势的预判。

（4）创新性地提出了空港综合客运枢纽协同运行与一体化服务综合评价体系，构建了塔式协同运行与一体化服务评估指标体系，客观分析并揭示了各评估指标的重要程度，突破评估指标赋权主观性强的瓶颈，提出大数据驱动的评估指标赋权评价算法。依托综合客运枢纽交通系统协同运行与一体化服务大数据，应用组合优化、有序加权算法，突破了传统评估方法存在的适用性瓶颈，提出了多方法组合优化综合评估模型，构建了大数据驱动的综合客运枢纽交通系统协同运行与一体化服务综合评估算法，研发了分布式可视化的综合评估原型系统。

（三）示范应用情况

围绕机场综合交通运行效率提升及旅客服务质量改善的项目总体建设目标，依托北京首都国际机场、北京大兴国际机场、首都机场集团公司现有的信息化系统和硬件资源，对相关生产及运行系统进行新建或改造。至2020年年底项目中期，已经完成了旅客/运力流运行监视系统、旅客流及运力流仿真推演系统、综合交通协同运行管理系统、综合交通协同运行仿真系统、多交通方式换乘自助服务装备、旅客智能导航导乘系统、协同运行与一体化综合服务评估系统、协同运行与信息服务平台等各项示范系统的原型系统研发工作，并且通过了专业的三方机构系统测试。后续根据项目任务书的示范要求，项目制订了详细的应用示范方案计划，应用示范的整体架构如图8.14所示。

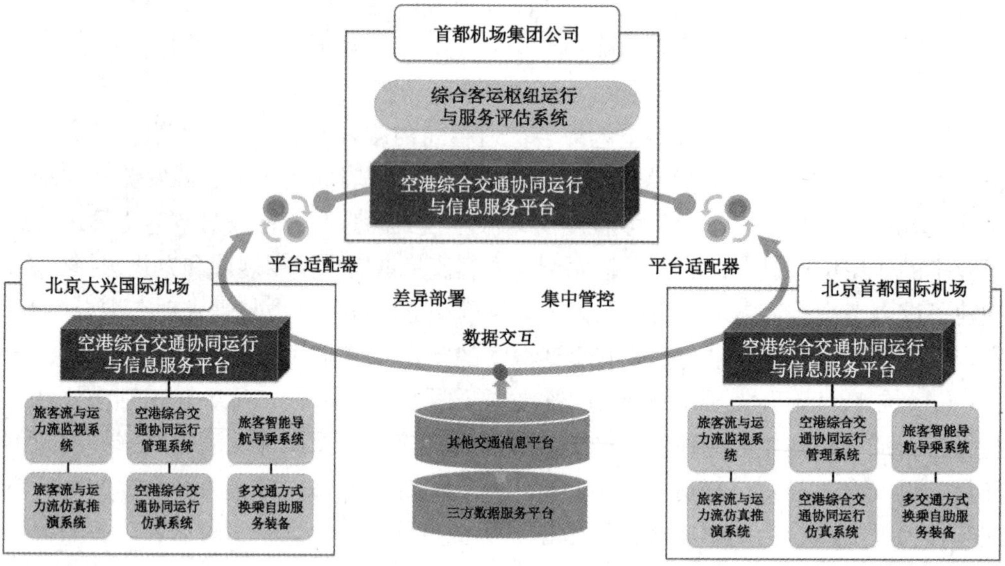

图8.14　应用示范的整体架构

三、重大项目

成都天府国际机场塔台管制自动化系统建设与应用

（一）基本情况

长期以来，我国民航机场场面运行管理主要由塔台管制负责。目前，中国民航塔台部署有众多的业务系统，如空管自动化系统、高级场面活动引导和控制系统、塔台电子进程单系统、数字化放行系统、CDM（Collaborative Decision Making）协同放行系统、气象系统、情报信息系统、灯光/盲降设备监视系统等。各系统分别承担了不同的管制业务功能，但又有部分重复功能，同时由于各系统建设的时间不同，导致各系统之间数据难以交互。塔台上每个管制席位上均为每套系统配置了相应的显示器、鼠标和键盘，导致管制员操作烦琐，极大地影响了管制工作效率，并对整个场面运行安全带来一定的风险。

然而，要解决上述问题需要面对更为复杂的问题：各套业务系统分属不同的厂家建设，每套系统均有自身的内部复杂业务处理逻辑，很难由一家设备厂商在一套系统内完成所有业务系统的全部功能。

中国民用航空总局第二研究所对天府国际机场建设的各业务系统进行深入分析，对各系统功能定位、数据交互、管制运行等方面进行了归纳、总结，提出建设塔台管制自动化系统，作为国内首台套系统应用于天府国际机场集成塔台项目中，从而可以有效解决管制员面临的工作空间拥挤、设备众多、有用信息分散等问题。

（二）建设完成的系统

成都天府国际机场本期规划年旅客吞吐量 4000 万人次，建设有西一、东一和北一 3 条跑道，246 个机位，航班起降量 32 万架次，远期规划将再建设 3 条跑道，满足年旅客吞吐量 9000 万人次需求。

成都天府国际机场塔台管制自动化系统包含 17 套空管席位、8 套机坪席位和 2 套维护席位。塔台位置如图 8.15 所示。席位分别部署在 1 号主塔台和 2 号辅助塔台，其中 1 号主塔台有 11 套空管席位、5 套机坪席位和 1 套维护席位，2 号辅助塔台有 6 套空管席位和 3 套机坪席位，如图 8.16 所示。

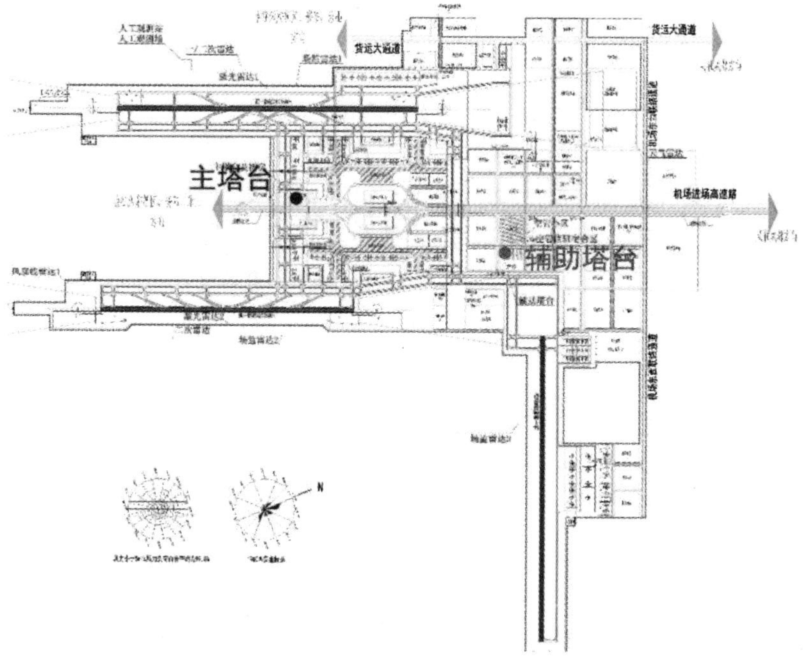

图 8.15　成都天府国际机场塔台位置

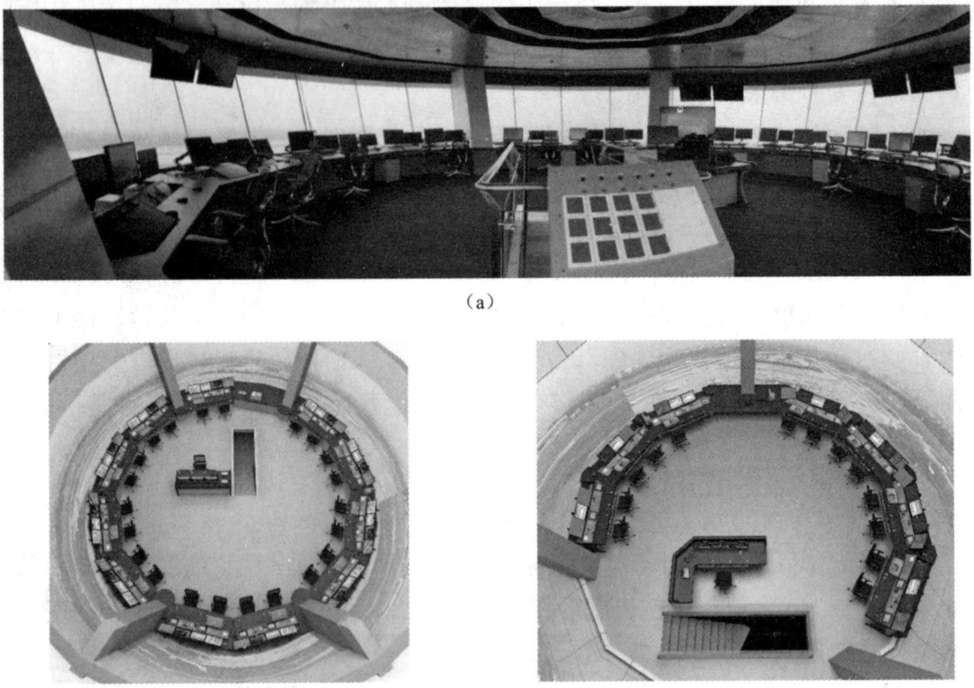

（a）

（b）

（c）

图 8.16　成都天府国际机场塔台管制自动化系统的席位分布

拥有国内完全自主知识产权的塔台管制自动化系统以高级场面活动引导与控制系统（Advanced Surface Movement Guidance and Control Systems，A-SMGCS）和电子进程单系统为核心，支持多种监视数据的接入和处理，可实现中低空空域和机场活动区域的覆盖监视，同时也具备完整的场面及空域告警功能，系统具备终端区自动化系统的三网、专线、独立运行模式，完全满足在没有空管自动化系统席位的塔台上，依靠塔台管制自动化系统进行管制指挥的需求。系统密切结合当前塔台管制的运行需求，将纷繁复杂的各类空管系统，进行深度信息整合，大大简化了管制员的操作界面，在新的集成框架下，采用一体化、智能化的塔台工作平台，不仅能通过集成系统的联动性提升管制运行效率，而且能进一步降低人为失误可能带来的安全风险。

（三）主要技术创新

1．系统间的三网互联模式

成都天府国际机场空管工程的项目中，还同期建设有终端区自动化系统，该系统与塔台管制自动化系统虽然是两套独立的系统，但是系统间又有充分的数据交互。传统的设计思路是定制两套系统间数据交互的接口文档，双方系统按接口文档进行开发、调试，这种模式下前期由于接口频繁改动，导致开发、调试的周期漫长，而且后面系统的升级维护也比较困难。

在成都天府国际机场空管工程的项目中，由中国民用航空总局第二研究所承建的塔台管制自动化系统和终端区自动化系统，打破了系统间数据交互依靠接口进行访问的传统思路，创新地采用了两套系统间通过核心三网互联进行数据交互的模式，大大缩短了开发、联调和测试的周期。两套系统间采用同一套数据，管制员既可以在终端区自动化系统操作，也可以在塔台管制自动化系统中操作，提高了管制操作的便捷性和流畅度。

2. 告警的联动性

系统具备多种告警类型，并且将空管自动化系统的空中告警和 A-SMGCS 系统的场面告警相结合，形成了监视数据类、管制意图类、监视数据与管制意图类相结合的三类告警体系。

以往的系统中，航迹告警只在态势显示子系统的目标标牌上，电子进程单系统本身并没有航迹信息，因而也无法计算和显示航迹告警。塔台管制员与进近管制员、区调管制员不同的是，除了会操作态势显示子系统，也会同时操作电子进程单子系统，因此能在电子进程单上同步显示航迹告警，显示非常有必要。

成都天府国际机场的塔台管制自动化系统中，采用电子进程单系统与 A-SMGCS 系统深度融合技术，在电子进程单上能同步显示其航迹告警（见图 8.17），使管制员能时刻观察目标告警情况，防止遗漏，提高了管制运行安全性。

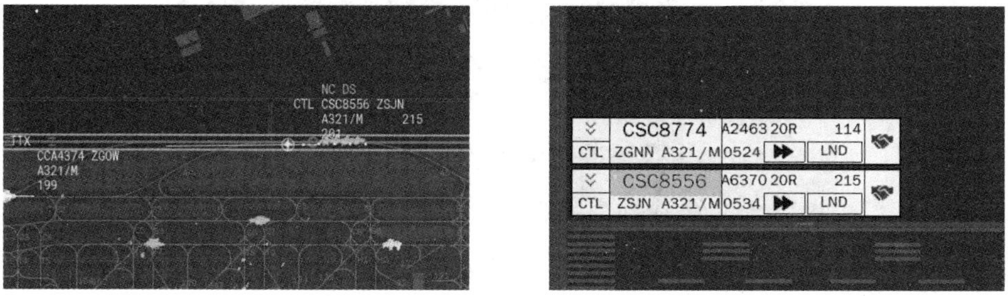

图 8.17　电子进程单同步显示航迹告警

3. A-SMGCS 集成空管自动化系统塔台功能

塔台管制员在管制指挥过程中，需要经常使用的系统有空管自动化系统、A-SMGCS 系统和塔台电子进程单系统，对空指挥使用空管自动化系统，对地指挥使用 A-SMGCS 系统和塔台电子进程单系统。在成都天府国际机场塔台管制自动化系统中，融入了空管自动化系统塔台所需的功能，塔台管制员可以在一个系统中同时指挥空中和地面目标，避免在不同系统间进行频繁切换，如图 8.18 所示。

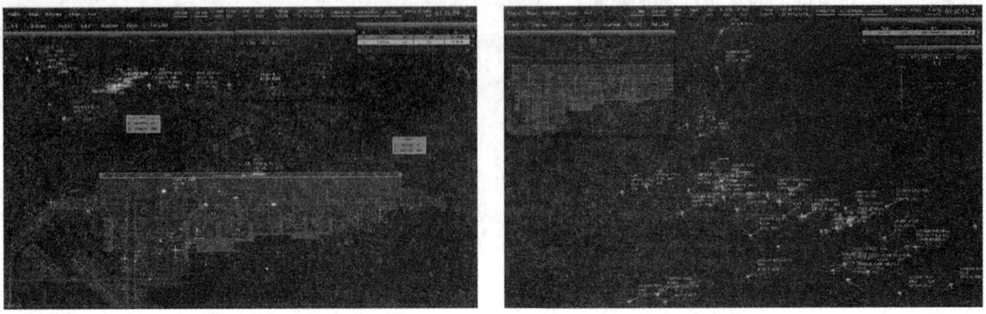

图 8.18　空、地态势灵活切换显示

4．便捷的人机操作方式

塔台管制业务中，需要涉及多套系统，如果每套系统都分别独立安装在席位上，不仅会使席位空间紧张难以安装，而且也会使管制员操作烦琐。在成都天府国际机场塔台管制自动化系统中，采用一体化、智能化的塔台工作平台，系统内部使用多种数据集成和融合方式，使管制席位上的显示器、键盘和鼠标数量大大减少，极大地减轻了管制操作压力，让管制员精力更集中，提高了管制效率，如图 8.19 所示。

图 8.19　席位人机操作

（四）应用和综合效益

成都是继北京、上海之后，第三个拥有双国际机场的城市，成都天府国际机场作为我国西南地区乃至整个中西部地区最重要的航空枢纽港，其系统设计和设备复杂程度高、建设和验收标准高。空管工程是整个机场建设的核心，而塔台管制自动化系统正是该核心中最重要的组成部分。

项目自 2018 年 10 月中标至 2020 年 11 月 18 日通过现场验收，项目时间紧、任务重，国内外都没有成熟的塔台管制自动化系统建设方案可供参考，项目组成员从零开始摸索，进行需求讨论、方案设计，经过多次论证，最终确定了系统架构及网络结构，就监视数据处理、飞行数据处理、告警、权限管理等 30 多个子项开展技术攻关。系统建设如期按质按量完成，实现了国内塔台管制自动化系统建设零的突破。

塔台管制自动化系统建设也是中国民航空管现代化战略实施路线图中提升空管运行效率和运行品质的重要任务之一。与传统塔台相比，现在塔台减少了显示器、鼠标等外围设备数量，可以使管制员注意力更加集中，能够更加高效精准地获取各类信息，有效降低操作失误的概率；系统集成了塔台管制所需的自动化、A-SMGCS、电子进程单、数字空管等多套系统的功能，将更多的信息资源整合在一起，提升了管制席位电子化智能化程度，减少了管制工作负荷，提升了机场的安全保障能力和运行效率。

（五）建设发展规划或展望

塔台管制自动化系统是建设“四型”机场的重要组成部分，也是今后一段时间内，民航空管系统塔台自动化系统的发展方向，塔台管制自动化系统在成都天府国际机场的成功应用，有效地解决了塔台空间位置紧张、设备系统多操作烦琐等诸多问题。在未来，也为其他机场塔台管制自动化系统的建设提供了参考借鉴的样本。

第九章

汽　车

一、基本情况

2020 年，突如其来的新冠肺炎疫情打破了汽车行业的正常发展，第一季度的汽车销量下滑严重，不过，后来对疫情的有效控制使汽车行业全年发展超出预期。根据中国汽车工业协会公开数据显示，2020 年我国汽车生产与销售分别完成 2 522.5 万辆和 2 531.1 万辆，较 2019 年同比下降 2%和 1.9%，如图 9.1 所示。

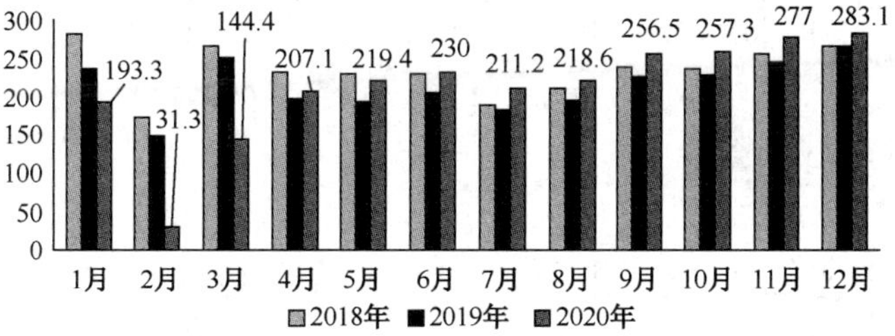

（a）汽车月度销量

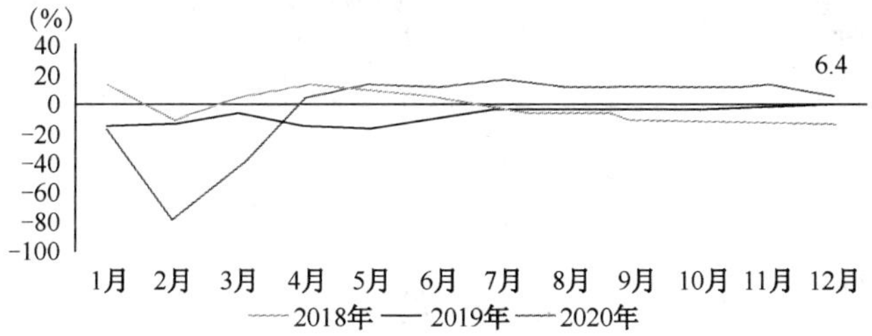

（b）汽车月度销量增长率

图 9.1 汽车月度销量及增长率

资料来源：中国汽车工业协会

从月度汽车产销量情况来看，第一季度由于疫情影响，汽车行业产销量大幅下降，随着第二季度对疫情的有效控制，自 4 月份开始汽车市场逐步恢复，月度销量持续增长，其中，乘用车产销 1999.4 万辆和 2017.8 万辆，同比下降 6.5%和 6.0%，如图 9.2 所示。

不同于乘用车的降幅，商用车由于老旧车淘汰、超载超限治理常态化、新基建等政策因素推动，商用车销量创历年新高。2020 年，我国商用车产销量分别达 523.1 万辆和 513.3 万辆，同比分别增长 20%和 18.7%。

2020 年，被认为是新能源汽车市场化发展元年，新能源汽车产销 136.6 万辆和 136.7 万辆，同比增长 7.5%和 10.9%。新能源汽车从 7 月份开始呈现增长态势，增幅逐渐扩大。近年来，我国新能源汽车产业链逐步成熟，消费者对新能源汽车的认识逐渐加深，社会认可度逐年提升，使用环境不断优化。2013—2020 年新能源汽车销量及增长率“双积分”“碳中和”政策也倒逼企业转型升级，出现了产品快速上市，产能大幅上升的局面，未来几年，新能源汽车将迎来集中爆发期。2013—2020 年新能源汽车销量及增长率见图 9.3。

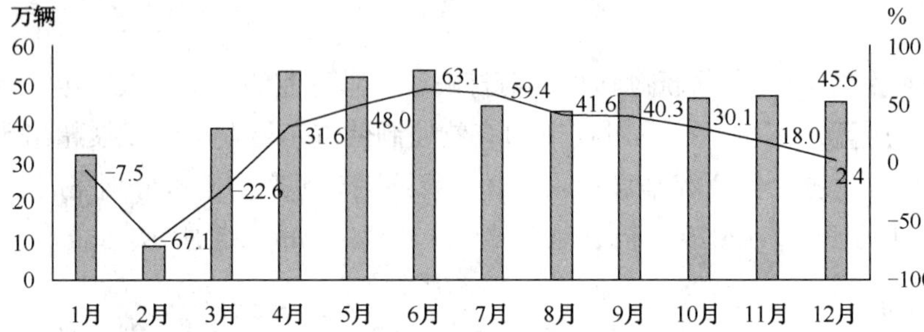

图 9.2　月度商用车销量和增速变化情况

资料来源：中国汽车工业协会

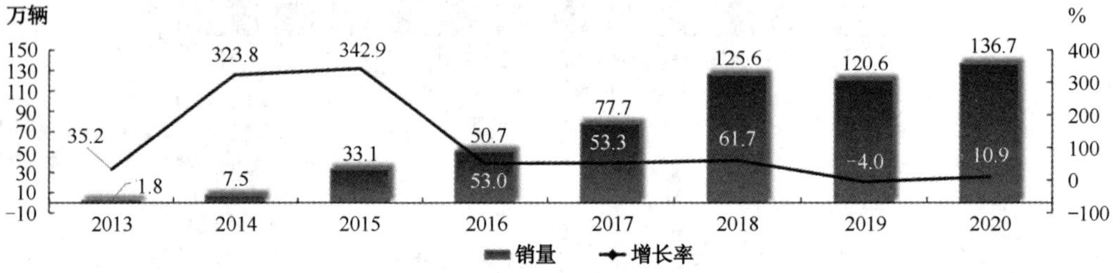

图 9.3　2013—2020 年新能源汽车销量及增长率

资料来源：中国汽车工业协会

2020 年，对于汽车智能化来说，更高的融资金额、更高的估值、加快的商业化进程，让无人驾驶走进大众视野。从国家到企业层面，发展智能汽车目标更为明确。2020 年国内车企推出的新车型中，大多已经配置了 L2 级自动驾驶功能。在新基建支持下，车路协同的基础越来越好，边研发、边应用的自动驾驶技术商业路径成为共识，并让中国的自动驾驶实力有机会赶超美国。

二、政策、标准化

2020 年，汽车行业出台的政策大多为支撑新能源汽车、智能汽车的发展。

2020 年年初，工信部等 11 个国家部委联合发布《智能汽车创新发展战略》，提出 3 个近期发展愿景、6 个主要任务、5 个保障措施。战略提出了我国智能汽车中远期发展的战略愿景，“到 2025 年，中国标准智能汽车的技术创新、产业生态、基础设施、法规标准、产品监管和网络安全体系基本形成”，“展望 2035 到 2050 年，中国标准智能汽车体系全面建成、更加完善”。战略提出 6 个维度、20 个层面的发展任务，从行业企业和顶层设计角度为未来指明了发展方向、发展目标、发展途径、核心愿景。

2020 年 3 月，工信部发布《汽车驾驶自动化分级》，相比较 SAE J3016 标准的不同，一是《汽车驾驶自动化分级》作为规范性国家标准，而 SAE J3016 标准是作为行业指南；二是在 SAE 标准下，0 ~ 2 级自动驾驶汽车的 OEDR（目标和事件检测，以及决策任务）全部由人类驾驶员完成。而《汽车驾驶自动化分级》针对 0 ~ 2 级自动驾驶，规定的是“目标和事件探测与响应”由驾驶员及系统协作完成；三是《汽车驾驶自动化分级》在 3 级中明确增加对驾驶员接管能力监测和风险减缓策略的要求，明确最低安全要求，减少实际应用的安全风险。

2020 年 4 月 15 日，工信部、公安部、国家标准化管理委员会联合发布《国家车联网产业标准体系建设指南（车辆智能管理）》。提出到 2022 年，完成基础性技术研究，制修订智能网联汽车登记管理、身份认证与安全等领域重点标准 20 项以上，为开展车联网环境下的智能网联汽车道路测试、车联网城市级验证示范等工作提供支撑；2025 年，系统形成能够支撑车联网环境下车辆智能管理的标准体系，制修订道路交通运行管理、车路协同管控与服务等业务领域重点标准 60 项以上。

2020 年 5 月 19 日，交通运输部副部长刘小明在国新办“加快建设交通强国，推动交通运输行业高质量发展”新闻发布会上透露，下一步将推进自动驾驶技术应用，交通运输部积极推进自动驾驶技术的研发试点和应用工作。

此外，地方也积极出台专项政策措施，产业项目集中签约，支持智能汽车产业发展。

2020 年 3 月 30 日，为加快上海市自动驾驶技术的发展应用，推进本市智慧交通体系建设，依据相关法律法规，制定《上海市道路交通自动驾驶开放测试场景管理办法（草案）》，并完成《上海市道路交通自动驾驶开放测试场景管理办法起草说明》。

2020 年 5 月 27 日，深圳市发展和改革委员会发布了关于印发《深圳市关于支持智能网联汽车发展的若干措施》的通知，旨在加快产业链核心环节突破，支持智能网联汽车发展，项目最高资助 2 亿元。

2020 年 9 月 21 日，四川省审议通过《四川省支持新能源与智能汽车产业发展若干政策措施》，从创新研发、高质量发展、推广应用、基础设施建设等方面提出 18 条政策措施，对新产品开发、关键共性技术研发、创建创新中心、新建产品准入检验检测机构、氢燃料电池汽车示范、新能源汽车停车和出行等给予支持。

政策一小步，产业发展一大步。国家及地方政策的出台，促进了智能汽车行业的发展。

三、技术发展

2020 年虽受疫情侵扰，但智能汽车的发展却异常迅速。宏观来看，是我国坚定发展科技业自给自足的决心，微观细看是智能网联汽车技术的提升，打造技术高地，抢占先机。

目前，L1、L2级技术已相对成熟，渗透率将快速提升。evinside 数据显示：2020年，我国智能网联汽车 L2 级的市场渗透率已达到 15%。越来越多的辅助功能、远程控制、声音识别、驾驶员监测等技术在汽车行业应用，并逐渐普及。同时，随着特斯拉、小鹏汽车等造车新势力的商业化进程持续推进，预计 L3 技术未来几年处于快速导入期。

2020 年 4 月，一汽集团成立一汽（南京）科技开发有限公司，主要从事包括人工智能基础软件开发、人工智能应用软件开发、人工智能理论与算法软件开发等。人工智能、智能驾驶给一汽带来新的技术发展方向，为下一代的产品打下基础。在商用车方面，一汽解放、智加科技、恒润等公司联合投资注册成立“苏州挚途科技有限公司”，公司业务涵盖自动驾驶卡车技术提供商等。从乘用车、商用车、接驳车等多方面布局自动驾驶，一汽加快了智能化进程。

在科技公司方面，5 月，华为联合一汽集团、长安汽车、东风集团等首批 18 家车企，正式发布成立 5G 汽车生态圈，以加速 5G 技术在汽车产业的商用进程。8 月，华为智能汽车解决方案 BU 总裁王军公布了华为鸿蒙车载系统：鸿蒙座舱操作系统 HOS、智能驾驶操作系统 AOS 和智能车控操作系统 VOS。

除华为外，百度、腾讯、阿里巴巴、蔚来等纷纷加码自动驾驶领域。

百度在北京建立了一个新的自动驾驶技术研发基地，该基地拥有 200 辆自动驾驶汽车原型，以及带有内置传感器的测试道路。

阿里巴巴达摩院发布全球首个自动驾驶“混合式仿真测试平台”，模拟一次极端场景只需 30 秒，系统每日虚拟测试里程可超过 800 万千米，大幅提升自动驾驶 AI 模型训练效率。该技术将推动自动驾驶加速迈向 L5 阶段。

京东、腾讯、华为等曝光多项与自动驾驶有关的专利，涉及车辆控制方法，系统和电子设备等。

在车路协同上，相对于单车来说，智慧的路非常重要的一点是以“上帝视角”提供给车超视距的全面、实时感知能力；同时基于全局的交通状况，提供给单车全局最优的路径规划。由原来单一的视觉，到融合 Radar、Lidar，视觉 + 毫米波雷达解决全天候的感知问题，特别是大雾、大雪这些恶劣天气下的精确感知问题。

2020 年 7 月，蘑菇车联宣布自动驾驶场景在车路协同体系中取得新进展。由车路协同推进的自动驾驶突破混合交通场景，并在应对暴雨、夜晚等极端情况上发挥重要作用。整套方案将车路协同、车车协同、单车智能充分融合，达到了国内领先水平，代表了智慧交通、未来出行的发展方向。

车路协同作为我国发展自动驾驶的优势路径，符合当下新基建的政策动向。从车端、路端、云端三方面开展车路协同测试与应用，加速自动驾驶的落地。

四、市场应用

从2018年开始，智能汽车有望迎来持续20年的高速发展黄金期。据IDC预测，2035年全球智能汽车产业规模将突破1.2万亿美元，中国智能汽车产业规模将超过2 000亿美元。据中国汽车工程学会预测，中国联网汽车有望从2015年的1 232万辆增长到2021年的7 200万辆，渗透率或达24%。尽管中国汽车产业面临产销量下滑挑战，智能汽车依然将迎来快速发展期。

未来仍将有更多科技公司“入局”，加入“软件定义汽车”的竞争。同时，以大众为代表的传统汽车公司觉醒，加大智能电动领域投资。

2020年，特斯拉销售整车49.96万辆，市值上涨7.8倍；蔚来、理想、小鹏分别销售4.3万辆、3.3万辆、2.6万辆，蔚来市值上涨16.7倍，理想、小鹏美股IPO之后市值大幅上涨。

特斯拉及蔚来的市值大涨，敲醒了传统车企发展新能源智能汽车的决心，加速智能电动车投放进程。

大众在2021年Power day称争取最迟到2025年成为全球电动汽车市场的领导者。长城、比亚迪均加快了在智能电动汽车领域的投资和产品投放。2021—2023年将有更多科技公司涉足汽车领域，传统车企加速转型，2023—2025年可能成为电动车产品竞争最激烈的阶段；韩联社报道显示，现代汽车集团计划到2025年前在美国投资74亿美元，用于生产电动汽车、加强生产设施并开发智能移动出行技术；福特汽车在“资本市场日”上表示，加速并追加在电气化领域的投资，到2025年年底，将在包括IonBoost电池相关开发在内的电气化业务方面投入超过300亿美元。

在智能化方面，进行商业化运营成为2020年市场发展的重要特点。

疫情期间出现的无人配送加速了自动驾驶的商业化进程。在科技抗疫战役中，无人配送车天然具有“零接触、多功能、全天候”的优势，可充分减少人群接触，能在阻断疫情传播链条的前提下，完成户外关键的物资配送。

当前，国内已经涌现出了众多的玩家，包含百度、京东、美团、阿里巴巴等在内的互联网巨头，小马智行、白犀牛等智能驾驶创业公司以及主机厂背景的公司或者Tier1背景的公司，它们覆盖快递、外卖、生鲜宅配、商超零售、医药配送等多个场景。

在末端无人配送方面，疫情推动了大家的需求和市场的认知，各地方政府积极鼓励试点，北京等地方都已经开放路权。

自动驾驶出租车作为智能网联技术在共享出行场景下的重要落地应用之一，具有最先实现商业化推广和落地的潜力，并成为自动驾驶最有可能实现破冰推广的突破口，近年来一直是各大车企和科技公司布局的热门领域。尤其是在2020年，从传统车企、自动驾驶初创公司到出行公司及科技企业，越来越多的专业力量及越来越多的城市正在加入 Robotaxi 商业化发展赛道。涉及 Robotaxi 的公司包括百度、滴滴、文远、AutoX 等。

2020 年 10 月，百度正式在北京三个区域开放了公众市民的无人车试乘，他们分别在亦庄区域、顺义区域和海淀区域。

在广州的乘客可以通过高德打车也可以一键呼叫使用文远知行 Robotaxi，无须提交申请或审核资格，首月免费乘坐，流程与一般网约车无异。

2020 年 6 月 27 日，滴滴自动驾驶出租车在上海开启试运行，央视新闻进行了体验全直播，只需要通过滴滴网约车平台即可在特定区域进行约车，约车成功后，滴滴无人车会到指定区域。

目前，Robotaxi 的运营模式有 3 种：第一种是独立运营，以 Waymo 和优步为代表；第二种是特斯拉提出的众包模式，让车主把闲置的车辆加入打车网络中来；第三种是自动驾驶公司与主机厂的合资模式或者合作模式。从长久市场化的运作来说，商业化和能不能盈利是企业最关心的问题，在业内看来，Robotaxi 商业落地确实面临着很多困难和问题。

2021 年是“十四五”开局之年，从经济发展态势看，伴随政府部门持续巩固拓展疫情防控和经济社会发展成果，更好统筹发展和安全，继续做好“六稳”工作、落实“六保”任务，科学精准实施宏观政策，我国经济运行仍将保持在合理区间。从汽车行业发展趋势来看，伴随国民经济稳定回升，消费需求还将加快恢复，加之中国汽车市场总体来看潜力依然巨大，未来汽车智能化依然有巨大的发展空间，但也有许多待解决的问题。

第十章

城市交通

一、基本情况

（一）发展特点

“十三五”期间，城市客运行业认真贯彻落实党中央、国务院决策部署，准确把握国内外发展环境和发展条件的深刻变化，积极适应把握引领新常态，贯彻“创新、协调、绿色、开放、共享”新发展理念，着力深化供给侧结构性改革，推动城市客运服务提质增效，更好地满足经济社会发展需要，为人民群众提供更加满意的出行服务，为决战决胜脱贫攻坚和全面建成小康社会提供了有力的支撑保障。“十三五”期间城市客运行业发展主要有以下特点。

1．供给侧结构性改革取得积极成效

一是基础设施保障不断加强。截至 2020 年年底，较“十二五”期末，全国公共汽电车运营车辆数达 70.44 万辆，增长 11.3%；公共汽电车运营线路达 7.06 万条，线路长度达 148.21 万千米，分别增长了 44.4%、65.8%；公共汽电车场站面积达到 9838.4 万平方米，增长 40.7%；公交专用车道长度达到 16551.6 千米，增长 93.2%；全国轨道交通运营车辆达 4.94 万辆，较“十二五”期末增长 147.9%；轨道交通运营线路达 226 条，线路长度达 7354.7 千米，分别增长 115.2%、130.2%。

二是车辆装备提质升级。截至 2020 年年底，较“十二五”期末，全国城市公共汽电车运营车辆新能源车辆占比达 66.2%，提高 50.8%；空调车占比达到 82.1%，提高 20.3%；安装卫星定位系统车辆占比达到 90.1%，提高 11.7%；全国出租汽车新能源车辆占比达 9.5%，增长 8.2%。截至 2020 年年底，我国城市轨道交通共有配属车辆数 49424 辆（配属列车数 8483 列），与“十二五”期末相比增长了 107.7%。我国城市轨道交通车辆整车生产制造已基本实现了国产化、自主化，以中国中车为代表的车辆制造企业已具备自主研发、设计和制造能力，产品出口美国、新加坡等 70 多个国家和地区。

三是出行结构不断优化。“十三五”期间，城市公共汽电车客运量占城市客运总量比例由 58.7%降至 50.7%；城市轨道交通客运量占比由 10.7%提高至 20.2%；巡游出租汽车客运量占比由 30.4%下降为 29.0%。随着技术水平和管理能力的不断提升，我国城市轨道交通供给能力不断增强。截至 2020 年年底，我国城市轨道交通最小发车间隔在 120 秒（含）以下的城市有 5 个，分别为北京、广州、上海、成都、杭州，其中上海最小发车间隔为 105 秒，达到世界先进水平。各地城市轨道交通列车运行图兑现率达到 99%以上，列车正点率达到 99%以上。2020 年我国开通城市轨道交通

城市的列车服务可靠度均大于10万车千米/件，为乘客提供了更加可靠的出行服务。

2．服务品质不断提升

一是多元化服务产品不断涌现。移动互联网、大数据等技术与城市交通加速融合发展，差异化定制服务模式不断涌现，全国有超过50个城市提供了基于互联网的定制公交服务，多个城市开通定制公交、夜间公交、社区公交、旅游专线等特色公共汽电车服务。网约车、互联网租赁自行车、小微型客车分时租赁等“互联网+”出行服务模式迅速普及。“按需定制、线上支付、便捷换乘”的出行服务产品丰富了人民群众的多样化、个性化出行选择。

二是发展新动能不断增强。城市客运新业态新模式蓬勃发展。截至2020年年底，全国共有214家网约车平台公司取得网约车平台经营许可，各地共发放网约车驾驶员证289.1万本、车辆运输证112.0万本。网约车日均订单2100万个，互联网租赁自行车日均订单超4570万个，每天近3亿人选择绿色出行方式。交通一卡通、手机移动支付等非现金支付方式广泛应用。截至2020年年底，全国已有303个地级以上城市实现了交通一卡通互联互通，100多个城市已进入公共交通移动支付时代。

三是老年人出行更加便利。广州市在主要交通枢纽场站、旅游景区商圈安装“一键叫车设备”，西安实现微信小程序“一键叫车”服务，深圳市2020年投放100辆纯电动无障碍出租汽车。上海市所有公共汽电车车站都具备实时报站功能，报站屏幕采用老年人阅读舒适的Kindle墨水屏技术，方便夜间候车乘客和老年人查看线路信息；部分公共汽电车站点上线智能导乘机器人，可为老年人提供线路换乘、天气预报等信息服务。

3．行业转型升级不断加快

一是制度体系不断完善。“十三五”期间，交通运输部印发了《城市公共汽车和电车客运管理规定》（交通运输部令2017年第5号）《城市轨道交通运营管理规定》（交通运输部令2018年第8号）等部门规章。建立了交通运输新业态协同监管部际联席会议制度，网络预约出租汽车管理政策体系不断完善，出台鼓励和规范互联网租赁自行车发展的顶层设计，逐步建立小微型客车租赁法规制度。

二是数字化水平不断提高。“十三五”以来，全国36个城市实施了城市公共交通智能化应用示范工程，推动城市公共交通与移动互联网深度融合，实现了城市公共交通动态和静态信息自动采集、线路智能调度和监管、车辆到站信息预报等功能，并通过手机App向广大乘客提供交通出行信息服务；重庆、杭州等城市利用公共交通大数据平台实现了客流精准预测，为优化公共交通线网和线路运力配置提供依据。

三是示范引领作用不断发挥。“十三五”期间，国家公交都市建设示范工程取得积极成效，87个城市开展创建工作，33个城市完成创建验收工作。各省级交通运输主管部门、各创建城市认真落实党中央、国务院关于公交优先、绿色出行等系列决策部署，以创建工作为载体，加快构建以城市公共交通为主题的城市出行服务体系，为更好地满足人民群众美好出行需要提供有力支撑，为我国其他城市深入推进公交都市建设和绿色出行创建行动提供了有益的经验借鉴。

四是新技术不断投入应用。随着新技术快速发展，物联网、大数据、云计算与城市交通深度融合，北京、深圳等城市开展了自动驾驶车辆道路测试，积极探索城市公共交通、出租汽车自动驾驶应用模式。佛山、张家口等城市积极开展氢能源公共汽电车试点；广州市在 BRT 沿线建成了 50 个 5G 基站，在 BRT 通道实现了 5G 网络信号全线覆盖。

五是标准化引领不断加强。“十三五”期间，城市客运行业标准体系不断健全完善，累计发布标准 50 项，其中国家标准 15 项，行业标准 35 项，涵盖了服务规范、调查统计、数据采集、发展评价、安全生产、应急预案、车辆维护、车辆配置、场站配置等方面，城市客运标准的引领作用不断加强。

（二）发展水平

1. 公共汽电车

截至 2020 年年底，我国拥有城市公共汽电车运营车辆 70.44 万辆（折合 80.15 万标台），其中新能源运营车辆（包括纯电动客车、混合动力车）46.61 万辆。运营线路 70 643 条，运营线路长度 148.21 万千米，公交专用车道长度 16 551.6 千米。经营业户数 4 252 户。全年完成运营里程 302.79 亿千米，客运量 442.36 亿人次。2020 年我国城市公共汽电车发展情况如表 10.1 所示。

表 10.1 2020 年我国城市公共汽电车发展情况

数据类型	单位	2020 年	比 2019 年新增	同比增长率（%）
运营车辆数	辆	704 381	11 118	1.6%
	标台	801 477.0	10 004.8	1.3%
新能源运营车辆数	辆	466 147	5 6435	13.8%
BRT 运营车辆数	辆	9 891	389	4.1%
运营线路条数	条	70 643	4 913	7.5%
运营线路长度	千米	1 482 142	145 964.6	10.9%
BRT 线路长度	千米	6 682.2	532.4	8.7%
无轨电车线路长度	千米	1 284	121.2	10.4%
公交专用车道长度	千米	1 6551.6	1 599.9	10.7%
场站面积	万平方米	9 838.4	919	10.3%
经营业户数	户	4 252	108	2.6%
运营里程	亿千米	302.79	−51.31	−14.5%
客运量	亿人次	442.36	−249.40	−36.1%
BRT 客运量	亿人次	11.51	−5.96	−34.1%

截至 2020 年年底，我国有北京、大连、上海、常州、连云港、盐城、杭州、温州、绍兴、金华、义乌、舟山、合肥、厦门、南昌、抚州、济南、枣庄、滕州、济宁、临沂、郑州、武汉、宜昌、常德、永州、广州、中山、南宁、柳州、成都、贵阳、兰州、银川、乌鲁木齐共 35 个城市开通了 BRT（Bus Rapid Transit，快速公交系统）。2020 年无新增开通 BRT 城市。

截至 2020 年年底，我国 BRT 运营车辆数为 9 891 辆，比 2019 年增加 389 辆，同比增长 4.1%。全国 BRT 线路总长度达 6 682.2 千米，比 2019 年增加 532.4 千米，同比增长 8.7%。2020 年我国开通 BRT 城市运营车辆数和线路长度情况如表 10.2 所示。

表 10.2　2020 年我国开通 BRT 城市运营车辆数和线路长度情况

城市	运营车辆数（辆）	比 2019 年新增（辆）	运营线路长度（千米）	比 2019 年新增（千米）
合计	**9 891**	**389**	**6 682.2**	**532.4**
北京	288	−7	80.9	−20.8
大连	111	49	14.0	0.0
上海	35	0	21.0	0.0
常州	328	−52	253.1	−16.9
连云港	206	−17	322.0	0.0
盐城	231	−3	271.6	46.6
杭州	92	37	132.0	−23.3
温州	424	14	512.8	109.0
绍兴	26	−20	56.0	−24.6
金华	167	−2	196.3	15.3
义乌	80	−7	84.0	0.0
舟山	30	0	25.0	0.0
合肥	1 235	−276	131.1	11.7
厦门	470	157	60.4	0.0
南昌	98	0	61.9	25.9
抚州	140	12	13.0	0.0
济南	330	1	245.5	−0.1
枣庄	182	0	253.0	0.3
滕州	30	0	38.0	0.0
济宁	30	6	56.0	0.0
临沂	20	0	12.8	0.0
郑州	1 800	133	1 254.6	225.7
武汉	30	0	12.4	0.0
宜昌	341	111	23.9	0.0
常德	172	0	55.4	0.0
永州	60	0	37.5	2.5
广州	1 024	47	788.1	83.0
中山	166	69	233.8	115.8

续表

城市	运营车辆数（辆）	比 2019 年新增（辆）	运营线路长度（千米）	比 2019 年新增（千米）
南宁	60	0	31.0	0.2
柳州	159	0	390.0	-1.0
成都	634	199	273.4	188.4
贵阳	160	0	563.3	77.3
兰州	55	-15	13.1	0.0
银川	125	0	50.0	0.0
乌鲁木齐	552	0	115.3	-3.8

2. 出租汽车

截至 2020 年年底，我国拥有巡游出租汽车（以下简称“出租汽车”）139.40 万辆，比 2019 年增长 0.24 万辆，同比增长 0.2%，其中，新能源车辆（纯电动车和混合动力车）13.24 万辆，比 2019 年增加 5.52 万辆，同比增长 71.5%。我国拥有出租汽车经营业户数 15.01 万户，其中个体经营业户数 13.64 万户。

2020 年，全年完成出租汽车客运量 253.27 亿人次，占城市客运量 29.0%，比 2019 年减少 94.62 亿人次，同比减少 27.2%。全年完成出租汽车运营里程 1128.62 亿千米，比 2019 年减少 348.04 亿千米，同比减少 23.6%；里程利用率 63.6%，同比减少 3.9%；次均载客人数 1.84 人，同比减少 2.8%。2020 年我国出租汽车总体发展情况如表 10.3 所示。

表 10.3　2020 年我国出租汽车总体发展情况

数据类型	单位	2020 年	比 2019 年新增	同比增长率（%）
营运车辆数	万辆	139.40	0.24	0.2
新能源车辆数	万辆	13.24	5.52	71.5
经营企业	万户	15.01	-0.02	-0.1
个体经营业户	万户	13.64	-0.1	-0.7
客运量	亿人次	253.27	-94.62	-27.2
运营里程	亿千米	1 128.62	-348.04	-23.6
里程利用率	%	63.6	-2.5	-3.9
次均载客人数	人	1.84	-0.05	-2.8

3. 汽车租赁

截至 2020 年年底，我国纳入统计的汽车租赁车辆 24.38 万辆，比 2019 年增加 1.50 万辆，同比增长 6.6%，其中客车 24.37 万辆，9 座及以下客车 23.93 万辆，分别比 2019 年增加 1.50 万辆和 1.48 万辆，均同比增长 6.6%。纳入统计的汽车租赁企业共 7 118 户，比 2019 年增长 131 户，同比增长 1.9%，从业人员 10.35 万人，比 2019 年增加 0.14 万人，同比增长 1.4%。2020 年我国汽车租赁总体发展情况如表 10.4 所示。

表 10.4　2020 年我国汽车租赁总体发展情况

数据类型	单位	2020 年	比 2019 年新增	同比增长率（%）
租赁车辆数	万辆	24.38	1.5	6.6
客车	万辆	24.37	1.5	6.6
9 座及以下客车	万辆	23.93	1.48	6.6
经营企业	户	7118	131	1.9
从业人员	万人	10.35	0.14	1.4

4．新能源运营车辆

截至 2020 年年底，我国 31 个省（自治区、直辖市）新能源运营车辆数占城市公共汽电车运营车辆总数的 66.2%，较 2019 年增长 7.1 个百分点。12 个省（自治区、直辖市）新能源运营车辆数占比超过全国平均水平。2020 年我国 31 个省（自治区、直辖市）新能源运营车辆数占比情况如图 10.1 和表 10.5 所示。

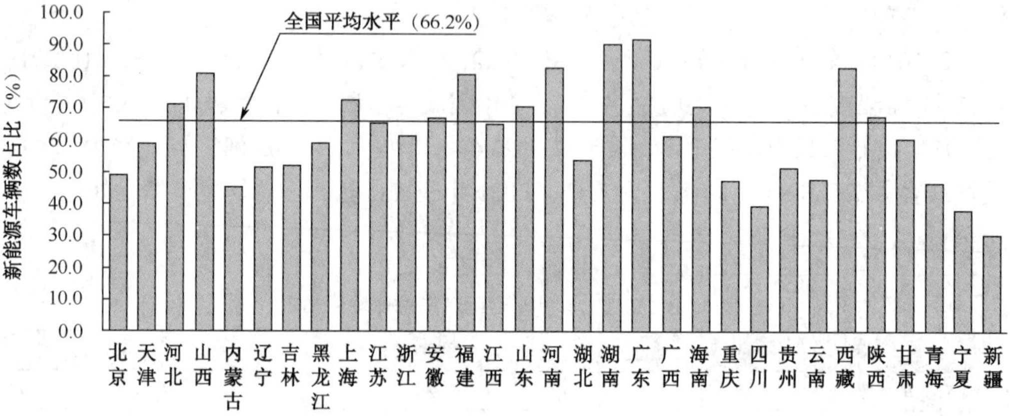

图 10.1　2020 年我国 31 个省（自治区、直辖市）新能源运营车辆数占比情况

表 10.5　2020 年我国 31 个省（自治区、直辖市）新能源运营车辆发展情况

地区	运营车辆数（辆）	比 2019 年新增（辆）	运营车辆数（标台）	新能源运营车辆数（辆）	比 2019 年新增（辆）	新能源运营车辆数占比（%）
合计	**704 381**	**11 118**	**801 477**	**466 147**	**56 435**	**66.2**
北京	23 948	263	32 610	11 782	3 512	49.2
天津	12 399	-347	13 556	7 297	1 041	58.9
河北	30 528	224	32 962	21 739	1 778	71.2
山西	16 420	-410	18 782	13 272	1 889	80.8
内蒙古	12 380	177	13 602	5 586	1 120	45.1
辽宁	24 176	-526	29 325	12 411	1 305	51.3
吉林	12 744	14	13 411	6 640	1 554	52.1
黑龙江	19 519	-556	22 243	11 600	901	59.4
上海	17 667	-236	22 359	12 855	2 509	72.8
江苏	51 832	2 758	60 435	34 120	4 266	65.8

续表

地区	运营车辆数（辆）	比 2019 年新增（辆）	运营车辆数（标台）	新能源运营车辆数（辆）	比 2019 年新增（辆）	新能源运营车辆数占比（%）
浙江	44 597	1 927	47 669	27 310	6 077	61.2
安徽	28 331	928	32 681	19 033	3 037	67.2
福建	20 799	256	22 817	16 856	1 259	81.0
江西	15 401	1 438	16 991	10 093	1 629	65.5
山东	67 579	37	74 187	47 726	2 119	70.6
河南	36 628	1 495	40 305	30 359	2 649	82.9
湖北	24 730	954	28 743	13 348	2 170	54.0
湖南	32 229	378	37 899	29 065	1 415	90.2
广东	68 697	1 104	77 687	62 956	5 934	91.6
广西	14 426	-485	15 824	8 916	862	61.8
海南	4 719	-99	5 043	3 353	304	71.1
重庆	14 768	492	17 199	7 024	2 058	47.6
四川	33 576	-756	38 977	13 272	1190	39.5
贵州	11 013	726	12 780	5 702	638	51.8
云南	17 198	272	17 495	8 236	802	47.9
西藏	764	39	899	634	540	83.0
陕西	17 404	62	20 517	11 797	1 679	67.8
甘肃	10 108	105	11 274	6 128	1 021	60.6
青海	4 213	324	4 576	1 973	219	46.8
宁夏	3 998	-9	4 695	1 532	170	38.3
新疆	11 590	569	13 933	3 532	788	30.5

二、政策、标准化

（一）政策

2020 年，城市客运行业深入贯彻党的十九大和十九届二中、三中、四中、五中全会精神，贯彻落实新发展理念，按照加快建设交通强国总要求，稳步推进公交优先、绿色出行，持续深化出租汽车行业改革，不断促进交通运输新业态规范发展，便利老年人出行，持续做好新冠肺炎疫情常态化防控，出台了一系列政策、法规和标准规范，行业政策制度体系不断完善，持续推动城市客运行业健康发展。在党中央坚强领导下，城市客运行业毫不放松抓好疫情防控工作，为抗击疫情斗争取得重大战略成果和服务经济社会发展做出了重要贡献。

1．开展国家公交都市建设和绿色出行创建行动

一是深入推进国家公交都市建设。2020 年 3 月 26 日，全国评比达标表彰工作协调小组办公室发布《关于公布第一批全国创建示范活动保留项目目录的通告》，国家公交都市建设被纳入第一批全国创建示范活动保留项目目录。2020 年 9 月至 10 月，交通运输部组织对太原等 7 个城市开展了国家公交都市建设示范工程验收评估工作。截至 2020 年年底，交通运输部已完成对“十三五”期间国家公交都市创建城市的验收工作。26 个城市已顺利通过验收并获得“国家公交都市建设示范城市”称号。

二是组织开展绿色出行创建行动。为贯彻习近平生态文明思想和党的十九大关于开展绿色出行行动等决策部署，落实《交通强国建设纲要》，进一步提高绿色出行水平，2020 年 7 月 24 日，《交通运输部、国家发展改革委关于印发<绿色出行创建行动方案>的通知》（交运函〔2020〕490 号）印发。该方案提出，以直辖市、省会城市、计划单列市、国家公交都市创建城市、其他城区人口 100 万以上的城市作为创建对象，鼓励周边中小城镇参与绿色出行创建行动。通过开展绿色出行创建行动，倡导简约适度、绿色低碳的生活方式，引导公众出行优先选择公共交通、步行和自行车等绿色出行方式，降低小汽车通行总量，整体提升我国各城市的绿色出行水平。到 2022 年，力争 60%以上的创建城市绿色出行比例达到 70%以上，绿色出行服务满意率不低于 80%。

三是加快推进新能源车辆推广应用。2020 年 12 月 31 日，《财政部 工业和信息化部 科技部 发展改革委关于进一步完善新能源汽车推广应用财政补贴政策的通知》（财建〔2020〕593 号）印发。文件明确 2021 年将保持现行新能源汽车购置补贴技术标准体系框架及门槛要求不变。城市公共交通、道路客运、出租（含网络预约出租汽车）等领域符合要求的车辆，补贴标准在 2020 年基础上退坡 10%。为加快推动公共交通行业转型升级，地方可继续对新能源公共汽电车给予购置补贴。此外，文件还提出了平稳过渡新能源汽车试验方法新老标准过渡、进一步强化监督管理、切实防止重复建设等相关要求。

四是成功举办主题宣传活动。2020 年 9 月，由交通运输部、公安部、国管局、中华全国总工会联合举办的 2020 年绿色出行宣传月和公交出行宣传周活动启动仪式在西安举行。活动以“践行绿色出行、建设美丽中国”为主题，通过线下线上集中宣传等方式，广泛动员社会公众积极参与到绿色出行行动中，鼓励分享和传播绿色出行理念，推动形成绿色生活方式。

2．持续深化出租汽车行业改革

一是深入推进出租汽车行业运价改革。推动《交通运输部 国家发展改革委关于深化道路运输价格改革的意见》（交运规〔2019〕17 号）落地实施，全国各地陆续开展了巡游出租汽车价格形成机制的调整工作，多个省市进一步完善巡游出租汽车运价形成机制，巡游出租汽车运价管理形式由政府定价调整为政府指导价，政府指导

价采用规定基准价和浮动幅度的形式。

二是出租汽车转型升级加快推进。根据《国务院办公厅关于深化改革推进出租汽车行业健康发展的指导意见》(国办发〔2016〕58号)等文件要求，在各省级出租汽车行业改革工作方案和实施意见的基础上，全国大部分城市均出台了深化出租汽车行业改革意见，对出租汽车经营权管理制度、出租汽车利益分配制度、出租汽车价格形成机制、巡游出租汽车转型升级等做出系统安排。

三是积极应对新冠肺炎疫情冲击。交通运输部梳理了各地关于支持出租汽车行业应对疫情的典型经验，印发了有关工作通知，总结了做好运输服务保障、减轻行业经营压力、积极为企业纾困解难、关心关爱出租汽车驾驶员 4 方面典型经验，要求各地认真学习借鉴，包括；在运输服务保障方面，加强组织调度、做好应急运输服务保障，针对不同群体需求提供精准服务等举措；在减轻行业经营压力方面，政府统筹协调给予企业或驾驶员运营补贴，支持企业减免费用，给予经营权指标或延期奖励等支持政策；在为企业纾困解难方面，多部门联合减轻企业经营负担，落实支持企业复工的扶持政策，协调缓解企业融资压力等；在关心关爱出租汽车驾驶员方面，推出驾驶员专项保险、减免驾驶员承担费用、顺延车辆租期等政策举措。

3．促进交通运输新业态规范发展

一是规范小微型客车租赁经营服务。2020年12月20日，交通运输部颁布了《小微型客车租赁经营服务管理办法》(中华人民共和国交通运输部令2020年第22号)，自2021年4月1日起施行。该办法对小微型客车租赁经营服务提出了具体要求，明确了各方权利义务，进一步规范了租赁经营者经营行为，在提升行业服务水平、保护经营者和承租人合法权益、更好地满足社会公众多样化出行需求等方面将发挥重要作用。

二是强化交通运输新业态规范发展管理经验做法学习借鉴。2020年8月7日，交通运输部印发了《交通运输部办公厅关于学习借鉴加强信用监管 推动交通运输新业态规范健康发展有关经验做法的通知》(交办运函〔2020〕1283 号)，总结上海、江苏、广东等地在网络预约出租汽车（以下简称“网约车”)、互联网租赁自行车创新监管方式和服务模式方面的工作经验做法，供各地参考借鉴。典型经验做法包括：加强政策引领，明确制度标准和流程规范，建立健全信用监管制度体系；创新网约车信用监管方式，强化信息归集，推进数据共享，全面落实惩戒措施；加强正向引导，褒扬和激励诚信行为；开展互联网租赁自行车服务质量信誉考核，量化形成考核指标体系，发挥多部门联合监管作用，对运营企业的严重违规行为实行“一票否决”，并强化结果应用，完善车辆投放机制；构建多元共治的信用监管新格局，加强宣传引导，增强惩戒震慑力影响力，引入第三方机制，提升信用考核专业水平等。

三是推动网约车健康发展。2020 年 11 月，在交通运输部指导下，中国出租汽车暨汽车租赁协会联合典型聚合平台企业，在北京市共同签署发布《聚合平台联合倡议书》，加强行业自律。为促进网络预约出租汽车“聚合打车”模式健康发展，落实各方责任，保障乘客和司机合法权益，维护公平竞争市场秩序，倡议书提出了严格经营资质审核、保障司乘人员权益、维护公平竞争环境、积极参与行业治理 4 项倡议。

4．做好新冠肺炎疫情常态化防控

为深入贯彻落实中央应对新冠肺炎疫情工作领导小组会议精神和《国务院应对新型冠状病毒感染肺炎疫情联防联控机制关于做好新冠肺炎疫情常态化防控工作的指导意见》（国发明电〔2020〕14 号）有关要求，交通运输部指导客运场站运营单位、客运企业按照分区分级、差异化防控策略，做好客运场站和交通运输工具常态化疫情防控工作，组织编制了 4 版“客运场站和交通运输工具新冠肺炎疫情分区分级防控指南”，并结合国内疫情形势和生产生活秩序恢复情况进行多次动态调整、精准优化防控措施。

2020 年 3 月 1 日，《交通运输部关于分区分级科学做好客运场站和交通运输工具新冠肺炎疫情防控工作的通知》（交运明电〔2020〕84 号）正式印发，通知发布了《客运场站和交通运输工具新冠肺炎疫情分区分级防控指南》，并强调各地要科学推进客运场站和交通运输工具疫情防控工作，落实企业主体责任，切实贯彻落实防控要求，引导公众广泛参与，推动形成群防群治的工作局面。

2020 年 3 月 1 日，交通运输部应对新冠肺炎疫情联防联控机制发布了《关于严格落实网约车、顺风车疫情防控管理有关要求的通知》（交联防联控机制发〔2020〕2 号），进一步规范网约车、顺风车离汉离鄂和进出京等疫情防控工作。文件要求各网约车和顺风车平台公司要充分认识疫情防控工作的极端重要性，并要求全面暂停离汉、离鄂、进出京跨城的网约车和顺风车业务。对存在妨害干扰疫情防控工作、危害人民群众生命健康行为的平台公司将从快从严处理。

2020 年 6 月 12 日，《交通运输部关于印发客运场站和交通运输工具新冠肺炎疫情分区分级防控指南（第四版）的通知》（交运明电〔2020〕196 号）印发，重点优化了包括城市公共汽电车、城市轨道交通和出租汽车在内的客运场站和交通运输工具消毒、通风、留观区设置、客运车辆空调使用等要求。

2020 年 6 月 18 日，《交通运输部关于进一步强化交通运输疫情防控措施坚决防止疫情反弹的通知》（交运明电〔2020〕202 号）发布。文件要求北京及各地交通运输主管部门紧密结合疫情防控新形势，牢固树立底线思维，进一步强化防控措施，严密防范疫情通过交通运输环节传播蔓延，坚决防止因局部疫情防控不力造成疫情反弹。文件特别提出要因时因势调整北京交通运输疫情防控措施，加强环京“护城河”地区交通运输疫情联防联控，同时要求各地交通运输主管部门加强物资运输保障和防疫管理，切实做好交通运输“外防输入、内防反弹”工作，加强针对疫情防控工作的监督检查。

5. 便利老年人出行

2020 年 11 月 15 日，《国务院办公厅印发关于切实解决老年人运用智能技术困难实施方案的通知》（国办发〔2020〕45 号）印发，就进一步推动解决老年人在运用智能技术方面遇到的困难，坚持传统服务方式与智能化服务创新并行，为老年人提供更周全、更贴心、更直接的便利化服务做出部署。文件聚焦老年人日常生活涉及的出行、就医、消费、文娱、办事等 7 类高频事项和服务场景，提出了 20 条具体举措要求，并强调各地区、各部门要加强工作协同和信息共享，形成统筹推进、分工负责、上下联动的工作格局，加快建立解决老年人面临“数字鸿沟”问题的长效机制。

2020 年 12 月 28 日，为贯彻落实国务院决策部署，交通运输部等七部门和单位联合印发了《交通运输部 人力资源社会保障部 国家卫生健康委 中国人民银行 国家铁路局 中国民用航空局 中国国家铁路集团有限公司关于切实解决老年人运用智能技术困难便利老年人日常交通出行的通知》（交运发〔2020〕131 号），推动解决老年人在智能技术面前遇到的交通出行困难，进一步完善交通运输领域便利老年人出行服务的政策措施，确保老年人日常交通出行便利，并将“便利老年人打车出行”列为 2021 年交通运输更贴近民生实事工作。一是改进交通运输领域“健康码”查验服务，建立完善“健康码”亲友代办、工作人员代查等服务，并在具备条件的客运场站和高速公路服务区，设立“无健康码通道”方便老年人等群体出行。二是便利老年人乘坐公共交通，在各种交通方式售票和支付过程中保留现金、纸质票据和凭证，加快推进交通一卡通互联互通升级改造，逐步实现老年人凭身份证、社保卡等证件乘坐城市公共交通。三是优化老年人打车出行服务，保持巡游出租汽车扬召电召服务能力，完善约车软件老年人服务功能，鼓励在重点场所提供便捷叫车服务。指导中国出租汽车暨汽车租赁协会组织全行业巡游车企业、网约车平台公司及地方行业协会联合发出倡议，为老年人打车提供优质服务。四是提高客运场站人工服务质量，保留人工服务窗口，为老年人提供咨询、指引等便利化服务和帮助，并为老年人设立优先窗口或绿色通道，设置老年人服务提示引导标志，便利老年人出行。

（二）标准化

1. 2020 年发布实施的城市客运标准规范清单

2020 年，我国城市客运领域出台了一系列标准规范，行业标准政策制度体系不断完善，持续推动城市客运行业健康发展。2020 年发布实施的城市客运标准规范清单如表 10.6 所示。

表 10.6 2020 年发布实施的城市客运标准规范清单

序号	标准号	标准名称	标准级别	实施时间	第一起草单位	全文链接（二维码）
1	GB/T 38707—2020	城市轨道交通运营技术规范	国家标准	2020-10-01	上海申通地铁集团有限公司	
2	GB/T 39597—2020	出租汽车综合服务区规范	国家标准	2021-07-01	交通运输部公路科学研究院	
3	GB/T 39559.1—2020	城市轨道交通设施运营监测技术规范 第 1 部分：总则	国家标准	2021-07-01	重庆市轨道交通（集团）有限公司	
4	GB/T 39559.2—2020	城市轨道交通设施运营监测技术规范 第 2 部分：桥梁	国家标准	2021-07-01	重庆市轨道交通（集团）有限公司	
5	GB/T 39559.3—2020	城市轨道交通设施运营监测技术规范 第 3 部分：隧道	国家标准	2021-07-01	北京市交通委员会	
6	GB/T 39559.4—2020	城市轨道交通设施运营监测技术规范 第 4 部分：轨道和路基	国家标准	2021-07-01	北京交通大学	
7	JT/T 1315—2020	城市客运轮渡服务规范	行业标准	2020-11-01	武汉市轮渡公司	
8	JT/T 1316—2020	城市水上旅游客运服务规范	行业标准	2020-11-01	武汉市轮渡公司	
9	JT/T 1355—2020	城市定制公交服务规范	行业标准	2021-04-01	济南市城市交通研究中心	

2. 团体标准《城市交通时空大数据标准》征求意见稿发布

2020 年 12 月，《城市交通时空大数据标准》（以下简称《大数据标准》）（见图 10.2）征求意见稿正式对外发布。《大数据标准》的研究历时 2 年，由东南大学交通学院牵头。自 2019 年 10 月正式进入中国智能交通协会团体标准编制工作计划后，南京全司达交通科技有限公司、华设设计集团有限股份公司等多家单位参与标准起草。

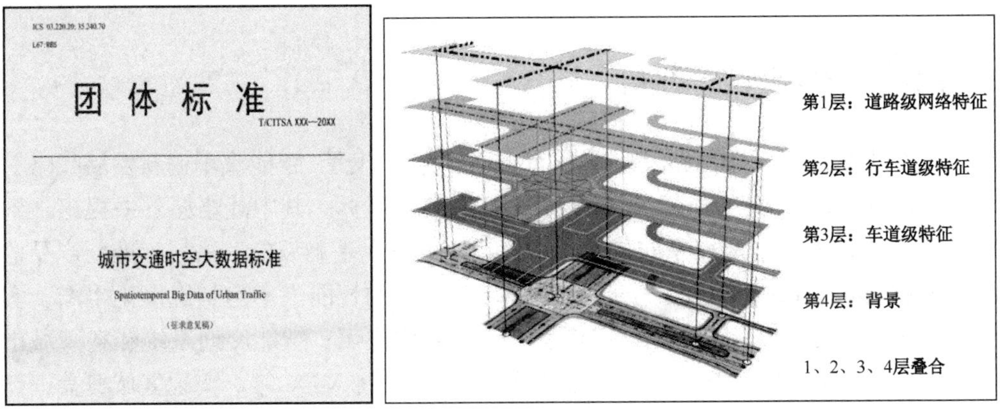

图 10.2 《城市交通时空大数据标准》示意

在《大数据标准》提出前，大数据技术已经在我国城市智能交通领域广泛应用，并给城市交通系统规划、设施建设、运行管理、交通政策制定等方面带来了改变。通过抢抓“互联网+”、大数据发展的重大战略机遇，类似于“城市交通大脑”的智慧城市交通系统相继在深圳、杭州、苏州等城市落地。然而，城市交通大脑建设存在较大争议，突出的问题是数据分析展示与交通系统决策之间的脱节，其根本诱因之一是交通大数据标准的缺失。

此前，我国还没有城市层级的交通大数据的相关标准，在以交通大脑为代表的大数据项目落地过程中，缺乏可以参照的统一标准，导致了主导城市交通大脑建设的互联网企业与主导交通决策的政府职能部门间缺乏有效衔接，两者间难以形成协同。此外，许多地区的智能交通系统自成体系，交通大数据甚至难以实现系统模块/功能间的低成本共享，跨部门的政府协作与决策很难落在实处，无法高效、有序地进行城市智能交通技术的推广与应用。

正是基于对交通时空大数据发展困境的认识，开展了《大数据标准》制定工作。《大数据标准》规定了城市交通时空大数据的基本概念、内容分类和编码、数据模型与组织结构、元数据规定和质量要求等，可适用于城市交通时空大数据的采集、加工处理、建库、分析与应用。通过《大数据标准》，明确了交通大数据的定义与内涵，规范交通时空大数据的采集、处理与管理技术，预期将打破数据壁垒，实现跨部门、跨行业的交通大数据高效率共享，形成城市交通大数据池。《大数据标准》的制定对我国的城市大数据智能交通发展具有重要的意义。

三、技术发展

自动驾驶与车路协同

2020 年 2 月 24 日，国家发改委等 11 部委联合印发了《智能汽车创新发展战略》，为推动自动驾驶技术创新与发展提供了明确方向与目标。其中战略愿景中提出，到 2025 年，中国标准智能汽车的技术创新、产业生态、基础设施、法规标准、产品监管和网络安全体系基本形成。实现有条件自动驾驶的智能汽车达到规模化生产，实现高度自动驾驶的智能汽车在特定环境下的市场化应用。智能交通系统和智慧城市相关设施建设取得积极进展，车用无线通信网络（LTE-V2X 等）实现区域覆盖，新一代车用无线通信网络（5G-V2X）在部分城市、高速公路逐步开展应用，高精度时空基准服务网络实现全覆盖。展望 2035 到 2050 年，中国标准智能汽车体系全面建成、更加完善。安全、高效、绿色、文明的智能汽车强国愿景逐步实现，智能汽车将充分满足人民日益增长的美好生活需要。

《智能汽车创新发展战略》也明确提出发展智能汽车的六大具体任务。第一要构建协同开放的智能汽车技术创新体系，要突破关键基础技术，完善测试评价技术，开展应用示范试点；第二要构建跨界融合的智能汽车产业生态体系，要增强产业核心竞争力，培育新型市场主体，创新产业发展形态，推动新技术转化应用；第三要构建先进完备的智能汽车基础设施体系，要推进智能化道路基础设施规划建设，建设广泛覆盖的车用无线通信网络，建设覆盖全国的车用高精度时空基准服务能力，建设覆盖全国路网的道路交通地理信息系统，建设国家智能汽车大数据云控基础平台；第四要构建系统完善的智能汽车法规标准体系，健全法律法规，完善技术标准，推动认证认可；第五要构建科学规范的智能汽车产品监管体系，加强车辆产品管理，加强车辆使用管理；第六要构建全面高效的智能汽车网络安全体系，完善安全管理联动机制，提升网络安全防护能力，加强数据安全监督管理。

此外，《智能汽车创新发展战略》还提出要完善扶持政策，研究制定相关管理标准和规则，出台促进道路交通自动驾驶发展的政策，引导企业规范有序参与智能汽车发展。利用多种资金渠道，支持智能汽车基础共性关键技术研发和产业化、智能交通及智慧城市基础设施重大工程建设等。强化税收金融政策引导，对符合条件的企业按现行税收政策规定享受企业所得税税前加计扣除优惠，落实中小企业和初创企业的财税优惠政策。利用金融租赁等政策工具，重点扶持新业态、新模式发展。

四、重大项目

（一）2020 城市交通领域重点科技项目

2020 年 12 月 14 日，交通运输部科技司经项目征集、专家评审、部专家委员会审定等多项环节，形成 2020 年度交通运输行业重点科技项目清单并进行公示，其中城市交通领域重点科技项目如表 10.7 所示。

表 10.7　城市交通领域重点科技项目

序号	项目名称	承担单位	开始时间	结束时间
1	基于 ETC 的车路协同关键技术及核心装备研发	深圳市金溢科技股份有限公司	2020.2	2021.12
2	区块链技术在交通运输行业的专题研究	交通运输部科学研究院	2020.6	2020.12
3	综合交通大数据中心体系总体架构及建设任务研究	交通运输部科学研究院	2020.6	2020.12
4	自动驾驶全链条测试数据资产管理平台	上海临港智能网联汽车研究中心有限公司、同济大学、上海机动车检测认证技术研究中心有限公司、上海市交通委员会科技信息中心	2020.7	2022.6
5	多式联运智慧组织模式与管理创新机制研究	大连海事大学	2020.5	2021.5
6	面向 2035 年的城市交通科技创新中长期发展规划研究	交通运输部科学研究院	2020.5	2021.12
7	交通无障碍环境建设关键技术与政策研究	交通运输部科学研究院	2020.6	2021.12
8	面向交通强国建设的交通运输科技创新体系研究	交通运输部科学研究院	2020.6	2020.12
9	基于移动支付的交通一卡通创新技术研究	北京中交金卡科技有限公司、北京中交信联认证有限公司、北京中广瑞波科技股份有限公司、北京雷森科技发展有限公司、北京中交信联认证有限公司、江苏交通一卡通有限公司、南京地铁建设有限责任公司、南京市市民卡有限公司、南京熊猫信息产业有限公司、无锡华捷电子信息技术有限公司、无锡市交通运输管理处、武汉城市一卡通有限公司、北京中广瑞波科技股份有限公司、深圳市雄帝科技股份有限公司	2020.5	2022.11

（二）“高铁枢纽与城市交通一体化衔接方法研究”课题顺利开展

近年来，我国高速铁路系统快速发展，进一步加速了我国的城市化进程，以高铁客站为核心、集复合功能于一体的综合枢纽成为激发城市活力、带动经济发展的重要引擎。在这一过程中，高铁枢纽及周边地区也逐步暴露出一系列交通问题，包括交通指引差、运行秩序乱、道路交通堵、临时停车难等现象时有甚至常态化发生，并随着周边交通需求的增长呈现出恶化的趋势。高铁高效运输过程所节约的时间均被高铁两端客站所消耗与浪费。深究上述交通问题，其产生的实质是对高铁枢纽与城市交通衔接处的需求把握不精准、网络衔接不方便、运营组织不合理。针对上述高铁枢纽的问题，在中国工程院重点咨询研究项目《中国“站城融合发展”战略研究》框架下，提出了“高铁枢纽与城市交通一体化衔接方法研究”子课题。该课题通过对现状高铁枢纽交通问题的梳理，明确枢纽处交通供需矛盾内核，面向未来枢纽发展针对性提出解决方法，实现旅客在高铁枢纽处的快速、安全出行。

“高铁枢纽与城市交通一体化衔接方法研究”课题的定位为：国家重大需求牵引，突破城市交通关键节点瓶颈。课题以国家站城融合发展战略需求为研究导向，以制约站城区域协同发展的典型交通问题为突破口，以站城一体、交通保障为研究目标，通过现状总结发现目前高铁枢纽存在的各类交通规划、建设、运营与管理问题，通过案例梳理分析各类问题的关键症结所在，通过智能交通系统研发与技术整合来明确破解思路，最终促进交通规划、管理、控制理论与城市智能交通实践结合。

课题研究过程中，重点面向城市中的大型综合高铁枢纽，兼顾其他规模枢纽的特征与需求：对于已建成高铁枢纽，通过问题梳理提出了改善方法与策略；对于规划新建高铁枢纽，以全面落实站城融合理念为出发点，打造具有中国特色的站城融合一体化交通衔接系统。预期通过该课题，实现高铁枢纽与城市交通系统在交通需求预测、网络一体衔接、运营组织管理，以及仿真决策支持四方面的系统整合。

课题研究整体思路如图 10.3 所示。

（三）“城市多模式交通网运行仿真系统平台开发”项目启动实施

2020 年 10 月 23 日，由东南大学任刚教授主持的国家重点研发计划项目“城市多模式交通网运行仿真系统平台开发”启动。

项目属于国家重点研发计划“综合交通运输与智能交通”重点专项，由东南大学牵头，联合同济大学、北京交通大学、北京市交通信息中心、北京城建设计发展集团股份公司等优势单位共同承担。项目拟立足我国城市交通现实特征和行业需求，瞄准大数据、移动互联、智能网联等发展趋势，突破大规模交通网络多模式多尺度多情景一体化仿真技术瓶颈，研发具有自主知识产权、更适合我国国情的城市多模式交通网络运行仿真系统，形成涵盖系统架构、分析模型、核心技术、专用软件及集成平台的整套技术体系，并依托典型城市完成系统综合测试与示范应用，为提升城市交通网络协同运行效能和智能化管控水平提供技术支撑。

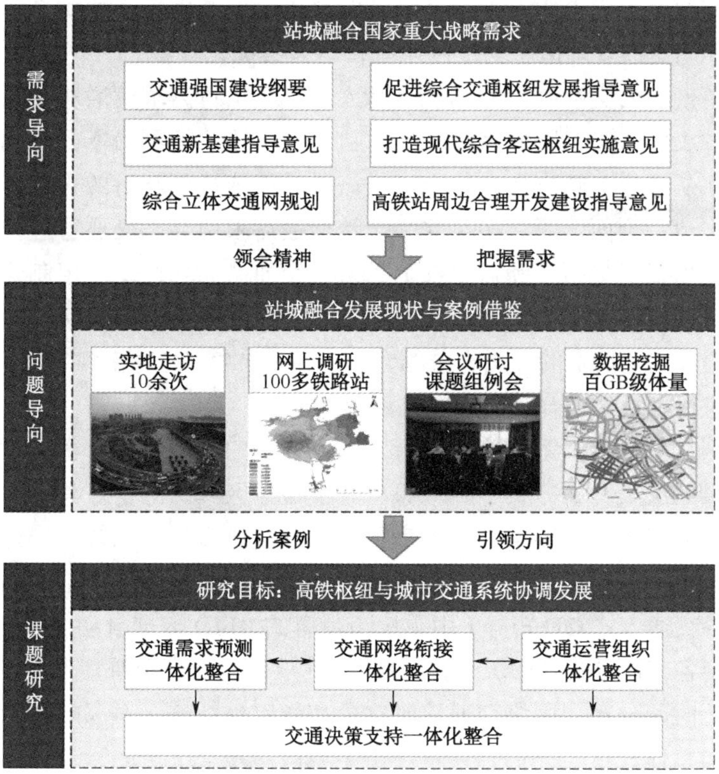

图 10.3　课题研究总体思路

五、市场应用

城市虚拟交通仿真技术在重庆市的推广应用

2020 年新冠疫情的发生，对城市交通运行、居民日常出行均产生了很大影响。重庆市为减少公共场所人员聚集，缩短公交运营时间，停运部分公交线路，私人小汽车方式成为居民出行首选。随着重庆疫情逐渐好转，企业复工，居民对小汽车方式的依赖程度明显增加。特别是在早晚高峰，在出行总量降低的情况下，重庆市区部分干道的拥堵状况开始出现超越平时的现象。如何在保障有效抗疫的同时，科学有序恢复居民出行，提升交通系统的运行效率，成为重庆市交通管理的难题。

2020 年 3 月起，受重庆市政府委托，东南大学与重庆市城投集团金卡信息产业股份公司联合，结合重庆市丰富的交通数据资源，充分利用双方在虚拟交通仿真决策、人工智能、大数据分析、并行计算等领域的理论知识、关键技术、硬件资源与软件产品，在交通仿真软件 TranStar 的基础上，快速开发与部署了全网络时间-空间一体化虚拟仿真与实时推演、网络交通流量实时动态仿真与多角度可视化等新功能，制定重庆市交通系统虚拟仿真平台升级方案，借助城市虚拟交通仿真技术，实现对重庆市疫情期间交通管理措施的定制化分析与方案优化。

针对疫情期间公交系统运力调整、私人小汽车出行需求猛增所导致的交通拥堵问题，传统“头痛医头，脚痛医脚”的盲目治理手段治标不治本，只能暂时缓解交通拥堵，无法从源头上解决内在的交通供需矛盾。依托更新后的重庆市城市交通系统虚拟仿真平台，全面统筹，多头并举，从交通需求引导、交通管理控制和交通系统优化三方面出发，提出了涵盖错峰上下班、交通微循环组织、定制公交等在内的十二类交通管理措施，全面覆盖市政府、发改委、交警支队、公交公司与住建委等交通管理相关部门。措施的提出充分结合重庆市地方特色，并针对不同片区的特征，对管理措施进行了科学组合与合理优化。

以高峰限行上下班方案为例，限行上下班方案的实施效果，很大程度上依赖于方案控制变量的决策，如方案实施对象、方案覆盖区域、上下班具体时间节点等，方案的制定难度很大。借助重庆市城市数据库和重庆市交通系统虚拟仿真平台，首先开展了重庆市交通现状分析与路段瓶颈识别工作，并基于重庆市交通网络基础数据库及现有各交通方式 OD 矩阵（由重庆市特有的 RFID 数据自动生成，并考虑交通现状修正得到各交通方式 OD），通过分析高峰限行上下班交通管理方案对重庆市主城区居民出行时间分布、网络交通流时空分布的宏观影响，对高峰限行上下班方案进行定量化的总体分析、评估，为重庆市主城区错峰上下班的管理方案综合评估提供技术支持。

方案 1：早晚高峰对重庆内环及其以内区域实施限号，每天限 2 个尾号。

方案 2：早晚高峰对 13 座桥、2 个立交、1 个隧道实施限号。限号路段具体包括：渝澳大桥、嘉陵江大桥、黄花园大桥、菜园坝大桥、长江大桥、长江大桥复线桥、嘉华大桥、石门大桥、鹅公岩大桥、朝天门大桥、千厮门大桥、东水门大桥、高家花园大桥、北环立交、东环立交、真武山隧道。

方案 3：早晚高峰对 15 座桥、1 个隧道实施限号。限号路段具体包括：高家花园大桥、高家花园大桥、石门大桥、嘉华大桥、渝澳大桥、嘉陵江大桥、曾家岩大桥、黄花园大桥、千厮门大桥、朝天门大桥、东水门大桥、长江大桥、长江大桥复线桥、菜园坝大桥、鹅公岩大桥、真武山隧道。

方案实施前后速度差值图如图 10.4 所示。

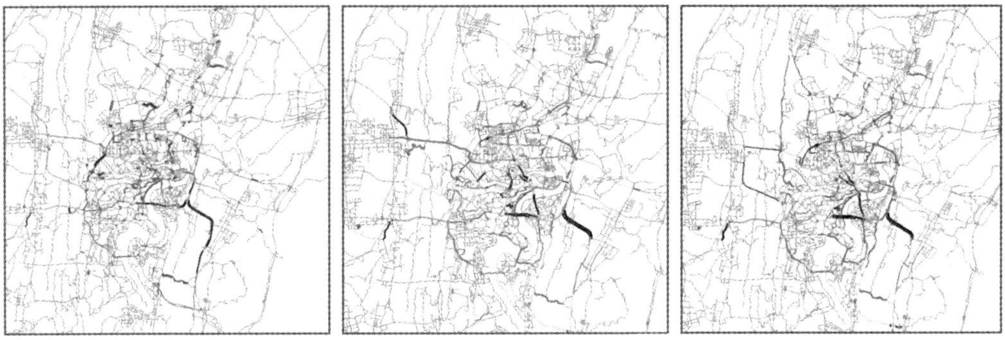

（a）方案 1　　（b）方案 2　　（c）方案 3

图 10.4　方案实施前后速度差值图

通过对 3 个方案的仿真分析，从交通流量、路网出行车次总量、路网平均行程车速、路网全部污染物排放量、全网交通总成本、道路网络干道拥堵率、平均出行时耗（中心区）、主要通道平均小时流量、小汽车平均出行距离等指标进行了方案对比。结果显示，方案 1 的效果最好，方案 2、方案 3 次之。但是考虑到方案一实施后影响范围较大，对居民出行造成较大影响，可实施性有待考虑，最终将方案 3 推荐上报重庆市政府。

经过对重庆市相关道路设施的升级、调试准备，以及对高峰限行上下班方案的宣传，该方案于 2021 年 3 月正式实施。根据重庆市政府官方网站报道（http://www.cq.gov.cn/zwxx/jrcq/202103/t20210302_8953164.html），高峰限行实施后，限行桥隧平均车速提高 13.2%，中心城区平均车速提高 18%，中心城区交通运行呈现出“车辆使用时段分布更加均衡，路网饱和度重回正常值水平，高峰时段拥堵缓解，居民出行时耗缩短，公共交通分担率提升”等特征。

未来，随着城市虚拟交通仿真技术在重庆市的进一步推广，在交通规划、交通建设、交通管控等众多城市交通细分领域，城市虚拟交通仿真技术将发挥出越来越大的作用，为重庆市交通畅通、出行高效、运行安全提供全方位支撑。

六、学术活动

2020 年 10 月 29 日，江苏省城市智能交通重点实验室第二届学术委员会第一次会议在南京召开。该实验室新一届学术委员会由来自国内著名高校、科研院所及中国智能交通协会等单位的 13 名专家组成，中国工程院院士、武汉理工大学严新平教授任主任委员，东南大学土建交通学部主任王炜教授、住建部城市交通研究中心总工马林教授级高工任副主任委员。

自 2013 年立项建设以来，江苏省城市智能交通重点实验室建设运行工作全面推进、亮点纷呈，在实验室研发能力、成果贡献、团队建设、开放运行等方面均取得显著成效。未来，实验室将服务交通强国建设等重大战略，聚焦新技术革命背景下的智能交通研发和应用需求，立足于建设整体条件国内领先、世界一流的城市智能交通应用基础研究与产业技术研发试验平台的战略定位，重点围绕城市交通仿真与数字化、道路交通安全与应急保障、智能网联与人车路协同、综合交通协同管控与服务 4 个研究方向开展工作。

第十一章

静态交通

一、基本情况

（一）停车供需情况

2020年是“十三五”收官之年，尽管受到新冠肺炎疫情的影响，但我国机动车保有量仍然保持着增长趋势。公安部发布的统计数据显示[①]，2020年全国机动车保有量达3.72亿辆，其中汽车保有量达2.81亿辆，新注册登记机动车3 328万辆，比2019年增加114万辆，增长3.56%。2020年各季度新注册登记机动车同比增长率如图11.1所示。

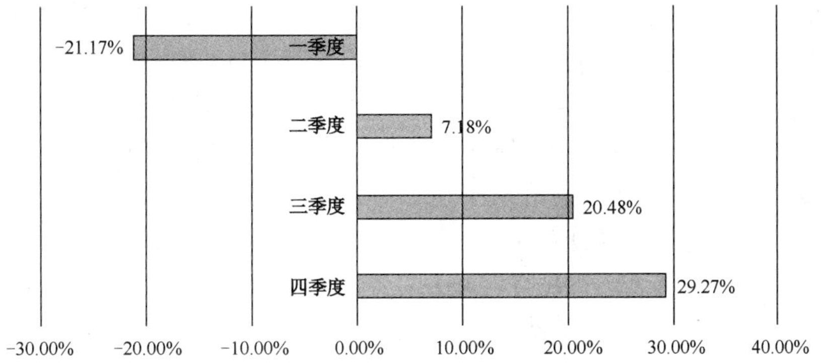

图11.1　2020年各季度新注册登记机动车同比增长率

然而，车位规模的增长速度则远低于机动车保有量的增长速度。《人民日报》发布的相关文章中表示[②]，据估算2020年我国车位缺口在8000万个左右。停车场建设节奏相对滞后，“停车难”仍是目前停车发展的主要特征。

（二）行业发展情况

行业方面，停车相关企业的业务主要分布在上游——规划/设计/咨询、中游——投资建设/设备制造、下游——运营管理/信息服务3个板块。其中，投资建设/设备制造板块的相关企业注册资本数额最高，企业数量众多，截至2019年取得机械式停车设备制造许可资质的企业已达636家，竞争较为激烈[③]。市场投资主要聚集在下游的智慧停车方面，截至2019年年底，停车方面共有79家上市公司，其中54%的公司主营业务为智能车库设备制造[④]。

① 公安部网站，https://www.mps.gov.cn/n2254314/n6409334/c7647242/content.html

② 《人民日报｜停车场建设需要再发力（深度观察）》

③ 招商证券，《城市机械停车设备专题报告》

④ 中国停车网，http://www.chinaparking.org/

随着行业的发展，相关的科研院所、行业协会、社会组织等筹办的学术会议、行业交流会议等日益频密。2020 年，中国智能交通年会、世界大城市交通发展论坛等综合性会议均举办了静态交通分论坛，中国城市停车大会、停车产业金融高峰论坛等静态交通专业会议也相继召开，为静态交通从业者搭建了沟通、交流与合作的平台，促进了行业发展。

（三）行业管理情况

近年来，各地政府部门对停车管理的关注重点主要集中在道路停车方面。深圳、上海、北京等一线城市先后探索尝试通过道路停车电子收费取代传统的人工收费，在提升管理效率的同时避免人工收费模式带来的议价、逃费等弊端。

以北京为例，自 2019 年起，北京全面开展道路停车改革，明确以高位视频为主的电子收费技术路线，利用视频识别技术实现道路停车位智能化。服务方面，停车人通过“北京交通”App 缴纳停车费，实现“电子收费、无感停车”，全市统一 App 服务、统一缴费渠道，支付更加便利。管理方面，各区通过政府购买服务的方式确定停车管理企业，统一服务规范，杜绝黑收费、乱收费的现象，管理规范性得到显著提升。秩序方面，道路停车改革效果评估结果显示，66%的出行者认为实行改革后非机动车道更为通畅，62%的出行者认为实行改革后道路运行更加通畅，道路停车秩序明显改善。同时，调查结果显示，实施道路停车改革后原开车出行人群中有 21%出行次数有所减少，其中 77%转向公共交通等绿色出行方式。截至 2020 年年底，北京市共有 829 条道路、7.6 万个道路停车位实行了电子收费，并纳入政府非税收入管理，停车入位率达到 90%以上。

一线城市的道路停车管理实践经验表明，道路停车电子收费管理在停车秩序改善、停车需求引导方面成效显著，从根本上改变了原有道路停车管理不规范、收费不透明、停放秩序不佳的局面，是停车综合治理的突破口，也为其他城市开展停车综合治理提供了重要参考和经验积淀。

二、政策、标准化

（一）在新发展格局之下，汽车消费成为拉动经济增长的重要引擎

国家层面，2020 年 5 月 2 日，国家发改委等 11 部门联合发布《关于稳定和扩大汽车消费若干措施的通知》，就“调整国六排放标准实施有关要求”“完善新能源汽车购置相关财税支持政策”“加快淘汰报废老旧柴油货车”“畅通二手车流通交易”“用

好汽车消费金融”共 5 条事项进行通知，要求各地区、各有关部门切实加强组织领导，明确责任分工，积极主动履职，扎实做好各项工作，营造有利于汽车消费的市场环境。2020 年 5 月 22 日，李克强总理代表国务院在十三届全国人大三次会议上做政府工作报告，提出要“促进汽车消费，大力解决停车难问题”，将解决停车难问题作为扩大内需，推动消费回升的重要手段。

在此背景之下，各地纷纷出台促进汽车消费相关政策措施作为响应。2020 年 6 月北京市发布《关于一次性增发新能源小客车指标配置方案》，于年内一次性增发 2 万个新能源小客车指标，全部向符合条件的家庭配置。2020 年 4 月，上海市发布《关于促进本市汽车消费若干措施》，2020 年新增 4 万个非营业性客车指标。2020 年 5 月，天津市发布《天津市促进汽车消费的若干措施》，2020 年内新增小客车个人增量指标 3.5 万个，全部以摇号方式配置。2020 年 3 月，杭州市发布《关于 2020 年一次性增加小客车指标的配置公告》，一次性增加 2 万个小客车指标，按 3:1 的比例通过个人阶梯摇号和县（市）个人指标摇号的方式进行配置。

在机动车保有量持续上升的态势下，可预见近几年内停车需求将继续增长。静态交通行业发展的内在动力仍然非常充足，但同时也面临着机动车高速增长带来的停车秩序管理和违停执法方面的压力。

（二）“新基建”“交通强国”及“十四五”规划战略思路为停车行业带来新机遇

2018 年 12 月 19—21 日，中央经济工作会议在北京举行，会议重新定义了基础设施建设，把 5G、人工智能、工业互联网、物联网定义为“新型基础设施建设”，这是“新基建”战略思路的首次提出。2020 年 3 月，中共中央政治局常务委员会召开会议提出，加快 5G 网络、数据中心等新型基础设施建设进度。2020 年 4 月 20 日，国家发改委创新和高技术发展司司长伍浩首次明确“新基建”范围，新型基础设施是以新发展理念为引领，以技术创新为驱动，以信息网络为基础，面向高质量发展需要，提供数字转型、智能升级、融合创新等服务的基础设施体系，主要包括 3 个方面内容：一是信息基础设施，二是融合基础设施，三是创新基础设施，其中，智慧停车属于融合基础设施的范畴。与此同时，各城市相继出台“新基建”相关行动方案。2020 年 5 月 7 日，上海市政府常务会议审议通过《上海市推进新型基础设施建设行动方案（2020—2022 年）》，初步梳理排摸了这一领域未来 3 年实施的第一批 48 个重大项目和工程包，预计总投资约 2700 亿元。2020 年 6 月 18 日，重庆市政府发布《重庆市新型基础设施重大项目建设行动方案（2020—2022 年）》，3 年内，将总投资 3983 亿元，滚动实施和储备 375 个新基建重大项目。

2019 年中共中央、国务院印发了《交通强国建设纲要》，提出大力发展智慧交通，推动大数据、互联网、人工智能、区块链、超级计算等新技术与交通行业深度融合。

2019 年 10 月，确定河北雄安新区、辽宁、江苏、浙江、山东、河南、湖北、湖南、广西、重庆、贵州、新疆、深圳为第一批交通强国建设试点后，当年 12 月 27 日交通运输部又为第二批共 21 家试点单位授牌，其中包括天津、山西、内蒙古、吉林、上海、安徽、福建、江西、广东、四川、云南、陕西、宁波、厦门 14 地交通运输部门、中国移动、中远海运、招商局、中国铁道建筑、中交建、中国邮政 6 家企业及大连海事大学。随后多个试点省份、单位制定《交通强国建设纲要》实施意见及行动计划。2020 年，交通运输部先后发布多地交通强国建设试点工作指导意见，涉及上海市、广东省深圳市、重庆市、广西壮族自治区、浙江省和江苏省等。

《中华人民共和国国民经济和社会发展第十四个五年规划和 2035 年远景目标纲要》框定了以智能交通为首的十大数字化应用场景的具体范围，作为构建数字社会、提升政府数字治理水平、营造良好数字生态的重要指引。其中，智慧停车场被列为智能交通的数字化应用场景。

在“新基建”“交通强国”及“十四五”规划战略思路的引导和推动下，停车行业迎来了新的发展机遇，智慧停车已成为不可逆转的发展趋势。

（三）停车场建设依然持续受到国家相关部门的关注

2020 年 7 月 5 日，国家发改委下发《关于做好县城城镇化公共停车场和公路客运站补短板强弱项工作的通知》，提出要明确为提升县城公共设施和服务能力扩大有效投资，发挥公共停车场和公路客运站对县城城镇化建设的支撑引领作用；要明确建设重点领域，立足满足出行停车需求，推进主要公共建筑配建停车场、综合客运枢纽配建停车场、路侧停车位设施升级改造、政府主导停车信息平台等建设；鼓励建设立体停车场、机械式停车库等，在具备条件的地区推进“P+R”停车场建设，居住社区配建停车场、棚改区停车场、各类商业设施配套停车场、旅游景区配套停车场、工业园区配套停车场等按照相关领域规划政策要求推进建设。

在机动车保有量持续上升的背景下，停车场建设依然持续受到国家相关部门的关注，政策利好频出。

（四）老旧小区改造任务为破解居住停车难题创造契机

2020 年 7 月 20 日，国务院办公厅印发《关于全面推进城镇老旧小区改造工作的指导意见》，提出城镇老旧小区改造是重大民生工程和发展工程，对满足人民群众美好生活需要、推动惠民生扩内需、推进城市更新和开发建设方式转型、促进经济高质量发展具有十分重要的意义，将城镇老旧小区改造内容分为基础类、完善类、提升类 3 类，其中停车库（场）的改造或建设被列为完善类，并明确工作目标为：到“十四五”期末，结合各地实际，力争基本完成 2000 年年底前建成的需改造城镇老旧小区改造任务。

老旧小区历来都是“停车难”问题的重灾区，老旧小区改造工作为解决居住停车矛盾造就了时机，借老旧小区改造的东风，挖掘潜在的停车设施建设可能性，缓解居住区停车资源紧张的现状，或将成为下一步的重点工作方向。

（五）智慧停车相关技术标准正在逐步建立

在智慧停车成为发展趋势的前提下，技术规范的标准化工作不可或缺，智慧停车相关技术标准正在逐步建立。

北京市地方标准《道路停车动态监测和电子收费管理系统技术要求》（DB11/T 1729—2020）于 2020 年 10 月 1 日实施，标准规定了道路停车动态检测和电子收费管理系统车位检测设备、手持设备、视频监控设备的技术要求，规定用于道路停车动态检测和电子收费管理系统信息采集、处理和服务所进行的数据交换内容、交换格式和交换质量的要求及道路停车车位检测设备测试的总体要求，车位状态测试、车位识别测试、异常停车测试和测试结果的评定，适用于道路停车动态检测和电子收费管理系统外场设备的规划、设计、建设和维护。

北京市地方标准《区域停车诱导系统技术要求》（DB11/T 667—2020）于 2020 年 10 月 1 日开始实施。标准规定了区域停车诱导系统的系统架构、功能要求和性能要求，适用于区域停车诱导系统的规划、设计、建设和运行维护。与此前标准相比，新版标准增加了数据存储、信息更新周期、系统查询响应速度、平均无故障间隔时间等性能指标要求，有利于促进停车场智能化管理，提升停车场管理效率和信息服务水平。

深圳市地方标准《智慧停车基础信息编码技术规范》（DB4403/T 89—2020）于 2020 年 10 月 1 日开始实施。规范规定了停车基础信息编码的设计原则、编码规则和保密原则，适用于智慧停车相关领域。

三、技术发展

（一）视频资源整合赋能实现阶段性进展

在智能交通成为发展主导方向的今天，违停执法工作也逐步向智能化方向转型。在此背景下，高位视频等资源的功能已得到拓展，除了道路停车电子收费管理功能，还将其视频资源应用于违停执法。目前，在北京部分区域，高位视频设备已经实现了抓拍违停、识别套牌车、协助公安破案等拓展功能。

下一步，视频资源的整合、赋能仍是未来的推进方向，如属地视频监控资源、公安系统安防视频监控资源等视频资源将得到整合并赋能，加大执法的空间覆盖范围。

（二）移动视频在道路停车智能化管理中得到应用

视频识别技术作为道路停车智能化管理的主要技术手段之一，在实现形式方面，除了视频桩和高位视频，移动视频也在道路停车智能化管理中得到了应用。

对于支路、街坊路等区域，普遍存在道路宽度较窄、无人行步道、树冠低且茂密等情况，使得高位视频设备在施工安装、使用等方面存在限制，会严重影响设备的识别结果。针对以上方面的局限，北京市积极探索了适宜在低等级道路运用、基于视频识别的移动视频技术路线。

移动视频是依托 4G/5G 网络的大码流数据传输，利用移动式信息采集设备对某一目标的视频图像进行智能识别与采集，并将其保存至本地或上传至管理平台，以保证对重点区域目标的实时监控与管理。相对于固定视频而言，移动视频最大的区别是“移动”。前端移动是指前端信息采集方式为动态形式；后端移动是指后端视频图像呈现方式为可移动形式。

基于道路停车管理与服务需求，移动视频设备由信息采集部分（见图 11.2）、泊位射频标签、载运工具（见图 11.3）和配套处理软件 4 个部分构成。信息采集部分安装在载运工具上，停车管理员沿道路骑行载运工具的同时，信息采集部分实时检测车辆停放情况，采集并上传相关数据，停车管理员在道路两端往复骑行，数据不断进行更新。车辆入位后，移动视频设备首次检测到停放车辆时，RFID 设备检测车位信息，记录相关信息并将信息上报至平台，平台生成订单，开始计时。移动视频设备往返多次检测停放车辆的相关信息，设备将信息与上次信息进行关联，并本地留存相关数据，不与平台交互。车辆离开后，移动视频设备检测不到停放车辆时，厂家将驶离信息与驶入信息进行匹配，并将最后一次获得该车辆的信息作为停车结束信息，设备将驶离驶入信息上报至平台，平台结束计时，计费，结束订单。

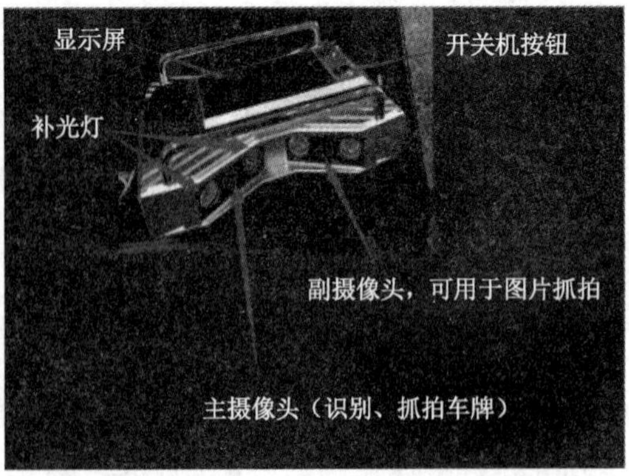

图 11.2　信息采集部分

图 11.3　载运工具

移动视频技术具有移动性强、应用场景灵活、停车行为可追溯等特点，能够满足支路及其等级以下道路停车电子收费的实际需求，具有较强的技术实现性和经济合理性。

（三）5G+遥控自动泊车初获成果

随着互联网技术的进步，5G 手机正在大范围普及，5G 网络时代即将全面到来，在互联网技术进步的推动下，静态交通领域衍生出新业态。广西移动柳州分公司与上汽通用五菱汽车股份有限公司共同打造了“5G+遥控泊车”前期研究项目，实现了与互联网技术相融合的遥控自动泊车。

目前，研究已经初获成果，车辆具备遥控泊车、自主避障的功能。车辆上安装有摄像头与超声波传感器，借助摄像头与超声波传感器实现障碍物的检测及避让，对障碍物进行判断，通过 5G 网络回传至控制端，控制车辆对障碍物进行避让。“5G+遥控自动泊车”可以应用于各类复杂的停车场景，实现人在车下的自由泊车，避免停车空间过窄无法上下车等问题。

另外，通过 5G 网络还能达到车辆与手机之间交互和通信的目的，借助手机端开发的 App 即可实现“一键泊入”“一键泊出”的功能，对车辆进行遥控。车主仅需点击 App 中的“一键泊入”键，车辆便会自动启动、倒车入库；点击 App 中的“一键泊出”键，车辆便会自动驶离车位，移至车主身旁。

5G 引领的万物互联新时代将对交通产生重要影响，除了遥控自动泊车，5G 技术在车位预约、车位共享、智慧停车管理平台等方面还能够发挥更大的效用。

四、重大项目

（一）南京市采用政府供地、特许经营的方式助力停车场建设

2020 年，南京市鼓楼区采用了属地区政府梳理、储备并归拢用地，采用招投标方式授权特许经营的方式进行停车场建设。结合中小学地下挖潜、老旧小区改造、棚户区改造、绿地、规划修编等，整合了 14 块用地，拟规划建设车位约 2992 个，并于 3 月 26 日组织了该项目的开标评标。政府方负责提供具备实施条件的地块，中标人按照政府方停车场规划要求和布点方案，并同步配套建设立体智能车库自动控制系统、车牌识别系统、自动道闸、监控安保系统及场地绿化、硬化、排水出入口等市政配套设施等。中标人必须在鼓楼区成立项目公司，由项目公司在特许经营期内负责项目的设计、投资、建设、运营和维护，在特许经营期限内实行市场化运作，自主经营，自负盈亏，政府监督。特许经营权结束后，将项目所有权无偿移交给鼓楼区人民政府或政府指定的部门。最终停车场方案设计须经规划部门、市政园林部门、消防部门及其他相关部门审查后方能实施，不得随意变更。政府方对停车设施

的具体选址具有决定权，中标人可通过调研后对公共停车场选址提出优化建议。

（二）立体停车楼建成，北京南站停车不再难

作为北京重要的交通枢纽之一，北京南站周边停车难、停车乱的问题一直都较为突出，出租车、网约车等停车难导致乘客等候时间长，大巴车、出租车、网约车等违章停放导致道路通行秩序受到严重影响。北京南站附近原有的一处平面停车场仅有车位不足 100 个，无法缓解上述问题。在此背景下，该停车场的“平改立”项目成为北京南站 30 项综合整治任务之一，由政府委托北京静态交通丰台投资运营有限公司投资建设和运营。建设完成后，于 2020 年 12 月投入运营，停车场占地面积为 2350 平方米，共计 6 层、392 个车位，从停车楼出口到北京南站，步行仅需 5 分钟。同时，夜间可向周边居民开放错时共享停车。北京南站立体停车楼的建成不仅为旅客的接驳提供了极大便利，还有效弥补了北京南站的车位缺口。

（三）深圳市实施《深圳市停车设施建设专项规划（2018—2020 年）》

2016 年 3 月，《国家发展改革委办公厅关于印发 2016 年停车场建设工作要点的通知》中要求各省（市、区）发展改革部门牵头，切实抓好停车场建设有关工作任务分解落实，会同有关部门抓紧编制停车场专项规划，北京、天津、上海、重庆、杭州、深圳 6 个城市作为试点城市要率先出台。2017 年，深圳市被列为全国推进城市停车场建设第一批 5 个试点示范城市之一，要求在公共设施集中区停车设施建设和停车信息平台建设两个重点方向先行先试。为落实相关要求，深圳市发展改革委会同有关部门组织编制了《深圳市停车设施建设专项规划（2018—2020 年）》，明确启动停车设施“百千万工程”，到 2020 年推动 10 万个以上泊位建设（不含配建类 35 万个），重点缓解医院、公园、学校、机关、交通枢纽、旅游景区等公共设施集中区以及老旧居住（小）区停车难问题。至 2020 年，政府投资建设 181 个公共停车场项目，提供约 7.12 万个泊位；向社会资本推介 1157 个有停车设施建设需求的老旧居住（小）区；组织实施 3 个路边停车项目，提供约 1.65 万个路边临时停车泊位；组织实施 6 个停车信息化项目，率先构建全国首个城市级智慧停车云平台。

（四）“中建智慧停车云平台”在全国范围内逐步部署实施

为助力新基建，中建安装旗下中建电子自主研发了“中建智慧停车云平台”，包含不同的功能定制页面，统一规范数据接入标准，持续接入各停车场运行数据，依靠平台自身的智能算法，统计分析停车场中的占有率、停车周转率、停车区域时域统计、缴费渠道统计等综合大数据，能够提供多维度大数据分析及可视化展

示，为静态交通的运营管理提供依据，让城市动静态信息互联互通，提升交通运行效率。从服务车主停车角度出发，该平台能够为车主提供场内停车诱导、精准室内导航、无感支付及电子发票服务，车主可通过 App 查询停车场位置，导航并线上支付停车费。

目前，中建智慧停车云平台在东莞全市布局落地，已接入全市 2000 多个停车场，累积停车数据总量 4 亿多条，停车数据吞吐量峰值高达 500 多万条。并且平台正在全国各地逐步推进中，在赣州、西安等一批城市已陆续进入部署实施阶段。

五、市场应用

（一）智慧城市建设带动城市级智慧停车管理服务发展

在信息技术快速发展的背景下，智慧城市成为新兴的城市形态，各城市纷纷开展智慧城市管理平台建设，借助信息化手段实现更智能、更高效的城市管理，也为公众提供更便捷、更人性化的城市服务。在提供智慧城市服务方面，路内、路外一体化的城市级智慧停车管理信息平台发挥了重要作用。

路内、路外一体化的城市级智慧停车管理信息平台广泛集成路内、路外停车场的静态和动态信息，静态信息主要包括停车场类型、停车场位置、车位数量、收费标准等，动态信息主要包括停车场的实时空余车位数和车位实时占用情况等。一方面，路内、路外一体化的城市级智慧停车管理信息平台能够与停车需求信息相结合，为政府的精细化停车治理提供依据和参考；另一方面，多方信息的集成能够为未来提供共享停车、预约停车等服务提供可能性。

作为数字化治理程度较高的城市，于 2016 年就创立了“城市大脑”的杭州是这一方面的典型代表。在城市治理方面，“城市大脑”实现了化零为整、归集资源、优化配置的治理新路径，在规模较大、就诊量较多的医院附近首先应用，摸清医院周边的停车资源后于系统中统一归集配置，并提供优先推送功能，就医者挂号成功后，系统将综合推荐医院周边最优的前 5 位停车场库作为第一目的地，进行导航，在停车行为前端即对供需进行了最优匹配。在现场也会通过停车引导牌、人工疏导相结合的方式，多方协同，有效分流车辆，同时缓解了医院周边停车难和交通拥堵的问题。在城市服务方面，“城市大脑”协助实现了“先离场后付费”“一次绑定全城通停”，避免了“多个停车区域、多个系统、多次注册”的困扰，停车过程中不排队、不抬杆、不扫码，使得杭州成为国内首个拆除停车杆的城市，真正做到无缝停车、无感支付。

2020 年 10 月，“上海停车”App 上线试运行，App 兼具 8 项服务功能，分别为停车导航、停车换乘、枢纽停车、错峰共享、停车缴费、停车预约、停车充电和服务公告。其中，停车导航、停车换乘、枢纽停车 3 个功能分别针对各类经营性停车设施（含收费道路停车场）、P+R 停车设施及虹桥枢纽、浦东机场、上海火车站等对外交通枢纽配套的公共停车设施等不同性质的停车设施，向用户提供目的地周边一定范围内的停车场（库）地址、出入口位置、行驶路线及路况、场库实时空泊位数（道路总泊位数）、收费价格、服务时间等信息。停车缴费功能可支持通过支付宝、微信等第三方电子支付方式实现全市道路停车费的跨区欠费在线补缴，并首批支持在 100 处道路停车场实现在线支付，以及在 100 家公共停车场（库）实现在线支付和信用支付（先离场后付费）。停车预约、错峰共享、停车充电 3 个功能提供了已经向周边小区开放的部分停车共享项目和部分停车场（库）安装充电设施的基础数据和服务信息，后续将逐步拓展至三甲医院停车场（库）及对无障碍泊位、电动汽车充电泊位等专用泊位开放停车预约服务，并逐步支持小区居民通过"一键签约"，自主选择按月、按时、按次等不同付费方式，可更为灵活、便利地错峰共享周边停车资源。"服务公告"模块可及时查询了解行业各类管理、服务信息及相关经营企业面向用户提供的优惠信息。目前，App 已覆盖 4300 多个公共停车场（库）和收费道路停车场、89 万个公共泊位。

（二）一体化停车场管理运营系统促进路外停车智能化

路外停车智能化的实现主要依靠企业对停车运营、管理系统进行升级和改造。目前，企业主要聚焦在一体化停车场管理运营系统的开发，通过充分利用 AI 智能识别、大数据等技术，将道闸管理、车位管理、收费管理等功能统一集成，实现无人值守、无感支付，在降低停车场运营管理成本的同时，为车主提供更加流畅的停车体验。

无人值守、无感支付的停车场管理运营系统主要通过以下几项功能来实现：①出入口车牌识别，一方面，针对停车场出入口不通畅的问题，无人值守停车场系统采用视频识别的方式控制车辆进出场，视频识别记录车牌信息、自动抬杆，无须人工操控，实现快速进出；另一方面，基于视频识别结果形成停车订单信息并推送给车主，收费无须停车，实现无感支付；②车位引导、快速停车，车辆入场后，停车场内多个视频采集设备和传感器设备实时汇集车辆停放情况及车位空余情况，并上传至平台，平台控制停车引导牌实时显示相关信息，对驶入场内的车辆进行停放引导；③出入场车流管理、设置潮汐车道，若停车高峰时段某个出入口的车流量过大，造成了行车缓慢、车流拥堵等状况，相比之下其他出入口车流量较少，能够根据需要将车流量较少的出口改为入口，或入口改为出口。

（三）智能手机普及引导公众参与，为交通治理模式开辟新路径

伴随着智能手机的普及和人们法制意识的增强，交通安全和秩序得到人们越来越多的关注。为了更好地发挥社会公众的监督作用，也为了扩大执法的覆盖面，交管部门借助智能手机应用和互联网收集社情民意，让社会公众充分参与到交通治理中来，为交通治理模式开辟了新的路径。

2020 年 8 月 5 日，北京交管部门“随手拍”微信小程序正式上线启用。除了微信小程序，市民群众还可通过北京交警 App、北京交警微信公众号两种方式进入“随手拍”平台。“随手拍”平台中对交通违法举报范围做出了相关规定，违法停车方面，可对“在设有禁止停车标志、标线地点违法停车”和“占用消防通道停车”两类违法停车行为进行举报。

经过实名认证后，市民群众可通过视频举报和拍照举报两种方式，在“随手拍”平台上举报交通违法行为，反映交通管理问题。视频举报需拍摄最小时长不少于 5 秒，最大时长不超过 20 秒的连续、不间断且能记录违法事实的视频。其中，举报违法停车行为，应确保视频时长大于 12 秒。拍照举报需要拍摄 2 张能记录违法事实的照片。其中，举报违法停车行为，应确保 2 张照片拍摄时间间隔大于 10 秒。

对于平台中举报的问题，交管部门会逐一审核把关、调查核实，对属实的将依法处罚。

来源于北京市公安局公安交通管理局的数据显示，2021 年 1 月，北京交警“随手拍”平台新注册用户 7.5 万，用户数量已突破 70 万，累计注册用户达 73.8 万①。对市民投诉的 4 万起交通违法线索，经筛查审核已依法录入非现场执法系统。同时，对投诉线索基本清楚，经传唤当事人补充调查，予以处罚的 622 起；对涉及遮挡、变造车辆号牌等严重交通违法行为的 2151 起投诉线索，全方位开展侦查工作；对群众投诉的 92 起交通信号灯故障问题，全部第一时间进行修复。

经统计，市民投诉的交通违法线索中，涉及“违法占用应急车道、公交车道、非机动车道、导流带”“遮挡机动车号牌”“主干道主路违法停车”“机动车道双排违法停车”“占用盲道、人行横道违法停车”等违法行为的投诉线索最为集中。

“随手拍”平台开启了公众参与交通治理的先河，在充分发挥公众力量的同时，促进了广大的交通参与者不断提高对交通违法行为严重程度的认识，并帮助营造了更好的道路交通安全环境。

---

①《北京交警“随手拍”2021 年 1 月运行情况报告》，http://jtgl.beijing.gov.cn/jgj/jgxx/94246/95332/10937570/index.html

（四）ETC应用场景拓展促进智慧停车城市建设

2020年12月23日，交通运输部办公厅印发《关于开展ETC智慧停车城市建设试点工作的通知》，加快拓展ETC服务功能，推动ETC停车场景应用，更好地便利公众出行，选定北京等27个城市作为试点城市、江苏省作为省级示范区，先期开展ETC智慧停车试点工作。

停车场人工收费平均时间约14秒/辆，使用ETC设备平均收费时间可降低至3秒/辆，北京市交通委员会发布的数据显示，2020年，北京已实现300个公共停车场ETC不停车支付，共计停车位约15万个。已实现ETC支付的300个停车场中，涉及枢纽场站、大型商超、景区公园、体育场馆、医院、大学、酒店、居住社区、写字楼等多种类型停车场，覆盖全市24家医院、23个枢纽场站、95家商业综合体、66个居住社区、20个景区公园等，包括首都国际机场、大兴国际机场、北京南站、北京西站、国家大剧院、中华世纪坛、国家体育场、国家游泳中心、国家奥林匹克体育中心、清华大学、阜外医院、北京儿童医院、协和医院、天坛医院、凯德MALL等大型公共停车场。每月ETC交易量超200万辆次，ETC支付比例超过50%，如北京儿童医院停车场支付比例达65%，首都国际机场三号航站楼停车场支付比例达51%，真正实现了不停车快捷支付。

停车场实现ETC不停车付费功能，可进一步拓宽ETC应用场景，提高停车场通行效率，有效改善周边交通拥堵，为市民提供更加便捷、智能的出行服务。

第四篇

成 果 篇

第十二章

学术会议

第十五届中国智能交通年会

第十五届中国智能交通年会（ITSAC 2020）于2020年11月5日在深圳盛大开幕。本次年会由科学技术部、深圳市政府指导，中国智能交通协会（ITS China）主办，深圳市城市交通规划设计研究中心承办，北京千方科技股份有限公司、华为技术有限公司、青岛海信网络科技股份有限公司、八维通科技有限公司协办。

中央强调加快形成以国内大循环为主体，国内国际双循环相互促进的新发展格局，新基建成为推动国内大循环核心的重要力量。智能交通可以为大数据、人工智能等先进技术的落地提供丰富的应用场景，在新基建时期迎来了巨大的发展机遇。本次年会以“新基建时期的ITS融合创新发展”为主题，聚焦新基建背景下智能交通科技创新和产学研用跨界融合，来自国家发改委、科技部、交通运输部、公安部等行业主管部门、科研院所、高校、企业和行业协会的近2 000名代表参加了本次大会。

大会全程分为开幕式、高层论坛和全体大会三个阶段，内容丰富，呈现出许多精彩看点。

一、领导关怀，对大会寄予厚望

在国内疫情防控取得重大战略成果的背景下，本届中国智能交通年会从筹备到召开受到广泛关注和支持。

全国政协副主席、中国科协主席万钢发来致辞视频，预祝本次大会取得圆满成功。在致辞中，万钢主席强调：2020年是我国“十三五”规划收关和谋划“十四五”的重要一年，同时我们也面临后疫情时代的经济恢复和国际环境变化的双重压力。并对智能交通行业发展提出三点期望：一是坚持创新引领。充分发挥智能交通协会的作用，完善产业协同、创新的机制，保持技术创新的先进性；二是注重跨界融合，加快智能汽车、智能交通、智慧能源、智慧城市一体化的发展，从单车智能、联网智能、智慧道路和车路网联动，最终实现深度融合的智能交通；三是加强开放合作。一方面顺应共享经济时代的市场消费新需求，另一方面积极地参与国际分工合作和标准规范的制定，持续推动我国智能交通产业融入世界，提高国家话语权、影响力和国际合作的能力与水平。

万钢主席对中国智能交通协会发挥的平台和纽带作用，以及为促进我国智能交通行业发展所做的工作给予了肯定。

中国智能交通协会理事长李朝晨致辞，对全体与会者表示欢迎。李朝晨理事长介绍，本届年会以新基建时期的ITS创新融合发展为主题，贯彻新发展理念，研究智能交通新基建的内涵、外延，勾画融合创新的新体系，交流切磋新技术、新成果，探讨行业发展新模式、新业态，努力构建智能交通发展的新格局。

科技部高新技术司副司长续超前代表科技部做大会致辞。续超前认为，当前，新一轮科技革命正赋能传统交通行业转型，人工智能、大数据等技术的突破推动交通行业向智能化、共享化、电动化发展，交通与信息、能源、材料等领域的深度融合，正在成为交通科技创新的主要范式。

交通运输部科技司副司长林强致辞。林强指出，当前交通运输行业上下正在认真贯彻落实中央关于加快建设交通强国和新基建的重大部署，智能交通作为交通强国建设的重要内容和新基建的典型应用场景，被赋予了新的内涵和使命，此次年会以新基建时期的 ITS 创新融合发展为主题，可以说恰逢其时，具有重要的现实意义。

深圳市委常委、常务副市长刘庆生为大会致辞。刘庆生指出，2020 年是经济特区成立 40 周年，深圳作为国内智能交通发展的积极倡导者和先行探索者，将认真贯彻落实习近平总书记的要求，强抓粤港澳大湾区和深圳先行示范区建设重大历史机遇。以交通强国试点为契机，加快推动交通基础设施网、运输服务网、能源网与信息网融合发展，着力构建世界一流、国内领先、城市典范的智慧交通体系，努力为交通强国建设做出贡献。

欧洲智能交通协会、美国智能交通协会、日本智能交通协会发来视频致辞。

二、院士和行业顶级专家出席 带来前沿技术进展

大会上，院士和行业顶尖专家带来重量级的主题报告，分享了最前沿的智能交通科技，展望了未来智能交通行业发展趋势。

原建设部部长、第十一届全国人大环资委主任汪光焘教授发表了题为《后疫情时代，信息化与城市交通治理》的主题报告。汪光焘认为，国家现代化水平取决于城市现代化水平，城市现代化水平必然选择信息化为基础，信息化驱动建设新型智慧城市。信息化、智慧化可以降低城市突发性事件的风险，增强灾中、灾后的应对措施、应急预案和适应能力。要重视韧性城市建设，借助先进的人工智能技术，预测并尽可能避免灾害带来的影响。

中国工程院院士、深圳大学城市智慧交通与安全运维研究院院长杜彦良教授作了《关于我国城市群现代轨道交通技术创新体系建设的战略思考》的主题报告，杜彦良讲到，轨道交通是推进综合交通一体化的排头兵，具有先导作用，对于推动区域的基础保障和先导作用具有重要意义。都市群轨道交通发展特征、发展方向应该体现六化：快速化、绿色化、网络化、协同化、智能化和韧性化。

中国工程院院士、武汉理工大学首席教授严新平发表了题为《我国水路交通智能技术的研究现状和展望》的主题报告。严新平从港口自动化技术、船舶智能化技术，智慧海事技术和数字航道技术四个方面介绍了水路交通智能技术的发展，提出未来新一代水路交通系统应该是智能船舶、数字航道、智慧港口、智慧管控和智能运营的集合体。

欧亚科学院院士、深圳大学校长李清泉教授就《交通基础设施智能检测》为大

家作了精彩报告。李清泉介绍了交通基础设施监测工作中一些共性的基础的问题，包括定位技术、时空基准和多元数据的融合处理。他认为基础设施的建设规模越来越大，安全运维已经提到了议事日程上来，而且动态、高效、连续的状态测量，是未来基础设施特别是交通基础设施安全运维的急需，它对我们国家的公路、铁路、隧道、桥梁、管道的安全起到重要的支撑作用。

中国国家铁路集团有限公司总工郑健作了《站城融合协同发展——打造智能高铁客站升级版》的主题报告。郑健介绍了站城融合的基本理念、内容和实现的路径，认为站城融合有助于密切站城在历史传承、环境结构和城市区域的内在联系，其表征是空间融合，其核心是交通、经济、文化的多元融合，而交通融合是站城融合的根本属性，站城融合的目的就是要构建开放共享、智能高效、平衡发展的站城关系，保持客站枢纽与城市健康发展和持久的生命力。

三、重要政策解读，落地应用案例分享

大会邀请了国家发改委、公安、公路等多个领域的领导和专家，结合行业发展趋势，带来重要政策的解读和落地应用案例的分享。

国家发展和改革委员会综合运输研究所所长汪鸣带来了题为《我国综合运输发展的战略转型问题》的主题报告。汪鸣指出，大循环、双循环将打破传统交通运输发展边界，“通道+枢纽”高效运输网络平衡发展成为可能，交通运输面临的创新发展和战略转型优势有：一是技术创新带来了供需双侧的改革，二是建设创新要求基础设施功能转型，三是服务创新推动供给侧结构性改革，四是保障创新营造了全新的发展环境。

公安部交通管理科学研究所所长孙正良的报告题目是《AI 赋能交通管理和公众服务应用探索》。孙正良介绍了 AI 技术在交通管理和公众服务方面的一些应用，包括探索驾驶资格的智能审核、基于活体检测的实人认证，交通违法图片智能审核等，解读了《公安交通管理科技发展规划（2021—2023）》，展望了智能化交管的未来发展。

交通运输部公路科学研究院副院长兼总工程师岑晏青带来了题为《智慧高速公路建设的现状与展望》的主题报告。岑晏青指出，发展智慧高速公路具有重要意义，在以三大机电系统为代表的高速公路信息化建设基础上，与“互联网+”、大数据、云计算、物联网、人工智能、移动互联等新一代信息技术充分融合，实现了高速公路感知监测、运营管理、出行服务的全面提升。

中国城市规划设计研究院副院长汪科的报告题目是《基于城市整体性、系统性的智能交通推进工作的几点思考》。汪科认为，城市具有很强的整体性、系统性，未来城市需要将“人、车、路、环境等”有机地结合，协同化、个性化和智能化地运作。他介绍了 CIM 基础平台在城市规划建设管理领域的应用，同时对城市交通的建设目标、智能交通与传统城市的关系、城市更新中发展智能交通、智能交通与智能

城市的关系等问题提出了思考。

中国民航局空中交通管理局李其国的报告题目是《以智慧创新推进中国民航未来发展》。李其国指出，全球新一轮科技革命带动民航创新发展，全球民航创新发展趋势为空管协同化、精细化，机场数字化、一体化，航空公司定制化、智能化，政府监管规范化、精准化。因新冠肺炎疫情带来的民航业困境已经在逐渐复苏，目前国内航班数已经超过去年同期水平，预计全球航空运输业将在2024—2025年恢复到之前的水平。

深圳市公安局交通警察局局长徐炜做了《智慧科技支撑深圳交通管理创新实践》主题报告。徐炜指出，深圳的城市交通管理走出向科技要效率、要警力的新时代，探索了一条以人为本，要智能体、可进化、有温度的交通治理新思路。

科技部国际合作司前参赞毛中颖介绍了中国智能交通协会的对外合作工作情况，重点介绍了协会搭建的国际合作平台，希望通过这些平台，为大家服务，推动中国智能交通领域的国际化发展。

四、创新与变革 产业界带来新思考

《交通强国建设纲要》中提到“建立以企业为主体、产学研用深度融合的技术创新体制”，本次大会既有上海电科、深圳金溢、安徽科力等传统智能交通企业代表，也邀请到了滴滴、百度等互联网企业代表，他们为大会带来产业界关于变革与创新的思考。

本届大会承办单位、深圳市城市交通规划设计研究中心董事长张晓春做了主题为《从“先行先试”到“先行示范”——深圳智慧交通发展回顾与展望》的报告。张晓春介绍了深圳在智慧交通领域的探索实践，在城市管理部门和以深圳交通中心为代表的行业龙头企业共同努力下，深圳通过技术引进和自主研发着力推进了规划决策支持、交通运输管理、交通运行管控等一揽子交通信息化系统，智慧交通发展走在了国内前列，他还以在福田中心区开展的智慧交通集成示范为例，介绍了深圳智慧交通的先行示范与创新引领。

北京千方科技股份有限公司总裁潘璠的报告题目是《面向智能物联时代的全域交通解决方案》。潘璠介绍了行业首个集感知、计算、控制、交互、通讯、管理和服务为一体的“边缘智能体”，可以提供强大的感知能力和边缘 AI 计算能力，构建了新一代的云边端交通系统，打造交通新基建科技基座。

华为云与计算 BG 交通行业产品管理总经理方海林带来题为《交通智能体，助力新基建与数字化转型》的报告。方海林介绍了华为 9 月份发布的智能体架构，包括智能交互、智能连接、智能中枢、智能应用 4 个部分，其中智能中枢是智能体的“大脑”和决策系统。交通智能体不但为交通行业解决方案提供了新思路，也将助力新基建与数字化转型。

青岛海信网络科技股份有限公司助理副总裁马晓龙对《智能交通“后建设”时

代的思考与创新应用》进行了解读。针对“后建设时代”的出行痛点——根源在于信息断链和能力不足，马晓龙介绍了大数据驱动的城市级交通拥堵智能控制系统、面向闭合路网全路径的网络绿波优化应用等典型场景解决方案。

八维通科技有限公司党委书记杨宏旭的报告题目是《面向 MaaS 的城市轨道交通智慧出行服务及生态开发——互联互通、聚合支付与用户权益经验分享》。杨宏旭结合人工智能、区块链、云计算、大数据、5G 等技术，从智慧乘客系统、智慧站务、智慧运维等角度，提出了智慧车站的整体解决方案，为轨道交通降本增效、数字化转型提供了有力支撑。

大会还发布了《中国自动驾驶产业发展报告》蓝皮书，组织 ITS 团体标准沙龙，邀请来自通信、公路、安全、汽车等领域专家共同探讨标准与产业发展。针对时下大家关注的汽车自动驾驶与交通安全、智慧公路建设、新基建赋能城市（群）发展、产业生态重构、城市交通靶向治理、“十四五”各交通领域发展方向等热点议题，大会组织 18 个专题论坛，从不同维度、不同领域展开深入广泛的交流和讨论，探索新时代智能交通发展的新途径。

本次大会，特别举办了 200 多场高水平演讲，征集了 180 余篇科技论文并出版大会科技论文集。中国智能交通年会以其权威性、专业性和前瞻性吸引了来自智能交通各领域的近 2 000 位行业人士，打造了跨界融合、协同创新的综合性互动交流平台，创新引领和推动我国智能交通行业进入新的时代。大会现场见图 12.1。

图 12.1　大会现场

第三届世界交通运输大会成都论坛

2020 年 11 月 9 至 10 日，由世界交通运输大会（WTC）执委会、中国公路学会联合相关单位举办的世界交通运输大会成都论坛在蓉城开幕。本次会议的主题为“智建新交通，协同新发展”，中国科协党组成员、书记处书记、大会执委会主席宋军，交通运输部总工程师、公路局局长汪洋，大会学术委员会主席、中国工程院院士、原铁道部部长傅志寰，成都市委常委、统战部部长吴凯等出席开幕式。国际道路联合会（International Road Federation，IRF）主席比尔·哈尔基亚斯，美国交通运输研究会（Transportation Research Board，TRB）主席尼尔·佩德森，“一带一路”国际交通联盟副主席、南非工程院院士詹姆斯·迈纳 3 位嘉宾通过视频分别致辞。出席会议的还有来自交通运输部运输服务司、科学研究院、中国交通建设股份有限公司、四川省科协、四川省交通运输厅、四川省交通投资集团、四川省铁路产业投资集团、成都市委、成都市科协、长安大学、西南交通大学、高德地图、中咨集团等大会组委会、执委会、学术委员会、学部委员会成员，以及来自产业界、企业界、高校及科研机构的嘉宾。大会由国际道路联合会（IRF）副主席、WTC 执委会秘书长、中国公路学会副理事长兼秘书长刘文杰主持。

大会支持单位和协办单位的嘉宾，国际组织的代表和 10 余位国内外院士，以及国内外交通主管部门、高校、科研机构、企事业单位的 1 500 多位代表出席会议。

世界交通运输大会已经走过了 3 个春秋。2020 年的世界交通运输大会成都论坛分为两个阶段，从 11 月 8 日至 10 日举行线上线下同步的交流活动；从 11 日到 15 日举行 WTC 线上活动周。大会总计有 23 个线下平行论坛，100 多个线上学术论坛和 9 个专题活动，1 200 多位国内外学者将发布学术报告。WTC 的学术价值和聚合效应将为中国与世界交通运输的发展，发挥历史性的作用。

宋军在致辞中表示，交通改变世界，创新引领未来。党的十九届五中全会把科技创新摆在现代化建设全局的核心位置，把自立自强作为国家发展的战略支撑。交通运输领域是科技创新的先行领域和重点领域，自 2017 年以来，世界交通运输大会为政、产、学、研、用提供了一个创新引领和创新实践的国际交流平台，呈现出覆盖面广、影响力大、实效显著、国际化元素突出等特点，构建了一个在现代交通理念推动下的跨界融合、协同发展的新生态。2020 年，受突如其来的新冠肺炎疫情影响，世界交通运输大会未能如期在北京举行并首次落户成都，这是服务地方交通发展、服务国内外双循环相互促进的新发展格局的有益尝试。中国科协及其所属学会愿意以更加开放的姿态，加强与各国开展更广泛的合作，携手推进交通运输产业迈向数字化、网络化、智能化的绿色可持续发展之路。

汪洋首先代表交通运输部对成都论坛的召开表示热烈祝贺。他表示，经济社会发展交通运输先行，站在新时代、新坐标上，推动交通运输高质量发展取得了历史性成就，书写了不平凡的篇章：新改建农村公路 140 万千米，成功实现了具备条件的乡镇和建制村通硬化路、通客车，为打赢脱贫攻坚战，全面建成小康社会当好先行；率先建成了世界上运营里程第一的高速铁路和高速公路网，中国交通运输跑出了加速度；扎实推进“一带一路”建设，稳步开行中欧班列，有力支持了全球抗疫；港珠澳大桥、大兴国际机场、洋山港码头等一批超级工程享誉中外；川藏铁路、深中通道、西部陆海新通道等一批重大项目引领中国交通运输走向新的腾飞；C919 大飞机等关键技术装备为中国制造擦亮了品牌。同时，人工智能、北斗导航、大数据、区块链等新技术在各个领域落地开花。这些成果不仅保障了中国经济发展，也必将引领未来，造福世界。世界交通运输大会聚焦于展示交通运输领域科技创新成果，推动学术交流和技术合作，是交通运输创新发展的重要载体，希望各位来宾秉持融合共享的理念，加强交流沟通，深化共赢合作，凝聚创新力量。

高德地图总裁刘振飞说，作为科技企业，高德地图始终保持对交通运输行业技术创新的关注和实践，通过世界交通运输大会这个平台，与政府部门、科研机构、企业同人共同研究探索，为共建安全、绿色、高效、便捷的现代化交通运输体系，满足人民群众对美好生活的向往做出积极贡献。高德地图从基础设施、交通装备、运输服务、交通体系治理等各方面出发，创造更多便利优质的服务，以用户需求为核心，以做好“一张活地图”为目的，应对科学技术、工程产业的新一轮大规模变革。

在长安大学校长、大会学部委员会主席沙爱民主持的开幕式主旨报告环节中，中国工程院院士、中国铁道学会理事长卢春房，中国工程院外籍院士、德国国家科学与工程院前院长孔翰宁（Henning Kagermann），中国工程院院士杜彦良、陈湘生和西南交通大学首席教授、副校长何川分别就“高速铁路线站技术发展研究”“德国国家未来出行平台——整体分析方法”“中国超长隧道（洞）全断面掘进机成就与智能化发展展望”“智能汽车与智慧出行产业现状及发展趋势展望”“复杂艰险山区高速公路大规模隧道群建设及营运安全关键技术”主题，为交通运输行业和产业界分享科技创新的前沿观点和发展战略趋势。

世界交通运输大会成都论坛是 WTC 首次举办地方论坛，这是对高层次学术交流与服务地方交通发展相结合进行的一次有益探索。大会围绕交通强国实践、新基建、成渝双城经济圈交通协同发展、智能建造、安全防控、区块链、大跨径桥梁、山区隧道安全、“一带一路”倡议、多式联运、轨道交通、城市交通等行业未来发展趋势、重点领域创新发展、重大前瞻性技术等组织论坛、设置议题，体现了交通运输发展的新成果、新方向和新趋势，同时也体现了地方交通运输发展的新思路、新特点和新需求。

与世界交通运输大会成都论坛同期开幕的还有交通科技博览会，本届博览会集中展示了大数据应用、自动驾驶与车路协同、智慧工程、智能管理、智能建造及新型系统、装备、材料、方案等内容。高德地图、中国移动、苏交科、三一重工、中国银行、中交第一公路勘察设计院、安徽中益、上海圭目等企业分别展示了最新技术、材料及工程实例等。

2020 年 11 月 11 日至 15 日的世界交通运输大会线上活动周，围绕行业前沿及热点领域，在线举办公路工程、桥梁工程、隧道工程、交通工程、运输规划、水上运输、轨道交通、航空运输、交叉学科 9 个专业领域的 60 多场高端论坛。同时还包含名师讲堂、技术推广、焦点轮播等内容，在一周时间内充分展示学术界、产业界等最新学术及技术成果，为参会者提供更丰富的内容选择。世界交通运输大会成都论坛现场如图 12.2 所示。

图 12.2　世界交通运输大会成都论坛现场

2020年中国城市交通规划年会

2020年12月4日，由中国城市规划学会城市交通规划学术委员会主办、中国城市规划设计研究院承办的“2020中国城市交通规划年会”在中国城市规划设计研究院圆满召开。中国城市交通规划年会是国内城市交通领域最具影响力的学术盛会之一，每年举办一次，2020年也是第33届年会。会议采取线上线下相结合的方式。线下会议参会人员主要为学委会委员、专家团队和行业主要单位代表，约170人。会议全程直播，视频和图片直播观看达1.7万人次。

中国城市规划学会副理事长张泉和中国城市规划设计研究院院长王凯为大会致辞。张泉副理事长强调，树立高质量发展目标，以人民为中心，对城市交通行业发展提出了新要求。王凯院长提出要将城市的高质量发展作为工作主线，把韧性城市交通融入韧性城市系统，关注精细化服务，注重新技术应用。他特别提及了中国城市规划设计院向社会发布的《2020全国主要城市通勤监测报告》及本次年会发布的《全国主要城市通勤监测报告通勤时耗增刊》，报告提到我国主要城市有1 000万人的单程通勤时长超过60分钟，呼吁业内同人在规划工作中要落实以人民为中心的发展思想，切实解决老百姓（城市居民）的出行需求，在城镇化“下半场”做出更接地气、更接人气的城市交通规划。

本届年会主题为“交通治理与空间重塑”，旨在共同探讨在国家交通强国发展新要求、国土空间管制体系变化和突发公共卫生事件常态化等新背景下，城市交通规划与交通治理如何适应时代而变革。围绕大会主题，共组织三大板块内容并展开精彩的学术交流研讨。

主题报告由北京交通发展研究院院长郭继孚主持，共有4位嘉宾发表主题演讲，11位嘉宾参与对话讨论，内容涉及城市交通智能管控，北京、重庆等城市综合交通治理实践，“后疫情时代”的交通治理与空间重塑等内容。

公安部道路交通安全研究中心主任王长君做了题为《“十四五”城市交通智能管控发展应关注的几个问题》的主题报告，指出城市交通智能管控在畅通、安全、效率等方面仍然面临严峻形势，存在一些突出问题。结合道路交通系统对智能管控的需求以及高新技术的发展趋势，全面翔实地介绍了实时交通信息采集、科学合理的时空交通组织与智能管控和主动诱导的整合优化、系统深入的交通文明意识提升、稳步提升交通智能管控层级等内容。

北京市交通委员会研究室副主任冯陶做了题为《北京城市交通治理创新实践与展望》的主题报告，介绍北京通过优化公共交通供给、培育绿色出行文化，加强需求均衡调控、培育预约出行文化，强化交通秩序治理、培育文明出行文化等三方面的交通治理经验。同时提到，新冠肺炎疫情对城市公共交通在安全性、便捷性方面提出更高要求，北京市成功应对为今后交通可持续发展探索了路径。进一步提出北京市将面向“十四五”，进一步转型升级，从交通先行、以人为本和科技引领的角度系统谋划北京交通发展新思路。

重庆市交通规划研究院副院长周涛做了题为《智慧+治理的重庆实践——以轨道站步行可达性提升为例》的主题报告，分享了近几年重庆市以提升轨道交通出行品质为目标，以大数据为支撑，在轨道交通车站步行可达性提升、轨道交通与公共汽车换乘整体提升方面进行的积极探索和实践。重庆市基于交通综合信息平台，开发步行可达性评估算法，建立轨道交通与公共汽车换乘的综合数据库，逐一查找现状在 168 个轨道交通车站步行可达性，以及与公共汽车换乘存在的问题，并提出优化策略和可实施方案。

广州市城市规划勘测设计研究院院长邓兴栋做了题为《可持续城市降温下的广州空间重构和交通治理》的主题报告，作为世界银行“中国可持续发展城市降温项目”首个试点城市，广州市在可持续城市降温方面进行了多领域的探索与实践。在国土空间大背景下，通过优化“三区三线”、修复蓝绿空间、推动城市更新、建设韧性城市等实现广州生产生活空间格局的重构。通过重构人车关系和优化空间品质，以街道空间改造为抓手，不断提升以人为核心的街区出行体验，建设更高品质的人居环境，引导绿色出行。提出建立“以人为核心”的精准量化决策支持平台，不断丰富和完善新城市科学体系。

上午大会最后一项议程是针对后疫情时代的交通治理与空间重塑话题，邀请杨东援、王炜、钱林波、邹哲、陈必壮、林群、赵一新、殷广涛、孙永海、马小毅、张晓东共 11 位业内专家进行深入对话与交流探讨。“后疫情时代”城市交通规划需要思考如何适应时代而变革。“后疫情时代”综合交通治理和空间重塑应当充分考虑国土空间管制体系变化、国家交通强国发展新要求和防灾、应急救援及突发公共卫生事件常态化等新背景，同时应当充分考虑新时代综合交通发展理念、发展目标、发展策略和发展路径的高质量发展新要求，更加关注低碳发展、安全发展、效率发展、集约发展和经济发展，更加关注人和物的全出行链、全过程的绿色、安全、高效、便捷和经济，更加关注综合交通体系服务的多样性、可靠性和韧性。

第一项议程是 2020 年年会优秀论文宣讲，由天津市城市规划设计研究总院有限公司总工程师邹哲主持，共有 5 位作者发表学术演讲，内容涉及预约出行、街道规划设计、停车、自行车通勤、路网运行监测等方面。

第二项议程是杨东援交通学科优秀论文宣讲，由中国城市规划设计研究院城市交通研究分院院长赵一新主持，共有 5 位作者发表学术演讲，内容涉及交通治理与空间重塑的多项优秀研究成果。

最后，城市交通规划学委会主任委员马林对大会进行总结。他指出当前我们面临社会经济转型发展、新交通业态不断涌现、公众出行品质需求提升等发展环境变化，给交通治理提出了新要求和使命。同时新的信息技术、控制技术、智能感知技术等又为交通治理提供了新的方法和手段，我们要深入挖掘传统技术方法难以做到的全局性、系统性、个性化的交通演化规律，运用大数据手段深入辨析交通与城市复杂要素的互动关系，使交通治理从传统的技术层面进化到社会和技术交融互动的层面。既要适应交通出行的要求，更要满足人们多样化需求对复合空间的需求。

本次年会共收到学术论文投稿 364 篇，录用 231 篇，其中 18 篇被评为优秀论文。电子书《交通治理与空间重塑——2020 年中国城市交通规划年会论文集》已在中国建筑工业出版社正式出版。此外，大会还为 2020 年“杨东援交通学科优秀论文”评选获奖者举行了颁奖仪式。本次论文评选由杨东援交通学科教育基金（会）联合中国城市规划学会城市交通规划学术委员会共同组织开展，共评出二等奖 3 篇，三等奖 6 篇，提名奖 15 篇，一等奖空缺。

自 1979 年学委会前身大城市交通规划学组成立 40 年来，在老中青三代同行的共同培育下，“中国城市交通规划年会”正逐渐成长为我国城市交通领域学术思想最为活跃、最具广泛影响的跨学科学术峰会。年会凝聚了覆盖广泛、立足实践、勇于创新的学术群体，累计录用学术论文 3 300 余篇，成为传播新理念、新方法、新技术的重要学术平台，有力地促进了城市交通领域基础科学研究、多学科交叉融合和创新实践。2020 年中国城市交通规划年会现场如图 12.3 所示。

图 12.3　2020 年中国城市交通规划年会现场

2020 世界智能网联汽车大会

2020 年 11 月 11 日至 13 日，我国智能网联汽车行业最高规格的国际交流平台——2020 世界智能网联汽车大会（WICV 2020）在中国国际展览中心（新馆）隆重召开。大会旨在打造全球智能网联汽车领域内规模最大、级别最高、影响力最大的世界级平台，持续引领全球汽车产业发展趋势，全面开启智能网联汽车产业发展的新征程。

本届大会由北京市人民政府、工业和信息化部、公安部、交通运输部、中国科学技术协会共同主办，以“智能新时代 车联新生活”为主题，围绕政策法规与标准体系、计算平台与信息安全、自动驾驶与商用创新、新基建与车路协同等主题，打造“线下+云”双平台展览模式，设立了整车、关键零部件、5G 车联网与智能交通等主题展区，并推出自动驾驶演示体验活动。

开幕式由北京市委常委、副市长殷勇主持，北京市委副书记、市长陈吉宁，工业和信息化部部长肖亚庆，中国科协党组书记、常务副主席、书记处第一书记怀进鹏，公安部党委委员、副部长刘钊，交通运输部党组成员、副部长刘小明，国际电信联盟（ITU）秘书长赵厚麟到场并分别致辞，由中央政治局委员、北京市委书记蔡奇宣布大会开幕。

大会论坛还聚集了国内外政要、海外权威专家、重量级企业代表及行业大咖，共同探讨全球汽车产业新生态与技术创新版图重构，实现信息共享，增强行业认同，促进跨领域多层次合作与交流。

会上，清华大学教授、国家智能网联汽车创新中心首席科学家李克强主持发布了《智能网联汽车技术路线图 2.0》，支撑构建了中国智能网联汽车产业技术发展体系。近年来，智能网联汽车产业更新发展较快，智能化、网联化相融合的发展路径已成为国际广泛共识，涌现出许多技术新特征、新趋势。

此外，国务院常务会议审议通过《新能源汽车产业发展规划（2021—2035 年）》，提出推动电动化与网联化、智能化技术互融协同发展。2020 年 2 月，发展改革委、工信部、公安部、交通运输部等 11 个部门联合印发《智能汽车创新发展战略》，从国家高度将智能网联汽车确定为汽车强国的战略选择，为智能网联汽车的发展给出了明确的政策导向。

世界智能网联汽车大会的召开，不仅顺应新一轮科技革命和产业变革趋势，更进一步贯彻落实战略部署，抢抓产业发展战略机遇，满足全球智能网联汽车产业跨界交流、协同创新、示范应用的迫切需求。2020 世界智能网联汽车大会现场如图 12.4 所示。

图 12.4　2020 世界智能网联汽车大会现场

第十三章

科技奖励

2020年国家科学技术奖（智能交通领域获奖项目）

技术发明奖

二等奖

铁路轨道用高锰钢抗超高应力疲劳和磨损技术及应用

主要完成单位：燕山大学、中铁山桥集团有限公司

主要完成人：张福成、鹿广清、吕博、陈晨、杨志南、汤铁兵

科技进步奖

二等奖

1. 高性能电动汽车动力系统关键技术及产业化

主要完成单位：比亚迪股份有限公司、北京航空航天大学

主要完成人：廉玉波、凌和平、吴海平、鲁志佩、刘长久、杜智勇、曹耀光、何龙、陈刚、杨广明

2. 道路与桥梁多源协同智能检测技术与装备开发

主要完成单位：长安大学、徐州徐工随车起重机有限公司、招商局重庆交通科研设计院有限公司、陕西高速公路工程试验检测有限公司、陕西省交通建设集团公司、西安长大公路工程检测中心

主要完成人：赵祥模、马建、贺拴海、程磊、宋宏勋、赵煜、宋焕生、袁卓亚、黄福伟、张建

3. 轨道交通大型工程机械施工安全关键技术及应用

主要完成单位：石家庄铁道大学、中铁工程装备集团有限公司、秦皇岛天业通联重工科技有限公司、中国铁建大桥工程局集团有限公司、中铁一局集团城市轨道交通工程有限公司

主要完成人：杨绍普、郭京波、潘存治、郭文武、卓普周、王金祥、纪尊众、王江卡、郝如江、魏福祥

2020年中国智能交通协会科学技术奖

一等奖

1．城市停车智慧调控与精准服务关键技术及集成应用

主要完成单位：深圳市城市交通规划设计研究中心股份有限公司、深圳市捷顺科技实业股份有限公司、北京精英路通科技有限公司、深圳市道路交通管理事务中心

主要完成人：张晓春、吕国林、邵源、唐健、贾赞星、孙巍巍、孙超、田锋、陈振武、周子益、刘恒、刘超洋、韩广广、刘远生、张凯

2．机场智能运行与协同决策系统关键技术研究及应用推广

主要完成单位：中国民用航空总局第二研究所、民航成都信息技术有限公司、民航成都电子技术有限责任公司

主要完成人：罗谦、程华、毛健、张扬、李建斌、倪佳、党婉丽、潘野、郁二改、董彦成、刘韬、张腾、梅刚、张恂、卿波

3．智慧高速公路技术体系构建及应用

主要完成单位：交通运输部公路科学研究所、浙江省交通规划设计研究院有限公司、北京理工大学、浙江公路水运工程咨询有限责任公司

主要完成人：岑晏青、宋向辉、王东柱、孙玲、崔优凯、夏元清、徐爱军、李亚檬、侯德藻、刘楠、方健红、卢立阳、周义程、杨凤满、闫策

4．基于用户位置的定制化公路交通信息服务成套技术及应用

主要完成单位：北京中交国通智能交通系统技术有限公司、交通运输部公路科学研究所、浙江大学、杭州都市高速公路有限公司、湖北汽车工业学院、北京广讯通科技有限责任公司

主要完成人：孟春雷、蔡蕾、王伟力、董亚波、王新科、陈宇峰、吴向阳、王琰、杨霏、郝亮、向郑涛、高剑、石胜华、张纪升、王艺新

二等奖

1．基于C-V2X车路协同的交通信号控制与优化关键技术及应用

主要完成单位：北方工业大学、大唐高鸿数据网络技术股份有限公司、滴滴智

慧交通科技有限公司、迈锐数据（北京）有限公司

主要完成人：王力、胡金玲、王庞伟、孙伟力、张福生、张杰、刘向东、张名芳，郑剑峰、王冀川

2．国产民机运行故障事故数据库设计与开发

主要完成单位：中国民航科学技术研究院、中国航空综合技术研究所

主要完成人：陈新锋、黄荣顺、韦艺、徐明、李海军、李敬、路遥、王旭辉、苏多、万健

3．智能汽车驾驶场景数据采集与分析关键技术研究及应用

主要完成单位：中国汽车技术研究中心有限公司、中汽数据（天津）有限公司、天津大学

主要完成人：郑继虎、朱向雷、杜志彬、赵帅、王赞、陈超、宝鹤鹏、翟洋、周博林、张莹

4．大数据驱动下高速铁路调度集中系统可靠性关键技术及应用

主要完成单位：中国铁道科学研究院集团有限公司通信信号研究所、中国国家铁路集团有限公司铁路安全研究中心、国家铁路智能运输系统工程技术研究中心、北京华铁信息技术有限公司

主要完成人：王壮锋、王建英、黄康、杨洪权、高莺、秦宁、任禹谋、宋志丹、应志鹏、王振东

5．基于人-车-路智慧感知的交通运输主动安全防控体系技术研究及应用

主要完成单位：广州市交通运输局、广州交信投科技股份有限公司、中国科学院自动化研究所、东莞中国科学院云计算产业技术创新与育成中心

主要完成人：张孜、陈欢、吕宜生、彭聪、戴宇聪、叶佩军、黄钦炎、朱凤华、冯川、区磊海

6．面向精准治理的快速响应交通需求预测云模型技术及应用

主要完成单位：中国城市规划设计研究院、北京四维图新科技股份有限公司、莆田市自然资源局、青岛市公安局交通警察支队指挥中心

主要完成人：赵一新、伍速锋、曹晶峥、吴克寒、潘金春、阎冰、王芮、邱奉翠、郝媛、刘纯林

7．面向 MaaS 的城市轨道交通出行数据可信与智慧服务平台关键技术研发及应用

主要完成单位：八维通科技有限公司、同济大学、交通运输部科学研究院、浙

江大学、北京物资学院

主要完成人：杨宏旭、徐瑞华、邓水光、吴忠宜、丁毅、吴志周、余华琼、靳军、蔡正义、刘好德

8．北京轨道交通燕房线智能运维平台关键技术研究及应用

主要完成单位：北京市轨道交通运营管理有限公司、国电南瑞科技股份有限公司、北京和利时系统工程有限公司

主要完成人：韩志伟、李晓争、田宇、胡泓、张昆、李燕、熊辉、赵建宁、郭银龙、吴海燕

9．跨座式单轨交通轨道梁的智能设计和应用

主要完成单位：北京交通大学、中铁第五勘察设计院集团有限公司、中铁第四勘察设计院集团有限公司、中铁二院工程集团有限责任公司、中国铁路设计集团有限公司

主要完成人：朱尔玉、谌启发、林文泉、朱标、苏伟、罗章波、江荣丰、朱晓伟、温幸洋、陈浩

10．大数据支撑的交通规划智慧决策技术与粤港澳大湾区创新应用

主要完成单位：广州市交通规划研究院

主要完成人：景国胜、马小毅、宋程、刘明敏、江雪峰、刘新杰、金安、陈先龙、陈嘉超、丁晨滋

11．基于手机数据的交通活动特征精细化提取与仿真评估关键技术及系统应用

主要完成单位：西南交通大学、交通运输部科学研究院、重庆市交通规划研究院、长安大学、贵阳市交通委员会、贵阳市公安交通管理局、中国联合网络通信有限公司贵州省分公司

主要完成人：杨飞、刘好德、周涛、姚振兴、钟宇、吴海、廖强、吴杰、李香静、黄子芳

12．轨道交通车载储能与传动关键技术研究

主要完成单位：中车工业研究院有限公司、北京交通大学

主要完成人：龚明、张维戈、孙帮成、张言茹、齐洪峰、王轶欧、黄彧、李明高、刘昱、彭飞

13．基于众包感知与视频时空联动一体化关键技术研究与应用

主要完成单位：浩鲸云计算科技股份有限公司、北方工业大学、清华大学深圳

国际研究生院

主要完成人：刘小华、谭塈元、张凯、汤夕根、杨飚、杨常烨、郑国荣、黄建梅、赵顺晶、徐晓军

三等奖

1. 城市道路交通信号优化和运行管理技术及其规模化应用

主要完成单位：广东振业优控科技股份有限公司、清华大学、广州市公安局交通警察支队

主要完成人：陈宁宁、李瑞敏、万晴朗、程华镇、刘志勇、罗强、林科

2. 城市公共交通线网优化仿真系统

主要完成单位：南京市城市与交通规划设计研究院股份有限公司

主要完成人：程晓明、钱林波、李旭、周娇、孙俊、董莹、施敏

3. 智慧城市交通边缘融合一体化信息管控系统

主要完成单位：深圳市公安局交通警察支队交通科技处、深圳市博远科技创新发展有限公司、清华大学深圳国际研究生院

主要完成人：李强、张欣、陈博奎、郭倡敏、刘剑祥、宾佳欣、崔晓峰

4. 智能多杆合一与多模式管线探测的关键技术及应用示范

主要完成单位：上海山南勘测设计有限公司、上海市城市建设设计研究总院（集团）有限公司、同济大学、上海市城市综合管理事务中心（上海市地下管线监察事务中心）

主要完成人：顾小双、马斌、徐敏生、涂辉招、唐海雯、王秋兰、保丽霞

5. 基于人工智能示警动态稽查布控系统

主要完成单位：安徽文康科技有限公司

主要完成人：曾建勤、金庆江、徐秋红、柏龙灏、胡章青

6. 新技术环境下城市道路交通设施治理关键技术及应用

主要完成单位：深圳市综合交通运行指挥中心、深圳市城市交通规划研究中心股份有限公司、北京北大千方科技有限公司、浙江宇视科技有限公司

主要完成人：陈量、朱宇、李彬亮、郑晏群、丘建栋、庄立坚、刘健欣

7. 高速公路“一路三方”协同指挥调度关键技术及应用

主要完成单位：招商新智科技有限公司、北京工业大学

主要完成人：张威奕、吴大勇、李海舰、罗庆异、李宁财、冯德志、程丽

8．面向城市交通管理系统构建交通大脑的实战化技术研发和应用

主要完成单位：北京易华录信息技术股份有限公司

主要完成人：孙建宏、宋征、张琦、王保才、刘丰磊、吕佳润、杨涛

9．基于可视化雷达精准检测突发事件快速反应关键技术与应用

主要完成单位：南京慧尔视智能科技有限公司、芜湖市公安交通警察支队、南京航空航天大学

主要完成人：陈焰中、张军、张弓、胡文、姜荣军、陈俊德、顾丹丹

10．基于云边端架构的智慧路口交通管控关键技术及应用

主要完成单位：上海电科智能系统股份有限公司、同济大学、上海前端科技有限公司

主要完成人：赵怀柏、苏贵民、舒翔龙、暨育雄、赵益、朱毅、王雪雪

11．驾驶员潜在危险辨识能力评价技术体系研究与应用

主要完成单位：北京精英智通科技股份有限公司、交通运输部公路科学研究所

主要完成人：曾诚、吴初娜、曾文、孟兴凯、李会海、夏鸿文、刘连美

12．重大工程占道施工下的城市交通精细化组织与智能化管控技术及应用

主要完成单位：宁波工程学院、东软集团股份有限公司、宁波宁工交通工程设计咨询有限公司

主要完成人：杨仁法、郭璘、金鑫、张水潮、宛岩、张敏捷、周继彪

13．面向网络化运营的城市轨道交通行车调度指挥关键技术及应用

主要完成单位：中国铁道科学研究院集团有限公司通信信号研究所、重庆市轨道交通（集团）有限公司、北京华铁信息技术有限公司、国家铁路智能运输系统工程研究中心

主要完成人：张德明、乐梅、邢科家、张军、郜洪民、文成祥、李铮

14．基于云平台的轨道交通运营服务系统成套技术研究与应用

主要完成单位：中国铁道科学研究院集团有限公司电子计算技术研究所、北京经纬信息技术有限公司

主要完成人：林湛、汪晓臣、杜呈欣、孙同庆、黄志威、田源、王志飞

15. 空管雷达多协议转换设备国产化研究与应用

主要完成单位：中国民用航空华北地区空中交通管理局、民航空管设备技术装备发展有限公司、北京颐华拓天通信技术有限公司

主要完成人：李志远、蔡华华、傅航、李进、韩振年、戴葵、魏宝军

16. 航空公司安全保障能力评价方法研究

主要完成单位：中国民航科学技术研究院

主要完成人：陈艳秋、戎梅、朱玉斌、张元、刁琳、赵瑢、何珮

17. 民航空管多通道智能数据网关

主要完成单位：成都民航空管科技发展有限公司、中国民用航空总局第二研究所

主要完成人：刘志海、朱志强、刘国建、吕培培、李建、肖乐、蒲春林

2020年中国公路学会科学技术奖（智能交通领域获奖项目）

一等奖

1．“互联网+”物流新业态重大政策和监管模式研究及实践应用

主要完成单位：交通运输部科学研究院

主要完成人：萧赓、李彦林、董娜、张改平、刚红润、杨天军、冯淑贞、田春青、闫建朝、王硕、王亚楠、安然、华光、丁然、王肖文

2．我国城市轨道交通运营管理规制体系研究与设计

主要完成单位：交通运输部科学研究院、北京交通大学、广州市客运交通管理处

主要完成人：杨新征、冯旭杰、刘书浩、曾嘉、贾文峥、杨远舟、柏赟、王剑、李松峰、宋晓敏、王洋、胡雪霏、胡昊、刘悦、梁成

3．新时代交通强国建设战略体系和实施路径研究

主要完成单位：交通运输部

主要完成人：刘东、陈钟、左天立、李乾、高飞、邢虎松、孔哲、李俊鹏、李颖、聂向军、高爱颖、罗本成、熊琦、马骥、邬志华

4．山区复杂干线公路人车路协同理论与交通安全主动防控技术

主要完成单位：重庆交通大学、交通运输部公路科学研究所、交通运输部规划研究院、贵州省公路局、重庆市公路事务中心、四川省交通运输厅公路局、贵州省公路开发有限责任公司、贵州省铜仁公路管理局

主要完成人：刘唐志、徐进、吴京梅、唐伯明、张男、尚婷、高建平、秦明、唐苒然、邢茹茹、张亚、曾超、赵娜乐、于勇、徐修婷

5．综合客运枢纽协同设计及智慧运营关键技术

主要完成单位：深圳市城市交通规划设计研究中心股份有限公司、同济大学、中铁第四勘察设计院集团有限公司、华为技术有限公司、上海宝信软件股份有限公司、腾讯云计算（北京）有限责任公司

主要完成人：张晓春、杜豫川、陈振武、田锋、龙俊仁、林涛、杨宇星、金立、

黄波、周子益、成诚、许燕青、沈煜、李魁、周勇

6．面向视知觉的高速公路交通安全主动防控理论及应用

主要完成单位：武汉理工大学、湖北省宜昌至巴东高速公路建设指挥部、东南大学、广东省路桥建设发展有限公司、武汉工程大学、甘肃交建项目管理有限公司、贵州省公路局

主要完成人：朱顺应、刘兵、贾伟、王红、陈峻、丁乃侃、刘峰、罗昌宏、朱真才、夏晶、董钊、甘睿、曾明刚、肖文彬、蒋若曦

7．基于物联网的交通基础设施自供电智能传感关键技术及示范

主要完成单位：清华大学、北京科技大学、云南省公路科学技术研究院、同济大学、交通运输部公路科学研究所、昭通市高速公路开发投资有限公司、上海市城市建设设计研究总院（集团）有限公司、云南畅坦科技有限公司

主要完成人：魏亚、汪林兵、周彬、淡丹辉、路凯冀、李文龙、杨海露、叶周景、梁思明、黄斌、李宁、曹朋辉、闫兴非、杨碧宇、封基良

二等奖

1．国家综合运输服务能力及运行监测关键技术研究

主要完成单位：交通运输部规划研究院

主要完成人：李弢、魏永存、甘家华、刘勇凤、杜江涛、李云汉、刘佳昆、杨丁丁、陈波莅、金敬东

2．交通运输推进物流枢纽集群和网络体系建设的战略与政策研究

主要完成单位：交通运输部科学研究院

主要完成人：萧赓、李彦林、王娟、杨勇、王肖文、庞晓宇、白炜、孙东泉、张改平、李玮

3．智能网联环境下的道路交通协同控制关键技术研究与示范

主要完成单位：长沙理工大学、北京航空航天大学、北京百度网讯科技有限公司、武汉理工大学、河南高速公路发展有限责任公司、湖南湘江智能科技创新中心有限公司、长沙智能驾驶研究院有限公司

主要完成人：郝威、田大新、胡林、吕能超、易可夫、段续庭、吴伟、王杰、李焱、张广浩

4．山地城市道路交通协同管控关键技术研究与应用

主要完成单位：招商局重庆交通科研设计院有限公司、重庆市公安局交通管理

局、重庆交通大学、公安部交通管理科学研究所、重庆悦来投资集团有限公司、青岛海信网络科技股份有限公司、重庆市公路事务中心

主要完成人：韩直、陈晓利、邱红桐、蔡晓禹、陈维强、石键、刘玉印、朱湧、王少飞、俞山川

5. 多模式交通出行行为全息感知与一体化服务引导关键技术及应用

主要完成单位：北京工业大学、国家发展和改革委员会综合运输研究所、北京中交金卡科技有限公司、北京中交国通智能交通系统技术有限公司、北京市运输管理技术支持中心、高德软件有限公司、北京易华录信息技术股份有限公司

主要完成人：陈艳艳、贺正冰、程世东、张可、汪宏宇、孟春雷、翁剑成、宋延、童剑、宋程程

6. 基于全息感知的智慧公交车路协同管控关键技术及应用

主要完成单位：同济大学、上海电科智能系统股份有限公司、上海市城市建设设计研究总院（集团）有限公司、上海前端科技有限公司

主要完成人：暨育雄、李兴华、沈峰、保丽霞、杜豫川、周小鹏、沈煜、娄亭、王洧、张东海

7. 智慧高速公路协同技术与主动管控关键装备研发及集成应用

主要完成单位：交通运输部公路科学研究所、北京中交国通智能交通系统技术有限公司、交通运输部路网监测与应急处置中心、东南大学、河南高速公路发展有限责任公司、华中科技大学、江西省高速公路联网管理中心、北京公科飞达交通工程发展有限公司、上海华测导航技术股份有限公司、北京动视元科技有限公司

主要完成人：李斌、张纪升、陈智宏、孙晓亮、牛树云、张健、刘见平、张凡、沈国印、余绪金

三等奖

1. 特大城市公共交通运行指数构建及应用研究

主要完成单位：杭州市交通规划设计研究院

主要完成人：楼栋、钟璧樯、吴海卫、吴飞军、李震宇

2. 全国智慧路网云联感知与智能管控关键技术及应用

主要完成单位：交通运输部路网监测与应急处置中心、江苏交通控股有限公司、南京感动科技有限公司、北京市商汤科技开发有限公司、中科寒武纪科技股份有限公司

主要完成人：王松波、王刚、尹蔚峰、吴畏、徐哲

3．数据驱动的出行需求特征提取与多元化公交线网规划技术及应用研究

主要完成单位：交通运输部科学研究院、西南交通大学、北京交通大学、长安大学、济南市城市交通研究中心

主要完成人：吴洪洋、郭忠、赵海宾、尹志芳、杨飞

4．交通信息智能感知与路网主动管控关键技术及应用

主要完成单位：南京理工大学、中设设计集团股份有限公司、苏交科集团股份有限公司、江苏长天智远交通科技有限公司、南京莱斯信息技术股份有限公司

主要完成人：戚湧、王维锋、张伟斌、申明磊、周竹萍

2020年中国航海学会科学技术奖（智能交通领域获奖项目）

一等奖

1．集装箱港口智能化关键技术研发及应用

主要完成单位：招商局国际信息技术有限公司、大连理工大学、深圳海星港口发展有限公司

主要完成人：汪沛、刘彬、卢赞新、王维、沈卓明、王小杰、郭子坚、王文渊、彭云、姜影、尹鹏、刘骢、张毅、林敏、孙羽、那丹红、王一泓、杨玉林、齐岳、杨寰馨、戴晟、汪炼、代航、刘晖、宦团辉、关欣、梁春濮、周诗洋、王颂、段永伟

2．中国智能航运发展系统设计与成果应用

主要完成单位：交通运输部水运科学研究所、中国海事服务中心

主要完成人：张宝晨、史世武、张鹭、于巧婵、高惠君、李亚斌、文捷、周丹邹、云飞、王勇、程紫来、周鸿茂、魏洪斌、周昱城、耿雄飞

3．基于北斗和智能技术的航标管理系统与设备研发应用

主要完成单位：交通运输部南海航海保障中心、中国交通通信信息中心、深圳市闻迅数码科技有限公司、福建吉星智能科技股份有限公司、成都帝欣科技有限公司

主要完成人：洪四雄、杨有良、孙腾达、李辉、桑凌志、朱文韬、刘华松、赖擎青、王伟、郑祥鑫、林宗雄、李松松、史婧、郭伟、杨雪

4．散货港口智能绿色生态系统研发与应用

主要完成单位：神华黄骅港务有限责任公司、中交第一航务工程局有限公司中交一航局安装工程有限公司、中交第一航务工程勘察设计院有限公司、中交天津港湾工程研究院有限公司

主要完成人：刘林、潘伟、宋桂江、黄健仓、于建海、沈东、周合亭、乔朝起、汪大春、刘亮、胡艳、王鑫、刘洪宝、刘海龙、闫洪涛

二等奖

1．多功能北斗船载智能终端关键技术研究

主要完成单位：交通运输部水运科学研究所、长江三峡通航管理局、深圳华大北斗科技有限公司

主要完成人：史世武、陈冬元、安小刚、周红春、孙中亮、顾群、李林、侯国佼、程为平、童庆

2．智能船舶规范标准及应用研究

主要完成单位：中国船级社、中远海运集装箱运输有限公司、中国船舶重工集团公司第七一一研究所

主要完成人：孙峰、陈实、范志勤、孙武、蔡玉良、刘军朴、周航、贺辞、于淳、邓林义

3．内河航运绿色发展指标体系研究及技术应用

主要完成单位：交通运输部水运科学研究所、浙江省港航管理中心、江苏省交通运输厅港航事业发展中心、浙江省交通规划设计研究院有限公司、嘉兴市港航管理服务中心、嘉兴市世纪交通设计有限公司、海盐汇祥新型建材科技有限公司

主要完成人：李静、李庆祥、刘耿耿、蒋凯、田丽英、金国强、何建春、张矢舟、周亿迎、贾远明

4．多源数据融合下多港区复杂航道网络协同优化设计理论与实践

主要完成单位：中交水运规划设计院有限公司、大连理工大学

主要完成人：杨国平、商剑平、王文渊、刘晓玲、唐颖、郭子坚、刘春泽、王桃、禹化强、郭享

5．基于船岸智能通信的综合信息云平台开发应用

主要完成单位：中交通信大数据（上海）科技有限公司、中交航信（上海）科技有限公司

主要完成人：从伟、马军、宋亮、于冬军、梁海咏、胡俊权、周元峰、徐斌、蔡汛轩、张西屏

6．船舶大气污染物排放合规性判别与监测关键技术及系统研发

主要完成单位：交通运输部水运科学研究所、深圳睿境环保科技有限公司

主要完成人：王征、吴迅海、刘春玲、张卫、秦翠红、周云树、彭传圣、汪兴业、田玉军、刘正喜

三等奖

1．海上多模交互融合通信关键技术研究与应用

主要完成单位：交通运输部北海航海保障中心青岛通信中心、青岛恒天翼信息科技有限公司

主要完成人：董效鹏、王光峻、冯浩、张念华、孙进磊

2．基于北斗与物联网的LNG多式联运全程监控技术与设备研发应用

主要完成单位：中国交通通信信息中心、中海石油气电集团有限责任公司、中集安瑞科控股有限公司、北京航空航天大学、中交信捷科技有限公司

主要完成人：薛广月、王淑芳、金淑萍、杨东凯、丘永樑

2020年中国航空学会科学技术奖
（智能交通领域获奖项目）

一等奖

1. 高性能飞行器导航、制导与控制半实物仿真装备与试验环境

主要完成单位：北京航空航天大学、上海新跃联汇电子科技有限公司、北京控制与电子技术研究所、江西洪都航空工业集团有限责任公司六五〇所

主要完成人：焦宗夏、于启洋、刘晓超、王力、袁梅、扈宏杰、张坤、董韶鹏、李洋、赵龙飞、高蕾、葛薇、韩松杉、李志辉、尚耀星

二等奖

1. 通用航空运行调控关键技术及应用平台

主要完成单位：中国民航管理干部学院、北京航空航天大学、浙江建德通用航空研究院、北京瀚文智远信息技术有限公司

主要完成人：吕人力、管祥民、朱熙、杨蕤、应文、刘洋、刘菲、刘庆健、李伟、于一

2. 多传感器信息融合的无人机视觉目标检测与场景重建规划关键技术及应用

主要完成单位：南昌航空大学

主要完成人：张聪炫、陈昊、张矚熹、江少锋、李军华、黎明、邓颖

三等奖

1. 人机环复杂系统动力学仿真与飞行风险评估方法研究及验证

主要完成单位：空军工程大学、中国试飞员学院

主要完成人：徐浩军、李颖晖、丁团结、裴彬彬、张喆

2. 货运无人机飞行控制与管理系统

主要完成单位：中国航空工业集团公司西安飞行自动控制研究所

主要完成人：朱雪耀、彭永涛、吕全喜、杨国强、王跃萍、魏文领、鲍鑫、高翔、姜超、刘玮

2020年中国汽车工业科学技术奖（智能交通领域获奖项目）

特等奖

1. 智能网联汽车云控系统关键技术及应用

主要完成单位：清华大学、潍柴动力股份有限公司、北京嘀嘀无限科技发展有限公司、北京易华录信息技术股份有限公司、广州汽车集团股份有限公司、启迪云控（北京）科技有限公司

主要完成人：李克强、李升波、谭旭光、许庆、高博麟、张博、林拥军、尚进、李家文、王琛、郑剑峰、刘树青、张雄、王德成、孙伟力

一等奖

1. 路车智能融合感知与协同控制关键技术及应用

主要完成单位：北京航空航天大学、北京踏歌智行科技有限公司、北京经纬恒润科技有限公司、内蒙古北方重型汽车股份有限公司

主要完成人：王云鹏、余贵珍、杨世春、于海洋、李晨、郭海全

2. 汽车智能主被动安全一体化设计关键技术及产业化

主要完成单位：吉林大学、中国第一汽车集团有限公司、浙江亚太机电股份有限公司、重庆长安汽车股份有限公司

主要完成人：高振海、朱冰、赵健、刘斌、黄伟中、禹慧丽、何磊、张君媛、韩嘉懿、陈国迎、杜建宇、孙天骏、来恩铭、刘杰、张飞燕

二等奖

1. 无人车全线控通用平台设计与控制技术及应用

主要完成单位：北京理工大学、北京理工中云智车科技有限公司

主要完成人：倪俊、胡纪滨、李雪原、魏超、苑士华、关超文

2. 长安智能汽车平台关键技术研发及应用

主要完成单位：重庆长安汽车股份有限公司、清华大学、重庆大学、中国汽车工程研究院股份有限公司、北京地平线机器人技术研发有限公司

主要完成人：何举刚、易纲、郑四发、梁锋华、高锋、蔡春茂、鲁宇、边明远、

陈涛、孙琪

3．基于中国国情的车辆功能安全可控性开发及评测体系

主要完成单位：泛亚汽车技术中心有限公司、中国汽车技术研究中心有限公司、博世华域转向系统有限公司

主要完成人：尚世亮、童菲、李波、童洪剑、崔海峰、王兆、谢骋、沈建东、钟毅、杨春伟

4．智能网联汽车道路测试管理方案研究与应用

主要完成单位：中国汽车技术研究中心有限公司、国汽（北京）智能网联汽车研究院有限公司、中国汽车工程研究院股份有限公司、中国汽车工业协会

主要完成人：冯屹、王兆、孙航、公维洁、李晓晖、滕添益、秦孔建、解瀚光、赵静炜、刘建行

三等奖

1．高效节能混合动力发动机技术及系统研发与应用

主要完成单位：比亚迪汽车工业有限公司、清华大学、华南农业大学、东北大学

主要完成人：杨冬生、罗红斌、陆国祥、李雁飞、吴伟斌

2．新能源汽车整车性能测试评价技术研究与应用

主要完成单位：中国汽车技术研究中心有限公司

主要完成人：周华、周博雅、王伟、丁一夫、秦孔建

2020 年中国铁道学会科学技术奖（智能交通领域获奖项目）

特等奖

1．分布式智能机车制动系统研制与应用

主要完成单位：北京纵横机电科技有限公司、中国铁道科学研究院集团有限公司、铁科纵横（天津）科技发展有限公司、中车株洲电力机车有限公司、中车青岛四方车辆研究所有限公司

主要完成人：林晖、钱铭、张大勇、王军、李学峰、张启平、王强、池海、查广军、闫志强、孙铭、方长征、叶柏洪、宁友波、王志、黄成荣、范宇、王令军、吴仁恩、张涛、高宁、生春林、金荦、李菲、修少鹏、王纪文、王位、何鹏、曲天威、李炜、张云廷、王建彪、张培峰、史峰宝、孙大海、任宇杰、吕枭、刘杰、仲怀清、仝雷

2．中铁信云计算平台解决方案及应用

主要完成单位：中国铁路信息科技集团有限公司、中铁信弘远（北京）软件科技有限责任公司

主要完成人：罗晴、高明星、张文塔、熊杰、颜昌盛、向晟、刘忠东、王晓莉、李广谦、刘洋、胡小宁、刘宇、饶伟、刘鹏举、冀宏韬、刘亮、海洋、屈永康、马腾、李刚、陈朋、刘佳、李晓明、路伟康、孙寒、王景艳、季宏志、杜雅红、王敏红、周泠泽、李桢、尹乔、郭刚、刘忏、荣乐、王赛、王智远、岳阳、马修兵、张文波

一等奖

1．无线调车机车信号和监控系统关键技术研究及应用

主要完成单位：中国铁道科学研究院集团有限公司

主要完成人：覃燕、祝建平、冯军、谢博才、杨华昌、栾德杰、张亮、韩波、唐汇东、任建忠、任宛星、赵阳、程君、王浩然、张弘志、尚麟宇、李继东、尹德胜、陈尚彬、曹天睿、曹子昱、刘靖远、马金鑫、王新勇、赵小军

2．铁路局运输安全大数据关键技术研究及应用

主要完成单位：中国铁道科学研究院集团有限公司、中国铁路太原局集团有限

公司、北京经纬信息技术有限公司

主要完成人：马建军、李平、张军、马小宁、朱建生、刘军、杨锋、荆伟、刘敏、邵赛、李鑫、苏尔慈、孙思齐、马志强、吴艳华、刘彦军、闫占强、王普、魏长水、史维峰、郭悦、杨连报、薛蕊、刘庆猛、张航

二等奖

1．轨道一体化检测设备的研制

主要完成单位：中国铁路北京局集团有限公司、路仁电子科技河北有限公司

主要完成人：孟军龙、王健、贺涌涛、刘晓峰、李玮利、刘飞剑、刘宏江、王光辉、刘涛、陈福宾、李学聪、程清玉、张扬、郭军保

2．高速铁路行车调度综合仿真关键技术及工程化应用

主要完成单位：中国铁道科学研究院集团有限公司、北京交通大学、北京道迩科技有限公司、北京华铁信息技术有限公司

主要完成人：张涛、靳俊、应志鹏、王洪伟、乐逸祥、陈海峰、刘勇、赵宏涛、秦宁、苗长俊、王振东、周晓昭、丁舒忻、刘黎、曾壹、张海峰、蔡涛、杨涛、曹桢、王守韦

3．机车智慧结构健康监测与故障诊断关键技术及应用

主要完成单位：北京交通大学、北京轩宇空间科技有限公司、北京工业大学、江苏必得科技股份有限公司

主要完成人：蔡国强、贺宏宇、崔光伟、王恺、张烨、黄永巍、梁柯欣、于彦良、尹逊和、崔星、王斌、许玉清、牛志军、丁胜、刘立祥

三等奖

1．基于虚拟现实三维互动技术调度指挥实训考核系统

主要完成单位：中国铁路郑州局集团有限公司、厦门凤凰创壹软件有限公司、北京道迩科技有限公司

主要完成人：陈杰、王忻、苗长俊、荆晓明、王明志、李梦羽、蔡世东、潘亦江、王全才、俞洪、乔灿立、王保全、梁显恩、林庆平、麻雁

2．区域一体化城际铁路运营管理关键技术研究及应用

主要完成单位：中国铁道科学研究院集团有限公司、京津冀城际铁路投资有限公司

主要完成人：张巍、苗子簃、孙雪飞、程文毅、游艳雯、鲍晶晶、陈青云、豆甜甜、张楷唯、孔令洋、曾祥、李珂、张宇、傅赟、张定琼

2020年中国华夏建设科学技术奖
（智能交通领域获奖项目）

一等奖

1. 基于大数据的城市交通态势推演与综合评估关键技术及应用

主要完成单位：深圳市城市交通规划设计研究中心股份有限公司、中国城市规划设计研究院、中山大学、同济大学、腾讯云计算（北京）有限责任公司

主要完成人：张晓春、林涛、陈振武、丘建栋、蔡铭、周勇、李健、伍速锋、周子益、李锋、关金平、刘永红、梁晨、段仲渊、许燕青

2. 基于云服务的轨道交通建设风险管控关键技术及应用

主要完成单位：同济大学、南宁轨道交通集团有限责任公司、上海轨道交通申松线发展有限公司、上海会米策信息科技有限公司、上海公路桥梁（集团）有限公司、上海同筑信息科技有限公司、上海黄浦江大桥建设有限公司

主要完成人：谢雄耀、周彪、胡群芳、孙会良、陶利、王强、尹仕友、朱文杰、奚巍、盛应平、钟有信、张明海、石磊、朱童、翁儒鸿

二等奖

1. 城市轨道交通规划选线辅助决策及监测应用研究

主要完成单位：广州市城市规划勘测设计研究院、广州地铁设计研究院股份有限公司

主要完成人：邓兴栋、刘洋、刘成军、秦亮军、柏文锋、何华贵、张庆华、闵星、郭亮、祁芳、张郁、余锐

2. 轨道交通智慧、节能、建造关键技术研究与应用

主要完成单位：广州地铁设计研究院股份有限公司

主要完成人：林珊、农兴中、王建、史海欧、陈惠嫦、阮莹、张悦、陈柏谦、赵美君、邓树、张立杰、梅沈斌

三等奖

1. 面向智慧交通的路网动态出行需求实时估计与应用关键技术

主要完成单位：北京建筑大学、清华大学、北京市运输管理技术支持中心

主要完成人：焦朋朋、李瑞敏、张可、孙煦、刘侃、王金锁、董玉强、刘志勇

2．城市公共交通线网优化仿真系统

主要完成单位：南京市城市与交通规划设计研究院股份有限公司
主要完成人：程晓明、杨涛、钱林波、李旭、周娇、孙俊、董莹、施敏

2020 年中国交通运输协会科学技术奖
（智能交通领域获奖项目）

特等奖

1. 高速列车被动安全系统关键技术及应用

主要完成单位：中车青岛四方机车车辆股份有限公司、中国铁道科学研究院集团有限公司、中南大学、西南交通大学、中车长春轨道客车股份有限公司、中车工业研究院有限公司、中车唐山机车车辆有限公司

主要完成人：王军、丁叁叁、李福、田爱琴、陈大伟、田洪雷、赵士忠、李刚、张志强、李宁、许平、阳光武、车全伟、于洋洋、刘彬、王晖、张永贵、白夜、田寅、彭勇、朱涛、张义超、齐洪峰、李本怀、高峰

一等奖

1. 基于云端数据驱动的智能城轨网络化运营调度指挥关键技术及应用

主要完成单位：中国铁道科学研究院集团有限公司、北京经纬信息技术有限公司

主要完成人：林湛、张铭、蔡宇晶、王石生、白丽、高凡、宣秀彬、杜呈欣、宋小贺、王智慧、钟建峰、吴卉、王观鹏、崔杰、殷雄

2. 基于多网融合的交通运输海陆空一体化应急指挥关键技术与应用

主要完成单位：中国交通通信信息中心、交通运输通信信息集团有限公司、中国电子科技集团公司第五十四研究所、中交信通（天津）科技有限公司、中交航信（上海）科技有限公司、上海赛连信息科技有限公司

主要完成人：林榕、万千、从伟、云泽雨、方飞、余跃、宋亮、杨海斌、苏晓莉、白刚、李龙跃、周馨、王莹、高中灵、赵威

3. 国家公路网“智慧监测”管理与技术体系顶层设计研究及示范应用

主要完成单位：北京交科公路勘察设计研究院有限公司、交通运输部路网监测与应急处置中心、招商新智科技有限公司、长安大学、南京感动科技有限公司、浙江沪杭甬高速公路股份有限公司

主要完成人：王松波、盛刚、李国瑞、何站稳、吴畏、靳引利、王珣、陈洁、郭笑天、董雷宏、刘见振、邓雯、丁文杰、王军、吴大勇

二等奖

1. 综合无人机、GIS、BIM 技术的道路设计技术

主要完成单位：中交公路规划设计院有限公司、江苏狄诺尼信息技术有限责任公司、南京大学

主要完成人：林国涛、孙增奎、张越峰、曾邵武、王晨涛、李智武、肖斌、马鑫程、胡修棉、杨学良

2. 铁路（城轨）综合监测检测系统

主要完成单位：中国铁路设计集团有限公司

主要完成人：杨云洋、刘成、张冠军、裴立军、康占龙、杨双旗、张云龙、谷洪业、洪江华、刘其振

3. 构建高速海量视频智慧云联网平台

主要完成单位：广州国交润万交通信息有限公司、交通运输部路网监测与应急处置中心、江西省高速公路联网管理中心、辽宁省高速公路运营管理有限责任公司、广东联合电子服务股份有限公司、江西省交通科学研究院

主要完成人：刘电、路芳、黄宜婕、郭晓峰、陈钊正、糜江、黄强、冯炳辉、樊公鹏、高照

4. 自主化轨道交通全自动运行系统

主要完成单位：卡斯柯信号有限公司

主要完成人：汪小勇、吕新军、胡荣华、常鸣、陈祥、徐海贵、冯虎、陈亮、周公建、冯玮

三等奖

1. 基于人工智能的公路路网管理与精准执法技术研究及应用

主要完成单位：华设设计集团股份有限公司、南京市公路事业发展中心、江苏省徐州市公路管理处、北京卓视智通科技有限责任公司、东南大学

主要完成人：申雷霄、刘云波、谢斌、吴柯维、郭建华、党倩、刘军、杨曼

2. 基于大数据及云平台的城市综合交通调查关键技术及应用

主要完成单位：北京城建设计发展集团股份有限公司、北京航空航天大学、北京交通大学

主要完成人：刘剑锋、王静、邓进、马晓磊、张源、李金海、杨冠华、刘海旭

第十四章

创新成果

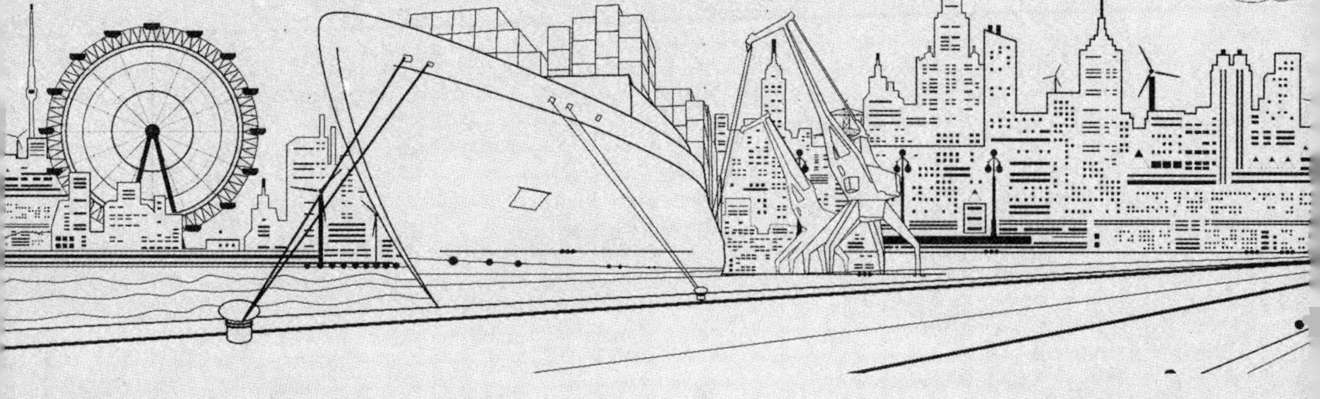

城市交通综合运行体征监测诊断技术与应用

一、完成单位

北京交通发展研究院、北京市停车管理事务中心、北京交研智慧科技有限公司。

二、成果简介

研究人员针对精细化、精准化的交通综合治理应用需求，依托交通行业数据及各种大数据资源，建立了一套涵盖城市交通主要出行方式的城市交通综合运行监测诊断技术体系。

在指标层面，构建不同出行方式的交通运行体征监测指标和计算方法，建立“以人为本”全面衡量城市交通运行效率和健康水平的城市交通综合评价指数；在数据工程层面，针对个体全时空出行轨迹还原和出行链识别难题，提出了基于互联网海量 LBS 和信令数据的高频有效定位数据蒸馏（萃取）技术和通勤出行链辨识算法，建立通勤者视角 OD 全程交通出行评价模型；在诊断层面，提出了以交通需求、交通供给、交通管理三个维度对城市交通问题诊断与辨识的分析方法，对区域交通出行存在的问题进行成因分析；在应用层面，提出优化治理建议，开展应用示范，从而为政府和交通规划部门全面评估城市交通发展态势、正确诊断分析城市交通问题、精细化交通治理等提供支撑和服务。主要创新成果如下：

（1）提出涵盖城市交通主要出行方式的综合运行体征监测评价技术体系，分别建立了地面公交、轨道交通、小汽车、自行车、步行每种出行方式的交通运行体征评价指标和计算方法，以基础指标、特征指标、核心指标 3 个维度对每种出行方式的运行状态进行定量评价。

（2）提出两个综合交通指数计算方法。①以单位距离出行时间（BTI）为核心的覆盖人的出行全链条的交通综合出行时间指数，定量表征城市交通系统综合出行效率，用于交通综合治理和城市交通发展水平的监测，固定标尺，横向可比、纵向可评，支持市级、区级等部门交通综合治理评价考核等工作；②城市交通综合体检指数，覆盖人的出行的多角度感受，从快捷、可靠、舒适、畅通、安全五个维度全面衡量城市综合交通运行健康水平；综合时间指数与综合体检指数实现定量与定性评价相结合，用于全面评估城市交通发展态势、正确诊断分析城市交通问题，为精准交通治理等提供支撑和服务。

（3）提出了基于长时间大跨度数据的公交乘客分类甄别技术。通过对公交出行个体长时出行模式的追踪与分析，从海量公交出行大数据中提取出公交乘客的出行强度、出行时间、乘车偏好、日常兴趣点、通勤链路等出行行为特征数据，构建了基于改进 K-means 方法的公交乘客分类器，将公交出行乘客划分为老年乘客、通勤常乘客、通勤非常乘客、常乘客非通勤、其他 5 种类型，实现了从公交群体出行特征分析到公交个体出行特征挖掘的转变，支撑针对不同类别乘客提供不同服务模式需求，解决了以往公交大数据对公交乘客类别和出行规律把握不清晰，公交规划、管理和服务等工作缺乏针对性的问题。

（4）提出基于手机信令的出行个体路径还原技术。通过对个体出行路径的集成，重塑亚高频度时间切片（分钟级）下北京市道路网、轨道网通勤出行压力特征，实现了对北京市全方式通勤出行需求的画像还原与特征提取。建立了人口与交通拥堵相关关系分析技术方法，提出一套对人口活动进行量化评价的指标体系，支撑了京津冀城市群范围交通网络资源供需匹配分析与主要瓶颈压力点识别。

（5）基于海量的互联网 LBS 用户轨迹数据，识别影响交通运行的主成分要素通勤特征，面向通勤场景研发了基于个体的居住地和就业地识别、通勤高频率数据萃取、通勤出行方式甄别和出行路径还原的系列模型算法，为获取大样本高精度稳定通勤出行全链条数据提出了实用有效新路径，服务于“以人为本”的交通治理和交通出行服务。

（6）建立基于交通需求、交通供给、交通管理 3 个测评维度的区域拥堵问题诊断与成因分析技术方法。①提出融合拥堵时空发生频率的结构性拥堵节点、可优化堵点节点诊断方法；②建立基于互联网租赁自行车骑行、用地和职住平衡性等特征的轨道站点分级分类评价方法，并提出相应的秩序治理对策，为解决全市轨道站点高峰时段交通秩序治理提供支撑；③提出干线走廊沿线土地利用、服务需求与拥堵特征关联诊断方法；④建立基于移动视频的道路停车稽查和监测方法，在融合双摄像头识别车辆号牌和 ETC 识别的基础上，采用电子标签识别车位，为北京市道路停车电子收费稽查监测提供了一种新途径；⑤提出典型区域从土地利用、交通基础设施到人口活动再到交通运行以及交通拥堵的多重传导相关关系，搭建一套通过追本溯源，分析区域拥堵特征及原因的方法体系，为从根源上解决交通拥堵提供了可行路径和方法支撑。成果支撑了 2018 年以来北京市堵点乱点治理、通道走廊拥堵治理、慢行系统优化、停车整治以及重点区域综合治理的“点、线、面”多层次交通问题诊断分析和综合治理工作。

交通系统微观建模与仿真关键技术及应用

一、完成单位

同济大学、深圳市城市交通规划设计研究中心、上海济达交通科技有限公司。

二、成果简介

研究人员历经15年，依托20余项研究课题，以及与多家头部企业产学研合作，形成了复杂交通系统建模、仿真与创新应用技术体系。主要创新成果如下：

（1）高精度混合交通流平面仿真建模理论与方法。我国非机动车占比巨大且交通组成异质、各类交通主体交互复杂，混杂干扰行为频发，本项目针对传统“以机动车为主要对象，以车道为基本单元”的“一维”建模方法论不足，构建了高精度混合交通流“二维”平面仿真建模理论与方法。包括：①基于舒适空间理论建立异质非机动车交通流模型，实现了对多类型非机动车行为的高精度模拟；②提出推理网络模型，实现了单一单层交互到多主体多层交互行为建模的突破；③基于风险场理论实现机动车、非机动车、行人等36种混杂干扰行为模型构建，显著提高了混合交通流仿真建模精度。

（2）全要素大路网快速可信仿真技术。针对现有仿真系统简化对交通系统中“人”和“信息”要素描述的缺陷以及大路网仿真精度和效率的不足，本项目研发了全要素大路网快速可信仿真技术。包括：①基于百位驾驶人、300 万千米自然驾驶实验采集全要素参数，构建信息环境下通用驾驶人仿真模型，实现交通系统全要素紧耦合仿真；②提出宏微观一体化路径流量估计模型，实现了大路网高精度路径重构；③建立子域分解-负载平衡与最小化通讯-乐观策略时钟同步的大规模路网仿真策略，显著提升了大规模仿真效率和可信度。

（3）仿真创新应用生态体系构建。传统交通仿真系统主要用于交通运行评估的单机离线仿真，系统相对封闭，难以满足交通系统在线仿真、跨系统仿真等新业务需求。项目聚焦开放式仿真开发平台，突破在线仿真异构数据融合、跨系统时空同步、仿真优化多变量收敛等关键技术，建立了仿真创新应用生态体系，包括：①构建出行时空分布动态校核技术、基于可靠约束的大路网短时预测技术建立在线仿真通用架构；②借鉴高层体系HLA仿真思想，构建跨系统仿真通用框架RiVins，实现了交通仿真与7类跨系统仿真典型应用；③面向大路网仿真优化技术需求，以MFD为划分依据，构建了基于元模型的贝叶斯自适应搜索分层优化方法，实现信号控制、车道管理等5类管控策略协同优化。

面向全时域的智能汽车感知与定位增强关键技术及应用

一、完成单位

武汉理工大学、武汉大学、中国交通通信信息中心、重庆长安汽车股份有限公司。

二、成果简介

研究人员针对交通环境复杂导致感知系统性能下降、复杂环境下单一感知定位传感器不稳定、长时遮挡环境下卫星导航信号完全缺失等问题，利用多源传感器信息融合技术，通过理论研究、试验分析及测试应用等手段，对智能汽车感知与定位增强关键技术进行了研究。主要创新成果如下：

（1）针对远距离目标视觉特征模糊、基于视觉传感器的远距离感知困难等问题，提出了基于超分辨率的远距离小目标感知增强方法与基于卷积生成对抗网络的小样本增强识别方法，提升了远距离目标感知精度和车辆对复杂环境的适应度。

（2）针对卫星信号受到部分遮挡和折返射后，会造成定位传感器不稳定与单独依靠卫星定位终端进行定位，容易导致定位偏离或者定位信号不连续的难题，通过视觉标签和道路几何特征定位方法，提出了基于雷达辅助的智能车卫星导航增强方法和基于视觉地理标签的智能车辅助定位方法，实现了基于道路环境信息的智能车定位增强。

（3）针对智能车在长隧道、地下停车场这样的长时遮挡环境下或者车载卫星定位终端失效时，车辆将完全丢失卫星导航信号难题，设计了一套基于卫星信号实时仿真的隧道内北斗定位扩展方法，提出了一种基于路面特征的智能车融合感知定位方法，实现了卫星导航信号缺失下的智能车可靠定位。

大型机场旅客行李运输智能服务与协同管控关键技术研究与应用

一、完成单位

中国民用航空总局第二研究所、民航成都物流技术有限公司、清华大学深圳国际研究生院、重庆微标科技股份有限公司。

二、成果简介

研究人员围绕大型机场行李处理的核心技术装备“卡脖子”、复杂系统集成设计验证、行李全流程精准管控三大共性难题，历经 10 余年，研发了异构多样行李的高速输送与高效分拣、多约束庞大复杂系统的设计优化与仿真验证、不规则小间距时序行李的精准识别跟踪等多项关键技术，开发了成套技术装备，研制了行李系统设计验证平台和一体化行李管控平台，实现了机场行李智能协同管控，在保障机场运行，提升旅客服务质量方面发挥了作用。主要创新成果如下：

（1）提出了基于目的地编码托盘高速输送和基于翻盘式高效分拣的一体化技术，研制了系列装备，实现了大型机场行李高速输送与高效分拣，使输送速度提升至少 5 倍，分拣效率提升 3 倍以上。

（2）提出了面向大型机场多约束庞大复杂行李系统的设计验证方法，研制了基于海量数据和瓶颈理论的行李系统设计仿真验证平台，解决了复杂线路的路由冲突问题，项目技术及产品造价仅为国外同类产品的 60%，维护费用为国外同类产品的 10%，系统并发行李处理量得到提升。

（3）研究了面向行李处理全流程管控技术，研制了覆盖 12 个关键业务处理节点的自动感知系列产品，研制了一体化行李智能管控平台，实现了跨机场跨航司行李的智能协同管控，使系统差错率从万分之一降低至十万分之一以下。

大流量高速公路智能管控关键技术及应用

一、完成单位

招商新智科技有限公司、北京工业大学。

二、成果简介

研究人员以大流量高速公路交通运行安全顺畅为目标，以车流动态管控为核心，以高速公路全方位监测预警服务为支撑，以多渠道信息发布为手段，构建了高速公路大流量路段智能型综合运行管控、协调联动与信息服务体系，增强高速公路大流量路段运行管理、控制、诱导与风险防控能力，提升道路运行顺畅及安全水平。

成果重点围绕基于多源数据的高速公路实时状态感知与预警技术、面向多功能需求的高速公路智能管控技术、面向高速公路隧道全要素场景的智能管控技术开展研究，开发了大流量高速公路智能管控平台（简称“大流量智控平台”）。平台包括实时监测预警、管控决策支持、应急协调联动、隧道智能管控四大应用子系统。主要创新成果如下：

（1）基于多源数据的高速公路实时状态感知与预警技术。以道路交通系统组成要素为依据，从运行状态、道路状况和外部环境 3 个方面，分层级构建高速公路监测指标体系，划分了 5 个运行安全风险等级，从不同的角度提出了相应的高速公路交通安全改善对策。

通过构建 FCM 模型、向量机模型和负二项回归模型进行流量预警，综合运用 SAE（栈式自动编码器）算法和 LSTM（长短期记忆网络）算法的人工神经网络算法，进行高速公路短时流量预测。

（2）面向多功能需求的高速公路智能管控技术，针对可变限速系统、智能匝道控制系统、货车智能控制系统、收费站管控系统、货车限行系统、车道关闭系统和动态诱导系统 7 个子系统给出高速公路流量智能管控策略及算法，形成智能管控策略库，为构建大流量高速公路智能管控平台形成了策略基础。

开发了大流量高速公路智能管控平台。管控平台包含实时监测预警系统、管控决策支持系统及应急协调联动 3 个子系统。

基于AI视频大数据的复杂环境交通运输治理智能化技术研发及大规模应用

一、完成单位

广州市交通运输局、广州交信投科技股份有限公司、杭州海康威视数字技术股份有限公司、交通运输部科学研究院、交科院科技集团有限公司。

二、成果简介

项目在交通运输部交通运输行业重点科技项目、广州市科技局科技计划项目及公交站场站点视频系统智能化应用平台项目等的支撑下，在理论研究、设备研制、应用示范等方面取得了系列成果。面向交通运输治理构建了覆盖城市全域的AI视频综合应用体系；研究了基于深度学习的营运车辆视频结构化处理技术、基于知识图谱的营运车辆违规违章事件研判技术，研制了边缘云车载终端；建设了首个交通运输视频智能化综合分析平台——交通慧眼，为交通运输视频执法稽查、主动安全防控、智能管理服务等应用提供重要支撑。主要创新成果如下：

（1）率先将视频结构化处理技术大规模应用于交通运输营运车辆特征分析场景，研究面向营运车辆识别的视频结构化处理算法，支持营运车辆识别、行为状态分析等多种复杂场景的10类主要的营运车辆要素特征提取（包括：线路标识、线路牌、安全标识牌、危运标识、菱形标识牌、透气孔、押运员、顶灯、计价器、副驾有人），同时结合业务需要，支持其他18类特征识别（包括：4类一般车辆特征：车牌号码、车身颜色、车辆类型、车辆品牌；7类道路环境特征：进出站车辆监测、客流聚集监测、车道线、路面指示标志、道路障碍物、车流检测、行人识别；7类人员行为特征：人脸识别、闭眼、打哈欠、打电话、抽烟、未戴口罩、未系安全带），填补了交通运输营运车辆视频数据结构化处理特征分析空白；同时算法具备独立或并行运行机制，支持算法仓库和多算法调度，支持集群部署、动态扩容、负载均衡、故障转移等功能，提高了资源约束下视频结构化处理时效，增强了交通运输视频数据更多维度结构化信息提取能力。

（2）研究基于知识图谱的营运车辆多场景违规违章事件精准研判技术，在交通运输营运车辆视频结构化处理特征分析基础上，针对客运、危运、出租、公交等行业营运特性梳理异常营运行为特征，通过视频与交通大数据融合，基于知识图谱建立营运车辆违规违章事件研判方法及告警算法，解决了单纯依靠视频数据缺乏对照验证、营运车辆违规违章事件识别研判瓶颈问题，构建了视频+交通大数据融合应用支撑营运车辆执法的有效方式，实现了大客车非法营运、线路标识牌缺失、定位异常、禁行时段运行、黑名单车辆、危运标识牌缺失、普货涉嫌危运、危险品源头出没、未配押运员、危运不在线运营、危运定位缺失、危运定位偏移、出租载客不打表、套牌出租车、伪冒出租车、改装出租车、违章车辆进站、非公交车进站、私家车非法营运 19 类营运车辆违规违章事件告警，平均准确率 95.5%，平均检出率 96.9% 以上，非法营运、禁止时间运行、定位异常、线路标识牌缺失、违章车辆进站黑名单等违规违章识别准确率及检出率均达到 100%，有效支撑交通运输异常营运识别、事件追踪、智能检索取证等交通运输执法管理。

（3）研制营运车辆边缘云车载智能终端，搭载视频结构化处理算法、多源数据联动研判算法，将营运车辆多种终端、多源数据（含视频终端数据、CAN 数据、卫星定位等）结构化、标准化处理统一接入并实时通信，提高车端数据时效性与完整性，促进车端一体化及车路协同；具备前端识别分析功能，改变了传统的将车端视频数据直接传输至后台分析的方式，解决了以往车端数据难以短时结构化、车端业务研判时间滞后的问题，降低了车端通讯要求，同时也避免因信道不足导致的传输中断、延时等问题，实现了非编司机告警、疲劳驾驶告警、抽烟告警、拨打电话告警、长时不注视车辆前方告警、车辆碰撞预警、车道偏离告警、与周边行人距离过近告警、未戴口罩告警、车厢拥挤度过高告警 10 类营运车辆安全运营监控管理告警。

（4）构建面向交通运输治理的 AI 视频综合应用体系，涵盖技术、要素、行业、业务以及应用主体 3 个层级、4 个维度，解决了视频在交通运输领域的视频应用浅、数据复用难、业务适用性差等问题，实现了视频应用由“看得到”“简单识别”到交通运输营运车辆多种特征综合识别和交通大数据综合研判的转变；研发并应用全国首个巨量级交通运输视频智能化综合分析平台——交通慧眼，汇聚城市级海量数据资源，应用覆盖广州 12 万多辆营运车辆，全市全部交通主次干道以及 1 078 个重要站场站点，相关技术成果推广到北京、深圳、杭州、苏州、厦门、郑州等 30 多个城市，有效支撑交通运输科技执法、安全防控、运输组织服务等交通运输保障工作。

面向自动驾驶的交通场景数据标注平台关键技术研究及应用

一、完成单位

中汽研智能网联技术（天津）有限公司、中汽数据（天津）有限公司、天津大学。

二、成果简介

研究人员针对感知算法快速迭代需求，充分利用不断累积的大量丰富的多类型传感器数据，形成以小批量标注数据训练感知算法模型、以感知算法模型自动标注大规模数据的正负反馈闭合环路，建立完整的人机协同数据标注基础模型，在AlexNet、VGG、ResNet、GoogleNet 等深度学习基准模型上，快速搭建给定图像点云目标检测任务的可用模型，并评定算法自动标注性能，从算法预标注、算法迭代预标注及算法辅助标注的角度分别构建完整的可用于数据标注的实用平台，包括图片 2D 检测自动化标注平台、图片 2D 分割自动化标注平台。

此外，该成果 AI 平台还具备算法自由调用、快速大批量导入各类型数据、算法训练、标注数据可视化导出等先进、高级功能，真正地实现了人性化、流水化的目标识别、目标检测、目标追踪、语义分割等图像和点云的标注任务自动执行链条，为企业训练感知算法提供真实精确的数据输入。主要创新成果如下：

（1）工具：开发了一整套基于人机协同的自动化数据标注工具链，以及自动化标注前端平台体系，该平台体系包括图片 2D 自动化识别标注模型、自动化 2D 检测标注模型、自动化 2D 语义标注模型、自动化 2D 实例标注模型在内的人机协同的智能化数据标注平台。

（2）算法：自主研发了 4 类汽车数据智能标注机器学习模型：①为解决训练样本数据缺乏的问题，以 VGG-net 的 VGG19 层结构为 Backbone，研发了基于无标签和少标签的图片数据的主动学习自动标注技术；②为有效解决人工标注精确率低的问题，引入弱监督三元组训练策略，基于三元组排序损失（Triplet ranking loss）提出了一种基于深层鲁棒协方差表征的场景自动化标注技术；③为解决千万级别原始图像数据的标注问题，以 Fast-RCNN 为基础主干网络，提出一种基于深层结构化核表达（MSKP）神经网络的鲁棒目标自动化标注关键技术；④为解决人工标注工具链不成熟的行业问题，自主研发了面向语义实例级别（Instance segmentation）数据集的自动化弱监督深度学习技术。

（3）数据库：建立了 PB 级别的基于视频和图片的标注数据库：共标注百万级别

图片数据，面向多场景维度（高速公路场景、城市道路场景、停车场场景）、多天气维度（晴天、雨天、雾天）、多光照维度（黎明、上午、下午、黄昏、晚上）、多地域维度（一线城市、二线城市）。包括车辆行人标注数据、车道线标注数据、交通灯信号灯标注数据、交标识牌标注数据。

（4）标准：开发了一套可定制化的标注图片数据输出格式和格式转换工具。平台具有基于 shell script 的二次 SDK 开发包，可以定制化地输出图片的语义标签和检测标签的标签数据格式。平台还包括 COCO json、CreateML、Pascal VOC、YOLO Darknet 等 16 种主流的标签导出格式，这些格式可以自动地将标注数据转化为兼容 TensorFlow、Pytorch、Keras、Caffe 等多种主流深度学习框架的弱监督学习算法，同时平台支持将标注数据向仿真格式的转化，自动化导入 VTD、Carmaker 等行业内主要的仿真软件。研究面向车辆、行人、交通标线、信号灯、交通标志、可行驶区域的一整套的数据标注格式，支撑了国际 ASAM OpenLabel 数据标注标准制修订。

华北地区流量管理技术研究及应用

一、完成单位

中国民用航空华北地区空中交通管理局、南京莱斯信息技术股份有限公司。

二、成果简介

研究人员围绕以地区级航班运行管理优化问题，对多主体航班流量管理在理论、系统工程开发方面进行了深入研究，建立空管单位、机场、航空公司之间的整体运行协调体系，从航空运输信息语义的差异和不同业务场景（如航班进场、除冰、放行、离场等）的协同需求出发，构建航空、飞行、气象等信息的语义模型和信息共享方法。使用机器学习和知识地图动态演化技术与知识地图为核心，设计跨域语义的协同作用机制，实现跨域信息的利益相关者的共同理解，并促进持续改进的流程集成操作框架。主要创新成果如下：

（1）基于图形轮廓跟踪技术的气象雷达信息与空域叠加处理功能。研究了态势融合监控界面和相关后台数据处理，通过反射率反映天气的覆盖范围、强度及随时间变化的信息，多普勒雷达处理程序可以通过图像坐标转换、背景剔除、轮廓跟踪、碎部删除等方法，将多普勒雷达图进行处理，结果数据网格化，采用等值线图的彩色填充方法，在态势地图上进行叠加显示，及时反映当前的天气状况对飞行的影响。

（2）基于流控对象单元全局性航班总量分解协同排序功能。系统能够处理基于全局公平性考虑和流控对象单元分类的全局性航班总量分解的协同放行排序，在总量分量中依据全局规则商定的比例，安排北京两场、天津、呼和浩特、石家庄、太原等的离场航班，在保障大流量运行的同时，使各主体享有一定放行自主权，集成运用了进场排序、离场排序、冲突探测等计算，在一定程度上控制了航班 CTOT 抖动传递。

（3）基于分类悬挂技术多场景多要素组合策略与多目标时隙管理功能。系统能够在协同运行过程中，适应多种场景和运行条件变化，如航班取消、流控变化等，或者机场、航空公司无法按照分配时间（CTOT/ COBT）执行时，触发了航班重新计算时隙，减少了部分航班的 CTOT 发生跳变，测试表明系统具备降低时间反复跳变的功能，增强了时隙稳健性。测试表明：系统能够增强发布时隙的稳定性，帮助航空公司、机场更好地参考发布时隙完成地面保障。

（4）自动化辅助流量管理人员制定流控措施功能。针对人为制定措施缺乏数据支持，无法构建情景意识，导致流量管理措施缺乏有效性和合理性，本项目建立发现问题、策略制定、仿真分析、策略审批、策略监控等流量管理过程，通过对运行情况的预测，分析未来瓶颈影响对象，构建数据化指标分析体系。策略方案可仿真推演，算法支持对 GDP、GS、MIT、改航等多策略组合推演，对未来运行进行影响分析。

（5）事件方案运行场景多维前置分析功能。项目实现了事件方案运行场景分析功能。通过数据关联挖掘，系统分析出受影响的管制移交单位以及航班的多维属性功能，具备通过公平性分配算法，系统提供流量管理人员辅助决策流量管理措施功能，提供图形化数据指标分析和对比分析，辅助人员进行最终决策。

（6）基于大数据分析技术的多维深度综合分析功能。流量管理涉及保障主体多、航班链条多、协同配合多、影响因素多，是复杂动态管理过程，系统具备多维度综合数据存储功能，能够支撑全面深入的记录航班运行过程中的各类多维数据（航迹、计划、气象、情报、协同、人工操作、流控限制等），软件提供了面向不同类型、不同层级用户主题分析功能。测试表明：系统理顺了数据的采集、挖掘、可视化软件功能，具备赋能航班运行能力，同时具备良好的可扩展性。目前具备数据分析功能包括：多维流控分析、流量分析、延误分析、跳变分析、4D 准确性分析、人员绩效分析等。

城市轨道交通 FAO 全场景仿真关键技术研究及应用

一、完成单位

北京大象科技有限公司、北京市轨道交通运营管理有限公司、北京交通大学、交控科技股份有限公司。

二、成果简介

研究人员在全自动运行系统（Fully Automatic Operation，FAO）全场景分析的基础上，开展关键技术创新、产品集成开发和工程应用实践，为城市轨道交通全自动运行系统实现更智慧、更安全、更高效的发展目标提供坚实的理论基础和实践经验。目前，成果已先后应用于北京、南宁、济南等 12 条全自动运行系统的应急演练及人员技能评估工作，为上述线路提高运营管理水平和安全保障能力提供了有力的技术支撑。主要创新成果和技术指标如下：

（1）开发国内首个基于虚实设备融合技术的 FAO 全生命周期、全系统高精度仿真模型，实现 FAO 系统运行验证、应急演练和人员技能评估等多种功能，场景覆盖面达 100%；突破基于多质点模型的全自动运行系统列车运行仿真核心技术，实现 0～160km/h 加减速时，牵引及制动性能仿真平均误差均小于 2%，车辆牵引制动控制逻辑及仿真计算步长≤10ms，满足多种地铁车型全路况列车运行仿真需求。

（2）创新性地引入 Team-CWA 认知功能分析方法，在国内率先开展了基于任务网络模型的 FAO 全场景团队任务分析与构建研究，突破了团队人机任务形式化描述、复杂度客观指标评估等科学技术难题；研究基于智能语音辨识的虚拟岗位人机交互技术，开发多岗位联动人机协同系统，语音识别准确率达到 96%以上，与传统应急演练模式相比，时长降低 60%，节约人力投入 80%，大幅提高运营关键岗位职业技能和非技术技能评估的准确度，解决城轨交通网络化运营要求增高和人员实战经验减少之间的矛盾。

（3）研究制定基于信号、综合监控、车辆、通信等多专业全覆盖的标准接口，构建 FAO 全场景全功能高精度虚拟仿真平台，实现全自动运行系统核心设备和虚拟仿真设备的高度协作和自由互换，系统仿真误差＜1%；突破 FAO 系统多专业高安全复杂系统部分特殊场景现场不可演练、不可验证的技术难题，并率先在北京大兴机场线、北京燕房线等全自动运行线路实现工程应用。

城市道路混合交通智能协同控制关键技术及应用

一、完成单位

北方工业大学、北京北大千方科技有限公司、中国科学院自动化研究所、北京警察学院。

二、成果简介

成果从影响交通拥堵的慢行交通、公共交通、社会车辆 3 个维度及其关联关系出发，针对城市道路混合交通参与主体多、影响因素复杂造成的感知难、协同难、控制难的问题，从理论方法、核心技术和关键系统 3 个层面开展工作，突破了多元空间数据融合、混合交通协同控制、人机协同交通控制等一系列关键技术。主要创新成果如下：

（1）跨空间交通数据知识可靠度评价与融合技术。针对混合交通感知主体多、感知场景从交通场景演变为社会场景的特点，从混合交通缓堵控制数据、知识支撑切入，引入社会空间数据，提出了跨网络、物理和社会空间的交通信息感知融合方法，构建了跨网络空间、物理空间、社会空间的交通信息关联与融合模型，提出了基于学习差异分析的分层知识质量交互评估方法和基于证据理论的多元交通知识关联融合方法，建立了多元异质数据的关联、佐证、互补机制，为城市混合交通一体化智能缓堵控制提供了高效的数据、知识支撑。

（2）慢行交通与机动车多层协同缓堵控制技术。针对慢行交通与机动车间时空资源分配不合理的问题，提出了基于似物性模型的慢行交通行为识别方法，实现了慢行交通过街事前、事中、事后全周期行为感知；发明了基于慢行交通点线感知的全感应交通信号控制技术，研制了基于慢行交通主体智能检测的交通信号优化控制装置。针对慢行交通过街与关联交叉口间距短、协调差造成的频发性拥堵问题，发明了过饱和交叉口与慢行交通过街信号智能协同联动控制技术。

（3）公共交通与社会车辆时空协同控制技术。针对传统公交优先难以与社会车辆协调控制的问题，发明了基于公交集簇态势动态评估的公交优先控制方法。基于公交干线和社会车辆干线协调间交叉、包含、独立的多类关联耦合关系，构建了社会车辆与公交车辆混合交通干线协调智能控制模型。发明了一种配时关联的间歇式公交专用道智能控制方法，构建了面向公交时变状态及关联车道社会车辆状态的动态资源配置模型，研发了间歇式智能控制系统。

（4）人机协同的交通信号智能控制技术。构建了交通管控基础设施资源池和决策知识资源池，提出了基于人机混合增强的交通信号控制技术。针对过饱和交通环境下路口功能失效、检测异常环境下交通控制系统算法失效等问题，研发了基于人机协同的交通信号跟随控制技术，实现了失效路口人工介入条件下机控路口的自适应跟随控制。

微波视频一体化交通智能感知终端研发及产业化应用

一、完成单位

南京慧尔视智能科技有限公司。

二、成果简介

成果为高可靠性、高精度、高性能的微波视频一体化交通智能感知终端，采用基于超高分辨力毫米波 MIMO 雷达技术、面向多任务的雷视稳健性多级深度融合技术、人工智能算法等先进技术，通过数据融合突破感知瓶颈，真实还原道路场景，为应用系统提供数字支撑，全面提升道路交通安全和通行效率，构建新一代数字交通感知系统，率先实现国内该领域零的突破，能够广泛应用于车路协同、信号控制系统、交通信息检测、交通事件检测、高速路全程监测等应用场景。主要创新成果如下：

（1）毫米波 MIMO 雷达稀疏阵天线设计。设计了一种无空穴的非均匀性稀疏阵天线（见图 14.1、表 14.1），增大雷达天线孔径，再通过宽波束覆盖和多波束扫描，以及使用 SS-MUSIC 等高分辨角度估计算法提高角度分辨力，实现对多目标的无失真检测。利用 MIMO 体制多发多收阵列天线实现多目标的测速、测距和测角，并有效扩大检测区域和精度，实现横向 12 车道、纵向 400 米范围内，最多 256 个目标实时感知和检测。

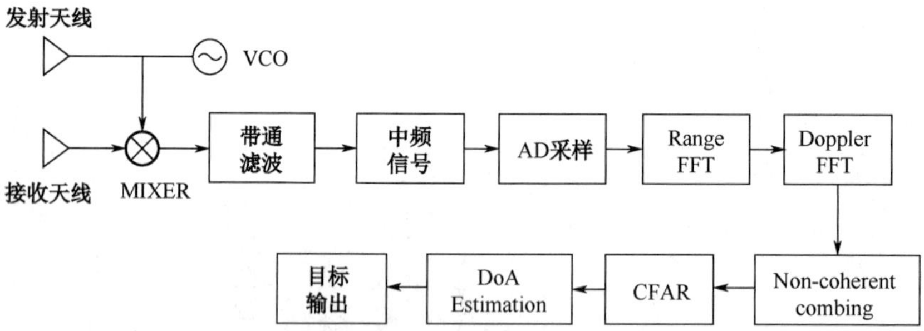

图 14.1　雷达信号处理架构

表 14.1　发射和接收天线的位置坐标

TX 天线	x 坐标	RX 天线	x 坐标
TX1	0	RX1	0
TX2	$9\lambda/2$	RX2	$3\lambda/2$
		RX3	$4\lambda/2$
		RX4	$6\lambda/2$

（2）基于 FMCW 和 STFT 的干扰抑制技术。创新性地采用相位编码的 FMCW 干扰技术和 STFT 技术相结合的方式。如图 14.2 所示，通过时频域信号处理算法修复，进行码分多址的雷达波形设计，实现空间抗干扰效果，减少空间、时间和频率上的重叠概率，在有效地抑制城市地区的干扰、雷达间的强干扰的同时，可以消除 danial 攻击干扰，提高了雷达高分辨率成像质量和目标识别能力。

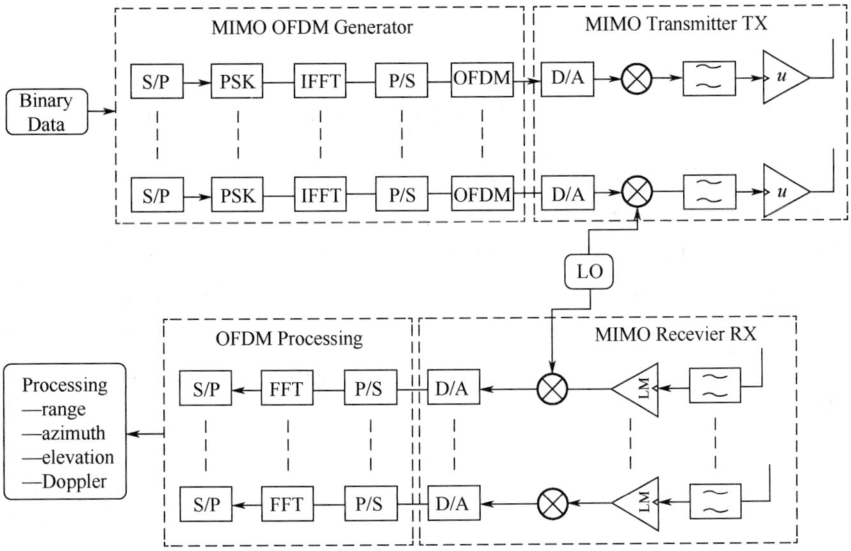

图 14.2　干扰抑制技术框架图

（3）面向多任务的雷视稳健性多级深度融合技术。通过研究稳健性融合技术来提升数据质量和检测精度，实现多场景、全天候及大区域的交通流信息、运行轨迹信息、交通事件信息的高精度、精细化感知，最终实现交通事件检测精度≥98%。①深度学习图像预处理架构。通过深度学习框架进行图像的预处理，在恶劣天气的情况下，视频的检测效果有很大程度的下降，通过深度网络学习恶劣天气下如雨雪雾的细粒度特征，通过数据增强使得恶劣天气的特征更加明显，通过算法去除恶劣天气对视频检测的影响；②实现雷达视频时空对齐。通过线性差值的方式实现雷达和视频的精准的时间同步，解决毫米波雷达和视频的采集频率不一样的问题。本成果中通过毫米波坐标系直接到像素值坐标系的坐标变换，通过单应矩阵的仿射变化实现，避免了烦琐的坐标系转换的过程。最终实现雷达视频在时间和空间上对齐，便于后期的融合数据处理；③雷达视频的多级稳健性融合。成果设计了多级稳健性融合框架以便得到损失函数最优设定的深度级别，其以 VGG 为主干网络，网络输出坐标和边界框分类得分的 2D 回归。

（4）基于 3D 目标的多任务学习技术。在已有的目标检测、跟踪和算法基础上，研究轻量级的多任务学习技术，创新性地结合几何信息补全特征进行 3D 目标检测，再考虑场景约束优化轨迹模型，并采用时空注意力机缓解跟踪漂移同时识别目标行为，最终实现定位精度达 0.2 米。

智慧高速公路多功能路侧设施一体化集成关键技术及应用

一、完成单位

交通运输部公路科学研究所、四川数字交通科技股份有限公司、北京工业大学。

二、成果简介

为解决高速公路感知范围小、漏报率高、检测率低、只能覆盖单向、布设成本高等问题，项目开展了路侧系统多元信息融合感知技术攻关、路侧系统布设优化方法研究和路侧集成设备研发工作。成果攻克了路侧视频和雷达数据空间、时间维度融合及定位精准无偏移的快速匹配技术，构建了路侧系统感知、通信、控制节点布设优化模型，设计研发了多功能路侧系统集成智能杆，提出了远距离、高精度、低成本的路侧系统建设工程解决方案。研究成果在成宜智慧高速公路和蓉城二绕智慧高速公路得到实际应用，实现了多目标车辆轨迹全程跟踪、交通事件全时空精准识别。主要创新成果如下：

路侧系统多元数据融合及感知技术。为解决在高速公路复杂运行场景下，由于恶劣气象、夜间光线、车辆互相遮挡等因素导致的交通事件、车辆状态等信息的误检以及车辆轨迹跟踪中断、跳变等问题，考虑了实际工程应用和充分利用路侧视频非结构数据的丰富性、雷达结构性数据的高精度和稳定性两方面因素，攻克了路侧系统多元数据融合及感知技术。首先，通过雷达坐标系与图像像素坐标系之间的转换关系，研究并建立了雷达与摄像机传感器数据空间融合模型和时间融合模型，实现了雷达与视频数据帧时间起点的对齐和空间参照系的统一。其次，提出了多目标质心匹配融合算法，实现了雷达感知目标和视频感知目标的定位精准无偏移的快速匹配融合。再次，对于多元数据感知中出现的目标虚假观测、目标数未知等不确定因素，采用 DeepSORT 算法中的宽度残差网络提取了融合感知目标感兴趣区域的深度表征信息，通过对深度表征信息与车辆真实表征信息相似度的判别，实现了虚假观测目标的剔除。最后，路侧系统多元数据融合及感知技术充分利用了雷达和视频数据的各自优势，成功应对高速公路复杂运行场景，解决了感知信息误检、定位偏差及远距离低分辨率等问题，提升了路侧系统感知精度。

多模轨道交通高可信运控系统关键技术及应用

一、完成单位

同济大学、卡斯柯信号有限公司。

二、成果简介

成果以智能控制与安全为核心，从理论、方法、技术及其工程实施层面攻坚克难，围绕多模轨道交通运控系统共性核心技术，从实时态势感知、可信安全融合、自主安全控制和高安全高可靠的计算机平台 4 个维度，研究了高可信技术以保障系统的安全性和可靠性。同时，针对城市轨道交通场景应用需求，研究了虚拟自动闭塞列车保护、列车自动驾驶和列车控制节能及辅助驾驶协同等技术，构建自主轨道交通运行控制技术体系；针对有轨电车场景应用需求，研究了路口时空联锁安全机制和多模交通线网协调管控等技术，构建有轨电车智能控制技术体系，研制了得到规模化工程应用的系列系统产品。主要创新成果如下：

（1）轨道交通控制系统高可信技术。构建了基于北斗的实时态势感知体系，实现了时间同步与高精度列车自主定位，通过 GIS 及 VR 技术，达成交通环境多粒度时空映射，创造性地提出了多模型列车参数辨识和动态参数调整技术；基于信息物理融合系统扩展了建模语言，改进了随机行为建模方法，针对轨道交通高安全需求，提出了基于安全编码的故障自检方法及控制安全苛求信息处理机制；基于自主防撞预警与 ATP 自动安全防护实现列车自主安全控制；依托统一安全时间管理及安全编码处理器技术，构建高安全高可靠的通用安全计算机平台。

（2）自主轨道交通运行控制技术。通过对列车定位进行虚拟化抽象提出了“列车自动防护”概念及其区域间移交技术，基于自动防护管理列车序列，并首创联挂解编状态智能识别技术，构建虚拟自动闭塞列车保护技术体系；研发了基于滑模变结构控制与 PID 控制的 ATO 控制算法，实现了 GOA3 级全自动驾驶功能；基于速度游移算法与动能预测技术进行列车制动控制，实现列车控制节能和辅助驾驶技术协同。

（3）有轨电车智能控制技术。研发了多线路路口交汇时空联锁安全控制技术及路口信号冲突消解方法，提出了基于有轨电车交叉口信号相位改进的有轨电车通行时空联锁表技术，保证了路口时空联锁安全；随着列车运行的场景变化，综合考虑区段运行时间、距离、限速及交叉口信号状态，建立同步实时的交通控制环境，基于节能运行控制算法及系统性能可信评估技术，实现多模交通线网协调管控。

城市路网级交通流决策支持与智能管控关键技术及应用

一、完成单位

南京莱斯信息技术股份有限公司、中国电子科技集团公司第二十八研究所、南京理工大学、东南大学。

二、成果简介

研究人员研发了基于多源交通数据融合研判的交通决策支持技术，解决了信号管控缺少路网级决策支持的问题；研发了面向场景的路网级智能控制优化技术，解决了智能控制缺少复合场景的动态控制的问题；研发了基于复合交通网络的数据协同技术，解决管控体系缺乏数据安全及协同应急控制机制的问题。自主研制了面向城市路网的智能交通管控系列产品，有效缓解了城市交通拥堵状况，保障了国家重大活动、体育赛事等成功举办。主要创新成果如下：

（1）基于多源交通数据融合研判的交通决策支持技术，①基于路网、交通流、管控数据的时空三段数据分析技术。针对传统数据分析主要基于单一断面数据，信息价值稀疏，无法全面感知路口交通信息等问题，提出了基于路网、交通流、管控数据的时空三段数据分析技术。构建了过车集合模型，提出了以车队为间隔提取信息的方法，支持获取每个车队的行程时间、行程速度等信息，构建比固定间隔和周期间隔更加细致的数据融合颗粒度，及时准确掌握事前、事中、事后的交通流集聚、发展、消散规律；②基于改进最短路径算法的城市健康出行路径规划诱导技术。针对常规的路径搜索算法鲜有考虑交通污染带来的环境因素，且路径搜索效率较低的问题，基于交通状态、交通管控因素，浮动车及 PM2.5 检测数据，构建了以健康出行为目标的改进最短路径算法；③基于大型活动运行特征的路网交通影响动态诊断分析技术。针对大型活动对城市交通影响较大的问题，根据设置在交叉口的固定检测器检测的数据构建路网节点状态数据库，以大型活动场所上游交叉口或下游交叉口为中心节点，确定所述分析路网中的受影响节点，根据所述受影响节点确定大型活动交通影响范围，有利于交通管理部门管理并缓解大型活动对交通的影响，把交通影响降至最低。

（2）面向场景的路网级智能控制优化技术。①基于交通全要素的场景化多层级决策优化控制技术。提出了基于“大场景+细分场景”复合模式交通状态划分方法，对间断交通流稳中有变地进行归类，并对每一类场景都设计了数字化表征的控制策略，量化不同状态对优化控制器的影响，根据路网实时交通状态结合场景化控制策略，动态调整路网-路径-路口逐层优化参数，构建兼容阶段流和相位环控制结构的统一优化技术，实现整个城市内多厂家信号控制机的场景自适应控制；②基于多模式公交换乘的公交枢纽优先控制技术。通过分析公交车载客量、乘客换乘规律，从公交干线、公交流向、轨道交通接驳、公交车准点率等多个层面，构建公交车优先控制体系，对公交车辆设置不同的通行级别，优先保障通行级别高的公交车辆，提高载客量较大、运行任务更重的公交车的通行效率、降低轨道交通与常规公交换乘衔接时间，提升公交优先整体社会经济效益。

（3）基于复合交通网络的数据协同技术。针对云、边、端 3 个层面数据共享不畅、数据传输及存储存在安全隐患等问题，建立了基于“交通语义”的统一路网模型，实现了数据的标准化、结构化和模型化表征。设计了以数据为中心的数据传输、数据存储、数据访问，以及消息通知机制，实现云边端各层的数据协同。构建了跨云数据中心、边缘节点、终端的数据安全体系，设计了基于 IDA 的数据恢复方法及基于收敛密钥的云端数据去重、审计机制，在数据保护策略以及数据的存储周期上做细粒度分析，优化数据加密存储和数据脱敏存储，实现了数据全方位的安全保障和精细化管理。

内河航道船舶过闸多元感知和智能管控云平台关键技术研究与应用

一、完成单位

安徽省港航建设投资集团有限公司、安徽省港航集团有限公司、交通运输部水运科学研究所、安徽博微广成信息科技有限公司。

二、成果简介

研究人员针对提升内河航道船舶过闸智能管控水平的重大现实需求开展研究与应用。首次提出并构建了内河航道一体化管理云平台的总体技术架构。围绕平台所要求实现的主要功能，重点研究了与实现了其中的多个重大关键技术问题，在船舶过闸多元特征的智能感知（基于视频分析的船舶载重感知技术、基于激光扫描的船舶结构感知技术）与融合体系构建、过闸船舶多元数据库构建、多船舶过闸 3D 装闸排挡模型的构建与仿真、单船闸通行决策模型、多船舶与多船闸运行态势感知与分析、联合决策模型等方面取得了重大技术突破。在此基础上，建成了集船闸营运、监控、指挥管理、公共服务、大数据决策以及信息标准化管理为一体的内河航道一体化管理平台并投入应用。主要创新成果如下：

（1）构建了具有过闸船舶规格特征参数特点的多元数据库。相比国内其他地区而言，安徽省的内河航运船闸收费模式复杂程度更高、技术难度更大。为了有效解决效率和效益双提升的问题，本项目基于船舶 AIS 感知、视频捕获感知、北斗终端感知、激光雷达扫描感知、网络智能终端感知等多元智能感知，并进行船舶特征参数的融合分析处理，构建过闸船舶规格特征参数数据库。过闸船舶特征参数主要包括船舶结构外形、尺寸、重量、型号、人员、执照、航行签证、危险品准运证等。多元数据库采用“数据交换分中心+数据交换主机”的数据交换与共享部署方案，即多个船闸共享一个数据交换分中心，每一个船闸都配备一个数据交换主机，提高了平台运行的稳定性。多元数据库的建设为内河航道船舶过闸智能管控云平台多船闸联合指挥调度管控模式提供了前提条件，为整个平台的数据交换提供了服务支撑。

（2）设计了过闸多船舶闸室排挡的最优化模拟结构仿真计算算法。实现了过闸多船舶 2D 及 3D 闸室排挡最优化模拟仿真与智能排档。依据对过闸船舶及闸室的 2D 及 3D 结构算法研究，并利用自建的装闸模拟仿真模型，实现对过闸多船舶 2D 及 3D 闸室排挡最优化模拟仿真计算，给出最优化仿真结果，并用于过闸船舶的智能排档。智能排挡为内河航道船舶过闸智能管控云平台的单船闸智能管控模式提供了解决方案，减轻了船闸工作人员的劳动强度，避免船闸员工与船员的接触，提升了船闸过闸效率及服务水平。

（3）研发了基于复杂收费模式的内河航道船舶过闸智能管控云平台。平台实现了内河航道过闸船舶的单船闸智能管控及多船闸联合指挥调度管控的两级管控模式。①单船闸智能管控模式，可实现多船舶过单闸时的自动登记、自动计费、过闸智能决策、智能排档调度等智能管理功能；重点解决单船闸中多元智能感知的问题，例如，智能测重、船舶的身份识别率、船运物品识别等；研究闸室多船舶智能排档、多船舶过闸智能决策等关键技术，实现多船舶单船闸智能过闸目标；②多船闸联合指挥调度管控模式，可实现航道内多船闸、多船舶的运行态势分析，进行多船闸、多船舶过闸联合决策、指挥与调度，实现航道通航的最优化流量控制策略；③平台具有船闸运营管理、航道通航管理、视频联网监控、应急保障管理、大数据决策支持等多项子系统，在安徽省内基本实现了多船舶单船闸的“自动登记、自动计费、智能排档调度、过闸智能决策”智能管控目标，以及多闸道、多船舶的最优化流量控制和联合指挥调度目标。

武汉市交通数据资源体系构建技术及应用

一、完成单位

武汉市交通发展战略研究院、北京交研智慧科技有限公司。

二、成果简介

成果依托世行贷款武汉城市圈交通一体化示范项目，旨在应用高性能大数据云平台技术整合行业分散的信息资源、建设城市级综合交通信息系统，通过全息感知、全局联动的数据体系赋能城市交通治理能力和服务能力，提升城市交通承载力，为湖北省乃至全国其他城市解决全球关注的交通拥堵问题做了示范性探索。主要创新成果如下：

（1）基于人工离线调查、实时动态采集、互联网数据挖掘等多源高低频感知方式交错并用的城市交通全息感知技术，首次构建了面向全息感知的交通数据体系。

提出统筹各部门资源构建交通数据全息感知体系，面向交通规划决策支撑业务需要，一体化建设了路况分析评价系统、车流分析评价系统、常规公交分析系统、综合交通运行监测与展示系统等 14 个专题系统，系统梳理建设了覆盖城市发展、基础设施、空间规划、交通调查、道路运行、公共交通等 12 大类 1 000+项指标的数据资源目录，为建立“原始数据—计算指标—应用系统”的数据全生命周期链路打下坚实基础。

（2）构建了覆盖城市发展、基础设施、空间规划、交通调查、道路运行、公共交通、慢行交通等人车路全领域，“数据—指标—应用”全链路可追溯的交通数据资源目录，利用覆盖数据接入—汇聚—计算—存储—加密—共享全流程、业务驱动、可视化编辑的交通数据全生命周期管理技术，独创了完整可视的全生命周期数据资源管理系统。

基于综合交通多源、异构、海量、动态、高复杂度的大数据特点，以常态化数据汇聚、指标计算、数据管理为核心，面向不同监测维度、业务需求，实现对数据资源的全生命周期管理。并通过可视平台将传统后台运行的数据资源接入、清洗、计算和调用变得直观可视，并且实现在线的动态更新维护和工具化的数据计算使用，极大地提升了数据资源管理的规范化、便捷化，为研究人员降低了数据资源使用的技术门槛。

（3）利用适用于交通规划决策业务高频算法迭代、弹性计算范围的普适开放型混合云平台搭建技术，首次搭建面向交通规划决策业务的混合云平台。

针对交通规划决策业务中大数据计算的算法迭代频率高、覆盖范围多变等特点，设计建成基于敏捷云和自建云的混合云平台，在保障系统可持续性、经济性和鲁棒性基础上，为不同的数据分析场景提供更灵活对口的弹性计算资源与大数据分析平台，为武汉市城市仿真实验室的建设提供了先进的软硬件及数据平台环境。

（4）面向决策指挥和业务分析多种工作场景，利用融合应用矢量切片、富要素信息加载、多图联动控制、多终端兼容技术的城市交通综合分析与决策应用系统构建技术，建成了面向不同业务场景的综合应用工具。

面向交通问题源头治理和多系统紧密互动，融合处理海量交通大数据与规划数据，形成武汉特色的全市交通一张图，并以多版本、多终端形式，向专业规划研究人员、领导决策者及市民公众提供服务，通过自建的“模型—控制—显示”软件体系，并采用前沿的矢量切片技术，打通交通一张图在电脑端、平板端、手机小程序端的多端统一化显示，全面提升富要素地理信息展示的流畅化体验；同时，面向领导决策指挥和规划师业务分析等多种日常工作场景，建设完成交通决策在手、三规互动平台、规划作业平台，有效支撑了武汉市交通拥堵综合治理、交通管理精细化精准化提升、综合交通运输统筹协调、交通安全保障等工作。

基于视频 AI 监控的高速公路智能调度与应急处置关键技术及应用

一、完成单位

上海电科智能系统股份有限公司、宁波市杭州湾大桥发展有限公司。

二、成果简介

成果主要是为了在突发事件应急处置及其他运营活动中，以及事件发生发现、指挥调度、处置作业等业务环节中，利用智能视频 AI 技术和信息化手段辅助监控指挥人员及时发现、快速规范有效的制定最优调度策略，提高不同位置和不同职责岗位人员车辆的协同交互，并对事件处置进行全过程信息跟踪记录，提高公路设施应急处置和运行保障的各专业单位部门人员间联动协同的工作效率。主要创新成果如下：

（1）基于云联网的全量视频实时智能检测与分析技术。综合考虑性价比及实际使用环境，选择采用基于私有云的后端深度学习的图像智能识别方式，大幅度提高视频事件检测的功能、范围和性能指标；支持百路级视频同时分析，大大提升并行分析处理效率。主要采用高清定焦摄像机、云台摄像机、高清卡口等视频设备对道路进行视频全覆盖，将采集的视频、图片等数据统一上传至云控平台，利用云平台强大的算力对监控路段全部上百路视频进行全量、实时的分析，主要针对影响车辆通行及交通安全的异常交通状况及行为的交通事件进行检测分析，实现对高速公路事故、大型抛洒物、车辆慢行缓行、拥堵排队、超速、倒车逆行、违停/异常停车、异常变道、危险车距、行人事件等进行自动感知、分析并形成事件记录。当检测出交通事件则进行自动告警报警提示，并提供事件详情（位置、发生时间、结束时间），通过录制视频与实时视频对比分析，给监测人员提供完善的事件资料。

（2）运营事件全生命周期流程管理模型。以“突发（运营）事件”为中心，以“业务数据实时共享”为基础，通过多用户、业务协同、信息交互、流程闭环的定制化 MIS 应用，实现资源、信息、工作等应急处置所需要素的统一管理、协同调度，同时实现对事件从发生、发展到结束的全过程跟踪、记录、管理。①预案标准化执行管理：根据应急预案，对事件处置过程进行事件状态模型流程闭环管理；②全过程信息记录和评价：事件信息记录实现从发生发展到调度施救再到完成归档全过程覆盖；③信息报送与发布：事件处置过程中，相关信息通过微信、短信、App、电话、接口等多种方式对内对上进行报送，并经审核后及时通过路侧情报板、微信、网站、广播等媒体对社会公众进行发布，并在事件状态发生变化时，及时动态地更新信息发布内容。

（3）应急处置一体化资源协同调度系统。在系统内每起突发事件应急处置均对应一个需要指挥调度和多部门协作并按事件状态模型管理的工作“任务”，由指挥中心根据预案要求分解并作为中心调度指令分派给相关处置单位或个人，以指令“工单”信息模型对象进行流转，每一个指令工单都通过指挥中心生成和指派，推送至现场处置人员移动端。移动端应用可进行实时时空位置和任务执行进度节点报告、现场和其他情况反馈等操作，指令执行实现流程化、步骤式的进度节点管理，便于指挥中心实时掌握处置资源动态，对指令执行质量和效率进行监督；指挥中心也可根据实际情况进一步优化改变调度内容，提高指挥成效。此外参与事件处置的任何一方指令执行进度状态信息都实时共享给包括指挥中心在内的其他参与方，并可在线实时沟通交互和监督评价，促进协作效率提升。

（4）面向多场景的运营信息融合显示及多端交互技术。基于移动互联网技术和智能移动终端载体工具手段在监控指挥中心及其他参与者之间形成高效信息交互，促进联勤联动业务协同。①多终端联动：终端载体形式包括指挥员坐席端 PC、作业人员/车辆移动端、指挥中心监控大屏端等。大屏端用于监控中心日常综合监测和应急救援；桌面端用于监控中心管理人员日常工作操作；移动端用于运营人员在救援途中进行移动处置；②多方业务协同：在交警、排障、路政、养护、消防、收费站、服务区、治超站、远程指挥等参与各方间形成信息沟通互动与业务协同；③多媒体信息互动：支持交互的信息形式包括数据、文字、语音、图片、视频、定位、状态或异常告警拓展应用：除了应急处置指挥调度，本移动端业务信息模型及相关功能还可拓展到勤务巡查、运维养护、服务监管等其他运管应用。

基于人工智能和 SaaS 的城市公交运营与调度一体化系统关键技术与装备研发

一、完成单位

重庆交运城卡科技有限公司、八维通科技有限公司、重庆交通大学、民航大学、南通大学、西南交通大学。

二、成果简介

研究人员集视频客流采集、客流时空挖掘、运营方案自动生成和运营诊断等功能于一体，研发了面向乘客、公交企业和政府的第三方成套软硬件，根据每个公交用户业务领域的需求变化快速响应生成一个统一展现的 SaaS 模式门户服务网站，在多家公交运营企业中得到应用。主要创新成果如下：

（1）研发了基于物联网的公交智能车载视频采集终端，通过车载设备采集人脸信息与人证核验、不同客流群体公交车上下车数据采集等技术，人工智能提取公交客流完整用户画像特征，挖掘不同客流群体的出行选择行为机理，解决特殊人群对公交卡滥用、盗用、冒用问题。

（2）研发了基于人工智能的公交车辆/驾驶员自动化排班及运营状况健康诊断技术。为了避免公交线路车辆/驾驶员人工排班的费时费力问题，采用了公交运营管理的广义集成调度、专家决策支持系统、多维动态评估等技术，实现了公交运营管理的智能决策。

（3）研发了 SaaS 模式下的智能公交调度平台框架技术，构筑基于 WebSphere 的统一业务流程平台，实现了可扩展、可拆装的公交调度模型和算法集成组件技术，解决了公交企业的智慧调度开发困难、部署和维护成本高的问题。

基于边缘计算的城市道路状态综合感知与信息服务关键技术及应用

一、完成单位

中交公规土木大数据信息技术（北京）有限公司、北方工业大学、北京交通大学、中交公路规划设计院有限公司。

二、成果简介

研究人员针对交通流、交通环境、路面和桥梁结构监测等多传感器难以融合，行人对道路交通设施数字化需求增加，现阶段交通基础设施的数字化管理平台应用场景单一等问题，面向城市道路基础设施的数字化、智能化，对多传感器融合的路侧综合感知、可穿插间隙分析信号交叉口行人安全预警、基于边缘计算的城市道路状态信息服务等技术进行了研究。主要创新成果如下：

（1）多传感器融合的路侧综合感知。研究人员基于低功耗物联感知设备、边缘计算设备等，研究了多传感器融合的路侧综合感知系统，构建了基于多传感器数据分析的路面状态预测模型，实现了交通流、交通环境、桥梁结构监测、路面状态检测等多传感器数据的融合感知。

（2）可穿插间隙分析的信号交叉口行人安全预警。研究人员充分考虑路口的交通复杂性，基于感应控制计算适用于机动车、非机动车和行人混合交通流的信号配时方案，建立了半感应控制的最小绿灯时间算法模型。模型使信号交叉口的信号配时更适应路口行人、自行车多的场景，可有效降低信号交叉口总延误时间，提高服务水平。

（3）基于边缘计算的信息服务。研究人员基于 RSU 路侧信息发布单元，研发了多传感器融合的城市道路状态实时预警与信息服务，提出了边缘计算设备的成本估算模型和信息价值测算模型，为车辆安全快速通行提供了有效的路侧信息补充。

（4）城市道路状态综合感知与信息服务示范平台。针对三维空间信息与路侧感知信息脱节的问题，研究人员提出了融合环境信息的全时空高精度四维模型构建方法，构建了道路及沿线附属设施与实时数据的四维可视化高精度模型，研制了城市道路状态综合感知与信息服务示范平台，实现了道路智能感知、交通智能控制、公交运营监控、信息发布、运维管理等综合应用。

车路协同环境下多维度信息安全防护关键技术及应用

一、完成单位

中国汽车技术研究中心有限公司、大连理工大学、中汽数据（天津）有限公司、华录智达科技股份有限公司。

二、成果简介

为解决交通网络信息安全存在的技术架构不完善、应用平台碎片化、管理规范缺失等问题，研究人员研究了车路协同环境下的多维度信息安全防护关键技术。主要创新成果如下：

（1）针对车联网隐私保护、通信差异化及认证效率的共性需求，建立了车联网信息交互安全与隐私保护机制，提出了一系列基于 PKI 和身份加密技术的 C-V2X 高效认证方案（密钥生成、动态管理、防隐私泄漏假名交换机制等），基于数字孪生技术的多维度动态 RAN 网络资源切片方法，实现了多维网络资源端到端的灵活调度。

（2）建设了国内首个与工业和信息化部威胁共享平台对接的信息安全专有漏洞数据库，基于漏洞数据逆向应用的方法对漏洞发现、识别、评价、管理全流程监控，制定了车联网信息安全漏洞评价规范，实现了漏洞安全技术自主可控。

（3）提出了基于集中式、全周期的信息安全管理理论机制，将技术积累转化为规范的管理机制，形成了集漏洞共享、技术互通、应急响应、政策解读、安全培训等于一体的行业信息安全情报共享机制。

（4）针对极端复杂环境识别、驾驶行为预测与智能避障控制的公共交通安全防护问题，提出了基于软约束模型预测控制的自适应巡航控制策略，成功应用于城市公交行车安全运营。

智能停车管理系统关键技术及多场景应用

一、完成单位

北京云星宇交通科技股份有限公司、北京工业大学。

二、成果简介

研究人员将先进的计算机技术、无感支付技术、大数据技术等软硬件技术进行集成并应用，形成智能停车管理系统关键技术。研究人员以“数据获取+高效分析+场景应用+集成推广”研究思路为指导，以“关键技术自主研发、基础技术联合开发”为原则推广应用，形成面向公众、政府及企业的多场景典型智能停车服务应用。主要创新成果如下：

（1）面向停车管理需求的多源数据感知触达技术。针对雨雪天、强曝光、障碍物遮挡等恶劣环境下车辆识别准确性下降问题，研发了地磁/高低位视频+ETC+移动视频检测等多模式协同识别技术，在恶劣环境下能够立体识别车辆信息，全面提升前端感知准确性。

（2）基于多源停车运营数据的智能化分析方法。针对运营过程中产生的停车收费数据，开发停车收费清分结算系统，设计开发收费数据与一卡通数据对接交互系统，建立 P+R 模式下停车数据交互对接及结算机制。将停车场获取的多源运行数据进行融合，获取支持直观表现停车场运行状态的评价效果。

（3）面向多场景定制的停车一体化服务技术。基于不同停车场景特殊性，在收费、管理、查询、预订与导航等各个环节同和关键技术实现定制化服务，提供多场景停车资源的实时更新、查询、预定与导航一体化服务，提升停车服务水平和管理能力。

城市道路交通信号智能优化与统一控制平台关键技术与应用

一、完成单位

东南大学、浙江省台州市公安局交通警察局、江苏智通交通科技有限公司、南京瑞栖智能交通技术产业研究院有限公司、江苏中路交通发展有限公司。

二、成果简介

研究人员围绕城市道路交通信号智能优化关键技术体系重构需求，重点从多层级信号智能优化控制、公交车辆与特殊车辆优先通行、统一平台软件研发应用三大方面进行了系统研究，形成了交通信号智能优化成套关键技术与应用平台。主要创新成果如下：

（1）基于交通运行状态的路口级交通信号配时智能优化技术。针对失衡、饱和/过饱和等状态下传统时段划分、配时参数优化方法性能欠佳的缺陷，优化了路口级交通信号配时智能技术，提出了路口控制时段自动划分与路口信号配时鲁棒优化方法，减少了路口延误，提高了绿时利用率。

（2）基于干线车流到达模式估计的干线信号配时优化技术。针对既有方法无法精细考虑实际车流到达过程和忽略拥堵状态转向需求准确度低等问题，提出了基于干线车流到达模式估计的干线信号配时优化技术，构建了基于车辆轨迹建模与优化的干线信号配时协同优化方法，实现了车辆到达信息的精确重构。

（3）基于热点区域关键交叉口的分布式区域配时优化技术。针对路网集中式优化策略在计算效率、可操作性等方面的缺陷，研究人员构建了基于热点区域关键交叉口和背压控制的分布式区域配时优化技术，减少了路网车辆出行的平均行程时间，降低了路网车均控制延误，实现了路网全局交通状态建模与推演。

（4）以无专用道的公交信号优先为主的主动优先云端控制技术。针对既有公交、特勤、救援等特殊车辆信号优先控制方法对路口空间组织要求高、实现成本高、灵活性差、干扰大的问题，研究人员提出了基于多种组合策略的公交信号优先、多场景下的特勤救援车辆信号优先控制算法，实现了公交车辆与特殊车辆的信号主动优先云端控制。

端云融合的涉车交通大数据分析与安全防控关键技术及应用

一、完成单位

清华大学、北京航空航天大学、北方工业大学、中国人民公安大学、上海凯智信息技术有限公司、北京精英路通科技有限公司、江苏魔视智能科技有限公司。

二、成果简介

研究人员围绕涉车的数据采集、涉车交通大数据情报分析和安全防控等核心任务，提出了端云融合的重点涉车数据一体化感知方法、基于知识图谱的涉车交通大数据情报分析等技术，研发了车辆大数据分析计算及应用系统、移动鹰眼数据管控平台等。主要创新成果如下：

（一）端云融合的涉车数据一体化协同感知方法。针对传统固定检测技术存在的检测范围小、样本稀、参数单一、涉案车辆与民警时空分离等问题，研究人员提出了路基和车基一体化协同的车路状态数据采集与汇聚方法，建立了端云融合的违法嫌疑车辆识别新模式，研发了智能车辆识别系统，实现了涉车数据的一体化协同感知与汇聚。

（二）基于知识图谱的涉车大数据情报分析技术。针对道路交通系统复杂时变，数据异构关联性差，且缺失问题严重，仅靠执法经验难以准确辨识车辆违法状态的问题，研究人员提出了基于质量增强的涉案车辆时空特征提取方法，建立了基于因果关系挖掘的涉车出行知识图谱，研发了智能车辆大数据分析计算及应用系统，实现了基于涉车大数据的车辆情报分析。

（三）涉案车辆实时主动精准执法关键技术及系统装备。针对涉车犯罪频发、扰动随机性强，涉案车辆实时主动精准执法困难等问题，研究人员提出了基于涉车安全主动防控的警力调度方法，建立了涉车实时主动防控策略生成与优化方法。

基于北斗定位系统的城市共享单车智能服务与精细治理关键技术及应用

一、完成单位

深圳市交通运输局、东南大学、深圳市综合交通设计研究院有限公司、广州骑安科技有限公司、深圳市标准技术研究院。

二、成果简介

研究人员针对共享单车发展无序以及与公共交通融合不足的城市交通治理难题，基于北斗高精度定位在交通行业推广应用，采用时空聚类分析、机器学习、数据关联与融合等方法，对共享单车与公交大数据进行分析挖掘，研究动静态资源高效配置方法，研发了基于北斗高精定位技术的城市共享单车智能服务与精细治理关键技术及监管系统，并通过在深圳等多个城市进行多个层次的应用推广，对关键技术进行检验与完善。主要创新成果如下：

（一）基于北斗高精定位的多源大数据共享单车服务定位与特征分析。研究人员在分析共享单车功能定位基础上，基于共享单车与集约型公共交通高效衔接需求，提出了公交多方式组合出行链提取与特征分析模型，实现公交出行链整体辨识精度的大幅提高；基于共享单车高精定位空间、时间、轨迹等订单数据，建立共享单车服务公交可达性模型，为共享单车停放设施配置与空间布局提供依据。

（二）基于北斗高精度定位的共享单车投放规模与停放区配置技术。研究人员针对当前公共交通站点衔接低效、站点周边土地资源紧缺、用户出行体验较差等问题，提出了基于时空聚类识别共享单车虚拟站点的方法，为共享单车停放设施规划、车辆投放、动态调度的统筹管理提供了理论指导；创建了基于共享单车接驳需求的轨道站点功能定位方法，提出了不同功能类型站点接驳圈层可达性范围的量化方法，设计了轨道交通站点可达性范围凸包（调度子区）理论的共享单车资源配置方法。

（三）基于北斗高精度定位的共享单车入栏结算体系。为提升共享单车定位精度、减少误差与漂移，实现车框精准匹配入栏结算，研究人员研究了共享单车高精度电子围栏、共享单车分体锁技术和共享单车网格算法关键技术。

基于宏中微观动态仿真的智能化交通管控关键技术及应用

一、完成单位

广州市交通规划研究院、华南理工大学。

二、成果简介

研究人员研发了宏中微观动态一体化的仿真分析评价系统，提出了宏观、中观交通调控的技术手段，优化了交通信号控制策略与信号配时方案，实现了交通调控策略和管控措施的动态优化。主要创新成果如下：

（一）基于多源异构数据的宏中微观一体化交通仿真平台构建方法。针对现有的仿真技术在交通管控应用方面存在的宏观模型不够精细，微观模型相对复杂等问题，研究人员通过建立以路网模型为基础的多源异构数据的标准化，实现了交通基础数据链的关联和接口统一；在此基础上，以广州既有的宏观模型为基础，结合宏、中、微观模型的特点，对中微观动态交通仿真所涉及的模型参数标定、动态分配方法以及 OD 修正方法等进行研究，建立一种可结合宏、中、微观优点的仿真平台。

（二）"路网承载力+特征车辆分析+动态评估"综合研判模式。研究人员基于仿真平台构建城市交通运行评价分析指标体系，以城市路网容量管控为目标，研究全方位、多维度精细化分析城市交通运行态势的技术方法，建立了"路网承载力+特征车辆分析+动态评估"综合研判模式，为交通管理的各项决策提供依据，实现路网通行量的有效管控。

（三）基于拥堵阈值管控的交通信号动态控制参数迭代优化方法。基于路段和路口的拥堵阈值管控，从路口拥堵调控维度提出了一整套路口交通信号优化的技术方法，满足各种路口拥堵控制需求；结合路段拥堵调控目标，提出了多种路段协调控制模式，适应不同交通场景的协调控制；面向城市复杂路网，提出了"子区-路径集"协调控制新技术，提升了路口和路段通行效率。

（四）建立了"互联网数据+仿真"的施工交通组织管控方法。大型施工是城市动态交通的临时变量，需要采用基于量化数据的动态反馈机制提升施工疏解方案的精细化水平，降低临时变量的影响。包括基于交通仿真分析施工前后流量变化，指导交通施工疏解方案制定；开展施工期间动态跟踪与评估，动态跟踪施工区域交通运作，及时优化调整交通疏解方案。

第十五章

“十三五”成就巡礼

【“十三五”交通运输发展成就巡礼 公路篇】
大道如虹天地宽

大道如虹天地宽相关报道见图 15-1。

追梦圆梦 行稳致远

“十三五”交通运输发展成就巡礼

大道如虹天地宽

——“十三五”交通运输发展成就巡礼之公路篇

大动脉高品质 高速公路网络密织

微循环惠民生 “四好农村路”硕果

物流链新动能 运输服务提质增效

更畅通更智慧 管理服务创新升级

五年巨变

五年看路

中国路

中国桥

中国隧

数说“十三五”

图 15.1 大道如虹天地宽相关报道

四通八达、自东向西、纵横交错、规模庞大的动脉网络贯通城市、畅达乡村，通车总里程 15.5 万千米的高速公路，奠定了保运保供、保通保畅的基础。

川流不息、南来北往、繁忙有序、畅通无阻的滚滚车流进城入乡、过江越海，世界第一的客货运量，彰显生机活力、承载美好期盼。

5 年来，全国公路交通行业在习近平新时代中国特色社会主义思想指引下，逢山开路、遇水架桥，奋力推进公路交通基础设施发展、服务水平提高和转型发展，在时代大考中交出了一份高质量的精彩答卷（见图 15.1）。

“新建改建高速公路通车里程约 3 万千米”“改造建设百万千米农村公路”!《国民经济和社会发展第十三个五年规划纲要》明确的两项“公路指标”均已超额完成。预计到“十三五”期末，公路通车里程约 510 万千米，较“十二五”期末增加 52.27 万千米。一张安全便捷、智慧绿色、经济高效、有国际竞争力的公路网，为加快建设交通强国提供着坚实有力的支撑。京新高速公路（G7）临白段如图 15.2 所示。

图 15.2　京新高速公路（G7）临白段

大动脉高品质 高速公路网络密织

“快、快，再快点！”承担紧急运输任务的驾驶员与风雪抢时间、与疫情拼速度。2020 年 2 月 16 日 10 时许，由湖北高速公路路政车辆护送的 13 辆低平板货车车队，装载着 40 辆负压救护车，安全驶出京港澳高速公路武汉西收费站，跨越 5 个省份的应急物资运输任务圆满完成。

交通线就是生命线！2020 年年初，新冠肺炎疫情来势汹汹，危及群众生命安全，“封城”“封村”“封路”等诸多现实难题影响生产生活保障。“一断三不断”“三不一优先”“免收全国收费公路通行费”……一车车应急保障物资通过公路，源源不断地为疫情防控阻击战输送宝贵“弹药”和“补给”。公路，成为名副其实的“生命通道”。

阻击疫情，发挥关键支撑；托举发展，彰显“动脉”品质。

“十三五”以来，全国高速公路建设次第开花，一批批重大公路项目在大江南北纷纷落地。在青藏高原、在彩云之南、在千湖之省、在粤港澳大湾区……“十纵十横”综合运输大通道加快联通，每年超过 1 万亿元铺就的中国公路网不断延伸。

北京到新疆更便捷的公路大通道于 2017 年 7 月 15 日全线贯通。当日，京新高速公路内蒙古临河至白疙瘩段、甘肃白疙瘩至明水段和新疆明水至哈密段 3 个路段联动通车，北京进疆公路里程比经西安或兰州绕道连霍高速公路缩短近 1 300 千米。

一桥连三地，天堑变通途。世界最长跨海大桥、全长 55 千米的港珠澳大桥于 2018 年 10 月 23 日开通，开车从香港到珠海的时间由过去的 3 个多小时缩减为半个多小时。工程创下多项世界之最，体现了一个国家逢山开路、遇水架桥的奋斗精神，体现了我国综合国力、自主创新能力，体现了勇创世界一流的民族志气。

目光转向雪域高原，举世闻名的“两路”进入高速化发展阶段，西藏自治区高速公路通车里程已经从“十二五”期末的 38 千米迅速增长到如今的 620 千米。

近 5 年艰苦奋战终出硕果。2020 年 12 月 3 日凌晨 2 时 6 分，保（山）泸（水）高速公路控制性工程——全长 11 515 米的老营特长隧道右幅胜利贯通。作为连接滇中、滇西、滇北的重要通道，保泸高速公路也将成为滇藏公路的新通道和通往缅甸、印度的南亚国际大通道。

……

如今，我国公路通车里程约达 510 万千米，其中高速公路 15.5 万千米，居世界第一位，覆盖了 98.6%的 20 万人口以上的城市和地级行政中心。普通干线公路实现提质升级，基础服务网络广泛覆盖，截至 2019 年年底，全国二级及以上等级公路里程达 67.2 万千米。

路通，福至。一条条国家高速公路"断头路"、普通国道"瓶颈路段"陆续被消除。四通八达的公路网在便捷人们出行的同时，打开了一扇扇更加富足、更加幸福的大门，也为我国经济社会发展注入了无限的生机与活力（见图 15.3）。

图 15.3 四川省甘孜藏族自治州色达县小学生乘坐乡村客运"金通工程"客车上学

微循环惠民生 "四好农村路"结硕果

"大动脉"被迅速打通，微循环加速成网、迈向畅通。

"一、二、三，往这边移一点，别碰坏了。"2019 年 12 月 31 日，四川省凉山彝族自治州布拖县阿布洛哈村村民吉吉尔贵正在村口的峡谷摆渡车边指挥着搬运工作，村里的卫生院迎来了全村第一台冰箱。

至此，我国提前 1 年实现具备条件的建制村 100%通硬化路。"往后，65 户村民出山再不用沿羊肠小道走 3 个多小时。坐车 10 分钟出村，2 小时到县城！"阿布洛哈村党支部书记吉列子日激动不已。

全面建成小康社会，最艰巨最繁重的任务在农村。

《中国农村扶贫开发纲要（2011—2020 年）》提出，到 2020 年，实现具备条件的建制村通沥青（水泥）路，推进村庄内道路硬化，实现村村通班车，全面提高农村公路服务水平和防灾抗灾能力。

交通运输部坚持扶贫资金优先保障、扶贫项目优先安排、扶贫工作优先对接、扶贫措施优先落实的"四优先"原则，兑现"小康路上不让任何一地因交通而掉队"的承诺。

“十三五”期间，累计投入超过 9 500 亿元的车购税资金，支持贫困地区公路项目建设，约占全国车购税总规模的 68%。2016—2019 年，贫困地区改造建设国家高速公路 1.69 万千米、普通国道 5.25 万千米、较大人口规模自然村建设硬化路约 9.6 万千米，农村公路安全生命防护工程完成约 45.8 万千米，加宽改造窄路基路面 14.3 万千米，改造建设危桥约 1.5 万座。

“经过各方面艰苦卓绝的合力攻坚，交通扶贫取得了突破性进展，已经基本完成‘两通’任务！”在 2020 年 9 月 28 日举行的国新办新闻发布会上，交通运输部副部长戴东昌报告的好消息“刷屏”。截至 2019 年年底，全国农村公路里程已达 420 万千米，实现具备条件的乡镇和建制村 100%通硬化路；到 2020 年 8 月底，基本实现具备条件的乡镇和建制村 100%通客车。

伴随着农村交通基础设施建设翻天覆地的变化，老百姓出行不断迭代升级。“晴天一身土、雨天一身泥”正成为历史，6 亿农民“出门硬化路、抬脚上客车”逐渐变成现实，农村地区实现“行有所乘”。

“现在公路通到村部，每天经过军营村的公交车多达 12 趟，外出打工的村民回来创业了。”

“矮寨大桥车来车往，苗寨农家乐红红火火，期待总书记何时再来尝尝苗寨‘长桌宴’！”

“独龙江公路通车以后，村里的农特产品销售到了山外，乡亲们当上了养路员，工作稳定了，日子越来越好了。”

“2556 级崭新的钢梯替代了藤梯，是我们回家的新路，比以前至少节省半个小时，关键是更安全了。”

……

一个个精彩的民声剪影，述说着公路交通的民生故事。

更精彩的变化仍在发生。一条条“畅安舒美”的农村公路风景线带动了一批特色产业、特色小镇发展，桃花小镇、莲藕小镇、光伏小镇等如雨后春笋般涌现（见图 15.4），为农业农村现代化注入澎湃动力，新时代的中国乡村焕发新光彩。

图 15.4　浙江省安吉县“四好农村路”——梅灵路

物流链新动能 运输服务提质增效

拉伸发展的观察镜，公路交通的先行价值更加明晰。

“以前，每次春节开车回重庆的路上都会堵车，而堵车大部分时间都花在了省界收费站。没装 ETC 之前，最长一次在这里堵了将近 2 小时。”在成都工作、老家在重庆的陈小姐回忆道。现在，陈小姐回重庆再也不用“刹一脚”等着拿卡出站了。自 2018 年 12 月 28 日 15 时起，川渝间高速公路 10 处省界收费站全部实现无阻断通行。

自 2020 年 1 月 1 日零时起，全国 29 个联网省份的 487 个高速公路省界收费站全部取消，提前完成国务院部署的“两年内基本取消高速公路省界收费站”目标任务。

不到一年时间，全国建设完成了 24 588 套 ETC 门架系统，改造完成了 48 211 条 ETC 车道、11 401 套高速公路不停车称重检测系统。截至 2019 年年底，ETC 推广发行了 1.23 亿户，累计用户超过 2 亿。

向改革要效率！深化收费公路改革，取消高速公路省界收费站，大幅提升了公路的运行效率。“一脚油门踩到底”，畅快惬意！

今天的中国，已经成为世界上运输最繁忙的国家之一。据统计，2016 年，我国全社会客、货运输量分别达到 192 亿人次和 433 亿吨，公路完成旅客周转量 10 228.71 亿人千米，货物周转量 61 080.10 亿吨千米。截至 2019 年 9 月，全国拥有 50 辆及以上货运车辆的规模以上企业达 21 980 个。2019 年，公路全年完成营业性客运量 130.12 亿人，完成营业性货运量 343.55 亿吨。

在保障国际物流供应链稳定畅通中，公路交通同样亮眼。

2019 年 5 月 31 日，中俄互联互通的重要基础设施——中俄黑龙江大桥顺利合龙，一条新的国际公路大通道从此诞生，中俄人文和经贸往来将更加顺畅。

2020 年 7 月 28 日，中巴经济走廊陆路通道的核心路段——KKH 二期项目赫韦利扬至塔科特段全线竣工通车，成为“一带一路”建设的早期收获项目之一，也成为巴基斯坦公路网南北主要骨架的重要组成部分。

中蒙俄经济走廊上，新一代公路口岸车辆管理系统已在满洲里公路口岸上线运行。管理系统与内蒙古国际贸易“单一窗口”系统无缝对接，大幅提升进出境旅客通关效率及便捷性。

我国与周边国家互联互通的大通道建设加快，国际道路运输合作加速拓展。

2016 年，我国正式加入《1975 年国际公路运输公约》（TIR 公约）。2018 年，新疆霍尔果斯、黑龙江绥芬河、内蒙古满洲里等 6 个口岸完成了 TIR 试点工作。我国初步建成开放有序、现代高效的国际道路运输体系，国际道路运输便利化水平显著提高。

围绕服务经济走廊建设，我国已与 21 个“一带一路”沿线国家和地区开展了国际道路运输合作，共签署了 13 个双边、5 个多边国际道路运输协定，建立了 18 个双多边事务级会谈机制。

与此同时，我国国际道路运输经营业户的企业规模化、专业化程度不断提高，市场竞争力日益增强。新冠肺炎疫情发生前，在我国已开放的 77 个国际公路口岸中，有 73 个口岸已开展国际道路运输业务，国际道路运输年过客量、过货量稳定在 800 万人次和 5 000 万吨以上水平。承东启西、联通南北的高速公路网如图 15.5 所示。

图 15.5 承东启西、联通南北的高速公路网

更畅通更智慧 管理服务创新升级

朝雨淅沥，淡扫轻尘，在滇西旅游重要干线怒江美丽的公路上，护路员李庆邓与工友们正在仔细地清除路边杂草、垃圾。

李庆邓是云南省怒江傈僳族自治州福贡县上帕镇木古甲村村民。2016 年成为县道木古甲公路的护路员后，他在管养路段附近种了 20 多亩草果，务工农活两不误，家里人均年收入由 2 000 多元攀升至 5 500 余元。怒江创造性推行的“公路养护+精准扶贫”新模式，已聘用建档立卡贫困户 1 645 人，年人均增收超过 1.2 万元。

不仅是云南，“十三五”以来，全国各地公路交通行业探索加快建立公路养护、管理、运营发展长效机制，持续推进公路交通转型发展升级，公路交通在加快建设交通强国的征程上昂首奋进。

2019 年 9 月，国务院出台了《关于深化农村公路管养体制改革的意见》；交通运输部会同财政部出台了贯彻落实意见的实施方案，指导部署全国农村公路管养工作。

目前，已有 18 个省份在省级层面提出了推广路长制的明确要求，公路管养更加制度化、规范化。“十三五”期间，交通运输部、农业农村部、国务院扶贫办共同认定、评选出了 200 个“四好农村路”示范县，示范引领推进“四好农村路”提质增效。

2020 年 12 月，交通运输部印发《关于全面做好农村公路“路长制”工作的通知》，提出到 2022 年全面建立覆盖县、乡、村道的“路长制”，基本形成“政府主导、部门协同、上下联动、运转高效”的工作格局。

日益精进的配套服务，为公路高质量发展丰富了新内涵。

——“司机之家”落地开花。

独立餐厅、自助厨房、休息室、洗衣机、烘干机、自助加水机……广东佛山勒流服务区“司机之家”，设施齐全，干净温馨。2018 年，交通运输部开展了“司机之家”建设工作，到 2019 年年底就建成 182 个“司机之家”。到 2020 年年底，全国将再增 150 个“司机之家”，货车司机的获得感、幸福感、安全感持续增强。

——服务区提档升级。

鲜花绿树相映成趣、餐厅商场环境幽雅、星级厕所清新怡人……曾经，高速公路服务区里简陋的厕所、单一的商品、简单的菜品，被广大司乘人员所诟病，备受社会关注。5 年来，交通运输部以旅客的体验感和舒适度为目标，坚持问题导向，通过开展建设“星级服务区”，打造“智慧服务区”“厕所革命”专项行动等一系列措施，让旅客的出行越来越舒适。

——“未来公路”正在路上。

2020 年 10 月 9 日，江苏省五峰山过江通道南北公路接线工程“未来高速”示范工程施工图设计通过审查。这项“未来高速”示范工程将建成首个车路协同示范应用基地和首条“5G 网络全覆盖+应用”的高速公路，实现安全保障全天候、出行服务全方位、运营维护全数字。

“十三五”以来，一批技术先进、各具特色的智慧公路项目如雨后春笋般涌现，人们对新基建的公路样板有了更多的期待。

展望“十四五”，全国公路交通行业将深入贯彻落实党的十九届五中全会精神，勇担使命、积极作为，奋力加快建设人民满意、保障有力、世界前列的交通强国，为全面建设社会主义现代化国家再立新功，以优异成绩迎接中国共产党成立 100 周年。

数说“十三五”（见图 15.6、图 15.7）

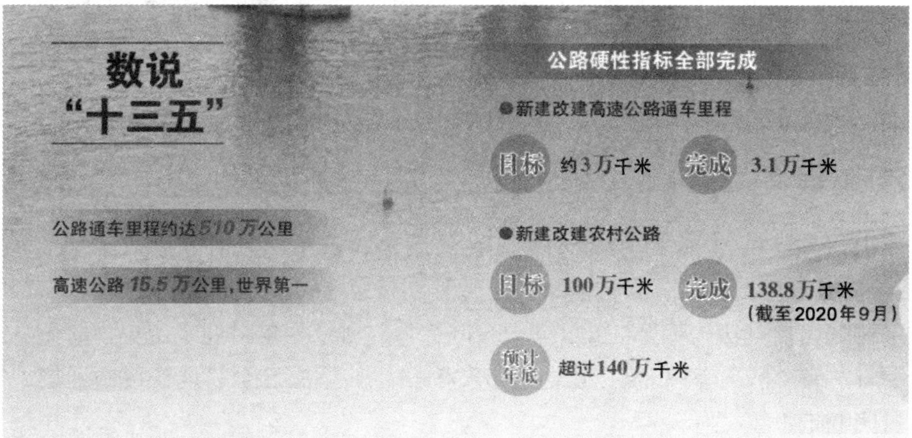

图 15.6 数说“十三五”（一）

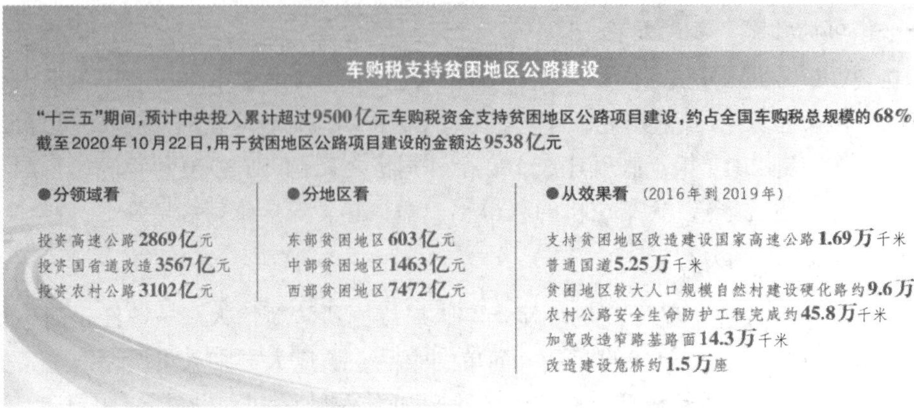

图 15.7 数说“十三五”（二）

五年巨变（见图 15.8）

（a）　　　　（b）

图 15.8 告别过去的藤梯山路（a），“悬崖村”的村民走上了钢梯山路（b）阿克鸠射 王效 摄

告别 藤梯

凉山州悬崖村的村民和孩子们常年在悬崖上爬藤条，上山下乡，安全得不到保证。2016 年 5 月，凉山彝族自治州和昭觉县共拨款 100 万元，将“悬崖村”——阿土列尔村的藤梯升级为钢梯。2020 年 5 月 12 日，阿土列尔村迎来历史性时刻：2020 年 5 月 12—14 日，全村 84 户建档立卡贫困户，陆续搬迁至易地扶贫搬迁集中安置点，村民们走上了楼梯。

全面建成小康社会，一个民族、一个家庭、一个人都不能少。从藤梯、到钢梯、再到楼梯，“悬崖村”的村民们正走在新时代的幸福路上。

（a）

（b）

图 15.9 怒江上的溜索（a）；福贡县上帕镇已建起三代跨江大桥（b）特约记者 新跃华 摄

再见 溜索

"十三五"期间，交通运输部高度重视"溜索改桥"工作。2015 年，将"溜索改桥"建设纳入贴近民生 10 件实事。2018 年，共计安排贫困地区中央车购税资金 2 144 亿元，提出新增的项目、资金都要向"三区三州"等深度贫困地区倾斜，全面完成了西部边远地区的"溜索改桥"建设任务。

党的十八大以来，着力解决贫困地区出行的难中之难，全国实施 311 个"溜索改桥"项目，完成了渡口改造 996 座、渡改桥 5.2 万延米，彻底解决了偏远地区群众"过江难"问题。

曾经承载着贫困记忆的溜索，在新时代华丽转身，发挥着新用途。如今，在云南怒江州桥马嘎村，当地建起了连接高山与生产路之间的草果运输溜索。溜索正变成运输草果、实现群众增收致富的"金桥银桥"。

五年看路

中国路

"十三五"期间，我国公路建设迎来跨越发展，新技术、新理念应运而生，绿色、科技、便民的公路蓬勃发展。

慢行——2016 年 5 月，全国首条服务完善的快慢综合交通旅游廊道——赤水河谷旅游公路正式投入使用。该公路主动衔接慢行系统，全线共布设 7 处驿站、8 处服务站、13 处慢行驿站、13 处休憩点。自然与公路和谐共存，成为一道风景线。

科技——2017 年 7 月，世界沙漠公路中里程最长、等级最高、工程量最大、施工期最短的高速公路——京新高速公路（G7）全线通车。该高速公路全长超2500千米，连接北京、内蒙古、新疆6省（区、市），先后穿越乌兰布和、腾格里、巴丹吉林三大沙漠，是亚洲投资最大的单体公路建设项目，被世人誉为“铺展是天路，矗立乃丰碑”的奇迹。

便民——2019年5月，北京回龙观至上地自行车专用路试运行。该条自行车专用路全长6.5千米，其中全封闭专用路段5.46千米。专用路沿线无红绿灯，并设置了潮汐车道和自发光指路标志，惠及约1.16万“通勤族”。

绿色——全国“最美绿色高速”千黄高速公路预计2020年年底建成通车。作为浙江省唯一列入交通运输部第二批绿色公路建设典型示范工程，千黄高速公路实现了全线边坡覆绿率、便道硬化率达100%，噪声、扬尘控制率超过90%，淳安段全线实现雨污水通过路、桥面径流处理系统处理后排放，避免了水域污染。

亲历者说：“‘百米深井水含沙，烈日灌顶汗蒸发，谁说阿盟风不大，信号随风无处抓。’虽然京新高速公路条件艰苦，我为能够参与这项伟大工程感到骄傲和自豪!”中建交通京新高速公路项目建设者党鑫有感而发。

“以前骑车上班不仅要经过多个路口，走过街桥时还要停车步行，通勤时间至少二三十分钟，而走自行车专用路只需一刻钟，现在每天都习惯骑这条路了。”在龙泽从事软件开发工作的杨先生说。

中国桥

“十三五”期间，我国桥梁建设达到新高度，以港珠澳大桥为代表的一批桥梁工程不断刷新着世界桥梁建设的“世界之最”。

世界第一高桥——2016年9月，由贵州、云南两省合作共建的世界最高桥——杭瑞高速公路贵州毕节至都格（黔滇界）高速公路北盘江大桥实现合龙，大桥桥面至江面高差约565米。2018年，北盘江大桥荣获世界桥梁界的“诺贝尔奖”——古斯塔夫金奖。

世界最长跨海大桥——2018年10月23日，港珠澳大桥正式开通。港珠澳大桥跨越伶仃洋，东接香港特别行政区，西接广东省珠海市和澳门特别行政区，总长约55千米，是“一国两制”下粤港澳三地首次合作共建的超大型跨海交通工程。大桥的开通对推进粤港澳大湾区建设具有重大意义。

世界首座跨度超千米的公铁两用斜拉桥——2020年7月，沪苏通长江公铁大桥通车运营，标志着世界公铁两用斜拉桥主跨迈入“千米级”时代。沪苏通长江公铁大桥将有力助推长三角区域一体化发展，建成通车后对提升区域铁路、公路路网水平，优化运输组织方案，完善交通运输结构具有重要意义。

亲历者说：“项目混凝土用量大概在92万立方米，用量巨大。我们通过机械化改造，在砂石料码头设计存料能力达30立方米的大型集料斗。先由抓斗往集料斗内送料，自卸车就位后再开放集料斗的出料口往自卸车内送料。这一举措不仅提高了工效，而且减少砂石料浪费，有效节约了成本。”中交二航局沪苏通长江公铁大桥项目经理杨志德介绍。

中国隧

“十三五”期间，我国隧道穿山入海，一次又一次开创隧道施工新纪元。

海底沉管隧道——2017 年 7 月，世界上埋深最大、综合技术难度最高的沉管隧道——港珠澳大桥沉管海底隧道实现贯通。该海底隧道长 6.7 千米，由 33 节巨型沉管和 1 个合龙段最终接头组成。这些沉管采用工厂法预先制成，并创下了浇筑百万立方米混凝土无一裂缝的世界奇迹。

高寒特长隧道——2017 年 9 月，317 国道雀儿山隧道正式通车。隧道全长 7 079 米，建设者攻克了断层、涌水、冻土、岩爆、供暖、供氧、通风等世界级高原施工难题。隧道贯通后，穿越雀儿山只需要不到 10 分钟，且实现长年通行，不会因雪或冰封路。

螺旋隧道——2017 年 10 月，西北地区首条高速公路螺旋隧道——大（力加山）循（化）高速公路卧龙沟一号隧道全线贯通，隧道全长 2 620 米，海拔 3 100 米，是我国西北地区首条高寒、高海拔、高速螺旋隧道。

高海拔长隧道——2019 年 4 月，经过 4 年建设的米拉山隧道正式建成通车，标志着西藏自治区拉萨至林芝高等级公路实现全线通车。米拉山隧道平均海拔 4 750 米，隧道双向分别长 5 727 米和 5 720 米。作为世界上海拔最高的特长公路隧道，米拉山隧道的建成通车，使过去 18 千米的翻山路程缩短至 5.7 千米。

亲历者说：“留在米拉山是因为工资高吗？是因为没有地方去吗？很多人这样问我们。我觉得，艰苦的活总得有人去干。与施工队作业人员跑了两茬儿相比，项目部职工基本保持着进场时的原施工队作业班人马。”中铁十二局一公司米拉山隧道项目部经理梁永忠说。

【“十三五”交通运输发展成就巡礼 铁路篇】铁肩担当大国兴

铁肩担当大国兴相关报道见图 15.10。

2-3版

追梦圆梦 行稳致远

“十三五”交通运输发展成就巡礼

中国交通报

铁肩担当大国兴

——“十三五”交通运输发展成就巡礼之铁路篇

双网融合 高品质构筑出行新时空

内联外通 高质量支撑国家战略

自主创新 高标准夯实产业基础

中外互济 高水平推进国际合作

数说“十三五”

图 15.10　铁肩担当大国兴相关报道

中国铁路不断勇攀高峰。2020 年 11 月 8 日，世界瞩目的川藏铁路雅林段（四川雅安至西藏林芝段）开工建设。

作为史诗级铁路工程，川藏铁路雅林段由四川盆地直登青藏高原，线路呈台阶式“八起八伏”，依次经过四川盆地、川西高山峡谷区、川西高山原区、藏东南横断山区、藏南谷底区，修建难度之大世所罕见。

这是一场迎难而上的勇敢跋涉，也是一段先行使命的果敢担当（见图 15.11）。

翻开“十三五”的编年册，中国铁路不断在高峰中再攀新高，科技取得新进步，发展迈上新台阶。5 年里，铁路人勠力同心，谱写了新时代铁路高质量发展的新篇章。

“四纵四横”高铁网提前建成运营，“八纵八横”高铁网建设加快推进。我国已建成世界上最现代化的铁路网和最发达的高铁网。

路网纵横、四通八达；人便于行、货畅其流；中国高铁、领跑世界……高质量发展、高效率运行、高品质服务，中国铁路加速奔跑，成为推动经济发展、社会进步、人民幸福的强劲引擎。

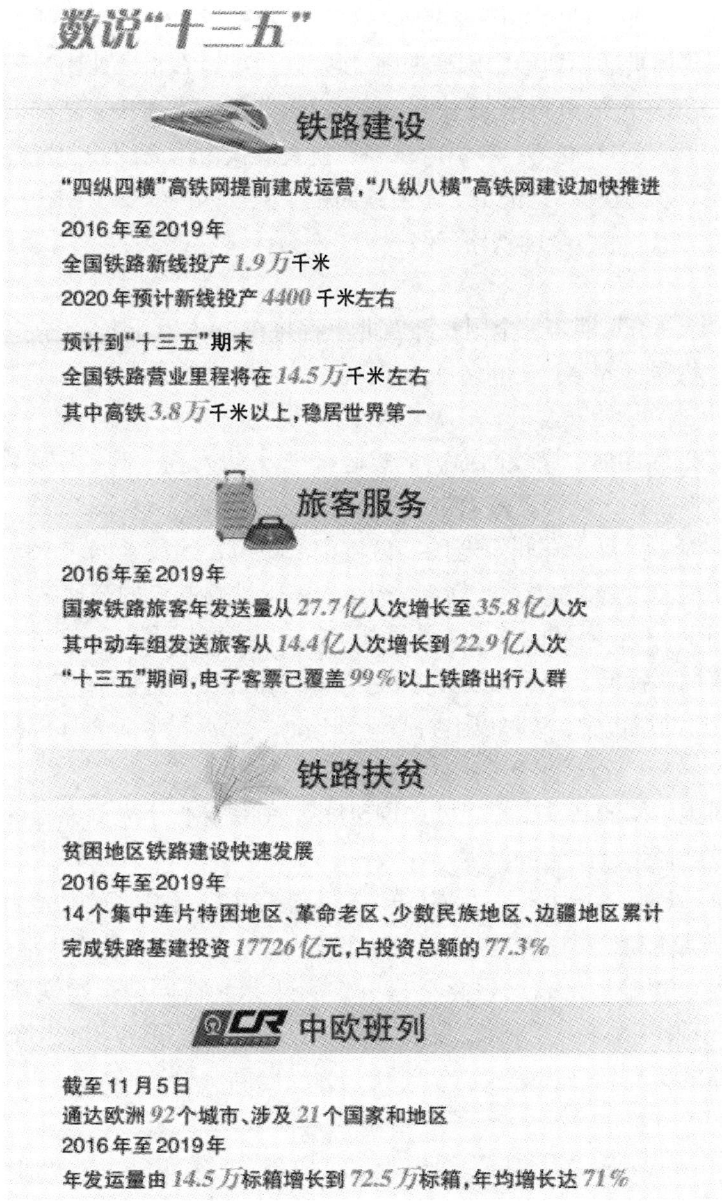

图 15.11 数说"十三五"—铁路

资料来源：国铁集团、国务院新闻办新闻发布会等

双网融合 高品质构筑出行新时空

"用动车把老婆顺利地娶回家倍儿爽！"2019 年 1 月 21 日，家住云南大理的何学强坐上 D8707 次动车组列车，跨越 700 千米把心上人从文山壮族苗族自治州富宁县

娶回了家。

把动车当“婚车”，中国铁路网飞速发展并持续完善，为人民生活绘就了美好图谱。

大江南北，一条条铁路在中华大地上刻下刚劲线条。在龙江冰城，哈牡高铁自此引出并向东延伸贯通，划上中国高铁网“最北一横”；在祖国西南，云桂铁路串联散落“遗珠”，滇东南旅游跑出加速度；在大巴山区，西成高铁穿越群山峻岭开辟新“蜀道”，3 小时跨越 3 000 年；在浙皖水乡，杭黄高铁由千岛湖驶向富春江，成就黄金旅游线；在“塞上江南”，银川至中卫铁路把宁夏拉入高铁朋友圈……

2016 年至 2019 年，全国铁路新线投产 1.9 万千米，2020 年预计新线投产 4 400 千米左右。

预计到“十三五”期末，全国铁路营业里程将在 14.5 万千米左右，其中高铁 3.8 万千米以上，稳居世界第一。世界上最现代化的铁路网和最发达的高铁网在中华大地快速织就。

5 年来，“四纵四横”高铁网提前建成运营，“八纵八横”高铁网建设加快推进，中国高铁版图不断扩大，为更多人带来了“半日往返千里”的幸福感。

北京、上海、武汉、郑州等全国及区域中心城市，建成了以“八纵八横”主通道为骨架、不同速度等级的区域连接线衔接、城际铁路补充的高速铁路网，实现相邻大中城市间 1～3 小时交通圈，城市群内 0.5～2 小时交通圈。

越织越密的高铁网，深刻改变了中国人的出行方式。预计到 2020 年年底，我国 100 万以上人口的城市中，95%以上将有高铁连通。说走就走成为日常，朝发夕至都觉得太慢。

如果说风驰电掣的高铁支撑了“中国速度”，蜿蜒穿行于大山深处的绿皮车，则彰显了中国铁路最贴近民生的温度。

“十三五”以来，81 对公益“慢火车”（见图 15.12）不断提高服务品质，154 个无轨站普及高铁便利。2016 年至 2019 年，我国 14 个集中连片特困地区、革命老区、少数民族地区、边疆地区新增铁路里程 1.6 万千米，占同期全国铁路投产里程的 82.6%，其中新增高铁 1.3 万千米，占同期全国高铁投产里程的 81%。部分贫困地区结束不通铁路的历史，一步跨入高铁时代，为当地群众脱贫致富发挥了基础性保障作用。

“走得了”是基础，“走得好”是追求。全面布局旅客美好出行新时空，5 年来，中国铁路不断提升管理能力和服务水平，点点滴滴，孜孜以求，人民群众从中真切感受到了铁路人的用心和旅途中的变化。

“我今天坐高铁去吐鲁番办事，提前在网上买好了票，进站、检票刷一下身份证，很快就通过了。”2020 年 4 月 29 日 0 时起，甘肃兰州至新疆乌鲁木齐高速铁路全线实施电子客票（见图 15.13）。当日，在 D2706 次列车上，旅客王强高兴地说：“现在购票可以‘足不出户’‘身无分文’，不用排队取票，更不用担心弄丢车票，真是省时省力省心。”

图 15.12　公益“慢火车”（李玉祥 摄）

图 15.13　电子客票（莫衍聪 摄）

购票乘车，是美好出行的序曲和关键。从 2018 年海南环岛高铁先行先试，到 2020 年 6 月 20 日在全国普速铁路推广实施，仅用不到 2 年时间，全国铁路已有 2 700 个车站推行电子客票，覆盖 99%以上的铁路出行人群。

火车票从“有”到“无”，方寸间折射出铁路客运服务供给侧结构性改革迈出的坚实步伐。“十三五”期间，铁路部门探索利用信息化、技术化手段，不断优化旅客出行体验。移动支付、智能导航、刷脸核验、网上订餐、在线选座、扫码进站、站车 WiFi 等创新服务举措竞相涌现，高铁网与互联网“双网融合”展现出铁路服务新气象。

内外联动 高质量支撑国家战略

铁路是国家重要的基础设施，也是国民经济运行的大动脉。铁路延伸，列车呼啸，各类生产要素快速流动和集聚，一个个世界级城市群快速崛起，铁路成为拉动经济社会发展和促进新发展格局形成的强劲“火车头”。

“十三五”以来，中国铁路积极构建高效快捷的铁路交通网，为国家重大战略顺利推进实施提供了坚强支撑。

2020 年 9 月 16 日 13 时许，55 001 次动态检测列车从大兴机场站鸣笛发车，京雄城际铁路大兴机场站至雄安站正式进入联调联试动态检测阶段（见图 15.14），其全线开通运营进入倒计时。

图 15.14　京雄城际铁路雄安站（孙立君 摄）

“轨道上的京津冀”日益完善，为协同发展按下加速键。“十三五”期间，京津冀地区路网建设力度加大，路网结构更加优化。石济客专、京张高铁、张大高铁等对外区际铁路通道，有效加强了京津冀与周边地区的快速交流；京雄城际、京唐城际、京滨城际等城际和区域性铁路投运在即，区域内部一体化程度得到了进一步提升。

以城市为中心、铁路为轴线的点轴联动，有效地带动了区域协同发展，铁路已成为打造“轨道上的城市群”的主力军。

这 5 年，长三角铁路建设发展加速，相继开通郑徐、金丽温、衢九、杭黄、青盐等高铁线路，截至 2019 年年底，营业里程达 11 632 千米。织线成网、互联互通、持续扩容的长三角铁路版图强势铺开，沪苏浙皖“同城化”效应不断扩大，带动形成 0.5～3 小时城际交通圈，区内城市发展空间与前景更加广阔。

这 5 年，粤港澳大湾区互联互通迈出坚实步伐。广深港高铁香港段、江湛铁路等多条铁路干线建成通车，赣深高铁、深江高铁和珠三角城际等 10 多条铁路建设全面推进。截至 2019 年年底，粤港澳大湾区铁路通车总里程达 2 100 千米，大湾区联通粤东西北的放射形高快速铁路网基本形成，一个创新要素便捷流通、产业活力迸发、幸福感日渐提升的大湾区呈现在世界面前。

这 5 年，“陆海内外联动、东西双向互济”新格局让西部地区发展驶上快速道。纵贯南北的浩吉重载货运铁路，为晋陕蒙煤炭资源畅通运输渠道；张呼高铁、宝兰高铁、西成高铁等高速铁路带动沿线第三产业蓬勃发展，产业结构优化升级，发展潜能进一步释放；西部陆海新通道班列运行 3 年多以来，累计发出铁海联运班列 5 500 余列，有效发挥西部地区连接“一带一路”的纽带作用。

千年前，漠上悠扬的驼铃，摇出东西方交流的序曲，千年后，驰骋穿梭的"钢铁血脉"，支撑起"新丝路"的繁华。

2020 年 10 月 15 日，满载 1 100 吨乳制品的"波兰乳品专列"开进中国，补充"双 11"货源。2020 年 11 月初，首列跨境电商专列"菜鸟号"满载 20 万件欧洲消费者网购的包裹驶向西方。

受新冠肺炎疫情影响，全球贸易通道严重受阻。中欧班列（见图 15.15）肩负起向欧洲运送防疫物资的任务，在亚欧大陆间开辟了一条重要的"生命通道"。疫情发生以来，截至 2020 年 11 月初，中欧班列累计向欧洲运送防疫物资 751 万件、6.2 万吨，为全球抗疫贡献了"中国力量"。

图 15.15　中欧班列

开放包容、合作共赢浪潮不可阻挡，中欧班列受到沿线国家和地区追捧。2020 年，立陶宛、塞尔维亚、乌克兰等国欣然加入，中欧班列"朋友圈"进一步扩大。中国牵手欧洲 21 个国家和地区、92 个城市，共同奏响高质量发展的交响乐。

量变推动质变。5 年来，中欧班列运行效率持续提升、质量持续改善，发展迈上新台阶。

2020 年以来，截至 11 月 5 日，中欧班列开行已突破万列，运送集装箱 92.7 万标箱。往返综合重箱率达到 98.3%，双向运输更加平衡。

95306"数字口岸"系统实现海关、铁路数据网上共享、通关状态自动反馈等功能，与俄罗斯、蒙古等国铁路共同实施口岸站扩能改造等举措，让中欧班列运输能力和通关效率大幅提高。

2020 年以来，阿拉山口、满洲里、二连浩特等 5 个口岸运量去回程同比平均增幅分别达到 60%、47%。

货物种类更加丰富，市场双向互补效应更加明显。去程，从手机、电脑等 IT 产品到衣服、鞋帽、汽车及零配件、粮食、葡萄酒等远销欧洲市场。返程，德国啤酒、西班牙火腿、哈萨克斯坦面粉等热门"洋货"源源不断地送到中国消费者手中。智能调度见图 15.16。

图 15.16　智能调度（鲁静 摄）

昔日丝路古道，而今黄金通途。“十三五”期间，中欧班列高质量发展迈上新台阶，年发运量由 2016 年的 14.5 万标箱增长到 2019 年的 72.5 万标箱，年均增长达 71%。

自主创新 高标准夯实产业基础

科技是国家强盛之基，也是铁路发展的不竭动力。“十三五”以来，铁路领域一大批重大科技创新成果竞相涌现，高速铁路、重载铁路、高原高寒铁路等关键、核心技术不断取得新突破，有的达到了世界领先水平。

浩瀚长江无垠，“长虹”飞跨两岸。2020 年 7 月 1 日，我国自主设计建造、世界上首座主跨为千米级的沪苏通长江公铁大桥正式开通。

“沪苏通大桥的设计建造技术实现了 5 个‘世界首创’，在我国乃至世界铁路桥梁建设史上具有里程碑意义。”中国国家铁路集团有限公司副总工程师兼建设部主任、工程监督局局长王峰说。

一桥飞跨南北，天堑变通途。针对不同区域和环境，铁路部门创新设计建造理念，多座具有代表性的铁路桥梁拔地而起。“世界第一座高速铁路悬索桥”“世界第一大跨度的铁路钢桁拱桥”“世界海拔最高、跨度最大的铁路钢管混凝土拱桥”等多个“世界之最”纷纷问世。

铁路桥梁建设奇迹折射出中国铁路在工程建造方面积蓄迸发的创新活力。

目前，我国已建成世界最现代化的铁路网和最发达的高铁网，成为世界上高速铁路建设里程最长、运行速度最高、运营场景最丰富、对自然环境适应性最强的国家。

中国铁路技术标准体系日渐完备，创立路基沉降和冻胀控制技术，成功研制了中国高速铁路标准板式无砟轨道、40 米跨度预制简支梁等，在系统掌握路基、长大隧道、大型客站等工程建造技术的基础上实现了新突破。

“十三五”期间，“纯中国血统”的“复兴号”诞生了。从“大脑”到“心脏”，全部中国创造的“复兴号”，速度更快、能耗更低、寿命更长、安全性更强，车厢内 WiFi 全覆盖，舒适度更高。

2017 年 9 月 21 日，“复兴号”动车组在京沪高铁率先按时速 350 千米进行商业运营，创下世界高铁商业运营最高速度。随后，“绿巨人”（见图 15.17）、“蓝暖男”加入，再到超长编组的登陆，满满都是惊喜。在不断成长中，“复兴号”增量扩容、扩大开行范围、实现智能发展、推动品牌升级，惠及更多地区的人民。

图 15.17 “复兴号”系列之“绿巨人”

2019 年 12 月 30 日，世界首列时速 350 千米智能型“复兴号”从北京北站驶出，在地下 102 米处穿越八达岭长城，奔向“冬奥之城”张家口。像追求更快、更高、更强的奥林匹克运动员一样，京张高铁在世界上首次全线采用智能技术建造，首次采用北斗卫星导航系统保驾护航，创造了智能建造、智能装备、智能运营等多个方面的“冠军”纪录。

作为中国自行研制、具有完全自主知识产权的中国标准动车组列车，“复兴号”动车组的开行，标志着中国铁路成套技术装备特别是高速动车组已经走在了世界先进行列，树立了世界高铁建设和运营的新标杆，彰显出了中国铁路的“硬实力”。

在高铁网如火如荼建设和科研攻关的“双轮驱动”下，“十三五”期间，中国铁路装备同样跑出了新时代“中国速度”。系统掌握 25 吨、30 吨轴重重载铁路成套技术，智能驾驶万吨重载列车成功开行，重载铁路技术迈上了新台阶，货运牵引速度，运输能力大幅提升；先进安全、自主可控的 CTCS-3 列车控制系统更加“中国化”，保证高铁列车安全高效运行、准时准点到达（见图 15.18）。

14 万千米轨道线上，每天有 5 600 至 6 500 多列动车组列车安全有序地开行，全套先进完备的运营管理技术成为重要保障。中国铁路建立了三级调度指挥体系，掌握了复杂路网条件下列车运行计划编制和列车运用综合调度技术，解决了不同列车编组、不同速度、不同距离、跨线运行等运输组织难题，实现了设计最小追踪间隔 3 ~ 5 分钟。

闭环管理的铁路安全保障体系全方位保障乘客出行安全。地震预警，风、雨、雪和异物侵限等监测技术成功运用，能够对自然灾害实时监测预警，铁路安全保障和风险防控能力显著增强，将一切可能威胁乘客安全的危险因素消灭在“摇篮”中。

图 15.18　浩吉重载货运列车

察势者智，驭势者赢。随着云计算、大数据、物联网、移动互联、人工智能、北斗导航等新技术的广泛应用，铁路的科技创新正迎来新一轮机遇，为铁路乃至综合交通运输体系的高质量发展扎牢了根基。

中外互济 高水平推进国际合作

放眼全球，中国铁路的国际合作空间得到进一步拓展。铁路合作项目在世界五大洲的数十个国家落地，为世界铁路发展贡献了“中国智慧”和“中国方案”。

从广袤的东非大草原到印度洋畔起伏的丘陵，蒙内铁路（见图 15.19）每日载着旅客准时往返于两个风格迥异的城市。蒙内铁路东起肯尼亚东部港口蒙巴萨，西至首都内罗毕，全长约 480 千米，是肯尼亚独立百年来建设的首条铁路。自 2017 年 5 月 31 日投入运营以来，截至 2020 年 6 月，已累计运送旅客 432 万人次，安全运行超 1 000 个日夜。

图 15.19　蒙内铁路

作为海外首条采用“中国标准”全方位运营维护的国际干线铁路，蒙内铁路成为中非在现代基础设施建设方面友好合作的典范。

随着“一带一路”建设的深入推进，中国高铁正凭借其技术先进、安全可靠等优势，获得国际社会的广泛认可。

2020 年 12 月 15 日，印尼雅加达至万隆高铁线路 1 号隧道顺利贯通，标志着其建设取得又一重要进展。

2018 年 6 月开工的雅万高铁项目是中国高铁全系统、全要素、全生产链走出国门的第一单，全长 142 千米，最高设计时速 350 千米。该铁路线建成通车后，雅加达至万隆的列车运行时间将由现在的 3 个多小时缩短至 40 分钟。雅万高铁也将成为印尼乃至东南亚的第一条高速铁路。

“我亲眼看到一个个桥墩拔地而起，中老铁路雄姿初显，等建成通车后，我们就可以直接坐火车去首都万象，还可以坐火车去中国，这真的太棒了!”望着眼前的这条钢铁大动脉，家住中老边境磨丁的老挝青年维塞如此憧憬。

中老铁路北通中国昆明，南抵老挝万象，绵延 1 000 余千米，是首条以中方为主投资建设、全线采用中国技术标准、使用中国装备并与中国铁路网直接连通的国际铁路，预计 2021 年年底建成通车。届时，两地朝发夕至将从梦想走向现实，中老两国将打开发展共赢的新格局。

开启泛东亚地区发展新篇章，行动是最有力的答卷。2020 年 10 月 28 日，中泰铁路合作项目传来好消息，其一期线上工程 2.3 合同签约仪式在泰国总理府举行，标志着项目取得重大进展。项目建成后将进一步提升泰国和中南半岛区域的基础设施建设及互联互通水平。

疾驰的中国高铁受到世界广泛瞩目，“中国方案”叩开了欧洲市场大门。

随着一声清脆的汽笛长鸣，一辆满载旅客的列车驶入新建的新贝尔格莱德站，由中国企业参建的匈塞铁路贝泽段左线于 2020 年 10 月 21 日正式开通运营。

匈塞铁路自塞尔维亚首都贝尔格莱德至匈牙利首都布达佩斯，全长 350 千米，为客货共用电气化双线铁路，设计最高时速 200 千米。

“匈塞铁路全线通车后，贝尔格莱德至布达佩斯火车车程仅需不到 3 小时，将大大提高民众的生活水平，缩短塞尔维亚至欧洲腹地的距离。”2020 年 5 月 30 日，塞尔维亚总统武契奇视察匈塞铁路建设工地时表示，匈塞铁路项目对塞尔维亚至关重要，对未来的发展意义深远，是留给子孙后代的礼物。

匈塞铁路是中国铁路“走出去”的欧洲第一单、“一带一路”重点项目，也是中国铁路标准与欧盟 UIC 标准的首次对接。匈塞铁路贝泽段左线开通运营，为顺利推进项目后续工程建设奠定了坚实基础，积累了宝贵的经验。

目前，建设者正全面推进旧段左线等项目建设，热火朝天的施工场景成为塞尔维亚深秋中一道亮丽的风景。

“十三五”规划落地生长、拔节育穗。中国铁路为人民生活幸福、民族团结进步、国家繁荣富强贡献了“钢铁”力量。站在新起点，在奋进“十四五”的新征程上，中国铁路视野更加开阔，格局更加宏大，步伐更加从容。

【“十三五”交通运输发展成就巡礼 水运篇】风劲帆满海天阔

风劲帆满海天阔相关报道见图 15.20。

中国交通报
逐梦圆梦 行稳致远
“十三五”交通运输发展成就巡礼
风劲帆满海天阔
——“十三五”交通运输发展成就巡礼之水运篇
水网畅 提效率
“智慧芯”强港口
加减法 护生态
勇创新 激活力
谋共赢 促繁荣
数说“十三五”
大事记
亲历者说

图 15.20　风劲帆满海天阔相关报道

湖北武汉人爱吃的盱眙小龙虾，装在冷链箱中，由集装箱船从江苏淮安起运，沿京杭大运河在扬州进入长江，约 6 天后抵达武汉。2020 年 11 月底，“武汉—淮安—徐州”集装箱直航航线开行，是长江与大运河畅通畅联、推进形成国内大循环的一次生动实践。今后，小龙虾等货物经该航线批量运输到武汉，长江中上游地区的化肥、有色金属、商品车、工程机械等也可源源不断地输送到江淮地区。

2020 年 4 月，武汉解封；5 月，长江中上游第一条国际水运航线——武汉至日本集装箱江海直航航线开启“周班制”班轮化运营；6 月起，武汉港集装箱吞吐量连续 6 个月正增长……在受新冠肺炎疫情冲击最严重的武汉，水运加速经济复苏，是“十三五”水运支撑服务经济社会快速发展的一个力证。

大江奔腾、港通天下，勇立潮头、踏浪先行。5 年来，黄金水道深水深用、流金淌银，世界一流港口建设装上“智慧芯”，航运网络开放融合，在服务国家重大战略中彰显了韧劲和力量，为畅通国际物流大通道发挥了重要作用。

水网畅 提效率

这 5 年，是综合交通加快发展的 5 年，其中水运在补齐高效率的普通干线网短板中发挥了不可或缺的作用——到 2020 年年底，预计内河高等级航道达标里程将达 1.61 万千米，沿海港口万吨级及以上泊位数达 2 530 个。

“多吃一厘米水，效益多几千元!”长江南京以下 12.5 米深水航道全线贯通后，大宗物流集散地江阴港呈现“大船大港大物流”的喜人态势，江阴港港口集团股份有限公司副总裁刘小龙不禁感叹，深水航道使沿江港口活力大增。

长江南京以下航段货运量占长江全线货运量的七成，其中海轮年承运量超过 8 亿吨。以前航道水深只有 10.5 米，5 万吨级以上大型海轮需大量减载、亏载运输。

2018 年 5 月 8 日，长江南京以下 12.5 米深水航道二期工程试运行，长江口到南京的 431 千米 12.5 米深水航道全线贯通，5 万吨级海轮可直达南京港，10 万吨级海轮可减载抵达。

大船入江，改变的还有长江流域的经济版图：现代服务业和先进制造业加快向临港园区集聚，促进长江经济带产业结构优化。依托深水航道，江苏沿江地区集中了全省 90%以上的大型冶金、石化企业及 60%的电力企业，初步形成装备制造、化工、冶金、物流四大产业集群。

5 年来，长江深下游、畅中游、延上游、通支流，改善干线航道里程 1 284 千米。下游“咽喉”疏通——长江口航道北主南辅、相得益彰，中游“肠梗阻”也正被打通，6 米水深航道即将通达武汉。到 2020 年年底，长江经济带高等级航道里程将达到 1 万千米，占全国内河高等级航道达标里程的六成以上。

依托“水上高速路”，珠江—西江经济带成为推动粤港澳大湾区与我国东西部地区协调发展的关键通道。“十三五”期间，珠江新增三级以上高等级航道 1 045 千米，3 000 吨级船舶畅行粤桂，港口规模化、集约化、专业化水平不断提升，年综合通过能力新增 1.04 亿吨，年均增长 3.8%。

与此同时，京杭大运河山东、江苏、浙江段航道扩能，河畅水清，黑龙江、松花江、闽江等高等级航道建设有序推进。

“智慧芯”强港口

山东青岛前湾保税港区内，大型集装箱货轮旁，蓝色的自动化岸桥、高速轨道吊、自动导引车穿梭往来，偌大的码头“空无一人”，生产作业却“行云流水”。

2017 年 5 月 11 日，青岛港全自动化码头一期正式投产运营。该码头设计平均效率为 40 自然箱/小时，是当时世界设计效率最高的自动化集装箱码头，比传统码头作业效率提升 30%，车辆进出闸口周转时间控制在 15 分钟以内，较传统码头缩短 50%以上。2 年半后，集合了全球首创氢动力自动化轨道吊、全球首创“5G+自动化技术”

等6项“黑科技”的青岛港全自动化码头二期投产运营。

“十三五”期间，沿海港口多个全自动化码头落成，智慧港口建设已经成为我国港口发展的标志性成就之一（见图15.21）。

图15.21　招商港口“妈湾智慧港”可停靠全球最大集装箱船

全球规模最大、自动化程度最高的码头——上海港洋山深水港区四期码头，从设备到“大脑”，均为“中国制造”。投入运营3年来，智能生产管理系统发出的指令控制着整个码头的智能设备高效运转，不断刷新码头吞吐量纪录。

在京津冀海上门户天津港，岸桥自动装箱、无人驾驶集装箱卡车、集装箱地面智能解锁站……昔日的传统码头已经实现了全流程无人作业，为智慧港口建设给出了“天津范本”。在码头上做了十多年货车司机的惠学静，曾经紧张忙碌的双手被无人驾驶技术解放，车辆根据预定指令自动行驶装卸集装箱，他只需保障车辆安全。

5G技术正在为智慧港口赋能。首个5G全场景应用智慧港口项目——厦门远海码头5G智慧港口项目落地，130万平方米作业区域全面覆盖5G信号，为港口自动化、数字化、信息化发展带来全新的生命力。

港口安全管理也正朝着数字化转型发展，一系列智能化管控手段和方式得到应用（见图15.22）。宁波舟山港（见图15.23）通过实施港口企业危险货物标准化程序化智能化管理示范工程，在全港范围内实现了危险货物安全管理可视化覆盖率100%、重大危险源在线管理比例100%。唐山港京唐港区建设了货物三级联动监管平台和危险源多层次可视化管理平台，实现了危险货物集中可视化管控。

“十三五”以来，我国港口预计完成投资3 644亿元。天津港、青岛港、上海港、宁波舟山港、厦门港、深圳港、广州港等港口集装箱码头，唐山港、黄骅港等北方港口煤炭装船码头及南方公用煤炭接卸中转码头建设稳步推进，黄骅港、日照港、宁波舟山港等港口铁矿石码头，唐山港、日照港、宁波舟山港、揭阳港、洋浦港等港口原油码头，以及商品汽车、液化天然气等专业化码头建设有序实施。目前，我国港口布局合理、层次分明、功能齐全，五大沿海港口群、八大运输系统为畅通经济循环提供了强大动能。

图 15.22 长江汇兴隆洲水上绿色综合服务区为过往船舶提供“一站式”综合服务

图 15.23 宁波舟山港衢山港区鼠浪湖卸船码头巨轮到港常态化

加减法 护生态

节能减排做“减法”、绿色发展做“加法”。5 年来，水运行业多管齐下、综合治理，打出绿色港口、绿色航道、绿色船舶、绿色运输组织方式“组合拳”，为高质量发展铺就绿的底色。

自 2016 年开始，交通运输部在珠三角、长三角、环渤海（京津冀）水域推进实施船舶排放控制区政策，旨在控制船舶硫氧化物、氮氧化物和颗粒物排放，改善沿海和沿河区域特别是港口城市的环境空气质量。

通过一系列措施，2018 年船舶排放控制区的船舶硫氧化物、颗粒物排放量相比 2015 年分别下降 33%和 22%。2019 年 1 月 1 日起，船舶排放控制区“扩容”，覆盖全国沿海港口及长江、西江干线。

污染物排放量下降明显，离不开“绿色动力”的加速推广。岸电作为减少船舶靠港期间大气污染物排放的有效手段，近年来得到重点推广。2017 年 7 月，交通运输部印发《港口岸电布局方案》，推进已建集装箱、客滚、邮轮、大型客运和干散货 5 类专业化泊位的岸电设施改造。

长三角区域内设立“岸电应用试点港区”，探索推出“岸电使用成本分摊机制”，积极推进构建“政府补贴一部分、电价优惠一部分、设备供应商和投资商让利一部分、码头企业负责一部分、航运企业承担一部分”的“五个一”分摊共赢新格局，提高岸电使用率。

宽阔的长江波光粼粼，“皖池州货 5666 号”货轮停靠在安徽省铜陵市海螺码头旁。船主江宝红从船上牵出一条黑色电缆，向岸边走去，接上转接头、插入岸电桩、刷卡取电，不到 10 分钟，船上灯光亮起。“以前船舶都用柴油发电机发电，噪声大，还有气味。用上岸电后，靠岸的时候船上的十几台电器都能同时用，很安全，也便宜得多!”江宝红说。

港口多管齐下守护万里碧空，航道建设与自然环境和谐发展。在荆江河段倒口窑心滩，一眼望去是无边无际的绿色滩涂，成群水鸟不时擦着水面飞过。过去，这里是个大沙洲，枯水期犹如一片沙漠。

全长 280.5 千米的长江中游荆江河段航道整治工程，从项目设计阶段开始就以生态修复为重点，开展了水生、陆生动植物生态环境修复、生态环保施工工艺研究等生态科研和实践，共修复陆生、水生环境 218 万平方米，丰富了工程区域动植物生活环境，营造了绿色景观河岸。

“十三五”期间，长江干线船舶垃圾、生活污水、含油污水港口接收设施基本实现全覆盖，5 座洗舱站投入运行，1 361 座非法码头完成拆除改造，累计拆解改造 5 万余艘老旧落后船舶，水清、岸绿、产业兴、环境美的生态画卷正徐徐展开。

船舶驶过，蓝天依旧；航行千里，清波永随（见图 15.24）。

图 15.24　京杭大运河湖州段航道展现江南运河的生态画卷

勇创新 激活力

创新驱动是"十三五"水运行业的主旋律。5年来，水运行业突破体制机制障碍，不断推进管理体系和管理能力现代化，使广大人民群众共享发展成果。

——改革创新，海事"放管服"激发市场活力。海事系统全面推进线上线下政务服务流程整合构建、流程再造、数据共享，使行政相对人线上办事"一次登录、全网通办"，线下办事"只进一扇门、最多跑一次"；国际贸易"单一窗口"功能调整和系统升级加快实行，船舶通关申报审批环节单证数量大幅减少。证书电子化工作持续推进，预计到2020年年底，将全面完成内河船舶船员证书电子化工作，将有80多万内河船员享受证书便利化办理。

——管理创新，内河航运管理突破体制机制壁垒。2016年，长江航运"一体化管理、一条线运行、一条龙服务"的新格局正式构建，长江干线水上综合执法全面实施，与长江经济带发展相适应的新体制、新机制开始运行。珠江水运发展高层协调机制建立5年来，汇聚起各方力量，共同推动珠江黄金水道建设，权责清晰、科学规范、运行高效、服务优质的航道治理新格局加快构建。

——竞合创新，港口资源整合领跑区域协同发展。5年来，资源整合、区域一体化是港口高质量发展的"重头戏"。长三角港口间资源要素合作越来越紧密，以上海港为核心，江苏、浙江港口为两翼的"一体两翼"港口群已基本形成。津冀两地港口打破自家"一亩三分地"思维定式，扩大集装箱码头、航线领域合作的广度和深度，经济互动日渐频繁。山东省整合7市沿海港口资源成立港口集团，统一优化配置岸线资源，实现省内各港口特色化、差异化、规模化发展。粤港澳大湾区组合港项目启动，着眼港口、海关、物流、企业、银行、保险等贸易全流程，创新推动"一次申报、一次查验、一次放行"的通关模式。

——服务创新，描绘惠企利民、精准细腻的"工笔画"。数字航道高速运转，航道职工实现了"远程看，坐着管，走着用"，海事服务送到船员手上、装进船员"口袋"，技术进步、服务创新的红利源源不断。琼州海峡实施客滚运输班轮化运营模式后，困扰司机、旅客多年的不知何时登船、不知上哪一艘船、不知船舶靠哪个码头的"三不知"难题彻底成为历史，联网售票更是刷新了过海体验。

创新驱动，还让水运行业筑牢安全防线，护航高质量、可持续发展。现代化专业救捞体系建设持续推进，专业救捞力量基本覆盖我国1.8万千米大陆海岸线。4个救助飞行队的领导和管理体制，由部救捞局和各海区救助局双重领导、以部救捞局为主的模式，变为纳入海区救助局管理，逐步建成以部救捞局抓总、海区救助局管理为主、基本覆盖重点海域、反应快速的海空立体救援体系。

谋共赢 促繁荣

海运承担了我国九成以上的外贸货物运输量，5年来以更加开放融合的姿态，加速与世界同频共振、深度交融。

作为对外开放的新高地，自贸港建设让海南成为我国最开放、最具吸引力和活力的地区之一。2020 年 6 月 1 日，《海南自由贸易港建设总体方案》公布。3 天后，“中远海运兴旺”轮成为海南自贸港登记的第一艘国际航行船舶，也是第一艘以“中国洋浦港”为船籍港注册的货轮。如今，以“中国洋浦港”为船籍港的国际船舶超 20 艘。

每天都比前一天更开放。2020 年 6 月 1 日至 11 月 26 日，海南新增市场主体 18.71 万户，较 2019 年同期增长 23.94%；其中新增企业 9.97 万户，同比增长 175.54%，增速居全国第一。

作为推进国内国际市场深度融合的门户枢纽，国际航运中心创新为帆，支撑构建新发展格局。

上海港已经连续 10 年稳坐全球集装箱吞吐量第一大港，集装箱班轮航线直达全球近 300 个港口，航运交易、经纪、保险等各类产业形态加速聚集……“交账”之年，上海国际航运中心给出优异答卷。《新华—波罗的海国际航运中心发展指数报告（2020）》显示，上海国际航运中心已跻身国际航运中心前三强，仅次于新加坡和伦敦。

以上海为代表的国际航运中心融入全球产业链、价值链、物流链，有力推动了更高水平的对外开放。

5 年来，交通运输行业加快建设现代化的海运船队，完善全球航运服务网络，维护国际物流链供应链稳定。尤其是新冠肺炎疫情暴发以来，我国港航企业积极发挥海运主力作用，畅通对外贸易通道，确保产业链供应链稳定、民生和能源物资满足需求（见图 15.25）。

图 15.25　“猎鹰”轮航行在长江口北支航道上

航线联通、贸易畅通也带来了人心相通、期许融通。在疫情防控的紧要关头，国际海事组织先后 6 次向全球分享中国疫情防控经验，促进全球加强合作、联手抗疫。

回首这 5 年，越来越多的“中国方案”“中国智慧”走上国际航运舞台，换来的是多方共赢、和谐共生。我国多次举办中国欧盟、中美欧、中国丹麦等多边、双边海运会谈，签订中巴（巴拿马）海运协定等，深化国际合作交流。

潮涌风帆劲、逐浪正当时。站在“十三五”收官与“十四五”开局的交汇点上，水运行业将更好地服务国家重大战略、服务人民群众，为加快建设交通强国提供澎湃动力。

数说“十三五”（见图 15.26 ~ 图 15.28）

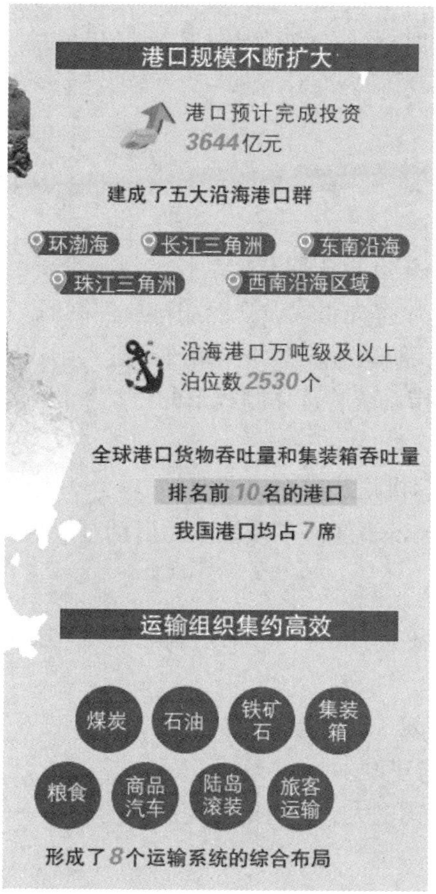

图 15.26 数说“十三五”—水运（一）

图 15.27 数说“十三五”—水运（二）

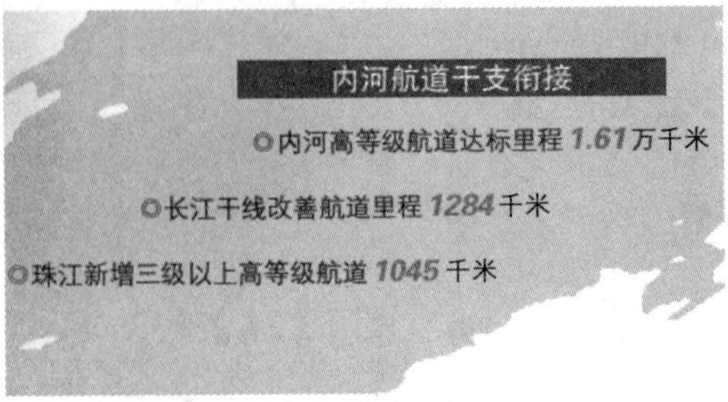

图 15.28　数说“十三五”—水运（三）

资料来源：国务院新闻办公室新闻发布会、交通运输部新闻发布会等

大事记

2016 年

1 月 5 日，习近平总书记在重庆召开推动长江经济带发展座谈会并发表重要讲话。

4 月 1 日，长三角水域率先正式设立船舶排放控制区。

4 月 15 日，深化长江航运行政管理体制改革进入正式实施阶段。

9 月，《关于深化救捞系统管理体制改革的意见》出台，新一轮深化救捞体制改革正式启动。

9 月 18 日，三峡升船机正式启动试通航。

12 月 2 日，交通运输部直属海事系统全面启动基层执法机构改革。

2017 年

4 月 15 日，长江中游荆江河段（昌门溪至熊家洲段）航道整治工程通过竣工验收。

7 月，交通运输部印发《港口岸电布局方案》，“十三五”重点推动主要港口和排放控制区内港口岸电设施建设。

12 月 10 日，全球规模最大、自动化程度最高的码头——上海港洋山深水港区四期码头，开港试运行。

2018 年

1 月 6 日，“桑吉”轮碰撞燃爆事故发生。中国救捞人冒着浓烟和爆炸危险，找回 VDR 设备（黑匣子）及两具遇难者遗体。

4 月 26 日，习近平总书记在湖北武汉主持召开深入推动长江经济带发展座谈会并发表重要讲话。

5 月 8 日，长江南京以下 12.5 米深水航道二期工程试运行，南京至长江出海口 431 千米的 12.5 米深水航道全线贯通。

2019 年

1 月 29 日，交通运输部南沙群岛海上救助中心成立，标志着专业救捞力量基本覆盖我国 1.8 万千米大陆海岸线。

4 月 16 日，长江三峡通航综合服务区正式启动运行，开创了长江航运安全绿色便民服务新模式。

9 月起，琼州海峡开始实施客滚运输班轮化运营模式，实现了“定码头、定班期、定船舶”。

11 月，国务院办公厅印发《关于加强水上搜救工作的通知》。

11 月，交通运输部等九部门联合发布《关于建设世界一流港口的指导意见》。

2020 年

6 月 1 日，中共中央、国务院印发《海南自由贸易港建设总体方案》。

6 月，交通运输部印发《内河航运发展纲要》，提出到 2035 年，内河千吨级航道达到 2.5 万千米。

6 月 23 日，长江口南槽航道治理一期工程投入试运行，长江口新添一条 86 千米优质辅助航道。

8 月 25 日，广州港深水航道拓宽工程全线投入使用，结束了珠江口至南沙港区巨轮单向通航的历史。

11 月 14 日，习近平总书记在江苏南京主持召开全面推动长江经济带发展座谈会并发表重要讲话。

11 月，深圳海事局签发了全国首份内河船船员电子证书。

亲历者说

交通运输部长江口航道管理局原总工程师范期锦：

随着改革开放的深入，特别是 1990 年浦东新区开放以来，过去长江口航道勉强维持 7 米的水深根本无法满足上海港的发展需求。打开拦门沙、治理长江口、建设深水航道成为当务之急。自 1998 年以来，长江口一期、二期、三期工程陆续上马，12.5 米深水航道于 2010 年开通。总长逾 100 千米的两条长堤、19 座丁坝呵护着长江口航道，成为打开长江黄金水道的一把“金钥匙”。

长江口工程推进过程中，将深水航道上延，以满足经济社会发展之需，被提上议事日程。自 2011 年发布《国务院关于加快长江等内河水运发展的意见》后，交通运输部迅速落实国务院决策，启动长江南京以下 12.5 米深水航道工程，先易后难，逐步上延。经过 8 年的艰苦努力，约 283 千米的 12.5 米深水航道提前半年试通航，让沿江市县提前享受到了深水航道带来的红利。

中国长江航运集团有限公司董事长张锐：

随着长江大保护和长江经济带战略深入实施，长江绿色航运服务需求不断增加，迫切需要水上服务设施向集约化、绿色化方向发展。作为长江航运的参与者，长航集团在积极推进打造绿色环保船队、统筹绿色能源供应的同时，与沿江省市相关部门和企业共同研究推进水上综合服务区建设。

长航集团打造的六圩水上绿色综合服务区，有效地减少了待闸船舶的污染问题，还能为待闸集泊的船舶提供维修保养、物料供给、超市购物等“一站式”便捷服务。随着水上服务路径不断创新，行船生活所需逐渐实现“一揽子”解决，接下来要积极推进上下游合作，助力长江水上综合服务区布局更合理、覆盖更广泛，努力把长江经济带建设成为生态更优美、交通更顺畅、经济更协调、市场更统一、机制更科学的黄金经济带。

山东省港口集团青岛港国际股份有限公司副总经理张连钢：

过去，自动化码头是西方国家的“专利”。我们能建最大码头、做物流强港，但必须成为科技型大港，这样才有竞争力。

2013 年 10 月，青岛港成立自动化码头项目组，我被任命为组长。国外自动化码头建设周期长、效率低、成本高，不符合青岛港实际需要。我们根据青岛的口岸实际、货源结构、码头流程、操作习惯，设计出自己的工艺流程、总平面布局、技术指标体系和规格参数。每个单元、每个环节、每个数据，都反复论证选出最佳方案。

2017 年 5 月，青岛港全自动化码头投入商业运营，以自主知识产权实现全智能决策、全系统管理，颠覆了传统集装箱码头作业模式。我们用 3 年半时间建成并运营自动化码头，走完了国外 8 ~ 10 年的路。

【"十三五"交通运输发展成就巡礼 民航篇】好风助力上青云

好风助力上青天相关报道见图 15.29。

逐梦圆梦 行稳致远

"十三五"交通运输发展成就巡礼

好风助力上青云

——"十三五"交通运输发展成就巡礼之民航篇

隐患零容忍 筑牢安全之基

复苏有先机 临空经济领飞

出行有品质 真情服务暖心

发展靠蓝天 空中网络纵横

两翼齐发展 通用航空奋飞

数说"十三五"

图 15.29 好风助力上青天相关报道

定期航线 5 521 条，境内通航城市 234 个，境外通航城市 218 个，运输航空每百万飞行小时重大事故率 5 年滚动平均值为 0，航班正常率连续两年超 80%，这些"硬指标"保障和支撑的，是老百姓的故乡和远方。

能够测温、巡逻的智能机器人，全自助式行李托运设备，"刷脸"通关的自助验证设备，那些旅行中的小确幸，编织出美好生活的获得感。

伴随着发动机震耳欲聋的轰鸣声，钢铁银鹰在跑道不断加速，振翅腾空……过去的 5 年，中国民航在一次次腾飞中努力实现着从民航大国向民航强国的跨越。

隐患零容忍 筑牢安全之基

2018 年 5 月 14 日，"中国民航英雄机组"（见图 15.30）在风挡玻璃爆裂脱落的关键时刻化险为夷、转危为安。在堪称"史诗级备降"的背后，是班组建设的安全教育，是规章制度的令行禁止，是千锤百炼的精湛技术，是严格训练的平时养成。"英雄机长"刘传健说："作为一个民航人，要'敬畏生命、敬畏规章、敬畏职责'。""三个敬畏”代表了当代民航精神，而保持敬畏之心就是坚守安全底线的初心。危急时刻，他们力挽狂澜，换来了机上119名旅客的平安落地。

图15.30　四川航空“中国民航英雄机组”（川航 供图）

习近平总书记在会见四川航空“中国民航英雄机组”全体成员时强调，安全是民航业的生命线，任何时候任何环节都不能麻痹大意。民航主管部门和有关地方、企业要牢固树立以人民为中心的思想，正确处理安全与发展、安全与效益的关系，始终把安全作为头等大事来抓。

回眸“十三五”，民航安全工作成绩突出，各项安全指标好于预期。截至2020年6月底，运输航空每百万飞行小时重大事故率5年滚动平均值为0，低于预期0.15的安全目标及世界同期水平；生产经营性通用航空每万飞行小时死亡事故率为0.052，低于0.09的安全目标；未发生非法干扰造成的航空器重大事故和重大航空地面事故。

数字的背后，是民航业坚持对安全隐患“零容忍”，以“眼睛里不容沙子”的态度开展安全隐患排查治理，隐患整治力度加大，风险防控持续加强，推动“控总量、调结构”在安全领域有效落地，安全治理能力不断提升。华北空管局位于北京大兴国际机场的西塔台如图15.31。

图15.31　华北空管局位于北京大兴国际机场的西塔台

本着对安全隐患“零容忍”的原则，中国民航在全球率先停止波音 737MAX 商业运行，彰显出对生命高度负责的态度和作为民航大国的责任担当。“十三五”期间，中国民航签署《中欧民用航空安全协定》，高票连任国际民航组织一类理事国，加快推动中国安全技术标准走向国际。中国民航飞行品质监控基站一期项目正式上线投入运行，标志着中国民航在“大数据+飞行安全”能力建设方面开辟出了新天地——通过深度挖掘和运用海量的飞行品质监控数据，有效实施数据驱动的风险预警和重点监管，助力民航安全风险管控水平再上新台阶。

民航安全治理能力的提升在新冠肺炎疫情防控工作中再次凸显。2020 年，面对统筹疫情防控和民航安全的新挑战，针对疫情防控期间行业生产运行特点，民航及时提出了防“忙”中出乱、防“闲”来麻痹、防“慌”中出错，有力确保了行业安全态势总体平稳可控（见图 15.32）。

图 15.32　国航保障复工复产专机（田航 摄）

一个航班一个航班地盯，一个环节一个环节地抓，民航人为筑牢民航强国建设安全之基不懈奋斗，持续创造着新的安全纪录。

复苏育先机 临空经济领飞

跑道上一架架飞机排队依次出港，各地候机楼恢复往昔繁忙喧闹。

2020 年 10 月 15 日，民航局公布了一组令人振奋的数据：9 月份全行业运输总周转量、旅客运输量、货邮运输量已经分别恢复到 2019 年同期的 76.3%、87.5%、96.4%。其中，国内航空运输总周转量和旅客运输量已经恢复到去年同期的 96.9%和 98%。

为应对新冠肺炎疫情的影响，各市场主体展现出强烈的创新精神，航空公司陆续推出创意产品。6 月下旬，东航率先推出“周末随心飞”，引燃出行市场。这一创新举动也引发各航空公司争相效仿，南方航空、海南航空、春秋航空、吉祥航空等纷纷跟进，提振航旅全产业链消费，推动形成以国内大循环为主体、国内国际双循环相互促进的新发展格局。

在第三届进博会上，东航签署了两个航空大单，总金额超过 11 亿美元。中国民航业的复苏，也给了国外航空产业链上的供应商更多信心。“中国是 GE 重要的战略市场，GE 非常看重进博会这一和各界交流的国际性平台，也相信进博会将为全球经济复苏注入动力。”GE（美国通用电气公司）中国总裁兼首席执行官向伟明表示。

作为促进全球经济发展和文化交流的服务支撑型产业，中国民航在全球民航业遭受疫情重创的形势下率先触底反弹，为国内经济复苏与发展提振了信心，也向国际社会释放出积极信号。

“还没有从中国直购过商品吗？请点击我们的链接。”比利时“面对危机”网站日前发布特刊广告，介绍如何从中国网购商品。受新冠肺炎疫情影响，许多欧洲国家关闭了“非必需品”实体商店。一时间，从中国网购成为一种消费新时尚，中国国际货运航班量呈爆发式增长，2020 年 9 月份国际货运航班量达到 2019 年同期的 2.5 倍。

“一带一路”沿线国家和地区的人民，首先感受到这一变化。截至 2019 年年底，我国已与 96 个“一带一路”沿线国家和地区签订了双边政府间航空运输协定，与其中 54 个国家保持定期客货运通航。疫情暴发后，这些空中桥梁成为携手抗击疫情的“生命通道”。疫情期间，中国民航共向 47 个国家和地区提供抗疫援助，累计运送防疫物资超过 1 700 吨。在 9 月 8 日第二届“空中丝绸之路”国际合作峰会上，中国民用航空局副局长崔晓峰表示，目前，中国与“一带一路”沿线国家和地区每周运营货运航班 1 068 班，是疫情发生前的 2.6 倍。

民航国际化程度高，能够满足距离远、范围广、时效性要求高的通达需求，对推进“一带一路”建设、拓展我国对外开放的深度和广度具有独特优势。5 年来，航空经济正潜移默化地改变着中国的经济发展模式。

放眼全国机场周边，临空经济区建设初见成效，“大临空”经济格局逐步形成，郑州航空港综合实验区智能终端产业圈、长沙临空经济示范区医药健康产业生态圈等新兴经济业态层出不穷。北京大兴、上海虹桥、广州、成都等 15 个国家级临空经济示范区全部于“十三五”期间建成，全国规划建设的空港经济区超过 100 个。临空经济对区域经济贡献力逐渐加强，以北京首都机场临空经济区为例，2019 年，其属地总收入达 3 083 亿元，实现税收 240 亿元，在北京市 GDP 中的占比逐年攀升。

不沿江、不靠海、不沿边的成都，经济发展靠蓝天，不断拉近与世界的距离，从内陆城市华丽转变为对外开放的前沿阵地。不远的将来，随着四川天府国际机场的建成投运，成都将成为继上海、北京之后我国第三座拥有双机场的城市。在重庆，渝北区依托江北机场国际空港优势，全面推进国家临空经济示范区建设。成都双流机场与重庆江北机场 2019 年旅客吞吐量之和超过 1 亿人次，成渝机场群概念已经日渐成形，成为继京津冀、长三角、粤港澳三大世界级机场群之后的又一个“潜力股”。

好风凭借力，送我上青云。作为经济社会发展的重要战略产业，中国民航乘势而上，张开双翼，为中国经济社会发展保驾护航。

发展靠蓝天 空中网络纵横

2020年9月22日，作为推动区域协调发展的重要引擎，通航近一年的北京大兴国际机场（见图15.33）旅客吞吐量突破1 000万人次！

图15.33　北京大兴国际机场航站楼（陈肖 摄）

弄潮儿向涛头立。纵览“十三五”国内民航发展版图，长三角初步拥有世界领先的航线网络，大湾区民航发展的号角已经吹响，西部地区主要机场也掀起了新一轮改扩建大潮。

天路横贯东西，连接南北，飞机起落间，昔日天堑早已变通途。“十三五”期间，我国国内航线网络日益完善，国际航线更加通达通畅。截至2019年年底，我国共有定期航线5 521条，其中，国内航线4 568条（包括港澳台航线111条），国际航线953条，比2015年分别增长71.3%和44.4%；境内通航城市234个，中外航空公司从我国通航至73个国家和地区的218个境外城市；运输航空机队规模由2015年的2 650架增加至2019年的3 818架，运输航空公司增加至62家。

由三大世界级机场群、十大国际航空枢纽、29个区域枢纽和非枢纽运输机场组成，覆盖广泛、分布合理、功能完善、集约环保——5年来，我国机场体系布局进一步完善，综合保障和服务能力持续增强。预计到“十三五”期末，我国运输机场数量将从210个增加到241个，将覆盖92%的地级市，其中千万级机场从26个增加到39个。

5年来，越来越多的人选择乘坐飞机出行，享受航空服务的高效与便捷。民航运输总量日益增长，服务旅客规模逐渐扩大。2015年至2019年，旅客运输量从4.4亿人次增加到6.6亿人次，年均增长10.7%。旅客周转量在综合交通中的比重从2015年的24.2%提高到33.1%。

飞机有翅膀，能飞过高山；人心有翅膀，能穿越千山万水。一座座机场、一条条航线，让东北的冰天雪地变为金山银山。“高质量发展靠蓝天！”面对时代命题，中部六省区不约而同给出了答案。

2019 年 9 月 16 日，一架由四川航空执飞的 A319 飞机平稳降落在格萨尔机场，甘孜州成为四川省唯一拥有三座民用支线机场的市州。得益于此，随着藏族小哥丁真的爆红，他的家乡四川省甘孜藏族自治州理塘县，成为继“情歌之乡”康定、“香格里拉之魂”稻城亚丁、“世界最大佛学院”色达之后的又一个“打卡圣地”。据携程网数据显示，“理塘”热度从 11 月 20 日起大涨，到 11 月最后一周，“理塘”搜索量猛增 620%，比国庆翻 4 倍。

除了诗和远方，还有美食和网购。人们只需要动动手指在互联网下订单，各种生猛海鲜、时令鲜果、珍馐美味就可搭乘飞机，速运到家门口。在有 94%山区的云南，花农们通过便捷的航空运输，让鲜花香飘世界……

“让人民过上更美好的生活”是初心，更是奋斗目标。5 年来，一条条航线发展成为一条条生机勃勃的“大动脉”，民航人努力构建四通八达的空中网络，助力百姓过上更有品质的幸福生活（见图 15.34）。

图 15.34　南航服务无陪儿童

出行有品质　真情服务暖心

81.65%——这是 2019 年全国航班正常率呈现的优秀答卷，这一数据已经连续两年超过 80%，较 5 年前提高了近 13 个百分点。

真情服务是民航作为服务行业的本质要求，是全心全意为人民服务宗旨的根本体现。民航局局长冯正霖指出：“真情服务要以提高航班正常率为牵引指标，带动服务品质的提高。”

顺理而举，易为力。近年来，随着行业持续大流量、高密度运行，加之极端天气和其他活动的影响，民航运行环境愈加复杂，航班延误问题时有发生，航班正常情况成为社会大众考量民航服务的焦点。

自 2017 年起正式实施的《航班正常管理规定》是民航局首部航班正常管理方面的规章，明确了各航空运行主体的责任，使保障航班正常、维护旅客权益有规可依、有据可查。随后，民航局提出“控总量、调结构”决策部署，目前已初步形成精准调控、动态调控、分类调控的体系机制，实现了保障能力与航班总量总体平衡匹配，航班正常率提升，平均延误时间减少，运行抗干扰能力增强。

5 年来，民航人的专业素养、高效沟通、真情付出体现在百姓出行品质提升的方方面面。

“我的行李我知道”将成为旅客出行的日常操作。2020 年 9 月，民航局正式认定“航易行”平台为中国民航行李跟踪系统公共信息平台，标志着射频识别行李跟踪系统建设正式进入“架线入网”阶段，为后续机场全线路行李跟踪服务奠定了坚实基础。目前已经实现国航北京往返成都、东航北京往返上海、南航北京往返广州的全流程行李跟踪服务。

“无纸化”乘机实现“一脸通关”。目前，大兴机场已完成“One ID”全流程刷脸通关产品的线上测试工作，有望在 2020 年年底前投入使用，未来通过在航空公司 App 提前注册“一脸通关”并完成身份信息验证，便可通过“刷脸”完成从值机、安检到登机的全部流程。全国九成以上的机场和主要航空公司已经完成“无纸化”升级改造，37 家千万级机场的自助值机比例超过七成。“无纸化”乘机不仅方便旅客出行，提高值机效率，还将低碳环保理念和绿色机场建设落到实处。

2018 年民航局出台新的票务服务监管规定，让退改签成为一项“台面”上的收费；同年民航局出台《关于进一步提升民航服务质量的指导意见》，推动机场餐饮“同城同质同价”，机场餐饮不再“高冷”；2019 年 3 月 15 日国际消费者权益日当天，“12326”民航服务质量监督电话正式开通，旅客意见从此有的放矢；19 家国内航司 506 架飞机为 855 万旅客提供了客舱 WiFi 服务；100 多个国内机场为军人开通“依法优先”通道；设置候机楼母婴室成为每家机场的“标配”……东航“进博号”如图 15.35 所示。

图 15.35　东航“进博号”

两翼齐发展 通用航空奋飞

雁击长空，尽显鸿鹄之志；领引通航，大展豪气干云。2020 年 11 月 25 日，《人民日报》发布了一组“大国重器”，“领雁”与“嫦娥、天问、鹊桥、玉兔、北斗、蛟龙”共列榜单。

“领雁”AG50 是在我国大力发展通用航空的背景下，针对航空俱乐部、通用航空公司、飞行学校以及私人飞行的市场需求，量身打造的一款高安全、高舒适、低成本轻型运动飞机。

“十三五”以来，通用航空发展的热情“点燃”。2016 年，国务院办公厅印发《关于促进通用航空业发展的指导意见》（以下简称《指导意见》），从国家层面对通用航空产业发展做了战略部署；在《指导意见》的引导下，2017 年，60 余项涉及通用航空发展的相关政策相继落地，其中民航局印发的《通用航空发展“十三五”规划》是我国行业管理部门第一次出台通用航空 5 年专项规划。

此后，民航局出台了一系列与通用航空发展相关的文件，涉及机场、空管、运营、市场、适航等多个领域，体现出“放管结合，以放为主，分类管理”的通用航空管理改革政策导向。面对万亿元新蓝海，各地在政策、资金等方面积极引导，支持通航飞机制造、通用机场规划建设，推动生产作业飞行、私人飞行和娱乐飞行发展。

针对需要大众广泛参与的特点，“放”是通用航空政策改革的主要方向。2018 年 9 月 18 日，首都机场公务机停机坪迎来了一架空中国王 C90 飞机。这架小飞机用 2 个多月的时间，完成了全国的“环飞”。比原计划的半年时间提前了好几个月完成飞行，这让机长闫文辉意外且惊喜——无论是飞行计划申请和审批、通用机场的服务，还是配套设施的使用，都比较顺利。

“十三五”期间，我国通用航空努力与民航运输“两翼齐飞”。截至目前，传统通用航空企业 509 家，运营航空器 2 913 架，分别较“十二五”期末增长 81.1%和 30.3%。2019 年，传统通用航空运行 106.5 万小时，比“十二五”期末增长 36.7%。特别是疫情防控期间，航空医疗救援和通用航空运输发挥着越来越重要的作用，2020 年 1 月 20 日至 5 月 18 日，全国 141 家通用航空企业使用 1 002 架航空器执行了 378 次疫情防控任务，运送各类药品和物资 90 余吨。

尽管发展加速，但通用航空发展潜能依然有待释放。根据规划，“十三五”要建成 500 个通用机场，实现 5 000 架通用航空器和 200 万小时的飞行量。目前，已注册通用机场 313 个，加上继续验证办证的，基本可以实现目标；有 2 777 架航空器，如果包括无人机，将超额完成航空器数量和飞行量目标。截至 2019 年年底，已注册无人机达 39.2 万架，完成商业飞行 125 万小时。全面修订的《通用航空经营许可管理规定》将于 2021 年实施，为过度监管松绑，深化“放管服”改革，扶持无人机新业态发展（见图 15.36、图 15.37）。

大鹏一日同风起，扶摇直上九万里。在全力以赴建设民航强国的新征程中，民航人将勇毅笃行、攻坚克难，去创造更美好的空中之路。

图 15.36　数说"十三五"—民航（一）

图 15.37　数说"十三五"—民航（二）

资料来源：中国民用航空局新闻发布会等

【“十三五”交通运输发展成就巡礼之城市 轨道篇】千轨竞发绘“新城”

长沙磁浮快线见图 15.38。

图 15.38　长沙磁浮快线（长沙地铁 供图）

轨道交通与城市就如孪生兄弟一般亲密无间。城市随着它的呼啸而呼吸、脉动、喧嚣，早于早班而作，晚于晚班而息；它搭载着社会各色人群，包容着世间百态，以有节奏的韵律勾勒出城市内和城市间最生动的运动图景。

对于很多大都市的市民来说，地铁、轻轨、有轨电车等交通工具已成为“生活必需”，须臾的延迟便会带来或多或少的麻烦与不适。而对于城市，城市轨道交通更像是一条条强劲的“血管脉搏”，在城市肌理间蜿蜒穿梭，为其注入源源不断的生机与活力。

“十三五”期间，我国城市轨道交通发展驶入“快车道”，很多城市可以自豪地标榜为“地铁城市”。南北贯通、东西畅达，有的已连片成网，带动新城老区，辐射周边区域。以安全、准点、绿色、高效著称的城市轨道交通，迅速崛起为综合交通运输体系的重要组成部分，让更多的人深切感受到了“出行因轨道而便捷、生活因城市而美好”。

规模化拓展 提速城市发展

2020 年 12 月 2 日 8 时许，家住广州市白云区钟落潭镇竹料村的张倩，带着 3 岁半的儿子来到地铁 14 号线竹料站，前往市儿童公园。曾经乘坐公交车 3 小时的车程，如今40多分钟就可直达。

2018年12月28日，广州地铁14号线1期正式通车，广州实现区区通地铁。5年间，广州地铁运营总里程达到553千米。16条线路，312座车站，线网触角南至南沙、东至增城、西至佛山、北至从化，为城市发展和市民出行提速提质。

广州地铁的快速发展可谓中国城市轨道交通迅速崛起的一个缩影。“十三五”期间，中国城市轨道交通新增运营里程4 349千米，增长率约为136%，累计完成客运量970亿人次，相当于把地球上每一个人搭载了13次；地铁、有轨电车、磁悬浮等多种制式并存的立体化城市轨道交通体系逐步形成、并肩发展。

俯瞰神州大地，233条、7 546千米轨道交通线纵横交错，在44座城市中蜿蜒伸展。疾驰的列车缩短了时空距离，拓展了发展空间，也让安居于其间的人们乐享安全、便捷、高效、舒适的出行体验。

“十三五”期间，北京累计开通11条线（段）、160余千米，年平均开通约32千米。目前，北京已有13个区开通轨道交通线路，运营线路24条，运营里程达到727千米，日均客运量超千万人次，确定了轨道交通在城市公共交通中的主导地位。

2020年12月25日，上海地铁列车保有量突破7 000辆大关，上海城市轨道交通网络运营规模和车辆保有量均位居世界第一。5年新增的155.3千米线路、92座车站，共同绘制出一幅729千米、共459座车站的超大规模城轨网络，为建设现代化国际大都市提供了有力支撑。

“十三五”时期，“北上广”等起步较早的地铁城市迈入轨道交通大规模建设、网络化运营的新阶段，西安、武汉、成都等“后起之秀”也奋起直追，由两三条骨干线起步并加速成网。

2020年12月，西安地铁5号线、6号线一期、9号线同时开通运营，实现“8线运营、8线共建”，运营总里程达239千米。西安轨道交通年平均开通里程由10千米跃升至50千米，“加速生长的地下脉络”搭载着悠悠古城快速前进。

短短5年时间，武汉地铁实现历史性飞跃。每年开通两条以上新线，新增通车里程234千米，从“四线成环、覆盖主城”到“主城成网、新城通线”；安全运送乘客44.5亿人次，年客运量由5.6亿人次增加至12.3亿人次，正点率、运行图兑现率均达99.98%以上，成为武汉建设国家“公交都市”的“主力军”。

目光转向西南腹地。一个以公共交通为导向的城市开发模式（以下简称TOD）在成都紧锣密鼓进行着，旨在以公共交通使用最大化的新发展理念，重构绿色交通体系，提升空间品质，完善城市功能。

伴随轨道交通线网加速织密，成都启动了陆肖站TOD，二江寺站TOD、双流西站TOD等16个项目建设，按照“一个TOD就是一个公园社区”的理念，持续推进，为轨道交通引领城市可持续发展做出积极探索（见图15.39、图15.40）。

图 15.39　成都轨道交通（周琪 供图）

图 15.40　成都轨道交通 TOD 项目（周琪 供图）

网络化延伸 加速区域协同

伴随着中国城市化进程的高速起飞，城市轨道交通由内而外，逐渐向城市外围延伸，贯通都市圈、城市群中各个城市，成为城市间的紧密联系纽带，为推动区域开放合作、实现资源禀赋优势互补、提升区域整体竞争力等提供了有力支撑。

下班高峰期的广州西朗地铁站更加繁忙，从这里换乘广佛地铁（见图 15.41），通常要等两趟车才能挤上。如今，这是很多广佛人的通勤日常。

2018 年 12 月 28 日，国内首条跨越地级行政区的地铁线路——广佛地铁全线贯通，将广佛两市五区串珠成链，实现 1 小时快速通达。

准时出门，准点到达，地铁的安全可靠让跨城通勤变得更轻松。广佛地铁开通十年，运送旅客已达 7.6 亿人次，日均客流为 52.8 万人次。其中两市之间往返的客流占 56%，这意味着超过半数客流为“广佛候鸟”通勤客。

广佛地铁便利了“双城生活”，也带动资源要素快速流动，推动两地经济社会发展进一步融合，区域协同发展在轨道交通的引领下一步步迈上新台阶。

图 15.41 广佛地铁（广州地铁 供图）

在长三角地区，轨道交通一体化也正在翻开新的一页。2018 年 11 月，苏州首条市域轨道交通线路——S1 线开工建设，建成后将通过苏州轨道交通 3 号线换乘，打通苏州与昆山、太仓东西联系通道，同时通过与上海轨道交通 11 号线换乘，连接上海。

未来，S1 线将成为苏昆沪三地重要交通联络通道，区域间时空距离被进一步压缩，更多通勤族将实现“上海上班、江苏睡觉”，城市轨道交通所带来的城市升级和区域价值提升效应也将会更加凸显。

城市轨道交通提速区域经济一体化步伐，强化大区域的同城效应，也为正在高速发展城市轨道交通网络的全国各大城市群提供了一种跨区域互联的示范。

轨道交通从“多网”迈向“融合”，推动从“城市”迈向“区域”，“轨道上的京津冀”“轨道上的长株潭”“轨道上的大湾区”等大城市群踏轨而来。

科技化赋能 提振产业优势

从唤醒、出库，到发车、行驶，再到回库运行，均由控制中心控制，全自动运行，全程无人驾驶，车内外可实时对话（见图 15.42）……

2017 年 12 月 30 日，中国首条具有完全自主知识产权的轨道交通全自动运行线路——北京燕房线开通（见图 15.43）。2 年后，燕房线由 GoA3 等级升级为 GoA4 等级，实现了真正意义上的“全自动运行”，线路运行速度更快、可靠性更高。

在燕房线的示范带动下，武汉、南宁、济南等城市在建地铁纷纷选择我国自主设计的全自动运行系统。从首条探索到全国范围内落地开花，其推广应用标志着我国城市轨道装备的科技水平跻身世界前列。

图 15.42　轨道交通路网实时监测（北京地铁 供图）

图 15.43　北京轨道交通燕房线（北京地铁 供图）

“智慧地铁”现身深圳，为国内城市轨道交通建设再塑“高科技”名片。

在云计算、大数据等技术的支持下，深圳地铁 10 号线率先实践云平台调度指挥系统，综合承载地铁监控、乘客信息、安防、车场智能化等系统。新型“云架构”为实现高可靠运输、高效率运营及集中化运维的目标提供了技术支撑，也为满足乘客安全、方便、快捷、舒适的出行需求做出了有力保障。

重庆轨道交通素来因翻山越岭、上天入地而享有“过山车”的称号，而今它又多了一个“直通车”的神奇标签。

2020 年 9 月 18 日起，重庆轨道交通环线和 4 号线“互联互通”直快列车上线载客试运营，两条线路的直快列车可以跨线运行。乘客无须换乘，就能从环线重庆图书馆站直接到达 4 号线唐家沱站，仅需 35 分钟，比普通班次列车减少 13 分钟。

“联”的是线路，“通”的是列车。“互联互通”意味着同一列车可直接从本线路跨行到另一条线路。这不仅是城市轨道交通领域一项重大研究课题，也是一项世界性难题。

“十三五”期间，重庆轨道交通加快推进信息化、智能化进程，CBTC 系统的问世为解决“互联互通”难题贡献了“重庆智慧”。该系统在国内率先实现了跨线直快列车载客试运营，推动从“人”换乘向“车”换线的成功转变，乘客出行效率进一步提升。同时实现了资源共享，取得装备自主化的重大突破，从整体层面降低了建设和运营成本，助推了城轨交通产业创新驱动、智能转型与高质量发展。

这 5 年，中国城市轨道交通智能化、科技化水平加速提升。继长沙磁浮快线投运后，我国自主研发的中低速磁浮列车不断迭代升级；北京、广州探索将乘客信用与安检相结合，逐步实施快速化、智能化的安检新方式；京沪城轨实现“一码通行”，目前已有 19 个城市实现了联网互认；上海、深圳、合肥车辆智能运维系统，广州地铁供电智能运维安全保障系统相继试点；南宁地铁研发了列车拥挤度智能显示系统……

一系列信息技术的探索和应用，引领城市轨道交通迈入自动化、智能化发展新时代，也为其走出国门插上了翅膀。

“3、2、1……”随着启动推杆被拉下，巴基斯坦拉合尔市轨道交通橙线（见图 15.44）首发列车于北京时间 2020 年 10 月 25 日 16 时许鸣笛启程，巴基斯坦进入地铁时代。

图 15.44　巴基斯坦拉合尔市轨道交通橙线项目

拉合尔橙线正线长约 25.6 千米，设车站 26 座，全线采用中国标准、中国技术和中国装备，首次实现我国城市地铁从设计、制造、建设到运营维护的全产业链完整输出，成为“一带一路”建设和中巴经济走廊框架下首个正式启动的大型城市轨道交通项目。

坐落在“非洲屋脊”之上的亚的斯亚贝巴天高云阔，绿树成荫。轻轨穿行在繁忙的街道，为这座高原城市增添了一道亮丽风景线。这条在开通初期曾由中方企业运营的轻轨，如今正以优质的服务和全新的速度，受到埃塞俄比亚人民的青睐。

深圳地铁“出海”签订的《埃塞俄比亚轻轨项目运营与维保合同》，首次将中国轨道交通运营管理经验输送到非洲大陆。3 年合同期内，深圳地铁积极协助完善亚的斯亚贝巴城市轻轨运营管理体制，提升安全管理水平、维修技术及服务品质，推动了埃塞俄比亚城市交通的现代化建设。

据统计，截至合同期末，亚的斯亚贝巴轻轨安全运营 1 076 天，累计运营总里程 639 万千米，累计开行 25 万余次列车，客运总量近 1.3 亿人次。正点、安全、快捷的轻轨不仅是当地群众出行的首选，也成为提升城市运行效率、激发城市发展动能的重要引擎。

俄罗斯莫斯科地铁第三换乘环线、以色列特拉维夫轻轨、越南河内吉灵轻轨……“十三五”期间，中国城市轨道交通积极“出海”，参与多个国家的城市轨道交通建设。一批产生国际影响的地铁和有轨电车车辆项目、轻轨工程项目擦亮了中国名片，我国城轨交通在“一带一路”倡议带动下，正比肩高铁，共同开创国际市场新局面。

体系化保障 安全服务双提升

西安地铁司机苟林一天内“手指口呼”动作 1 400 多次，操作各种开关按钮 900 多次；早晚高峰时，北京地铁车站广播员小林一天内要把一句话重复 1 800 多次……

日夜轮转，城市轨道交通系统却从未停止运转。每天，当大批的人流涌进地铁、轻轨时，正是这些平凡的城市轨道交通从业人员在为每一个乘客的安全、快速抵达保驾护航（见图 15.45）。

图 15.45　郑州地铁晶晶服务先锋队（郑州地铁 供图）

没有什么比生命安全更重要。截至目前，我国城市轨道交通从未发生较大及其以上运营安全事故，运营安全形势稳定可控。列车正点率均在 99%以上，服务可靠度普遍高于欧美国家 100 万车千米每件，其中，北京、武汉、南昌、南宁、无锡等城市超过 1 000 万车千米每件，位居世界前列。

在确保安全的同时，中国城市轨道交通不断换挡提速，群众出行从“千米时代”

迈入“分秒时代”。2020 年，上海、广州、北京、杭州、成都 5 个城市的 12 条线路最小行车间隔已缩短至 2 分钟以内，其中行车间隔最短的是上海地铁，达到 110 秒。

城市轨道交通涉及车辆、线路、车站、信号、通信、环控、综合监控、自动售检票等几十个系统。庞杂系统中的每一个子系统环环相扣，任何一个环节的失效都会引起整个系统的故障乃至事故。

为确保城市轨道交通安全、有序、高效运转，一个更加全面、规范的管理制度体系呼之欲出。2018 年 3 月，国务院办公厅印发了《关于保障城市轨道交通安全运行的意见》，围绕构建综合治理体系、有序统筹规划建设运营、加强运营安全管理等方面，对城市轨道交通安全运行进行了顶层设计。

紧随其后，交通运输部出台了《城市轨道交通运营管理规定》，并先后发布了 9 个规范性文件和 4 个配套规范，涵盖风险分级管理和隐患排查治理、设施设备运行管理、行车组织、客运组织与服务等方面，基本建立起城市轨道交通运营管理制度体系，推动行业治理能力和治理水平不断迈上新台阶（见图 15.46）。

图 15.46　重庆轨道交通 10 号线（重庆地铁 供图）

各地城市轨道交通发展历史、外部环境、内部机制等不尽相同。因地制宜，建立完善地方性制度规范成为提升各个城市轨道交通行业管理水平的必要举措。

“十三五”期间，北京、石家庄、沈阳等 15 个城市出台了城市轨道交通地方性法规和政府规章；苏州、无锡、宁波等 29 个城市出台了地方性法规；天津、哈尔滨、济南等 27 个城市出台了政府规章。

标准化的科学管理手段不仅保障了城市轨道交通的正常运转，也带来了行业服务能力的显著提升。

全线网扫码进站、刷脸乘车开辟行业先河，郑州地铁在全国率先实现“自发码、全通道、双兼容”开通手机二维码扫码过闸，非现金支付比例高达 90%以上；武汉地铁启动“微笑服务”品牌创建，电话预约服务、末班车守候、高校导乘图、地铁自助图书馆等处处体现着武汉地铁人的用心付出……

乘风破浪正当时。加快建设交通强国的号角已吹响，“十四五”规划发展已开局，中国城市轨道交通必将为人民美好出行、支撑美丽宜居城市建设展现更大担当、贡献更大力量。

【"十三五"交通运输发展成就巡礼 邮政篇】以梦为马越山海

以梦为马越山海相关报道见图 15.47。

逐梦圆梦 行稳致远

以梦为马越山海

——"十三五"交通运输发展成就巡礼之邮政篇

每件快件都飞速赶来

每片土壤都滋生新的希望

每个包裹都"协同作战"

每次进步都"绿意盎然"

图 15.47 以梦为马越山海相关报道

500 亿件、600 亿件、700 亿件、800 亿件……从 2020 年 9 月 10 日到 12 月 21 日，快递年业务量"四连跳"。2020 年年人均快递量超过 50 件，再创历史新高。在世界经济不稳定不确定因素显著增多之际，中国快递业的表现分外亮眼。这是中国经济在全球率先复苏、国内消费回暖的直观体现，折射出中国经济的蓬勃活力。

5 年来，邮政业发展突飞猛进。快递年业务量从 2015 年的 207 亿件增长到 2020 年的 800 亿件以上，5 年翻了两番。我国包裹快递量超过了美国、日本、欧洲等发达经济体总和，对世界 CEP（快递包裹）市场贡献率超过了 50%。2019 年，中国邮政行业业务收入累计完成 9 642.5 亿元，与此同时，城市末端智能快件箱的市场需求快速增长，农村邮政服务网络及扶贫成果引人瞩目……回望"十三五"，邮政业拔节孕穗、硕果累累。坐上驶向人民美好生活的邮车，一幅幅美妙的图景不断闪现（见图 15.48）。

图 15.48　数说“十三五”—邮政

每个村庄都迎来邮递员

新疆维吾尔自治区喀什地区塔什库尔干县的不少村落位于我国与巴基斯坦边境的喀喇昆仑山脉深处，要深入其间，首先得翻越 4 000 米的高峰，翻雪山、越达坂、涉河洪、避石流，路艰且险，交通极不方便，通邮也甚是艰难（见图 15.49）。

《邮政业发展“十三五”规划》中明确提出了“建制村实现村村直接通邮”的目标。5 年的时间，完成既定目标并不容易。像塔什库尔干县一样，我国边远民族地区大多地广人稀、自然环境恶劣、交通状况复杂落后，这也是建制村直接通邮“最后一千米”遇到的最大瓶颈。

图 15.49　邮车驶往新疆塔什库尔干县热斯喀木村（中国邮政集团有限公司 供图）

"十三五"期间，通往喀什地区的险绝之路拓宽翻新，邮路打通，开辟专人、专车、专线……几年间，越来越多的邮件、包裹翻越山岭抵达这里，邮递员成为当地居民心心念念的"冰山上的来客"。

2019 年 8 月 10 日，塔什库尔干县热斯喀木村收到第一件邮件，标志着我国村村直接通邮任务提前一年完成，实现了农村 100%的乡镇建有邮政局所，100%的建制村实现直接通邮，55.6 万个建制村的村民足不出村就能收到邮件。国家邮政局局长马军胜表示，建制村直接通邮、特别是边远地区直接通邮是德政工程。邮路打通后，邮件、报纸定期送到建制村里，村里的少数民族老大爷流下了激动的眼泪。

5 年间，邮政业注重普遍服务提质增效，建制村实现村村直接通邮，邮政普遍服务满意度位居国内公共服务前列。农村地区邮政普遍服务邮件寄递时限明显缩短。村邮站、邮政三农服务站、便民服务站等服务功能实现有效叠加，农村电商邮政寄递服务助力农产品进城（见图 15.50）。

图 15.50　普遍服务遍山乡

当微风吹过阿尔泰山的峻岭，当乌江的河流中映出黔南的炊烟，当黄土在陕北的青山中渐渐隐没，当舟山的渔夫在夕阳中撒下一张张大网，总有邮件和包裹在路上奔跑，向每一处角落释放生活的热情。

每件快件都飞速赶来

"邮政速度快，服务好，你们连夜赶过来，谢谢你们!"2020 年 2 月 7 日，一辆来自中国邮政集团有限公司（简称中国邮政）浙江省分公司的邮车驶入浙江抗击新冠肺炎紧急医疗队驻地，车上装载着 1 台李氏人工肝治疗仪及相关耗材，医疗队负责人李兰娟院士亲自参与物资接收后，由衷感叹。2020 年新冠肺炎疫情暴发以来，口罩、医疗设备、生活用品……无数紧缺的物资由邮政快递企业承运，送进各大医院、社区。飞速奔跑的邮政快递小哥为人们送来了急需的医疗和生活用品，也带来了战胜疫情的希望（见图 15.51、图 15.52）。

加速流动的包裹和快递，为疫情防控和群众生活保障，以及线上线下融合的新零售模式深度发展提供了有力支撑。5 年来，邮政业在促进供需对接、畅通经济循环、维护经济社会秩序方面的作用不断增强，对消费增长的直接贡献和对经济增长的间接贡献不断提升。

图 15.51　疫情防控期间使用无人机为武汉金银潭医院运送紧急防疫物资

图 15.52　疫情防控期间，菜鸟网络开通国际航空物流包机

5 年前，全国快递年业务量超过 200 亿件；5 年后的今天，快递年业务量已突破 800 亿件。人们对业务量快速增长的“习以为常”，也印证着科技发展掀起的产能沸腾。

2020 年的“双 11”快递生产旺季期间，与大量包裹对应的，是邮政快递企业的仓库和转运中心内寥寥无几的工作人员。5 年间，仓储环节的拣选、包装、输送、分拣等流程已大规模应用自动化设备、机器人、智能管理系统。“无人仓”越来越多，“千县万镇 24 小时达”已成为可能。

“十三五”期间，邮政业着力构建形成普惠城乡、联通国际、安全高效的快递服务网络，打造国际快递航空枢纽，壮大快递航空机队规模。包裹腾飞、黑马添翼。这一个 5 年，“天空才是极限”已不仅是一句谚语，更是邮政业发展的真实写照。2015

年，全行业拥有 3 家自主航空公司，国内快递专用货机 71 架；2020 年，快递专用货机增长到 130 架，更多的快件“飞入百姓家”。

保证时效的同时，邮政快递不断挖掘多样化服务模式。昔日“一骑红尘妃子笑”，如今坐在家中动动手指，“阳澄湖大闸蟹”“砀山梨”“增城挂绿荔枝”“烟台大樱桃”应有尽有。据顺丰 2020 年发布的《2019 年度中国居民生鲜消费升级报告》显示，2019 年顺丰寄递生鲜总重量超 69.8 万吨，总里程超 1 437.7 亿千米，其中最远的一单是大连到纽约。

镜头转向乡镇农村，农产品要进城，工业品要下乡，快递包裹承载着无数村民对美好生活的向往。

从“十二五”期间的“乡乡设所、村村通邮”，到“十三五”期间的“乡乡有网点、村村通快递”，每一个新目标都是一次更大的跨越。2015 年，乡镇快递网点覆盖率超过 70%，到 2020 年，超过 3 万个乡镇建有农村快递网点，快递乡镇网点覆盖率达到 98%，有效促进了农村快递物流体系建设。

2020 年，江苏、黑龙江等地全省快递进村覆盖率达到 100%，建制村全部直接通达快递服务，在全国率先实现“村村通快递”。2020 年 8 月 5 日，家住四川省凉山州布拖县乌依乡阿布洛哈村的村民且沙次尔收到了他人生中的第一单快递，这是中国最后一个通公路的建制村收到的第一个快递。

乡村毛细血管涌入了更多邮政快递的血液，正如国家邮政局副局长刘君所言：“农村市场潜力巨大，是快递业发展的下一个蓝海。”村民们也将共同促进快递服务高质量发展，最终共享行业发展红利（见图 15.53）。

图 15.53　四川省汉源县永利乡古路村村邮站

“十三五”以来，邮政业注重快递转型升级，消费者对快递服务总体满意度从 2015 年的 74.0 分增长到 2019 年的 77.3 分，公众满意度从 2015 年的 79.4 分增长到 2019 年的 84.0 分，快递服务的公众评价持续向好。

每片土壤都滋生新的希望

“十三五”时期，是全面建成小康社会的决胜阶段，也是脱贫攻坚的关键时期。邮政业作为支撑农业、疏通农村、服务农民的重要生力军，在实现“工业品下乡、农产品进城”，吸纳贫困人口就业，帮助农民增收等方面发挥着重要作用，为全面打赢脱贫攻坚战贡献着行业力量。

截至2019年年底，邮政业已经培育出业务量超百万件的快递服务现代农业“一地一品”优质项目163个，其中，超千万件的金牌项目37个。2019年，各地邮政快递企业还培育“一市一品”项目712个，配送农特产品进城49万吨。

国家邮政局着眼农村地区生产生活发展需要，引导邮政快递企业服务末端下沉，丰富服务品种，帮助拓宽农产品销售渠道，助力脱贫攻坚。各邮政快递企业积极承担社会责任，主动发展农村业务，推进“农户+电商+快递”的发展模式，推动农副产品进城和工业品下乡，助力精准扶贫。

“秦岭最美是商洛”。中国邮政持续加大在陕西省商州区、洛南县的定点扶贫工作力度，2016—2017年共投入专项资金1 160多万元，围绕电商、金融、产业、教育等精准扶贫项目，全面推进定点扶贫工作从“输血”向“造血”扶贫转型升级，2年来共帮助8 000余名贫困人口脱贫，精准帮扶成效显著。

近3年来，中国邮政通过电商扶贫，探索出“销售+寄递”的特色扶贫模式，在全国开通扶贫地方馆873个，开展电商扶贫项目3 116个，销售扶贫商品3 839万件，培育扶贫能手12 000多个，助农创收10.7亿元，惠及扶贫人数36.2万人。从“输血”到“造血”，从“富口袋”到“富脑袋”，邮政成为接续乡村振兴的奉献者，更是美好生活的守护者。

民营快递企业发展“快递+农业”“电商+快递+农业”等扶贫模式，充分发挥平台的渠道资源优势，带动全国多个贫困地区经济发展。

湖北黄冈罗田县农产品资源丰富，是全国知名的“板栗之乡”“茯苓之乡”和“桑蚕之乡”，因长期受交通运输条件的制约，农副产品进城物流成本较高。湖北顺丰速运有限公司与罗田县政府合作，打造快递进村示范网点。正是在这里，今年第800亿件快递诞生了！巧合的是，这件由顺丰速运承运的快递，是黄冈罗田的一位医生寄给湖南援鄂医疗队医生的土特产。地处川滇黔三省交界处的毕节市，是人们印象中的“贫困人口最多、贫困程度最深、脱贫攻坚任务最重”的贫困区之一。多年来，为了帮助毕节群众摆脱“穷根”，中通快递毕节公司在快递扶贫、就业扶贫和产业扶贫多方面给予帮助，村民们的“黔货”轻轻松松运往城里。苏宁物流则通过产业扶贫，打造了贵州威宁丑苹果、十八洞村猕猴桃、东北小人参等深度产业扶贫链。邮政快递业发展的红利结出了饱满的惠民果实……

每个包裹都"协同作战"

应对疫情的挑战，邮政业协同治理的重要作用充分显现，治理成效有目共睹。滴水穿石非一日之功。5 年来，邮政业注重发挥综合交通运输优势，大力推动交邮协同发展，积极推动快递"上车、上船、上飞机"，大大提高了快递运输的效率。

"十三五"期间，邮政业统筹基础设施建设，推动邮政和快递处理中心等基础设施与铁路、公路、民航枢纽同步建设，加强快递绿色通道和功能区的配套建设。邮政快递企业更多地参与空陆联运、公铁联运和邮件快件甩挂运输试点，与运输企业在代运邮件快件、网点设施集约利用等方面开展合作，推进交、邮企业资源整合，形成"场站共享、服务同网、货源集中、信息互通"的农村快递物流发展新格局。

"镇村公交搭载乘客的同时，还能顺便捎个快递。""快递+公交"的合作模式越来越受到消费者青睐。2020 年 5 月，浙江省宁海县开通了快递进村交邮合作、交快合作公交专线，打通了山村物流。如今，山区村民在家门口就能寄收快递。村里的青蟹、对虾、白枇杷、柑橘等农产品，搭乘着公交走出大山。

早在 2016 年，顺丰就已开始探索用高铁运快递。2020 年 11 月，顺丰开通国内首条用于整列装运快件的"复兴号"动车组列车（见图 15.54）。铁路助力，生产旺季邮政快递运力大大提升。2020 年"双 11"快递生产旺季期间，长三角铁路每天可用于电商运输的高铁动车组列车达 245 列，投放普速旅客列车行李车 102 列、特快电商专列 3 列，方向覆盖华东、华南、华中、西南、华北、东北等全国大部分地区。其中开办"高铁极速达"业务的高铁车站达 18 个，运行线路 207 条，可通达全国 80 余个大中城市。

图 15.54　国内首列用于整列装运快件的"复兴号"动车组列车（顺丰速运 供图）

5 年间，邮政快递企业充分发挥多种运输方式的比较优势和组合效率，拓展网络广度，延展服务深度，加快寄递速度，提升了运营效率，并与运输企业加强合作，推动邮政业获得更广阔的发展空间。

每次进步都“绿意盎然”

2020 年 12 月 14 日，国务院办公厅转发国家发展改革委等部门《关于加快推进快递包装绿色转型意见》的通知，要求强化快递包装绿色治理，加强电商和快递规范管理，增加绿色产品供给，培育循环包装新型模式，加快建立与绿色理念相适应的法律、标准和政策体系，推进快递包装“绿色革命”。

随着邮政业运营规模的迅速扩大，如何减轻对自然环境的压力，如何高效地利用能源资源，走可持续发展道路，已成为行业发展不能回避的问题。

“十三五”期间，邮政业注重行业绿色发展，不断探索“绿色快递”之路，不断推广环保应用，促进邮件快件包装的减量化、绿色化和再利用，鼓励企业设计应用新型包装、简约包装，大力推广使用电子运单，引导企业使用环保包装袋及填充物，减少塑料胶带使用量，加强包装废弃物的回收处置管理，建立健全快递包装回收体系。

2018 年 5 月，中国邮政正式启动“绿色邮政”建设行动，针对营投、包装、运输、电商四大生产环节进行全方位“绿色改造”。截至 2020 年 5 月，中国邮政全国电子面单使用率达 99.03%，按快递国标采购的包装占比达 97.27%，使用科学封装打包法占比达 94.22%、电商快件二次包装率降低至 2.78%。在中转环节，截至 2019 年 12 月底，百世华东、华北、华中和华南区域站点均推广使用环保集包袋，全网投入使用 500 万条。末端循环包装也不断推陈出新，“漂流箱”“丰・BOX”“青流计划循环快递箱”纷纷问世。不少末端网点设置了包装废弃回收装置，每年预计可以循环再利用上亿个快递纸箱，减少的碳排放相当于种下 74 万棵梭梭树（见图 15.55）。

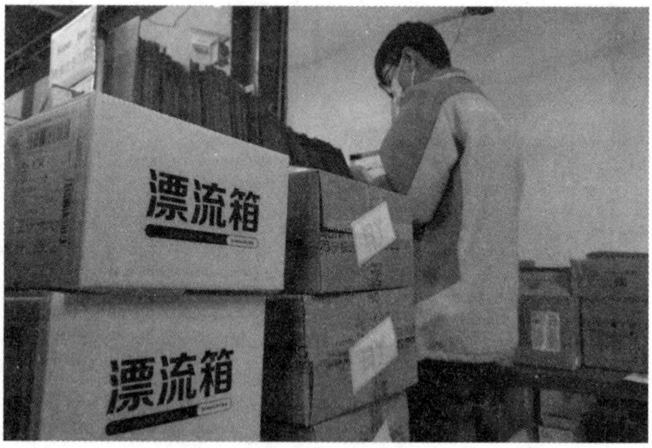

图 15.55　可回收包装箱“漂流箱”2020 年“双 11”得到广泛应用

“十三五”期间，邮政业大力推动节能减排。在干线运输环节，引导企业统筹运用铁路、公路、民航和水路等多种运输方式，促进结构性减排；在中转运输和末端配送环节，推广使用新能源车辆。鼓励企业优化生产作业流程，推广使用中转箱、笼车等设备，提升作业效率。此外，在全行业推广应用节水、节电、节约材料等技术工艺和产品装备。

5 年来，全行业深入贯彻落实绿色发展理念，邮政业生态环保相关法规标准制度不断健全，科学有效、共商共治的工作格局基本形成，行业生态环保治理基础和能力明显提升，邮政快递企业绿色发展实践亮点纷呈，部分企业实现全网系统化治理，加速推动末端减量化、中转循环化、运输减排化、仓储节能化，符合行业发展实际的绿色发展体系初步建立。

绿色是邮政业活力迸发的底色，绿色也将成为邮政业高质量发展的前景。向自然取材，也向自然回馈。在全行业的全力奋斗下，邮件快件包装的“减量化”“绿色化”和“再利用”之路一步一个脚印，迈上了更高的台阶。从包装减量、运输节能，再到末端循环利用，邮政人在探索绿色发展之路上取得了可喜的成绩，为可持续发展承担应有的社会责任。

第五篇

统 计 篇

第十六章

2020 年城市智能交通市场千万级项目数据统计

(一) 山东省 25 亿元

(1) 淄博桓台县智慧停车市场化特许经营项目，招标人：桓台县综合行政执法局，中标时间：9 月，中标人：松立控股集团股份有限公司，中标金额：1 000 万元。

(2) 青岛市重型柴油车车载诊断系统（OBD）远程监控系统项目，招标人：青岛市生态环境综合行政执法支队，中标时间：6 月，中标人：佛山市南华仪器股份有限公司，中标金额：1 018 万元。

(3) 临沂市百花湖片区横二路、中丘路交通设施工程，招标人：临沂奥德花卉新城控股有限公司，中标时间：6 月，中标人：山东华夏高科信息股份有限公司，中标金额：1 086 万元。

(4) 潍坊市中心城区巡游出租汽车车载信息管理系统车载终端项目，招标人：潍坊市交通运输局，中标时间：10 月，中标人：深圳市锐明技术股份有限公司，中标金额：1 097 万元。

(5) 济南市刘智远城中村改造项目道路建设、改造工程交通设施施工，招标人：济南市历下区城市更新建设发展有限公司，中标时间：9 月，中标人：北京易华录信息技术股份有限公司，中标金额：1 150 万元。

(6) 济宁市金乡县公安局智能交通建设项目 ABC 包，招标人：金乡县公安局，中标时间：10 月，A 包中标人：科威达科技集团股份有限公司，中标金额：581 万元；B 包中标人：济宁市鼎森智能科技有限责任公司，中标金额：307 万元；C 包中标人：江苏豪纬交通集团有限公司，中标金额：283 万元。

(7)聊城古城区交通组织精细化及智能停车项目标段一:智能化交通及附属工程，招标人：聊城市旅游发展集团股份有限公司，中标时间：9 月，中标人：英飞拓（杭州）信息系统技术有限公司，中标金额：1 188 万元。

(8) 青岛保税港区智能交通工程，招标人：青岛前湾保税港区综合执法局，中标时间：5 月，中标人：青建集团股份公司，中标金额：1 219 万元。

(9) 淄博市绿城中路、天乙路及丰悦路等交通信号、栏杆、道路照明、交通标志、标线采购项目，招标人：淄博新区建设发展办公室，中标时间：7 月，1 包中标人：山东乾之元智能科技有限公司，中标金额：499 万元；2 包中标人：深圳市广宁股份有限公司，中标金额：226 万元；3 包中标人：江苏宏伟路桥建设发展有限公司，中标金额：203 万元；4 包中标人：珠海华而美照明有限公司，中标金额：212 万元；5 包中标人：淄博市周村华洋交通器材有限公司，中标金额：81 万元。

(10) 菏泽市牡丹机场航空港园区基础设施建设项目长江东路路灯、信号灯安装工程，招标人：菏泽牡丹航空港建设开发有限公司，中标时间：6 月，中标人：扬州市安定灯饰制造有限公司，中标金额：1 249 万元。

(11) 枣庄滕州市交通运输一体化平台建设项目 B 包（道路、桥梁视频监控系统和桥梁安全健康监测），招标人：滕州市交通运输局，中标时间：8 月，中标人：中国电信集团系统集成有限责任公司，中标金额：1 288 万元。

（12）济南市重型柴油车车载诊断远程监控数据服务项目，招标人：济南市机动车污染防治监控中心，中标时间：6 月，中标人：天津森普捷电子有限公司，中标金额：1 381 万元。

（13）青岛市高新区道路信号灯优化工程 1 标段，招标人：青岛高投建设工程有限公司，中标时间：10 月，中标人：华高数字科技有限公司，中标金额：1 447 万元。

（14）淄博市机动车污染防治项目（车载诊断系统在线监控），招标人：淄博市生态环境局，中标时间：10 月，中标人：山东天星北斗信息科技有限公司，中标金额：1 488 万元。

（15）威海市滨海旅游公路成山红绿灯至原六中十字路口段改造工程施工，招标人：威海市公路事业发展中心，中标时间：6 月，中标人：威海冠通路桥建设有限公司，中标金额：1 506 万元。

（16）潍坊市北海路、玄武街、西环路等电子警察设施采购 A 包 C 包，招标人：潍坊市市政公用事业服务中心，中标时间：6 月，A 包中标人：北京云海志通科技发展有限公司，中标金额：458 万元；C 包中标人：山东创安交通预警工程有限公司，中标金额：1 068 万元。

（17）2020 年青岛黄岛西区大货车超载超限智慧监管系统项目，招标人：青岛市公安局黄岛分局交通警察大队，中标时间：10 月，中标人：青岛利多电子设备有限公司，中标金额：1 618 万元。

（18）济宁邹城市城市智慧停车场建设项目一期，招标人：邹城市城市资产经营有限公司，中标时间：9 月，中标人：北京通建泰利特智能系统工程技术有限公司，中标金额：1 649 万元。

（19）枣庄滕州市交通运输一体化平台建设项目 A 包（一体化平台应用开发），招标人：滕州市交通运输局，中标时间：8 月，中标人：同方股份有限公司，中标金额：1 680 万元。

（20）淄博市鲁山大道—鲁泰大道等 5 座立交桥交通信号与交通监控工程施工，招标人：淄博市城建重点工程建设指挥部，中标时间：4 月，1 标段中标人：山东双百电子有限公司，中标金额：533 万元；2 标段中标人：山东省信息产业服务有限公司，中标金额：394 万元；3 标段中标人：山东乾之元智能科技有限公司，中标金额：372 万元；4 标段中标人：山东昊泰交通设施工程有限公司，中标金额：314 万元；5 标段中标人：江苏三棱智慧物联发展股份有限公司，中标金额：156 万元。

（21）济宁交警支队经济开发区勤务大队“智慧交警”项目，招标人：济宁市公安局交通警察支队经济开发区勤务大队，中标时间：11 月，中标人：科威达科技集团股份有限公司，中标金额：1 878 万元。

（22）淄博市中润大道、世纪路交通信号设施提升改造工程，招标人：淄博市公用事业服务中心，中标时间：8 月，中标人：青岛海信网络科技股份有限公司，中标金额：2 153 万元。

（23）青岛市新机场高速公路一期配套智能交通安全系统项目，招标人：青岛市公安局，中标时间：5 月，中标人：青岛海信网络科技股份有限公司，中标金额：2 198 万元。

（24）淄博博山区智慧停车市场化特许经营项目，招标人：淄博市博山区综合行政执法局，中标时间：11 月，中标人：松立控股集团股份有限公司，中标金额：2 250 万元。

（25）青岛市 2020 年市内三区交通信号灯及交通设备技术改造提升项目，招标人：青岛市公安局，中标时间：10 月，中标人：青岛海信网络科技股份有限公司，中标金额：2 598 万元。

（26）聊城市青兰高速公路智能交通安全管理系统项目，招标人：聊城市公安局高速公路交通警察支队，中标时间：3 月，中标人：联通系统集成有限公司山东省分公司，中标金额：2 639 万元。

（27）济宁邹城市 2020 年智能交通新建及升级改造项目，招标人：邹城市城市资产经营有限公司，中标时间：6 月，中标人：中盟科技有限公司，中标金额：2 691 万元。

（28）青岛市新机场高速连接线（双埠—夏庄段）工程智能交通工程，招标人：青岛城投路桥投资发展有限公司、中青建安建设集团有限公司，中标时间：10 月，中标人：青岛海信网络科技股份有限公司，中标金额：2 896 万元。

（29）菏泽市郓城县城区道路（PPP）项目交通信号控制系统工程，招标人：黑龙江省龙建路桥第一工程有限公司，中标时间：10 月，中标人：英飞拓（杭州）信息系统技术有限公司，中标金额：2 898 万元。

（30）枣庄滕州市城市级智慧停车一体化管理平台、智能设备安装，招标人：滕州市市政工程管理处（滕州市市政工程管理服务中心），中标时间：12 月，中标人：阿里云计算有限公司，中标金额：2 956 万元。

（31）安丘市智慧交通及公共安全视频监控建设项目，招标人：安丘市公安局，中标时间：4 月，1 标段中标人：杭州海康威视系统技术有限公司，中标金额：2 565 万元；2 标段中标人：山东浩珖信息科技有限公司，中标金额：649 万元；3 标段中标人：山东正中信息技术股份有限公司，中标金额：34 万元。

（32）潍坊奎文区背街小巷停车管理特许经营（试点）项目，招标人：潍坊市奎文区综合行政执法局，中标时间：6 月，一标段中标人：潍坊和畅物业管理有限公司，中标金额：600 万元；二标段中标人：潍坊北胡物业管理有限公司，中标金额：495 万元；三标段中标人：潍坊潍民物业管理有限公司，中标金额：915 万元；四标段中标人：潍坊黄家物业管理有限公司，中标金额：1 230 万元。

（33）潍坊市高新区电子警察视频数据服务项目，招标人：潍坊高新技术产业开发区大数据中心，中标时间：9 月，中标人：潍坊高新区信息化建设运维有限公司、山东华云网络技术有限公司，中标金额：3 398 万元。

（34）青岛市公安局青岛市智慧公安智能交通系统采购项目，招标人：青岛市公安局，中标时间：12 月，中标人：青岛海信网络科技股份有限公司，中标金额：3 910 万元。

（35）青岛即墨智能网联汽车产业示范（一期）项目，招标人：山东省鑫诚恒业集团有限公司，中标时间：1 月，中标人：山东易华录信息技术有限公司，中标金额：4 420 万元。

（36）青岛市巡游出租汽车行业监管系统暨车载智能终端采购，招标人：青岛市交通运输局，中标时间：12 月，中标人：青岛海信网络科技股份有限公司、青岛交通科技信息有限公司，中标金额：4 684 万元。

（37）淄博市张店区智慧停车建设项目软硬件、视频设备采购，招标人：淄博市张店区综合行政执法局，中标时间：11 月，中标人：松立控股集团股份有限公司，中标金额：8 729 万元。

（38）淄博张店区智慧停车建设项目社会资本方采购，招标人：淄博市张店区综合行政执法局，中标时间：7 月，中标人：松立控股集团股份有限公司，中标金额：15 000 万元。

（39）烟台栖霞市智慧停车设施建设项目，招标人：栖霞市公安局交通警察大队，中标时间：11 月，中标人：西安建大静态交通研究院有限公司，中标金额：16 000 万元。

（40）济宁市城区智能交通管控系统项目（一期），招标人：济宁市公安局交通警察支队，中标时间：11 月，中标人：青岛海信网络科技股份有限公司，中标金额：19 197 万元。

（41）东营市东营区智慧停车项目特许经营权采购，招标人：东营市东营区综合行政执法局，中标时间：12 月，中标人：西安建大静态交通研究院有限公司，中标金额：20 000 万元。

（42）青岛胶州市智慧城市终端设施系统开发及建设工程（设计施工总承包），招标人：青岛盈创文化投资发展有限公司，中标时间：3 月，中标人：中青建安建设集团有限公司与苏交科集团股份有限公司联合体，中标金额：30 886 万元。

（43）东营华东智能网联汽车试验场项目（一期一阶段）工程（含土建），招标人：华东（东营）智能网联汽车试验场有限公司，中标时间：12 月，中标人：上海市政工程设计研究总院（集团）有限公司，中标金额：62 990 万元。

山东省 2020 年度项目总数 43 个，项目平均投资 5 758 万元，过亿项目数量 6 个，本地企业中标数量 27 个，主要分布城市为青岛、淄博市。

（二）广东省 23 亿元

（1）惠州市交警支队高速公路违法抓拍设备增补采购，招标人：惠州市公安局交通警察支队，中标时间：11 月，中标人：金税信息技术服务股份有限公司，中标金额：1 034 万元。

（2）珠海交警支队“智慧+交管”大数据应用支撑平台采购，招标人：珠海市公安局交通警察支队，中标时间：4 月，中标人：广东博思信息技术有限公司，中标金额：1 045 万元。

（3）广州市南沙区 2019—2021 年度道路交通安全设施维护、道路交通信号灯维护采购项目，招标人：广州市公安局南沙区分局，中标时间：6 月，1 包中标人：深圳市嘉隆达市政工程有限公司，中标金额：630 万元；2 包中标人：广州市翔通交通设施工程有限公司，中标金额：438 万元。

（4）深圳市红荔路智慧道路项目四臂路灯及多合一智慧杆件设备采购，招标人：深圳新视达视讯工程有限公司，中标时间：8 月，中标人：深圳市凯铭电气照明有限公司，中标金额：1 102 万元。

（5）东莞南城街道道路智能停车项目，招标人：东莞市南城实业投资集团有限公司，中标时间：8 月，中标人：深圳市捷顺科技实业股份有限公司，中标金额：1 111 万元。

（6）河源市龙川县智慧城市（智能交通）一期建设项目，招标人：龙川县公安局，中标时间：2 月，中标人：深圳市金光道交通技术有限公司，中标金额：1 118 万元。

（7）珠海市鹤港高速、国道 G228 线珠海市斗门区 K22+170 ~ K37+250 段恢复重建工程采购项目，招标人：广东华政建设有限公司，中标时间：12 月，中标人：湖南湘筑智能科技有限公司，中标金额：1 184 万元。

（8）深圳市宝安区智慧交通系统（一期），招标人：深圳市交通运输局宝安管理局，中标时间：11 月，中标人：深圳市鹏途交通科技有限公司（牵头方）、立得空间信息技术股份有限公司（参与方），中标金额：1 188 万元。

（9）广州市新白云国际机场第二高速公路南段工程项目交通信号灯、电子警察、交通监控设施及管线迁改工程施工，招标人：广州机场第二高速公路有限公司，中标时间：10 月，中标人：广州市市政工程机械施工有限公司，中标金额：1 192 万元。

（10）深圳 2020 年交通信号优化配时 A 包，招标人：深圳市公安局交通警察局，中标时间：2 月，中标人：深圳市城市交通规划设计研究中心股份有限公司，中标金额：1 198 万元。

（11）云浮罗定市城区道路智慧停车项目，招标人：罗定市住房和城乡建设局，中标时间：12 月，中标人：深圳云游四海信息科技有限公司，中标金额：1 200 万元。

（12）深圳巴士集团公交车深圳通设备升级改造项目设备采购，招标人：深圳巴士集团股份有限公司，中标时间：4 月，中标人：深圳市雄帝科技股份有限公司，中标金额：1 208 万元。

（13）深圳市红荔路智慧道路项目 RSU 车路协同模块设备采购，招标人：深圳新视达视讯工程有限公司，中标时间：8 月，中标人：深圳市星网信通科技有限公司，中标金额：1 226 万元。

（14）珠海公交巴士有限公司公交车辆智能视频监控报警系统采购，招标人：珠海公交巴士有限公司，中标时间：12 月，中标人：湖南晟成汽车零部件有限公司，中标金额：1 231 万元。

（15）深圳交警电动二轮车备案标识（电子车牌），招标人：深圳市公安局交通警察支队龙华大队，中标时间：11 月，中标人：无锡大华锐频科技有限公司，中标金额：1 250 万元。

（16）广州市智能交通管理系统配套信息化项目（2019 年度）—第三批大队分控中心升级改造项目，招标人：广州市公安局南沙区分局，中标时间：3 月，中标人：中时讯通信建设有限公司，中标金额：1 290 万元。

（17）清远连州市智慧停车管理系统项目，招标人：连州市嘉润投资发展有限公司，中标时间：10 月，中标人：清远市泰然信息科技有限公司，中标金额：1 368 万元。

（18）佛山南海（2019）交通违法抓拍系统工程维护项目，招标人：佛山市南海区交通安全管理中心，中标时间：6 月，中标人：广东南方通信建设有限公司，中标金额：1 441 万元。

（19）东莞市松山湖交警电子警察交通信号灯维护项目，招标人：东莞市公安局交通警察支队松山湖大队，中标时间：9 月，中标人：中通信息服务有限公司，中标金额：1 447 万元。

（20）佛山南海区智能交通管理系统维护项目，招标人：佛山市南海区交通安全管理中心，中标时间：1 月，中标人：南京莱斯信息技术股份有限公司，中标金额：1 462 万元。

（21）东莞市沙田镇高清“电子警察”监控系统工程，招标人：东莞市公安局交通警察支队沙田大队，中标时间：4 月，中标人：中国移动通信集团广东有限公司，中标金额：1 482 万元。

（22）广州市南沙区道路交通信号控制升级改造（二期）建设项目，招标人：广州市公安局南沙区分局，中标时间：4 月，中标人：广州杰赛科技股份有限公司，中标金额：1 676 万元。

（23）汕头市澄海区智慧交通（交通信号灯及电子警察）升级改造服务项目，招标人：汕头市公安局澄海分局，中标时间：7 月，中标人：中国电信股份有限公司汕头分公司，中标金额：1 719 万元。

（24）东莞市交警支队高埗大队电子警察采购项目，招标人：东莞市公安局交通警察支队高埗大队，中标时间：8 月，中标人：东莞市毅豪电子科技有限公司，中标金额：1 756 万元。

（25）汕头市澄海区智慧交通（违停抓拍电子警察）建设服务项目，招标人：汕头市公安局澄海分局，中标时间：10 月，中标人：中国移动通信集团广东有限公司汕头分公司，中标金额：1 761 万元。

（26）东莞市清溪镇高清电子警察系统和指挥中心建设项目（一期），招标人：东莞市公安局交通警察支队清溪大队，中标时间：2 月，中标人：深圳市脉山龙信息技术股份有限公司，中标金额：1 925 万元。

（27）佛山市三水区带电交通设施升级设备购置及安装项目，招标人：佛山市公安局三水分局，中标时间：9 月，中标人：青岛海信网络科技股份有限公司，中标金额：1 988 万元。

（28）广州市黄埔区智慧交通运输管理中心系统集成采购，招标人：广州市黄埔区住房和城乡建设局，中标时间：12 月，中标人：深圳市城市交通规划设计研究中心股份有限公司，中标金额：2 018 万元。

（29）广州市高清视频系统建设项目之交警支队部分项目，招标人：广州市公安局，中标时间：10 月，中标人：中国联合网络通信有限公司广东省分公司，中标金额：2 020 万元。

（30）广州增城区 2019 年交通违法抓拍系统建设采购，招标人：广州市公安局增城区分局，中标时间：2 月，中标人：中时讯通信建设有限公司，中标金额：2 026 万元。

（31）佛山市南海区交通安全管理中心南海交通违法抓拍系统维护项目，招标人：佛山市南海区交通安全管理中心，中标时间：7 月，中标人：中国联合网络通信有限公司佛山市分公司，中标金额：2 606 万元。

（32）广州市南沙区小虎化工区电子警察系统建设采购项目，招标人：广州市公安局南沙区分局，中标时间：2 月，中标人：杰创智能科技股份有限公司，中标金额：2 637 万元。

（33）2019—2020 年度珠海市咪表停车建设项目，招标人：珠海城建资产经营管理有限公司，中标时间：2 月，中标人：深圳市中浦信建设集团有限公司，中标金额：2 684 万元。

（34）清远市清城区电子警察、信号灯改造建设项目，招标人：清远市公安局清城分局，中标时间：6 月，中标人：中国电信股份有限公司广东分公司、清远市金盛建筑工程有限公司，中标金额：2 775 万元。

（35）佛山市禅城区公共安全视频管理系统和智能交通管理系统维护项目（2020 年度），招标人：佛山市公安局禅城分局，中标时间：7 月，中标人：中国电信股份有限公司广东分公司，中标金额：2 897 万元。

（36）佛山市高明区 2019—2020 年道路交通安全隐患路段整治工程，招标人：

佛山市高明区交通运输综合服务中心，中标时间：7 月，中标人：中国电信股份有限公司佛山分公司，中标金额：3 323 万元。

（37）华润集团润联软件系统（深圳）公司智慧交通大数据平台系统集成项目，招标人：润联软件系统（深圳）有限公司，中标时间：12 月，中标人：博易智软（北京）技术有限公司，中标金额：3 910 万元。

（38）深圳市 2020 年道路交通监控设施维护项目，招标人：深圳市公安局交通警察局，中标时间：2 月，A 包中标人：深圳榕亨实业集团有限公司，中标金额：1 170 万元；B 包中标人：深圳市博远科技创新发展有限公司，中标金额：1 106 万元；C 包中标人：深圳市林润实业有限公司，中标金额：833 万元；D 包中标人：深圳市金光道交通技术有限公司，中标金额：858 万元。

（39）广州市增城区中心城区道路停车信息化建设项目，招标人：广州市增城区路桥收费管理所，中标时间：3 月，中标人：智慧互通科技有限公司，中标金额：4 036 万元。

（40）清远市清新区道路停车智能收费服务项目，招标人：清远市清新区德盛投资开发有限公司，中标时间：12 月，中标人：广东江夏生态建设有限公司，中标金额：4 360 万元。

（41）东莞市横沥镇电子警察系统及智能信号控制系统升级改造项目，招标人：东莞市公安局交通警察支队横沥大队，中标时间：9 月，中标人：中国移动通信集团广东有限公司，中标金额：4 646 万元。

（42）2020 年度广州市中心城区城市道路停车智能管理信息化采购，招标人：广州市市政设施收费处、广州市中小客车指标调控服务中心，中标时间：10 月，中标人：智慧互通科技有限公司，中标金额：5 198 万元。

（43）广州市花都区社会治安与城市管理智能化视频系统升级改造（六期）电子警察项目，招标人：广州市公安局花都区分局，中标时间：3 月，中标人：中国联合网络通信有限公司广东省分公司，中标金额：5 913 万元。

（44）佛山市一环西拓旧路改造和景观提升工程及金石大道西延线工程交通安全设施工程施工（SG-02 合同段），招标人：佛山一环西拓旧路改造和景观提升工程及金石大道西延线工程交通安全设施工程施工（SG-02 合同段）项目经理部，中标时间：6 月，中标人：四川公路桥梁建设集团有限公司，中标金额：7 159 万元。

（45）佛山三龙湾大道及相连道路综合提升工程（智慧工程）设计施工总承包，招标人：佛山市南海三山新城投资发展有限公司，中标时间：6 月，中标人：深圳市城市交通规划设计研究中心股份有限公司；广州市第二市政工程有限公司，中标金额：11 000 万元。

（46）深圳智能网联交通测试示范平台（智能化工程），招标人：深圳市坪山区建筑工务署，中标时间：9 月，中标人：华为海洋网络有限公司、腾讯云计算（北京）有限责任公司联合体，中标金额：14 920 万元。

（47）深圳市智慧宝安交通提升工程一期 EPC，招标人：深圳市公安局交通警察支队宝安大队，中标时间：9 月，中标人：中国电建集团华东勘测设计研究院有限公司/深圳榕亭实业集团有限公司，中标金额：22 506 万元。

（48）深汕合作区科教大道（南山路至望鹏大道段）建设工程等 7 个项目智慧交通工程（含普通照明），招标人：深圳市深汕特别合作区智慧城市研究院有限公司，中标时间：4 月，中标人：广东勤上半导体照明科技工程有限公司，中标金额：31 841 万元。

（49）广州开发区面向自动驾驶与车路协同的智慧交通“新基建”项目，招标人：科学城（广州）投资集团有限公司，中标时间：8 月，中标人：阿波罗智行科技（广州）有限公司，中标金额：46 000 万元。

广东省 2020 年度项目总数 49 个，项目平均投资 4 594 万元，过亿项目数量 5 个，主要分布城市为广州、深圳市。

（三）浙江省 18 亿元

（1）衢州江山市城区停车收费运营管理服务项目，招标人：江山市城市发展投资有限公司，中标时间：9 月，中标人：浙江创泰科技有限公司，中标金额：1 000 万元。

（2）宁波国家高新区非机动车辆及行人违法抓拍系统建设项目，招标人：宁波市公安局高新技术开发区分局，中标时间：12 月，中标人：中国联合网络通信有限公司宁波市分公司，中标金额：1 001 万元。

（3）杭州余杭区临平城区停车管理服务采购，招标人：杭州余杭城市建设集团有限公司，中标时间：4 月，中标人：浙江创泰科技有限公司，中标金额：1 017 万元。

（4）嘉兴海宁交警大队 2020 年智慧交通管理项目，招标人：海宁市公安局交通警察大队，中标时间：5 月，中标人：浙江浙大中控信息技术有限公司，中标金额：1 077 万元。

（5）金华兰溪市兰创红绿灯信号和电子警察及智能化项目，招标人：兰溪市鸿图高新园区开发有限公司，中标时间：11 月，中标人：兰溪华数广电网络有限公司，中标金额：1 079 万元。

（6）湖州德清智能网联汽车封闭测试场项目（二期）——封闭测试场辅助设备采购，招标人：德清同创建设发展有限公司，中标时间：12 月，中标人：广州泽尔测试技术有限公司，中标金额：1 130 万元。

（7）嘉兴嘉善县 2020 年路面泊位智慧停车项目，招标人：嘉善县城市管理服务有限公司，中标时间：11 月，中标人：嘉善华数广电网络有限公司，中标金额：1 141 万元。

（8）浙江新增国道G524秀洲新塍至王店公路工程信号灯及电子警察系统，招标人：嘉兴市秀洲区交通建设投资有限责任公司，中标时间：4月，中标人：江苏智运科技发展有限公司，中标金额：1 157万元。

（9）湖州市南浔中心城区道路交通智能化改造项目，招标人：湖州南浔城投城乡基础设施建设开发有限公司，中标时间：10月，中标人：中国移动通信集团浙江有限公司湖州分公司、浙江乔兴科技有限公司联合中标，中标金额：1 163万元。

（10）嘉兴市525国道（原101省道）海盐段整治智能交通工程，招标人：海盐县交通投资集团有限公司，中标时间：5月，中标人：安徽择正公路工程有限责任公司，中标金额：1 166万元。

（11）宁波鄞州区智慧停车第五批次采购及安装项目，招标人：宁波市鄞州区公共停车设施建设运营有限公司，中标时间：1月，中标人：宁波优泊停车服务有限公司，中标金额：1 178万元。

（12）杭州市交警支队机动车违法鸣号抓拍设备采购项目，招标人：杭州市公安局交通警察支队，中标时间：12月，中标人：上海其高电子科技有限公司，中标金额：1 253万元。

（13）宁波高新区SCATS交通信号控制系统升级改造建设项目，招标人：宁波市公安局高新技术开发区分局，中标时间：11月，中标人：中国电信股份有限公司宁波分公司，中标金额：1 275万元。

（14）台州温岭交警大队第九期电子警察购买服务项目，招标人：温岭市公安局交通警察大队，中标时间：4月，中标人：中国移动通信集团浙江有限公司台州分公司，中标金额：1 369万元。

（15）温州乐清市2020年新建、改造城区智能公交廊点及智能站牌工程，招标人：乐清市运输集团有限公司，中标时间：8月，中标人：上海帝邦智能化交通设施有限公司，中标金额：1 370万元。

（16）杭州市公安交警支队交通设施维护（智能交通外场维护）项目，招标人：杭州市公安局交通警察支队，中标时间：10月，标项一、三、四、八中标人：银江股份有限公司，中标金额：720万元；标项二中标人：浙江省通信产业服务有限公司，中标金额：43万元；标项五、七中标人：浙江浙大中控信息技术有限公司，中标金额：486万元；标项六中标人：浙江腾翊信息科技有限公司，中标金额：233万元。

（17）温州瑞安市塘下镇智慧交通系统建设，招标人：瑞安市塘下镇人民政府，中标时间：11月，中标人：中国移动通信集团浙江有限公司温州分公司，中标金额：1 500万元。

（18）宁波市鄞州经济开发区二期市政PPP项目（智能交通），招标人：宁波市产城生态建设集团有限公司，中标时间：7月，中标人：汇智智能科技有限公司，中标金额：1 579万元。

（19）杭州练市镇城市5G智慧停车系统建设项目—智慧系统及收费建设工程，

招标人：浙江湖州众创投资建设有限公司，中标时间：9 月，中标人：中国电信股份有限公司湖州分公司，中标金额：1 599 万元。

（20）宁波慈溪市芦庵公路（329 国道——七塘公路）提升改造工程交通安全设施及智能交通设施施工二次，招标人：慈溪市交通建设投资有限公司，中标时间：7 月，中标人：浙江正方交通建设有限公司、四川路路鑫建设工程有限公司联合中标，中标金额：1 601 万元。

（21）杭州市萧山区红十五线改建工程智能交通工程，招标人：杭州萧山交通建设管理有限公司，中标时间：1 月，中标人：浙江开元机电集团有限公司，中标金额：1 632 万元。

（22）宁波鄞州区智慧停车第六批次设备采购及安装项目（第二阶段），招标人：宁波市鄞城智慧城市建设发展有限公司，中标时间：12 月，中标人：浙江信电技术股份有限公司、中科盛博建设集团有限公司组成联合中标，中标金额：1 636 万元。

（23）嘉兴海盐交警 2020 年电子监控系统、信号协调控制系统租赁，招标人：海盐县公安局交通警察大队，中标时间：9 月，中标人：中国移动通信集团浙江有限公司嘉兴分公司，中标金额：1 642 万元。

（24）杭州余杭区未来科技城智能城市建设项目二期智能斑马线、非现场执法、云资源服务采购，招标人：杭州未来科技城资产管理有限公司，中标时间：10 月，中标人：浙江阿里巴巴云计算有限公司，中标金额：1 650 万元。

（25）杭州富阳区城市数据大脑交通 V2.0 版，招标人：杭州市公安局富阳区分局交通警察大队，中标时间：11 月，中标人：杭州数梦工场科技有限公司，中标金额：1 660 万元。

（26）宁波市江北区静态交通智慧停车管理建设（一期）项目，招标人：宁波市江北区智慧城市公共设施运营管理有限公司，中标时间：5 月，中标人：浙江信电技术股份有限公司，中标金额：1 685 万元。

（27）温州空港新区交通安全建设工程一期，招标人：温州空港新区管理中心，中标时间：5 月，中标人：航天科工广信智能技术有限公司，中标金额：1 778 万元。

（28）中国人保台州公司车辆安全防控服务平台采购，招标人：中国人民财产保险股份有限公司台州市分公司，中标时间：6 月，中标人：浙江吴霞科技有限公司，中标金额：1 899 万元。

（29）金华义乌市机场路立交化改造工程一阶段、二阶段、环城南路与黎明湖路交叉口改造工程智能交通采购项目，招标人：义乌市城市投资建设集团有限公司，中标时间：9 月，中标人：浙江智杰科技有限公司，中标金额：1 973 万元。

（30）湖州市交通集团智慧公交升级改造项目，招标人：湖州市交通集团公共交通有限公司，中标时间：9 月，中标人：北京易华录信息技术股份有限公司，中标金额：1 980 万元。

（31）杭州 03 省道萧山义桥至楼塔段改建工程智能交通配套项目二标段，招标人：杭州萧山交通建设管理有限公司，中标时间：4 月，中标人：安徽昌达道路设施工程有限责任公司，中标金额：2 018 万元。

（32）绍兴诸暨市智能交通提升建设采购项目，招标人：诸暨广电信息技术有限公司，中标时间：9 月，中标人：浙江浙大中控信息技术有限公司，中标金额：2 019 万元。

（33）宁波市环城南路西延（薛家南路至环镇北路）工程交通安全设施，招标人：宁波市城市基础设施建设发展中心，中标时间：5 月，1 标段中标人：宁波日月交通安全设施工程有限公司，中标金额：686 万元；2 标段中标人：宁波市瑞通交通设施有限公司，中标金额：636 万元；3 标段中标人：宁波力创电子科技发展有限公司，中标金额：706 万元。

（34）湖州德清全域城市级自动驾驶和智慧出行示范区（一期）建设项目——硬件部分，招标人：德清同创建设发展有限公司，中标时间：5 月，中标人：中电海康集团有限公司，中标金额：2 190 万元。

（35）杭州余杭区东湖街道智能交通设施提升项目，招标人：杭州市余杭区人民政府东湖街道办事处，中标时间：12 月，中标人：浙江移动信息系统集成有限公司、中国铁塔股份有限公司杭州市分公司联合中标，中标金额：2 491 万元。

（36）杭州余杭智慧停车一期设备采购安装项目，招标人：杭州余杭停车有限公司，中标时间：6 月，中标人：杭州海康威视系统技术有限公司，中标金额：2 697 万元。

（37）宁波市环城南路西延（薛家南路至环镇北路）工程交通科技设施，招标人：宁波市城市基础设施建设发展中心，中标时间：5 月，1 标段中标人：宁波中瑞信息科技有限公司，中标金额：804 万元；2 标段中标人：浙江信电技术股份有限公司，中标金额：806 万元；3 标段中标人：华创电子股份有限公司，中标金额：1 205 万元。

（38）宁波鄞州区智慧停车第六批次设备采购及安装项目（第一阶段），招标人：宁波市鄞城智慧城市建设发展有限公司，中标时间：7 月，中标人：浙江信电技术股份有限公司，中标金额：3 257 万元。

（39）杭州市余杭区“城市数据大脑”交通（一期）运维项目，招标人：杭州市公安局余杭区分局交通警察大队，中标时间：12 月，中标人：中国电信股份有限公司杭州余杭区分公司，中标金额：3 270 万元。

（40）嘉兴桐乡市“智慧交管”建设项目（一期），招标人：桐乡市安保服务有限公司，中标时间：2 月，中标人：平安国际智慧城市科技股份有限公司，中标金额：3 468 万元。

（41）嘉兴嘉善县智慧公交站点改造项目，招标人：嘉善县城市公交有限公司，中标时间：8 月，中标人：上海帝邦智能化交通设施有限公司，中标金额：3 548 万元。

（42）宁波象山县道路交通安全隐患整治设施采购，招标人：象山县公安局交通警察大队，中标时间：4 月，中标人：浙江大华系统工程有限公司，中标金额：4 196 万元。

（43）温州市智慧停车生态云平台及停车设施智能化改造项目，招标人：温州市数据管理发展集团有限公司，中标时间：9 月，中标人：城云科技（中国）有限公司、浙江华卫智能科技有限公司、浙江创泰科技有限公司联合中标，中标金额：4 380 万元。

（44）台州市公安局交通警察局新改建电子警察监控设备采购项目、台州智慧交管工程（路段智能化）项目，招标人：台州市公安局交通警察局，中标时间：12 月，标项一中标人：浙江大华系统工程有限公司，中标金额：2 665 万元；标项二中标人：中国移动通信集团浙江有限公司台州分公司，中标金额：1 728 万元。

（45）杭州市余杭区交警大队智能交通设施升级改造项目，招标人：杭州市公安局余杭区分局交通警察大队，中标时间：7 月，标项一中标人：杭州余杭保安服务有限公司，中标金额：4 637 万元；标项二中标人：杭州华数传媒电视网络有限公司，中标金额：4 230 万元。

（46）杭州市萧山区交通警察大队“雪亮工程”电子警察系统和交通信号控制系统服务项目，招标人：杭州市公安局萧山区分局交通警察大队，中标时间：11 月，标项一中标人：中国移动通信集团浙江有限公司杭州分公司，中标金额：7 277 万元；标项二中标人：中国联合网络通信有限公司杭州市分公司，中标金额：2 035 万元。

（47）杭州南站综合交通枢纽彩虹快速路、风情大道改建、通城大道快速路等智能交通工程，招标人：杭州萧山城市建设投资集团有限公司，中标时间：12 月，标项一中标人：中国移动通信集团浙江有限公司杭州分公司，中标金额：4 562 万元；标项二中标人：中国电信股份有限公司杭州分公司，中标金额：3 230 万元；标项三中标人：中国联合网络通信有限公司杭州市分公司，中标金额：2 014 万元。

（48）湖州德清城市智能网联云控平台采购，招标人：德清县车网智联产业发展有限公司，中标时间：1 月，中标人：德清未来城市科技发展有限公司，中标金额：11 200 万元。

（49）杭州市滨江区全域智慧交通综合治理项目（一期），招标人：杭州市滨江区人民政府办公室，中标时间：12 月，中标人：华数传媒网络有限公司，中标金额：14 467 万元。

（50）杭州城市大脑·萧山平台—警务和交通系统项目采购，招标人：杭州萧山智慧城市投资管理有限公司，中标时间：4 月，中标人：杭州城市大数据运营有限公司、浙江浙大中控信息技术有限公司联合中标，中标金额：16 980 万元。

（51）嘉兴市有轨电车一期工程综合运营控制系统和智能交通系统集成设备采购及安装工程，招标人：嘉兴市有轨电车开发有限公司，中标时间：7 月，中标人：南京轨道交通系统工程有限公司、南京恩瑞特实业有限公司、中铁武汉电气化局集团有限公司联合中标，中标金额：22 283 万元。

浙江省 2020 年度项目总数 51 个，项目平均投资 3 499 万元，过亿项目数量 4 个，主要分布城市为杭州、宁波市。

（四）上海市 17 亿元

（1）上海市浦东新区道路收费运维管理服务采购项目（第一批），招标人：上海市浦东新区道路运输事业发展中心，中标时间：7 月，中标人：上海浦保停车管理服务有限公司，中标金额：1 065 万元。

（2）上海市徐汇区交警支队电子警察录入平台信息采集录入服务采购项目，招标人：上海市公安局徐汇分局，中标时间：11 月，中标人：上海地久保安服务有限公司，中标金额：1 176 万元。

（3）上海闵行区公安交通远程执法政府购买服务，招标人：上海市公安局闵行分局，中标时间：7 月，中标人：上海市保安服务总公司闵行区二公司，中标金额：1 179 万元。

（4）上海市电子警察设备维护（中心平台）项目，招标人：上海市公安局，中标时间：5 月，中标人：上海电科智能系统股份有限公司，中标金额：1 184 万元。

（5）上海虹口区交通管理中心机动车停车管理项目，招标人：上海市虹口区交通管理中心，中标时间：1 月，中标人：上海虹口停车管理有限公司，中标金额：1 199 万元。

（6）上海市 2020 年度闵行区道路交通信息化运行和维护项目，招标人：上海市公安局闵行分局，中标时间：7 月，中标人：上海宝信软件股份有限公司，中标金额：1 230 万元。

（7）上海市公安局松江分局智能违章抓拍系统（第六期），招标人：上海市公安局松江分局，中标时间：1 月，中标人：上海宝康电子控制工程有限公司，中标金额：1 248 万元。

（8）上海市公安局长宁分局 IDPS 及智能信号灯建设项目，招标人：上海市公安局长宁区分局，中标时间：7 月，中标人：中国联合网络通信有限公司上海市分公司，中标金额：1 308 万元。

（9）上海市交通信号设施及配套附属设施日常运行维护—交通设施抢修维护和零星工程，招标人：上海市公安局，中标时间：6 月，“黄浦、虹口”包中标人：上海富赛交通设施工程有限公司，中标金额：249 万元；“杨浦、宝山”包中标人：上海宇春公路安全设施有限公司，中标金额：226 万元；“长宁、闵行、松江、虹桥枢纽”包中标人：上海佳标市政交通工程有限公司，中标金额：221 万元；“普陀、嘉定、青浦”包中标人：南京燕秦交通工程有限公司，中标金额：206 万元；“奉贤、金山、崇明、浦东应急”包中标人：上海宝航市政交通设施有限公司，中标金额：

172 万元。

（10）2019 年上海市信息通信架空线入地整治项目——交警总队科技处部分（管孔使用权购买），招标人：上海市公安局，中标时间：7 月，中标人：上海市信息管线有限公司，中标金额：1 424 万元。

（11）上海市浦东新区 2020 年度交通信号灯实事工程 3 标段，招标人：上海市公安局浦东分局，中标时间：11 月，中标人：上海新腾市政道路交通设施工程有限公司，中标金额：1 439 万元。

（12）上海市浦东新区 2020 年度交通信号灯实事工程 4 标段，招标人：上海市公安局浦东分局，中标时间：11 月，中标人：上海慈航建设发展有限公司，中标金额：1 512 万元。

（13）上海市 2020 年度交通信号控制系统更新项目，招标人：上海市公安局闵行分局，中标时间：8 月，中标人：上海敏泰交通设施工程有限公司，中标金额：1 549 万元。

（14）上海浦东公交信息化综合管理平台，招标人：上海浦东新区公共交通有限公司，中标时间：9 月，中标人：上海电科智能系统股份有限公司，中标金额：1 568 万元。

（15）上海嘉定东方有线 IDPS 及陆域外圈建设项目，招标人：上海嘉定东方有线网络有限公司，中标时间：7 月，一、二包中标人：上海八达电信智能集成有限公司，中标金额：693 万元；三包中标人：知广海联（上海）大数据科技有限公司，中标金额：718 万元；四包中标人：阿里云计算有限公司，中标金额：203 万元。

（16）上海市固定电子警察系统建设及更新（中心平台）项目，招标人：上海市公安局，中标时间：6 月，中标人：上海电科智能系统股份有限公司，中标金额：1 674 万元。

（17）上海某部车辆动态监控系统，招标人：上海某部，中标时间：11 月，中标人：四川九洲电器集团有限责任公司，中标金额：1 683 万元。

（18）上海市公安局松江分局智慧路口改造，招标人：上海市公安局松江分局，中标时间：10 月，中标人：上海宝康电子控制工程有限公司，中标金额：1 698 万元。

（19）上海市浦东新区 2020 年度交通信号灯实事工程 1 标段，招标人：上海市公安局浦东分局，中标时间：11 月，中标人：中交二公局第三工程有限公司，中标金额：1 764 万元。

（20）上海重型柴油车远程在线监控终端运行维护和数据存储和运行跟踪服务采购，招标人：上海市环境科学研究院，中标时间：8 月，中标人：上海中安电子信息科技有限公司，中标金额：1 824 万元。

（21）2019 年上海市信息通信架空线入地整治项目——交警总队科技处部分设计施工一体化，招标人：上海市公安局交通警察总队，中标时间：7 月，中标人：中通服建设有限公司，中标金额：1 906 万元。

（22）上海强生出租汽车智能终端设备采购及伴随服务，招标人：上海强生出租汽车有限公司，中标时间：12 月，中标人：深圳市锐明技术股份有限公司，中标金额：2 000 万元。

（23）上海市静安区智能交通安全管理系统前端设备采购安装（包 3），招标人：上海市公安局静安分局，中标时间：7 月，中标人：上海加博有线网络安装有限公司，中标金额：2 165 万元。

（24）上海城市快速路视频监控系统完善工程一期 1 标 2 标，招标人：上海市道路运输事业发展中心，中标时间：6 月，1 标中标人：上海电科智能系统股份有限公司，中标金额：1 422 万元；2 标中标人：中远海运科技股份有限公司，中标金额：791 万元。

（25）上海济阳路（卢浦大桥—闵行区界）快速化改建工程 1 标监控工程，招标人：上海浦东工程建设管理有限公司，中标时间：9 月，中标人：中远海运科技股份有限公司，中标金额：2 279 万元。

（26）上海普陀区城运系统公安道路交通管理子系统设施建设项目，招标人：上海市公安局普陀分局，中标时间：11 月，中标人：上海电科智能系统股份有限公司，中标金额：2 643 万元。

（27）上海城运系统公安道路交通子系统崇明区建设项目，招标人：上海市公安局，中标时间：11 月，中标人：上海电科智能系统股份有限公司，中标金额：2 679 万元。

（28）2019 年上海市信息通信架空线入地整治项目——交警总队路设处部分（施工），招标人：上海市公安局交通警察总队，中标时间：7 月，中标人：上海电信工程有限公司，中标金额：2 711 万元。

（29）上海市济阳路（卢浦大桥—闵行区界）快速化改建工程 2 标监控工程，招标人：上海浦东工程建设管理有限公司，中标时间：8 月，中标人：中远海运科技股份有限公司，中标金额：3 162 万元。

（30）上海市公安局浦东分局综合保税区智能交通管理信息系统项目，招标人：上海市公安局浦东分局，中标时间：11 月，中标人：上海进祯建筑智能化工程有限公司，中标金额：3 188 万元。

（31）上海市静安区智能交通安全管理系统前端设备采购安装（包 1 包 2），招标人：上海市公安局静安分局，中标时间：7 月，1 包中标人：上海君昇电子信息工程有限公司，中标金额：1 569 万元；2 包中标人：上海电科智能系统股份有限公司，中标金额：1 732 万元。

（32）上海市公安局 2020 年中心城区老旧交通信号设施更新改造项目，招标人：上海市公安局，中标时间：3 月，一包中标人：上海澳星照明电器制造有限公司，中标金额：864 万元；二包中标人：上海富赛交通设施工程有限公司，中标金额：841 万元；三包中标人：上海慈航建设发展有限公司，中标金额：861 万元；四包中标人：

上海松潮交通设施工程有限公司，中标金额：857 万元。

（33）上海市智能信号灯建设项目，招标人：上海市公安局嘉定分局，中标时间：6 月，中标人：南京东大智能化系统有限公司，中标金额：3 580 万元。

（34）上海柴油车远程在线监控终端安装和接入服务采购，招标人：上海市环境科学研究院，中标时间：8 月，一包中标人：武汉洛特福动力技术有限公司，中标金额：375 万元；二包中标人：上海创怡环境技术有限公司，中标金额：378 万元；三包中标人：深圳市智多兴投控科技有限公司，中标金额：330 万元；四包中标人：西安多普多信息科技有限公司，中标金额：372 万元；五包中标人：杭州鸿泉物联网技术股份有限公司，中标金额：378 万元；六包中标人：安徽艾可蓝环保股份有限公司，中标金额：378 万元；七包中标人：凯龙高科技股份有限公司，中标金额：328 万元；八包中标人：天地车人（上海）环保科技有限公司，中标金额：378 万元；九包中标人：淄博青禾检测科技有限公司，中标金额：375 万元；十包中标人：北京蜂云科创信息技术有限公司，中标金额：378 万元。

（35）上海市外环线浦东段综合交通信息管理系统设施改造，招标人：上海市公安局浦东分局，中标时间：6 月，一包中标人：上海电科智能系统股份有限公司，中标金额：1 750 万元；二包中标人：上海宝信软件股份有限公司，中标金额：2 123 万元。

（36）上海城运系统公安道路交通管理子系统（IDPS）松江区设施建设，招标人：上海市公安局松江分局，中标时间：9 月，中标人：腾讯云计算（北京）有限责任公司，中标金额：4 030 万元。

（37）上海市嘉定区陆域外圈卡口建设项目，招标人：上海市公安局嘉定分局，中标时间：6 月，一包中标人：上海电科智能系统股份有限公司，中标金额：1 071 万元；二包中标人：连云港杰瑞电子有限公司，中标金额：1 141 万元；三包中标人：上海良相智能化工程有限公司，中标金额：596 万元；四包中标人：上海嘉定东方有线网络有限公司，中标金额：1 580 万元。

（38）上海宝山区道路交通管理系统采购项目，招标人：上海市公安局宝山分局，中标时间：8 月，中标人：上海电科智能系统股份有限公司，中标金额：4 718 万元。

（39）上海城运系统公安道路交通管理子系统（IDPS）青浦区建设项目，招标人：上海市公安局青浦分局，中标时间：9 月，中标人：上海宝信软件股份有限公司，中标金额：5 282 万元。

（40）上海交警总队新增及更新电子警察项目，招标人：上海市公安局交通警察总队，中标时间：5 月，中标人：上海圣民市政配套建设有限公司，中标金额：220 万元；中标人：上海共联通信信息，中标金额：172 万元；中标人：上海中隆通信工程，中标金额：265 万元;中标人：中国通信建设第三工程局，中标金额：1 070 万元；中标人：上海宝康电子，中标金额：786 万元；中标人：博康智能信息技术，中标金额：721 万元；中标人：上海竞天信息系统，中标金额：678 万元；中标人：上海市保安服务，中标金额：721万元；中标人：上海电科智能系统，中标金额：789万元。

（41）上海市杨浦区智能交通信号灯管理系统，招标人：上海市公安局杨浦分局，中标时间：7月，中标人：上海电科智能系统股份有限公司，中标金额：5 945万元。

（43）上海城运系统公安道路交通管理子系统建设项目（IDPS）奉贤区，招标人：上海市公安局奉贤分局，中标时间：10 月，中标人：中远海运科技股份有限公司，中标金额：6 005万元。

（44）上海汽车城核心区开放道路智能网联汽车测试环境建设工程（二期），招标人：上海国际汽车城（集团）有限公司，中标时间：12 月，中标人：上海市城市建设设计研究总院（集团）有限公司、中移建设有限公司联合中标，中标金额：6 120万元。

（45）上海国际汽车城智能网联汽车开放道路数据中心平台建设，招标人：上海国际汽车城（集团）有限公司，中标时间：12 月，中标人：百度智行科技（上海）有限公司，中标金额：6 555万元。

（46）上海市徐汇区 2020 年度智慧公安智能信号灯建设（二期）集成政府采购项目，招标人：上海市公安局徐汇分局，中标时间：9月，中标人：上海电科智能系统股份有限公司，中标金额：7 235万元。

（47）上海城运系统道路交通管理子系统金山建设项目，招标人：上海市公安局金山分局，中标时间：11 月，一包中标人：上海平可行智能科技有限公司，中标金额：1 589万元；二包中标人：上海电气自动化设计研究所有限公司，中标金额：1 709万元；三包中标人：上海智能交通有限公司，中标金额：1 008万元；四包中标人：上海电科智能系统股份有限公司，中标金额：1 661万元；五包中标人：上海巨一科技发展有限公司，中标金额：1 932万元。

（48）上海浦东新区综合交通信息管理系统公安子平台八期，招标人：上海市公安局浦东分局，中标时间：9月，一包中标人：海电科智能系统股份有限公司，中标金额：1 246万元；二包中标人：上海电气自动化设计研究所有限公司，中标金额：1 578万元；三包中标人：上海宝航市政交通设施有限公司，中标金额：2 214万元；四包中标人：苏东大金智信息系统有限公司，中标金额：1 800万元；五包中标人：上海电信工程有限公司，中标金额：2 293万元。

（49）上海奉贤区智能网联汽车测试示范区建设项目，招标人：上海奉贤停车产业发展有限公司，中标时间：5月，中标人：上海电科智能系统股份有限公司，中标金额：9 346万元。

（50）上海城运系统公安道路交通管理子系统（IDPS）嘉定区建设项目，招标人：上海市公安局嘉定分局，中标时间：5月，一包中标人：上海宝信软件股份有限公司，中标金额：2 290万元；二包中标人：北京云星宇交通科技股份有限公司，中标金额：3 675 万元；三包中标人：南京东大智能化系统有限公司，中标金额：3 580 万元；四包中标人：银江股份有限公司，中标金额：1 208万元；五包中标人：上海嘉定东方有线网络有限公司，中标金额：1 140 万元；五包中标人：上海市城乡建设和交通发展研究院，中标金额：239 万元。

（五）湖南省 16 亿元

（1）湖南湘江新区开放道路智能化改造项目二期工程一阶段，招标人：湖南湘江智能科技创新中心有限公司，中标时间：6 月，中标人：湖南力唯中天科技发展有限公司，中标金额：1 099 万元。

（2）长沙市梅溪湖智慧交通项目货物采购，招标人：梅溪湖投资（长沙）有限公司，中标时间：9 月，中标人：青岛海信网络科技股份有限公司，中标金额：1 112 万元。

（3）长沙市长沙县公安局 2020 年电子警察设备采购安装项目，招标人：长沙县公安局，中标时间：12 月，中标人：上海电科智能系统股份有限公司，中标金额：1 139 万元。

（4）衡阳市智慧交通二期建设，招标人：衡阳市公安局交通警察支队，中标时间：9 月，中标人：上海智勘科技有限公司，中标金额：1 376 万元。

（5）湖南公安交通管理信息系统升级改造和维保服务，招标人：湖南省公安厅交管局，中标时间：11 月，中标人：安徽四创电子股份有限公司，中标金额：1 395 万元。

（6）株洲市渌口区城区智能化停车项目四标段【泊位（平台）建设及运营项目】，招标人：株洲梅子湖生态新城投资有限公司，中标时间：10 月，中标人：湖南益泊智联机电科技有限公司、上海畅停信息科技有限公司联合中标，中标金额：1 759 万元。

（7）长沙市长沙县电子警察路口改造项目，招标人：长沙县公安局，中标时间：5 月，中标人：浙江浙大中控信息技术有限公司，中标金额：1 769 万元。

（8）长沙市长沙县中心城区智慧停车项目劳务外包采购，招标人：长沙县星城发展集团有限公司，中标时间：1 月，中标人：湖南保利天创物业发展有限公司，中标金额：1 775 万元。

（9）长沙市望城公安分局交通管理中心建设项目，招标人：长沙市公安局望城分局，中标时间：9 月，中标人：湖南兴旺建设有限公司，中标金额：1 793 万元。

（10）衡阳高新区道路交通管理设施政府采购项目（次、支干道部分），招标人：衡阳高新技术产业开发区管理委员会，中标时间：7 月，中标人：湖南天瑞通信技术有限公司，中标金额：2 140 万元。

（11）湖南湘江新区智能网联汽车产业云服务项目（二期），招标人：湖南湘江智能科技创新中心有限公司，中标时间：12 月，中标人：华为软件技术有限公司，中标金额：2 484 万元。

（12）长沙湘行智慧公司路内停车泊位信息化改造高位视频项目，招标人：长沙湘行智慧交通科技有限公司，中标时间：6月，中标人：北京精英路通科技有限公司，中标金额：2 691万元。

（13）衡阳高新区道路交通管理设施政府采购项目（主干道部分），招标人：衡阳高新技术产业开发区管理委员会，中标时间：7月，中标人：湖南交畅交通科技有限公司，中标金额：3 066万元。

（14）湘西花垣县数字城市智慧停车运营管理项目，招标人：花垣县住房和城乡建设局，中标时间：9 月，中标人：厦门中卡科技股份有限公司，中标金额：3 200万元。

（15）湖南湘江新区智能网联云控管理平台项目（一期），招标人：湖南湘江智能科技创新中心有限公司，中标时间：7月，中标人：青岛海信网络科技股份有限公司，中标金额：3 609万元。

（16）长沙市高新区智慧交通项目建设（一期）项目，招标人：长沙软件园有限公司，中标时间：8月，中标人：北京百度网讯科技有限公司，中标金额：4 084万元。

（17）长沙市路内停车泊位信息化改造项目高位视频设备采购，招标人：长沙交通投资控股集团有限公司，中标时间：11 月，中标人：杭州海康威视系统技术有限公司，中标金额：4 490万元。

（18）郴州市“智慧交管”一期工程项目，招标人：郴州市公安局交通警察支队，中标时间：12月，中标人：中国电信集团系统集成有限责任公司，中标金额：6 589万元。

（19）湖南湘江新区 2020 年数字交通车载智能终端技术改造项目，招标人：湖南湘江新区管理委员会，中标时间：7月，中标人：长沙智能驾驶研究院有限公司，中标金额：10 000万元。

（20）衡阳市城区智慧停车管理系统和公共停车场建设 PPP 项目，招标人：衡阳市城市管理和综合执法局，中标时间：7月，中标人：海振华重工（集团）股份有限公司、中交第三公路工程局有限公司、中交第二公路勘察设计研究院有限公司联合中标，中标金额：100 000万元。

（六）四川省15亿元

（1）四川省交通运行监测与应急指挥系统（二期）工程（自贡市）施工，招标人：自贡市交通投资开发公司，中标时间：7月，中标人：中国移动通信集团四川有限公司自贡分公司，中标金额：1 031万元。

（2）自贡市智慧化停车服务项目社会投资人采购，招标人：自贡城投泊车管理服务有限公司，中标时间：10 月，中标人：四川领驰信息科技有限公司、深圳市捷顺科技实业股份有限公司联合中标，中标金额：1 109 万元。

（3）四川省交通运输行政执法综合管理信息系统工程应用系统开发及终端设备采购集成，招标人：四川省交通运输厅信息中心，中标时间：4 月，中标人：迪爱斯信息技术股份有限公司，中标金额：1 113 万元。

（4）乐山公交公司公交智能化建设采购服务（含运维）项目，招标人：乐山公共交通有限公司，中标时间：7 月，中标人：中国联合网络通信有限公司乐山市分公司，中标金额：1 132 万元。

（5）四川铁投信息技术公司车路协同软件平台技术服务采购，招标人：四川铁投信息技术产业投资有限公司，中标时间：12 月，中标人：阿里云计算有限公司，中标金额：1 149 万元。

（6）成都三条市管高速智能交通管控系统项目系统软硬件与系统集成四标段，招标人：成都交通信息港有限责任公司，中标时间：12 月，中标人：青岛海信网络科技股份有限公司，中标金额：1 184 万元。

（7）德阳绵竹市城区智慧交通提档升级项目（一期），招标人：四川省德阳市绵竹市公安局，中标时间：9 月，一包中标人：四川省霓飞建筑智能化工程有限公司，中标金额：809 万元；二包中标人：四川智盛慧业电子科技有限公司，中标金额：384 万元。

（8）成都市邛崃市智能交通系统运行维护服务及升级改造项目，招标人：四川省成都市邛崃市公安局，中标时间：11 月，中标人：四川中意兴业实业有限公司，中标金额：1 198 万元。

（9）成都市日月大道智能交通管控系统工程项目，招标人：成都交通信息港有限责任公司，中标时间：1 月，中标人：浙江浙大中控信息技术有限公司，中标金额：1 200 万元。

（10）成都公交娇子公交停保基地公交运营智能信息化及系统集成项目，招标人：成都华阳建筑股份有限公司，中标时间：5 月，中标人：江苏中科智能系统有限公司，中标金额：1 277 万元。

（11）广安市公安交警支队智慧交通，招标人：四川省广安市公安局交通警察支队，中标时间：11 月，中标人：国动物联网有限公司，中标金额：1 298 万元。

（12）成都市王贾路利民路智能交通管控系统项目系统软硬件与系统集成，招标人：成都交通信息港有限责任公司，中标时间：2 月，中标人：青岛海信网络科技股份有限公司，中标金额：1 367 万元。

（13）广安武胜县智慧交通管理系统租赁服务采购，招标人：四川省广安市武胜县公安局，中标时间：5 月，中标人：中国移动通信集团四川有限公司广安分公司，中标金额：1 380 万元。

（14）四川省交通运行监测与应急指挥系统（二期）宜宾工程施工标段，招标人：宜宾市交通运输信息和应急指挥中心，中标时间：8 月，中标人：联通（四川）产业互联网有限公司，中标金额：1 389 万元。

（15）成都三条市管高速智能交通管控系统项目系统软硬件与系统集成三标段，招标人：成都交通信息港有限责任公司，中标时间：12 月，中标人：四川新迎顺信息技术股份有限公司，中标金额：1 443 万元。

（16）成都三条市管高速智能交通管控系统项目系统软硬件与系统集成五标段，招标人：成都交通信息港有限责任公司，中标时间：12 月，中标人：北京易华录信息技术股份有限公司，中标金额：1 499 万元。

（17）成都市交管局 2021 至 2024 年度电子警察及智能交通后台数据处理服务采购项目，招标人：成都市公安局交通管理局，中标时间：10 月，中标人：成都通甲优博科技有限责任公司，中标金额：1 588 万元。

（18）攀枝花市交通运行监测与应急指挥系统工程项目，招标人：攀枝花市国有投资（集团）有限责任公司，中标时间：1 月，中标人：中国移动通信集团四川有限公司，中标金额：1 600 万元。

（19）成都市西源大道市区段智能交通管控系统工程项目，招标人：成都交通信息港有限责任公司，中标时间：1 月，中标人：青岛海信网络科技股份有限公司，中标金额：1 689 万元。

（20）德阳中江县交通管理和治安防控设备采购，招标人：四川省德阳市中江县公安局，中标时间：8 月，中标人：中国电信股份有限公司德阳分公司，中标金额：1 691 万元。

（21）凉山州交警支队 2020 年智能卡口工程服务，招标人：凉山彝族自治州公安局交通警察支队，中标时间：9 月，中标人：中国移动通信集团四川有限公司凉山分公司，中标金额：1 716 万元。

（22）凉山州交警支队公安交通指挥中心（一期）项目综合交通管理平台服务采购，招标人：凉山州公安局交通警察支队，中标时间：8 月，中标人：上海电科智能系统股份有限公司，中标金额：1 818 万元。

（23）成都三条市管高速智能交通管控系统项目系统软硬件与系统集成一标段，招标人：成都交通信息港有限责任公司，中标时间：12 月，中标人：北京云星宇交通科技股份有限公司，中标金额：1 843 万元。

（24）自贡市高新区卧龙湖片区一纵二横道路交安设施采购，招标人：四川省自贡市自贡高新技术产业开发管理委员会，中标时间：9 月，中标人：四川虹信软件股份有限公司，中标金额：1 888 万元。

（25）成都市交通信号控制系统升级改造建设项目系统软硬件采购包件 1（外场信号机及中心控制设备），招标人：成都交通信息港有限责任公司，中标时间：12 月，中标人：青岛海信网络科技股份有限公司，中标金额：2 000 万元。

（26）四川省交通运行监测与应急指挥系统二期工程—达州市设备采购及安装标段，招标人：达州市交通运行监测及应急指挥中心，中标时间：1 月，中标人：四川佳缘科技股份有限公司，中标金额：2 085万元。

（27）四川省交通运行监测与应急指挥系统（二期）工程（雅安市）施工，招标人：雅安市交通建设（集团）有限责任公司，中标时间：6月，中标人：四川省通信产业服务有限公司，中标金额：2 088万元。

（28）广安华蓥市“智能交通”政府购买服务采购项目，招标人：四川省广安市华蓥市公安局，中标时间：10月，中标人：成都软盛信息技术有限公司，中标金额：2 478万元。

（29）雅安汉源县智慧交通数字管理停车采购（8年），招标人：汉源县城市和交通建设集团有限公司，中标时间：11月，中标人：四川省数字产业有限责任公司、联通（四川）产业互联网有限公司联合中标，中标金额：3 152万元。

（30）成都市智能交通空间地理信息基础支撑及服务系统项目系统软硬件与系统集成，招标人：成都交通信息港有限责任公司，中标时间：8月，中标人：成都汉康信息产业有限公司、阿里云计算有限公司联合中标，中标金额：3 380万元。

（31）绵阳三台县智慧交通项目采购，招标人：三台县公安局，中标时间：7月，中标人：四川九洲视讯科技有限责任公司，中标金额：3 526万元。

（32）成都三条市管高速智能交通管控系统项目系统软硬件与系统集成六标段（基础配套工程），招标人：成都交通信息港有限责任公司，中标时间：11月，中标人：中铁五局集团有限公司，中标金额：4 451万元。

（33）成都天府国际机场交通工程与智能交通系统工程（第二次），招标人：成都天府国际机场建设指挥部，中标时间：3月，中标人：浙江浙大中控信息技术有限公司，中标金额：5 422万元。

（34）成都市智能交通科学加密整体提升项目系统软硬件与系统集成，招标人：成都交通信息港有限责任公司，中标时间：4月，一标段中标人：上海电科智能系统股份有限公司，中标金额：809万元；二标段中标人：青岛海信网络科技股份有限公司，中标金额：2 724万元；三标段中标人：济邦建设集团有限公司、四川省君源水电建设有限公司联合中标，中标金额：1 474万元；四标段中标人：北京易华录信息技术股份有限公司，中标金额：1 212万元。

（35）成都市大运会主会场环湖基础设施及智慧交通安保建设项目—智慧交通安保工程施工，招标人：成都经济技术开发区城市建设投资经营有限公司，中标时间：12月，中标人：浙江大华系统工程有限公司，中标金额：21 806万元。

（36）南充阆中市城区道路停车泊位特许经营权转让项目，招标人：阆中市综合行政执法局，中标时间：6月，中标人：阆中城市公共服务管理有限公司，中标金额：25 000万元。

（37）中德智能网联汽车试验场地建设项目测试场系统工程（信息化）标段，招标人：成都市龙泉驿区龙泉工业投资经营有限责任公司，中标时间：9月，中标人：中国信息通信研究院、北京易华录信息技术股份有限公司联合中标，中标金额：32 600

万元。

（七）江苏省14亿元

（1）张家港市智能交通设施项目，招标人：家港市公安局交通警察大队、张家港市高铁投资发展有限公司，中标时间：6月，中标人：江苏移动信息系统集成有限公司，中标金额：1 020万元。

（2）徐州交警支队高速智慧公安检查站建设项目，招标人：徐州市公安局交通警察支队，中标时间：10月，中标人：中邮建技术有限公司，中标金额：1 026万元。

（3）宿迁市泗洪县公安局道路交通安全设施升级补盲工程（信号灯及维护项目）采购项目分包一，招标人：泗洪县公安局，中标时间：12 月，中标人：江苏移动信息系统集成有限公司，中标金额：1 030万元。

（4）连云港灌南县市政道路电子警察采购项目，招标人：中电鸿信信息科技有限公司，中标时间：9月，中标人：宿迁市可信信息科技有限公司，中标金额：1 038万元。

（5）无锡太科园片区严管道路违停抓拍智能化设施工程一标段，招标人：无锡太湖国际科技园投资开发有限公司，中标时间：6月，中标人：江苏航天大为科技股份有限公司，中标金额：1 043万元。

（6）扬州江都区智能交通集成管控平台项目及行人闯红灯自动记录系统项目，招标人：扬州市江都区公安局交通警察大队，中标时间：6月，中标人：中电鸿信信息科技有限公司，中标金额：1 055万元。

（7）苏州市高架道路智能管控设备新增及改造项目—交通智慧协同管控平台与系统集成测试，招标人：苏州市公安局，中标时间：4月，中标人：苏州博宇鑫交通科技有限公司，中标金额：1 097万元。

（8）淮安盱眙城区第二批智能公交站台（牌）项目，招标人：盱眙城交广告传媒有限公司，中标时间：1月，中标人：山东凯创智慧城市设施有限公司，中标金额：1 128万元。

（9）南京市江宁区智慧停车3.0系统采购，招标人：南京市江宁区城市管理局，中标时间：7月，中标人：南京苏比尔信息技术有限公司，中标金额：1 158万元。

（10）宿迁市西湖路交通安全设施采购及安装工程，招标人：宿迁市市政公用事业服务中心，中标时间：6 月，中标人：隆昌照明集团有限公司，中标金额：1 160万元。

（11）苏州张家港市交通警察大队信号灯及电子警察等安全设施，招标人：张家港市公安局交通警察大队，中标时间：6月，中标人：张家港保税区时代众志科技有限公司，中标金额：1 182万元。

（12）南通公交 2020 年电子站牌项目，招标人：南通市公共交通有限公司，中标时间：10月，中标人：南通天和电脑有限公司，中标金额：1 296万元。

（13）南京市江北新区直管区（2019年度）道路交通设施升级改造工程智能化设备采购，招标人：南京江北新区公用资产投资发展有限公司，中标时间：8月，中标人：南京莱斯信息技术股份有限公司，中标金额：1 325万元。

（14）南京市扬子江大道快速化改造工程交通工程施工，招标人：南京城建隧桥经营管理有限责任公司，中标时间：5月，中标人：南京公路防护设施工程有限责任公司、南京鸿鸣建设工程有限公司，中标金额：1 341万元。

（15）江苏省交通运输数据资源管理系统基础设施建设，招标人：江苏省交通通信信息中心，中标时间：8月，中标人：江苏移动信息系统集成有限公司，中标金额：1 342万元。

（16）江苏省交通运输数据资源管理系统软件工程建设，招标人：江苏省交通通信信息中心，中标时间：9月，中标人：同方股份有限公司，中标金额：1 348万元。

（17）沪通铁路太仓站、太仓南站配套基础设施项目（交安监控）项目，招标人：太仓市铁路投资有限公司，中标时间：4月，一标段中标人：苏州三安交通设施有限公司，中标金额：753万元；二标段中标人：苏州市安泰交通安全设施工程有限公司，中标金额：628万元。

（18）苏州高新区何山路西延智能化工程，招标人：苏州高新区（虎丘区）城市建设管理服务中心，中标时间：9月，中标人：国泰新点软件股份有限公司，中标金额：1 398万元。

（19）无锡江阴市滨湖区严管道路（区管及以下）电子抓拍设施采购项目，招标人：无锡市滨湖区城市管理局，中标时间：12月，中标人：无锡市工业设备安装有限公司，中标金额：1 408万元。

（20）南京市淳化街道电子警察安装工程，招标人：南京市江宁区人民政府淳化街道办事处，中标时间：11月，中标人：南京中南交通设施有限公司，中标金额：1 438万元。

（21）盐城响水县信号灯及电子警察建设项目，招标人：响水城市资产投资控股集团有限公司，中标时间：9月，中标人：郑州兰盾电子有限公司，中标金额：1 466万元。

（22）盐城市滨海县34套道路交通安全设施建设项目，招标人：滨海县公安局，中标时间：5月，中标人：中国移动通信集团江苏有限公司，中标金额：1 498万元。

（23）常州市机场路快速化改造工程地面道路交通管理科技设施建设项目，招标人：常州市市政工程管理中心，中标时间：1月，中标人：上海新艺交通设施工程有限公司，中标金额：1 510万元。

（24）盐城市射阳县城区“关城门”项目，招标人：射阳县公安局，中标时间：9月，中标人：中国电信股份有限公司盐城分公司，中标金额：1 516万元。

（25）连云港市赣榆区公安局电子警察四期项目采购，招标人：连云港市赣榆区公安局，中标时间：7 月，中标人：中国移动通信集团江苏有限公司连云港分公司，中标金额：1 535 万元。

（26）2020 年无锡市新吴区严管道路设施抓拍系统工程，招标人：无锡国家高新技术产业开发区（无锡市新吴区）城市管理局，中标时间：9 月，中标人：江苏航天大为科技股份有限公司，中标金额：1 545 万元。

（27）无锡市惠山区第三批严管道路违停抓拍系统建设项目，招标人：无锡市公安局惠山分局，中标时间：4 月，中标人：中国电信股份有限公司无锡分公司，中标金额：1 575 万元。

（28）无锡市长江路（太湖大道—泰山路）改造交通监控设施工程，招标人：无锡市新吴区重点建设项目管理中心，中标时间：2 月，中标人：江苏航天大为科技股份有限公司、无锡市中交路桥工程有限公司，中标金额：1 645 万元。

（29）徐州新沂“互联网+全域公交”智慧化提升工程，招标人：新沂市公共交通公司，中标时间：10 月，中标人：江苏南大苏富特智能交通科技有限公司，中标金额：1 656 万元。

（30）苏州昆山市公安局 2020 年昆山交通信号灯联网控制及自适应优化工程项目，招标人：昆山市公安局，中标时间：12 月，中标人：昆山市交通工程集团有限公司，中标金额：1 695 万元。

（31）盐城市公安局经济技术开发区分局泛感知前端及系统建设项目（道路部分），招标人：盐城市公安局经济技术开发区分局，中标时间：8 月，中标人：千方捷通科技股份有限公司，中标金额：1 848 万元。

（32）无锡市新吴区车路协同技术 5G 智能交通示范项目（2020），招标人：无锡市高新区（新吴区）工业和信息化局，中标时间：12 月，中标人：江苏智慧新吴信息科技有限公司，中标金额：1 881 万元。

（33）宿迁市黄河路、西湖路“好巴士”快速公交系统交通智能化设备采购与安装工程，招标人：宿迁市铁路事业发展中心，中标时间：9 月，中标人：江苏三棱智慧物联发展股份有限公司，中标金额：2 006 万元。

（34）南京江北新区浦滨路智能交通建设，招标人：南京江北新区公用资产投资发展有限公司，中标时间：2 月，一标段中标人：江苏东大金智信息系统有限公司，中标金额：1 045 万元；二标段中标人：江苏尤特斯新技术有限公司，中标金额：1 017 万元。

（35）常州市机场路快速化改造工程—道路交通管理科技设施建设项目，招标人：常州市公安局交通警察支队，中标时间：8 月，中标人：上海电科智能系统股份有限公司，中标金额：2 079 万元。

（36）无锡江阴市高新区道路交通电子警察监控设施建设项目，招标人：江阴高新技术产业开发区综合执法局，中标时间：6 月，中标人：中国电信股份有限公司无锡分公司、江苏移动信息系统集成有限公司，中标金额：2 080 万元。

（37）无锡市飞凤路等城市重点道路交通监控工程，招标人：无锡市城市重点建设项目管理中心，中标时间：7 月，中标人：江苏航天大为科技股份有限公司，中标金额：2 105 万元。

（38）南京市江北新区镇南河路等七条道路综合整治工程智能交通系统工程，招标人：南京江北新区公用资产投资发展有限公司，中标时间：1 月，中标人：江苏省新通智能交通科技发展有限公司，中标金额：2 130 万元。

（39）南通市福隆路、世纪大道等八条道路电子警察项目 ABC 包，招标人：南通城市建设集团有限公司，中标时间：11 月，A 标段中标人：江苏有线数据网络有限责任公司，中标金额：692 万元；B 标段中标人：中国联合网络通信有限公司南通市分公司，中标金额：821 万元；C 标段中标人：中电鸿信信息科技有限公司，中标金额：621 万元。

（40）盐城电信大丰公安智慧交通系统建设项目智能监控设备及综合施工服务采购，招标人：中国电信股份有限公司盐城分公司，中标时间：9 月，中标人：深圳桑达电子设备有限公司，中标金额：2 151 万元。

（41）无锡市 S228 交通安全隐患整改工程、锡东大道河张线路口隐患整改工程，招标人：无锡市锡山区重点建设项目管理中心，中标时间：9 月，中标人：江苏航天大为科技股份有限公司，中标金额：2 398 万元。

（42）盐城市区开放大道等岛式站台改造维护出新项目，招标人：盐城市交通投资集团有限公司，中标时间：9 月，中标人：青岛海信网络科技股份有限公司、中鼎世纪工程设计有限公司，中标金额：2 650 万元。

（43）苏州工业园 2020—2021 年度市政基础设施项目交通安全设施工程，招标人：苏州工业园区市政工程部，中标时间：4 月，中标人：苏州市安泰交通安全设施工程有限公司，中标金额：2 697 万元。

（44）淮安市 S237 高架快速路（徐杨路—西十路段）及进站匝道工程智能交通及交通安全设施，招标人：淮安高新控股有限公司，中标时间：2 月，中标人：黑龙江省北龙交通工程有限公司，中标金额：2 699 万元。

（45）苏州 X352 县道改扩建工程项目（原漕湖大道准快速化工程）信号、监控、标线等，招标人：苏州市相城交通建设投资（集团）有限公司，中标时间：12 月，中标人：苏州博宇鑫交通科技有限公司，中标金额：2 748 万元。

（46）苏州工业园区 19—20 年度新建改建道路配套智能交通项目一标段，招标人：苏州市公安局苏州工业园区分局，中标时间：6 月，中标人：浙江浙大中控信息技术有限公司，中标金额：2 778 万元。

（47）南京市交通运输数据资源管理系统，招标人：南京市交通运输局，中标时间：11 月，中标人：中通服咨询设计研究院有限公司，中标金额：3 130 万元。

（48）镇江丹阳市智慧警务建设项目（二标段：道路监控服务），招标人：丹阳市嘉润交通工程有限公司，中标时间：10 月，中标人：中国电信股份有限公司江苏分公司，中标金额：3 159 万元。

（49）盐城市大丰公安智慧交通系统建设项目智能云平台设备及系统集成服务采购项目，招标人：中国电信股份有限公司盐城分公司，中标时间：9 月，中标人：深圳桑达电子设备有限公司，中标金额：3 420 万元。

（50）徐州经开区道路交叉口交通安全综合设施采购，招标人：徐州经济技术开发区管委会，中标时间：11 月，一标段中标人：中通服咨询设计研究院有限公司，中标金额：1 176 万元；二标段中标人：浙江浙大中控信息技术有限公司，中标金额：999 万元；三标段中标人：上海电科智能系统股份有限公司，中标金额：986 万元。

（51）徐州沛县智慧停车管理系统建设项目，招标人：沛县城市管理局，中标时间：8 月，中标人：天博电子信息科技有限公司、上海棋开智能停车管理有限公司联合中标，中标金额：3 696 万元。

（52）常州市交通畅行三年行动城市道路配套交通设施建设项目，招标人：常州市公安局交通警察支队，中标时间：12 月，中标人：上海宝康电子控制工程有限公司，中标金额：3 809 万元。

（53）镇江市智慧交通（一期）市区道路监控系统更新建设项目采购，招标人：镇江市公安局，中标时间：10 月，中标人：青岛海信网络科技股份有限公司，中标金额：4 169 万元。

（54）苏州国际快速物流通道二期工程—春申湖路快速化改造信号监控等工程，招标人：苏州市相城交通建设投资（集团）有限公司，中标时间：8 月，中标人：苏州博宇鑫交通科技有限公司，中标金额：4 229 万元。

（55）南京白下高新区车联网先导区智能网联道路系统建设工程道路系统设备采购，招标人：南京秦淮科技创新创业发展集团有限公司，中标时间：6 月，中标人：北京百度网讯科技有限公司，中标金额：5 428 万元。

（56）盐城市公安局智慧节点监控网及智慧绿波带建设项目，招标人：盐城市公安局，中标时间：12 月，中标人：中国电信股份有限公司盐城分公司，中标金额：5 900 万元。

（57）无锡市凤翔路等城市重点道路交通监控工程，招标人：无锡市城市重点建设项目管理中心，中标时间：3 月，中标人：江苏航天大为科技股份有限公司，中标金额：5 930 万元。

（58）连云港市智慧停车建设及运营管理项目，招标人：连云港市公安局交通警察支队，中标时间：1 月，中标人：连云港市交通控股集团有限公司，中标金额：19 700 万元。

（八）北京市 13 亿元

（1）北京市昌平区道路交通设施设备项目，招标人：北京市昌平区城市管理委员会，中标时间：8 月，中标人：北京易华录信息技术股份有限公司，中标金额：1 003 万元。

（2）北京市北京站区域综合交通改善项目（二期）工程 2 标，招标人：中冶（北京）交通科技发展有限公司，中标时间：4 月，中标人：北京北大千方科技有限公司，中标金额：1 017 万元。

（3）北京市团河路（现状后查路—庞安路）道路交通工程施工，招标人：北京京投交通发展有限公司，中标时间：1 月，中标人：北京深华科交通工程有限公司，中标金额：1 036 万元。

（4）北京市门头沟区东白地块静态交通综合治理工程，招标人：北京市门头沟区城市管理委员会，中标时间：8 月，中标人：江苏航天大为科技股份有限公司，中标金额：1 089 万元。

（5）北京市怀柔区交通科技设施建设项目，招标人：北京市公安局怀柔分局，中标时间：9 月，中标人：联通系统集成有限公司，中标金额：1 150 万元。

（6）北京市顺义区路侧停车电子化收费项目，招标人：北京市顺义区城市管理委员会，中标时间：10 月，中标人：智慧互通科技有限公司，中标金额：1 189 万元。

（7）北京新机场临空经济区大礼路（大广高速—京台高速）道路工程—交通工程一标段，招标人：北京新航城开发建设有限公司，中标时间：4 月，中标人：北京泽阳科信交通科技发展有限公司，中标金额：1 225 万元。

（8）北京市西城区 2020 年违法停车自动抓拍取证系统项目（金融街及学校医院周边），招标人：北京市西城区城市管理委员会，中标时间：6 月，中标人：北京一通智能科技有限公司，中标金额：1 235 万元。

（9）北京市公安局东城分局车辆智能卡口建设项目，招标人：北京市公安局东城分局，中标时间：8 月，中标人：北京同聚达科技有限公司，中标金额：1 261 万元。

（10）北京市新建完善路口信号灯项目，招标人：北京市公安局公安交通管理局，中标时间：8 月，中标人：华冉景程建设（北京）有限公司，中标金额：1 270 万元。

（11）北京市昌平区自建交通执法视频设备 2020 年度运行管理维护项目，招标人：北京市昌平区城市管理委员会，中标时间：7 月，中标人：北京旭亚威科技发展有限公司，中标金额：1 275 万元。

（12）北京市房山区交通局路侧停车电子收费运营项目，招标人：北京市房山区交通局，中标时间：11 月，中标人：北京北投静态交通投资运营有限责任公司，中标金额：1 337 万元。

（13）西荣通顺投资北京西城区 2019 年路侧停车动态监测和收费系统建设设计供货安装项目，招标人：北京西荣通顺投资管理有限公司，中标时间：1 月，中标人：智慧互通科技有限公司，中标金额：1 382 万元。

（14）北京市石景山区道路停车电子收费 2020—2021 运维管理项目，招标人：

北京市石景山区城市管理委员会，中标时间：9 月，中标人：北京静态交通石景山投资运营有限公司，中标金额：1 416 万元。

（15）北京公交集团区域集中调度硬件布局项目，招标人：北京公共交通控股（集团）有限公司，中标时间：8 月，中标人：北京易华录信息技术股份有限公司，中标金额：1 477 万元。

（16）北京市公安局公安交通管理局二环路内核心区域智慧电子警察项目—机房配套工程建设部分政府采购项目，招标人：北京市公安局公安交通管理局，中标时间：12 月，中标人：捷通智慧科技股份有限公司，中标金额：1 538 万元。

（17）北京市房山区城管委载货汽车限行装置建设项目，招标人：北京市房山区城市管理委员会，中标时间：10 月，中标人：天津市天房科技发展股份有限公司，中标金额：1 625 万元。

（18）北京房山区交通非现场执法设备建设项目，招标人：北京市房山区城市管理委员会，中标时间：9 月，中标人：江苏航天大为科技股份有限公司，中标金额：1 746 万元。

（19）“北京高级别自动驾驶示范区”机房一期工程，招标人：北京车网科技发展有限公司，中标时间：12 月，中标人：北京泰阳和正科技发展有限公司，中标金额：1 798 万元。

（20）北京市燕山地区综合交通运输监管系统项目，招标人：北京市房山区燕山交通管理中心，中标时间：2 月，中标人：北京易华录信息技术股份有限公司、中数兴盛科技有限责任公司联合中标，中标金额：1 866 万元。

（21）北斗导航位置服务（北京）有限公司北斗导航位置服务软件采购，招标人：北斗导航位置服务（北京）有限公司，中标时间：7 月，中标人：北京北斗国星数据管理有限公司，中标金额：1 960 万元。

（22）北京市二环路内核心区域智慧电子警察项目（第四包），招标人：北京市公安局公安交通管理局，中标时间：7 月，中标人：联通系统集成有限公司，中标金额：2 353 万元。

（23）北京公交集团数字化集成及数据湖建设项目，招标人：北京公共交通控股（集团）有限公司，中标时间：10 月，中标人：北京易华录信息技术股份有限公司，中标金额：2 477 万元。

（24）北京市长安街西延（三石路 ~ 古城大街）道路交通工程（监控），招标人：北京市公联公路联络线有限责任公司，中标时间：2 月，中标人：北京顺捷通畅交通设施工程有限公司，中标金额：2 580 万元。

（25）北京市 22 所试点医院学校交通秩序综合整治项目（智能交通管控建设工程），招标人：北京市朝阳区交通委员会，中标时间：7 月，1 标段中标人：中通建设股份有限公司，中标金额：2 118 万元；2 标段中标人：北京通建泰利特智能系统工程技术有限公司，中标金额：1 988 万元。

（26）2020 年北京海淀区城市大脑重点项目第一批（重点车辆管理及渣土车治理工程项目、海淀区智慧消防应用平台项目等），招标人：北京市海淀区城市服务管理指挥中心，中标时间：12 月，中标人：中关村科学城城市大脑股份有限公司，中标金额：4 249 万元。

（27）2020 年北京公交集团车载定位设备零备件套组更新购置项目，招标人：北京公共交通控股（集团）有限公司，中标时间：11 月，中标人：北京易华录信息技术股份有限公司，中标金额：4 286 万元。

（28）北京市朝阳区路侧停车动态监测和电子收费管理系统三期建设（停车位设备及安装）补充项目，招标人：北京朝阳停车管理有限公司，中标时间：8 月，中标人：智慧互通科技有限公司，中标金额：4 596 万元。

（29）北京车网科技“北京高级别自动驾驶示范区”高速一期工程，招标人：北京车网科技发展有限公司，中标时间：9 月，中标人：北京云星宇交通科技股份有限公司、中国公路工程咨询集团有限公司联合中标，中标金额：5 161 万元。

（30）北京市朝阳区路侧停车动态监测和电子收费管理系统三期建设项目（停车设备及安装），招标人：北京朝阳停车管理有限公司，中标时间：5 月，中标人：智慧互通科技有限公司，中标金额：7 153 万元。

（31）2020 年北京丰台区（二期）路侧停车动态监测和电子收费管理系统建设项目，招标人：北京静态交通丰台投资运营有限公司，中标时间：8 月，中标人：北京云星宇交通科技股份有限公司、智慧互通科技有限公司联合中标，中标金额：9 855 万元。

（32）北京市 1 700 处智能交通综合信号控制系统项目—市政工程部分（2），招标人：北京市公安局公安交通管理局，中标时间：1 月，中标人：北京市市政六建设工程有限公司，中标金额：10 284 万元。

（33）北京市二环路内核心区域智慧电子警察项目（第一、二包），招标人：北京市公安局公安交通管理局，中标时间：7 月，一包中标人：中集建设集团有限公司，中标金额：5 879 万元；二包中标人：北京市建华公路工程有限公司，中标金额：6 298 万元。

（34）北京经开区高级别自动驾驶示范区项目（1.0 阶段），招标人：北京经济技术开发区城市运行局，中标时间：9 月，中标人：北京百度网讯科技有限公司、北京市市政工程设计研究总院有限公司、北京博大经开建设有限公司联合中标，中标金额：12 800 万元。

（35）北京中交高速信息科技智能停车场改造工程项目工程总承包（EPC），招标人：北京中交高速信息科技有限公司，中标时间：6 月，中标人：杭州海康威视系统技术有限公司，中标金额：21 880 万元。

（九）河北省13亿元

（1）廊坊公交龙河场站智能调度指挥系统项目，招标人：廊坊市公共交通运输集团有限公司，中标时间：9月，中标人：郑州天迈科技股份有限公司，中标金额：1 036万元。

（2）邢台交警支队交通安全设施采购—C标段：2020年大外环新建交通设施及提升，招标人：邢台市公安交通警察支队，中标时间：10月，中标人：邢台绿时代光电科技有限公司，中标金额：1 079万元。

（3）石家庄市交通运输局交通综合运行协调与应急指挥中心项目建设，招标人：石家庄市交通运输局，中标时间：11月，中标人：河北万方中天科技有限公司，中标金额：1 199万元。

（4）张家口市智慧停车项目设备采购，招标人：张家口知行智达泊车服务有限责任公司，中标时间：12月，中标人：智慧互通科技有限公司，中标金额：1 250万元。

（5）石家庄元氏县道路智慧交通管控系统升级改造工程，招标人：元氏县公安交通警察大队，中标时间：6月，中标人：四川辰天聚升建筑工程有限公司，中标金额：1 287万元。

（6）衡水景县交警大队路防前端及平台建设三标段，招标人：中共景县县委政法委员会，中标时间：6月，中标人：中移建设有限公司，中标金额：1 330万元。

（7）保定生态环境局重型柴油车远程在线监控及监管平台建设项目，招标人：保定市生态环境局，中标时间：4月，A包中标人：航天科工智慧产业发展有限公司，中标金额：344万元；B包中标人：保定市天河电子技术有限公司，中标金额：336万元；C包中标人：上海势航网络科技有限公司，中标金额：315万元；D包中标人：联通系统集成有限公司河北省分公司，中标金额：324万元。

（8）承德围场县城区智能交通系统及其配套设施升级改造工程，招标人：围场满族蒙古族自治县公安局，中标时间：7月，中标人：承德万得电子有限公司，中标金额：1 359万元。

（9）廊坊市交通综合运行协调与应急指挥中心（二期），招标人：廊坊市交通运输局，中标时间：6月，中标人：北京北大千方科技有限公司，中标金额：1 361万元。

（10）沧州市渤海新区临港经济技术开发区危化品车辆交通监控管理系统工程，招标人：临港开发区综合执法局，中标时间：8月，中标人：中交远洲交通科技集团有限公司，中标金额：1 478万元。

（11）沧州任丘市公安局辖区内新建交通信号灯、电子警察等交通设施项目（一标段），招标人：任丘市公安局，中标时间：4月，中标人：任丘市第九建筑工程公司，中标金额：1 510万元。

（12）河北大厂县域道路交通文明畅通道路交通设施采购，招标人：大厂回族自治县公安交通警察大队，中标时间：6 月，中标人：三河东方盈动科技发展有限公司，中标金额：1 600 万元。

（13）沧州市重点车辆管理服务系统项目，招标人：沧州市公安交通警察支队，中标时间：1 月，中标人：河北筠浦射频技术有限公司、高新兴科技集团股份有限公司联合中标，中标金额：1 685 万元。

（14）唐山市人民医院机械式立体停车设施项目设备，招标人：唐山市城市建设投资集团有限公司，中标时间：4 月，中标人：北京鑫华源机械制造有限责任公司（唐山市规划建筑设计研究院、方舟建设集团有限公司），中标金额：1 736 万元。

（15）唐山遵化市智慧交管系统设备采购及安装项目（二期），招标人：遵化市公安交通警察大队，中标时间：11 月，中标人：唐山市宏基实业有限责任公司，中标金额：1 804 万元。

（16）秦皇岛交警支队智慧交管织密前端感知设备项目，招标人：秦皇岛市公安局交通警察支队，中标时间：7 月，中标人：秦皇岛市天正安防技术有限公司，中标金额：1 821 万元。

（17）保定市雄安新区智能交通管理系统（一期）建设项目，招标人：中国雄安集团基础建设有限公司，中标时间：12 月，中标人：南京莱斯信息技术股份有限公司，中标金额：1 877 万元。

（18）沧州任丘市新建交通信号灯、电子警察等交通设施项目—沧州高新区中心学校项目，招标人：任丘市公安局，中标时间：7 月，中标人：中建新疆建工（集团）有限公司，中标金额：2 442 万元。

（19）张家口公交集团城市智能公交信息化升级改造项目，招标人：张家口市公共交通集团有限公司，中标时间：1 月，中标人：航天信息股份有限公司，中标金额：2 536 万元。

（20）河北省公安机关路面动态科技防控工程高速总队部分杆件及基础，招标人：河北省公安厅、北京易华录信息技术股份有限公司，中标时间：3 月，中标人：河南基安建设集团有限公司，中标金额：3 569 万元。

（21）唐山迁西县交警大队“智慧交管”项目 ABO 模式代建方采购，招标人：迁西县公安局交通警察大队，中标时间：12 月，中标人：迁西县瑞锦科技有限公司，中标金额：4 000 万元。

（22）雄安高铁站枢纽片区及外围路网数字道路智能化项目（一期）建设实施，招标人：中国雄安集团数字城市科技有限公司，中标时间：11 月，中标人：中通服建设有限公司、南京莱斯信息技术股份有限公司联合中标，中标金额：4 135 万元。

（23）唐山市交警支队建设公安交管大脑，招标人：唐山市公安交通警察支队，中标时间：10 月，中标人：北京东华合创科技有限公司，中标金额：4 220 万元。

（24）邢台交警支队交通安全设施采购—A 标段：道路安全管控采集设备采购，

招标人：邢台市公安交通警察支队，中标时间：10 月，中标人：中华通信系统有限责任公司，中标金额：4 658 万元。

（25）张家口蔚县智慧停车智慧交通综合项目—特许经营权，招标人：张家口蔚县源恒建设发展集团有限公司，中标时间：6 月，中标人：炎鑫智慧停车（深圳）有限公司，中标金额：4 662 万元。

（26）秦皇岛平安青龙暨智慧交管项目，招标人：青龙满族自治县公安局，中标时间：10 月，中标人：联通系统集成有限公司，中标金额：4 870 万元。

（27）保定市智能交通（保定 AI 交管大脑）二期，招标人：保定市公安局交通警察支队，中标时间：11 月，中标人：北京百度网讯科技有限公司，中标金额：8 669 万元。

（28）河北雄安站枢纽片区市政道路（一期）工程机电部分施工，招标人：中国雄安集团基础建设有限公司，中标时间：7 月，中标人：中国二十二冶集团有限公司，中标金额：10 000 万元。

（29）廊坊永清县智慧泊车建设项目，招标人：永清县住房和城乡建设局，中标时间：9 月，中标人：福建省禹澄建设工程有限公司，中标金额：13 000 万元。

（30）唐山市丰南区智慧交通设备采购，招标人：唐山市丰南区公安局交通警察大队，中标时间：9 月，中标人：唐山丰南区浩顺科技有限公司，中标金额：14 851 万元。

（31）张家口市宣化区智慧停车投资运营 PPP 项目社会资本方采购，招标人：张家口市宣化区城市管理行政执法局，中标时间：12 月，中标人：中兴智能交通股份有限公司、中交一公局集团有限公司、中交公路规划设计院有限公司、EPS Global Zrt 联合中标，中标金额：20 000 万元。

（十）安徽省 9 亿元

（1）宣城市世行贷款经开区智能交通监测监控系统与服务子项目，招标人：宣城经济技术开发区建设投资有限公司，中标时间：2 月，中标人：安徽路顺交通工程有限公司，中标金额：1 000 万元。

（2）滁州天长市 S205（S410）铜冶路交通信号控制系统工程，招标人：天长市交通建设投资有限责任公司，中标时间：9 月，中标人：千方捷通科技股份有限公司，中标金额：1 060 万元。

（3）合肥市长丰县双凤开发金泰路、金蓉路等道路交通工程，招标人：安徽长丰双凤经济开发区管理委员会，中标时间：1 月，中标人：安徽庐峰交通工程有限公司，中标金额：1 064 万元。

（4）合肥新站高新区闸河路（大众路—护城路）等 9 条道路交通工程项目，招标人：合肥新创投资控股有限公司，中标时间：1 月，中标人：安徽四创电子股份有限公司，中标金额：1 175 万元。

（5）合肥市新站高新区护城路、九顶山路交通工程项目，招标人：合肥新创投资控股有限公司，中标时间：10 月，中标人：安徽皖通科技股份有限公司，中标金额：1 199 万元。

（6）滁州全椒县经济开发区纬三路与经一北路等 49 个交叉口交通工程，招标人：全椒县重点工程建设管理中心，中标时间：12 月，中标人：江苏隆创信息技术有限公司、安徽川仁建设工程有限公司联合中标，中标金额：1 205 万元。

（7）合肥市石长路与庞合路道路交通监控及安保设备采购安装，招标人：肥东县交通运输局，中标时间：12 月，中标人：安徽超清科技股份有限公司，中标金额：1 280 万元。

（8）滁州天长市金牛湖新区生态路网提升基础设施建设（一期）PPP 项目道路交通监控及标牌工程，招标人：天长市水安金牛湖新区建设投资有限公司，中标时间：12 月，中标人：南京东大智能化系统有限公司、安徽中基信通科技有限公司联合中标，中标金额：1 347 万元。

（9）亳州蒙城县公交公司智能公交系统建设项目，招标人：蒙城县公共交通有限责任公司，中标时间：3 月，中标人：安徽逸路安科技股份有限公司，中标金额：1 498 万元。

（10）合肥市 S311 乌曹路一期改建工程交通安全设施施工项目，招标人：长丰县交通干线公路建设指挥部办公室，中标时间：5 月，中标人：安徽智路交通建设有限公司，中标金额：1 588 万元。

（11）池州市城市公交智能化项目，招标人：池州市城市公共交通有限公司，中标时间：12 月，中标人：池州市数据产业有限公司，中标金额：1 600 万元。

（12）安徽省北沿江公路宿松段工程第二期交通信息化设施，招标人：宿松县交通建设投资有限公司，中标时间：3 月，一包中标人：科大国创软件股份有限公司，中标金额：759 万元；二包中标人：安徽皖通科技股份有限公司，中标金额：920 万元。

（13）合肥市工业片区山水路等 6 条路交通信号监控工程，招标人：合肥东部新城核心区综合管理办公室，中标时间：12 月，中标人：中通服和信科技有限公司，中标金额：1 728 万元。

（14）六安霍邱县智能公交系统建设与运维服务项目，招标人：霍邱县蓼城乡村经济发展有限公司，中标时间：8 月，中标人：中国联合网络通信有限公司六安市分公司，中标金额：1 783 万元。

（15）亳州市蒙城县 2020 年智能交通建设项目，招标人：蒙城县公安局，中标时间：5 月，中标人：西安翔迅科技有限责任公司，中标金额：1 800 万元。

（16）合肥市峰回路（酿泉路—佳木路）等 4 条路交通信号监控工程，招标人：合肥东部新城核心区综合管理办公室，中标时间：12 月，中标人：中通服和信科技有限公司，中标金额：1 890 万元。

（17）合肥庐江县 2019 年农村公路交通工程项目，招标人：庐江县交通运输局，中标时间：1 月，中标人：安徽达尔智能控制系统股份有限公司，中标金额：1 950 万元。

（18）合肥市裕溪路（钟油坊路—桥头集路）智能交通工程，招标人：合肥市重点工程建设管理局，中标时间：1 月，中标人：安徽四创电子股份有限公司，中标金额：2 138 万元。

（19）芜湖市智慧交通平台项目，招标人：芜湖市交通运输局，中标时间：6 月，中标人：浩鲸云计算科技股份有限公司，中标金额：2 396 万元。

（20）合肥市庐江县 S316 巢庐路（庐城至桐城段）交通信号控制系统工程，招标人：庐江县交通运输局，中标时间：7 月，中标人：安徽电信规划设计有限责任公司，中标金额：2 455 万元。

（21）蚌埠市公安交警支队智能交通综合管控平台二期项目，招标人：蚌埠市公安局交通警察支队，中标时间：9 月，中标人：安徽科力信息产业有限责任公司，中标金额：2 598 万元。

（22）合肥市畅通二环（合武铁路—当涂路）工程智能交通工程项目，招标人：合肥市重点工程建设管理局，中标时间：7 月，中标人：安徽皖通科技股份有限公司，中标金额：2 747 万元。

（23）合肥市智能网联汽车塘西河公园 5G 示范运行线设计采购施工一体化项目，招标人：合肥市包河城市建设投资有限公司，中标时间：3 月，中标人：北京百度网讯科技有限公司、软通动力信息技术有限公司、安徽省国元建工集团有限公司联合中标，中标金额：2 915 万元。

（24）G346 巢庐路（盛桥至庐城段）改建工程交通安全设施、信号监控设施项目，招标人：合肥市公路管理局（合肥市公路路政支队），中标时间：5 月，中标人：江苏润达交通养护有限公司，中标金额：2 930 万元。

（25）亳州市蒙城县 2019 年度智能交通及管控平台建设等项目，招标人：蒙城县公安局，中标时间：3 月，中标人：西安翔迅科技有限责任公司，中标金额：3 399 万元。

（26）六安市城市智慧停车项目，招标人：六安市城市管理行政执法局，中标时间：8 月，中标人：北京易创智慧科技集团有限公司，中标金额：3 689 万元。

（27）合肥市新站高新区荃湖北路（天光路—护城路）等 16 条路交通工程项目，招标人：合肥新创投资控股有限公司，中标时间：10 月，中标人：浙江浙大中控信息技术有限公司，中标金额：4 350 万元。

（28）铜陵市智能交通科技基础设施建设 PPP 项目，招标人：铜陵市公安局，中标时间：7 月，中标人：安徽蓝盾光电子股份有限公司，中标金额：6 337 万元。

（29）合肥市智能交通三期建设项目，招标人：合肥市公安局交通警察支队，中标时间：7 月，中标人：讯飞智元信息科技有限公司，中标金额：26 280 万元。

（十一）湖北省 8 亿元

（1）宜昌市江南三路、南站路等 13 条道路交通工程（信号电警），招标人：宜昌市城市建设投资开发有限公司，中标时间：11 月，中标人：湖北集防科技有限公司，中标金额：1 058 万元。

（2）武汉市开发区（汉南区）信号灯改造工程，招标人：武汉市公安局武汉经济技术开发区（汉南区）交通大队，中标时间：7 月，中标人：江苏航天大为科技股份有限公司，中标金额：1 115 万元。

（3）随州市智慧停车（二期）建设项目，招标人：随州市智泊科技有限公司，中标时间：9 月，中标人：中国电信股份有限公司随州分公司、北京云星宇交通科技股份有限公司联合中标，中标金额：1 291 万元。

（4）武汉市经济技术开发区（汉南区）交通大队 2020—2021 年度智能交通监控系统维护项目，招标人：武汉市公安局武汉经济技术开发区（汉南区）交通大队，中标时间：8 月，中标人：湖北华友数字科技有限公司，中标金额：1 355 万元。

（5）荆门市沙洋县城区智慧停车场项目（一期），招标人：沙洋新港投资发展有限公司，中标时间：4 月，中标人：浙江越宫钢结构有限公司，中标金额：1 380 万元。

（6）世行贷款武汉智能交通示范项目—交通视频资源统一接入管理子系统与交通视频立体防控应用子系统，招标人：武汉市城市建设利用外资项目管理办公室，中标时间：1 月，中标人：上海电科智能系统股份有限公司，中标金额：1 423 万元。

（7）襄阳市东津新区智能交通设施规划建设项目采购及安装项目，招标人：襄阳东津新区（襄阳经济技术开发区）建设管理服务中心，中标时间：10 月，中标人：湖北省广播电视信息网络股份有限公司，中标金额：1 618 万元。

（8）世行贷款武汉智能交通示范项目—交通视频分析应用子系统，招标人：武汉市城市建设利用外资项目管理办公室，中标时间：1 月，中标人：万达信息股份有限公司，中标金额：1 740 万元。

（9）荆门京山市智能交通指挥管理系统（智能监控系统二期）项目，招标人：京山市公安局，中标时间：4 月，中标人：中国电信股份有限公司荆门分公司，中标金额：1 775 万元。

（10）宜昌秭归县城镇智慧停车项目—系统平台采购安装，招标人：秭归紫昕国有资本投资开发有限责任公司，中标时间：6 月，中标人：北京数字政通科技股份有限公司，中标金额：1 890 万元。

（11）世行贷款武汉智能交通示范项目（前端交通信息采集工程、车辆监测与管理系统子项）—交通事件采集与发布系统，招标人：武汉市城市建设利用外资项目管理办公室，中标时间：5 月，中标人：青岛海信网络科技股份有限公司，中标金额：2 267 万元。

（12）武汉市黄陂区横店街平安城镇、智慧社区及智能交通建设项目，招标人：武汉市黄陂区人民政府横店街道办事处，中标时间：4 月，中标人：武汉烽火富华电气有限责任公司，中标金额：2 319 万元。

（13）武汉市经开至汉南一体化交通项目（一期）龙灵山周边配套基础设施建设项目新建智慧交通工程，招标人：武汉经济技术开发区（汉南区）住房和城乡建设局，中标时间：12 月，中标人：江苏航天大为科技股份有限公司，中标金额：2 364 万元。

（14）武汉车都集团智慧交通系统升级改造项目一期工程施工，招标人：武汉车都集团有限公司，中标时间：9 月，中标人：江苏航天大为科技股份有限公司，中标金额：2 391 万元。

（15）襄阳市智慧灯杆试点项目，招标人：汉江智行科技有限公司，中标时间：9 月，中标人：江西联创博雅照明股份有限公司、华永照明科技有限公司联合中标，中标金额：2 400 万元。

（16）世行贷款孝感安陆市解放大道、碧涢路智能交通管理设施与智能交通指挥中心采购及安装项目，招标人：安陆市建设开发投资有限公司，中标时间：9 月，中标人：湖北电信工程有限公司，中标金额：2 508 万元。

（17）荆门枣潜高速公路（荆门段）智能交通设施项目，招标人：荆门市公安局交通警察支队，中标时间：6 月，中标人：银江股份有限公司，中标金额：2 672 万元。

（18）随州市公安局城区新二期智能交通系统项目，招标人：随州市公安局，中标时间：4 月，中标人：青岛海信网络科技股份有限公司，中标金额：2 760 万元。

（19）武汉交管局 2020 年度交通科技设施运维项目，招标人：武汉市公安局交通管理局，中标时间：8 月，1 包中标人：毕昇云（武汉）信息技术有限公司，中标金额：1 018 万元；2 包中标人：江苏三棱智慧物联发展股份有限公司，中标金额：1 004 万元；3 包中标人：上青岛海信网络科技股份有限公司，中标金额：404 万元；4 包中标人：湖北省广播电视信息网络股份有限公司武汉分公司，中标金额：529 万元。

（20）武汉市四环线北湖至建设段交通安全设施工程，招标人：武汉东四环线高速公路建设管理有限公司，中标时间：6 月，中标人：湖南金沙路桥建设有限公司，中标金额：3 034 万元。

（21）荆州公安县城市智能交通设施智能化建设项目，招标人：公安县国城置业有限公司，中标时间：1 月，中标人：千方捷通科技股份有限公司，中标金额：3 272 万元。

（22）潜江市城市静态交通建设项目设计施工一体化（EPC），招标人：潜江市城市管理执法局，中标时间：5 月，中标人：深圳市捷顺科技实业股份有限公司，中标金额：3 500 万元。

（23）孝感市城区道路（临时）停车泊位特许经营项目施工工程设备采购，招标人：中国建筑技术集团有限公司，中标时间：8 月，中标人：超讯（广州）网络设备有限公司，中标金额：3 500 万元。

（24）荆州市公安县城市智能交通设施建设项目，招标人：公安县国城置业有限公司，中标时间：12 月，中标人：深圳市金晟安智能系统有限公司，中标金额：5 060 万元。

（25）武汉经开区智能网联汽车与智慧交通应用示范区自动驾驶应用体系项目，招标人：武汉经济技术开发区智慧生态城管理办公室，中标时间：10 月，中标人：武汉车网智联测试运营管理有限公司，中标金额：7 906 万元。

（26）武汉市经济技术开发区智能网联汽车与智慧交通应用示范区主体工程二期项目，招标人：武汉经济技术开发区智慧生态城管理办公室，中标时间：10 月，中标人：车百智能网联研究院（武汉）有限公司和中国移动通信集团湖北有限公司联合体，中标金额：18 592 万元。

（十二）河南省 8 亿元

（1）郑州市新密市智能交通及平安城市（一期）维保项目，招标人：新密市公安局，中标时间：3 月，中标人：中电云科信息技术有限公司，中标金额：1 000 万元。

（2）郑州市交通信号“两化”提升及信号优化提升社会化服务工程网络建设项目，招标人：郑州市公安局交通警察支队，中标时间：10 月，中标人：中国电信集团系统集成有限责任公司，中标金额：1 248 万元。

（3）新乡市公安局智能交通维保服务项目，招标人：新乡市公安局，中标时间：5 月，中标人：广州杰赛科技股份有限公司，中标金额：1 293 万元。

（4）新乡市重型柴油车远程在线监控（OBD）系统建设项目，招标人：新乡市生态环境局，中标时间：5 月，中标人：天津布尔科技有限公司，中标金额：1 360 万元。

（5）洛阳汝阳县城市智能交通管理系统采购，招标人：汝阳县公安局交通警察大队，中标时间：1 月，中标人：方正国际软件（北京）有限公司，中标金额：1 387 万元。

（6）开封新区电子警察及红绿灯系统建设工程（三期），招标人：开封市公安局金明池分局，中标时间：8 月，中标人：江苏浩瑞市政工程有限公司，中标金额：1 405 万元。

（7）鹤壁市 5G 智能网联试验区设备、系统、平台采购，招标人：鹤壁市百盈城市建设投资有限责任公司，中标时间：6 月，中标人：武汉小狮科技有限公司，中标金额：1 416 万元。

（8）周口市太康县道路监控卡口，招标人：太康县公安局，中标时间：9 月，1 包中标人：郑州智腾电子科技有限公司，中标金额：1 046 万元；2 包中标人：郑州兰盾电子有限公司，中标金额：455 万元。

（9）新乡卫辉市唐庄镇智慧交通系统采购及安装项目，招标人：卫辉市天然资源有限公司，中标时间：12 月，中标人：河南广信胜安电子科技有限公司，中标金额：1 683 万元。

（10）新乡辉县市智能电子警察及卡口升级扩容项目，招标人：辉县市公安局，中标时间：9 月，中标人：新乡神州数码系统集成有限公司，中标金额：2 099 万元。

（11）商丘永城市交通管理信息化建设项目，招标人：永城市公安局，中标时间：4 月，一标段中标人：河南昶维路桥养护工程有限公司，中标金额：1 904 万元；二标段中标人：南京莱斯信息技术股份有限公司，中标金额：548 万元。

（12）开封市新区电子警察及红绿灯系统建设工程（二期），招标人：开封市公安局金明池分局，中标时间：1 月，一标段中标人：郑州兰盾电子有限公司，中标金额：580 万元；二标段中标人：中电云科信息技术有限公司，中标金额：636 万元；三标段中标人：西安翔迅科技有限责任公司，中标金额：1 295 万元。

（13）商丘市夏邑县城乡安装交通信号灯、电子警察及标线渠化路口采购项目，招标人：夏邑县交通运输局，中标时间：8 月，中标人：商丘市博达交通器材有限公司，中标金额：2 636 万元。

（14）开封市交警指挥中心智能化硬件工程项目，招标人：开封市公安局金明池分局，中标时间：9 月，一标段中标人：中电科信息产业有限公司，中标金额：1 826 万元；二标段中标人：北京航天长峰科技工业集团有限公司，中标金额：982 万元。

（15）郑州市既有路口、重要节点电子警察及卡口系统项目三期一标段，招标人：郑州市公安局交通警察支队，中标时间：9 月，中标人：中铁电气化局集团有限公司、中国移动通信集团河南有限公司联合中标，中标金额：3 382 万元。

（16）许昌鄢陵县交通管理综合应用系统设备采购项目，招标人：鄢陵县公安局交通管理大队，中标时间：6 月，中标人：华平信息技术股份有限公司，中标金额：3 505 万元。

（17）洛阳新安县城区智能停车系统项目特许经营权招商，招标人：新安县发达建设投资集团有限公司，中标时间：4 月，中标人：乾海新时代科技（深圳）有限公司，中标金额：4 800 万元。

（18）郑州市既有路口、重要节点电子警察及卡口系统项目三期二标段，招标人：郑州市公安局交通警察支队，中标时间：9 月，中标人：联通系统集成有限公司，中标金额：5 614 万元。

（19）安阳市公安交管支队电子警察及卡口建设服务项目，招标人：安阳市公安局交通管理支队，中标时间：8 月，中标人：中国联合网络通信有限公司安阳市分公司，中标金额：6 884 万元。

（20）许昌长葛市智慧交通项目（一期），招标人：长葛市交运投资有限责任公司，中标时间：12 月，中标人：方正国际软件（北京）有限公司，中标金额：7 180 万元。

（21）郑州市郑东新区龙湖区无人驾驶公交系统工程采购，招标人：河南东龙市政工程有限公司，中标时间：6 月，中标人：郑州宇通客车股份有限公司，中标金额：11 400 万元。

（22）平顶山汝州市雪亮工程及智慧交通项目，招标人：中共汝州市委政法委员会，中标时间：11 月，中标人：中国移动通信集团河南有限公司，中标金额：14 139 万元。

（十三）甘肃省 8 亿元

（1）兰州市皋兰县公安局智慧交通建设项目，招标人：皋兰县公安局，中标时间：11 月，中标人：甘肃福思特信息产业工程有限公司，中标金额：1 022 万元。

（2）平凉崆峒区 2020 年交通技术监控设施升级改造项目，招标人：平凉市公安局崆峒分局，中标时间：11 月，一包中标人：甘肃赛菁实业有限公司，中标金额：838 万元；二包中标人：甘肃科维智能科技有限公司，中标金额：185 万元。

（3）白银市会宁县“智慧交管（一期）”建设项目，招标人：会宁县公安局，中标时间：12 月，中标人：中电万维信息技术有限责任公司，中标金额：1 158 万元。

（4）兰州市交通安全设施维护项目，招标人：兰州市公安局交通警察支队，中标时间：5 月，中标人：甘肃万华金慧科技股份有限公司，中标金额：1 307 万元。

（5）临夏州积石山县公安局智能交通及治安监控建设项目，招标人：积石山县公安局，中标时间：10 月，中标人：兰州奇纳宏宇信息系统工程有限公司，中标金额：1 568 万元。

（6）张掖民乐县智慧交管项目，招标人：民乐县公安局，中标时间：11 月，中标人：中国移动通信集团甘肃有限公司张掖分公司，中标金额：1 648 万元。

（7）武威市凉州区交警大队 2020 年交通信号灯及电子警察系统采购项目，招标人：凉州区公安局交通警察大队，中标时间：8 月，中标人：南京莱斯信息技术股份有限公司，中标金额：3 000 万元。

（8）平凉中心城区智慧停车信息化系统项目（EPC）总承包，招标人：平凉惠民停车场建设服务有限责任公司，中标时间：6 月，中标人：中地寅岗建设集团有限公司，中标金额：3 320 万元。

（9）兰州新区智能交通系统二期（第二阶段）项目，招标人：兰州新区大数据投资建设管理有限公司，中标时间：4 月，1 标段中标人：甘肃紫光智能交通与控制技术有限公司，中标金额：2 786 万元；2 标段中标人：中国通信建设第四工程局有限公司，中标金额：1 423 万元；3 标段中标人：甘肃光讯信息科技有限公司，中标金额：2 590 万元。

（10）天水市城区智慧停车特许经营项目一期，招标人：天水市住房和城乡建设局，中标时间：9 月，中标人：中兴智能交通股份有限公司，中标金额：56 400 万元。

（十四）云南省 7 亿元

（1）曲靖师宗县城区道路路侧智慧停车合作项目招商，招标人：师宗县城市建设投资开发有限公司，中标时间：5 月，中标人：云南世纪合纵电子商务有限公司、开远融慧停车服务有限公司联合中标，中标金额：1 000 万元。

（2）景洪市智慧交通管理系统—北环路（清泉隧道—么龙路）段交通工程，招标人：景洪市国有资产投资有限公司，中标时间：1 月，中标人：汇智智能科技有限公司，中标金额：1 045 万元。

（3）云南省综合交通运输运行协调和应急指挥平台 2020 年度第二批：基础软硬件支撑平台，招标人：云南省交通运输厅信息中心，中标时间：10 月，中标人：云南省交通科学研究院有限公司，中标金额：1 072 万元。

（4）文山州西畴县交通智能化管控系统建设项目，招标人：西畴县公安局，中标时间：7 月，中标人：文山大为科技有限公司，中标金额：1 109 万元。

（5）西双版纳交警支队 2020 年高速公路道路科技管控示范路信息化建设项目，招标人：云南省西双版纳傣族自治州公安局交通警察支队，中标时间：12 月，中标人：中国移动通信集团云南有限公司西双版纳分公司，中标金额：1 200 万元。

（6）云南省 TOCC 工程 2020 年度第四批—A 标段：应急指挥调度系统相关工程，招标人：云南省交通运输厅信息中心，中标时间：10 月，中标人：交通运输通信信息集团有限公司，中标金额：1 315 万元。

（7）玉溪市澄江县智能交通管理系统建设项目，招标人：澄江市公安局交通警察大队，中标时间：3 月，中标人：中移建设有限公司，中标金额：1 322 万元。

（8）西双版纳交警支队合成作战指挥中心建设项目，招标人：云南省西双版纳傣族自治州公安局交通警察支队，中标时间：5 月，中标人：中国电信股份有限公司西双版纳分公司，中标金额：2 166 万元。

（9）红河州弥勒市城区数据交通管控平台建设项目（一期）信息系统设备，招标人：弥勒市公安局交通警察大队，中标时间：3 月，中标人：广州杰赛科技股份有限公司，中标金额：2 328 万元。

（10）亚行贷款云南楚雄州城市基础设施建设项目武定县城市智能交通系统，招标人：武定县城市建设开发投资有限公司，中标时间：7 月，中标人：南京恒天伟智能科技有限公司，中标金额：2 360 万元。

（11）思茅市澜沧县智能泊车管理系统建设特许经营项目，招标人：澜沧拉祜族自治县保障性住房投资建设管理有限公司，中标时间：9 月，中标人：云南轩诗尼科技有限公司，中标金额：2 500 万元。

（12）文山州砚山县平远镇“智慧云”智慧停车管理及城市道路标识标牌建设改造项目（经营期 20 年），招标人：砚山县平远镇人民政府，中标时间：12 月，中标人：厦门中卡科技股份有限公司，中标金额：3 300 万元。

（13）保山市施甸县县城智慧交通建设项目，招标人：施甸县住房和城乡建设局，中标时间：9 月，中标人：广州杰赛科技股份有限公司，中标金额：3 898 万元。

（14）亚行贷款楚雄中禄丰县城市智能交通系统，招标人：禄丰县城市建设开发投资有限公司，中标时间：1 月，中标人：浙江浙大中控信息技术有限公司，中标金额：4 680 万元。

（15）昆明市综合交通国际枢纽项目智能化系统 EPC，招标人：昆明交通场站开发运营有限公司，中标时间：11 月，中标人：昆明船舶设备集团有限公司、云南昆船五舟实业有限公司、中联合创设计有限公司联合中标，中标金额：5 800 万元。

（16）曲靖市麒麟区智慧停车收费系统建设项目，招标人：曲靖市麒麟区工业开发投资（集团）有限公司，中标时间：3 月，中标人：朗新科技集团股份有限公司，中标金额：7 432 万元。

（17）文山州综合交通运输运行协调和应急指挥中心（TOCC）项目 EPC，招标人：文山交通投资建设集团有限公司，中标时间：12 月，中标人：中移系统集成有限公司、重庆信科设计有限公司、云南辛盛水电工程建设有限公司联合中标，中标金额：7 477 万元。

（18）昆明市智慧停车信息平台项目，招标人：昆明市智慧停车建设运营有限公司，中标时间：11 月，中标人：云南昆船数码科技有限公司，中标金额：8 523 万元。

（19）世行贷款云南省红河州滇南中心城市交通项目蒙自市子项目—交通安全改善项目，招标人：蒙自市住房和城乡建设局，中标时间：11 月，中标人：浙江浙大中控信息技术有限公司，中标金额：15 800 万元。

（十五）新疆 6 亿元

（1）乌鲁木齐某单位公共交通集成指挥平台（总队级）项目，招标人：乌鲁木齐某单位，中标时间：7 月，中标人：杭州诚道科技股份有限公司，中标金额：1 199 万元。

（2）中石油车载监控系统现场技术服务外包项目，招标人：北京华油信通科技有限公司，中标时间：12 月，中标人：北京国遥新天地信息技术有限公司，中标金额：1 656 万元。

（3）阿勒泰市旅游平台一体化智慧旅游城市停车系统建设项目，招标人：阿勒泰市交通运输局，中标时间：5 月，中标人：北京中科金财科技股份有限公司，中标金额：2 107 万元。

（4）乌鲁木齐市智慧路侧停车项目，招标人：乌鲁木齐公共停车场服务管理有限公司，中标时间：5 月，中标人：北京中科软科技有限公司、深圳市捷顺科技实业股份有限公司联合中标，中标金额：7 224 万元。

（5）乌鲁木齐市机动车智能服务平台项目，招标人：乌鲁木齐市工业和信息化局，中标时间：5 月，中标人：乌鲁木齐市城市交通投资有限责任公司、新疆九安智慧科技股份有限公司联合中标，中标金额：49 000 万元。

（十六）贵州省 6 亿元

（1）贵阳龙洞堡国际机场三期扩建工程—场内道路交通设施采购及安装项目，招标人：贵州省机场集团有限公司，中标时间：5 月，中标人：江苏三棱智慧物联发展股份有限公司，中标金额：1 273 万元。

（2）贵阳市城市公共交通智能化应用示范工程延伸扩展项目，招标人：贵阳市公共交通（集团）有限公司，中标时间：3 月，中标人：航天物联网技术有限公司，中标金额：1 324 万元。

（3）贵阳市智慧停车智能化建设项目（一期）—中心机房及调度中心配套设备采购，招标人：贵阳智慧停车产业投资发展有限公司，中标时间：9 月，中标人：中通服网络信息技术有限公司，中标金额：1 669 万元。

（4）贵阳市城市公共交通智能化应用示范工程，招标人：贵阳市公共交通（集团）有限公司，中标时间：2 月，中标人：航天物联网技术有限公司，中标金额：1 680 万元。

（5）贵州省交管局公路立体化防控体系封控圈建设及优化项目，招标人：贵州省公安厅交通管理局，中标时间：1 月，中标人：云上贵州大数据产业发展有限公司，中标金额：1 988 万元。

（6）贵阳市智慧停车智能化建设项目（一期）路侧监控及车牌识别设备（第一阶段）采购 1 包，招标人：贵阳智慧停车产业投资发展有限公司，中标时间：9 月，中标人：中通服网络信息技术有限公司，中标金额：2 268 万元。

（7）贵阳市东纵线延伸段道路工程交通信号、交通监控等施工，招标人：贵阳市投资控股集团有限公司，中标时间：3 月，中标人：四川京川公路工程（集团）有限公司，中标金额：2 458 万元。

（8）贵阳市智慧停车智能化建设项目（一期）路侧监控及车牌识别设备（第一阶段）采购 2 包，招标人：贵阳智慧停车产业投资发展有限公司，中标时间：9 月，中标人：智慧互通科技有限公司，中标金额：2 534 万元。

（9）贵阳市花溪大学城人才路等道路工程施工（交通安全设施工程、交通信号灯及监控工程），招标人：贵州贵安建设投资有限公司，中标时间：12 月，中标人：

中标人：黑龙江广播电视网络股份有限公司、黑龙江龙治建筑安装工程有限公司联合中标，中标金额：1 009 万元。

（3）世行贷款牡丹江市高寒城市智能公交系统项目交通视频智能信息化项目，招标人：牡丹江市高寒城市智能公交系统建设项目领导小组办公室，中标时间：7 月，中标人：中移系统集成有限公司，中标金额：1 283 万元。

（4）黑龙江交警总队科技处设备采购，招标人：黑龙江省公安厅交通警察总队，中标时间：1 月，中标人：哈尔滨苓铭智能科技有限公司，中标金额：1 349 万元。

（5）牡丹江市高寒城市智能公交系统项目公交信息管理与调度系统子项目二期，招标人：牡丹江市高寒城市智能公交系统建设项目领导小组办公室，中标时间：6 月，中标人：东华软件股份公司，中标金额：1 486 万元。

（6）哈尔滨市停车场智能化提升项目—违停抓拍工程施工第一标段，招标人：哈尔滨市城安停车场经营管理有限公司，中标时间：12 月，中标人：中邮建技术有限公司，中标金额：1 538 万元。

（7）哈尔滨市停车场智能化提升项目—智能化平台升级采购，招标人：哈尔滨市城安停车场经营管理有限公司，中标时间：9 月，中标人：中移系统集成有限公司，中标金额：2 139 万元。

（8）哈尔滨市停车场智能化提升项目—新增路侧泊位视频设备采购及安装第三标段，招标人：哈尔滨市城安停车场经营管理有限公司，中标时间：12 月，中标人：天津荣尧智慧科技股份有限公司，中标金额：2 209 万元。

（9）哈尔滨市停车场智能化提升项目—新增路侧泊位视频设备采购及安装第二标段，招标人：哈尔滨市城安停车场经营管理有限公司，中标时间：12 月，中标人：中邮建技术有限公司，中标金额：2 286 万元。

（10）大庆市智慧停车系统平台建设工程一体化项目采购，招标人：大庆市城市管理综合执法局智慧停车项目部，中标时间：11 月，中标人：北京数字政通科技股份有限公司，中标金额：3 239 万元。

（11）利用世界银行贷款哈尔滨高寒城市智能公交系统建设项目出租车车载智能调度终端采购项目，招标人：哈尔滨市高寒城市智能公交系统建设项目管理办公室，中标时间：10 月，中标人：银江股份有限公司、陕西导航科技有限公司联合中标，中标金额：3 585 万元。

（12）哈尔滨市智慧城市交通云平台服务采购，招标人：哈尔滨市公安交通管理局、哈尔滨市交通运输局，中标时间：6 月，中标人：北京易华录信息技术股份有限公司，中标金额：23 300 万元。

（十九）山西省 4 亿元

（1）太原市交警支队解放路改造工程交通监控系统工程，招标人：山西省太原市公安局交通警察支队，中标时间：8 月，中标人：湖北电信工程有限公司，中标金额：1 045 万元。

（2）晋城市智慧停车管理平台及车位改造设备采购，招标人：晋城市智慧停车服务有限公司，中标时间：5 月，中标人：阿里云计算有限公司，中标金额：1 093 万元。

（3）朔州市民福街提升改造工程（西环路—文远路）智能交通示范街工程（2 标段），招标人：朔州市住房和城乡建设局，中标时间：12 月，中标人：山西宏矩信息技术有限公司，中标金额：1 188 万元。

（4）山西交研智能网联重载公路示范基地一期工程 V2X 专用设备和软件技术服务，招标人：山西省交通科技研发有限公司，中标时间：10 月，中标人：北京百度网讯科技有限公司，中标金额：1 196 万元。

（5）太原交警支队指挥中心硬件升级改造项目，招标人：太原市公安局交通警察支队，中标时间：5 月，中标人：山西银江交通信息技术有限公司，中标金额：1 272 万元。

（6）太原市滨河东路南延等 83 条道路交通信号、诱导系统设备杆采购及安装，招标人：山西省太原市公安局交通警察支队，中标时间：7 月，中标人：太原市富明交通设施工程有限公司，中标金额：1 432 万元。

（7）晋中市平遥县公安交警大队智能交通管理平台及设备维保服务（含升级服务），招标人：山西省平遥县公安局交通警察大队，中标时间：9 月，中标人：平遥县有线广播电视传输有限公司，中标金额：1 440 万元。

（8）太原滨河东路南延等 83 条道路交通监控杆采购及安装项目工程，招标人：山西省太原市公安局交通警察支队，中标时间：7 月，一包中标人：山西力通路桥工程有限公司，中标金额：826 万元；二包中标人：太原市富明交通设施工程有限公司，中标金额：1 067 万元。

（9）大同市浑源县老城及新区智慧智能路灯及交通信号工程设备采购及安装，招标人：浑源县住房和城乡建设管理局，中标时间：12 月，中标人：江苏现代照明集团有限公司，中标金额：1 899 万元。

（10）长治市屯留区雪亮工程（交通安全部分）建设项目，招标人：中共长治市屯留区委政法委员会，中标时间：11 月，中标人：联通系统集成有限公司，中标金额：1 968 万元。

（11）长治市上党区智慧交通指挥应用平台（EPC）项目，招标人：长治市上党区高铁潞豫城投资开发有限公司，中标时间：7 月，中标人：中移系统集成有限公司，中标金额：2 079 万元。

（12）山西综改区武宿综合保税区（二期）市政基础及公共配套设施建设工程、新建卡口工程及卡口道路改造工程施工，招标人：山西转型综合改革示范区产城融合建设服务中心，中标时间：5 月，一标段中标人：山西金腾建设有限公司，中标金额：1 276 万元；二标段中标人：太原建工集团有限公司，中标金额：1 182 万元。

（13）晋中寿阳县城区增设智能交通管理系统工程，招标人：寿阳县公安局交通管理大队，中标时间：7 月，中标人：山西超森科技有限公司，中标金额：2 498 万元。

（14）太原市南中环东延等道路交通监控系统工程，招标人：山西省太原市公安局交通警察支队，中标时间：8 月，中标人：湖北电信工程有限公司，中标金额：2 548 万元。

（15）太原市龙投智慧停车管理建设项目一期设 EPC 项目，招标人：太原市龙城智迅停车资源管理有限公司，中标时间：4 月，中标人：山西海康天润电子科技有限公司、中国移动通信集团山西有限公司、山西三建集团有限公司、杭州海康威视数字技术股份有限公司联合中标，中标金额：3 768 万元。

（16）大同市交通智能指挥控制中心信息化建设工程总承包，招标人：大同市交通运输局，中标时间：4 月，中标人：华诚博远工程技术集团有限公司，中标金额：13 970 万元。

（二十）广西壮族自治区 4 亿元

（1）河池凤山县城区道路智能停车系统建设项目，招标人：凤山县城市管理执法局，中标时间：7 月，中标人：广东江夏生态建设有限公司，中标金额：1 035 万元。

（2）崇左市龙州县智慧交通系统设备采购，招标人：龙州县公安局交通警察大队，中标时间：9 月，中标人：中国移动通信集团广西有限公司崇左分公司，中标金额：1 048 万元。

（3）柳州市路内停车信息化改造、运营项目，招标人：柳州市龙城保安服务有限责任公司，中标时间：2 月，中标人：广东江夏生态建设有限公司，中标金额：1 055 万元。

（4）崇左扶绥县智能交通系统工程一期，招标人：扶绥县公安局，中标时间：6 月，中标人：广西智宇科技有限公司，中标金额：1 215 万元。

（5）钦州市环城东路交通信号及监控系统设备采购，招标人：钦州市开发投资集团有限公司，中标时间：1 月，中标人：广西裕华建设集团有限公司，中标金额：1 418 万元。

（6）南宁市城市静态交通管理系统，招标人：南宁市公安局交通警察支队，中标时间：10 月，中标人：中国移动通信集团广西有限公司，中标金额：1 458 万元。

（7）柳州鹿寨县智慧停车社会资本方建设项目，招标人：鹿寨县汇一联城市开发投资有限责任公司，中标时间：8 月，中标人：杭州海康威视数字技术股份有限公司，中标金额：1 735 万元。

（8）梧州岑溪市智能停车建设及服务管理项目，招标人：岑溪市华城投资发展集团有限公司，中标时间：9月，中标人：广东江夏生态建设有限公司，中标金额：1 750 万元。

（9）防城港市城市道路“智慧交通”项目设备采购，招标人：防城港市公安局，中标时间：8月，中标人：桂林长海发展有限责任公司，中标金额：1 879 万元。

（10）百色市国省道道路交通安全防控体系项目设备采购，招标人：百色市公安局交通警察支队，中标时间：5 月，中标人：中移建设有限公司，中标金额：3 310 万元。

（11）柳州市城市公共交通配套工程二期（唐家站—西江路口站）机电设备系统采购及安装总承包综合监控系统采购，招标人：中车南京浦镇车辆有限公司，中标时间：10月，中标人：上海宝信软件股份有限公司，中标金额：3 425 万元。

（12）贵港市智慧交通综合信息平台，招标人：贵港市交通运输局，中标时间：12月，中标人：广西贵港市中科曙光云计算有限公司，中标金额：3 580 万元。

（13）南宁市智能交通设施运维服务项目，招标人：南宁市公安局交通警察支队，中标时间：6月，中标人：中国电信股份有限公司广西分公司，中标金额：3 599 万元。

（14）防城港防城区智能停车管理系统运营建设项目，招标人：防城港市防城区城市建设投资有限公司，中标时间：4月，中标人：广西微泊智能科技有限公司，中标金额：12 000 万元。

（二十一）海南省 3 亿元

（1）琼海市智慧交通信息化建设项目（一期），招标人：琼海市公安局，中标时间：7月，中标人：海南捷宇智能工程有限公司，中标金额：1 576 万元。

（2）海口市道路交通信号灯配时智能化，招标人：海口市公安局交通警察支队，中标时间：4月，A 包中标人：浙江大华系统工程有限公司，中标金额：1 178 万元；B 包中标人：智宇科技有限公司，中标金额：1 374 万元；D 包中标人：青岛海信网络科技股份有限公司，中标金额：568 万元。

（3）海南屯昌县公安局智能交通建设项目，招标人：屯昌县政府投资工程建设管理与社会资本合作中心，中标时间：6月，中标人：南京云创大数据科技股份有限公司，中标金额：3 239 万元。

（4）三亚市赛区及亚沙村智能交通系统交通标识建设和交通路口信号灯升级更新改造工程（施工），招标人：三亚交通建设管理有限公司，中标时间：10月，中标人：广东诺厦建设集团有限公司，中标金额：4 627 万元。

（5）海南省公安交通综合管控体系升级工程项目，招标人：海南省公安厅交通警察总队，中标时间：11 月，A 包中标人：中国电信集团系统集成有限责任公司，中标金额：4 736 万元；B 包中标人：海南创新天成科技有限公司，中标金额：329 万元；C 包中标人：中邮建技术有限公司，中标金额：773 万元；D 包中标人：太极计算机股份有限公司，中标金额：840 万元；E 包中标人：阿里云计算有限公司，中标金额：3 193 万元；F 包中标人：中移系统集成有限公司，中标金额：1 048 万元；G 包中标人：海南美恒网络科技有限公司，中标金额：719 万元。

（6）海口城市智慧停车美兰试点项目引进社会资本方采购项目，招标人：海口市美兰区旅游投资发展有限公司，中标时间：11 月，中标人：深圳市捷顺科技实业有限公司，中标金额：10 880 万元。

（二十二）陕西省 3 亿元

（1）西安西咸新区智慧交通一期项目，招标人：西咸新区智慧城市发展集团有限公司，中标时间：4 月，中标人：中国交通信息科技集团有限公司，中标金额：1 286 万元。

（2）西安交警支队重点线路视频监控建设项目，招标人：西安市公安局交通警察支队，中标时间：12 月，中标人：杭州海康威视系统技术有限公司，中标金额：1 335 万元。

（3）西安国家民用航天产业基地航天基地道路交通信号灯智能化改造工程施工（二标段），招标人：西安国家民用航天产业基地社区服务中心，中标时间：9 月，中标人：西安景泰交通工程有限公司，中标金额：1 414 万元。

（4）西安国家民用航天产业基地航天基地道路交通信号灯智能化改造工程施工（一标段），招标人：西安国家民用航天产业基地社区服务中心，中标时间：9 月，中标人：西安航天基地配套工程服务有限公司，中标金额：1 423 万元。

（5）榆林市绥德县交通数据大智慧解析中心建设项目，招标人：绥德县公安局交通管理大队，中标时间：4 月，中标人：陕西和文化发展中心有限公司，中标金额：1 428 万元。

（6）陕西省交通运输云平台基础资源与运行管理建设，招标人：陕西省交通运行监测中心，中标时间：3 月，中标人：西安未来国际信息股份有限公司，中标金额：1 579 万元。

（7）西安市临潼区智慧交通管理系统采购项目，招标人：西安市公安局临潼分局，中标时间：8 月，中标人：中国电信股份有限公司西安分公司，中标金额：2 136 万元。

（8）西安市十四运信号灯智能化改造项目，招标人：西安市公安局交通警察支队，中标时间：9 月，1 包中标人：青岛海信网络科技股份有限公司，中标金额：12 470 万元；2 包中标人：连云港杰瑞电子有限公司，中标金额：5 197 万元。

（二十三）重庆市 2 亿元

（1）重庆市合川区智慧停车（一期）项目，招标人：重庆市合川信息安全产业发展有限公司，中标时间：3 月，中标人：联通系统集成有限公司，中标金额：1 190 万元。

（2）重庆公运主城巡游出租汽车车载智能终端采购项目，招标人：重庆公路运输（集团）有限公司，中标时间：10 月，中标人：深圳市锐明技术股份有限公司，中标金额：1 226 万元。

（3）重庆市宝圣大道沿线交通改善和渝北区缺失交通信号设施工程，招标人：重庆临空都市基础设施建设运营有限公司，中标时间：10 月，中标人：创世建设有限公司，中标金额：1 285 万元。

（4）重庆市金凤园区部分道路交通信号灯及附属设施工程（三期），招标人：重庆金凤电子信息产业有限公司，中标时间：4 月，中标人：重庆渝信路桥发展有限公司，中标金额：1 313 万元。

（5）重庆江津区城市道路停车泊位智能化改造（一期），招标人：重庆市江津区江鼎实业发展有限公司，中标时间：1 月，中标人：中诚投建工集团有限公司、深圳市宝鹰建设集团股份有限公司、深圳市捷顺科技实业股份有限公司联合中标，中标金额：1 344 万元。

（6）重庆主城区智能交通系统升级改造工程（标段三）供配电改造，招标人：重庆市公安局/重庆市建设项目管理有限公司，中标时间：1 月，中标人：湖南安喆电力建设有限公司，中标金额：1 509 万元。

（7）重庆垫江县城区智慧停车（一期）建设项目，招标人：重庆牡丹停科技有限公司，中标时间：7 月，中标人：北京欧远致科技有限公司，中标金额：1 790 万元。

（8）重庆市开州区公安局移民城镇停车诱导系统采购，招标人：重庆市开州区公安局，中标时间：4 月，中标人：武汉长江通信智联技术有限公司，中标金额：2 799 万元。

（9）重庆璧山区智慧停车管理系统建设项目，招标人：重庆绿发城市建设有限公司，中标时间：5 月，中标人：深圳市捷顺科技实业股份有限公司，中标金额：3 567 万元。

（10）重庆轨道交通全国一卡通互联互通改造项目，招标人：重庆市轨道交通（集团）有限公司，中标时间：10 月，中标人：重庆金美通信有限责任公司，中标金额：3 568 万元。

（11）重庆永川软件园自动驾驶车路协同智能系统、云控平台、车辆监控平台及测试营运和监控中心设施设备采购，招标人：重庆市永川软件园开发管理有限公司，中标时间：3 月，中标人：百度智行信息科技（重庆）有限公司，中标金额：5 280

万元。

（二十四）福建省 2 亿元

（1）漳州市金峰开发区金塘路电子警察及交通信号系统工程，招标人：漳州城投建工集团有限公司，中标时间：3 月，中标人：厦门纵横集团通信发展有限公司，中标金额：1 030 万元。

（2）福州城市大脑智慧停车平台系统建设项目，招标人：福州华榕停车场管理有限公司，中标时间：1 月，中标人：中国电信股份有限公司福州分公司，中标金额：1 190 万元。

（3）福州闽侯县城区域智能化停车场改造服务类采购，招标人：闽侯县建设投资集团有限公司，中标时间：5 月，中标人：中国铁塔股份有限公司福州市分公司，中标金额：1 275 万元。

（4）泉州电信 2020 年交通信息化项目，招标人：中国电信股份有限公司泉州分公司，中标时间：4 月，中标人：福建省南鸿通讯科技有限公司，中标金额：1 428 万元。

（5）泉州晋江市智能化道路停车收费管理增补车位购买云资源服务项目（第一标段），招标人：晋江智信公共设施服务有限公司，中标时间：2 月，中标人：中国电信股份有限公司泉州分公司，中标金额：2 250 万元。

（6）宁德市智能交通电子警察项目（包 1），招标人：宁德市公安局交通警察支队，中标时间：8 月，中标人：中国电信股份有限公司宁德分公司，中标金额：2 636 万元。

（7）三明市区智慧停车系统平台建设和运营管理项目，招标人：三明市信息产业发展有限公司，中标时间：8 月，中标人：厦门市车泊易交通设备有限公司，中标金额：2 934 万元。

（8）福州市公交集团公交运营监控调度系统项目，招标人：福州市公共交通集团有限责任公司，中标时间：10 月，中标人：郑州天迈科技股份有限公司，中标金额：3 500 万元。

（9）福州市平潭综合实验区智能交通建设项目，招标人：平潭综合实验区智慧岛投资发展有限公司，中标时间：9 月，1 包中标人：中邮科通信技术股份有限公司，中标金额：1 836 万元；2 包中标人：迪爱斯信息技术股份有限公司，中标金额：398 万元；3 包中标人：中移系统集成有限公司，中标金额：5 666 万元。

（二十五）江西省 2 亿元

（1）南昌市海棠路（黄家湖西路至桂苑大道）交安设施采购项目（交通信号灯等），招标人：南昌经济技术开发区住房保障与建设管理局，中标时间：10 月，中标人：南昌金科交通科技股份有限公司，中标金额：1 050 万元。

（2）南昌经开区昌西大道、青岚大道道路改造交安设施（交通信号灯等）采购，招标人：南昌经济技术开发区住房保障与建设管理局，中标时间：7 月，中标人：南昌金科交通科技股份有限公司，中标金额：1 055 万元。

（3）南昌市金阳宾阳大道北段道路工程交通信号、交通监控、交通标志标线标牌工程，招标人：贵阳市投资控股集团有限公司，中标时间：8 月，中标人：浙江浙大中控信息技术有限公司，中标金额：1 130 万元。

（4）赣州市交通通信信息中心智慧交通数据中心暨展示平台系统项目一期，招标人：赣州市交通运输局，中标时间：9 月，中标人：北京北大千方科技有限公司，中标金额：1 281 万元。

（5）赣州定南县城区停车资源智慧化改造项目特许经营权项目，招标人：定南城建投资集团有限公司，中标时间：12 月，中标人：厦门市润铭网络科技有限公司，中标金额：1 500 万元。

（6）南昌交管局交通技术监控类设备维护服务采购，招标人：南昌市公安局交通管理局，中标时间：5 月，中标人：银江股份有限公司，中标金额：1 600 万元。

（7）南昌市经开区智慧交通设施建设第三期项目第一、二标，招标人：南昌经济技术开发区城市管理和环境保护局，中标时间：1 月，中标人：南昌金科交通科技股份有限公司，中标金额：2 150 万元。

（8）南昌交管局交通管理科技设备建设及公安交通专网中心扩容项目，招标人：南昌市公安局交通管理局，中标时间：11 月，中标人：银江股份有限公司，中标金额：2 482 万元。

（9）吉安市中心城区交通智能化（二期）建设项目，招标人：吉安市公安局交通警察支队，中标时间：1 月，中标人：陕西北斗恒星科技发展有限公司，中标金额：3 728 万元。

（10）萍乡市智慧停车项目，招标人：萍乡市城市管理局，中标时间：1 月，中标人：江西电信信息产业有限公司，中标金额：4 882 万元。

（二十六）辽宁省 2 亿元

（1）大连市 2020 年信号灯等交通设施维护项目，招标人：大连市公安局交通警察支队，中标时间：7 月，A 包中标人：联通系统集成有限公司，中标金额：696 万元；B 包中标人：大连港通信工程有限公司，中标金额：157 万元；C、D 包中标人：安徽科力信息产业有限责任公司，中标金额：208 万元。

（2）大连瓦房店市国省干道区间测速带道路设备采购项目，招标人：瓦房店市公安局交通警察大队，中标时间：12 月，中标人：大连恒合技术有限公司，中标金额：1 096 万元。

（3）沈阳市沈北新区续建交管设施工程施工，招标人：沈阳市沈北新区城市建设局，中标时间：5 月，中标人：沈阳天久信息技术工程有限公司，中标金额：1 128 万元。

（4）沈阳市浑南新区 2020 年违停抓拍系统工程标段建设工程，招标人：沈阳市浑南区城市建设局，中标时间：7 月，一标段中标人：沈阳天久信息技术工程有限公司，中标金额：350 万元；二标段中标人：沈阳路安电气工程有限公司，中标金额：345 万元；三标段中标人：沈阳聚德视频技术有限公司，中标金额：325 万元；四标段中标人：沈阳新杉电子工程有限公司，中标金额：185 万元。

（5）葫芦岛绥中县城区智慧交通项目，招标人：绥中县公安局，中标时间：5 月，一标段中标人：高新兴科技集团股份有限公司，中标金额：1 051 万元；二标段中标人：绥中三强建设集团有限公司，中标金额：255 万元。

（6）营口大石桥市农村道路信号灯电子警察系统及区间测速系统采购项目，招标人：大石桥市公安局交通管理大队，中标时间：9 月，中标人：沈阳信德自控系统工程有限公司，中标金额：1 438 万元。

（7）沈阳市交警支队采购 2020 年电子警察维护项目，招标人：沈阳市公安局交通警察支队，中标时间：12 月，1 包中标人：沈阳旺鼎通信工程有限公司，中标金额：78 万元；2 包中标人：迪爱斯（辽宁）信息技术有限公司，中标金额：79 万元；3 包中标人：辽宁杰能建设工程有限公司，中标金额：56 万元；4 包中标人：辽宁翔宇顺科技有限公司，中标金额：86 万元；5 包中标人：沈阳聚德视频技术有限公司，中标金额：82 万元；6 包中标人：沈阳路安电气工程有限公司，中标金额：79 万元；7 包中标人：沈阳新杉电子工程有限公司，中标金额：24 万元；8 包中标人：辽宁华鼎科技股份有限公司，中标金额：40 万元；9 包中标人：辽宁中拓信息工程有限公司，中标金额：81 万元；10 包中标人：沈阳金陆通交通设施有限公司，中标金额：74 万元；11 包中标人：辽宁柏高佳业系统集成有限公司，中标金额：181 万元；12 包中标人：沈阳新松机器人自动化股份有限公司，中标金额：35 万元；13 包中标人：山西长达交通设施有限公司，中标金额：30 万元；14 包中标人：沈阳路安电气工程有限公司，中标金额：49 万元。

（8）沈阳市沈北新区交通智能、系统化设施建设一标段，招标人：沈阳市沈北新区城市建设局，中标时间：12 月，中标人：沈阳天久信息技术工程有限公司，中标金额：2 109 万元。

（9）营口大石桥市智能交通及公交车站点视频监控设备采购及安装项目，招标人：大石桥市公安局，中标时间：7 月，中标人：东北易华录信息技术有限公司，中标金额：2 118 万元。

（10）大连瓦房店市智慧停车场建设一期项目，招标人：瓦房店市保安服务公司，中标时间：10 月，中标人：杭州海康威视系统技术有限公司，中标金额：6 927 万元。

（二十七）内蒙古 1 亿元

（1）包头市交管支队公共交通新业态智能管控系统公交车车载云眼卫士服务采购，招标人：包头市公安局交通管理支队，中标时间：12 月，中标人：中国移动通信集团内蒙古有限公司包头分公司，中标金额：1 302 万元。

（2）赤峰市松山物流园区市政道路项目新建道路交通工程采购及安装，招标人：赤峰市公安局交通管理警察支队、赤峰市城市建设投资（集团）有限公司，中标时间：9 月，中标人：中兴智能交通股份有限公司，中标金额：1 588 万元。

（3）乌兰察布市集宁区城区路口电警卡口、人脸识别、交通信号灯新建及改造工程（设备）采购项目，招标人：乌兰察布市集宁区城建投资开发（集团）有限责任公司，中标时间：9 月，中标人：内蒙古同方科技有限公司，中标金额：2 154 万元。

（4）锡林浩特市公安局智慧交通及智能停车管理系统建设项目，招标人：锡林浩特市公安局，中标时间：9 月，一标段中标人：北京中强创业科技集团有限公司，中标金额：808 万元；二标段中标人：杭州海康威视系统技术有限公司，中标金额：1 389 万元。

（5）呼和浩特市海拉尔东街—海拉尔西街—金海路改造提升工程道路智能交通工程，招标人：呼和浩特经济技术开发区管理委员会，中标时间：9 月，中标人：广东南方通信建设有限公司，中标金额：7 353 万元。

（二十八）西藏 1 亿元

（1）西藏危险货物道路运输安全监管及道路运政业务综合管理应用系统工程，招标人：西藏自治区道路运输管理局，中标时间：6 月，中标人：福建慧舟信息科技有限公司、广东修炼科技股份有限公司联合中标，中标金额：2 165 万元。

（2）日喀则市智慧停车管理建设项目采购，招标人：日喀则珠峰城市投资发展集团有限公司，中标时间：6 月，中标人：北京通通易联科技有限公司，中标金额：12 300 万元。

（二十九）吉林省 1 亿元

（1）2020 年长春市北湖开发区信号灯及电子警察工程一标段，招标人：长春高新技术产业开发区建设发展中心工程管理处，中标时间：7 月，中标人：东北易华录信息技术有限公司，中标金额：1 069 万元。

（2）松原市年度交通运输信息化项目—出租车服务监管信息化，招标人：松原市交通运输信息管理中心，中标时间：12 月，中标人：厦门雅迅网络股份有限公司，中标金额：1 226 万元。

（3）延边州延吉市公安交警大队智能交通管理系统设备及安装补充扩容建设项目，招标人：延吉市公安交通警察大队，中标时间：8 月，中标人：延边宏达科技有限公司，中标金额：1 299 万元。

（4）松原市智能交通系统采购项目，招标人：吉林省松原市公安局交通警察支队，中标时间：12 月，一标段中标人：吉林三马电子技术有限公司，中标金额：693 万元；二标段中标人：松原市普联信息技术有限公司，中标金额：665 万元。

（5）2020 年长春市净月区信号灯及监控设施工程，招标人：长春净月高新技术产业开发区建设工程管理中心，中标时间：8 月，中标人：长春新大陆市政交通工程有限公司，中标金额：1 513 万元。

（6）2020 年长春市北湖开发区信号灯及电子警察工程二标段，招标人：长春高新技术产业开发区建设发展中心工程管理处，中标时间：7 月，中标人：多伦科技股份有限公司，中标金额：1 810 万元。

（7）长春红旗绿色智慧出行示范项目（一期一阶段）项目，招标人：长春红旗国际小镇运营管理有限公司，中标时间：4 月，中标人：启明信息技术股份有限公司，中标金额：2 490 万元。

（8）吉林省高速公路公安局 2020 年信息化建设项目，招标人：吉林省公安厅高速公路公安局，中标时间：11 月，中标人：杭州海康威视系统技术有限公司，中标金额：3 256 万元。

（三十）宁夏回族自治区 0.5 亿元

（1）银川市智能网联汽车道路测试示范应用项目（一期），招标人：银川智慧信息科技有限公司，中标时间：6 月，中标人：北京百度网讯科技有限公司，中标金额：5 350 万元。

（三十一）青海省 0.4 亿元

（1）世行贷款西宁城市交通项目公交车载客流分析系统采购，招标人：世界银行贷款青海西宁城市交通项目建设办公室，中标时间：3 月，中标人：青岛海信网络科技股份有限公司，中标金额：1 538 万元。

（2）世行贷款西宁智能交通子项—平台对接及违法取证系统建设，招标人：世界银行贷款青海西宁城市交通项目建设办公室，中标时间：10 月，中标人：青岛海信网络科技股份有限公司，中标金额：2 120 万元。

第十七章

2020年公路信息化市场千万级项目数据统计

（一）云南 39 亿元

（1）云南省公路治超联网综合管理系统及试点工程（二期）A 标采购，招标人：云南省交通运输厅信息中心，中标时间：11 月，中标人：云南省交通科学研究院有限公司，中标金额：1 169 万元。

（2）世行贷款云南公路资产管理项目长隧道外场监控设备购置及安装调试，招标人：云南省公路局，中标时间：11 月，中标人：四川晴宇交通科技有限公司，中标金额：1 395 万元。

（3）云南交投集团高速公路视频联网监测工程施工，招标人：云南省交通投资建设集团有限公司，中标时间：10 月，中标人：云南省交通科学研究院有限公司，中标金额：1 459 万元。

（4）昆大丽、昆磨高速公路服务区全面改造提升项目智慧化建设一期设计、施工一体化，招标人：云南省交通投资建设集团有限公司，中标时间：12 月，中标人：云南省交通科学研究院有限公司，中标金额：3 878 万元。

（5）云南镇雄至赫章高速公路陈贝屯至煤灰堡（云南境内）段机电工程施工，招标人：昭通市振赫高速公路投资开发有限公司，中标时间：7 月，中标人：中咨泰克交通工程集团有限公司，中标金额：4 990 万元。

（6）云南蔓耗至金平高速公路监控、收费系统设备采购，招标人：云南基础设施投资股份有限公司，中标时间：12 月，中标人：天津市高速公路科技发展有限公司，中标金额：7 797 万元。

（7）云南省勐腊至勐满口岸高速公路机电等工程施工第一标段，招标人：云南腊满高速公路有限公司，中标时间：4 月，中标人：云南云岭高速公路交通科技有限公司，中标金额：8 596 万元。

（8）云南省昌宁至保山高速公路机电工程（JD2 标段），招标人：云南昌保高速公路建设开发有限公司，中标时间：9 月，中标人：江苏智运科技发展有限公司，中标金额：12 390 万元。

（9）楚雄至大姚高速公路机电工程施工，招标人：云南楚姚高速公路有限公司，中标时间：1 月，中标人：云南省交通科学研究院有限公司，中标金额：17 249 万元。

（10）云南省昌宁至保山高速公路机电工程（JD1 标段），招标人：云南昌保高速公路建设开发有限公司，中标时间：9 月，中标人：广西交科集团有限公司，中标金额：19 945 万元。

（11）省道 S11 曲靖至砚山公路曲靖（麒麟区）至师宗段高速公路机电工程施工，招标人：曲靖高速公路投资有限公司，中标时间：11 月，中标人：江苏安防科技有限公司，中标金额：37 232 万元。

（12）昭通至泸州高速公路彝良至镇雄段机电工程施工，招标人：昭通市昭泸高速公路投资开发有限公司，中标时间：7 月，中标人：江苏安防科技有限公司，中标金额：50 000 万元。

（13）红河州建水（个旧）至元阳高速公路项目机电工程施工，招标人：中电建路桥集团有限公司，中标时间：11 月，1 标段中标人：西安金路交通工程科技发展有限责任公司，中标金额：15 290 万元；2 标段中标人：湖南华鑫美好公路环境建设有限公司，中标金额：22 572 万元；3 标段中标人：武汉中交交通工程有限责任公司，中标金额：29 869 万元。

（14）云南省交投集团运营高速公路交安、机电、隧道机电 5 年养护项目，招标人：云南省交通投资建设集团有限公司，中标时间：12 月，中标人：云南省交通科学研究院有限公司，中标金额：159 100 万元。

云南省 2020 年度项目总数 14 个，项目平均投资 28 066 万元，过亿项目数量 7 个，本地企业中标数量 6 个。

（二）甘肃 32 亿元

（1）甘肃省武威高速公路处 2020 年度高速公路机电系统维护服务项目，招标人：甘肃省武威高速公路处，中标时间：5 月，中标人：甘肃紫光智能交通与控制技术有限公司，中标金额：1 001 万元。

（2）甘肃省定西高速公路处 2020 年度高速公路机电系统维护服务项目，招标人：甘肃省定西高速公路处，中标时间：5 月，中标人：甘肃陇原信息科技有限公司，中标金额：1 003 万元。

（3）甘肃省天水高速公路处宝天高速视频监控系统小修保养专项工程政府采购项目，招标人：甘肃省天水高速公路处，中标时间：8 月，中标人：甘肃紫光智能交通与控制技术有限公司，中标金额：1 022 万元。

（4）甘肃省陇南高速公路处 2020 年度高速公路机电系统维护服务项目，招标人：甘肃省陇南高速公路处，中标时间：5 月，中标人：甘肃陇原信息科技有限公司，中标金额：1 555 万元。

（5）G570 金昌（下四分）至永昌及省道 S212 线红沙岗至下四分段一级公路改建项目（二期工程）机电工程，招标人：金昌市交通投资有限公司，中标时间：1 月，中标人：甘肃紫光智能交通与控制技术有限公司，中标金额：1 643 万元。

（6）临夏至大河家高速公路建设项目信息化综合管理系统，招标人：甘肃路桥公路投资有限公司，中标时间：4 月，1 标段中标人：长沙计支宝信息科技有限公司，中标金额：1 039 万元；2 标段中标人：兰州朗青交通科技有限公司，中标金额：750 万元。

（7）甘肃省 S10 凤县至合作高速公路卓尼至合作段一期工程信息化综合管理系统建设及服务项目，招标人：甘南藏族自治州交通运输局，中标时间：1 月，中标人：

陕西公众智能科技有限公司，中标金额：2 238 万元。

（8）G312 线张掖（甘州城区）过境段、甘州至临泽段、临泽过境段公路工程机电工程，招标人：张掖交通建设投资有限责任公司，中标时间：4 月，中标人：甘肃紫光智能交通与控制技术有限公司，中标金额：3 000 万元。

（9）平凉至绵阳国家高速公路（G8513）平凉（华亭）至天水段公路机电工程施工标段二，招标人：甘肃省公路建设管理集团有限公司，中标时间：9 月，中标人：国城集团有限公司，中标金额：4 534 万元。

（10）甘肃省 S11 泾源（甘宁界）至华亭高速公路机电工程施工，招标人：甘肃省公路建设管理集团有限公司，中标时间：5 月，中标人：南京凌云科技发展有限公司，中标金额：5 000 万元。

（11）甘肃中川机场 T3 航站楼连接线建设项目机电工程施工，招标人：甘肃路桥公路投资有限公司，中标时间：11 月，中标人：中远海运科技股份有限公司，中标金额：5 324 万元。

（12）平凉市 S25 静宁至天水高速公路静宁至庄浪段建设项目机电工程施工，招标人：甘肃省远大路业集团有限公司，中标时间：5 月，1 标段中标人：陕西高速电子工程有限公司，中标金额：6 751 万元；2 标段中标人：中铁电气化局集团有限公司，中标金额：6 482 万元；3 标段中标人：陕西阳明交通科技有限公司，中标金额：8 236 万元。

（13）G85 银川至昆明高速彭阳（甘宁界）至平凉至大桥村（甘陕界）段机电工程施工，招标人：甘肃彭大高速公路项目管理有限公司，中标时间：1 月，1 标段中标人：甘肃恒智信息科技有限责任公司，中标金额：8 518 万元；2 标段中标人：甘肃新网通科技信息有限公司，中标金额：8 570 万元；3 标段中标人：兰州朗青交通科技有限公司，中标金额：17 239 万元。

（14）甘肃省 S38 王格尔塘至夏河（桑科）高速公路机电工程施工，招标人：甘肃省公路交通建设集团有限公司，中标时间：7 月，1 标段中标人：甘肃新网通科技信息有限公司，中标金额：13 830 万元；2 标段中标人：兰州朗青交通科技有限公司，中标金额：20 595 万元。

（15）甘肃省柳格国高（G3011）敦煌至当金山口段公路机电工程施工，招标人：甘肃敦当高速公路项目管理有限公司，中标时间：3 月，中标人：兰州朗青交通科技有限公司，中标金额：35 392 万元。

（16）甘肃省取消高速公路省界收费站工程（交通视频云联网）项目 EPC，招标人：甘肃省公路建设管理集团有限公司，中标时间：10 月，中标人：甘肃公航旅路业有限公司、中交远洲交通科技集团有限公司、兰州朗青交通科技有限公司、千方捷通科技股份有限公司联合中标，中标金额：46 300 万元。

（17）银川至百色国家高速公路（G69）甜水堡（宁甘界）经庆城至永和（甘陕界）公路机电工程施工，招标人：甘肃省公路建设管理集团有限公司，中标时间：4

月，中标人：安徽汉高信息科技有限公司，中标金额：50 451 万元。

（18）平凉至绵阳国家高速公路（G8513）平凉（华亭）至天水段公路机电工程施工，招标人：甘肃省公路建设管理集团有限公司，中标时间：4 月，1 标段中标人：浙江省机电设计研究院有限公司，中标金额：8 726 万元；2 标段中标人：北京云星宇交通科技股份有限公司，中标金额：5 320 万元；3 标段中标人：中铁建大桥工程局集团电气化工程有限公司，中标金额：8 396 万元；4 标段中标人：陕西阳明交通科技有限公司，中标金额：10 776 万元；5 标段中标人：江苏长天智远交通科技有限公司，中标金额：8 828 万元；6 标段中标人：厦门兴南洋信息技术有限公司，中标金额：8 386 万元；7 标段中标人：中交机电工程局有限公司，中标金额：10 912 万元；PTXF1 标段中标人：麦岛建设发展有限公司，中标金额：4 396 万元；PTXF2 标段中标人：南京东大智能化系统有限公司，中标金额：3 961 万元。

甘肃省 2020 年度项目总数 18 个，项目平均投资 17 787 万元，过亿项目数量 7 个。

（三）广东 28 亿元

（1）湛江市海湾大桥及南三大桥治超非现场执法监测点建设项目，招标人：湛江市交通投资集团有限公司，中标时间：2 月，中标人：广州中长康达信息技术有限公司，中标金额：1 069 万元。

（2）广东省路桥建设发展公司 2020 年度部分营运单位机电养护专项工程 JD1，招标人：广东省路桥建设发展有限公司汕湛分公司，中标时间：12 月，中标人：甘肃紫光智能交通与控制技术有限公司，中标金额：1 085 万元。

（3）广东联合电子“取消省界收费站”省联网中心基础设施硬件扩容集成采购，招标人：广东联合电子服务股份有限公司，中标时间：5 月，中标人：中移建设有限公司，中标金额：1 119 万元。

（4）云浮市云安区交通运输局治理超限超载非现场执法系统，招标人：云浮市云安区地方公路管理站，中标时间：12 月，中标人：深圳市坦成科技有限公司，中标金额：1 196 万元。

（5）深高速路网监控中心系统改造工程项目，招标人：深圳高速公路股份有限公司，中标时间：12 月，中标人：江苏长天智远交通科技有限公司，中标金额：1 253 万元。

（6）佛山市高明区交通运输局省道 S273 端斗线等 3 个科技治超点项目，招标人：佛山市高明区交通运输局，中标时间：9 月，中标人：中移建设有限公司，中标金额：1 263 万元。

（7）广州机场北进场路工程花山北互通立机电系统设施及交通安全设施项目，招标人：广州市花都区交通运输局，中标时间：3 月，中标人：北京云星宇交通科技股份有限公司，中标金额：1 265 万元。

（8）揭阳市交通运输局治超非现场执法监测点项目，招标人：揭阳市交通运输局，中标时间：9 月，中标人：广东拓普信息技术有限公司，中标金额：1 428 万元。

（9）2020 年潮州市城区主干道普通公路治超非现场执法监测点建设项目设备及施工，招标人：潮州市交通运输局，中标时间：10 月，中标人：中通服建设有限公司，中标金额：1 429 万元。

（10）深圳（四川晴宇交通）取消省界收费站项目机电设备，招标人：四川晴宇交通科技有限公司，中标时间：3 月，中标人：深圳市迈欧资讯科技有限公司，中标金额：1 498 万元。

（11）佛山市高速公路营运管理公司 2020—2021 年度五条高速机电系统日常养护服务项目，招标人：佛山市高速公路营运管理有限公司，中标时间：8 月，中标人：广东飞达交通工程有限公司，中标金额：1 537 万元。

（12）韶赣高速公路 2020 年机电养护专项工程施工，招标人：广东省南粤交通韶赣高速公路管理中心，中标时间：12 月，中标人：广东新粤交通投资有限公司，中标金额：1 861 万元。

（13）广州黄埔区城市道路治超非现场执法系统建设，招标人：广州市黄埔区住房和城乡建设局（广州开发区建设和交通局），中标时间：12 月，中标人：高新兴科技集团股份有限公司，中标金额：1 964 万元。

（14）佛山一环西拓旧路改造和景观提升工程及金石大道西延线工程照明机电工程施工，招标人：佛山市建盈发展有限公司，中标时间：7 月，中标人：甘肃紫光智能交通与控制技术有限公司，中标金额：2 390 万元。

（15）港珠澳大桥一体化云平台服务项目，招标人：港珠澳大桥管理局，中标时间：8 月，中标人：中国移动通信集团广东有限公司，中标金额：2 658 万元。

（16）广东公路建设公司 2020 年度机电养护大中修专项工程，招标人：广东省公路建设有限公司，中标时间：6 月，1 标段中标人：广东新粤交通投资有限公司，中标金额：1 166 万元；2 标段中标人：北京公科飞达交通工程发展有限公司，中标金额：1 046 万元；3 标段中标人：甘肃紫光智能交通与控制技术有限公司，中标金额：887 万元。

（17）佛山市三水区一体化科技治超信息化建设（一期），招标人：佛山市三水区交通运输局，中标时间：1 月，中标人：中通服建设有限公司，中标金额：3 306 万元。

（18）深圳市龙岗区布坂联络道市政工程（机电安装），招标人：深圳市交通公用设施建设中心，中标时间：10 月，中标人：甘肃紫光智能交通与控制技术有限公司，中标金额：3 473 万元。

（19）广东省国省干线公路交通情况调查数据采集服务项目，招标人：广东省公路事务中心，中标时间：9 月，1 包中标人：北京中天星火智能交通科技有限公司，中标金额：878 万元；2 包中标人：广州普勒仕交通科技有限公司，中标金额：989 万元；3 包中标人：北京万集科技股份有限公司，中标金额：751 万元；4 包中标人：深圳市信龙系统有限公司，中标金额：1 026 万元。

（20）深圳市龙岗区聚龙路道路工程第 4 标段，招标人：深圳市交通公用设施建设中心，中标时间：10 月，中标人：浙江浙大中控信息技术有限公司，中标金额：3 848 万元。

（21）广东新一代国家交通控制网和智慧公路试点工程 EPC，招标人：广东广乐高速公路有限公司，中标时间：9 月，中标人：广东新粤交通投资有限公司、北京交科公路勘察设计研究院有限公司联合中标，中标金额：4 454 万元。

（22）汕湛高速公路云浮至湛江段吴川支线机电工程施工 JD1 标段，招标人：广东省南粤交通粤湛高速公路管理中心，中标时间：12 月，中标人：广东新粤交通投资有限公司，中标金额：5 680 万元。

（23）广东大丰华高速公路丰顺至五华段机电工程（JD2 标段），招标人：广东省南粤交通大丰华高速公路管理中心，中标时间：9 月，中标人：新大陆数字技术股份有限公司，中标金额：5 763 万元。

（24）潮汕环线高速公路（含潮汕联络线）项目机电工程施工 JD2，招标人：广东潮汕环线高速公路有限公司，中标时间：3 月，中标人：甘肃紫光智能交通与控制技术有限公司，中标金额：6 331 万元。

（25）河惠莞高速河源紫金至惠州惠阳段项目机电工程 JD2，招标人：广东紫惠高速公路有限公司，中标时间：4 月，中标人：广东新粤交通投资有限公司，中标金额：7 420 万元。

（26）港珠澳大桥主体工程机电日常养护，招标人：港珠澳大桥管理局，中标时间：1 月，中标人：广东飞达交通工程有限公司，中标金额：7 565 万元。

（27）广东大丰华高速公路丰顺至五华段机电工程（JD1 标段），招标人：广东省南粤交通大丰华高速公路管理中心，中标时间：9 月，中标人：甘肃紫光智能交通与控制技术有限公司，中标金额：7 821 万元。

（28）广州市广中江高速公路机电工程 JD3 标施工，招标人：广中江高速公路项目管理处，中标时间：6 月，中标人：千方捷通科技股份有限公司，中标金额：8 406 万元。

（29）河惠莞高速公路河源紫金至惠州惠阳段项目机电工程 JD1，招标人：广东紫惠高速公路有限公司，中标时间：4 月，中标人：广东飞达交通工程有限公司，中标金额：10 156 万元。

（30）河惠莞高速公路惠州平潭至潼湖段机电工程 EPC，招标人：惠州河惠莞高速公路有限公司，中标时间：1 月，中标人：山西欣奥特自动化工程有限公司、江苏中路交通发展有限公司、北京交科公路勘察设计研究院有限公司联合中标，中标金额：13 070 万元。

（31）珠海市鹤洲至高栏港高速公路机电工程建养一体化施工，招标人：珠海鹤港高速公路有限公司，中标时间：10 月，中标人：北京公科飞达交通工程发展有限公司，中标金额：14 500 万元。

（32）潮汕环线高速公路（含潮汕联络线）项目机电工程施工 JD1，招标人：广东潮汕环线高速公路有限公司，中标时间：3 月，中标人：北京公科飞达交通工程发展有限公司，中标金额：15 447 万元。

（33）怀集至阳江港高速公路怀集至郁南段机电工程施工 JD1、JD2，招标人：广东省南粤交通怀阳高速公路管理中心，中标时间：3 月，1 标段中标人：北京公科飞达交通工程发展有限公司，中标金额：9 584 万元；2 标段中标人：广东新粤交通投资有限公司，中标金额：7 943 万元。

（34）大埔至潮州高速公路（含大埔至漳州支线）机电工程施工项目第 2—5 标段，招标人：广东大潮高速公路有限公司，中标时间：4 月，2 标段中标人：广东新粤交通投资有限公司，中标金额：8 202 万元；3 标段中标人：北京公科飞达交通工程发展有限公司，中标金额：4 663 万元；4 标段中标人：广东飞达交通工程有限公司，中标金额：4 966 万元；5 标段中标人：广东路路通有限公司，中标金额：13 597 万元。

（35）广东省云浮罗定至茂名信宜（粤桂界）高速机电工程 JD3～6，招标人：广东云茂高速公路有限公司，中标时间：6 月，3 标段中标人：广东新粤交通投资有限公司，中标金额：15 157 万元；4 标段中标人：广东飞达交通工程有限公司，中标金额：6 773 万元；5 标段中标人：北京公科飞达交通工程发展有限公司，中标金额：6 511 万元；6 标段中标人：北京瑞华赢科技发展有限公司，中标金额：7 726 万元。

（36）深圳市坪盐通道工程第 7 标段（机电、消防工程），招标人：深圳市交通公用设施建设中心，中标时间：10 月，中标人：广州航天海特系统工程有限公司、深圳市宝鹰建设集团股份有限公司联合中标，中标金额：44 329 万元。

广东省 2020 年度项目总数 36 个，项目平均投资 7 679 万元，过亿项目数量 8 个。

（四）浙江 20 亿元

（1）甬金高速公路绍兴段 2020—2022 年机电维保工程，招标人：浙江绍兴嵊新高速公路有限公司，中标时间：6 月，中标人：浙江浙大中控信息技术有限公司，中标金额：1 002 万元。

（2）2020 年杭州市余杭区治超非现场执法系统建设项目，招标人：杭州市余杭区公路管理处，中标时间：9 月，标项一中标人：合肥市正茂科技有限公司，中标金额：590 万元；标项二中标人：浙江浙大中控信息技术有限公司，中标金额：528 万元。

（3）杭州建德市 2019 年公路治超非现场执法检测称重系统设备（三期）采购项

目，招标人：建德市公路管理段，中标时间：1月，中标人：浙江浙大中控信息技术有限公司，中标金额：1 177万元。

（4）杭长高速公路增设南北庄互通工程机电施工第JD-1施工标段，招标人：浙江安吉高速公路有限公司，中标时间：12月，中标人：华睿交通科技有限公司，中标金额：1 177万元。

（5）浙江省高速公路复合通行卡（CPC卡）三期项目，招标人：浙江省公路与运输管理中心，中标时间：5月，中标人：航天信息股份有限公司，中标金额：1 198万元。

（6）浙江沪杭甬高速公路视频上云项目，招标人：浙江沪杭甬高速公路股份有限公司信息中心，中标时间：11月，中标人：浙江高速信息工程技术有限公司，中标金额：1 216万元。

（7）杭州湾跨海大桥情报板升级改造工程，招标人：宁波市杭州湾大桥发展有限公司，中标时间：8月，中标人：上海电科智能系统股份有限公司，中标金额：1 353万元。

（8）G1522嘉绍南接线、S24绍诸高速及S24绍诸高速诸暨延伸线2020年度机电改造工程施工，招标人：绍兴市高速公路运营管理有限公司，中标时间：5月，中标人：浙江浙大中控信息技术有限公司，中标金额：577万元；2标段中标人：浙江省机电设计研究院有限公司，中标金额：784万元。

（9）乐清市盐盆山隧道及接线工程（隧道机电、道路照明），招标人：乐清乐成中心城区开发建设管理委员会，中标时间：1月，中标人：上海电科智能系统股份有限公司，中标金额：1 422万元。

（10）104国道温岭塘岭至吕岙段改建工程机电标段，招标人：温岭市交通实业有限公司，中标时间：7月，中标人：四川高路交通信息工程有限公司，中标金额：1 546万元。

（11）绍兴柯桥区镜水路南延工程项目机电工程，招标人：绍兴市柯桥区交通投资有限公司，中标时间：11月，中标人：广东诚泰交通科技发展有限公司，中标金额：1 616万元。

（12）杭长高速公路北延（泗安至浙苏界）工程机电施工第JD2标段，招标人：浙江长宜高速公路有限公司，中标时间：7月，中标人：华睿交通科技有限公司，中标金额：1 760万元。

（13）丽水市龙泉市塔石隧道应急工程隧道机电，招标人：龙泉市交通投资有限责任公司，中标时间：3月，中标人：北京公科飞达交通工程发展有限公司，中标金额：1 762万元。

（14）浙江省2020年黄衢南高速公路机电设备（LED）改造项目，招标人：浙江省交通投资集团有限公司黄衢南分公司衢南管理处，中标时间：8月，中标人：浙江高速信息工程技术有限公司，中标金额：2 006万元。

（15）钱江通道及接线项目北接线段工程 PPP 项目机电工程第 JD 标段，招标人：嘉兴市嘉萧高速公路投资开发有限公司，中标时间：5 月，中标人：浙江高速信息工程技术有限公司，中标金额：2 157 万元。

（16）金华永康至武义公路改建工程（阳丰至湖塘沿段）机电工程施工，招标人：武义县交通建设投资集团有限公司，中标时间：9 月，中标人：北京路安交通科技发展有限公司，中标金额：2 158 万元。

（17）104 国道乐清虹桥至乐成段改建工程虹桥信岙至乐成特色工业园区段机电交安标段，招标人：乐清市交通运输局，中标时间：12 月，中标人：厦门兴南洋信息技术有限公司，中标金额：2 186 万元。

（18）嘉兴嘉善县治超非现场执法建设二期项目工程计算机设备和软件租赁服务采购，招标人：嘉善县交通运输综合行政执法队，中标时间：12 月，中标人：中国移动通信集团浙江有限公司嘉兴分公司，中标金额：2 293 万元。

（19）台金高速东延台州市区连接线工程项目第 TGZ-SGJD01 标段，招标人：台州台金高速公路东延市区连接线工程有限公司，中标时间：7 月，中标人：浙江高速信息工程技术有限公司，中标金额：2 401 万元。

（20）S217（39 省道）金华东阳市十里头至官清段改建工程机电施工第 JD01，招标人：东阳市交通运输局，中标时间：8 月，中标人：北京深华科交通工程有限公司，中标金额：2 558 万元。

（21）浙江省 2020 年沪杭甬高速公路机电改扩建项目，招标人：浙江沪杭甬高速公路股份有限公司信息中心，中标时间：7 月，中标人：浙江高速信息工程技术有限公司，中标金额：2 587 万元。

（22）浙江 104 国道黄岩头陀至院桥段公路工程机电施工，招标人：台州市黄岩交通建设发展集团有限公司，中标时间：6 月，中标人：吉林省科维交通工程有限公司，中标金额：3 663 万元。

（23）杭州绕城西复线智慧公路试点项目（后期部分），招标人：杭州都市高速公路有限公司，中标时间：9 月，中标人：浙江高速信息工程技术有限公司，中标金额：3 754 万元。

（24）镇海至安吉公路德清对河口至矮部里段工程 PPP 项目机电工程，招标人：德清县德安公路建设有限责任公司、浙江交工宏途交通建设有限公司，中标时间：3 月，中标人：浙江高速信息工程技术有限公司，中标金额：3 764 万元。

（25）104 国道温州瑞安仙降至平阳萧江段改建工程（平阳段）隧道机电第 JD-02，招标人：平阳县交通投资集团有限公司，中标时间：10 月，中标人：陕西高速电子工程有限公司，中标金额：4 043 万元。

（26）宁波舟山港石浦港区沈海高速连接线新桥至石浦段机电工程施工（JD2 标段），招标人：宁波市高等级公路建设管理中心，中标时间：12 月，中标人：中咨泰克交通工程集团有限公司，中标金额：6 326 万元。

（27）浙江省2020年甬台温、台金、乐清湾高速公路机电改扩建项目工程施工，招标人：浙江台州甬台温高速公路有限公司，中标时间：10月，中标人：浙江高速信息工程技术有限公司，中标金额：11 390万元。

（28）G60沪昆高速公路金华互通至浙赣界段改扩建工程主体机电施工第2标段，招标人：浙江省交通投资集团有限公司杭金衢分公司，中标时间：8月，中标人：浙江省机电设计研究院有限公司，中标金额：16 720万元。

（29）浙江省文成至泰顺（浙闽界）公路机电工程项目第2—4标段，招标人：温州市文泰高速公路有限公司，中标时间：3月，2标段中标人：浙江高速信息工程技术有限公司，中标金额：16 959万元；3标段中标人：浙江浙大中控信息技术有限公司，中标金额：12 145万元；4标段中标人：上海电科智能系统股份有限公司，中标金额：10 220万元。

（30）杭绍台高速公路工程绍兴金华段机电工程（第HST-JD01～08标段）施工，招标人：绍兴市交通建设有限公司，中标时间：1月，1标段中标人：浙江省机电设计研究院有限公司，中标金额：15 675万元；2标段中标人：浙江高速信息工程技术有限公司，中标金额：5 802万元；3标段中标人：北京云星宇交通科技股份有限公司，中标金额：10 505万元；4标段中标人：浙江浙大中控信息技术有限公司，中标金额：15 017万元；5标段中标人：千方捷通科技股份有限公司，中标金额：7 482万元；6标段中标人：中咨泰克交通工程集团有限公司，中标金额：5 048万元；7标段中标人：河北中岗通讯工程有限公司，中标金额：7 521万元；8标段中标人：北京路安交通科技发展有限公司，中标金额：6 838万元。

（五）四川18亿元

（1）四川平安智慧高速公路省中心建设项目省级视频云联网工程，招标人：四川省交通运输厅高速公路监控结算中心，中标时间：10月，中标人：青岛海信网络科技股份有限公司，中标金额：1 449万元。

（2）成灌高速入城段改造工程（项目名称）机电工程标段施工，招标人：成都高速公路股份有限公司，中标时间：9月，中标人：千方捷通科技股份有限公司，中标金额：1 547万元。

（3）成雅高速金鸡关互通及服务区项目（雨名快速通道）机电工程标段施工，招标人：雅安交建集团资产经营管理有限公司，中标时间：11月，中标人：江苏建铁信息技术有限公司，中标金额：1 611万元。

（4）九寨沟（甘川界）至绵阳公路机电工程JD1标段，招标人：四川绵九高速公路有限责任公司，中标时间：8月，中标人：广东新粤交通投资有限公司，中标金额：4 552万元。

（5）G544线川主寺至九寨沟县城段灾后恢复重建工程—智慧交通二期工程总集

成服务，招标人：阿坝藏族羌族自治州公路管理局，中标时间：3 月，中标人：北京北大千方科技有限公司，中标金额：4 909 万元。

（6)四川省 G544 线川主寺至九寨沟县城段灾后恢复重建工程隧道机电 JD 标段，招标人：阿坝藏族羌族自治州公路管理局，中标时间：5 月，中标人：中交二公局电务工程有限公司，中标金额：5 262 万元。

（7）四川仁寿至屏山新市公路 JD6 标段，招标人：四川仁沐高速公路有限责任公司，中标时间：4 月，中标人：中铁电气化局集团有限公司，中标金额：6 685 万元。

（8）内江城市过境高速公路项目机电工程 JD1 标段，招标人：内江城建总诚绕城高速公路投资有限公司，中标时间：11 月，中标人：广州航天海特系统工程有限公司，中标金额：7 007 万元。

（9）四川省仁寿至屏山新市公路 JD7 标段，招标人：四川仁沐高速公路有限责任公司，中标时间：4 月，中标人：贵州桥梁建设集团有限责任公司，中标金额：8 805 万元。

（10）汶川至马尔康高速公路项目机电工程（第二期）施工，招标人：四川汶马高速公路有限责任公司，中标时间：7 月，中标人：浙江高速信息工程技术有限公司，中标金额：15 760 万元。

（11）四川省德阳至都江堰高速（机电、交安）工程，招标人：中铁建四川德都高速公路有限公司，中标时间：7 月，1 标段中标人：中铁十七局集团电气化工程有限公司、江苏中路交通发展有限公司联合中标，中标金额：27 702 万元；2 标段中标人：中国铁建电气化局集团有限公司、四川高路交通信息工程有限公司联合中标，中标金额：22 293 万元。

（12）成都至宜宾高速公路工程数字高速公路系统标段，招标人：四川成宜高速公路开发有限公司，中标时间：12 月，中标人：四川公路桥梁建设集团有限公司、阿里云计算有限公司联合中标，中标金额：76 706 万元。

（六）陕西 16 亿元

（1）陕西省高速公路收费中心联网收费系统业务支撑平台升级改造，招标人：陕西省高速公路收费中心，中标时间：1 月，中标人：中国电信集团系统集成有限责任公司，中标金额：1 192 万元。

（2）陕西省高速公路收费中心 ETC 发行系统软硬件支撑平台升级改造项目，招标人：陕西省高速公路收费中心，中标时间：1 月，中标人：陕西公路交通科技开发咨询公司，中标金额：1 509 万元。

（3）陕西高速集团西耀分公司 2020 年视频云联网高清改造工程施工，招标人：陕西省高速公路建设集团公司西耀分公司，中标时间：10 月，中标人：天津市高速公路科技发展有限公司，中标金额：1 529 万元。

（4）陕西高速集团汉宁、宝天分公司 2020 年视频云联网改造工程，招标人：陕西省高速公路建设集团公司，中标时间：10 月，1 标段中标人：山西四和交通工程有限责任公司，中标金额：1 041 万元；2 标段中标人：北京瑞华赢科技发展有限公司，中标金额：940 万元。

（5）陕西山区道路安全示范项目 102 省道（211 国道）旬阳至小河公路改建工程隧道设备采购与安装项目，招标人：旬阳县交通运输局，中标时间：2 月，中标人：江苏智运科技发展有限公司，中标金额：2 139 万元。

（6）陕西省国家高速公路网（G85）银昆线宝鸡至坪坎高速公路机电工程风机设备采购，招标人：陕西省交通建设集团公司，中标时间：12 月，中标人：浙江金盾风机股份有限公司，中标金额：2 236 万元。

（7）陕西西乡至镇巴高速公路机电工程施工 XZ-D04 标段，招标人：陕西省高速公路建设集团公司，中标时间：5 月，中标人：北京市亚太安设备安装有限责任公司，中标金额：2 504 万元。

（8）陕西太白至凤县高速公路田坝至凤县（陕甘界）段机电工程施工（B 组），招标人：陕西省高速公路建设集团公司，中标时间：5 月，5 标段中标人：陕西建工安装集团有限公司，中标金额：2 124 万元；6 标段中标人：大成智慧能源科技股份有限公司，中标金额：2 485 万元。

（9）陕西省交通建设集团公司 2020 年度通信系统升级改造工程，招标人：陕西省交通建设集团公司，中标时间：7 月，1 标段中标人：新大陆数字技术股份有限公司，中标金额：5 626 万元；2 标段中标人：贵州桥梁建设集团有限责任公司，中标金额：4 511 万元。

（10）汉中市西乡至镇巴高速公路机电工程施工，招标人：陕西省高速公路建设集团公司，中标时间：1 月，1 标段中标人：北京公科飞达交通工程发展有限公司，中标金额：3 079 万元；2 标段中标人：安徽汉高信息科技有限公司，中标金额：3 830 万元；3 标段中标人：陕西汉唐计算机有限责任公司，中标金额：5 011 万元。

（11）太白至凤县高速公路田坝至凤县（陕甘界）段机电工程施工，招标人：陕西省高速公路建设集团公司，中标时间：1 月，2 标段中标人：南京凌云科技发展有限公司，中标金额：4 355 万元；3 标段中标人：中交二公局电务工程有限公司，中标金额：4 033 万元；4 标段中标人：重庆渝信路桥发展有限公司，中标金额：3 796 万元。

（12）陕西省合阳至铜川高速公路 PPP 项目机电工程施工，招标人：中铁建陕西高速公路有限公司，中标时间：3 月，中标人：中铁十二局集团电气化工程有限公司，中标金额：21 391 万元。

（13）国家高速公路网（G85）银昆线宝鸡至坪坎高速公路机电工程施工，招标人：陕西省交通建设集团公司，中标时间：4 月，1 标段中标人：吉林省科维交通工程有限公司，中标金额：5 540 万元；2 标段中标人：中铁建大桥工程局集团电气化工程有限公司，中标金额：3 717 万元；3 标段中标人：广西交科集团有限公司，中标金额：1 686 万元；14 标段中标人：昆明荣成天宇控制系统工程有限公司，中标金额：4 766 万元；15 标段中标人：金工建设集团股份有限公司，中标金额：4 900 万元；16 标段中标人：山西四建集团有限公司，中标金额：4 963 万元。

（14）银百高速安康至岚皋（陕渝界）机电工程，招标人：陕西省高速公路建设集团公司，中标时间：4 月，1 标段中标人：北京公科飞达交通工程发展有限公司，中标金额：3 032 万元；2 标段中标人：中铁十四局集团电气化工程有限公司，中标金额：3 325 万元；3 标段中标人：陕西汉唐计算机有限责任公司，中标金额：3 983 万元；4 标段中标人：浙江高速信息工程技术有限公司，中标金额：3 326 万元；5 标段中标人：贵州桥梁建设集团有限责任公司，中标金额：3 652 万元；6 标段中标人：陕西高速交通工贸有限公司，中标金额：3 913 万元；7 标段中标人：河北百富勤智能工程有限公司，中标金额：1 647 万元；8 标段中标人：江西三星气龙消防安全有限公司，中标金额：1 850 万元；9 标段中标人：昆明荣成天宇控制系统工程有限公司，中标金额：2 529 万元。

（15）陕西省交通建设集团公司宝鸡至坪坎高速公路机电剩余工程施工，招标人：陕西省交通建设集团公司，中标时间：11 月，4 标段中标人：湖南省湘筑交通科技有限公司，中标金额：2 327 万元；5 标段中标人：山西四和交通工程有限责任公司，中标金额：4 131 万元；6 标段中标人：北京云星宇交通科技股份有限公司，中标金额：2 765 万元；7 标段中标人：千方捷通科技股份有限公司，中标金额：1 240 万元；8 标段中标人：贵州桥梁建设集团有限责任公司，中标金额：5 196 万元；9 标段中标人：江西方兴科技有限公司，中标金额：3 747 万元；10 标段中标人：云南康迪科技有限公司，中标金额：2 462 万元；11 标段中标人：中铁十四局集团电气化工程有限公司，中标金额：1 518 万元；12 标段中标人：甘肃恒智信息科技有限责任公司，中标金额：3 149 万元；13 标段中标人：中咨泰克交通工程集团有限公司，中标金额：3 076 万元。

（七）江西 15 亿元

（1）上武高速公路江西省交通监控云联网工程，招标人：上饶市上武高速公路经营管理有限责任公司，中标时间：12 月，中标人：北京云星宇科技服务有限公司，中标金额：1 106 万元。

（2）抚州市普通干线路网运行监测与应急处置平台建设（二期）采购，招标人：抚州市公路局，中标时间：8 月，中标人：中国移动通信集团江西有限公司抚州分公司，中标金额：1 158 万元。

（3）江西省高速公路复合通行卡（CPC 卡）采购，招标人：江西省高速公路联网管理中心，中标时间：1 月，中标人：深圳成谷科技有限公司，中标金额：1 180 万元。

（4）江西省高速集团养护管理系统建设（一期）项目（智能化养护管理应用试点工程），招标人：江西省高速集团抚州管理中心，中标时间：3 月，中标人：江西锦路科技开发有限公司，中标金额：1 224 万元。

（5）抚州市 2020 年普通国省干线公路“畅安舒美”省级科技示范路及亮点品质提升工程，招标人：抚州市公路局直属分局，中标时间：7 月，中标人：江西赣东路桥建设集团有限公司，中标金额：1 238 万元。

（6）江西省普通干线路网运行监测与应急处置平台（二期）数据治理与决策分析服务项目，招标人：江西省公路管理局，中标时间：5 月，中标人：北京恒达时讯科技股份有限公司，中标金额：1 267 万元。

（7）上饶 S302 紫曲线、S303 浙临线（婺源境内）“畅、安、舒、美”示范公路品质提升工程智能化交通信息系统采购，招标人：上饶市公路管理局婺源分局，中标时间：9 月，中标人：江西省交通桥梁检测加固有限公司，中标金额：1 290 万元。

（8）吉安吉水县不停车检测系统科技治超点建设项目，招标人：吉水县交通运输局，中标时间：6 月，中标人：江西路通科技有限公司，中标金额：1 334 万元。

（9）江西省瑞寻高速公路有限责任公司交通监控云联网工程，招标人：江西省瑞寻高速公路有限责任公司，中标时间：10 月，中标人：江西路通科技有限公司，中标金额：1 465 万元。

（10）萍乡市湘东区“畅、安、舒、美”省级科技示范路智能设备采购，招标人：萍乡市公路管理局湘东分局，中标时间：9 月，中标人：吉安市永安交通设施有限公司，中标金额：1 470 万元。

（11）江西高速投资集团赣州管理中心高速公路机电设备 2020 年至 2023 年度日常保养维修服务，招标人：江西省高速公路投资集团有限责任公司赣州管理中心，中标时间：11 月，中标人：江西方兴科技有限公司，中标金额：1 540 万元。

（12）抚州崇仁县 G236 芜汕线、S313 巴文县崇仁县境内“畅安舒美”省级科技示范路（科技部分）采购，招标人：抚州市公路局崇仁分局，中标时间：9 月，中标人：中国电信股份有限公司抚州分公司，中标金额：1 558 万元。

（13）赣州市普通干线路网运行监测与应急处置平台（二期）建设项目，招标人：江西省赣州市公路管理局路网管理中心，中标时间：7 月，中标人：赣州银盛电子有限公司，中标金额：1 588 万元。

（14）江西省交通监控云联网工程建设（省级平台）数字及通信部分 SJJS 标段，招标人：江西省高速公路联网管理中心，中标时间：8 月，中标人：江西锦路科技开发有限公司，中标金额：1 616 万元。

（15）江西省高速集团 2020 年服务区改造（充电桩）专项工程施工，招标人：江西省高速公路投资集团有限责任公司，中标时间：10 月，中标人：江西方兴科技有限公司，中标金额：1 706万元。

（16）S212前德线（抚州黎川境内）“畅安舒美”省级科技示范路工程，招标人：抚州市公路局黎川分局，中标时间：8月，中标人：江西赣东路桥建设集团有限公司，中标金额：1 753万元。

（17）吉安市G319国道螺溪至永阳段、S224省道严田至泰山段、S314省道永阳至三峰段“畅安舒美”科技示范路工程施工，招标人：江西井冈路桥（集团）有限公司，中标时间：8月，中标人：江苏建铁信息技术有限公司，中标金额：1 955万元。

（18）江西高速集团赣州管理中心所辖路段隧道机电提质升级工程施工，招标人：江西省高速公路投资集团有限责任公司赣州管理中心，中标时间：8月，中标人：江西方兴科技有限公司，中标金额：2 566万元。

（19）江西高速集团景德镇管理中心隧道机电提质升级改造工程，招标人：江西省高速公路投资集团有限责任公司景德镇管理中心，中标时间：7月，中标人：江西方兴科技有限公司，中标金额：2 865万元。

（20）九江市2020年普通国省道“畅安舒美”省级示范路（G220东深线和S305江义线）提升工程设备采购及安装项目，招标人：九江市公路管理局，中标时间：7月，中标人：北京易华录信息技术股份有限公司，中标金额：2 886万元。

（21）江西高速集团上饶管理中心隧道机电系统改造工程（二期）施工，招标人：江西公路开发有限责任公司上饶管理中心，中标时间：8月，中标人：江西锦路科技开发有限公司，中标金额：3 032万元。

（22）鹰潭市智慧治超信息化建设项目（一期）电子化，招标人：鹰潭市交通运输局，中标时间：6月，中标人：浙江高速信息工程技术有限公司，中标金额：3 107万元。

（23）江西省交通监控云联网工程建设（省级平台）TSJS标段，招标人：江西省高速公路联网管理中心，中标时间：7月，中标人：江西路通科技有限公司，中标金额：3 198万元。

（24）江西省新一代国家交通控制网和智慧公路示范工程省中心及示范路段智慧高速应用体系开发，招标人：江西省交通运输厅，中标时间：11月，中标人：上海电科智能系统股份有限公司，中标金额：3 228万元。

（25）江西高速集团吉安管理中心隧道机电提质升级改造工程施工，招标人：江西省高速公路投资集团有限责任公司吉安管理中心，中标时间：7月，中标人：江西方兴科技有限公司，中标金额：3 266万元。

（26）江西省高速公路投资集团交通监控云联网工程视频存储和分析服务，招标人：江西省高速公路投资集团有限责任公司信息化建设项目办公室，中标时间：11月，中标人：江西方兴科技有限公司，中标金额：3 650万元。

（27）2020年景德镇市畅安舒美示范路科技项目与G206威汕线（官桥岭至先锋

段）亮点品质提升工程施工，招标人：景德镇市公路管理局养护工程项目管理部，中标时间：7月，中标人：华睿交通科技有限公司，中标金额：4 651万元。

（28）赣州市赣定、龙杨、兴赣、寻全、赣康高速公路交通监控云联网，招标人：赣州高速公路有限责任公司，中标时间：10月，中标人：新大陆数字技术股份有限公司，中标金额：5 032万元。

（29）江西省交通监控云联网工程建设（省级平台）视频部分，招标人：江西省高速公路联网管理中心，中标时间：7月，SPJS标段中标人：安徽皖通科技股份有限公司，中标金额：1 459万元；SSJS标段中标人：中咨泰克交通工程集团有限公司，中标金额：4 166万元。

（30）江西省新一代国家交通控制网和智慧公路示范工程（机电工程）EPC，招标人：江西省高速公路联网管理中心，中标时间：3月，中标人：江西方兴科技有限公司，中标金额：6 097万元。

（31）铜鼓至万载高速公路项目（宜丰联络线）机电工程施工，招标人：江西省高速公路投资集团有限责任公司铜鼓至万载高速公路建设项目办公室，中标时间：5月，1标段中标人：江西路通科技有限公司，中标金额：1 567万元；2标段中标人：江西方兴科技有限公司，中标金额：5 922万元。

（32）赣州蓉江新区凤岗大道至蓉江四路过江隧道及蓉春山隧道机电设备安装工程施工+运维管理一体化，招标人：赣州蓉江新区蓉盛工程管理有限公司，中标时间：8月，中标人：上海电科智能系统股份有限公司、上海电器科学研究所（集团）有限公司联合中标，中标金额：8 256万元。

（33）江西兴国至赣县高速公路北延新建项目机电工程施工，招标人：赣州兴赣北延高速公路有限责任公司，中标时间：6月，1标段中标人：华睿交通科技有限公司，中标金额：6 485万元；2标段中标人：广东飞达交通工程有限公司，中标金额：3 311万元；3标段中标人：四川高路交通信息工程有限公司，中标金额：3 511万元。

（34）江西省普通干线路网运行监测与应急处置平台（二期）工程软硬件购置与系统集成采购，招标人：江西省公路管理局，中标时间：5月，中标人：江西路通科技有限公司，中标金额：14 150万元。

（35）江西省高速公路投资集团有限责任公司交通监控云联网工程设计施工总承包，招标人：江西省高速公路投资集团有限责任公司路网运营管理公司，中标时间：9月，中标人：江西锦路科技开发有限公司、广西交通设计集团有限公司联合中标，中标金额：30 853万元。

（八）新疆13亿元

（1）察布查尔至昭苏段公路大洪纳海隧道机电工程施工，招标人：伊犁哈萨克自治州交通运输局，中标时间：9月，中标人：安徽皖通科技股份有限公司，中标金额：2 217 万元。

（2）国道 216 线北屯至富蕴公路工程机电工程，招标人：新疆新交建阿富公路项目管理有限公司，中标时间：11 月，中标人：新疆交建智能交通信息科技有限公司，中标金额：3 451 万元。

（3）S20 五工台至克拉玛依一级改高速公路项目机电工程施工，招标人：新疆交通投资有限责任公司，中标时间：7 月，中标人：陕西汉唐计算机有限责任公司，中标金额：5 379 万元。

（4）京新高速（G7）梧桐大泉至木垒段公路机电交安工程施工，招标人：中国铁建投资集团有限公司新疆 G7 高速公路工程施工总承包部，中标时间：1 月，梧伊段中标人：中国铁建电气化局集团有限公司、江苏中路交通发展有限公司联合中标，中标金额：30 344 万元；伊巴段中标人：中铁十二局集团电气化工程有限公司、安徽鑫路交通设施工程有限公司联合中标，中标金额：17 042 万元；巴木段 1 标中标人：中铁二十一局集团电务电化工程有限公司、兰州朗青交通科技有限公司、湖南映晟交通建设工程有限公司联合中标，中标金额：33 987 万元；巴木段 2 标中标人：中铁二十三局集团有限公司、中铁建大桥工程局集团电气化工程有限公司、重庆金路交通工程有限责任公司联合中标，中标金额：33 710 万元。

（九）山东 12 亿元

（1）山东岚山至罗庄公路项目机电工程集成施工，招标人：齐鲁交通发展集团有限公司建设管理分公司，中标时间：4 月，中标人：江苏智运科技发展有限公司，中标金额：1 085 万元。

（2）日照市县道交通一体化治超取证系统建设设备项目，招标人：日照市东港区交通运输局，中标时间：9 月，中标人：日照鼎讯信息工程有限公司，中标金额：1 138 万元。

（3）德州市交通运输综合执法支队治理超限超载非现场执法项目的安装与采购，招标人：德州市交通运输综合执法支队，中标时间：11 月，中标人：北京万集科技股份有限公司，中标金额：1 138 万元。

（4）董家口至梁山（鲁豫界）公路宁阳至梁山（鲁豫界）段机电工程集成施工，招标人：山东齐鲁宁梁高速公路有限公司，中标时间：2 月，中标人：山东奥邦交通设施工程有限公司，中标金额：1 319 万元。

（5）枣庄市薛城区交通运输非现场执法系统项目，招标人：枣庄市薛城区交通运输局，中标时间：6 月，中标人：北京万集科技股份有限公司，中标金额：1 435 万元。

（6）青岛胶州市 2020 年度胶州湾大桥、胶州湾高速公路机电专项工程，招标人：山东高速青岛公路有限公司，中标时间：6 月，中标人：广东嘉益工程有限公司，中标金额：1 437 万元。

（7）青兰高速莱芜至泰安段改扩建工程机电工程集成施工，招标人：齐鲁交通发展集团有限公司建设管理分公司，中标时间：4 月，中标人：千方捷通科技股份有限公司，中标金额：1 505 万元。

（8）济宁邹城市治超非现场执法技术监控设施建设项目，招标人：邹城市城市资产经营有限公司，中标时间：11 月，中标人：山东奥邦交通设施工程有限公司，中标金额：1 850 万元。

（9）淄博淄川区车辆治超非现场执法信息化平台建设项目，招标人：淄博市淄川区交通运输局，中标时间：7 月，中标人：中国移动通信集团山东有限公司淄博分公司，中标金额：1 957 万元。

（10）京沪高速及济南绕城高速济南连接线道路提升改造机电工程，招标人：山东高速建设管理集团有限公司，中标时间：3 月，中标人：石家庄泛安科技开发有限公司，中标金额：2 119 万元。

（11）山东文登至莱阳公路工程机电集成施工项目，招标人：山东荣潍高速公路有限公司，中标时间：2 月，中标人：山东奥邦交通设施工程有限公司，中标金额：2 416 万元。

（12）国高德上线京台高速至 G105 段工程机电工程集成施工，招标人：德州德上高速公路建设运营有限公司，中标时间：6 月，中标人：石家庄泛安科技开发有限公司，中标金额：2 917 万元。

（13）潍日高速公路潍坊连接线机电工程，招标人：山东高速城投绕城高速公路有限公司，中标时间：4 月，中标人：广东嘉益工程有限公司，中标金额：3 073 万元。

（14）潍坊安丘市公路治超非现场执法站点建设项目，招标人：安丘市交通发展集团有限公司，中标时间：12 月，中标人：中国联合网络通信有限公司潍坊市分公司，中标金额：3 511 万元。

（15）京台高速公路德州（鲁冀界）至齐河段改扩建工程项目机电工程施工，招标人：山东高速股份有限公司，中标时间：9 月，中标人：广东嘉益工程有限公司，中标金额：4 500 万元。

（16）山东高速智能网联高速公路测试基地（二期）机电及交安工程项目，招标人：山东高速信息集团有限公司，中标时间：10 月，中标人：山东奥邦交通设施工程有限公司，中标金额：4 927 万元。

（17）2020 年—2022 年山东省路网公路技术状况检测项目，招标人：山东省交通运输事业服务中心，中标时间：7 月，路面综合标段中标人：中咨公路养护检测技术有限公司，中标金额：1 259 万元；路面 1 标段标段中标人：山东省公路检测中心，中标金额：977 万元；路面 2 标段标段中标人：山东省交通科学研究院，中标金额：11 066 万元；桥隧 1 标段标段中标人：山东华鉴工程检测有限公司，中标金额：899 万元；桥隧 2 标段标段中标人：山东省公路桥梁检测中心有限公司，中标金额：913

万元。

（18）山东高速综合数据应用平台项目，招标人：山东高速集团有限公司科技创新发展部，中标时间：4 月，1 标段中标人：山东高速信息工程有限公司，中标金额：1 283 万元；2 标段中标人：山东华鲁科技发展股份有限公司，中标金额：718 万元；3 标段中标人：山东双利电子工程有限公司，中标金额：2 399 万元；4 标段中标人：联通系统集成有限公司，中标金额：1 996 万元。

（19）新泰至台儿庄高速马兰屯段机电工程集成施工项目，招标人：齐鲁新台高速公路有限公司，中标时间：4 月，1 标段中标人：浙江省机电设计研究院有限公司，中标金额：1 383 万元；2 标段中标人：山东奥邦交通设施工程有限公司，中标金额：2 355 万元；3 标段中标人：江苏智运科技发展有限公司，中标金额：3 333 万元。

（20）山东高速 2020 年机电工程，招标人：山东高速股份有限公司，中标时间：5 月，1 标段中标人：广东嘉益工程有限公司，中标金额：3 129 万元；2 标段中标人：山东高速信息工程有限公司，中标金额：7 180 万元。

（21）济南至乐陵高速公路南延线工程交通安全设施及机电工程施工，招标人：济南城乐公路工程有限公司，中标时间：1 月，中标人：济南金宇公路产业发展有限公司、陕西高速诚信交通工程有限公司联合中标，中标金额：10 492 万元。

（22）山东省埕口（鲁冀界）至沾化公路项目机电工程集成施工，招标人：山东秦滨高速公路建设有限公司，中标时间：1 月，中标人：江苏安防科技有限公司，中标金额：10 798 万元。

（23）京台高速公路泰安至枣庄（鲁苏界）段改扩建项目机电工程施工，招标人：山东高速建设管理集团有限公司，中标时间：10 月，1 标段中标人：深圳市锦粤达科技有限公司、广东嘉益工程有限公司联合中标，中标金额：8 640 万元；2 标段中标人：山东博安智能科技股份有限公司、山东高速齐鲁建设集团有限公司联合中标，中标金额：7 096 万元。

（24）山东文登至莱阳公路工程机电设备采购，招标人：齐鲁交通发展集团有限公司集中采购中心，中标时间：6 月，中标人：齐鲁交通信息集团有限公司，中标金额：17 000 万元。

（十）黑龙江 10 亿元

（1）哈尔滨交研交通工程公司平台软件采购，招标人：哈尔滨交研交通工程有限责任公司，中标时间：11 月，中标人：黑龙江省交投千方科技有限公司，中标金额：1 183 万元。

（2）黑龙江公路局 2020 年治超联网信息系统不停车检测系统建设，招标人：黑龙江省公路路政管理局，中标时间：8 月，1、5 包中标人：哈尔滨交研交通工程有限责任公司，中标金额：719 万元；2—4 包中标人：黑龙江省北龙交通工程有限公司，中标金额：1 069 万元。

（3）黑龙江省一级路收费站 ETC 改造工程项目第 JD1 标段，招标人：黑龙江省公路工程监理咨询有限公司，中标时间：12 月，中标人：哈尔滨交研交通工程有限责任公司，中标金额：2 161 万元。

（4）京哈高速拉林河（吉黑省界）至哈尔滨段改扩建工程项目机电工程施工公示，招标人：京哈高速公路拉林河（吉黑省界）至哈尔滨段改扩建工程项目办，中标时间：1 月，1 标段中标人：中铁电气化局集团第一工程有限公司，中标金额：2 928 万元；2 标段中标人：天津市高速公路科技发展有限公司，中标金额：2 902 万元；3 标段中标人：黑龙江省应用电子有限责任公司，中标金额：1 872 万元；4 标段中标人：广州航天海特系统工程有限公司，中标金额：2 220 万元；5 标段中标人：吉林省科维交通工程有限公司，中标金额：1 680 万元；6 标段中标人：黑龙江省北龙交通工程有限公司，中标金额：1 500 万元；7 标段中标人：哈尔滨交研交通工程有限责任公司，中标金额：1 963 万元。

（5）黑龙江 2020 年全省高速公路品质提升工程项目施工，招标人：黑龙江省公路工程监理咨询有限公司，中标时间：6 月，1 标段中标人：黑龙江省广建工程建设有限责任公司、黑龙江省龙建路桥第二工程有限公司、黑龙江省北龙交通工程有限公司联合中标，中标金额：10 857 万元；2 标段中标人：黑龙江龙航工程总承包有限责任公司、佳木斯市路桥工程有限公司、黑龙江交通实业有限公司联合中标，中标金额：11 216 万元；3 标段中标人：哈尔滨盛泽建筑工程有限公司、黑龙江省龙建路桥第一工程有限公司、哈尔滨滨岛公路设施工程安装有限责任公司联合中标，中标金额：7 411 万元；4 标段中标人：黑龙江省建筑安装集团有限公司、黑龙江省龙建路桥第四工程有限公司、哈尔滨交研交通工程有限责任公司联合中标，中标金额：7 326 万元。

（6）黑龙江省高速公路视频监测云联网项目施工，招标人：黑龙江省交投公路建设投资有限公司，中标时间：9 月，中标人：哈尔滨交研交通工程有限责任公司，中标金额：42 394 万元。

（十一）江苏 9 亿元

（1）连霍高速公路吕梁互通工程 LH-LLHT-JD 标段，招标人：徐州市连霍高速吕梁互通工程建设指挥部项目管理办公室，中标时间：10 月，中标人：江苏高速公路信息工程有限公司，中标金额：1 044 万元。

（2）无锡 342 省道智慧公路（试点示范项目）1 标段，招标人：无锡市公路管理处，中标时间：5 月，中标人：思创数码科技股份有限公司，中标金额：1 189 万元。

（3）南京 312 国道、346 国道南京龙潭港至绕越高速公路段改扩建工程项目，招标人：南京市公路管理处，中标时间：4 月，中标人：中交一公局电气化工程有限公司，中标金额：1 310 万元。

（4）长深高速公路连云港机场互通收费站机电工程施工项目，招标人：连云港市公路管理处，中标时间：8 月，中标人：江苏智运科技发展有限公司，中标金额：1 400 万元。

（5）无锡 342 省道智慧公路（试点示范项目）2 标段，招标人：无锡市公路管理处，中标时间：3 月，中标人：中邮建技术有限公司，中标金额：1 419 万元。

（6）南京市浦仪公路西段工程机电施工项目 PY-JD5 标段，招标人：南京市公共工程建设中心，中标时间：1 月，中标人：无锡照明股份有限公司，中标金额：1 521 万元。

（7）江苏交控集团东部高速可变情报板改造施工项目，招标人：江苏东部高速公路管理有限公司，中标时间：1 月，1 标段中标人：江苏长天智远交通科技有限公司，中标金额：1 114 万元；2 标段中标人：南京凌云科技发展有限公司，中标金额：542 万元。

（8）南京市货车超限超载运输非现场综合执法系统 JD23 标段，招标人：南京市公路管理处，中标时间：1 月，中标人：江苏长天智远交通科技有限公司、陕西省通达公路建设集团有限公司联合中标，中标金额：1 734 万元。

（9）南京市浦仪公路西段工程机电施工项目 PY-JD4 标段，招标人：南京市公共工程建设中心，中标时间：1 月，中标人：江苏中压电气工程集团有限公司，中标金额：1 797 万元。

（10）五峰山过江通道南北公路接线工程车路协同项目，招标人：江苏省交通工程建设局，中标时间：12 月，中标人：江苏长天智远交通科技有限公司，中标金额：2 000 万元。

（11）沪蓉高速公路阳山互通建设工程机电 2 标，招标人：南京市公路事业发展中心，中标时间：11 月，中标人：南京凌云科技发展有限公司，中标金额：2 323 万元。

（12）沪蓉高速公路南京汤山互通改扩建工程项目，招标人：南京市公路事业发展中心，中标时间：8 月，1 标段中标人：千方捷通科技股份有限公司，中标金额：826 万元；2 标段中标人：江苏海岭智能系统科技有限公司，中标金额：1 590 万元。

（13）泰州兴化市不停车检测非现场执法系统项目，招标人：兴化市交通产业投资有限公司，中标时间：10 月，中标人：中国移动通信集团江苏有限公司，中标金额：2 470 万元。

（14）南京市浦仪公路西段机电工程 JD3，招标人：南京市公共工程建设中心，中标时间：1 月，中标人：江苏智运科技发展有限公司，中标金额：2 815 万元。

（15）南通市通州区交通运输局治超信息化项目，招标人：南通市通州区交通运输局，中标时间：10 月，中标人：江苏长天智远交通科技有限公司，中标金额：2 856 万元。

（16）苏州市国省干线公路（张家港市域）和张家港市公路动态称重检测系统建设工程施工，招标人：张家港市公路管理处，中标时间：4 月，1 标段中标人：江苏长天智远交通科技有限公司，中标金额：1 519 万元；2 标段中标人：千方捷通科技股份有限公司，中标金额：1 377 万元。

（17）江苏省溧阳至高淳高速公路机电工程施工项目 LYG-91 标段，招标人：江苏省交通工程建设局，中标时间：7 月，中标人：中咨泰克交通工程集团有限公司，中标金额：3 021 万元。

（18）江苏省常州至宜兴高速公路机电施工项目 CY-91 标段，招标人：江苏省交通工程建设局，中标时间：7 月，中标人：江苏智运科技发展有限公司，中标金额：3 038 万元。

（19）宜兴至长兴高速公路江苏段机电工程施工项目（YC-91 标段），招标人：江苏省交通工程建设局，中标时间：3 月，中标人：千方捷通科技股份有限公司，中标金额：3 211 万元。

（20）苏州城北路（长浒大桥—娄江快速路段）改建工程—隧道综合监控系统，招标人：苏州交投规划设计建设管理有限公司，中标时间：6 月，中标人：江苏中科智能系统有限公司，中标金额：4 028 万元。

（21）宜兴至长兴高速公路江苏段机电工程施工项目（YC-92 标段），招标人：江苏省交通工程建设局，中标时间：3 月，中标人：江苏建铁信息技术有限公司，中标金额：4 500 万元。

（22）五峰山过江通道南北公路接线工程机电项目，招标人：江苏省交通工程建设局，中标时间：3 月，中标人：江苏海岭智能系统科技有限公司，中标金额：5 166 万元。

（23）苏州相城 X352 县道改扩建工程隧道机电工程一标段，招标人：苏州市相城交通建设投资（集团）有限公司，中标时间：11 月，中标人：中铁电气化局集团第一工程有限公司，中标金额：5 381 万元。

（24）苏州高新区何山路西延机电工程，招标人：苏州高新区（虎丘区）城市建设管理服务中心，中标时间：9 月，中标人：苏州晨光建设集团有限公司，中标金额：8 117 万元。

（25）南京市江北新区横江大道建设工程机电工程施工 JD1，招标人：南京市公共工程建设中心，中标时间：7 月，中标人：中铁十四局集团电气化工程有限公司，中标金额：8 488 万元。

（26）苏州相城 X352 县道改扩建工程隧道机电工程二标段，招标人：苏州市相城交通建设投资（集团）有限公司，中标时间：11 月，中标人：中亿丰建设集团股份有限公司，中标金额：9 538 万元。

（27）南京市江北新区横江大道建设工程机电工程施工 JD2，招标人：南京市公共工程建设中心，中标时间：7 月，中标人：中交隧道工程局有限公司，中标金额：

9 596 万元。

（十二）福建 9 亿元

（1）龙岩市漳平市隧道提质升级改造工程 EPC，招标人：龙岩市公路局漳平分局，中标时间：7 月，中标人：福建省交通规划设计院有限公司、福建省智能交通信息工程有限公司联合中标，中标金额：1 107 万元。

（2）2020 年度福建省高速公路电子收费电子标签采购，招标人：福建省高速公路集团有限公司，中标时间：9 月，1 包中标人：北京聚利科技股份有限公司，中标金额：892 万元；2 包中标人：北京万集科技股份有限公司，中标金额：782 万元；3 包中标人：深圳市金溢科技股份有限公司，中标金额：560 万元。

（3）厦门第二东通道公安监控及管线迁改工程（施工）项目，招标人：厦门路桥建设集团有限公司，中标时间：4 月，中标人：北京公科飞达交通工程发展有限公司，中标金额：2 680 万元。

（4）G235 三明市大田县境德州至溪柏林段公路工程隧道机电、消防、监控部分施工，招标人：大田县锦田公路建设有限责任公司，中标时间：3 月，中标人：上海电科智能系统股份有限公司，中标金额：4 700 万元。

（5）南平建阳区公路科技治超试点工程，招标人：南平市交通综合行政执法支队，中标时间：6 月，中标人：福建省交通规划设计院有限公司、福建省智能交通信息工程有限公司、联通系统集成有限公司联合中标，中标金额：7 454 万元。

（6）福建省沙埕湾跨海公路通道工程机电工程 e、ed 合同段施工，招标人：宁德沙埕湾跨海高速公路有限责任公司，中标时间：3 月，e 合同段中标人：江苏安防科技有限公司，中标金额：4 448 万元；ed 合同段中标人：中国铁建电气化局集团有限公司，中标金额：5 777 万元。

（7）莆炎高速公路三明境尤溪中仙至建宁里心段机电工程施工，招标人：三明莆炎高速公路有限责任公司，中标时间：7 月，YE1 标段中标人：北京云星宇交通科技股份有限公司，中标金额：5 431 万元；YE2 标段中标人：新大陆数字技术股份有限公司，中标金额：6 163 万元；YE3 标段中标人：福建省高速公路信息科技有限公司，中标金额：4 649 万元；YE4 标段中标人：北京瑞华赢科技发展有限公司，中标金额：5 039 万元；YE5 标段中标人：北京公科飞达交通工程发展有限公司，中标金额：4 969 万元；YED1 标段中标人：中国铁建电气化局集团有限公司，中标金额：5 573 万元；YED2 标段中标人：江苏智运科技发展有限公司，中标金额：5 104 万元；YED3 标段中标人：上海电科智能系统股份有限公司，中标金额：5 231 万元；YED4 标段中标人：中铁电气化局集团第三工程有限公司，中标金额：4 157 万元；YED5 标段中标人：重庆市华驰交通科技有限公司，中标金额：5 228 万元；YED6 标段中标人：中铁十二局集团电气化工程有限公司，中标金额：6 829 万元；YED7 标段中标人：

湖南省交通科学研究院有限公司，中标金额：7 917 万元。

（十三）吉林 9 亿元

（1）集双高速东丰至双辽段机电工程（DSL32 标段）施工，招标人：吉林省高等级公路建设局，中标时间：4 月，中标人：北京云星宇交通科技股份有限公司，中标金额：2 719 万元。

（2）吉林省高速集团取消省界收费站工程——ETC 门架上 LED 情报板设备采购（含安装）项目，招标人：吉林省高速公路集团有限公司，中标时间：4 月，中标人：长春希达电子技术有限公司，中标金额：7 108 万元。

（3）吉林省高速公路智能化示范工程施工招标，招标人：吉林省高速公路集团有限公司，中标时间：8 月，中标人：千方捷通科技股份有限公司，中标金额：9 521 万元。

（4）吉林省路桥工程（集团）隧道机电维护提升工程施工，招标人：吉林省路桥工程（集团）有限公司，中标时间：6 月，1 标段中标人：甘肃紫光智能交通与控制技术有限公司、中翔消防工程有限公司联合中标，中标金额：3 910 万元；2 标段中标人：中交路桥建设有限公司、吉林省鹏安消防工程有限公司联合中标，中标金额：2 799 万元；3 标段中标人：北京诚达交通科技有限公司、河南颍淮建工有限公司联合中标，中标金额：2 687 万元；4 标段中标人：北京云星宇交通科技股份有限公司、吉林省恒升消防工程有限公司联合中标，中标金额：2 510 万元；5 标段中标人：中交二公局电务工程有限公司、重庆市恒丰建筑消防设施维保有限公司联合中标，中标金额：2 325 万元。

（5）吉林省高速公路视频云联网工程施工，招标人：吉林省高速公路集团有限公司，中标时间：10 月，中标人：千方捷通科技股份有限公司，中标金额：17 760 万元；2 标段中标人：哈尔滨交研交通工程有限责任公司，中标金额：6 099 万元。

（6）吉林省龙井至大蒲柴河公路建设项目公路机电系统等工程施工，招标人：吉林省高速公路集团有限公司，中标时间：4 月，中标人：千方捷通科技股份有限公司、山西四和交通工程有限责任公司联合中标，中标金额：35 958 万元。

（十四）上海 9 亿元

（1）上海龙耀路越江隧道新建工程（济阳路～长清路段）监控系统工程，招标人：上海黄浦江越江设施投资建设发展有限公司，中标时间：6 月，中标人：上海电科智能系统股份有限公司，中标金额：1 450 万元。

（2）上海市高速公路视频联网监测整治工程（政府还贷高速），招标人：上海市道路运输事业发展中心，中标时间：12 月，中标人：上海电气自动化设计研究所有限公司，中标金额：1 626 万元。

（3）上海高速公路ETC安装网点运行项目，招标人：上海耐特高速公路收费结算有限公司，中标时间：12月，中标人：上海电科市政工程有限公司，中标金额：2 037万元。

（4）上海市高速公路视频联网监测整治工程施工，招标人：上海城投公路投资（集团）有限公司，中标时间：12月，中标人：上海电科智能系统股份有限公司，中标金额：3 190万元。

（5）上海市道路超限非现场执法设施完善工程（三期）施工，招标人：上海市道路运输事业发展中心，中标时间：10月，1包中标人：中通建设股份有限公司，中标金额：1 364万元；2包中标人：上海电气自动化设计研究所有限公司，中标金额：1 593万元；3包中标人：中远海运科技股份有限公司，中标金额：1 433万元；4包中标人：浙江省机电设计研究院有限公司，中标金额：1 811万元。

（6）上海高速公路视频联网监测整治工程（设计施工一体化采购项目），招标人：上海市道路运输事业发展中心，中标时间：9月，中标人：上海市政工程设计研究总院（集团）有限公司，中标金额：11 520万元。

（7）上海北横通道新建一期（西段）、二期工程——机电、装饰工程，招标人：上海城投（集团）有限公司，中标时间：9月，中标人：上海隧道工程有限公司、上海电科智能系统股份有限公司联合中标，中标金额：65 880万元。

（十五）河南9亿元

（1）S312郑州境改建工程（G107东移至江山路段）机电工程，招标人：郑州市公路事业发展中心，中标时间：9月，中标人：千方捷通科技股份有限公司，中标金额：1 049万元。

（2）河南中原高速2020年高速公路收费站入口安装超限超载检测设施工程施工，招标人：河南中原高速公路股份有限公司，中标时间：7月，中标人：河南中天高新智能科技股份有限公司，中标金额：1 362万元。

（3）河南高速公路发展公司潢淮、周口分公司2020年全程监控系统高清改造工程施工，招标人：河南高速公路发展有限责任公司潢淮、周口分公司，中标时间：10月，中标人：河南中天高新智能科技股份有限公司，中标金额：1 414万元。

（4）河南高速濮鹤分公司等2020年百站畅通行动收费站扩建专项工程施工，招标人：河南省收费还贷高速公路管理有限公司濮鹤分公司，中标时间：7月，中标人：南京东大智能化系统有限公司，中标金额：1 604万元。

（5）新建菏宝高速辉县站互通式立交机电工程，招标人：辉县市交通运输局，中标时间：10月，中标人：江苏建铁信息技术有限公司，中标金额：2 032万元。

（6）中国建筑第五工程局河南三门峡国道310项目机电工程专业分包，招标人：中国建筑第五工程局有限公司，中标时间：11月，中标人：内蒙古路兴电子技术有限公司，中标金额：2 362 万元。

（7）河南呼北高速三门峡段隧道机电设施提质升级工程施工，招标人：河南省收费还贷高速公路管理有限公司三门峡分公司，中标时间：6 月，中标人：南京东大智能化系统有限公司，中标金额：2 669 万元。

（8）河南高速公路发展公司经营性路段 2020 年高速公路通信系统接入网升级改造工程施工，招标人：河南高速公路发展有限责任公司，中标时间：12 月，中标人：河南中天高新智能科技股份有限公司，中标金额：2 797 万元。

（9）郑州至西峡高速公路栾川至双龙段交通机电工程 JD2，招标人：河南省尧栾西高速公路建设有限公司，中标时间：12 月，中标人：贵州桥梁建设集团有限责任公司，中标金额：4 800 万元。

（10）济源至洛阳西高速公路交通机电工程、供配电工程施工，招标人：河南省济源至洛阳西高速公路建设有限公司，中标时间：5 月，中标人：陕西汉唐计算机有限责任公司，中标金额：5 397 万元。

（11）郑州至西峡高速公路栾川至双龙段交通机电工程 JD1，招标人：河南省尧栾西高速公路建设有限公司，中标时间：12 月，中标人：四川高路交通信息工程有限公司，中标金额：5 857 万元。

（12）郑州至西峡高速公路尧山至栾川段交通机电工程施工，招标人：河南省尧栾西高速公路建设有限公司，中标时间：3 月，1 标段中标人：云南康迪科技有限公司，中标金额：8 246 万元；2 标段中标人：江西路通科技有限公司，中标金额：7 817 万元。

（13）河南渑池至山西垣曲高速公路河南段机电工程施工，招标人：河南垣渑高速公路有限公司，中标时间：1 月，中标人：江苏长天智远交通科技有限公司，中标金额：17 699 万元。

（14）安阳市交通运输局 G341 安阳段智慧交通特许经营项目，招标人：安阳市交通运输局，中标时间：8 月，中标人：安阳投资集团有限公司，中标金额：23 425 万元。

（十六）贵州 8 亿元

（1）贵州省大兴（湘黔界）至思南公路增设铜仁西落地互通机电工程施工，招标人：贵州省公路开发有限责任公司，中标时间：9 月，中标人：北京瑞华赢科技发展有限公司，中标金额：1 318 万元。

（2）贵州仁怀市农村公路车辆超载治理非现场执法系统采购，招标人：仁怀市交通运输局，中标时间：4 月，中标人：科大国创软件股份有限公司，中标金额：1 780 万元。

（3）贵州高速集团 2019 年所辖路段机电系统专项修复养护工程（高速机电类）

施工，招标人：贵州高速公路集团有限公司，中标时间：3月，中标人：贵州中南交通科技有限公司，中标金额：1 233万元；2标段中标人：中远海运科技股份有限公司，中标金额：867万元。

（4）贵州省高速公路机电系统网络升级建设项目—IP 数据网建设，招标人：贵州高速数据运营有限公司，中标时间：6月，中标人：贵州飞悦未来科技有限公司，中标金额：4 279万元。

（5）贵州省高速公路机电系统网络升级建设项目—汇聚层建设项目，招标人：贵州高速数据运营有限公司，中标时间：3月，中标人：华为技术有限公司，中标金额：4 307万元。

（6）贵州省都匀至安顺高速公路ETC建管养一体化工程机电施工，招标人：贵州黔通智联科技产业发展有限公司，中标时间：9月，中标人：北京瑞华赢科技发展有限公司，中标金额：8 706万元。

（7）贵州高速公路集团有限公司视频云联网工程 EPC，招标人：贵州高速公路集团有限公司，中标时间：9月，中标人：贵州中南交通科技有限公司、贵州省交通规划勘察设计研究院股份有限公司联合中标，中标金额：11 500万元。

（8）贵州省普通国省干线公路隧道提质升级工程施工，招标人：贵州省公路开发有限责任公司，中标时间：3月，1标段中标人：贵州省公路建设养护集团有限公司、中远海运科技股份有限公司联合中标，中标金额：3 469万元；2标段中标人：中交二公局第三工程有限公司、中交二公局电务工程有限公司联合中标，中标金额：3 357万元；3标段中标人：中交路桥建设有限公司，中标金额：3 005万元；4标段中标人：江西方兴科技有限公司，中标金额：2 988万元；5标段中标人：浙江高速信息工程技术有限公司，中标金额：2 987万元；6标段中标人：贵州桥梁建设集团有限责任公司，中标金额：2 152万元。

（9）贵州高速集团所辖高速公路隧道机电设施提质升级工程施工，招标人：贵州高速公路集团有限公司，中标时间：4月，1标段中标人：山西交研科学实验工程有限公司，中标金额：7 660万元；2标段中标人：浙江高速信息工程技术有限公司，中标金额：4 554万元；3标段中标人：江苏安防科技有限公司，中标金额：8 367万元；4标段中标人：贵州中南交通科技有限公司，中标金额：11 004万元。

（十七）山西8亿元

（1）山西交控集团临县至离石高速公路坪头互通及连接线机电工程施工，招标人：山西交通控股集团有限公司，中标时间：12月，中标人：山西省交通信息通信有限公司，中标金额：1 056万元。

（2）山西省高速公路视频云联网工程设备采购001包，招标人：山西交通控股集团有限公司，中标时间：12月，中标人：北明软件有限公司，中标金额：1 953

万元。

（3）山西省高速公路视频云联网工程设备采购 002 包，招标人：山西交通控股集团有限公司，中标时间：12 月，中标人：方正国际软件（北京）有限公司，中标金额：2 172 万元。

（4）国道 208 线太原清徐县常家庄至晋中长治界一级公路新建工程机电工程施工，招标人：山西省公路局晋中分局，中标时间：12 月，中标人：山西四和交通工程有限责任公司，中标金额：9 182 万元。

（5）闻喜东镇至垣曲蒲掌高速公路古城联络线高速交安、机电施工，招标人：山西绿地城投高速公路有限公司，中标时间：9 月，中标人：中交路桥建设有限公司、江苏长天智远交通科技有限公司联合中标，中标金额：13 231 万元。

（6）山西省道董榆线（S318）寒湖岭隧道新建工程路基、桥隧施工，招标人：山西省公路局晋中分局，中标时间：11 月，1 标段中标人：山西路桥建设集团有限公司，中标金额：37 660 万元；2 标段中标人：中建铁路投资建设集团有限公司，中标金额：11 234 万元。

（十八）河北 7 亿元

（1）张承高速公路张家口段隧道监控升级改造工程，招标人：河北高速公路集团有限公司张承张家口分公司，中标时间：10 月，中标人：安徽皖通科技股份有限公司，中标金额：1 038 万元。

（2）邢衡高速公路邢台段监控通信分中心工程施工，招标人：河北高速公路集团有限公司邢衡邢台分公司，中标时间：12 月，中标人：四川大西南正华建设有限公司，中标金额：1 105 万元。

（3）河北省荣乌高速（一期）全程监控系统升级改造和徐水北站收费站机电设施升级改造工程施工，招标人：河北高速公路集团有限公司荣乌分公司，中标时间：10 月，中标人：广东飞达交通工程有限公司，中标金额：1 115 万元。

（4）河北省津石高速公路机电工程设备供货及软件安调项目 ETC 天线采购，招标人：河北交投智能交通技术有限责任公司，中标时间：8 月，中标人：北京万集科技股份有限公司，中标金额：1 180 万元。

（5）河北省保阜高速公路隧道品质提升工程施工，招标人：河北交通投资集团保阜高速公路有限公司，中标时间：7 月，中标人：湖南省湘筑交通科技有限公司，中标金额：1 192 万元。

（6）京张高速公路全程监控系统升级改造工程施工，招标人：河北交投京张高速公路有限公司，中标时间：8 月，中标人：广东赛达交通科技股份有限公司，中标金额：1 266 万元。

（7）河北省取消高速公路省界收费站 ETC 费显和清分结算系统优化（结算中心

部分）项目 01 标段，招标人：河北省高速公路管理局指挥调度中心，中标时间：5 月，中标人：北京瑞华赢科技发展有限公司，中标金额：1 295 万元。

（8）张石高速公路保定段隧道机电设施提质升级工程 EPC，招标人：河北交通投资集团张石高速公路保定段有限公司，中标时间：12 月，中标人：河北交投智能交通技术有限责任公司、辽宁省交通规划设计院有限责任公司联合中标，中标金额：2 810 万元。

（9）荣乌高速新线、北京新机场至德州高速智慧高速公路全过程管理平台，招标人：河北雄安荣乌高速公路有限公司，中标时间：5 月，中标人：河北省交通规划设计院，中标金额：3 590 万元。

（10）北京至雄安新区高速公路河北段机电工程施工 II 类 JD7 标段，招标人：河北省高速公路京雄筹建处，中标时间：12 月，中标人：西安金路交通工程科技发展有限责任公司，中标金额：4 876 万元。

（11）北京至雄安新区高速公路河北段机电工程施工 JD3 标段，招标人：河北省高速公路京雄筹建处，中标时间：12 月，中标人：陕西阳明交通科技有限公司，中标金额：5 042 万元。

（12）北京至雄安新区高速公路河北段机电工程施工 II 类 JD6 标段，招标人：河北省高速公路京雄筹建处，中标时间：12 月，中标人：青岛海信网络科技股份有限公司，中标金额：5 044 万元。

（13）延庆至崇礼高速公路河北段智慧公路系统路网综合管理服务系统，招标人：河北省高速公路延崇筹建处，中标时间：11 月，中标人：北京北大千方科技有限公司，中标金额：5 169 万元。

（14）北京至雄安新区高速公路河北段机电工程施工 II 类 JD5 标段，招标人：河北省高速公路京雄筹建处，中标时间：12 月，中标人：兰州朗青交通科技有限公司，中标金额：5 546 万元。

（15）北京至雄安新区高速公路河北段机电工程施工 JD1 标段，招标人：河北省高速公路京雄筹建处，中标时间：12 月，中标人：浙江高速信息工程技术有限公司，中标金额：5 629 万元。

（16）北京至雄安新区高速公路河北段机电工程施工 II 类 JD8 标段，招标人：河北省高速公路京雄筹建处，中标时间：12 月，中标人：石家庄泛安科技开发有限公司，中标金额：5 995 万元。

（17）延庆至崇礼高速公路河北段智慧公路系统路运一体化车路协同系统，招标人：河北省高速公路延崇筹建处，中标时间：11 月，中标人：千方捷通科技股份有限公司，中标金额：6 080 万元。

（18）北京至雄安新区高速公路河北段机电工程施工 JD2 标段，招标人：河北省高速公路京雄筹建处，中标时间：12 月，中标人：安徽皖通科技股份有限公司，中标金额：7 271 万元。

（19）北京至雄安新区高速公路河北段机电工程施工 JD4 标段，招标人：河北省高速公路京雄筹建处，中标时间：12 月，中标人：陕西高速电子工程有限公司，中标金额：8 959 万元。

（十九）安徽 6 亿元

（1）G50 沪渝高速高界段宿松互通立交迁移新建项目机电工程施工，招标人：安徽皖通高速公路股份有限公司，中标时间：6 月，中标人：四川京川公路工程（集团）有限公司，中标金额：1 047 万元。

（2）池州市科技治超全要素升级提升工程，招标人：池州市交通运输综合行政执法支队，中标时间：12 月，中标人：安徽皖广科技发展有限公司，中标金额：1 209 万元。

（3）S332 安庆至望江、G206 桐城至安庆改建工程非现场执法机电工程施工，招标人：安庆市交通投资有限公司，中标时间：12 月，中标人：浙江浙大中控信息技术有限公司，中标金额：1 398 万元。

（4）安徽交控 G3W 德州至上饶高速公路池州至祁门段通信管道工程施工，招标人：安徽省交通控股集团有限公司，中标时间：8 月，中标人：中徽建技术有限公司，中标金额：1 568 万元。

（5）安徽省 S101 合相路改建工程（二期）增设收费站及治超站房建及机电安装工程（一标段），招标人：淮北市公路管理服务中心，中标时间：6 月，中标人：江苏华实市政建设集团有限公司，中标金额：1 594 万元。

（6）G3 京台高速公路淮北收费站东迁工程（房建及机电安装）二标段，招标人：淮北市公路管理服务中心，中标时间：4 月，中标人：北京诚达交通科技有限公司，中标金额：1 648 万元。

（7）G346 巢庐路（盛桥至庐城段）交通机电工程，招标人：庐江县交通运输局，中标时间：4 月，中标人：江苏耀鑫交通设施有限公司，中标金额：1 732 万元。

（8）S11 芜湖至黄山高速公路通信管道工程施工，招标人：安徽省交通控股集团有限公司，中标时间：8 月，中标人：中徽建技术有限公司，中标金额：1 768 万元。

（9）黄山市科技治超采购项目，招标人：黄山市公路管理局，中标时间：7 月，中标人：杭州市海康威视系统技术有限公司，中标金额：1 796 万元。

（10）合安高速郭河道口及连接线工程交通（机电）工程，招标人：庐江县交通运输局，中标时间：12 月，中标人：安徽省高路建设有限公司，中标金额：2 526 万元。

（11）安徽交控集团高界处、宁国处隧道机电系统提质升级及专项改造工程，招标人：安徽省交通控股集团有限公司，中标时间：4 月，中标人：甘肃紫光智能交通与控制技术有限公司，中标金额：2 819 万元。

（12）安徽交控集团“全国高速公路视频联网监测工作”项目，招标人：安徽省交通控股集团有限公司，中标时间：10 月，中标人：安徽省交通规划设计研究总院股份有限公司、安徽省高路建设有限公司联合中标，中标金额：3 271 万元。

（13）G40 沪陕高速公路滁州支线（滁州西环高速）机电工程二次，招标人：安徽省交通控股集团有限公司，中标时间：3 月，中标人：安徽皖通科技股份有限公司，中标金额：4 790 万元。

（14）沪陕（沪蓉）国家高速合肥至大顾店段改扩建机电工程施工，招标人：安徽省交通控股集团有限公司，中标时间：6 月，1 标段中标人：安徽汉高信息科技有限公司，中标金额：10 099 万元；2 标段中标人：安徽皖通科技股份有限公司，中标金额：4 598 万元。

（15）安徽省高速公路全程视频监控管理系统和恶劣气象条件监测预警系统优化完善建设工程，招标人：安徽省交通控股集团有限公司、安徽皖通高速公路股份有限公司，中标时间：10 月，中标人：安徽省交通规划设计研究总院股份有限公司、安徽省高路建设有限公司联合中标，中标金额：17 370 万元。

（二十）青海 4 亿元

（1）青海交控集团信息化及运营管理设施提升工程，招标人：青海省高速公路运营管理有限公司，中标时间：5 月，中标人：青海智汇交通一卡通信息技术有限公司，中标金额：2 290 万元。

（2）青海省高速公路运营管理集中监控专项工程 JZJK-SG2 标段，招标人：青海省高速公路运营管理有限公司，中标时间：12 月，中标人：陕西汉唐计算机有限责任公司，中标金额：2 383 万元。

（3）青海省高速公路运营管理集中监控专项工程 JZJK-SG1 标段，招标人：青海省高速公路运营管理有限公司，中标时间：12 月，中标人：中远海运科技股份有限公司，中标金额：2 407 万元。

（4）青海省普通国省道干线公路隧道提质升级工程施工，招标人：青海省公路局，中标时间：6 月，1 标段中标人：江西省宏发路桥建筑工程有限公司，中标金额：1 976 万元；2 标段中标人：广东新粤交通投资有限公司，中标金额：2 708 万元。

（5）G227 张掖至孟连公路大武经达日至班玛段（监控设施、通信工程）施工，招标人：青海省交通建设管理有限公司，中标时间：10 月，中标人：青海省交控信息科技有限公司，中标金额：4 691 万元。

（6）青海省高等级公路隧道提质升级行动机电工程施工，招标人：青海省高速公路运营管理有限公司，中标时间：9 月，1 标段中标人：北京云星宇交通科技股份有限公司，中标金额：3 743 万元；2 标段中标人：甘肃紫光智能交通与控制技术有限公司，中标金额：1 899 万元。

（7）西宁南绕城公路东延柳湾互通至平安东段公路工程 SG3 标段施工，招标人：青海省交通建设管理有限公司，中标时间：11 月，中标人：青海省湟源公路工程建设有限公司、陕西高速交通工贸有限公司联合中标，中标金额：21 539 万元。

（二十一）湖北 4 亿元

（1）武汉市江夏区治超非现场执法系统建设项目，招标人：武汉市江夏区交通运输局，中标时间：5 月，中标人：北京辰安科技股份有限公司，中标金额：1 370 万元。

（2）湖北交投科技发展有限公司三峡翻坝江北高速公路机电工程项目电缆采购项目，招标人：湖北交投科技发展有限公司，中标时间：9 月，中标人：湖北航天电缆有限公司，中标金额：1 410 万元。

（3）孝感市普通公路货运车辆不停车治理超限超载系统建设工程二标段，招标人：孝感市交通运输局，中标时间：6 月，中标人：湖北科尔软件开发有限公司，中标金额：1 552 万元。

（4）孝感市普通公路货运车辆不停车治理超限超载系统建设工程一标段，招标人：孝感市交通运输局，中标时间：6 月，中标人：中船重工（武汉）凌久高科有限公司，中标金额：1 598 万元。

（5）麻城至安康高速公路麻城东段机电工程 MCDJD-1 标段，招标人：湖北省交通投资集团有限公司，中标时间：8 月，中标人：新大陆数字技术股份有限公司，中标金额：1 611 万元。

（6）湖北交投科技发展有限公司十巫高速公路机电工程项目电缆采购项目，招标人：湖北交投科技发展有限公司，中标时间：8 月，中标人：桂林国际电线电缆集团有限责任公司，中标金额：1 675 万元。

（7）世行贷款武汉市公路监测决策系统（三期）项目施工，招标人：武汉市城市建设利用外资项目管理办公室，中标时间：9 月，中标人：北京北大千方科技有限公司，中标金额：1 893 万元。

（8）湖北交投科技发展有限公司保神高速公路机电工程项目电缆采购项目，招标人：湖北交投科技发展有限公司，中标时间：9 月，中标人：湖北航天电缆有限公司，中标金额：1 902 万元。

（9）沙市至公安高速杨家厂至孟家溪段机电工程施工 SGNJD-1 标段，招标人：湖北交投沙公南高速公路有限公司、湖北交投江北东高速公路有限公司，中标时间：6 月，中标人：内蒙古路兴电子技术有限公司，中标金额：2 532 万元。

（10）武汉市四环线北湖至建设段机电工程，招标人：武汉东四环线高速公路建设管理有限公司，中标时间：8 月，中标人：中交一公局交通工程有限公司，中标金额：4 016 万元。

（11）赤壁长江公路大桥机电工程施工 CBJD-1 标段，招标人：湖北省赤壁长江公路大桥有限公司，中标时间：8 月，中标人：贵州桥梁建设集团有限责任公司，中标金额：4 836 万元。

（12）湖北省交投集团公路视频联网监测系统建设工程，招标人：湖北省交通投资集团有限公司取消省界收费站项目部，中标时间：12 月，中标人：中交第二公路勘察设计研究院有限公司、武汉中交交通工程有限责任公司、湖北楚天高速公路股份有限公司联合中标，中标金额：6 393 万元。

（13）武汉市四环线武湖至吴家山段机电工程施工，招标人：武汉北四环线高速公路建设管理有限公司，中标时间：6 月，中标人：新大陆数字技术股份有限公司，中标金额：8 542 万元。

（二十二）海南 4 亿元

（1）海南白沙快速出口路机电工程设备采购，招标人：中国公路工程咨询集团有限公司，中标时间：9 月，中标人：石家庄泛安科技开发有限公司，中标金额：3 310 万元。

（2）海口绕城公路美兰机场至演丰段公路安全设施和机电工程施工，招标人：中国铁建昆仑投资集团有限公司，中标时间：1 月，中标人：北京云星宇交通科技股份有限公司，中标金额：5 426 万元。

（3）海口绕城公路美兰机场至演丰段公路安全设施和机电工程施工 1 包，招标人：中国铁建昆仑投资集团有限公司，中标时间：3 月，中标人：江苏中路交通发展有限公司，中标金额：7 525 万元。

（4）五指山至保亭至海棠湾高速公路安全设施和机电工程施工，招标人：中交第一公路勘察设计研究院有限公司，中标时间：1 月，1 标段中标人：浙江省机电设计研究院有限公司，中标金额：11 068 万元；2 标段中标人：石家庄泛安科技开发有限公司，中标金额：8 310 万元。

（二十三）广西 3 亿元

（1）梧州市藤县天网三期升级维保服务项目，招标人：藤县公安局，中标时间：8 月，中标人：中国移动通信集团广西有限公司梧州分公司，中标金额：1 198 万元。

（2）北海市合浦县治理车辆超限超载“非现场执法系统”项目，招标人：合浦县交通运输局，中标时间：12 月，中标人：广西数广全网融合科技有限公司、广西正业建筑工程有限公司，中标金额：1 493 万元。

（3）贵港市非现场执法超限超载检测系统建设项目，招标人：贵港市交通运输局，中标时间：9 月，中标人：广西中科曙光云计算有限公司，中标金额：1 643 万元。

（4）钦州市钦崇路隧道提质升级机电工程，招标人：广西金港高速公路有限公司，中标时间：9月，中标人：广西交科集团有限公司，中标金额：1 749 万元。

（5）广西兴业至六景高速公路路面改造工程路况监控系统施工，招标人：广西粤海高速公路有限公司，中标时间：10 月，中标人：广西交科集团有限公司，中标金额：2 924 万元。

（6）广西捷通高速科技有限公司广西 ETC 运营服务系统改造项目，招标人：广西捷通高速科技有限公司，中标时间：10 月，1 标段中标人：广西交科集团有限公司，中标金额：1 676 万元；2 标段中标人：中时讯通信建设有限公司，中标金额：1 689 万元。

（7）广西隆安至硕龙公路（南宁境）监控、通信、收费、供电照明系统及隧道机电工程施工，招标人：江苏强荣建设有限公司广西隆安至硕龙高速公路工程施工总承包项目经理部，中标时间：12 月，中标人：北京瑞华赢科技发展有限公司，中标金额：19 498 万元。

（二十四）湖南 3 亿元

（1）张家界市不停车超限检测非现场执法系统建设项目，招标人：张家界市交通运输综合行政执法支队，中标时间：10 月，中标人：北京盘天新技术有限公司，中标金额：1 221 万元。

（2）常德澧县不停车检测非现场执法系统建设项目，招标人：澧县交通运输局，中标时间：11 月，中标人：湖南海德威科技有限公司，中标金额：1 253 万元。

（3）娄底市不停车超限检测非现场执法系统采购（第二期）建设，招标人：娄底市公路建设养护中心，中标时间：7 月，中标人：深圳亿维锐创科技股份有限公司，中标金额：3 996 万元。

（4）湖南省龙塘至琅塘高速公路机电工程设备采购第 JDSB1-19，招标人：湖南省高速公路集团有限公司，中标时间：9 月，1、7、8、14 标段中标人：湖南三森信息系统工程有限公司，中标金额：893 万元；2 标段中标人：湖南省交通科学研究院有限公司，中标金额：342 万元；3 标段中标人：航天物联网技术有限公司，中标金额：560 万元；4 标段中标人：长沙柏森网络科技有限公司，中标金额：248 万元；5 标段中标人：重庆朝能美路科技发展有限公司，中标金额：40 万元；6 标段中标人：湖南三森信息系统工程有限公司，中标金额：368 万元；9 标段中标人：湖南高速信息科技有限公司，中标金额：386 万元；10 标段中标人：湖南网路信息技术有限责任公司，中标金额：77 万元；11 标段中标人：中储恒科物联网系统有限公司，中标金额：103 万元；12 标段中标人：深圳力电金世纪科技有限公司，中标金额：44 万元；13 标段中标人：福莱泰克（天津）新能源科技有限公司，中标金额：48 万元；15 标段中标人：恒飞电缆股份有限公司，中标金额：1 008 万元；16 标段中标人：

汕头高新区奥星光通信设备有限公司，中标金额：48 万元；17 标段中标人：湖南乾鼎电气设备有限公司，中标金额：124 万元；18 标段中标人：长沙柏森网络科技有限公司，中标金额：549 万元；19 标段中标人：深圳市洲明科技股份有限公司，中标金额：180 万元。

（5）湖南省龙塘至琅塘高速公路机电工程，招标人：湖南省高速公路集团有限公司，中标时间：9 月，中标人：湖南省湘筑交通科技有限公司、北京交科公路勘察设计研究院有限公司联合中标，中标金额：7 061 万元。

（6）长益高速扩容机电工程设计施工总承包（第 13 标段），招标人：湖南省高速公路集团有限公司，中标时间：2 月，中标人：湖南省湘筑交通科技有限公司、甘肃省交通规划勘察设计院股份有限公司联合中标，中标金额：10 667 万元。

（二十五）宁夏 3 亿元

（1）S60 西吉至会宁（宁甘界）公路机电等工程施工第 1 标段，招标人：宁夏交投工程建设管理有限公司，中标时间：3 月，中标人：江苏建铁信息技术有限公司，中标金额：3 798 万元。

（2）S60 西吉至会宁（宁甘界）公路机电等工程施工第 2 标段，招标人：宁夏交投工程建设管理有限公司，中标时间：3 月，中标人：中远海运科技股份有限公司，中标金额：3 842 万元。

（3）乌海至玛沁公路青铜峡至中卫段机电工程施工（JD2 标段），招标人：宁夏交投工程建设管理有限公司，中标时间：10 月，中标人：中远海运科技股份有限公司，中标金额：4 280 万元。

（4）银川至百色公路宁东至甜水堡（宁甘界）段机电工程（第二阶段）施工（第 2 标段），招标人：宁夏银百高速公路建设管理有限公司，中标时间：5 月，中标人：中咨泰克交通工程集团有限公司，中标金额：4 657 万元。

（5）乌海至玛沁公路青铜峡至中卫段机电工程施工（JD1 标段），招标人：宁夏交投工程建设管理有限公司，中标时间：10 月，中标人：湖南省湘筑交通科技有限公司，中标金额：6 138 万元。

（6）2020—2022 年宁夏高速公路机电系统维护工程设计施工总承包，招标人：宁夏交投高速公路管理有限公司，中标时间：9 月，中标人：宁夏交投科技发展有限公司，中标金额：6 190 万元。

（二十六）天津 3 亿元

（1）天津津汕高速公路增设南大港出口连接线互通机电工程，招标人：沧州市南大港管理区交通局，中标时间：12 月，中标人：天津市高速公路科技发展有限公司，中标金额：1 097 万元。

（2）2020—2023 年京津高速公路机电系统维护工程，招标人：天津京津高速公路有限公司，中标时间：9 月，中标人：北京云星宇交通科技股份有限公司，中标金额：1 566 万元。

（3）天津市津石高速公路（海滨大道—荣乌高速）工程机电系统工程（第 1、2 标段）施工，招标人：天津滨海新区高速公路投资发展有限公司，中标时间：11 月，1 标段中标人：中交机电工程局有限公司，中标金额：5 225 万元；2 标段中标人：辽宁艾特斯智能交通技术有限公司，中标金额：4 050 万元。

（4）天津市治超联网管理信息系统工程设计施工总承包工程，招标人：天津市公路事业发展服务中心，中标时间：6 月，中标人：天津市市政工程设计研究院、天津市公路工程总公司联合中标，中标金额：16 318 万元。

（二十七）西藏 1 亿元

（1）林拉高等级公路尾工工程路网管控中心机电工程施工，招标人：西藏自治区交通建设项目招投标中心，中标时间：11 月，中标人：中咨泰克交通工程集团有限公司，中标金额：2 695 万元。

（2）国道 214 线昌都至邦达机场公路新改建工程昌都至加卡段项目公路机电，招标人：西藏交通建设集团有限公司，中标时间：3 月，中标人：湖南省湘筑交通科技有限公司，中标金额：3 040 万元。

（3）国道 216 线孔塘拉隧道新改建工程机电和交安工程施工，招标人：西藏自治区交通建设项目招投标中心，中标时间：7 月，中标人：北京云星宇交通科技股份有限公司，中标金额：9 188 万元。

（二十八）北京 1 亿元

（1）北京市通怀路（昌金路—京承高速公路）道路工程—机电工程施工（施工），招标人：北京市交通委员会顺义公路分局，中标时间：10 月，中标人：厦门兴南洋信息技术有限公司，中标金额：1 006 万元。

（2）北京市通怀路（京承高速 ~ 河防口）—怀柔段道路工程—机电工程，招标人：北京市交通委员会怀柔公路分局，中标时间：8 月，中标人：山西四和交通工程有限责任公司，中标金额：1 177 万元。

（3）北京市密云区西统路（河北路—密关路）道路工程——机电工程（施工），招标人：北京市密云区城市管理委员会，中标时间：7 月，中标人：中交一公局交通工程有限公司，中标金额：1 264 万元。

（4）北京昌平公路分局 2020 年治超非现场执法设备建设工程施工，招标人：北京市交通委员会昌平公路分局，中标时间：7 月，中标人：北京云星宇交通科技股份有限公司、安徽昌达路桥工程集团有限公司联合中标，中标金额：1 358 万元。

（5）北京新机场临空经济区大礼路（大广高速—京台高速）道路工程—交通工程二标段，招标人：北京新航城开发建设有限公司，中标时间：4月，中标人：北京顺捷通畅交通设施工程有限公司，中标金额：1 373万元。

（6）省界收费站收费系统改造项目部级工程第7标段主体建设补充工程建设，招标人：交通运输部路网监测与应急处置中心，中标时间：1月，中标人：千方捷通科技股份有限公司，中标金额：1 669万元。

（7）大兴国际机场北线高速公路西延及东延工程（东延段）机电系统和照明（施工），招标人：北京华北投新机场北线高速公路有限公司，中标时间：11月，中标人：北京云星宇交通科技股份有限公司，中标金额：2 171万元。

（8）北京市延庆区昌赤路（王家山—白河堡）道路工程—机电工程，招标人：北京市交通委员会延庆公路分局，中标时间：8月，中标人：科润智能科技股份有限公司，中标金额：4 228万元。

（二十九）辽宁1亿元

（1）辽宁省普通国省干线公路桥梁通行安全非现场执法系统建设工程施工，招标人：辽宁省交通运输事业发展中心，中标时间：10月，中标人：辽宁艾特斯智能交通技术有限公司，中标金额：1 421万元。

（2）2020年辽宁省高速公路运营管理公司蓝牙电子标签采购，招标人：辽宁省高速公路运营管理有限责任公司，中标时间：12月，1标段中标人：北京万集科技股份有限公司，中标金额：1 587万元；2标段中标人：深圳市金溢科技股份有限公司，中标金额：1 587万元。

（3）2020年辽宁省高速公路智慧监测平台建设项目，招标人：辽宁省高速公路运营管理有限责任公司，中标时间：12月，中标人：辽宁艾特斯智能交通技术有限公司，中标金额：1 844万元。

（4）辽宁省高速公路收费站标准化绿色通道车辆核验区建设项目机电工程EPC，招标人：辽宁省高速公路运营管理有限责任公司，中标时间：8月，中标人：辽宁艾特斯智能交通技术有限公司、辽宁省交通规划设计院有限责任公司联合中标，中标金额：2 179万元。

（5）大连渤海大道一期隧道机电工程施工，招标人：大连市渤海大道工程项目管理办公室，中标时间：7月，中标人：北京云星宇交通科技股份有限公司，中标金额：2 633万元。

（6）2020年辽宁省高速公路视频云平台建设项目机电工程EPC，招标人：辽宁省高速公路运营管理有限责任公司，中标时间：6月，中标人：宁艾特斯智能交通技术有限公司、辽宁省交通规划设计院有限责任公司联合中标，中标金额：4 166万元。